"책 표지 한번 별나네?"

책의 얼굴이라는 표지에 책에 대한 정보가 없으니 당황스러우셨죠?

우리 함께 공부하는 별님들의 꿈은 무엇인가요?
꿈은 명사가 아닌 동사여야 합니다.
제가 동사의 꿈을 여러분과 함께 꾸고자 합니다.

많은 사람들이 쓰는 책의 얼굴에 선한 메시지가 담겨진다면 얼마나 아름다울까?

이 작은 움직임이 큰 몸짓으로 바뀌어 나간다면 우리는 얼마나 더 따스해질까?

그래서 과감하게 책의 얼굴을 바꿔 보기로 했습니다.
누군가에게 도움을 주는 삶.
저도 사실은 익숙하진 않습니다.

우리 함께 해봐요.
삶 속에서, 그냥 평범한 일상 속에서
나도 누군가에게 도움을 '지금' 주고 있다는 느낌을 가져 보죠.

별똥별을 보고 소원을 빌면 이루어진다고 하죠?

큰별쌤과 함께 한국사를 공부한 별님들의 따뜻한 마음,
그 마음이 모여 간절한 바람이 있는 곳에 별똥별이 되어 날아갑니다.

이 책을 통해 나오는 수익금의 일부가
누군가에게 희망의 빛으로 다가가길 소망합니다.
이 책을 통해 우리는 서로를 기대고 있는 '사람(人)'이라는 사실을
공유하길 소망합니다.

이 책을 통해 당신은 '지금' 누군가의 별똥별이 되어줄 수 있습니다.
이미 누군가의 꿈을 '지금' 응원하고 있는 겁니다.

우리 별님들은 그런 사람입니다.

집필 및 검토

최태성

모두의 별★별 한국사 연구소장

EBS 한국사 대표 강사, ETOOS 한국사 강사

성균관대학교 사학과 졸업

중·고등학교 한국사 교과서 및 역사부도 집필

EBS 평가원 연계 교재 집필 및 검토

2013년 국사편찬위원회 자문위원

2011~2012년 EBS 역사 자문위원

MBC 〈무한도전〉 '문화재 특강' 진행

KBS 1 TV 〈역사저널 그날〉 패널 출연

KBS 라디오 FM 대행진 〈별별 히스토리〉 코너 진행

EBS1 〈미래교육 플러스〉 진행

tvN STORY 〈벌거벗은 한국사〉 진행

2022~2024년 국가 보훈부 정책 자문 위원

모두의 별★별 한국사 연구소 곽승연 이상선 김혜진 권혜성

Staff

발행인 정선욱

퍼블리싱 총괄 남형주

개발 김태원 김경대 김인겸 정명희 조정연

기획·디자인·마케팅 조비호 김정인

유통·제작 서준성 김경수

큰별쌤 최태성의 별별한국사 시대별 기출문제집 초등 한국사능력검정시험 202406 제3판 1쇄 202502 제3판 2쇄

펴낸곳 이투스에듀㈜ 서울시 서초구 남부순환로 2547

고객센터 1599-3225 **등록번호** 제2007-000035호 **ISBN** 979-11-389-2675-1 [13910]

큰별쌤 최태성의
별★별한국사

최신판

시대별
기출문제집

초등
최태성 지음
한국사능력검정시험

한국사 능력검정시험이란?

한능검 접수 가이드 영상

한국사능력검정시험은 국사편찬위원회에서 개발한 다양한 유형의 문항을 통해 우리 역사에 대한 관심을 높이고, **한국사 전반에 걸쳐 역사적 사고력을 평가**할 수 있는 시험입니다. 이를 통해 한국사 교육의 올바른 방향을 제시하고 자발적 역사 학습을 통한 고차원적 사고력과 문제해결 능력을 기르는 것을 목적으로 하고 있습니다.

시험 목적

1. 우리 역사에 대한 관심을 확산·심화시키는 계기를 마련함
2. 균형 잡힌 역사의식을 갖도록 함
3. 고차원적 사고력과 문제해결 능력을 육성함
4. 역사 교육의 올바른 방향을 제시함

 시험 주관 및 시행 기관
국사편찬위원회

응시 대상
한국사에 관심 있는 모든 사람(외국인 포함)

※ 출처 : 국사편찬위원회 한국사능력검정시험

시험 종류 및 인증 등급

시험 종류	심화	기본
인증 등급	1급(80점 이상)	4급(80점 이상)
	2급(70~79점)	5급(70~79점)
	3급(60~69점)	6급(60~69점)
문항 수	50문항(5지 택1형)	50문항(4지 택1형)

배점 : 100점 만점(문항별 1점~3점 차등 배점)

기본 시험 시간

시간	내용	소요 시간
10:00~10:10	오리엔테이션(시험 시 주의 사항)	10분
10:10~10:15	신분증 확인(감독관)	5분
10:15~10:20	문제지 배부	5분
10:20~11:30	시험 실시(50문항), 파본 확인	70분

평가 내용

시험 종류	평가 내용
심화	**한국사 심화 과정**으로 한국사에 대한 체계적인 이해를 바탕으로 한국사의 주요 사건과 개념을 종합적으로 이해하고, 역사 자료를 분석하고 해석하는 능력, 한국사의 흐름 속에서 시대적 상황 및 쟁점을 파악하는 능력을 평가
기본	**한국사 기본 과정**으로 기초적인 역사 상식을 바탕으로 한국사의 필수 지식과 기본적인 흐름을 이해하는 능력을 평가

여기서 잠깐!

한국사능력검정시험 기본 시험은 60점만 넘으면 합격이에요. 낯선 용어가 많아 우리 친구들이 조금 어렵게 느낄 수도 있지만 걱정하지 말아요. 큰별쌤이 짚어 주는 개념과 흐름을 잘 알아 두고, 기출문제를 통해 문제 유형을 익히면 충분히 합격할 수 있어요.

시험 합격 비법

역사의 쓸모 i (초등 전문 채널)

모두의 별★별 한국사 (http://www.etoos.com/bigstar)

원서 접수 및 자세한 시험 정보

한국사능력검정시험 (http://www.historyexam.go.kr)

큰별쌤의 결론은?

1

초등에서 성인까지
한국사 필수 시대!

한국사를
손 놓을 수는 없죠!

2

한국사는 계속된다!
쭈~욱!

공무원 시험,
교원임용 시험,
승진 시험 등

3

한국사능력검정시험은
선발 시험이 아닌 인증 시험!

80점 이상이면 4급
70~79점이면 5급
60~69점이면 6급

4

도전해
볼 만한 수준!

한 달 정도만 투자해서
필수 개념만 익히면
합격할 수 있어요.

전체적인 흐름을 파악하고, 개념을 꼼꼼히 확인하세요.
사진, 자료 등은 시대와 꼭 연결하여 익숙하게 만들어 두세요.

시험 합격도 중요하지만 한국사 공부를 통해 역사 속의 사람들을 만나 소통해 보고
한 번의 인생 어떻게 살아갈 것인가를 생각해 보는 계기가 되기를 바랄게요.

이 책의 구성

개념 훑어보기

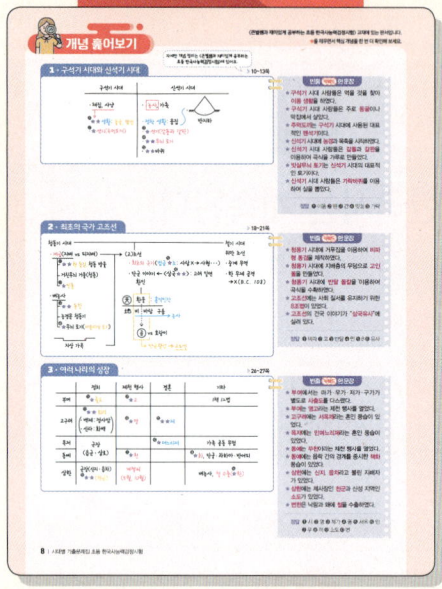

흐름을 한눈에 볼 수 있는 판서와 주요 키워드를 문장으로 수록하였어요. 기출문제를 풀기 전에 전체적인 흐름과 주요 키워드를 미리 파악해 보세요.

기출문제 풀어보기

기출문제를 시대순, 주제별로 선별하여 수록하였어요. 차근차근 기출문제를 풀면서 한국사의 전체적인 흐름을 잡아보세요.

정답과 해설

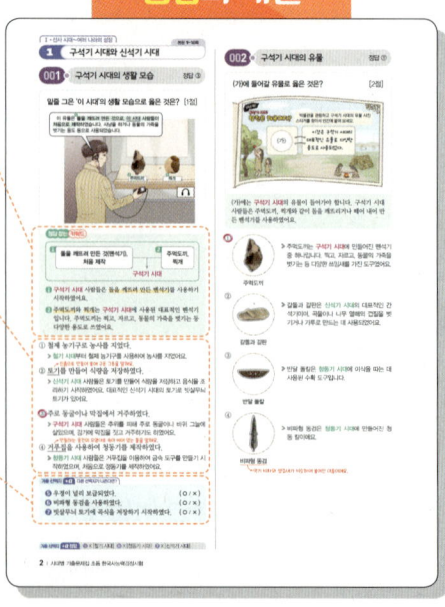

정답 잡는 키워드

문제풀이의 핵심이 되는 키워드를 보여 줍니다. 키워드로 어떻게 정답을 유추하는지 확인해 보세요.

선택지 해설

정답 선택지 해설과 오답 선택지 해설 모두 꼼꼼하게 읽어주세요. 오답 선택지는 왜 오답인지 꼭 확인해 보세요.

기출 선택지 +α

추가로 기출 선택지를 수록하였어요. 기출 선택지는 반복해서 나오는 경우가 많아요. 다른 선택지를 확인해 보면서 개념을 더욱 단단하게 다져보세요.

이 책의 차례

I 선사 시대 ~ 여러 나라의 성장

한국사능력검정시험 **기본**

최근 4회차 단원별 출제 비중

선사 ● 고대 ● 고려 ● 조선1 ● 조선2 ● 개항기 ● 일제 강점기 ● 현대

제69회
- 시대 통합 2문항
- 세시 풍속 1문항

구석기 시대의 생활 모습, 고조선

제67회
- 시대 통합 3문항
- 세시 풍속 1문항

청동기 시대의 생활 모습, 옥저의 사회 모습

제66회
- 시대 통합 2문항
- 세시 풍속 1문항

신석기 시대의 생활 모습, 부여

제64회
- 시대 통합 2문항

청동기 시대의 생활 모습, 동예

〈큰별쌤과 재미있게 공부하는 초등 한국사능력검정시험〉 교재에 있는 판서입니다.
★을 채우면서 핵심 개념을 한 번 더 확인해 보세요.

1 · 구석기 시대와 신석기 시대

>> 10~13쪽

자세한 개념 정리는 〈큰별쌤과 재미있게 공부하는 초등 한국사능력검정시험〉에 있어요.

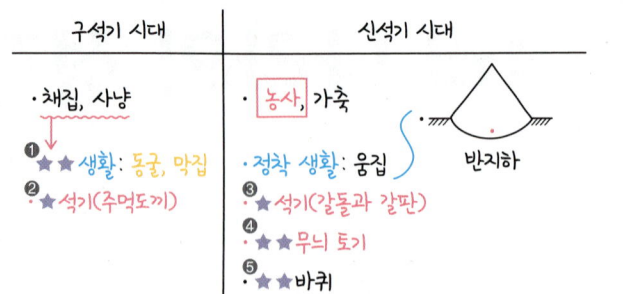

구석기 시대	신석기 시대
·채집, 사냥	·농사, 가축
① ★★ 생활: 동굴, 막집	·정착 생활: 움집 / 반지하
② ★ 석기(주먹도끼)	③ ·★★ 석기(갈돌과 갈판)
	④ ·★ 무늬 토기
	⑤ ·★ 바퀴

빈출 키워드 한 문장

★ **구석기** 시대 사람들은 먹을 것을 찾아 **이동 생활**을 하였다.
★ **구석기** 시대 사람들은 주로 **동굴**이나 막집에서 살았다.
★ **주먹도끼**는 **구석기** 시대에 사용된 대표적인 **뗀석기**이다.
★ **신석기** 시대에 **농경**과 목축을 시작하였다.
★ **신석기** 시대 사람들은 **갈돌**과 **갈판**을 이용하여 곡식을 가루로 만들었다.
★ **빗살무늬 토기**는 **신석기** 시대의 대표적인 토기이다.
★ **신석기** 시대 사람들은 **가락바퀴**를 이용하여 실을 뽑았다.

정답 ❶ 이동 ❷ 뗀 ❸ 간 ❹ 빗살 ❺ 가락

2 · 최초의 국가 고조선

>> 18~21쪽

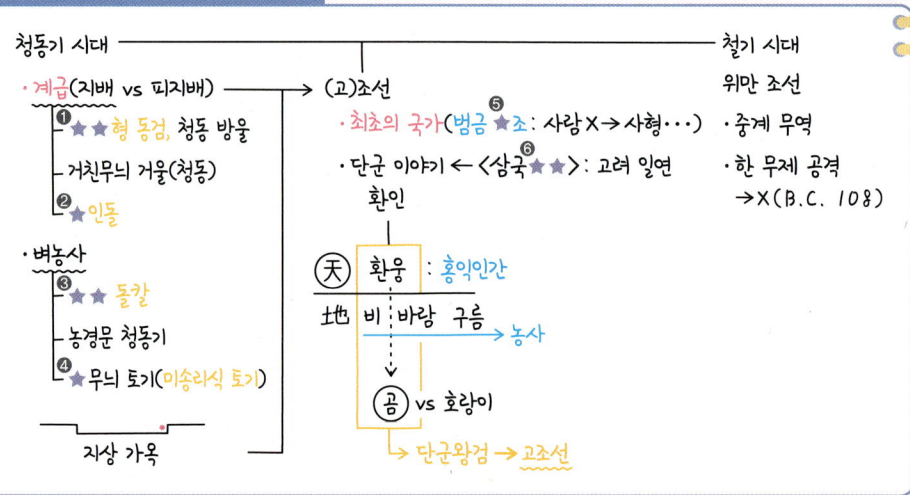

청동기 시대 ──────────── 철기 시대
위만 조선
·계급(지배 vs 피지배) → (고)조선
❶ ★★ 형 동검, 청동 방울 ·최초의 국가(범금 ★⑤ 조: 사람X→사형···) ·중계 무역
·거친무늬 거울(청동) ·단군 이야기 ← 〈삼국 ★★〉: 고려 일연 ·한 무제 공격
❷ ★ 인돌 환인 →X(B.C. 108)
·벼농사
❸ ★★ 돌칼 天 환웅 : 홍익인간
·농경문 청동기 地 비 바람 구름 → 농사
❹ ★ 무늬 토기(미송리식 토기)
곰 vs 호랑이
지상 가옥 → 단군왕검 → 고조선

빈출 키워드 한 문장

★ **청동기** 시대에 거푸집을 이용하여 **비파형 동검**을 제작하였다.
★ **청동기** 시대에 지배층의 무덤으로 **고인돌**을 만들었다.
★ **청동기** 시대에 **반달 돌칼**을 이용하여 곡식을 수확하였다.
★ **고조선**에는 사회 질서를 유지하기 위한 **8조법**이 있었다.
★ **고조선**의 건국 이야기가 "**삼국유사**"에 실려 있다.

정답 ❶ 비파 ❷ 고 ❸ 반달 ❹ 민 ❺ 8 ❻ 유사

3 · 여러 나라의 성장

>> 26~27쪽

	정치	제천 행사	결혼	기타
부여	❶ ★출도	❷ ★고		1책 12법
고구려	❸ ★★회의 (·백제: 정사암 ·신라: 화백)	❹ ★맹	❺ ★★제	
옥저	군장 (읍군·삼로)		❻ 며느리제	가족 공동 무덤
동예		❼ ★천		❽ ★화, 단궁·과하마·반어피
삼한	군장(신지·읍차) ❾ ★★(천군)	계절제 (5월, 10월)		벼농사, 철 수출(★한)❿

빈출 키워드 한 문장

★ **부여**에서는 마가·우가·저가·구가가 별도로 **사출도**를 다스렸다.
★ **부여**는 **영고**라는 제천 행사를 열었다.
★ **고구려**에는 **서옥제**라는 혼인 풍습이 있었다.
★ **옥저**에는 **민며느리제**라는 혼인 풍습이 있었다.
★ **동예**는 **무천**이라는 제천 행사를 열었다.
★ **동예**에는 읍락 간의 경계를 중시한 **책화** 풍습이 있었다.
★ **삼한**에는 **신지**, **읍차**라고 불린 지배자가 있었다.
★ **삼한**에는 제사장인 **천군**과 신성 지역인 **소도**가 있었다.
★ **변한**은 낙랑과 왜에 **철**을 수출하였다.

정답 ❶ 사 ❷ 영 ❸ 제가 ❹ 동 ❺ 서옥 ❻ 민 ❼ 무 ❽ 책 ❾ 소도 ❿ 변

정답과 해설 2~5쪽

1 구석기 시대와 신석기 시대

001
| 기본 49회 1번

밑줄 그은 '이 시대'의 생활 모습으로 옳은 것은? [1점]

> 이 유물은 돌을 깨뜨려 만든 것으로, 이 시대 사람들이 처음으로 제작하였습니다. 사냥을 하거나 동물의 가죽을 벗기는 용도 등으로 사용되었습니다.

주먹도끼   찍개

① 철제 농기구로 농사를 지었다.
② 토기를 만들어 식량을 저장하였다.
③ 주로 동굴이나 막집에서 거주하였다.
④ 거푸집을 사용하여 청동기를 제작하였다.

002
| 초급 43회 1번

(가)에 들어갈 유물로 옳은 것은? [2점]

> 어서 와!
> 구석기 시대 탐험은 처음이지?
> 박물관을 관람하고 구석기 시대의 유물 사진 스티커를 찾아서 빈칸에 붙여 보세요.
> (가)
> 이것은 구석기 시대의 대표적인 유물로 다양한 용도로 사용되었다.

① 주먹도끼   ② 갈돌과 갈판   ③ 반달 돌칼   ④ 비파형 동검

003
| 초급 45회 1번

(가) 도구가 처음 사용된 시대의 생활 모습으로 옳은 것은? [2점]

> 선사 문화 체험전
> 지금 만드신 것이 무엇인가요?
> 돌을 떼 내어 만든 (가) 입니다.

① 철제 무기를 사용하였다.
② 농사를 짓고 가축을 길렀다.
③ 청동으로 장신구를 제작하였다.
④ 주로 동굴이나 막집에서 살았다.

004
| 기본 50회 1번

(가) 시대에 처음 제작된 유물로 옳은 것은? [1점]

> 선사 문화 축제
> 농경과 정착 생활이 시작된 (가) 시대로 떠나요!
> ■ 기간 : 2020년 ○○월 ○○일~○○일
> ■ 주최 : △△ 문화 재단
> 움집 생활 체험하기
> 가락바퀴로 실 뽑기
> 갈돌과 갈판으로 곡식 갈기

① ② ③ ④

005

| 기본 52회 1번

(가) 시대의 생활 모습으로 옳은 것은? [2점]

우리가 만들고 있는 것은 (가) 시대 사람들이 처음으로 사용했던 빗살무늬 토기예요. 이 토기로 당시 사람들은 식량을 저장하거나 조리하였지요.

암사동 유적 전시관

① 가락바퀴를 이용하여 실을 뽑았다.
② 지배층의 무덤으로 고인돌을 만들었다.
③ 거푸집으로 비파형 동검을 제작하였다.
④ 철제 농기구를 사용하여 농사를 지었다.

006

| 기본 47회 1번

(가) 시대에 처음 제작된 유물로 옳은 것은? [1점]

한국사 교실 생방송 중

농경과 정착 생활이 시작된 (가) 시대의 생활 모습에 대해 대화창에 올려 주세요.

ON 대화창

움집을 짓고 살았어요.

가락바퀴를 이용하여 실을 뽑았어요.

빗살무늬 토기에 식량을 저장하였어요.

보내기

① 주먹도끼 ② 갈돌과 갈판 ③ 비파형 동검 ④ 철제 농기구

007

| 기본 63회 1번

(가)에 들어갈 내용으로 가장 적절한 것은? [1점]

겨울 방학 한국사 학습지

신석기 시대 사람의 하루가 담긴 가상 일과표를 만들어 봅시다.

꿈나라

간석기 손질하기
저녁 식사
(가)
가락바퀴로 실뽑기
사슴 사냥하기
아침 식사
불씨 확인하기

① 거친무늬 거울 닦기 ② 비파형 동검 제작하기
③ 빗살무늬 토기 만들기 ④ 철제 농기구로 밭 갈기

키워드로 개념 다지기

다음 키워드를 보고 ⭐ 에 알맞은 글자를 쓰시오.

❶ 뗀석기, 이동 생활, 주로 동굴이나 강가의 막집에 거주, 연천 전곡리 유적 ·········· ⭐ 석기 시대

❷ 구석기 시대, 뗀석기, 사냥을 하거나 동물의 가죽을 벗기는 등 다양한 용도로 사용 ·········· ⭐⭐ 도끼

❸ 농경과 정착 생활 시작, 간석기, 서울 암사동 유적 ·········· ⭐ 석기 시대

❹ 신석기 시대, 식량 저장과 음식 조리에 이용 ·········· ⭐⭐ 무늬 토기

❺ 신석기 시대, 실을 뽑을 때 사용 ·········· ⭐⭐ 바퀴

정답 ❶ 구 ❷ 주먹 ❸ 신 ❹ 빗살 ❺ 가락

2 최초의 국가 고조선

008

| 기본 55회 1번

(가) 시대의 생활 모습으로 옳은 것은? [1점]

여러분은 (가) 시대의 벼농사를 체험하고 있습니다. 이 시대에는 처음으로 금속 도구를 만들었으나, 농기구는 여러분이 손에 들고 있는 반달 돌칼과 같이 돌로 만들었습니다.

① 우경이 널리 보급되었다.
② 철제 무기를 사용하였다.
③ 주로 동굴이나 막집에 살았다.
④ 지배자의 무덤으로 고인돌을 만들었다.

009

| 기본 51회 1번

(가) 시대의 생활 모습으로 옳은 것은? [1점]

이 영상은 (가) 시대의 대표적 무덤인 고인돌의 축조 과정을 재현한 것입니다. 이처럼 축조에 많은 노동력이 동원되어야 한다는 점을 통해 당시에 권력을 가진 지배자가 있었음을 알 수 있습니다.

① 우경이 널리 보급되었다.
② 주로 동굴이나 막집에서 거주하였다.
③ 반달 돌칼을 사용하여 벼를 수확하였다.
④ 실을 뽑기 위해 가락바퀴를 처음 사용하였다.

010

| 기본 58회 1번

(가) 시대의 생활 모습으로 옳은 것은? [1점]

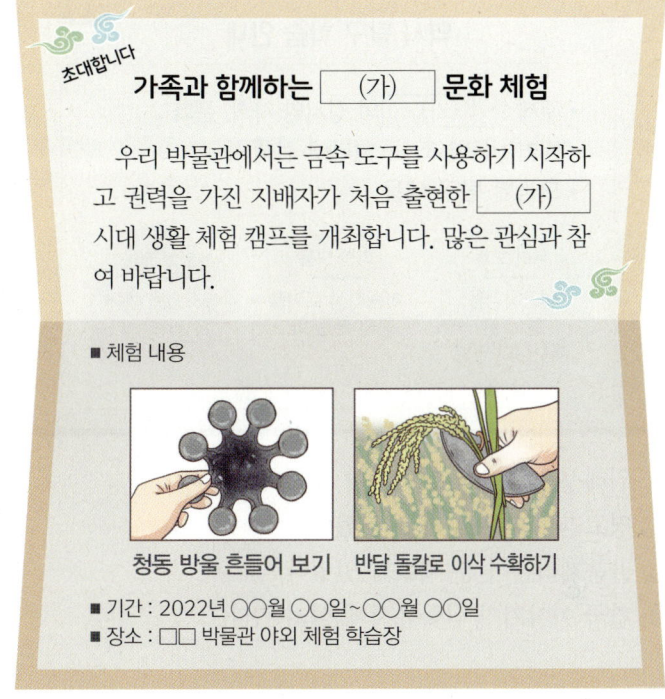

초대합니다
가족과 함께하는 (가) 문화 체험

우리 박물관에서는 금속 도구를 사용하기 시작하고 권력을 가진 지배자가 처음 출현한 (가) 시대 생활 체험 캠프를 개최합니다. 많은 관심과 참여 바랍니다.

■ 체험 내용

청동 방울 흔들어 보기 / 반달 돌칼로 이삭 수확하기

■ 기간 : 2022년 ○○월 ○○일~○○월 ○○일
■ 장소 : □□ 박물관 야외 체험 학습장

① 우경이 널리 보급되었다.
② 비파형 동검을 사용하였다.
③ 가락바퀴가 처음 등장하였다.
④ 주로 동굴이나 막집에서 살았다.

011

| 기본 48회 2번

밑줄 그은 '이 나라'에 대한 설명으로 옳은 것은? [1점]

환웅과 웅녀 사이에서 태어난 단군왕검이 아사달에 도읍을 정하고 이 나라를 세웠다고 전해져요.

① 8조법으로 백성을 다스렸다.
② 영고라는 제천 행사를 열었다.
③ 지배자로 신지, 읍차 등이 있었다.
④ 읍락 간의 경계를 중시하는 책화가 있었다.

012

┃ 초급 41회 2번

(가) 국가에 대한 설명으로 옳은 것은? [3점]

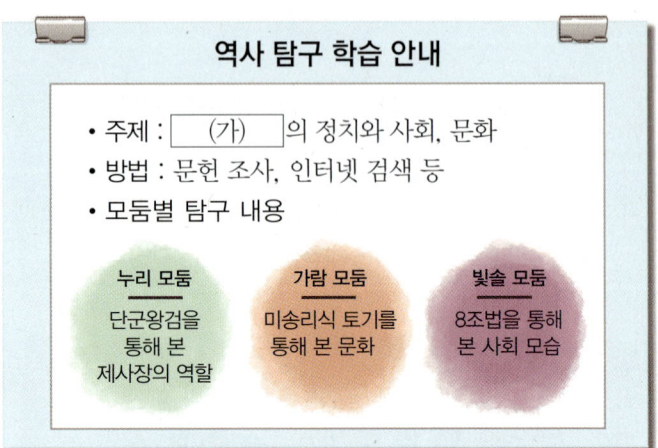

① 위례성을 도읍으로 하였다.
② 영고라는 제천 행사를 열었다.
③ 골품제라는 신분 제도가 있었다.
④ 건국 이야기가 삼국유사에 실려 있다.

013

┃ 초급 44회 3번

밑줄 그은 '이 나라'에 대한 설명으로 옳은 것은? [2점]

① 8조법으로 백성을 다스렸다.
② 낙랑과 왜에 철을 수출하였다.
③ 신분 제도인 골품제가 있었다.
④ 혼인 풍습으로 민며느리제가 있었다.

014

┃ 기본 57회 3번

다음 자료에 해당하는 나라에 대한 설명으로 옳은 것은? [2점]

> ○ 위서에 이르기를, "지금으로부터 2천여 년 전에 단군왕검이 아사달에 도읍을 정하였다."고 하였다.
> - "삼국유사" -
>
> ○ 누선장군 양복(楊僕)이 군사 7천을 거느리고 먼저 왕검성에 도착하였다. 우거가 성을 지키고 있다가 양복의 군사가 적은 것을 알고 곧 나가서 공격하니 양복이 패하여 달아났다.
> - "삼국유사" -

① 신성 지역인 소도가 있었다.
② 낙랑, 왜 등에 철을 수출하였다.
③ 화백 회의에서 중요한 일을 결정하였다.
④ 사회 질서를 유지하기 위해 범금 8조를 만들었다.

키워드로 개념 다지기

다음 키워드를 보고 ⭐ 에 알맞은 글자를 쓰시오.

❶ 청동기 시대, 거푸집으로 제작, 중국 악기 모양
‧‧‧‧‧‧‧‧ ⭐⭐형 동검

❷ 청동기 시대, 지배자의 무덤 ‧‧‧‧‧‧‧‧ ⭐⭐돌

❸ 청동기 시대, 농기구, 곡식을 수확하는 데 사용
‧‧‧‧‧‧‧‧ ⭐⭐돌칼

❹ 우리 역사상 최초의 국가, 홍익인간, 범금 8조(8조법), 한의 침입으로 멸망 ‧‧‧‧‧‧‧‧ 고⭐⭐

❺ 환웅과 웅녀의 혼인, 아사달에 도읍, 고조선 건국
‧‧‧‧‧‧‧‧ ⭐⭐왕검

정답 ❶ 비파 ❷ 고인 ❸ 반달 ❹ 조선 ❺ 단군

3 여러 나라의 성장

015

| 기본 50회 2번

(가)에 들어갈 내용으로 옳은 것은? [2점]

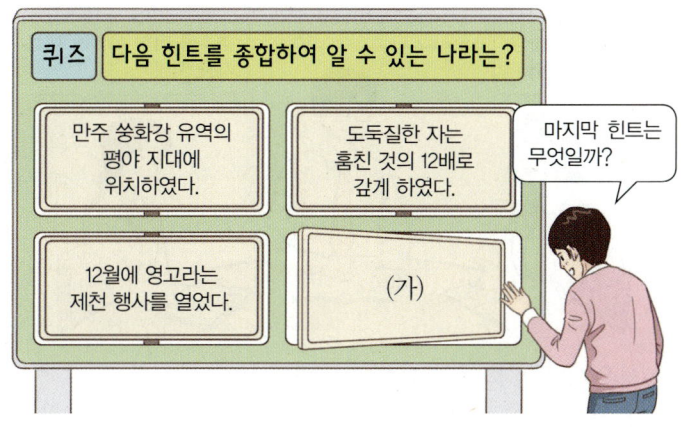

퀴즈 다음 힌트를 종합하여 알 수 있는 나라는?

만주 쑹화강 유역의 평야 지대에 위치하였다.

도둑질한 자는 훔친 것의 12배로 갚게 하였다.

12월에 영고라는 제천 행사를 열었다.

(가)

마지막 힌트는 무엇일까?

① 소도라고 불리는 신성 지역이 있었다.
② 읍락 간의 경계를 중시한 책화가 있었다.
③ 범금 8조를 통해 사회 질서를 유지하였다.
④ 여러 가(加)들이 별도로 사출도를 주관하였다.

016

| 기본 52회 2번

학생들이 공통으로 이야기하고 있는 나라를 지도에서 옳게 찾은 것은? [2점]

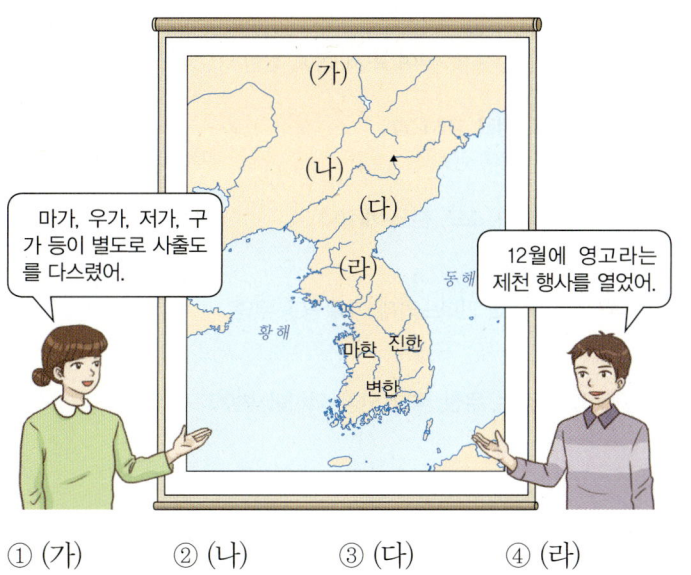

마가, 우가, 저가, 구가 등이 별도로 사출도를 다스렸어.

12월에 영고라는 제천 행사를 열었어.

① (가) ② (나) ③ (다) ④ (라)

017

| 기본 58회 2번

다음 퀴즈의 정답으로 옳은 것은? [2점]

한국사 퀴즈 대회

1단계 : 군장으로 읍군, 삼로 등이 있었습니다.

2단계 : 민며느리제라는 풍습이 있었습니다.

3단계 : 가족이 죽으면 뼈를 추려 가족 공동 무덤에 안치하였습니다.

제시된 힌트를 종합하여 알 수 있는 나라는 어디일까요?

① 동예 ② 부여
③ 삼한 ④ 옥저

018

| 기본 64회 2번

(가)에 들어갈 나라로 옳은 것은? [1점]

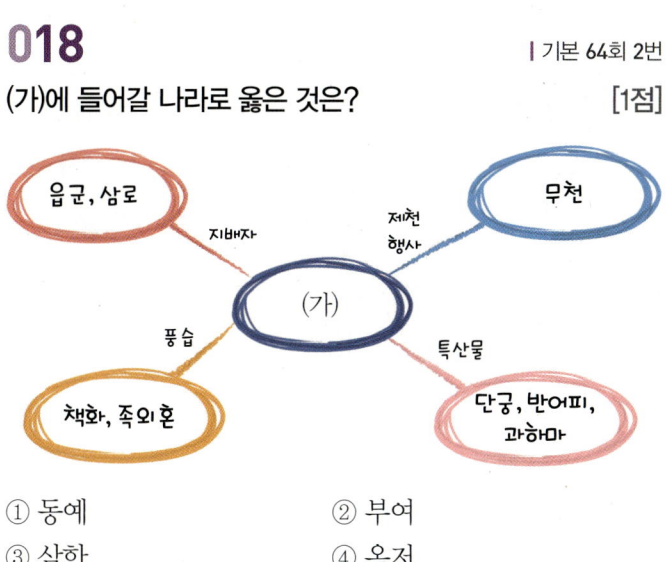

읍군, 삼로 ── 지배자

무천 ── 제천 행사

(가)

책화, 족외혼 ── 풍습

단궁, 반어피, 과하마 ── 특산물

① 동예 ② 부여
③ 삼한 ④ 옥저

019

| 초급 35회 3번

다음 가상 광고에 해당하는 나라에 대한 설명으로 옳은 것은?　　　　　　　　[3점]

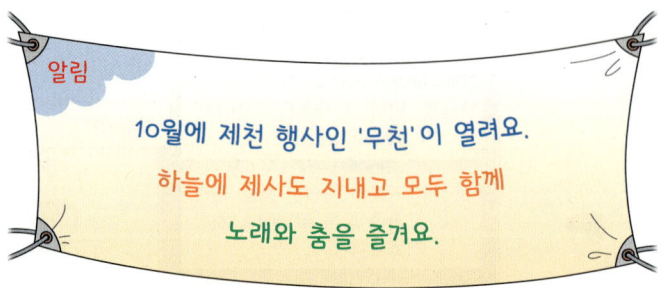

알림

10월에 제천 행사인 '무천'이 열려요.
하늘에 제사도 지내고 모두 함께
노래와 춤을 즐겨요.

① 사출도가 있었다.
② 주몽이 건국하였다.
③ 책화라는 풍습이 있었다.
④ 신라의 침입으로 멸망하였다.

020

| 기본 47회 3번

밑줄 그은 '이 나라'에 대한 설명으로 옳은 것은?　　　[3점]

이것은 솟대 모형이야. 솟대는 이 나라의 소도에서 유래했다고도 해.

이 나라에는 제사장인 천군도 있었어.

① 범금 8조로 백성을 다스렸다.
② 영고라는 제천 행사를 열었다.
③ 서옥제라는 혼인 풍습이 있었다.
④ 신지, 읍차 등의 지배자가 있었다.

021

| 기본 54회 2번

학생들이 공통으로 이야기하고 있는 나라에 대한 설명으로 옳은 것은?　　　　　　　　[2점]

한반도 남부에서 철기 문화를 바탕으로 발전하였어.

신지나 읍차 등의 지배자가 있었어.

씨뿌리기를 끝낸 5월과 추수를 마친 10월에 계절제를 지냈어.

① 서옥제라는 혼인 풍습이 있었다.
② 소도라고 불리는 신성 구역이 있었다.
③ 범금 8조를 만들어 사회 질서를 유지하였다.
④ 단궁, 과하마, 반어피 등의 특산물이 있었다.

키워드로 개념 다지기

다음 키워드와 관련된 나라를 〈보기〉에서 골라 쓰시오.

보기
부여, 옥저, 동예, 삼한

❶ 사출도, 영고, 1책 12법
　→ (　　　　　　　)

❷ 신지, 읍차, 소도, 천군, 계절제
　→ (　　　　　　　)

❸ 읍군, 삼로, 민며느리제, 가족 공동 무덤
　→ (　　　　　　　)

❹ 읍군, 삼로, 무천, 책화, 단궁·과하마·반어피
　→ (　　　　　　　)

정답　❶ 부여　❷ 삼한　❸ 옥저　❹ 동예

Ⅱ 고대

한국사능력검정시험 **기본**

최근 **4회차** 단원별 출제 비중

● 선사 고대 ● 고려 ● 조선1 ● 조선2 ● 개항기 ● 일제 강점기 ● 현대

제69회
· 시대 통합 2문항
· 세시 풍속 1문항

가야의 문화유산, 신라 법흥왕, 백제, 고구려의 대외 항쟁, 원효의 활동, 발해, 신라 말의 상황, 궁예의 활동

제67회
· 시대 통합 3문항
· 세시 풍속 1문항

고구려 광개토 태왕의 업적, 백제의 문화유산, 신라 진흥왕의 업적, 가야, 신라의 삼국 통일 과정, 발해의 문화유산, 경주 석굴암 본존불상, 호족

제66회
· 시대 통합 2문항
· 세시 풍속 1문항

고구려 장수왕의 업적, 백제 성왕의 업적, 신라의 삼국 통일 과정, 신라 신문왕의 업적, 익산 미륵사지 석탑, 통일 신라의 경제 상황, 발해의 문화유산, 고려의 후삼국 통일 과정

제64회
· 시대 통합 2문항

백제 근초고왕의 업적, 고구려 후기의 사실, 골품 제도, 경주 분황사 모전 석탑, 신라 말의 상황, 견훤의 활동, 발해의 문화유산

〈큰별쌤과 재미있게 공부하는 초등 한국사능력검정시험〉 교재에 있는 판서입니다.
★을 채우면서 핵심 개념을 한 번 더 확인해 보세요.

자세한 개념 정리는 〈큰별쌤과 재미있게 공부하는 초등 한국사능력검정시험〉에 있어요.

1 · 고구려
> 32~33쪽

건국자	~3C	4C(301~400)	5C(401~500)	6C(501~600)	7C(601~700)
주몽(알) ↓ 비류 온조	고국천왕 : ★★ ❶법(을파소)	· 고국원왕 X · 소수림왕 : ★❷령, ★❸교, ★❹학	· 광개토 태왕 : 비, 호우명 그릇(호우총), ★❺락 · 장수왕 : 남하(국내성→★★❻), 한성 X 　└충주 고구려비 백제 개로왕 X		· 수 → ★❼ 대첩 O(을지문덕) · 당 → ★❽ 성 전투O · 고구려 X 　→부흥 운동 　└검모잠, 고연무, 안승 　김춘추(나·당 동맹), 김유신 　나·당 연합

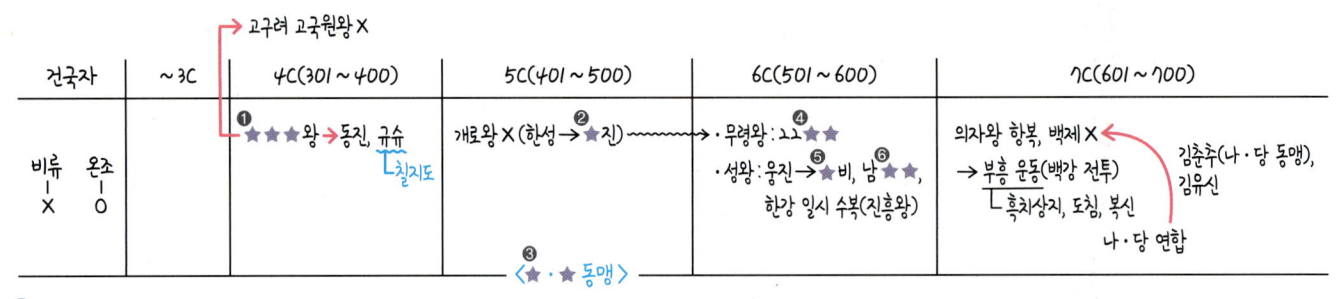

빈출 키워드 한문장

★ **고국천왕**은 가난한 백성을 구제하기 위해 **진대법**을 실시하였다.
★ **소수림왕**은 **불교**를 수용하고 **태학**을 설립하였으며 **율령**을 반포하였다.
★ **광개토 태왕**은 **신라**에 침입한 왜를 격퇴하였다.
★ **광개토 태왕**은 '**영락**'이라는 독자적인 연호를 사용하였다.

★ **장수왕**은 국내성에서 **평양**으로 천도하였다.
★ **을지문덕**은 수의 군대를 **살수**에서 크게 물리쳤다.
★ 고구려는 **안시성**에서 **당**의 군대를 격퇴하였다.

정답 ❶진대 ❷율 ❸불 ❹태 ❺영 ❻평양 ❼살수 ❽안시

2 · 백제
> 34~35쪽

건국자	~3C	4C(301~400)	5C(401~500)	6C(501~600)	7C(601~700)
비류 온조 　X 　O		→ 고구려 고국원왕 X ❶★★★왕 →동진, 규슈 　└칠지도	개로왕 X(한성→★❷진) ～～→	· 무령왕 : 22★★❹ · 성왕 : 웅진→★❺비, 남★★❻, 　한강 일시 수복(진흥왕)	의자왕 항복, 백제 X ↰ → 부흥 운동(백강 전투) 　└흑치상지, 도침, 복신 　나·당 연합 　김춘추(나·당 동맹), 김유신
			〈★·★ ❸동맹〉		

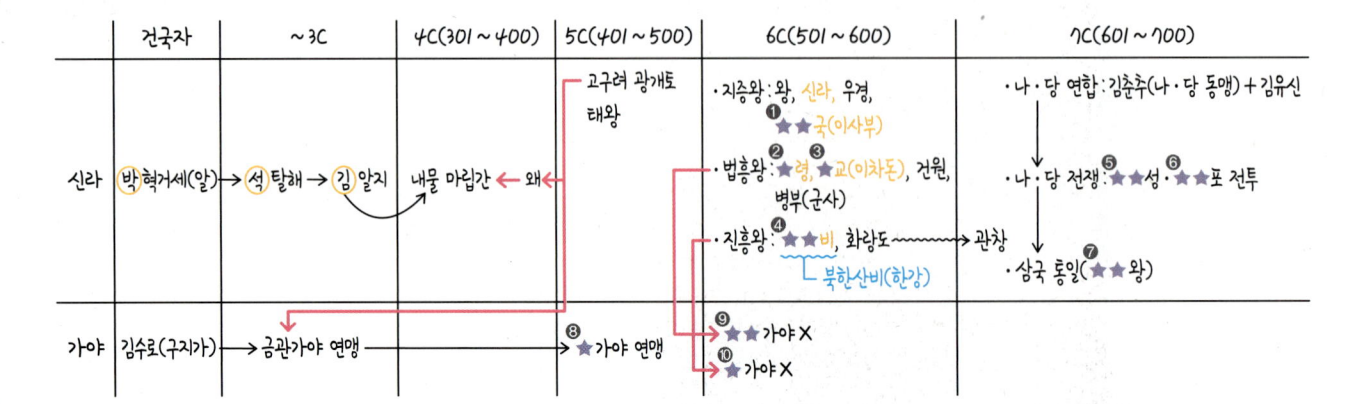

빈출 키워드 한문장

★ **근초고왕**은 고구려의 **평양성**을 공격하여 **고국원왕**을 전사시켰다.
★ 백제는 한성이 함락되자 **웅진**으로 수도를 옮겼다.
★ **무령왕**은 22담로에 왕족을 파견하였다.

★ **성왕**은 수도를 **사비**로 옮기고 국호를 '**남부여**'로 바꾸었다.

정답 ❶근초고 ❷웅 ❸나, 제 ❹담로 ❺사 ❻부여

3 · 신라, 가야
> 36~37쪽

	건국자	~3C	4C(301~400)	5C(401~500)	6C(501~600)	7C(601~700)
신라	박혁거세(알) → ★석탈해 → ★김알지			내물 마립간 ← 왜 ←│ （고구려 광개토 태왕）	· 지증왕 : 왕, 신라, 우경, 　★❶국(이사부) · 법흥왕 : ★❷령, ★❸교(이차돈), 건원, 　병부(군사) · 진흥왕 : ★★❹비, 화랑도 ～～ 관창 　└북한산비(한강)	· 나·당 연합 : 김춘추(나·당 동맹) + 김유신 ↓ · 나·당 전쟁 : ★★❺성·★★❻포 전투 ↓ · 삼국 통일(★★❼왕)
가야	김수로(구지가)	→ 금관가야 연맹 ━━━		→ ★❽가야 연맹	★★❾가야 X ★★❿가야 X	

★ **지증왕**은 국호를 '**신라**'로 정하고 최고 지배자의 칭호를 '**왕**'으로 바꾸었다.

★ **지증왕**은 **이사부**를 보내 **우산국**을 정복하였다.

★ **법흥왕**은 율령을 반포하고 **불교**를 공인하였다.

★ **법흥왕**은 **금관가야**를 병합하였다.

★ **진흥왕**은 한강 유역을 차지하고 **북한산 순수비**를 세웠다.

★ **진흥왕**은 **화랑도**를 국가적인 조직으로 개편하였다.

★ **진흥왕**은 **대가야**를 정복하였다.

★ 신라의 **김춘추**는 **당**과 **군사 동맹**을 성사시켰다.

★ 신라는 **매소성**과 **기벌포** 전투에서 당군을 격퇴하고 **삼국 통일**을 완성하였다.

★ **김수로왕**이 건국한 **금관가야**는 **김해** 지역을 중심으로 성장하였다.

정답 ❶ 우산 ❷ 율 ❸ 불 ❹ 순수 ❺ 매소 ❻ 기벌 ❼ 문무 ❽ 대 ❾ 금관 ❿ 대

---

4 · 삼국의 문화

> 44~49쪽

		고구려	백제	신라	가야
고분		・돌무지무덤 → (장군총) → 석촌동 고분 ・굴식 돌방무덤 입구 O, 벽화 O, 도굴 O → 무용도, 수렵도, 씨름도 → = + 벽돌무덤(★★ 왕릉, 공주) 중국 남조(양) 교류	돌무지덧널무덤 입구X, 벽화X, 도굴X (천마총, 경주) 천마도, 금관 (벽화X)	지산동・대성동 고분 → 철↑(철 갑옷), 금동관
도교, 유교		❶★교(신선) → 사신도	산수무늬 벽돌, 금동 대 ❹★(부여)	유교: 임신서기석	
불교	불상	금동 ❷★★ 기년명 여래 입상	서산 용현리 마애 여래 삼존상	경주 배동 석조 여래 삼존 입상	
	탑		・익산 ❺★★사지 석탑 ・부여 ❻★★사지 5층 석탑	・경주 ❼★★사 모전 석탑 ・경주 ❽★★사 9층 목탑(선덕 여왕→고려 몽골X)	
교류	일본	금동 ❾★★보살 반가 사유상(삼국) → 목조 미륵보살 반가 사유상(일본)			
		・담징 → 호류사 벽화 ・수산리 고분 벽화 → 다카마쓰 고분 벽화	왕인, 아직기, 칠지도		가야 토기 → 스에키
	서역	우즈베키스탄 아프라시아브 궁전 벽화, 각저총(서역인)		보검, 유리잔, 원성왕릉 무인상(통일 신라)	

★ **고구려 고분**에 남아 있는 무용도, 수렵도 등의 **벽화**를 통해 당시 사람들의 생활 모습을 짐작할 수 있다.

★ 고구려 고분 벽화인 **사신도**에는 **도교** 사상이 반영되어 있다.

★ **금동 연가 7년명 여래 입상**은 **고구려**의 대표적인 불상이다.

★ 백제 **산수무늬 벽돌**에는 **도교** 사상이 반영되어 있다.

★ 백제 **금동 대향로**에 불교와 **도교** 사상이 반영되어 있다.

★ **서산 용현리 마애 여래 삼존상**은 '**백제의 미소**'라고 불린다.

★ **익산 미륵사지 석탑**에는 **목탑** 양식이 반영되었다.

★ **부여 정림사지 5층 석탑**은 당이 백제를 정벌하였다는 내용이 탑신에 새겨져 있어 '**평제탑**'이라고 불리기도 하였다.

★ 신라의 **경주 분황사 모전 석탑**은 돌을 벽돌 모양으로 다듬어 쌓아 올린 탑이다.

★ 신라 선덕 여왕 때 건립된 **황룡사 9층 목탑**은 몽골이 고려에 침입하였을 때 불타 버렸다.

★ 삼국 시대에 제작된 **금동 미륵보살 반가 사유상**과 일본의 **목조 미륵보살 반가 사유상**의 모습이 유사하다는 점을 통해 삼국의 문화가 일본에 전해졌음을 알 수 있다.

정답 ❶ 도 ❷ 연가 ❸ 무령 ❹ 향로 ❺ 미륵 ❻ 정림 ❼ 분황 ❽ 황룡 ❾ 미륵

5 · 발해의 정치와 문화

› 54~55쪽

	정치	문화	
발해 (북국)	❶★★영 : 건국(동모산) ❷★왕(인안) : 장문휴 → 산둥반도 공격 ❸★왕(대흥) : 친당, 3성 6부, 신라 교류(신라도) • 선왕(건흥) ❹★★성국, 5경 15부 62주	❺★★★ 계승 • 온돌 • 석등, 돌사자상, 이불병좌상 • 정혜 공주 무덤(모줄임천장)	중국 영향 • 주작대로(상경성) ❻★성(정당성, 중대성, 선조성) ❼★부 • 정효 공주 무덤(벽돌무덤) • 영광탑

"나 고려 국왕은~" → 日

빈출 키워드 한 문장

★ **대조영**은 동모산에서 **발해**를 건국하였다.
★ **무왕**은 **장문휴**를 보내 당의 **산둥반도**를 공격하였다.
★ 발해는 전성기에 중국으로부터 '**해동성국**'이라 불렸다.

★ 발해의 **석등, 돌사자상, 이불병좌상**은 **고구려** 문화의 영향을 받았다.

정답 ❶ 대조 ❷ 무 ❸ 문 ❹ 해동 ❺ 고구려 ❻ 3 ❼ 6

6 · 통일 신라의 정치

› 56~57쪽

		정치
통일 신라 (남국)	초기	• 태종 무열왕(김춘추) : 최초 진골 출신 王, 김유신 → 백제X(황산벌, 계백) ❶★★왕 : 고구려X, 삼국 통일, 용 → 대왕암 — (만파식적) ❷★★왕 : 9주 5소경, 9서당 10정, 관료전(← 민정 문서), 녹읍X, 감은사, 국학
	말기	• 중앙 : 진골 귀족 간 왕위 다툼(예)김헌창의 난) • 지방 농민 봉기 : 원종과 애노의 난 　❸★족 성장 : 장★(청해진) / 견★(후백제), 궁★(후고구려)→왕건 미륵불 ❼★풍제→ ❽★6두품 : 최★★(토황소격문, 계원필경)

빈출 키워드 한 문장

★ 신라는 통일 이후 전국을 **9주**로 나누고 **5소경**을 설치하였다.
★ **신문왕**은 **국학**을 세워 유학 교육을 실시하였다.
★ **신문왕**은 아버지 문무왕을 위해 **감은사**를 건립하였다.
★ **진성 여왕** 때 **원종과 애노**가 봉기하였다.
★ **장보고**는 완도에 **청해진**을 설치하여 해상 무역을 주도하였다.
★ **견훤**은 완산주에서 **후백제**를 건국하였다.
★ **궁예**는 송악에서 **후고구려**를 건국하였다.
★ **신라**는 **골품**에 따라 관직 승진과 일상 생활을 제한하였다.
★ 6두품 출신인 **최치원**은 "**계원필경**"을 저술하였다.

정답 ❶ 문무 ❷ 신문 ❸ 호 ❹ 보고 ❺ 훤
❻ 예 ❼ 골 ❽ 치원

7 · 통일 신라의 문화

› 58~59쪽

	문화
통일 신라 (남국)	• 승려 : ❶★효(아미타 신앙 → 불교 대중화, 무애가), ❷★상(화엄 사상↑, 부석사), 　　　❸★초(왕오천축국전) • 불교 ┌ 석굴암 본존불상 　　　└ ❹★사(다보탑, 3층 석탑 – 석가탑 = 무영탑) 　　　　　❺★★★★ 대다라니경 : 현존 최고(最古) 목판 인쇄물 • ❻★궁과 ★지(안압지) : 주사위… / 첨성대(통일 신라X, 선덕 여왕) • 성덕 대왕 신종

빈출 키워드 한 문장

★ **원효**는 아미타 신앙을 통해 **불교 대중화**에 힘썼다.
★ **의상**은 화엄종을 개창하고 **부석사**를 건립하였다.
★ **혜초**는 인도와 중앙아시아를 순례한 후 "**왕오천축국전**"을 저술하였다.
★ 불국사 3층 석탑에서 **무구정광대다라니경**이 발견되었다.

정답 ❶ 원 ❷ 의 ❸ 혜 ❹ 불국 ❺ 무구정광
❻ 동, 월

정답과 해설 12~19쪽

1 고구려

022
| 기본 50회 5번

밑줄 그은 '제도'로 옳은 것은? [1점]

〈역사 연극 대본〉

S# 7. 왕이 길가에서 울고 있는 백성을 만난다.

고국천왕 : 왜 그렇게 슬피 우느냐?

백성 : 흉년으로 곡식을 구하기 어려워 어떻게 어머니를 봉양해야 할지 걱정이 되어 울고 있습니다.

S# 8. 궁에서 신하와 국정을 논의하고 있다.

고국천왕 : 어려운 백성을 구제할 해결책을 찾아보아라.

을파소 : 봄에 곡식을 빌려주고 겨울에 갚게 하는 제도를 마련하겠습니다.

① 의창
② 환곡
③ 사창제
④ 진대법

023
| 초급 42회 7번

학생들이 공통으로 이야기하고 있는 왕으로 옳은 것은? [2점]

태학을 세워 나라의 인재를 양성했어.

불교를 받아들여 왕권을 강화하였어.

율령을 반포하여 나라의 기틀을 마련했지.

① 고이왕
② 진흥왕
③ 근초고왕
④ 소수림왕

024
| 기본 54회 3번

(가)에 들어갈 내용으로 옳은 것은? [2점]

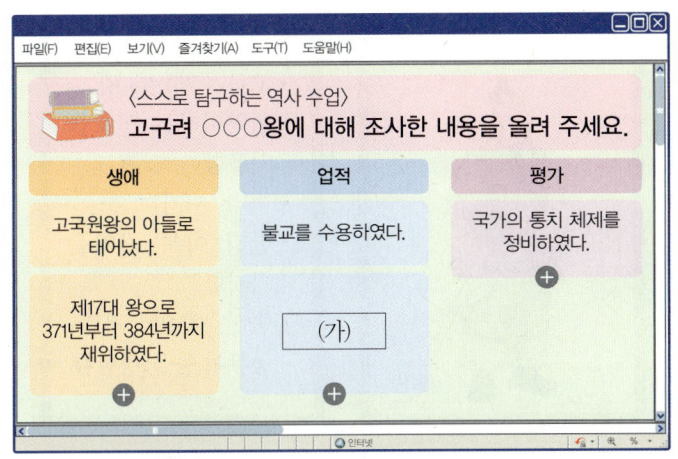

〈스스로 탐구하는 역사 수업〉
고구려 ○○○왕에 대해 조사한 내용을 올려 주세요.

생애
고국원왕의 아들로 태어났다.

제17대 왕으로 371년부터 384년까지 재위하였다.

업적
불교를 수용하였다.

(가)

평가
국가의 통치 체제를 정비하였다.

① 태학을 설립하였다.
② 병부를 설치하였다.
③ 화랑도를 정비하였다.
④ 웅진으로 천도하였다.

025
| 기본 57회 4번

(가) 왕에 대한 설명으로 옳은 것은? [2점]

이것은 경주의 고분에서 출토된 청동 그릇입니다. 바닥면에 [(가)]을/를 나타내는 글자가 새겨져 있어, 당시 신라와 고구려의 관계를 알 수 있습니다. [(가)]은/는 군대를 보내 신라에 침입한 왜를 격퇴하였습니다.

호우총 청동 그릇

① 태학을 설립하였다.
② 낙랑군을 몰아내었다.
③ 천리장성을 축조하였다.
④ 영락이라는 연호를 사용하였다.

026

기본 61회 2번

(가)에 들어갈 내용으로 옳은 것은? [2점]

(앞면)

• 고구려 제19대 왕
• 영락이라는 연호를 사용함
(가)
• 한강 이북 지역을 차지함
• 숙신, 후연, 거란, 동부여 등을 정벌함

(뒷면)

① 태학을 설립함
② 평양으로 천도함
③ 천리장성을 축조함
④ 신라에 침입한 왜를 격퇴함

027

초급 46회 4번

(가) 왕의 업적으로 옳은 것은? [2점]

고구려
(가)

친구 추가   메세지   더 보기

광개토 대왕의 아들로 태어남
고구려 제20대 왕에 즉위함
백제를 공격하여 한성을 함락함

① 청해진을 설치하였다.
② 수도를 평양으로 옮겼다.
③ 지방에 22담로를 두었다.
④ 독서삼품과를 실시하였다.

028

기본 49회 4번

(가) 왕에 대한 설명으로 옳은 것은? [3점]

저희 모둠은 남진 정책을 추진한 (가) 의 한강 유역 진출 과정을 개로왕과 도림 스님의 이야기로 그려 보았습니다.

역사의 한 장면 그리기

개로왕
도림

① 태학을 설립하였다.
② 우산국을 정벌하였다.
③ 왜에 칠지도를 보냈다.
④ 광개토 대왕릉비를 건립하였다.

029

기본 47회 2번

(가)~(다)를 일어난 순서대로 옳게 나열한 것은? [2점]

고구려의 발전 과정

(가)   (나)   (다)

영락 연호 사용   태학 설립   평양 천도

① (가) - (나) - (다)   ② (가) - (다) - (나)
③ (나) - (가) - (다)   ④ (다) - (나) - (가)

030

기본 51회 8번

밑줄 그은 '전투'로 옳은 것은?　　　　　[2점]

문학으로 만나는 한국사

신묘한 계책은 하늘의 이치를 알았고
오묘한 계획은 땅의 이치를 다 통했구려.
전쟁에 이겨서 공이 이미 높아졌으니
만족함을 알고 전쟁을 멈추는 것이 어떠하오.

－ 을지문덕이 우중문에게 보낸 시 －

을지문덕은 고구려를 침략한 수의 장수 우중문에게 이 시를 보냈습니다. 이후 강을 건너 퇴각하는 수의 군대와 벌인 <u>전투</u>에서, 고구려군은 큰 승리를 거두었습니다.

① 명량 대첩
② 살수 대첩
③ 황산 대첩
④ 한산도 대첩

031

기본 69회 6번

선생님의 질문에 대한 학생의 대답으로 적절한 것은?　　[2점]

고구려가 외세의 침략을 막아 낸 사례에 대해 말해 볼까요?

① 을지문덕이 살수에서 수의 군대를 물리쳤어요.

② 계백이 이끄는 결사대가 황산벌에서 항전하였어요.

③ 이성계가 황산에서 왜구를 격퇴하였어요.

④ 왕건이 일리천에서 승리하였어요.

032

기본 63회 3번

다음 가상 인터뷰의 주인공으로 옳은 것은?　　　　[2점]

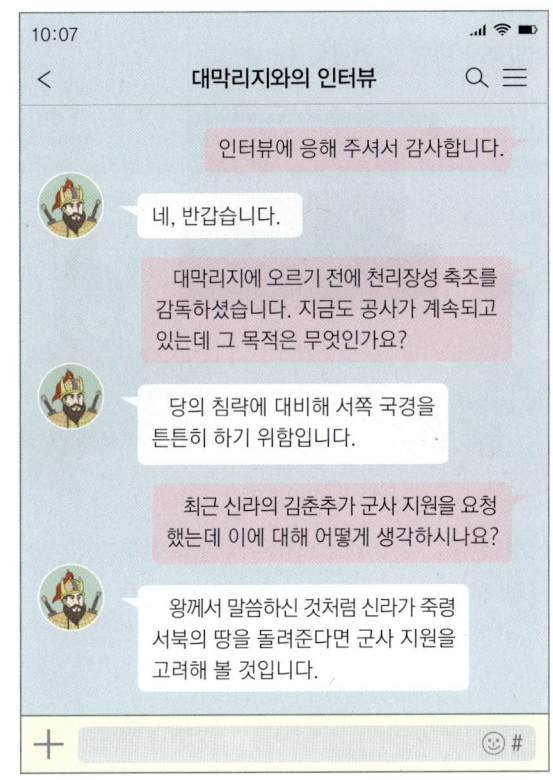

10:07

대막리지와의 인터뷰

인터뷰에 응해 주셔서 감사합니다.

네, 반갑습니다.

대막리지에 오르기 전에 천리장성 축조를 감독하셨습니다. 지금도 공사가 계속되고 있는데 그 목적은 무엇인가요?

당의 침략에 대비해 서쪽 국경을 튼튼히 하기 위함입니다.

최근 신라의 김춘추가 군사 지원을 요청했는데 이에 대해 어떻게 생각하시나요?

왕께서 말씀하신 것처럼 신라가 죽령 서북의 땅을 돌려준다면 군사 지원을 고려해 볼 것입니다.

① 김유신
② 장보고
③ 연개소문
④ 흑치상지

033

기본 55회 4번

(가), (나) 사이의 시기에 있었던 사실로 옳은 것은?　　[2점]

(가) 장수왕 63년, 왕이 군사 3만 명을 거느리고 백제에 침입하여 도읍인 한성을 함락시키고 백제 왕을 죽였다.

(나) 보장왕 4년, 당의 여러 장수가 안시성을 공격하였다. …… [당군이] 밤낮으로 쉬지 않고 60일간 50만 명을 동원하여 토산을 쌓았다. …… 고구려군 수백 명이 성이 무너진 곳으로 나가 싸워서 마침내 토산을 빼앗았다.

① 원종과 애노가 봉기하였다.
② 김흠돌이 반란을 도모하였다.
③ 을지문덕이 수의 군대를 물리쳤다.
④ 장문휴가 당의 산둥반도를 공격하였다.

034

초급 42회 6번

밑줄 그은 '이 전투'로 옳은 것은? [2점]

한국사 대담 **그날**을 말하다

이 전투를 지휘한 성주님을 모시고 이야기를 들어보겠습니다.

당시 우리 고구려군은 당 태종의 대군에 맞서 치열하게 싸웠습니다. 당군은 토산을 쌓으면서까지 성을 점령하려 했으나, 우리는 백성들과 함께 이를 막아 냈습니다.

① 관산성 전투　　② 기벌포 전투
③ 안시성 전투　　④ 황산벌 전투

036

기본 49회 6번

(가)에 해당하는 인물로 옳은 것은? [2점]

모집

고연무 장군이 압록강을 넘어 오골성을 공격했다지.

고구려 부흥군은 당신을 원하고 있다!

고구려 부흥을 위해 우리도 힘을 보태세.

(가) 이/가 안승을 왕으로 세워 당에 대항한다네.

① 계백　　② 검모잠
③ 김유신　　④ 흑치상지

035

기본 50회 6번

다음에서 보도하고 있는 사건이 일어난 시기를 연표에서 옳게 고른 것은? [3점]

우리 고구려군이 당군에 맞서 치열하게 싸우고 있습니다. 당군이 성벽보다 높은 흙산을 쌓아 공략을 시도하고 있는데요. 성안에서도 방어 태세를 갖추고 있는 것으로 보입니다. 지금까지 안시성 전투 현장에서 전해드렸습니다.

391	427	554	612	668
(가)	(나)	(다)	(라)	
광개토 대왕 즉위	고구려 평양 천도	관산성 전투	살수 대첩	고구려 멸망

① (가)　　② (나)　　③ (다)　　④ (라)

키워드로 개념 다지기

다음 키워드를 보고 ★ 에 알맞은 글자를 쓰시오.

❶ 고국천왕 시행, 을파소 건의, 빈민 구제책, 봄에 곡식을 빌려주고 겨울에 갚게 함 ········· ★★ 법

❷ 불교 수용, 태학 설립, 율령 반포 ········· ★★★ 왕

❸ '영락' 연호 사용, 한강 이북 지역 차지, 신라에 침입한 왜 격퇴, 호우총 청동 그릇 ········· ★★★ 태왕

❹ 평양으로 천도, 남진 정책 추진, 한성 함락, 광개토 태왕릉비 건립 ········· ★★ 왕

❺ 을지문덕, 수의 우중문이 이끄는 30만 별동대 격퇴 ········· ★★ 대첩

❻ 천리장성 축조 감독, 정변을 일으킴, 대막리지 ········· 연 ★★★

❼ 당 태종의 고구려 공격, 당 군대가 흙산을 쌓음 ········· ★★ 성 전투

정답 ❶ 진대 ❷ 소수림 ❸ 광개토 ❹ 장수 ❺ 살수 ❻ 개소문 ❼ 안시

2 백제

037
| 초급 37회 2번

그림의 건국 이야기가 전해지는 나라에 대한 설명으로 옳은 것은? [3점]

첫 번째 장면
고구려를 떠나는 비류와 온조 형제

두 번째 장면
정착할 곳을 살피는 비류와 온조 형제

세 번째 장면
한강 유역에 정착하여 나라를 세우는 온조

① 대가야를 정복하였다.
② 왜에 칠지도를 보냈다.
③ 화랑도라는 단체가 있었다.
④ 동맹이라는 제천 행사를 열었다.

038
| 초급 41회 3번

(가)에 해당하는 왕으로 옳은 것은? [2점]

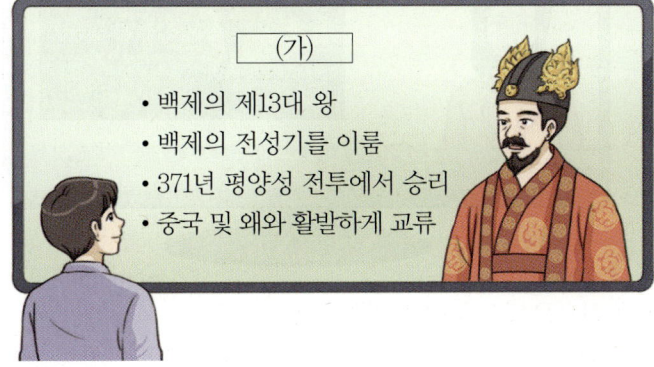

(가)
• 백제의 제13대 왕
• 백제의 전성기를 이룸
• 371년 평양성 전투에서 승리
• 중국 및 왜와 활발하게 교류

① 성왕
② 온조왕
③ 의자왕
④ 근초고왕

039
| 기본 64회 3번

(가)에 들어갈 내용으로 옳은 것은? [2점]

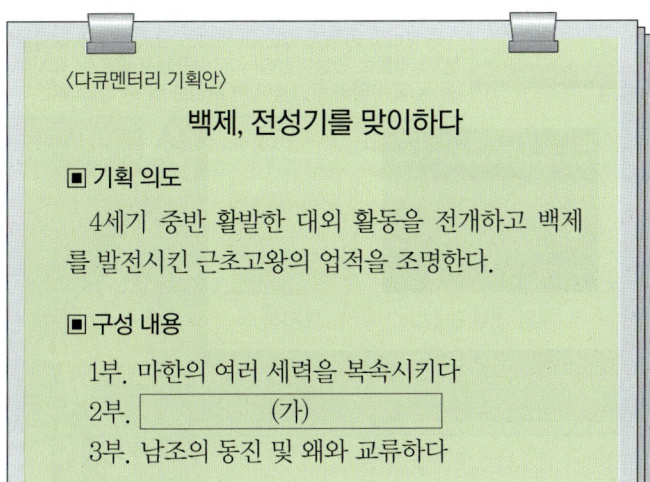

〈다큐멘터리 기획안〉

백제, 전성기를 맞이하다

■ 기획 의도
　4세기 중반 활발한 대외 활동을 전개하고 백제를 발전시킨 근초고왕의 업적을 조명한다.

■ 구성 내용
　1부. 마한의 여러 세력을 복속시키다
　2부. 　　(가)
　3부. 남조의 동진 및 왜와 교류하다

① 사비로 천도하다
② 22담로를 설치하다
③ 고국원왕을 전사시키다
④ 독서삼품과를 시행하다

040
| 기본 57회 5번

(가), (나) 사이의 시기에 있었던 사실로 옳은 것은? [3점]

(가)
얼마 전 고구려가 도읍을 평양으로 옮겼다는군.
앞으로 우리 한성을 향해 내려올 것 같아 걱정일세.

(나)
왕성이 함락되고 왕께서도 목숨을 잃으셨다고 하네.
새로 즉위한 문주왕께서 이곳 웅진으로 오신다는군.

① 고구려가 옥저를 정복하였다.
② 백제가 신라와 동맹을 맺었다.
③ 백제가 관산성 전투에서 패배하였다.
④ 고구려가 안시성에서 당군을 물리쳤다.

041

ㅣ기본 52회 5번

밑줄 그은 '이 왕'으로 옳은 것은?　[1점]

충청남도 공주에 있는 이 무덤은 중국 남조의 영향을 받아 벽돌로 만들어졌습니다. 이곳에서 출토된 묘지석을 통해 무덤의 주인공이 이 왕임을 알 수 있습니다.

무덤 내부 모습　묘지석

① 성왕　② 고이왕
③ 무령왕　④ 근초고왕

042

ㅣ초급 44회 9번

밑줄 그은 '이 왕'에 대한 설명으로 옳은 것은?　[2점]

입체 체험실

나는 백제 이 왕의 무덤을 지키는 석수야. 이 무덤은 중국 남조의 영향을 받아 벽돌로 만들어졌어.

① 수나라의 침략을 막아 냈다.
② 도읍을 평양성으로 옮겼다.
③ 22담로에 왕족을 파견하였다.
④ 진대법을 처음으로 실시하였다.

043

ㅣ기본 50회 3번

학생들이 공통으로 이야기하고 있는 왕으로 옳은 것은? [2점]

사비로 도읍을 옮겼어.

남부여로 국호를 바꿨어.

신라와 연합하여 한강 하류 지역을 되찾았어.

① 성왕　② 무열왕
③ 근초고왕　④ 소수림왕

044

ㅣ기본 58회 4번

밑줄 그은 '이 왕'의 업적으로 옳은 것은?　[2점]

부여 나성 발굴 과정에서 성의 북문 터가 확인되었습니다. 부여 나성은 백제 사비 도성을 감싸는 방어 시설로, 수도를 웅진에서 사비로 옮긴 이 왕 때 축조된 것으로 추정됩니다.

부여 나성 북문 터 확인

① 동진으로부터 불교를 받아들였다.
② 고흥에게 역사서인 서기를 편찬하게 하였다.
③ 진흥왕과 연합하여 한강 유역을 회복하였다.
④ 대야성을 비롯한 신라의 40여 개 성을 빼앗았다.

045

(가) 국가에 대한 설명으로 옳은 것은?　　[2점]

이 전시실에서는 한성을 빼앗긴 뒤 웅진과 사비에서 국력을 회복하며 문화의 꽃을 피운 (가) 의 문화유산을 감상할 수 있습니다.

① 주몽이 건국하였다.
② 지방에 22담로를 두었다.
③ 8조법으로 백성을 다스렸다.
④ 골품제라는 신분 제도가 있었다.

046

다음 대화 이후에 있었던 사실로 옳은 것은?　　[2점]

자네 소식 들었는가? 며칠 전 김유신 장군이 이끄는 우리 신라군이 황산벌 전투에서 마침내 승리하였다네.

나도 들었네. 계백이 이끄는 결사대와 싸워 힘겹게 승리했다더군.

① 대가야가 신라에 정복되었다.
② 고구려가 안시성에서 당군을 격퇴하였다.
③ 흑치상지가 백제 부흥 운동을 전개하였다.
④ 김춘추가 당과의 군사 동맹을 성사시켰다.

047

(가), (나) 사이의 시기에 있었던 사건으로 옳은 것은?　　[3점]

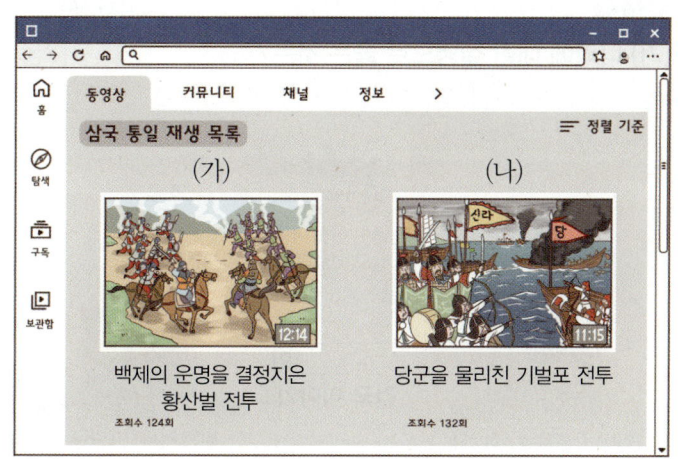

삼국 통일 재생 목록

(가) 백제의 운명을 결정지은 황산벌 전투
조회수 124회

(나) 당군을 물리친 기벌포 전투
조회수 132회

① 백강 전투
② 살수 대첩
③ 관산성 전투
④ 처인성 전투

키워드로 개념 다지기

다음 키워드를 보고 ★ 에 알맞은 글자를 쓰시오.

❶ 백제의 전성기, 마한 정벌, 중국·왜와 교류, 평양성 공격, 고구려 고국원왕 전사 ·········· 근 ★★ 왕

❷ 22담로에 왕족 파견, 중국 남조와 교류, 벽돌무덤의 주인공 ·········· ★★ 왕

❸ 사비로 천도, 국호를 '남부여'로 변경, 신라와 연합하여 한강 하류 지역 회복, 관산성 전투에서 전사 ·········· ★ 왕

❹ 계백이 이끄는 5천 명의 결사대가 김유신의 신라군에 맞서 싸움 ·········· ★★ 벌 전투

❺ 흑치상지, 복신, 도침, 백강 전투 ·········· ★★ 부흥 운동

정답 ❶ 초고 ❷ 무령 ❸ 성 ❹ 황산 ❺ 백제

정답과 해설 25~32쪽

3 신라, 가야

048
| 초급 44회 2번

(가) 나라에 대한 설명으로 옳은 것은? [3점]

(가)의 건국 이야기

사람들이 여섯 마을에 살고 있었다.

한 마을의 촌장이 나정에서 흰말과 큰 알을 발견하였다.

이 아이가 사로국의 첫 번째 왕인 박혁거세이다.

알에서 남자 아이가 나왔다.

① 위례성을 도읍으로 하였다.
② 서옥제라는 풍습이 있었다.
③ 제천 행사인 무천이 열렸다.
④ 화백 회의라는 제도가 있었다.

049
| 기본 52회 3번

다음 가상 인터뷰에 등장하는 왕의 재위 기간에 있었던 사실로 옳은 것은? [3점]

즉위한 이후에 어떤 일을 하셨나요?

국호를 신라로 확정하고 임금의 칭호를 마립간에서 왕으로 고쳤습니다.

① 불교가 공인되었다.
② 노비안검법이 시행되었다.
③ 이사부가 우산국을 정벌하였다.
④ 황룡사 구층 목탑이 건립되었다.

050
| 기본 60회 7번

밑줄 그은 '왕'의 업적으로 옳은 것은? [2점]

○ 왕이 영을 내려 순장을 금하게 하였다. 이전에는 국왕이 죽으면 남녀 다섯 명씩 순장하였는데, 이때에 이르러 금하게 한 것이다.

○ 여러 신하들이 한뜻으로 '신라 국왕'이라는 호칭을 올리니, 왕이 이를 따랐다. - "삼국사기" -

① 우경을 장려하였다.
② 율령을 반포하였다.
③ 독서삼품과를 실시하였다.
④ 화랑도를 국가 조직으로 개편하였다.

051
| 기본 47회 4번

다음 가상 인터뷰에 등장하는 왕으로 옳은 것은? [2점]

이차돈의 순교를 계기로 불교를 공인하셨습니다. 이후 어떠한 일들을 하셨나요?

금관가야를 병합하여 영토를 넓혔습니다.

① 성왕 ② 법흥왕
③ 지증왕 ④ 근초고왕

052

밑줄 그은 '나'의 업적으로 옳은 것은?　　[2점]

나는 신라의 제23대 왕으로 병부를 설치하고, 율령을 반포하였소.

① 녹읍을 폐지하였다.
② 불교를 공인하였다.
③ 독서삼품과를 시행하였다.
④ 북한산에 순수비를 세웠다.

053

다음 사건이 일어난 시기를 연표에서 옳게 고른 것은?　[3점]

나는 신라의 영토를 한강 유역까지 넓힌 것을 기념하여 이곳 북한산에 순수비를 세우노라.

475		523		642		660		676
	(가)		(나)		(다)		(라)	
백제 웅진 천도		백제 성왕 즉위		대야성 전투		황산벌 전투		신라 삼국 통일

① (가)　　② (나)　　③ (다)　　④ (라)

054

다음 가상 인터뷰에 등장하는 왕의 업적으로 옳은 것은? [2점]

즉위하신 이후에 어떤 일을 하셨나요?

한강 유역을 차지한 뒤, 이를 기념하여 북한산에 순수비를 세웠습니다. 그리고 화랑도를 국가적인 조직으로 개편했습니다.

① 국학을 설립하였다.
② 병부를 설치하였다.
③ 대가야를 정복하였다.
④ 독서삼품과를 실시하였다.

055

밑줄 그은 '그'로 옳은 것은?　　　　[1점]

이때 고구려 관리에게 토끼와 거북이의 이야기를 듣게 되었답니다. 그는 뜻을 알아차리고 꾀를 내어 영토를 돌려주겠다고 한 뒤 신라로 무사히 돌아왔어요. 그리고 몇 해 후 당으로 건너가 동맹을 맺었지요.

선덕 여왕 11년 그는 군사를 청하러 고구려로 떠났습니다. 하지만 죽령 이북의 땅을 돌려달라는 보장왕의 요구를 들어 주지 않아 별관에 갇히게 되었지요.

-3-　　　　　　-4-

① 김대성　　　　② 김춘추
③ 사다함　　　　④ 이사부

056

기본 52회 7번

(가) 시기에 있었던 사실로 옳은 것은? [3점]

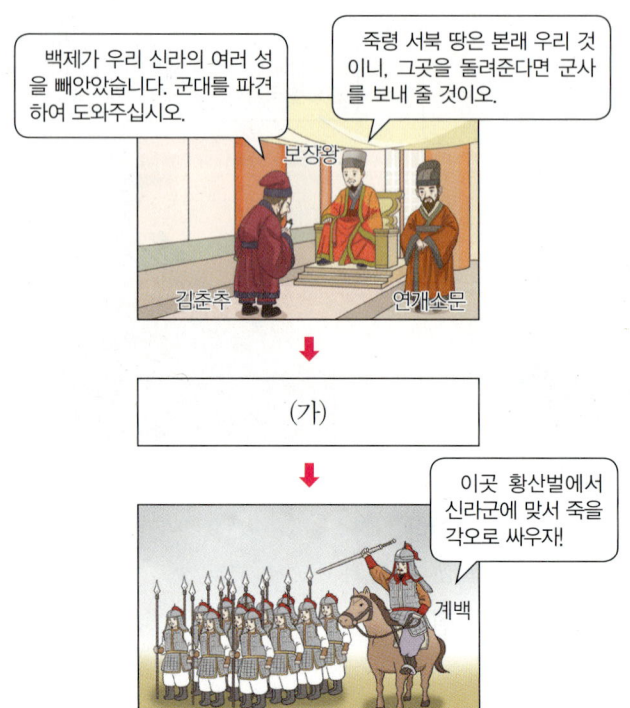

① 신라와 당이 동맹을 맺었다.
② 백제가 수도를 사비로 옮겼다.
③ 대가야가 가야 연맹을 주도하였다.
④ 고구려가 살수에서 수의 대군을 격파하였다.

057

기본 61회 7번

(가)~(다)를 일어난 순서대로 옳게 나열한 것은? [3점]

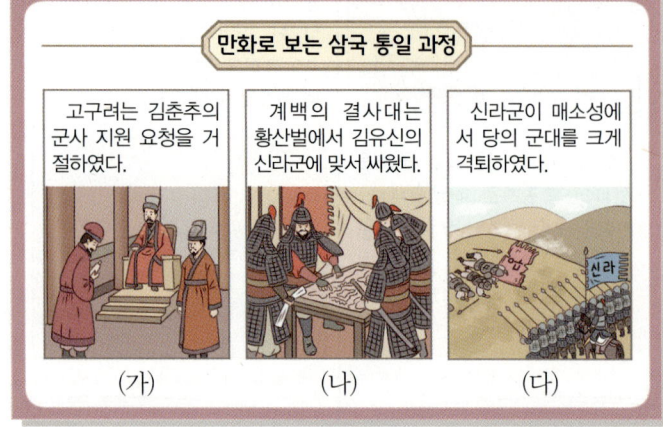

① (가) - (나) - (다)   ② (나) - (가) - (다)
③ (나) - (다) - (가)   ④ (다) - (나) - (가)

058

기본 54회 5번

다음 가상 일기의 밑줄 그은 '이 전투'로 옳은 것은? [2점]

> 676년 ○○월 ○○일
>
> 매소성 전투에서 승리한 우리 신라군이 설인귀가 이끄는 당군을 이 전투에서 또다시 격파하였다는 소식을 들었다. 수많은 사람의 희생 끝에 삼국 통일이 눈앞에 다가왔으니, 이제 백성들이 좀 더 편안하게 살 수 있는 세상이 되었으면 좋겠다.

① 살수 대첩   ② 기벌포 전투
③ 안시성 전투   ④ 황산벌 전투

059

기본 66회 6번

(가)~(다)를 일어난 순서대로 옳게 나열한 것은? [3점]

① (가) - (나) - (다)   ② (가) - (다) - (나)
③ (나) - (가) - (다)   ④ (다) - (가) - (나)

060

밑줄 그은 '이 나라'에 대한 설명으로 옳은 것은? [2점]

> **김해 지역에 세워진 이 나라의 역사를 여행 앱을 통해 만나 보세요.**
>
> 국립 김해 박물관 · 김해 구지봉 · 김해 대성동 고분군 · 김해 수로왕릉

① 전기 가야 연맹을 주도하였다.
② 교육 기관인 국학을 설치하였다.
③ 옥저를 정복하고 동해안으로 진출하였다.
④ 지방에 22담로를 두어 왕족을 파견하였다.

061

(가) 나라의 경제 상황으로 옳은 것은? [2점]

> **(가) 문화유산 발표회**
>
> 이 토기는 김해에서 출토되었으며, 갑옷으로 무장한 인물의 모습이 묘사되어 있습니다.
>
> 이것은 김해 대성동 고분에서 출토된 철제 판갑옷입니다.

① 정기 시장인 장시가 전국 각지에서 열렸다.
② 시장을 감독하기 위한 동시전이 설치되었다.
③ 활구라고도 불린 은병이 화폐로 사용되었다.
④ 낙랑군과 왜 사이의 중계 무역으로 이익을 얻었다.

062

밑줄 그은 '이 나라'에 대한 설명으로 옳은 것은? [3점]

> **고령에 다녀와서**
>
> 나는 어제 부모님과 함께 경상북도 고령의 지산동 고분군을 보고 왔다.
> 이곳에서는 이 나라의 문화유산인 금동관과 철제 판갑옷 등 다양한 유물이 출토되었다고 한다.

고령 지산동 고분군

① 진대법을 실시하였다.
② 22담로를 설치하였다.
③ 후기 가야 연맹을 주도하였다.
④ 거란의 침입으로 멸망하였다.

키워드로 개념 다지기

다음 키워드를 보고 ⭐ 에 알맞은 글자를 쓰시오.

❶ 국호 '신라' 확정, '왕' 칭호 사용, 이사부를 보내 우산국 정복, 우경 장려 ⋯⋯⋯⋯ ⭐⭐ 왕

❷ 율령 반포, 이차돈의 순교를 계기로 불교 공인, 금관가야 병합, 병부 설치 ⋯⋯⋯⋯ ⭐ 왕

❸ 화랑도를 국가적인 조직으로 개편, 한강 유역 차지, 4개의 순수비 건립, 대가야 정복 ⋯⋯⋯⋯ ⭐ 왕

❹ 나·당 연합, 김유신의 도움, 최초의 진골 출신 왕 ⋯⋯⋯⋯ 김⭐⭐

❺ 매소성 전투, 기벌포 전투 ⋯⋯⋯⋯ ⭐·⭐ 전쟁

❻ 김수로왕이 건국, 김해, 전기 가야 연맹 주도, 낙랑과 왜에 철 수출, 법흥왕에 멸망 ⋯⋯⋯⋯ ⭐⭐ 가야

❼ 고령, 후기 가야 연맹 주도, 진흥왕에 멸망 ⋯⋯⋯⋯ ⭐ 가야

정답 ❶ 지증 ❷ 법흥 ❸ 진흥 ❹ 춘추 ❺ 나·당 ❻ 금관 ❼ 대

정답과 해설 33~37쪽

4 삼국의 문화

063
│ 초급 37회 8번

(가)에 들어갈 내용으로 적절한 것은? [2점]

문화유산 교실
주제별 │ 지역별 │ 시대별
● 벽화로 본 ___(가)___

◀ 무용총 벽화   ◀ 수산리 고분 벽화

① 고구려인의 의생활   ② 발해인의 무역 활동
③ 백제인의 해외 진출   ④ 신라인의 종교 생활

064
│ 기본 50회 4번

(가)에 들어갈 문화유산으로 옳은 것은? [2점]

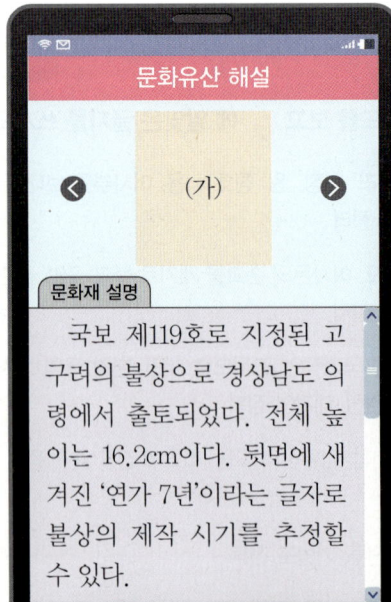

문화유산 해설
◀ (가) ▶
문화재 설명
국보 제119호로 지정된 고구려의 불상으로 경상남도 의령에서 출토되었다. 전체 높이는 16.2cm이다. 뒷면에 새겨진 '연가 7년'이라는 글자로 불상의 제작 시기를 추정할 수 있다.

①    ②    ③    ④

065
│ 기본 54회 4번

다음 전시회에서 볼 수 있는 문화유산으로 옳은 것은? [2점]

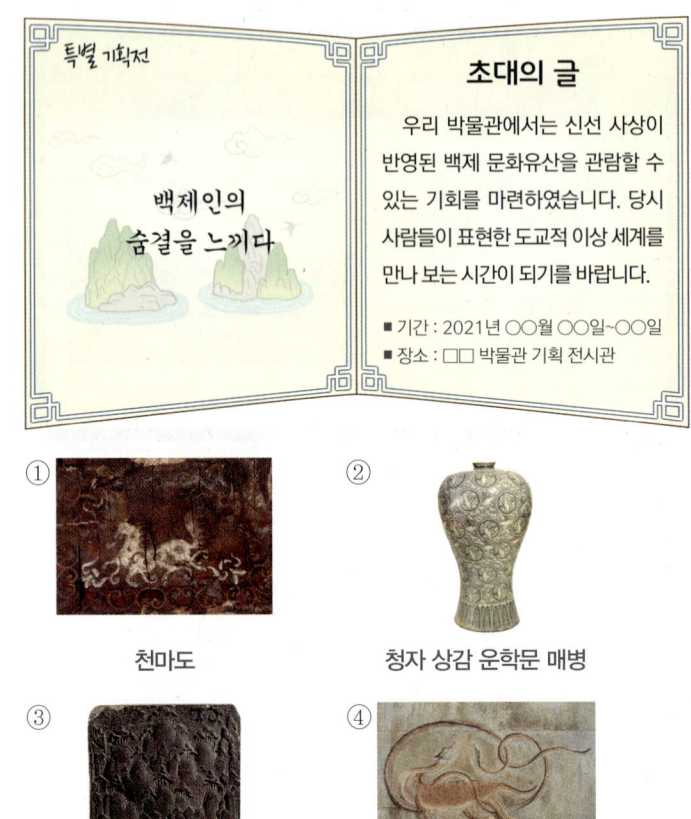

특별 기획전

백제인의 숨결을 느끼다

초대의 글
우리 박물관에서는 신선 사상이 반영된 백제 문화유산을 관람할 수 있는 기회를 마련하였습니다. 당시 사람들이 표현한 도교적 이상 세계를 만나 보는 시간이 되기를 바랍니다.

■ 기간 : 2021년 ○○월 ○○일~○○일
■ 장소 : □□ 박물관 기획 전시관

① 천마도

② 청자 상감 운학문 매병

③ 산수무늬 벽돌

④ 강서대묘 현무도

066
│ 초급 46회 6번

(가)에 들어갈 문화유산으로 옳은 것은? [3점]

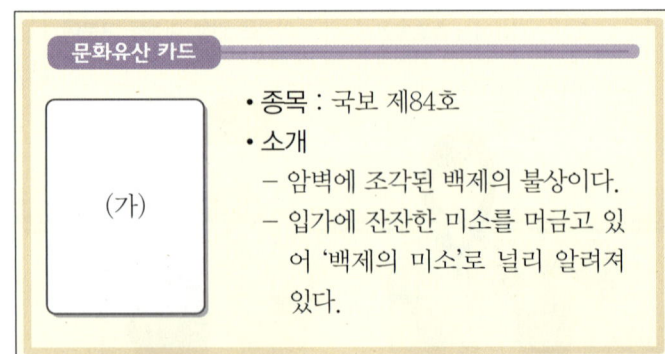

문화유산 카드
(가)
● 종목 : 국보 제84호
● 소개
  – 암벽에 조각된 백제의 불상이다.
  – 입가에 잔잔한 미소를 머금고 있어 '백제의 미소'로 널리 알려져 있다.

①    ②    ③    ④

① 이불병좌상   ② 금동 연가 7년명 여래 입상   ③ 파주 용미리 마애 이불 입상   ④ 서산 용현리 마애 여래 삼존상

067

| 기본 60회 5번

(가)에 들어갈 가상 우표로 적절한 것은? [2점]

> 우리 반에서는 공주와 부여에 도입했던 국가의 문화유산을 소재로 우표를 만들었습니다.

대한민국 KOREA 500 정림사지 오층 석탑
대한민국 KOREA 500 석촌동 고분군
(가)
대한민국 KOREA 500 무령왕릉 석수

①  첨성대

②  미륵사지 석탑

③  무용총 수렵도

④  성덕 대왕 신종

068

| 초급 36회 6번

(가)에 들어갈 문화유산으로 옳은 것은? [3점]

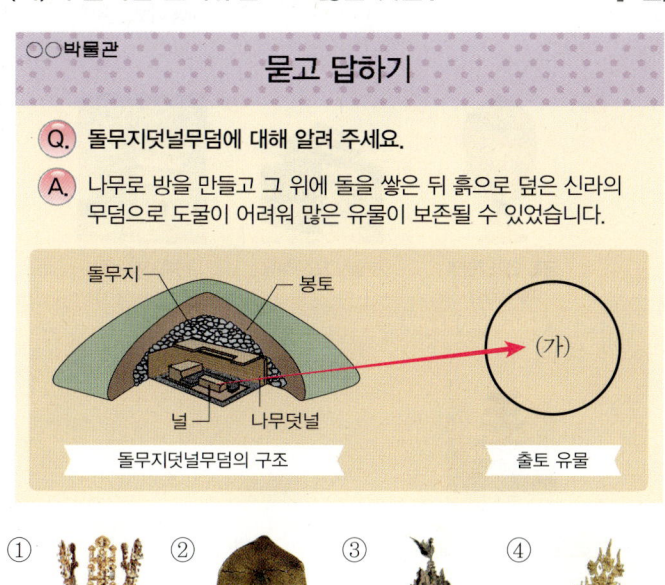

○○박물관

묻고 답하기

Q. 돌무지덧널무덤에 대해 알려 주세요.

A. 나무로 방을 만들고 그 위에 돌을 쌓은 뒤 흙으로 덮은 신라의 무덤으로 도굴이 어려워 많은 유물이 보존될 수 있었습니다.

돌무지 / 봉토 / 널 / 나무덧널

돌무지덧널무덤의 구조 · 출토 유물

① ② ③ ④

069

| 기본 54회 7번

(가)에 들어갈 문화유산으로 옳은 것은? [3점]

경주 남산 일대 탐방 지도

(가) / 탑골 / 금오봉 · 무량사 / 용장골 / 용장사곡 삼층 석탑 / 칠불암 마애 불상군

> 이 지역에는 신라의 불교 문화유산이 많이 남아 있구나!

> 사람들이 자주 와서 불공을 드렸을 것 같아.

①  배동 석조 여래 삼존 입상

②  관촉사 석조 미륵보살 입상

③  미륵사지 석탑

④  월정사 팔각 구층 석탑

070

| 기본 51회 6번

(가)에 들어갈 문화유산으로 옳은 것은? [2점]

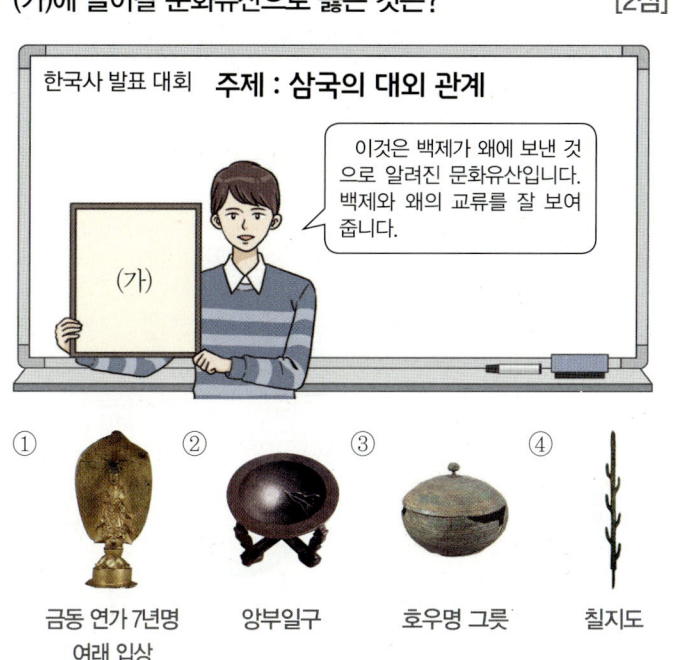

한국사 발표 대회 주제 : 삼국의 대외 관계

> 이것은 백제가 왜에 보낸 것으로 알려진 문화유산입니다. 백제와 왜의 교류를 잘 보여 줍니다.

(가)

① 금동 연가 7년명 여래 입상

② 앙부일구

③ 호우명 그릇

④ 칠지도

071

| 초급 35회 8번

(가)에 들어갈 내용으로 적절한 것은?　　　[3점]

문화유산 교실

학습 주제 :　(가)

황남 대총
유리병 및 잔　원성왕릉 무인석　경주 계림로 보검

① 고려와 송의 경제 교류

② 신라와 서역의 문화 교류

③ 일본에 전파된 백제 문화

④ 고구려를 계승한 발해 문화

072

| 초급 45회 4번

(가) 나라의 문화유산으로 옳은 것은?　　　[2점]

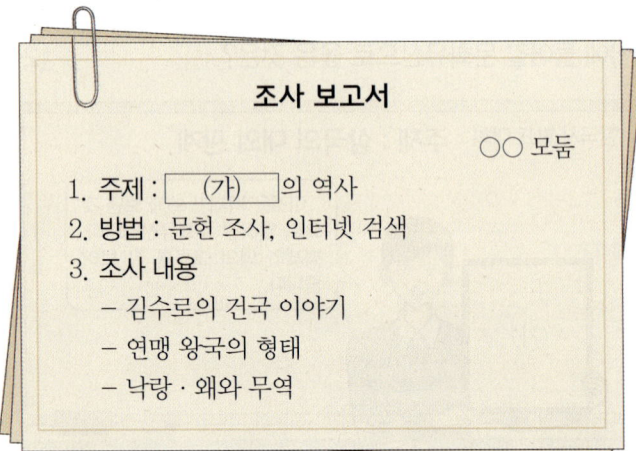

조사 보고서

○○ 모둠

1. 주제 :　(가)　의 역사

2. 방법 : 문헌 조사, 인터넷 검색

3. 조사 내용

　－ 김수로의 건국 이야기

　－ 연맹 왕국의 형태

　－ 낙랑 · 왜와 무역

① 철제 판갑옷　② 금동 대향로　③ 호우명 그릇　④ 금관총 금관

키워드로 개념 다지기

다음 문화유산을 남긴 나라를 〈보기〉에서 골라 쓰시오.

보기　　고구려, 백제, 신라, 가야

❶ 무용도
(　　　　)

❷ 금관총 금관
(　　　　)

❸ 금동 대향로
(　　　　)

❹ 첨성대
(　　　　)

❺ 무령왕릉 석수
(　　　　)

❻ 천마도
(　　　　)

❼ 경주 배동 석조 여래 삼존 입상
(　　　　)

❽ 서산 용현리
마애 여래 삼존상
(　　　　)

❾ 금동 연가 7년명
여래 입상
(　　　　)

❿ 분황사 모전 석탑
(　　　　)

⓫ 미륵사지 석탑
(　　　　)

⓬ 정림사지 5층 석탑
(　　　　)

정답　❶ 고구려　❷ 신라　❸ 백제　❹ 신라　❺ 백제　❻ 신라　❼ 신라
❽ 백제　❾ 고구려　❿ 신라　⓫ 백제　⓬ 백제

5 발해의 정치와 문화

073

(가)에 들어갈 사실로 옳은 것은? [2점]

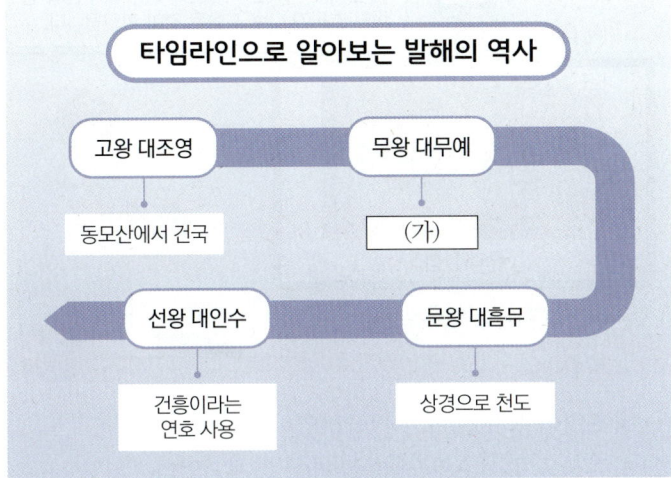

타임라인으로 알아보는 발해의 역사

고왕 대조영 → 동모산에서 건국

무왕 대무예 → (가)

문왕 대흠무 → 상경으로 천도

선왕 대인수 → 건흥이라는 연호 사용

① 대마도 정벌
② 4군 6진 개척
③ 동북 9성 축조
④ 산둥반도의 등주 공격

074

(가) 국가에 대한 설명으로 옳은 것은? [2점]

이 사료의 대무예는 (가) 의 무왕으로, 대조영의 아들입니다. 그는 장문휴에게 명령하여 당의 등주를 공격하는 등 대당 강경책을 펼쳤습니다.

대무예가 대장 장문휴를 보내 수군을 거느리고 등주를 공격하게 하였다. 당 현종은 급히 대문예에게 유주의 군사를 거느리고 반격하게 하였다.

① 마한의 소국 중 하나였다.
② 상수리 제도를 실시하였다.
③ 전성기에 해동성국이라 불렸다.
④ 광덕, 준풍 등의 연호를 사용하였다.

075

밑줄 그은 '이 국가'에 대한 설명으로 옳은 것은? [2점]

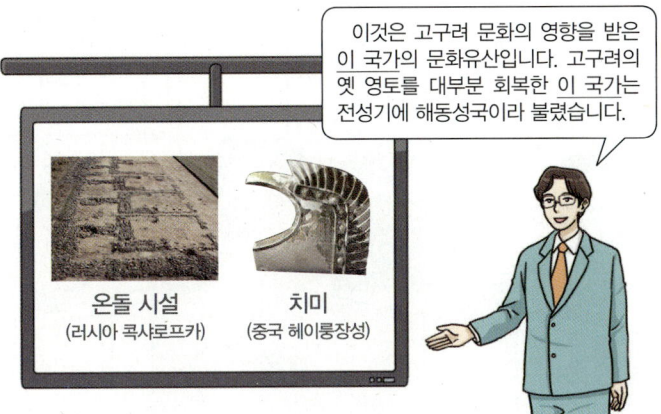

이것은 고구려 문화의 영향을 받은 이 국가의 문화유산입니다. 고구려의 옛 영토를 대부분 회복한 이 국가는 전성기에 해동성국이라 불렸습니다.

온돌 시설 (러시아 콕샤로프카)

치미 (중국 헤이룽장성)

① 상수리 제도를 실시하였다.
② 전국에 9주 5소경을 두었다.
③ 제가 회의에서 중요한 일을 결정하였다.
④ 인안, 대흥 등의 독자적 연호를 사용하였다.

076

(가) 국가에 대한 설명으로 옳은 것은? [2점]

이곳 옛 상경 용천부의 절터에는 높이 6.3m의 거대한 석등이 남아 있습니다. 이 석등을 통해 전성기에 해동성국이라 불렸던 (가) 의 융성한 불교문화를 알 수 있습니다.

① 기인 제도를 실시하였다.
② 9주 5소경을 설치하였다.
③ 한의 침략을 받아 멸망하였다.
④ 대조영이 동모산에서 건국하였다.

077

| 기본 54회 9번

밑줄 그은 '국가'에 대한 설명으로 옳은 것은? [1점]

① 수의 침략을 물리쳤다.
② 기인 제도를 실시하였다.
③ 독서삼품과를 시행하였다.
④ 해동성국이라고도 불렀다.

078

| 기본 52회 9번

(가) 국가에 대한 설명으로 옳은 것은? [2점]

① 글과 활쏘기를 가르치는 경당을 두었다.
② 정사암에서 국가의 중대사를 결정하였다.
③ 청해진을 중심으로 해상 무역을 전개하였다.
④ 5경 15부 62주로 지방 행정 제도를 정비하였다.

079

| 기본 58회 8번

(가) 국가에 대한 설명으로 옳은 것은? [1점]

① 대조영이 동모산에서 건국하였다.
② 청해진을 중심으로 해상 무역이 전개되었다.
③ 여러 가(加)들이 별도로 사출도를 주관하였다.
④ 지방 세력 견제를 위해 기인 제도가 실시되었다.

080

| 기본 57회 7번

(가) 국가에 대한 설명으로 옳은 것은? [3점]

① 송악에서 철원으로 도읍을 옮겼다.
② 수의 군대를 살수에서 크게 무찔렀다.
③ 인재 선발을 위하여 독서삼품과를 시행하였다.
④ 정당성 아래 6부를 두어 행정을 담당하게 하였다.

081

기본 64회 9번

다음 자료에 해당하는 국가의 문화유산으로 옳은 것은? [2점]

> ○ 대조영은 마침내 그 무리를 거느리고 동쪽으로 가서 계루부의 옛 땅을 차지하고, 동모산에 웅거하여 성을 쌓고 살았다.
>
> ○ 대인수가 왕위에 올라 연호를 건흥으로 바꾸었다. ······ 여러 차례 학생들을 유학 보내어 고금의 제도를 익히게 하니, 비로소 해동성국에 이르렀다.

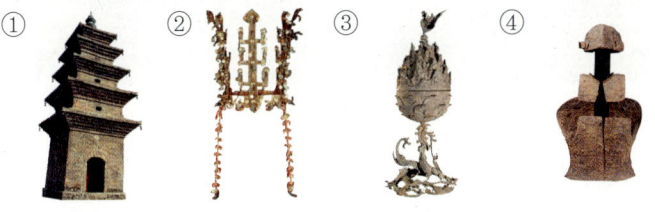

① 영광탑 　② 금관총 금관 　③ 금동 대향로 　④ 판갑옷과 투구

082

기본 48회 9번

(가)에 들어갈 문화유산으로 적절한 것은? [2점]

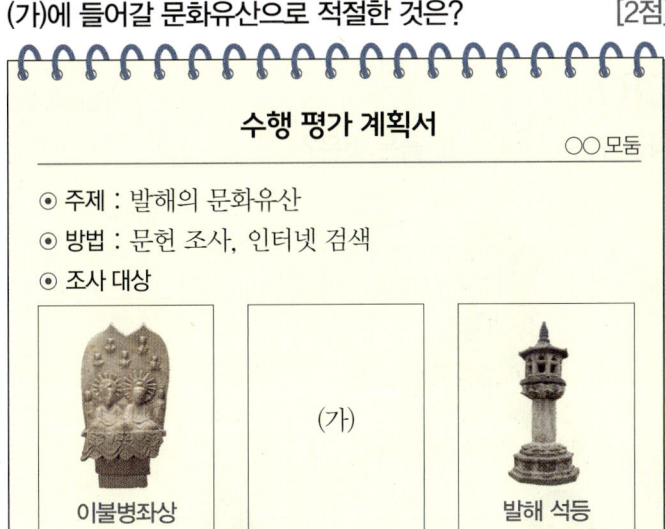

수행 평가 계획서
　　　　　　　　　　　　　　　　○○ 모둠

⊙ 주제 : 발해의 문화유산
⊙ 방법 : 문헌 조사, 인터넷 검색
⊙ 조사 대상

| 이불병좌상 | (가) | 발해 석등 |

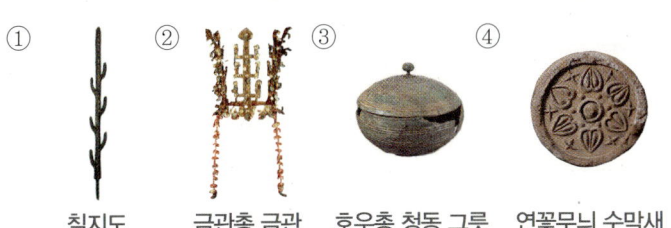

① 칠지도 　② 금관총 금관 　③ 호우총 청동 그릇 　④ 연꽃무늬 수막새

083

기본 67회 8번

(가) 국가의 문화유산으로 옳지 <u>않은</u> 것은? [2점]

> (가) 은/는 여러 번 도읍을 옮겼지만, 이곳 상경성을 가장 오랫동안 도읍으로 삼았습니다. 문왕은 당의 도읍 장안성의 구조를 본떠 상경성을 만들었습니다.

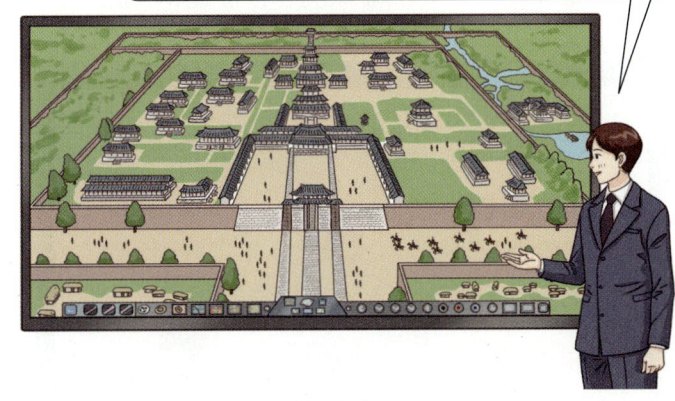

① 칠지도 　② 이불병좌상 　③ 영광탑 　④ 정효 공주 무덤 벽화

키워드로 개념 다지기

1 다음 키워드를 보고 ⭐에 알맞은 글자를 쓰시오.

❶ 고구려 출신, 동모산에서 발해 건국 ·········· ⭐⭐**영**

❷ 장문휴를 보내 산둥반도 공격, '인안' 연호 사용 ··· ⭐**왕**

❸ 당과 친선 관계 형성, 상경으로 천도, '대흥' 연호 사용, 정혜 공주, 정효 공주 ·········· ⭐**왕**

❹ 발해 전성기, '바다 동쪽의 융성한 나라' ····· ⭐⭐**성국**

2 발해의 문화유산으로 옳으면 ○표, 틀리면 ×표를 하시오.

❶ 이불병좌상 　　❷ 석등 　　❸ 연꽃무늬 수막새
　(　　) 　　　　(　　) 　　　(　　)

정답　1 ❶ 대조 ❷ 무 ❸ 문 ❹ 해동 　**2** ❶ ○ ❷ ○ ❸ ○

정답과 해설 43~49쪽

6 통일 신라의 정치

084
| 초급 45회 10번

(가)에 들어갈 인물로 옳은 것은? [2점]

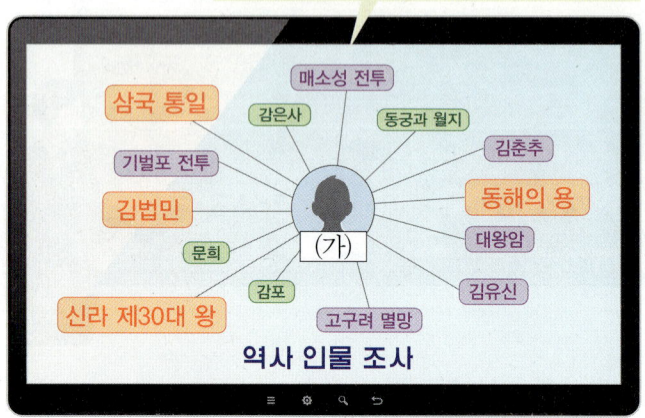

이 인물에 대한 연관 단어를 조사해 보았습니다. 글자의 크기가 클수록 높은 관심도를 나타냅니다.

매소성 전투
감은사
동궁과 월지
삼국 통일
김춘추
기벌포 전투
동해의 용
김법민
대왕암
문희
(가)
신라 제30대 왕
감포
김유신
고구려 멸망

역사 인물 조사

① 무왕 ② 문무왕
③ 장수왕 ④ 근초고왕

085
| 초급 36회 5번

밑줄 그은 '왕'의 업적으로 옳은 것은? [3점]

감은사는 "동해의 용이 되어 나라를 지키겠다."는 유언을 남긴 왕의 아들인 신문왕이 완공하였습니다.

감은사 터

① 불교를 공인하였다.
② 태학을 설립하였다.
③ 대가야를 정복하였다.
④ 삼국 통일을 이룩하였다.

086
| 기본 58회 9번

(가) 왕의 업적으로 옳은 것은? [2점]

이 무덤은 신라의 31대 왕인 (가) 의 능으로 전해지고 있습니다. 이 왕은 관리에게 관료전을 지급하고 녹읍을 폐지하여 귀족들의 경제 기반을 약화시켰습니다.

① 국학을 설립하였다.
② 대가야를 정복하였다.
③ 독서삼품과를 실시하였다.
④ 김헌창의 난을 진압하였다.

087
| 기본 64회 5번

다음 퀴즈의 정답으로 옳은 것은? [1점]

혈통에 따라 관직 진출뿐만 아니라 일상생활까지 차별한 신라의 신분 제도는 무엇일까요?

① 골품 제도
② 기인 제도
③ 음서 제도
④ 상수리 제도

088

기본 51회 9번

(가)에 들어갈 내용으로 옳은 것은?　　　　[3점]

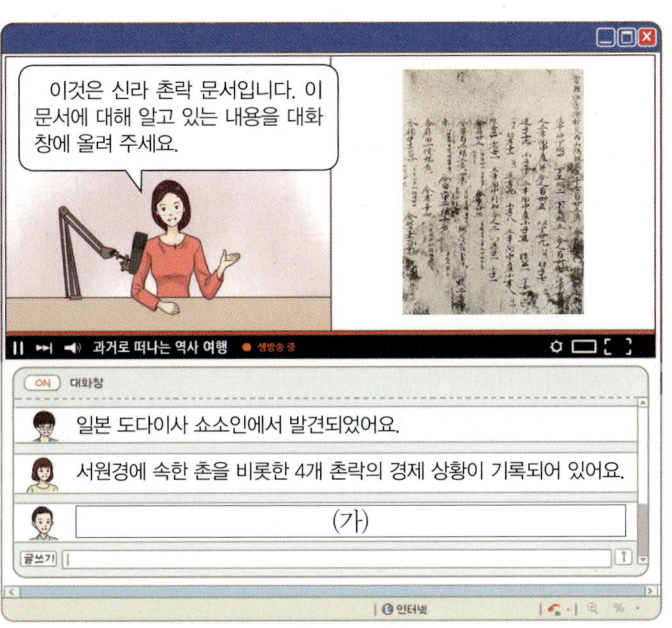

이것은 신라 촌락 문서입니다. 이 문서에 대해 알고 있는 내용을 대화창에 올려 주세요.

과거로 떠나는 역사 여행 ● 생방송 중

ON 대화창

일본 도다이사 쇼소인에서 발견되었어요.

서원경에 속한 촌을 비롯한 4개 촌락의 경제 상황이 기록되어 있어요.

(가)

글쓰기

인터넷

① 단군의 건국 이야기가 수록되어 있어요.
② 병인양요 때 프랑스군에게 약탈당하였어요.
③ 유네스코 세계 기록 유산으로 등재되었어요.
④ 노동력 동원과 세금 징수를 위해 작성되었어요.

089

기본 49회 8번

(가)에 해당하는 인물로 옳은 것은?　　　　[1점]

저는 지금 완도 청해진 유적 상공에 있습니다. (가) 은/는 이곳을 거점으로 삼아 해적을 소탕하고 당, 일본과의 해상 무역을 주도하였습니다.

① 원효　　　　② 설총
③ 장보고　　　　④ 최치원

090

초급 43회 4번

(가) 인물의 활동으로 옳은 것은?　　　　[2점]

신라 출신의 (가) 은/는 이곳 완도를 해상 무역 거점지로 삼았어.

그는 해적을 소탕하여 해상 무역로를 보호하고 국제 무역을 주도하였지.

① 청해진을 설치하였다.
② 불국사를 창건하였다.
③ 당의 빈공과에 합격하였다.
④ 안시성 싸움에서 승리하였다.

091

기본 48회 7번

교사의 질문에 대한 학생의 대답으로 옳은 것은?　　　　[2점]

통일 신라의 대외 교역에 대해 말해 볼까요?

① 장보고가 청해진을 설치하여 해상 무역을 주도했어요.

② 무역소를 설치하여 여진과 교역했어요.

③ 개시와 후시를 통한 국경 무역이 활발했어요.

④ 낙랑과 왜에 철을 수출했어요.

092

기본 67회 10번

(가)에 들어갈 내용으로 적절한 것은? [1점]

<역사 학습 내용 정리>

(가)

1. 신라 말 지방에서 독자적인 세력을 형성하며 성장함
2. 일정한 지역에서 정치·군사·경제적 지배권을 장악함
3. 스스로 성주 또는 장군이라고 칭하기도 함

① 성골
② 호족
③ 권문세족
④ 신진 사대부

093

기본 60회 10번

다음 기획서에 나타난 시기에 발생한 사건으로 옳은 것은? [2점]

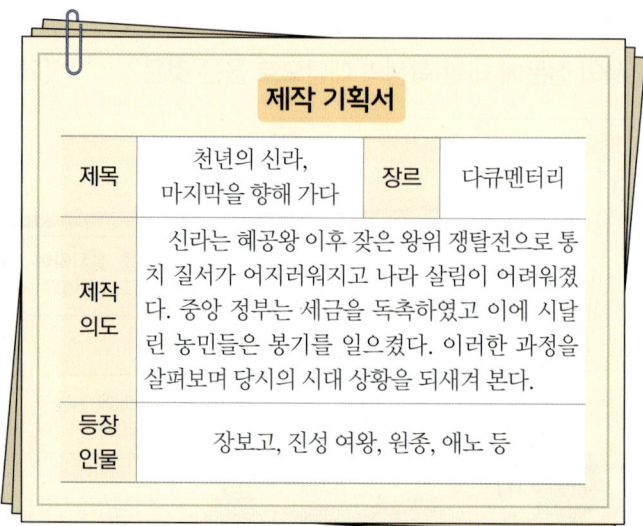

제작 기획서

제목	천년의 신라, 마지막을 향해 가다	장르	다큐멘터리
제작 의도	신라는 혜공왕 이후 잦은 왕위 쟁탈전으로 통치 질서가 어지러워지고 나라 살림이 어려워졌다. 중앙 정부는 세금을 독촉하였고 이에 시달린 농민들은 봉기를 일으켰다. 이러한 과정을 살펴보며 당시의 시대 상황을 되새겨 본다.		
등장 인물	장보고, 진성 여왕, 원종, 애노 등		

① 김헌창의 난
② 이자겸의 난
③ 김사미·효심의 난
④ 망이·망소이의 난

094

기본 52회 8번

(가)에 들어갈 내용으로 옳은 것은? [2점]

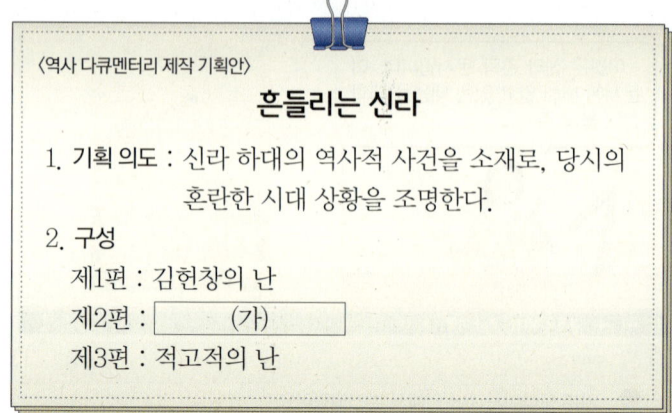

<역사 다큐멘터리 제작 기획안>

흔들리는 신라

1. 기획 의도 : 신라 하대의 역사적 사건을 소재로, 당시의 혼란한 시대 상황을 조명한다.

2. 구성
   제1편 : 김헌창의 난
   제2편 : (가)
   제3편 : 적고적의 난

① 만적의 난
② 홍경래의 난
③ 망이·망소이의 난
④ 원종과 애노의 난

095

기본 63회 9번

밑줄 그은 '이 인물'로 옳은 것은? [1점]

역사 인물 소개하기

이 인물은 호가 고운으로, 신라 말기에 활동하였습니다. 당의 빈공과에 합격하였으며, 난을 일으킨 황소에게 항복을 권하는 격문을 써서 문장가로 이름을 날렸습니다. 귀국한 이후에는 진성 여왕에게 개혁안을 올리기도 하였습니다.

① 강수
② 설총
③ 김부식
④ 최치원

096

| 기본 57회 10번

밑줄 그은 '그'가 활동한 시기에 볼 수 있는 모습으로 적절한 것은? [2점]

지금 촬영하는 곳은 부산 해운대 동백섬이야. 해운대라는 지명은 그의 호에서 유래했어. 진성 여왕에게 10여 조의 개혁안을 올렸던 그는 신라 조정에 크게 실망하여 여러 곳을 떠돌아다녔는데, 이곳에도 한동안 머물렀다고 해.

① 성리학을 공부하는 유생
② 금속 활자를 주조하는 장인
③ 판소리 공연을 하는 소리꾼
④ 군사를 모아 장군이라 칭하는 호족

---

7 통일 신라의 문화

097

| 기본 50회 7번

(가) 인물에 대한 설명으로 옳은 것은? [2점]

역사 인물 카드

〈주요 활동〉
• 모든 진리는 한마음에서 나온다는 일심 사상을 주장
• 무애가를 지어 불러 불교 대중화에 기여
• "대승기신론소" 등을 저술

(가)

① 세속 5계를 지었다.
② 십문화쟁론을 저술하였다.
③ 수선사 결사를 제창하였다.
④ 영주 부석사를 건립하였다.

키워드로 개념 다지기

다음 키워드를 보고 ★ 에 알맞은 글자를 쓰시오.

❶ 나·당 전쟁에서 승리, 삼국 통일 완성, 대왕암
‥‥‥‥‥‥‥‥‥‥‥‥‥‥‥ ★★왕

❷ 문무왕의 아들, 국학 설립, 관료전 지급, 녹읍 폐지, 감은사 완성 ‥‥‥‥‥‥‥‥‥‥‥‥‥‥‥ ★★왕

❸ 신라의 신분 제도, 혈통에 따라 신분의 등급을 나눔, 골품에 따라 승진에 제한이 있음, 일상생활까지 규제
‥‥‥‥‥‥‥‥‥‥‥‥‥‥‥ ★★제도

❹ 청해진 설치, 해적 소탕, 당·일본과의 해상 무역 주도
‥‥‥‥‥‥‥‥‥‥‥‥‥‥‥ 장★★

❺ 신라 말의 지방 세력, 성주·장군, 독자적으로 군대 보유
‥‥‥‥‥‥‥‥‥‥‥‥‥‥‥ ★족

❻ 진성 여왕, 중앙 정부와 귀족의 수탈에 저항, 농민 봉기
‥‥‥‥‥‥‥‥‥‥ ★종과 ★노의 난

❼ 6두품 출신, 당의 빈공과에 합격, 진성 여왕에게 10여 조의 개혁안을 올림, "계원필경" 저술 ‥‥‥‥ 최★★

정답 ❶ 문무 ❷ 신문 ❸ 골품 ❹ 보고 ❺ 호 ❻ 원, 애 ❼ 치원

098

| 기본 47회 7번

(가)에 해당하는 인물로 옳은 것은? [2점]

(가) 에 대해 검색해 줘.

검색 결과입니다.

귀족 출신의 신라 승려로 당에 유학하였다. 귀국 후 낙산사 등 여러 절을 창건하고, 관음 신앙을 전파하였다. 신라에서 화엄종을 개창하였으며 화엄일승법계도를 남겼다.

① 원효
② 일연
③ 의상
④ 지눌

099

초급 43회 7번

다음 퀴즈의 정답으로 옳은 것은? [3점]

이것은 인도와 중앙아시아 지역을 순례한 후 그 지역의 종교, 풍속, 문화 등을 기록한 책입니다. 이 책을 쓴 사람은 누구일까요?

왕오천축국전

①  의상

②  혜초

③  원효

④  의천

100

초급 42회 4번

(가)에 해당하는 문화유산으로 옳은 것은? [3점]

이것은 초의 심지를 자르는 데 사용된 가위입니다. 이 가위가 출토된 (가) 에서는 귀족의 놀이 문화를 보여 주는 나무 주사위도 발견되었습니다.

금동 초 심지 가위

①  경주 동궁과 월지

②  부여 궁남지

③  부여 능산리 고분군

④  고령 지산동 고분군

101

기본 50회 8번

(가)에 해당하는 문화유산으로 옳은 것은? [1점]

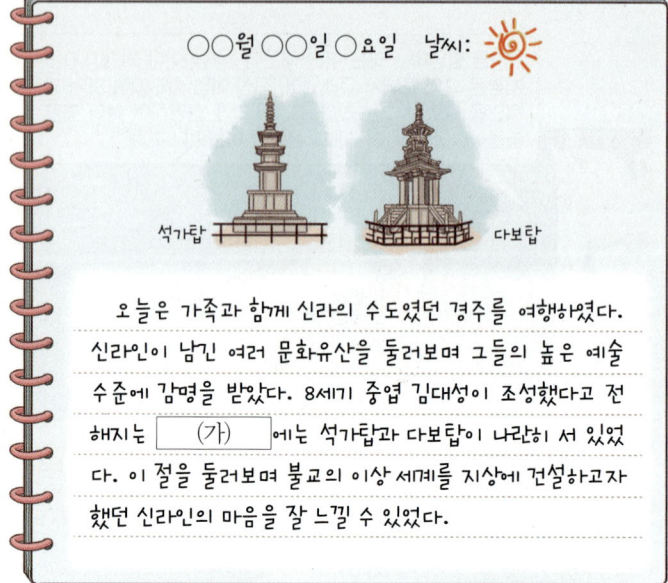

○○월 ○○일 ○요일 날씨:

석가탑   다보탑

오늘은 가족과 함께 신라의 수도였던 경주를 여행하였다. 신라인이 남긴 여러 문화유산을 둘러보며 그들의 높은 예술 수준에 감명을 받았다. 8세기 중엽 김대성이 조성했다고 전해지는 (가) 에는 석가탑과 다보탑이 나란히 서 있었다. 이 절을 둘러보며 불교의 이상 세계를 지상에 건설하고자 했던 신라인의 마음을 잘 느낄 수 있었다.

①  금산사

② 법주사

③  불국사

④  수덕사

102

다음 일기의 소재가 된 절에서 볼 수 있는 문화유산으로 옳은 것은? [1점]

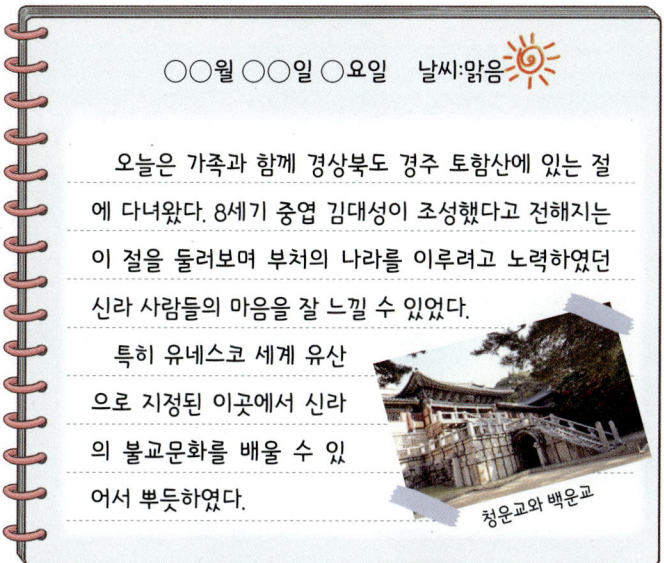

○○월 ○○일 ○요일 　날씨:맑음

오늘은 가족과 함께 경상북도 경주 토함산에 있는 절에 다녀왔다. 8세기 중엽 김대성이 조성했다고 전해지는 이 절을 둘러보며 부처의 나라를 이루려고 노력하였던 신라 사람들의 마음을 잘 느낄 수 있었다.

특히 유네스코 세계 유산으로 지정된 이곳에서 신라의 불교문화를 배울 수 있어서 뿌듯하였다.

청운교와 백운교

①
불국사
삼층 석탑

②
쌍봉사
철감선사탑

③
이불병좌상

④
성덕 대왕 신종

103

다음 퀴즈의 정답으로 옳은 것은? [1점]

퀴즈 한국사

제시된 힌트를 종합하여 알 수 있는 문화유산은 무엇일까요?

1단계 국보 제126-6호로 지정

2단계 경주 불국사 삼층 석탑에서 발견

3단계 현존하는 세계에서 가장 오래된 목판 인쇄물

①
팔만대장경

②
왕오천축국전

③
직지심체요절

④
무구정광 대다라니경

키워드로 개념 다지기

1 다음 키워드를 보고 ⭐ 에 알맞은 글자를 쓰시오.

❶ 무애가를 지음, "대승기신론소"·"십문화쟁론" 저술, 나무 아미타불 암송 ·········· ⭐ **효**

❷ 신라 화엄종 개창, 낙산사와 부석사 등 여러 절 창건, '화엄일승법계도' 저술 ·········· ⭐ **상**

2 통일 신라의 문화유산으로 옳으면 ○표, 틀리면 X표를 하시오.

❶
불국사 3층 석탑
(　)

❷
경천사지 10층 석탑
(　)

❸
석굴암 본존불상
(　)

정답 **1** ❶ 원 ❷ 의 **2** ❶ ○ ❷ X ❸ ○

III 고려

한국사능력검정시험 **기본**

최근 4회차 단원별 출제 비중

● 선사 ● 고대 **고려** ● 조선1 ● 조선2 ● 개항기 ● 일제 강점기 ● 현대

제69회

- 시대 통합 2문항
- 세시 풍속 1문항

고려와 거란의 관계, 고려의 경제, 만적의 난, 화통도감, 고려의 대몽 항쟁, 삼국유사

제67회

- 시대 통합 3문항
- 세시 풍속 1문항

고려 태조의 정책, 고려의 경제, 서희의 외교 담판, 문벌 사회의 동요, 안향의 활동, 삼별초, 진포 대첩

제66회

- 시대 통합 2문항
- 세시 풍속 1문항

고려와 거란의 전쟁, 고려 성종의 업적, 고려의 경제 상황, 고려의 대몽 항쟁, 고려의 문화유산, 공민왕 재위 시기의 사실

제64회

- 시대 통합 2문항

광종의 업적, 고려와 여진의 관계, 해동통보, 팔만대장경판, 문벌 사회의 동요, 고려 태조의 업적, 원 간섭기의 모습, 이성계의 활동

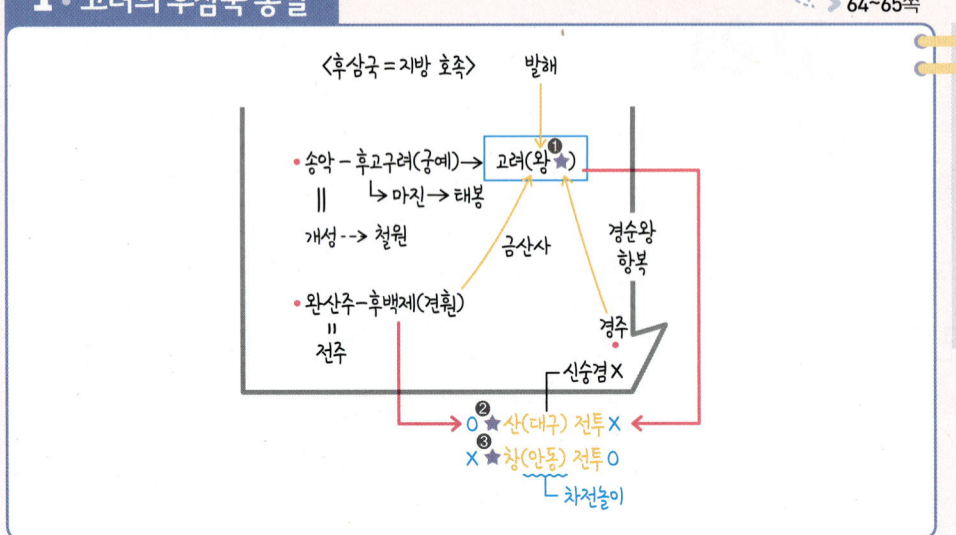

개념 훑어보기

〈큰별쌤과 재미있게 공부하는 초등 한국사능력검정시험〉 교재에 있는 판서입니다.

★을 채우면서 핵심 개념을 한 번 더 확인해 보세요.

1 · 고려의 후삼국 통일

자세한 개념 정리는 〈큰별쌤과 재미있게 공부하는 초등 한국사능력검정시험〉에 있어요.

≫ 64~65쪽

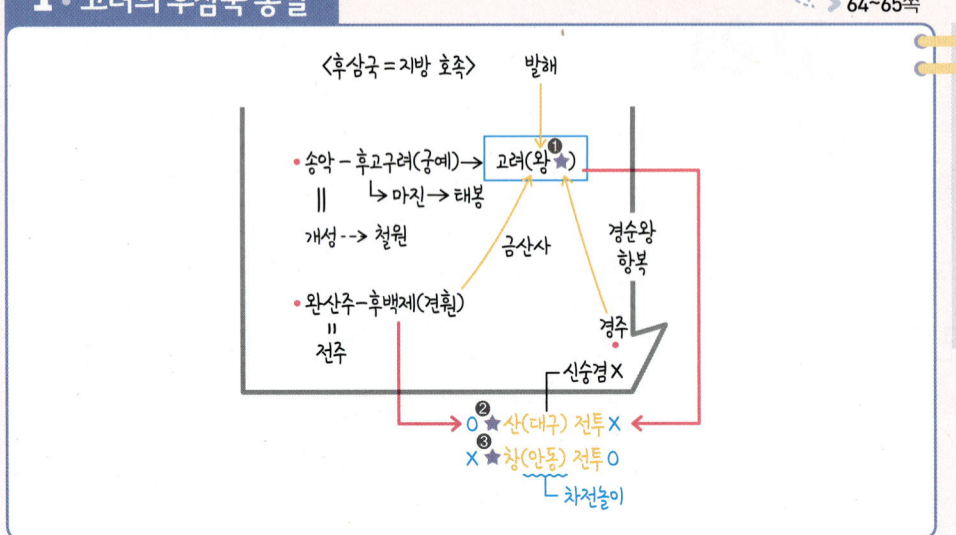

빈출 키워드 한 문장

★ 궁예가 왕위에서 쫓겨나고 **왕건**이 왕으로 추대되어 **고려**를 세웠다.

★ **후백제**는 **공산 전투**에서 고려군에 승리하였다.

★ **고려**는 **고창 전투**에서 후백제군에 승리하였다.

정답 ❶ 건 ❷ 공 ❸ 고

2 · 왕권의 강화

≫ 66~67쪽

- 태조 왕건↓ ── 호족: 결혼, 사성, 사심관, ★인 ❶
  (호족 연합) ── 흑창, 발해 유민 수용, 북진 정책(서경↑), ★★10조 ❷
- 광종↑ : ★★안검법, ❹ _____제(쌍기) +α (음서 - 신분) ❸❹
- 성종 : 12목, 최초로 지방관 파견(← 최★★의 시무 28조), 국자감

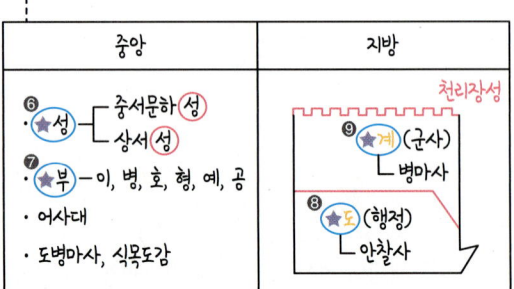

중앙	지방
❻ ★성 ── 중서문하(성) / 상서(성)	천리장성 ❾ ★계 (군사) ── 병마사
❼ ★부 ── 이, 병, 호, 형, 예, 공	❽ ★도 (행정) ── 안찰사
· 어사대	
· 도병마사, 식목도감	

빈출 키워드 한 문장

★ **태조**는 지방 호족들을 견제하기 위해 **기인 제도**를 실시하였다.

★ **태조**는 후대 왕들에게 **훈요 10조**를 남겼다.

★ **광종**은 왕권 강화를 위해 **노비안검법**을 실시하였다.

★ **광종**은 **쌍기**의 건의를 받아들여 **과거제**를 실시하였다.

★ **성종**은 **최승로**가 올린 **시무 28조**를 받아들여 12목에 지방관을 파견하였다.

★ **성종**은 **2성 6부**의 중앙 관제를 정비하였다.

★ 고려는 전국을 **5도 양계**로 나누어 다스렸다.

정답 ❶ 기 ❷ 훈요 ❸ 노비 ❹ 과거 ❺ 승로
❻ 2 ❼ 6 ❽ 5 ❾ 양

3 · 거란과 여진의 침입
▶ 72~73쪽

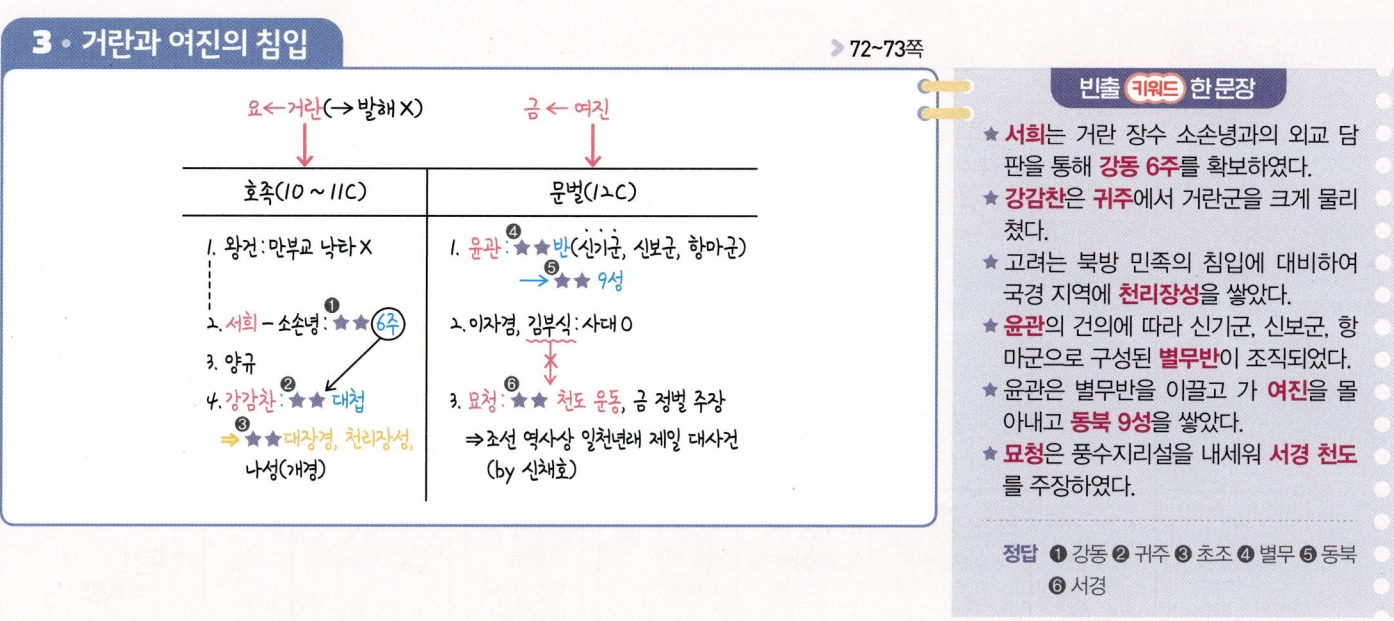

요←거란(→발해X)　　　금←여진

호족(10~11C)	문벌(12C)
1. 왕건: 만부교 낙타X	1. 윤관: ❹★★반(신기군, 신보군, 항마군)
2. 서희 - 소손녕 ★★❶(6주)	⑤→★★ 9성
3. 양규	2. 이자겸, 김부식: 사대 O
4. 강감찬: ❷★★ 대첩	3. 묘청: ❻★★ 천도 운동, 금 정벌 주장
❸→★★ 대장경, 천리장성, 나성(개경)	⇒조선 역사상 일천년래 제일 대사건 (by 신채호)

빈출 키워드 한문장

★ **서희**는 거란 장수 소손녕과의 외교 담판을 통해 **강동 6주**를 확보하였다.
★ **강감찬**은 **귀주**에서 거란군을 크게 물리쳤다.
★ 고려는 북방 민족의 침입에 대비하여 국경 지역에 **천리장성**을 쌓았다.
★ **윤관**의 건의에 따라 신기군, 신보군, 항마군으로 구성된 **별무반**이 조직되었다.
★ 윤관은 별무반을 이끌고 가 **여진**을 몰아내고 **동북 9성**을 쌓았다.
★ **묘청**은 풍수지리설을 내세워 **서경 천도**를 주장하였다.

정답 ❶ 강동 ❷ 귀주 ❸ 초조 ❹ 별무 ❺ 동북 ❻ 서경

---

4 · 몽골의 침입과 공민왕의 개혁 정치
▶ 74~75쪽

몽골 ─ 황룡사 9층 목탑X / 초조대장경X → 원 간섭기 ─ 변발, 호복 / 응방, 공녀

홍건적, 왜구 → 최영(홍산) / 이성계(황산) / 최무선(진포)

무신(12~13C)	권문세족↔신진 사대부(14C)
1. 최우: ❶★★도 천도	공민왕: ❺★★ 총관부 탈환, 정동행성 이문소X, 친원파X(기철…)
2. 김★★: 처인성 전투, 충주성 전투	❻→★★ 변정도감(by 신돈)
3. 배중손: 삼★★	
강화도→진도→제주도	
❹→★★ 대장경	

빈출 키워드 한문장

★ **몽골**이 침입하자 **최우**는 **강화도**로 수도를 옮겨 장기 항전에 대비하였다.
★ **김윤후**는 **처인성**에서 몽골 장수를 사살하였다.
★ **삼별초**는 강화도에서 진도, 제주도로 근거지를 옮겨 가며 고려 정부와 몽골군에 맞서 싸웠다.
★ **원 간섭기**에 원 세력에 기대어 권력을 얻은 **권문세족**이 성장하였다.
★ **공민왕**은 **쌍성총관부**를 공격하여 철령 이북의 땅을 되찾았다.
★ **공민왕**은 신돈을 등용하고 **전민변정도감**을 설치하였다.

정답 ❶ 강화 ❷ 윤후 ❸ 별초 ❹ 팔만 ❺ 쌍성 ❻ 전민

---

5 · 고려의 경제와 사회
▶ 80~81쪽

경제	사회
❶★★도 ↘ 아라비아 상인 "COREA"	·여성 지위↑
·전시과	− 균분 상속
·건원중보, 해동통보, ❷★★병(활구)	− 딸 제사 O
·사원 수공업 − 종이, 기와 등	백정: 일반 농민
1170	향·❹★★·곡·❺★★민: 이사X, 세금↑
❸문★★ →목화(from 원) 무명	공주 명학소 − 망이·망소이

빈출 키워드 한문장

★ 고려 시대에 예성강 하구의 **벽란도**가 국제 무역항으로 번성하였다.
★ 고려 시대에 **활구**라고도 불린 **은병**이 화폐로 사용되었다.
★ 고려 후기에 **문익점**이 원에서 **목화**씨를 들여와 재배에 성공하였다.

정답 ❶ 벽란 ❷ 은 ❸ 익점 ❹ 부 ❺ 소

6 · 고려의 문화

82~85쪽

유학	역사	승려	불상	탑	사찰	인쇄	공예	과학
· 국자감 · 향교 · 최충 (사학 12도)	김부식 : <삼국★★❶> 우리나라 현존 최고(最古) 역사서	대각국사 의★❸ → 해동 천태종	· 하남 하사창동 철조 석가여래 좌상 · 논산 ★★❺사 석조 미륵보살 입상 · 파주 용미리 마애 이불 입상 · 안동 이천동 마애 여래 입상 · 영주 부석사 소조 여래 좌상	평창 월정사 ★각 ★층 석탑		초조대장경 → 거란 X	· 청자 · 나전칠기	
1170 안향 └ 성리학 소개 ↓ 신진 사대부	· 이규보 ─주몽 : <동명왕편> · 일연 ─단군 ❷<삼국★★>	보조국사 지★❹ → 수선사 결사	불화: 수월관음도, 아미타래영도	개성 ★★사지❼ 10층 석탑 └─ 원 영향	유네스코 세계 유산 · 안동 봉정사 극락전 · 영주 부석사 무량수전 · 예산 수덕사 대웅전	몽골 X → 팔만대장경 ★★심체요절❽ └─ 현존 최고(最古) 금속 활자본	상감 청자	최★★❾(화통도감) → 화약↑ └─왜 X(진포)

빈출 키워드 한문장

★ 고려는 개경에 최고 교육 기관으로 **국자감**을 설립하여 유학을 교육하였다.
★ **김부식**은 왕명에 따라 "**삼국사기**"를 편찬하였다.
★ **일연**이 지은 "**삼국유사**"에는 단군의 건국 이야기가 실려 있다.
★ **의천**은 해동 천태종을 창시하였다.
★ **논산 관촉사 석조 미륵보살 입상**은 고려 시대에 만들어진 대표적인 거대 불상이다.
★ 원의 영향을 받은 **개성 경천사지 10층 석탑**은 대리석으로 제작되었다.

★ **영주 부석사 무량수전**은 고려 시대에 건립된 대표적인 주심포 양식의 건축물이다.
★ 고려는 부처의 힘으로 몽골의 침입을 물리치고자 **팔만대장경판**을 만들었다.
★ "**직지심체요절**"은 현존하는 세계에서 가장 오래된 금속 활자 인쇄본이다.
★ **최무선**은 화약 무기를 이용하여 **진포**에서 왜구를 물리쳤다.

정답 ❶ 사기 ❷ 유사 ❸ 천 ❹ 눌 ❺ 관촉 ❻ 8, 9 ❼ 경천 ❽ 직지 ❾ 무선

기출문제 풀어보기

정답과 해설 53~56쪽

1 고려의 후삼국 통일

104

| 기본 54회 10번

(가)에 들어갈 내용으로 옳은 것은? [2점]

(앞면) (뒷면)

- 상주 가은현에서 태어남
- (가)
- 공산 전투에서 고려에 승리함
- 아들 신검에 의해 금산사에 유폐됨
- 고려에 투항함

① 철원으로 천도함
② 후백제를 건국함
③ 훈요 10조를 남김
④ 경주의 사심관으로 임명됨

105

| 기본 64회 8번

밑줄 그은 '인물'에 대한 설명으로 옳은 것은? [2점]

문화유산을 찾아서 - 상주 편

이 사당은 후백제를 세운 인물을 기리고 있어.

그는 아들 신검에 의해 금산사에 유폐된 비운의 왕이기도 해.

① 청해진을 설치하였다.
② 국호를 마진으로 하였다.
③ 경주의 사심관으로 임명되었다.
④ 공산 전투에서 고려에 승리하였다.

106

| 기본 60회 12번

(가)에 들어갈 인물로 옳은 것은? [2점]

이것은 (가) 이/가 세운 태봉의 도성 터 사진입니다. 삼국사기에 의하면 수많은 청주 사람을 이곳 철원성에 옮기고 도읍으로 삼았다고 합니다.

이 사진에 대해 설명해 주세요.

① 견훤 ② 궁예
③ 온조 ④ 주몽

107

| 기본 50회 10번

밑줄 그은 '이 인물'에 대한 설명으로 옳은 것은? [2점]

신라 왕실의 후예로 알려진 이 인물은 양길의 부하가 되어 세력을 키웠다.

이후 그는 송악을 도읍으로 삼아 새로운 국가를 세웠다. 스스로 미륵불이라 칭하였다.

① 훈요 10조를 남겼다.
② 청해진을 설치하였다.
③ 백제 계승을 내세웠다.
④ 국호를 태봉으로 바꾸었다.

Ⅲ 고려

108

| 기본 66회 11번

다음 사건이 일어난 시기를 연표에서 옳게 고른 것은? [3점]

견훤이 나주로 도망쳐 와 귀부하기를 청한다고 하옵니다.

장군 유금필 등을 보내 정중히 맞아오도록 하라.

887	896	918	927	936
(가)	(나)	(다)	(라)	
진성 여왕 즉위	적고적의 난	고려 건국	공산 전투	후삼국 통일

① (가)　② (나)　③ (다)　④ (라)

110

| 기본 58회 11번

(가), (나) 사이의 시기에 있었던 사실로 옳은 것은? [3점]

(가) 견훤이 완산주를 근거지로 삼고 스스로 후백제라 일컬으니, 무주 동남쪽의 군현들이 투항하여 복속하였다.

(나) 태조가 대상(大相) 왕철 등을 보내 항복해 온 경순왕을 맞이하게 하였다.

① 연개소문이 천리장성을 쌓았다.
② 최영이 요동 정벌을 추진하였다.
③ 왕건이 고창 전투에서 승리하였다.
④ 이순신이 명량에서 일본군을 물리쳤다.

109

| 기본 55회 10번

(가)~(다)를 일어난 순서대로 옳게 나열한 것은? [2점]

고려의 후삼국 통일 과정

공산에서 당한 패배를 드디어 이곳 고창에서 설욕하였노라.　(가)

국호를 고려라 하고 연호를 천수로 할 것이다.　(나)

이곳 일리천에서 신검의 군대를 격파하였도다.　(다)

① (가) - (나) - (다)　② (가) - (다) - (나)
③ (나) - (가) - (다)　④ (다) - (가) - (나)

키워드로 개념 다지기

1 다음 키워드를 보고 ★ 에 알맞은 글자를 쓰시오.

❶ 완산주에서 후백제 건국, 공산 전투 승리, 금산사에 유폐됨, 고려에 투항 ·········· ★ 훤

❷ 송악에서 후고구려 건국, 철원으로 천도, '태봉'으로 국호 변경, 스스로 미륵불이라 칭함 ·········· ★ 예

2 다음 사건들을 일어난 순서대로 나열하시오.

(가) 고창 전투　　(나) 공산 전투
(다) 고려 건국　　(라) 일리천 전투
(마) 신라 경순왕 항복

(　　　　　　)

정답 **1** ❶ 견 ❷ 궁 **2** (다)-(나)-(가)-(마)-(라)

2 왕권의 강화

111

| 기본 64회 15번

밑줄 그은 '이 왕'의 업적으로 옳은 것은?　　[2점]

① 흑창을 만들었다.
② 천리장성을 축조하였다.
③ 전민변정도감을 설치하였다.
④ 전시과를 처음으로 시행하였다.

112

| 기본 61회 11번

(가) 왕이 추진한 정책으로 옳은 것은?　　[2점]

① 노비안검법을 시행하였다.
② 지방에 12목을 설치하였다.
③ 사심관 제도를 실시하였다.
④ 활구라고 불린 은병을 제작하였다.

113

| 기본 57회 11번

(가) 왕에 대한 설명으로 옳은 것은?　　[2점]

① 훈요 10조를 남겼다.
② 과거제를 시행하였다.
③ 만권당을 설립하였다.
④ 전시과를 마련하였다.

114

| 기본 63회 10번

(가) 왕에 대한 설명으로 옳은 것은?　　[2점]

① 집현전을 설치하였다.
② 기인 제도를 실시하였다.
③ 나선 정벌을 단행하였다.
④ 노비안검법을 시행하였다.

115

| 기본 51회 12번

(가)에 들어갈 내용으로 옳은 것은?   [2점]

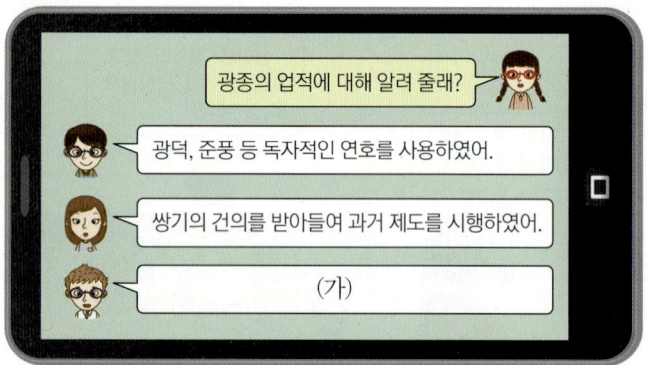

광종의 업적에 대해 알려 줄래?

광덕, 준풍 등 독자적인 연호를 사용하였어.

쌍기의 건의를 받아들여 과거 제도를 시행하였어.

(가)

① 훈요 10조를 남겼어.
② 교정도감을 설치하였어.
③ 노비안검법을 실시하였어.
④ 12목에 지방관을 파견하였어.

116

| 기본 48회 11번

다음 역사 다큐멘터리의 제목으로 가장 적절한 것은?   [2점]

노비를 안검하고 조사하여, 불법적으로 노비가 된 자가 있으면 양민으로 돌려놓도록 하시오.

① 광종, 왕권 강화를 도모하다.
② 인종, 서경 천도를 계획하다.
③ 태조, 북진 정책을 추진하다.
④ 현종, 지방 제도를 정비하다.

117

| 기본 58회 12번

밑줄 그은 '왕'의 업적으로 옳은 것은?   [2점]

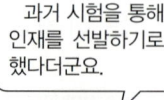

왕께서 한림학사 쌍기의 건의를 받아들이셨다고 합니다.

과거 시험을 통해 인재를 선발하기로 했다더군요.

① 훈요 10조를 남겼다.
② 수도를 강화도로 옮겼다.
③ 노비안검법을 시행하였다.
④ 기철 등 친원파를 숙청하였다.

118

| 기본 55회 11번

다음 상황 이후에 일어난 사실로 옳은 것은?   [2점]

신 최승로, 시무 28조를 작성하여 올립니다.

국가적인 불교 행사를 줄이고 유교를 바탕으로 나라를 다스리라는 말이로군.

① 상대등이 설치되었다.
② 12목에 지방관이 파견되었다.
③ 쌍기의 건의로 과거제가 실시되었다.
④ 웅천주 도독 김헌창이 반란을 일으켰다.

119

(가)에 들어갈 인물로 옳은 것은? [2점]

- 고려 전기의 관리
- 시무 28조를 성종에게 건의
- 유교 정치 이념에 근거한 통치 체제 확립에 기여

(앞면) (뒷면)

①  김부식

②  최승로

③  정몽주

④  이제현

120

다음 퀴즈의 정답으로 옳은 것은? [2점]

중서문하성과 중추원의 고위 관료들이 모여 국방과 군사 문제를 논의하던 고려의 정치 기구는 무엇일까요?

① 삼사 ② 어사대
③ 의정부 ④ 도병마사

121

(가)에 들어갈 기구로 옳은 것은? [2점]

(가) 에 대해 검색해 줘.

검색 결과입니다.

고려 시대의 중앙 정치 기구로 관리들의 비리를 감찰하고 정치의 잘잘못을 논하였다. 이 기구의 관원은 중서문하성의 낭사와 함께 대간으로 불렸다.

① 어사대 ② 의정부
③ 중추원 ④ 도병마사

122

다음 주제에 대한 학생들의 대화로 옳지 않은 것은? [3점]

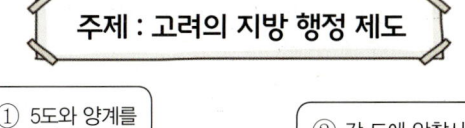

주제 : 고려의 지방 행정 제도

① 5도와 양계를 두었어.
② 각 도에 안찰사를 보냈지.
③ 주요 지역에 5소경을 설치했어.
④ 특수 행정 구역으로 향·부곡·소가 있었지.

III. 고려 | 51

123

ㅣ기본 54회 13번

다음 상황이 있었던 국가의 지방 제도에 대한 설명으로 옳은 것은? [3점]

> ○ 공주 명학소의 망이 · 망소이 등이 무리를 모아서 봉기하자, 명학소를 충순현으로 승격하여 그들을 달래고자 하였다.
>
> ○ 사신을 따라 원에 간 유청신이 통역을 잘하였으므로, 그 공을 인정하여 그의 출신지인 고이부곡을 고흥현으로 승격하였다.

① 전국을 8도로 나누었다.
② 22담로에 왕족을 파견하였다.
③ 주요 지역에 5소경을 설치하였다.
④ 군사 행정 구역으로 양계를 두었다.

정답과 해설 63~67쪽

3 거란과 여진의 침입

124

ㅣ기본 49회 12번

(가) 인물에 대한 설명으로 옳은 것은? [2점]

① 4군 6진을 개척하였다.
② 강동 6주를 획득하였다.
③ 동북 9성을 축조하였다.
④ 쌍성총관부를 공격하였다.

키워드로 개념 다지기

다음 키워드를 보고 ⭐ 에 알맞은 글자를 쓰시오.

❶ 후삼국 통일, 사심관 제도와 기인 제도 시행, 북진 정책 추진, 흑창 설치, 훈요 10조 ·············· ⭐건

❷ 노비안검법 시행, 쌍기 등용, 과거제 도입, '광덕' · '준풍' 연호 사용 ·············· ⭐종

❸ 최승로가 올린 시무 28조 수용, 12목 설치, 2성 6부제 마련, 지방관 파견, 국자감 설치 ·············· ⭐종

❹ 고려의 중앙 정치 제도 ·············· ⭐성 ⭐부

❺ 고려의 지방 행정 제도, 일반 행정 구역과 군사 행정 구역으로 나눔 ·············· ⭐도 ⭐계

❻ 고려의 특수 행정 구역 ·············· 향 · ⭐곡 · ⭐

정답 ❶ 왕 ❷ 광 ❸ 성 ❹ 2, 6 ❺ 5, 양 ❻ 부, 소

125

ㅣ기본 51회 13번

(가)에 들어갈 인물로 옳은 것은? [1점]

① 서희
② 윤관
③ 강감찬
④ 최무선

126

| 기본 63회 21번

(가)에 들어갈 내용으로 옳은 것은?　　　　　　　[1점]

한국사 탐구 계획서

▪ 주제 : 외세의 침략을 물리친 전투

▪ 목적 : 우리 역사 속에서 외세의 침략에 맞서 승리한
　　　　전투를 시대별로 살펴보고, 그 역사적 의미
　　　　와 교훈을 되새겨 본다.

▪ 방법 : 문헌 조사, 인터넷 검색 등

▪ 시대별 탐구 내용

시대	탐구 내용
삼국 시대	을지문덕의 지략으로 수의 침략을 물리친 살수 대첩
고려 시대	강감찬의 지휘로 거란의 대군을 섬멸한 (가)
조선 시대	이순신이 학익진으로 왜군을 격퇴한 한산도 대첩

① 귀주 대첩　　　　　② 진포 대첩

③ 행주 대첩　　　　　④ 황산 대첩

127

| 기본 60회 15번

(가)~(다)를 일어난 순서대로 옳게 나열한 것은?　　[3점]

여진을 내쫓고 우리 옛 땅을 돌려준다면 어찌 거란과 교류하지 않겠는가?	항복은 없다. 거란에 맞서 끝까지 싸우자.	이곳 귀주에서 거란군을 모두 물리쳐라.
(가)	(나)	(다)

① (가) - (나) - (다)　　② (가) - (다) - (나)

③ (나) - (가) - (다)　　④ (다) - (가) - (나)

128

| 기본 58회 17번

(가)의 활동으로 옳은 것은?　　　　　　　　　[2점]

○ (가) 이/가 아뢰기를, "신이 여진에게 패배한
까닭은 그들은 기병이고 우리는 보병이어서 대적하기
어려웠기 때문입니다."라고 하였다. 이에 건의하여
비로소 별무반을 만들었다.　　　- "고려사절요" -

○ (가) 이/가 여진을 쳐서 크게 물리쳤다. [왕이]
여러 장수를 보내 경계를 정하였다.　- "고려사" -

① 강동 6주를 획득하였다.

② 동북 9성을 축조하였다.

③ 쓰시마섬을 정벌하였다.

④ 쌍성총관부를 수복하였다.

129

| 기본 61회 14번

(가), (나) 사이의 시기에 있었던 사실로 옳은 것은?　[3점]

〈역사 만화 동영상 대본〉

고려의 대외 관계

(가) S#7. 강감찬이 군사들을 지휘하고 있다.
강감찬 : 이곳 귀주에서 거란군을 무찌르자.
군사들 : 와!(함성을 지르며 공격한다.)

(나) S#9. 김윤후가 군사들을 향해 외치고 있다.
김윤후 : 너희들이 힘을 다해 싸우면 귀천을
가리지 않고 모두 벼슬을 줄 것이다.
군사들 : 네, 죽음을 각오하고 싸우겠습니다.

① 서희가 강동 6주를 획득하였다.

② 윤관이 동북 9성을 축조하였다.

③ 박위가 쓰시마섬을 토벌하였다.

④ 최무선이 진포에서 왜구를 물리쳤다.

130

기본 54회 12번

다음 가상 인터뷰에 나타난 사건으로 옳은 것은? [2점]

서경에서 거사한 이유가 무엇인가요?

저는 서경으로 수도를 옮기면 천하를 다스릴 수 있고, 금이 스스로 항복할 것이라고 주장해 왔습니다. 그런데 조정에 반대하는 무리가 있어 뜻을 이룰 수 없었기 때문에 거사한 것입니다.

① 묘청의 난
② 김흠돌의 난
③ 홍경래의 난
④ 원종과 애노의 난

131

기본 64회 14번

(가) 시기에 볼 수 있는 장면으로 옳은 것은? [3점]

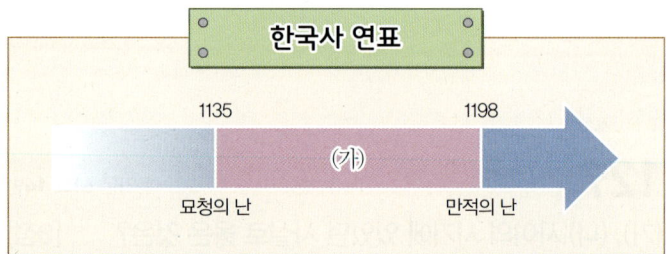

한국사 연표

1135 (가) 1198
묘청의 난   만적의 난

① 문신의 관을 쓰고 있는 자는 모두 죽여라.
정중부

② 새로 제작한 화포로 진포에 침입한 왜구를 물리치자.
최무선

③ 이곳 흥화진에서 거란군을 모두 물리쳐라.
강감찬

④ 우리 삼별초는 여기 진도 용장성에서 적에 맞서 끝까지 싸울 것이다.
배중손

132

기본 63회 11번

(가)~(다)를 일어난 순서대로 옳게 나열한 것은? [3점]

문신의 관을 쓴 자는 모두 죽여라!
정중부
(가)

왕이 우리를 죽이려 했다. 군사를 동원하여 궁궐로 가자!
이자겸
(나)

국호를 대위, 연호를 천개라 하겠다!
묘청
(다)

① (가) – (나) – (다)
② (나) – (가) – (다)
③ (나) – (다) – (가)
④ (다) – (나) – (가)

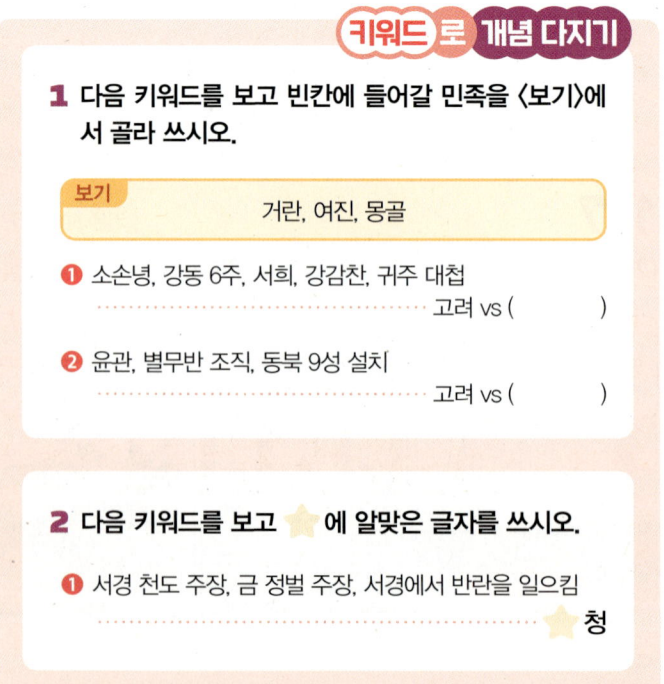

키워드로 개념 다지기

1 다음 키워드를 보고 빈칸에 들어갈 민족을 <보기>에서 골라 쓰시오.

보기
거란, 여진, 몽골

❶ 소손녕, 강동 6주, 서희, 강감찬, 귀주 대첩
고려 vs (   )

❷ 윤관, 별무반 조직, 동북 9성 설치
고려 vs (   )

2 다음 키워드를 보고 ⭐ 에 알맞은 글자를 쓰시오.

❶ 서경 천도 주장, 금 정벌 주장, 서경에서 반란을 일으킴
⭐청

정답 1 ❶ 거란 ❷ 여진 2 ❶ 묘

정답과 해설 68~73쪽

4 몽골의 침입과 공민왕의 개혁 정치

133
기본 54회 14번

다음 외교 문서를 보낸 국가에 대한 고려의 대응으로 옳은 것은? [2점]

> 칸께서 살리타 등이 이끄는 군대를 너희에게 보내 항복할지 아니면 죽임을 당할지 묻고자 하신다. 이전에 칸께서 보낸 사신 저고여가 사라져서 다른 사신이 찾으러 갔으나, 너희들은 활을 쏘아 그를 쫓아냈다. 너희가 저고여를 살해한 것이 확실하니, 이제 그 책임을 묻고 있는 것이다.

① 이자겸이 사대 요구를 수용하였다.
② 서희가 소손녕과 외교 담판을 벌였다.
③ 김윤후 부대가 처인성에서 적장을 사살하였다.
④ 강감찬이 군사를 이끌고 귀주에서 크게 승리하였다.

134
기본 49회 15번

다음 상황이 일어난 시기를 연표에서 옳게 고른 것은? [3점]

918	1019	1170	1270	1388
(가)	(나)	(다)	(라)	
고려 건국	귀주 대첩	무신 정변	개경 환도	위화도 회군

① (가)   ② (나)   ③ (다)   ④ (라)

135
기본 52회 13번

(가)~(다)의 사건을 일어난 순서대로 옳게 나열한 것은? [3점]

(가)   (나)   (다)

① (가) - (나) - (다)
② (나) - (다) - (가)
③ (다) - (가) - (나)
④ (다) - (나) - (가)

136
기본 49회 14번

밑줄 그은 '이 시기'에 있었던 사실로 옳지 않은 것은? [2점]

> 원의 공주를 왕비로 맞아들이던 이 시기에는 몽골식 변발과 발립이 유행하였습니다. 또한, 소주를 제조하는 방법도 전해졌습니다.

사진으로 배우는 고려사

발립을 쓴 인물   소줏고리

① 정동행성이 설치되었다.
② 권문세족이 높은 관직을 독점하였다.
③ 여진 정벌을 위해 별무반이 편성되었다.
④ 결혼도감을 통해 여성들이 공녀로 보내졌다.

137

기본 51회 14번

(가) 시기에 있었던 사실로 옳은 것은? [3점]

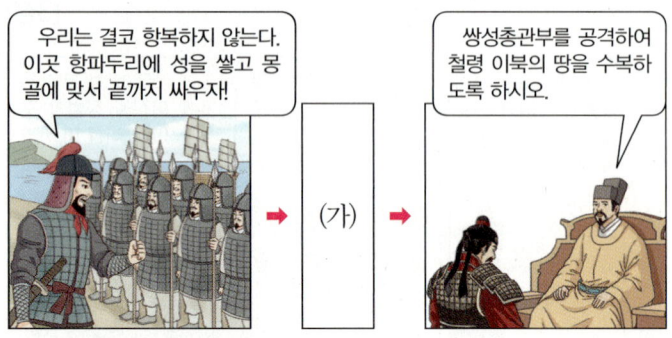

우리는 결코 항복하지 않는다. 이곳 항파두리에 성을 쌓고 몽골에 맞서 끝까지 싸우자!

쌍성총관부를 공격하여 철령 이북의 땅을 수복하도록 하시오.

① 별무반이 편성되었다.
② 김헌창이 난을 일으켰다.
③ 김부식이 삼국사기를 편찬하였다.
④ 지배층을 중심으로 변발과 호복이 유행하였다.

139

기본 52회 15번

학생들이 공통으로 이야기하고 있는 왕의 업적으로 옳은 것은? [2점]

원에 볼모로 갔다가 고려의 왕이 되었어.

몽골식 풍습을 금지하고 기철을 비롯한 친원 세력을 제거하였어.

신돈을 등용하여 전민변정도감을 설치하였어.

노국 대장 공주와의 사랑 이야기는 인상적이었어.

① 균역법을 시행하였다.
② 독서삼품과를 실시하였다.
③ 삼강행실도를 편찬하였다.
④ 철령 이북의 땅을 되찾았다.

138

기본 50회 11번

밑줄 그은 '왕'의 업적으로 옳은 것은? [2점]

이 그림은 고려 제31대 왕과 왕비의 초상화야.

이 왕은 정동행성 이문소를 폐지하는 등 원의 간섭을 물리치기 위해 많은 노력을 했어.

① 교정도감을 설치하였다.
② 천리장성을 축조하였다.
③ 쓰시마섬을 정벌하였다.
④ 쌍성총관부를 공격하였다.

140

기본 63회 15번

(가) 왕의 업적으로 옳은 것은? [2점]

동영상으로 보는 (가) 이야기

기철 등 친원 세력을 제거하다
조회 수 63만 회

쌍성총관부를 공격하다
조회 수 36만 회

① 사비로 천도하였다.
② 북한산 순수비를 세웠다.
③ 독서삼품과를 실시하였다.
④ 전민변정도감을 설치하였다.

141

기본 67회 17번

다음 학생들이 표현하고 있는 사건으로 적절한 것은? [2점]

역사의 한 장면 그리기

무기 선택

화포

왜구에 맞서 군대를 지휘하는 최무선을 그렸어.

전투에서 사용한 화포도 그려 넣자.

① 명량 대첩
② 살수 대첩
③ 진포 대첩
④ 행주 대첩

142

기본 55회 17번

(가)에 들어갈 내용으로 옳은 것은? [2점]

(앞면)

〈주요 활동〉
• (가)
• 위화도 회군으로 권력을 장악함
• 정도전 등과 함께 개혁을 추진함
• 조선을 건국함

(뒷면)

① 별무반을 편성함
② 우산국을 정벌함
③ 전민변정도감을 설치함
④ 황산에서 왜구를 격퇴함

143

기본 61회 18번

(가)에 들어갈 인물로 옳은 것은? [2점]

이곳은 고려 말 홍산에서 왜구의 침입을 격퇴하는 데 큰 공을 세운 (가) 의 무덤이란다. 그는 우왕 때 요동 정벌을 추진했으나, 이성계의 위화도 회군으로 뜻을 이루지 못하였단다.

① 양규
② 최영
③ 이종무
④ 정몽주

키워드로 개념 다지기

1 다음 키워드를 보고 빈칸에 들어갈 민족을 〈보기〉에서 골라 쓰시오.

보기
거란, 여진, 몽골

❶ 강화 천도, "팔만대장경" 편찬, 김윤후, 처인성 전투, 배중손, 삼별초 항쟁 ·········· 고려 vs ( )

2 다음 키워드를 보고 ⭐ 에 알맞은 글자를 쓰시오.

❶ 노국 대장 공주와 혼인, 정동행성 이문소 폐지, 기철 등 친원파 숙청, 쌍성총관부 공격, 신돈 등용, 전민변정도감 설치 ·········· ⭐⭐왕

3 다음 전투와 관련 있는 인물을 〈보기〉에서 골라 쓰시오.

보기
이성계, 최무선, 최영

❶ 진포 대첩 ·················· ( )
❷ 홍산 대첩 ·················· ( )
❸ 황산 대첩 ·················· ( )

정답 1 ❶ 몽골 2 ❶ 공민 3 ❶ 최무선 ❷ 최영 ❸ 이성계

정답과 해설 73~77쪽

5 고려의 경제와 사회

144

ㅣ기본 47회 13번

(가)에 들어갈 내용으로 옳은 것은? [2점]

한국사 퀴즈 대회

(가)

> 고려 시대에 관직 복무 등에 대한 대가로 전지와 시지를 차등 지급한 이 제도는 무엇일까요?

① 관료전
② 대동법
③ 전시과
④ 호포제

145

ㅣ기본 55회 15번

밑줄 그은 '이 국가'의 경제 상황으로 옳은 것은? [3점]

> 이것은 전라남도 나주 등지에서 거둔 세곡 등을 싣고 이 국가의 수도인 개경으로 향하다 태안 앞바다에서 침몰한 배를 복원한 것입니다. 발굴 당시 수많은 청자와 함께 화물의 종류, 받는 사람 등이 기록된 목간이 다수 발견되었습니다.

① 전시과 제도가 실시되었다.
② 고구마, 감자가 널리 재배되었다.
③ 모내기법이 전국적으로 확산되었다.
④ 시장을 감독하기 위한 동시전이 설치되었다.

146

ㅣ기본 67회 12번

(가) 국가에서 볼 수 있는 모습으로 적절한 것은? [2점]

> 이 문화유산은 태안 마도 2호선에서 발견된 청자 매병과 죽찰입니다. 죽찰에는 개경의 중방 도장교 오문부에게 좋은 꿀을 단지에 담아 보낸다는 내용이 적혀 있습니다. 이를 통해 (가) 사람들의 생활 모습을 엿볼 수 있습니다.

청자 연꽃줄기 무늬 매병과 죽찰

① 광산 개발을 감독하는 덕대
② 신해통공 실시를 알리는 관리
③ 청과의 무역으로 부를 축적하는 만상
④ 활구라고도 불린 은병을 제작하는 장인

147

ㅣ기본 52회 14번

(가) 국가의 경제 상황으로 옳은 것은? [2점]

> 화면 속의 청동 거울은 (가) 시대에 제작된 것으로, 여기에 새겨진 배를 통해 당시 국제 무역이 활발하게 이루어졌음을 짐작할 수 있습니다. 송을 비롯한 여러 나라 상인들은 예성강 하구의 벽란도를 드나들면서 무역을 하였습니다.

① 고구마, 감자 등이 재배되었다.
② 모내기법이 전국적으로 확산되었다.
③ 만상, 내상 등이 활발하게 활동하였다.
④ 활구라고 불린 은병이 화폐로 사용되었다.

148

기본 50회 14번

다음 상황을 볼 수 있었던 국가의 경제 정책에 대한 설명으로 옳은 것은? [2점]

벽란도에 오신 것을 환영합니다. 어디에서 오셨습니까?

송에서 인삼을 사러 왔습니다.

① 건원중보를 발행하였다.
② 신해통공을 단행하였다.
③ 연분9등법을 시행하였다.
④ 관수관급제를 실시하였다.

149

기본 61회 13번

(가) 국가의 경제 상황으로 옳은 것은? [2점]

영상으로 보는 (가) 이야기

"화폐를 주조하는 법을 제정하니 …… 화폐의 명칭은 해동통보로 하라."라고 명하였다.

추천 영상

박유의 상소 이야기
첩을 두자는 상소, 손가락질 당하다.

손변의 재판 이야기
재산 상속, 아들딸 구별 없이.

숙종의 화폐 이야기
조회 수 5,061회 · 2022.10.22.

① 모내기법이 전국적으로 확산되었다.
② 벽란도가 국제 무역항으로 번성하였다.
③ 낙랑군과 왜 사이에서 중계 무역을 하였다.
④ 청해진을 중심으로 해상 무역을 전개하였다.

150

기본 51회 16번

(가)에 해당하는 작물로 옳은 것은? [1점]

문익점이 원에 갔다가 돌아오는 길에 ___(가)___ 을/를 보고 씨 10개를 따서 가져왔다. 진주에 와서 절반을 정천익에게 주고 기르게 하였으나 단 한 개만 살아남았다. 가을에 정천익이 그 씨를 따니 100여 개나 되었다.

① 인삼
② 목화
③ 고구마
④ 옥수수

151

기본 54회 17번

교사의 질문에 대한 학생의 답변으로 옳지 않은 것은? [1점]

고려의 사회 모습에 대해 말해 볼까요?

① 의창이 운영되었습니다.

② 팔관회가 개최되었습니다.

③ 골품제가 실시되었습니다.

④ 여성이 호주가 될 수 있었습니다.

정답과 해설 **78~87쪽**

152

| 초급 46회 13번

다음 두 사건의 공통점으로 옳은 것은? [3점]

망이·망소이의 난 | 만적의 난

① 전주성을 점령하였다.
② 서경 천도를 주장하였다.
③ 무신 집권기에 발생하였다.
④ 청의 군대에 의해 진압되었다.

---

6 **고려의 문화**

153

| 기본 48회 15번

다음 퀴즈의 정답으로 옳은 것은? [1점]

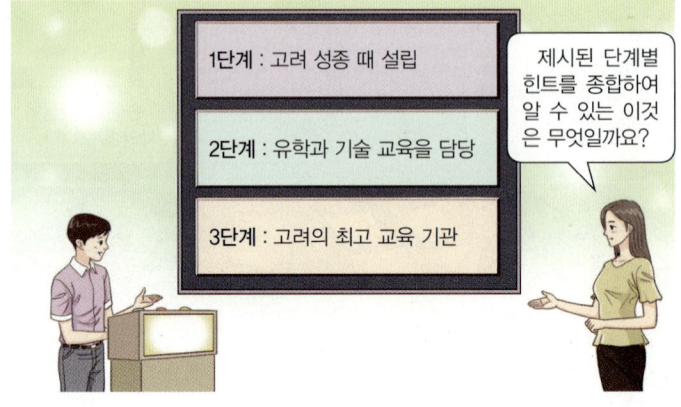

1단계 : 고려 성종 때 설립
2단계 : 유학과 기술 교육을 담당
3단계 : 고려의 최고 교육 기관

제시된 단계별 힌트를 종합하여 알 수 있는 이것은 무엇일까요?

① 경당
② 향교
③ 국자감
④ 주자감

154

| 기본 61회 12번

다음 인물의 활동으로 옳은 것은? [3점]

나는 고려의 문신 최충이오. 지공거가 되어 과거를 주관하였고, 이후 후학을 양성하는 데 힘썼소. 이곳은 후대 사람들이 나를 기리기 위해 세운 노동 서원이라오.

① 9재 학당을 열었다.
② 삼국유사를 집필하였다.
③ 제왕운기를 저술하였다.
④ 시무 28조를 작성하였다.

키워드 로 **개념 다지기**

다음 키워드를 보고 ⭐ 에 알맞은 글자를 쓰시오.

❶ 고려 경종 때 처음 시행, 관직 복무 등에 대한 대가, 전지와 시지를 지급 ⭈⭈⭈⭈⭈⭈⭈⭈⭈ ⭐⭐ 과

❷ 예성강 하구, 국제 무역항, 아라비아 상인 왕래 ⭈⭈⭈⭈⭈⭈⭈ ⭐⭐ 도

❸ 고려 숙종 때 발행, 주전도감 ⭈⭈⭈⭈ 해동 ⭐⭐

❹ 고려의 화폐, 활구라고도 불림 ⭈⭈⭈⭈⭈ 은 ⭐

❺ 원에서 목화씨를 들여와 재배에 성공 ⭈⭈⭈⭈ 문 ⭐⭐

❻ 무신 집권기, 공주 명학소, 차별에 저항 ⭈⭈⭈⭈⭈⭈⭈ ⭐ 이·⭐ 소이의 난

❼ 노비, 개경에서 봉기 모의, 신분 해방 운동의 성격 ⭈⭈⭈⭈⭈⭈⭈ ⭐⭐ 의 난

정답 ❶ 전시 ❷ 벽란 ❸ 통보 ❹ 병 ❺ 익점 ❻ 망, 망 ❼ 만적

155

밑줄 그은 '나'에 해당하는 인물로 옳은 것은? [2점]

소수 서원 문성공묘에 오신 것을 환영합니다. 나는 고려 후기 문신으로 성리학 도입과 후학 양성에 힘썼습니다. 후대 사람들이 이러한 공로를 기리기 위해 소수 서원을 지어 매년 이곳에서 제향을 올리고 있답니다.

① 안향
② 김부식
③ 이규보
④ 정몽주

156

다음 퀴즈의 정답으로 옳은 것은? [1점]

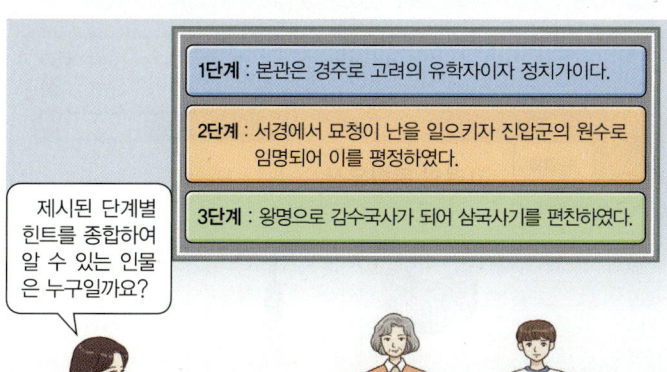

1단계 : 본관은 경주로 고려의 유학자이자 정치가이다.

2단계 : 서경에서 묘청이 난을 일으키자 진압군의 원수로 임명되어 이를 평정하였다.

3단계 : 왕명으로 감수국사가 되어 삼국사기를 편찬하였다.

제시된 단계별 힌트를 종합하여 알 수 있는 인물은 누구일까요?

① 양규
② 일연
③ 김부식
④ 이제현

157

(가) 인물에 대한 설명으로 옳은 것은? [2점]

묘청이 서경에서 반란을 일으켰소. 그대를 진압군의 원수로 삼으니 속히 토벌하시오.

인종

네, 명을 따르겠습니다.

(가)

① 삼국사기를 편찬하였다.
② 금국 정벌을 주장하였다.
③ 화약 무기를 개발하였다.
④ 고려에 성리학을 소개하였다.

158

밑줄 그은 '이 책'으로 옳은 것은? [1점]

이달의 책

이 책에 대해 말해 주세요.

승려 일연이 저술한 역사서입니다.

단군의 고조선 건국 이야기가 실려 있습니다.

① 동국통감
② 동사강목
③ 삼국유사
④ 제왕운기

159

| 기본 58회 15번

(가)에 들어갈 인물로 옳은 것은? [2점]

영통사 대각국사비에 대해 검색해 줘.

검색 결과입니다.

영통사 대각국사비는 고려 문종의 넷째 아들로 승려가 된 (가) 의 행적을 새긴 비석이다. 비문에는 그가 송에서 불교를 배우고 돌아와 해동 천태종을 개창한 사실이 기록되어 있다.

① 원효
② 의천
③ 지눌
④ 혜심

160

| 기본 54회 16번

다음 퀴즈의 정답으로 옳은 것은? [2점]

이 인물은 정혜 결사를 조직하였으며, 선과 교를 함께 닦아야 한다는 정혜쌍수를 주장하였습니다. 보조국사라고도 하는 이 인물은 누구일까요?

한국사 퀴즈 대회

① 지눌
② 요세
③ 혜초
④ 원효

161

| 초급 43회 15번

(가)에 들어갈 문화유산으로 옳은 것은? [3점]

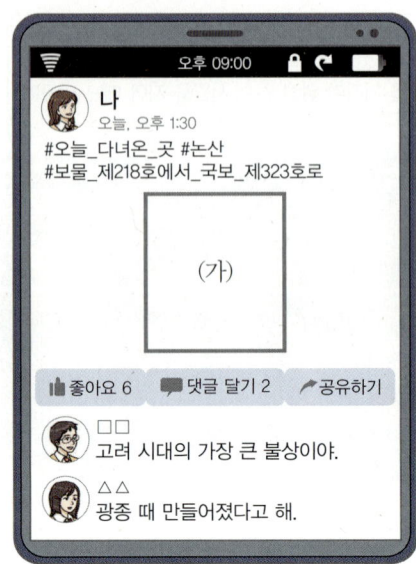

오후 09:00

나
오늘, 오후 1:30
#오늘_다녀온_곳 #논산
#보물_제218호에서_국보_제323호로

(가)

👍 좋아요 6   💬 댓글 달기 2   ➤ 공유하기

□□ 고려 시대의 가장 큰 불상이야.

△△ 광종 때 만들어졌다고 해.

①
금동 미륵보살 반가 사유상

②
석굴암 본존불상

③
관촉사 석조 미륵보살 입상

④
용현리 마애 여래 삼존상

162

| 기본 49회 17번

(가)에 들어갈 문화유산으로 옳은 것은? [2점]

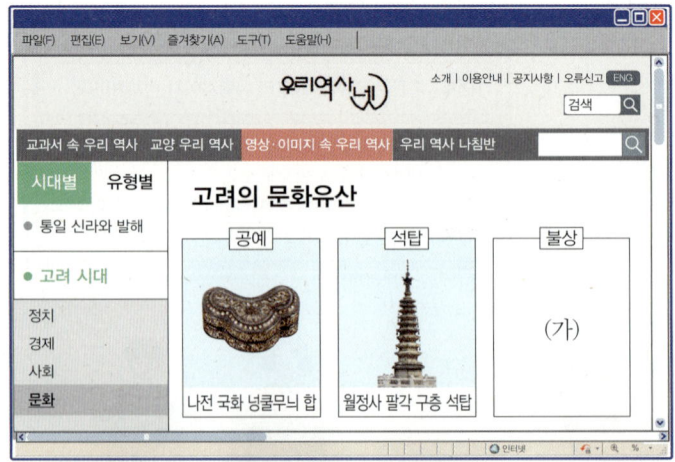

우리역사넷

소개 | 이용안내 | 공지사항 | 오류신고 | ENG

교과서 속 우리 역사 교양 우리 역사 영상·이미지 속 우리 역사 우리 역사 나침반

시대별 유형별

고려의 문화유산

● 통일 신라와 발해
● 고려 시대

정치
경제
사회
문화

공예 — 나전 국화 넝쿨무늬 합
석탑 — 월정사 팔각 구층 석탑
불상 — (가)

①
이불병좌상

②
안동 이천동 마애 여래 입상

③ 석굴암 본존불상

④
서산 용현리 마애 여래 삼존상

163

기본 57회 20번

밑줄 그은 '탑'으로 옳은 것은? [2점]

POST CARD

아빠

저는 지금 강원도 평창에서 산사 체험을 하고 있어요. 이른 아침 일어나 명상을 하고 고려 시대에 만들어진 다각 다층탑을 돌면서 새해 기도를 드렸어요. 오후에는 오대산 선재길을 따라 상원사에도 가볼 계획이에요. 곧 뵐게요.

ㅡ작은 딸 올림

우표

보내는 사람

받는 사람

① 불국사 다보탑

② 신륵사 다층 전탑

③ 월정사 팔각 구층 석탑

④ 화엄사 사사자 삼층 석탑

164

기본 60회 14번

(가)에 들어갈 문화유산으로 옳은 것은? [2점]

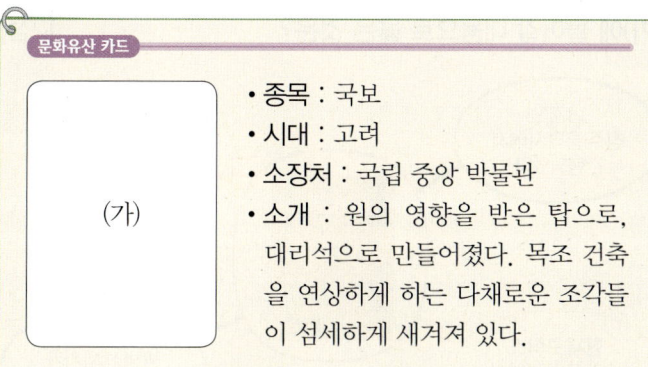

문화유산 카드

(가)

- 종목 : 국보
- 시대 : 고려
- 소장처 : 국립 중앙 박물관
- 소개 : 원의 영향을 받은 탑으로, 대리석으로 만들어졌다. 목조 건축을 연상하게 하는 다채로운 조각들이 섬세하게 새겨져 있다.

① 불국사 삼층 석탑

② 분황사 모전 석탑

③ 영광탑

④ 경천사지 십층 석탑

165

기본 63회 16번

(가)에 들어갈 문화유산으로 가장 적절한 것은? [2점]

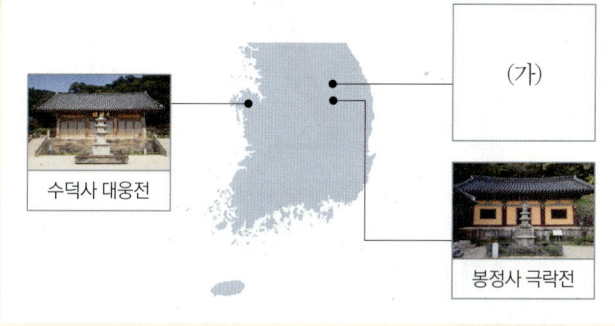

문화유산 조사 보고서

◈ 주제 : 고려 시대의 목조 건축
◈ 방법 : 문헌 조사, 현장 답사 등
◈ 조사 내용
　- 현재 남아 있는 고려 시대 주요 목조 건축물
　- 배흘림기둥과 주심포 양식의 특징
◈ 조사 대상

수덕사 대웅전

(가)

봉정사 극락전

① 종묘 정전

② 경복궁 근정전

③ 법주사 팔상전

④ 부석사 무량수전

166

| 기본 61회 15번

밑줄 그은 '그 일'에 해당하는 내용으로 옳은 것은? [2점]

> 몽골군의 침략으로 부인사에 보관된 대장경판이 남김없이 불에 탔습니다. 이런 큰 보배가 없어졌는데 어찌 감히 일이 어려운 것을 염려하여 다시 만들지 않겠습니까? 이제 왕과 신하 모두 한마음으로 담당 관청을 설치하고 그 일을 맡아 시작할 것을 다짐합니다. 원하옵건대 부처님께서는 신통한 힘으로 흉악한 오랑캐를 물리치시고 다시는 우리 땅을 밟는 일이 없게 해 주소서.

① 삼국사기 편찬
② 팔만대장경 제작
③ 직지심체요절 간행
④ 무구정광대다라니경 인쇄

167

| 기본 52회 17번

(가)에 들어갈 문화유산에 대한 설명으로 옳은 것은? [2점]

> 이곳 합천 해인사 장경판전에는 고려 시대에 제작된 (가) 이/가 현재까지 잘 보존되어 있습니다. 그 이유는 건물의 통풍이 잘 되도록 위아래 창의 크기를 서로 다르게 하였고 안쪽 흙바닥 속에 숯과 횟가루를 넣어 습도를 조절하였기 때문입니다.

① 승정원에서 편찬하였다.
② 시정기와 사초를 바탕으로 제작하였다.
③ 현존하는 가장 오래된 금속 활자본이다.
④ 부처의 힘으로 몽골의 침입을 물리치고자 만들었다.

168

| 기본 55회 12번

(가)에 들어갈 내용으로 옳은 것은? [2점]

- 1377년 청주 흥덕사에서 간행되었다.
- (가)
- 현재 프랑스 국립 도서관에서 소장하고 있다.
- 1972년 박병선 박사가 발견하여 세상에 알려졌다.

① 김부식이 왕명을 받아 편찬하였다.
② 사초와 시정기를 바탕으로 제작되었다.
③ 우리나라 풍토에 맞는 농법을 소개하였다.
④ 현존하는 세계에서 가장 오래된 금속 활자본이다.

169

(가)에 들어갈 문화유산으로 옳은 것은? [2점]

문화유산 카드

(가)

• 종목 : 국보 제68호
• 소장처 : 간송 미술관
• 소개
고려 시대를 대표하는 도자기 중 하나로, 표면에 무늬를 새겨 파내고 다른 재질의 재료를 넣어 제작하였다.

①
분청사기 철화 어문 항아리

②
백자 철화 끈무늬 병

③
청자 상감 운학문 매병

④
청자 참외 모양 병

170

기본 51회 15번

다음과 같은 기법으로 제작된 문화유산으로 옳은 것은? [2점]

도자기 표면에 무늬 새기기

무늬에 다른 색의 흙 메우기

다른 색 흙을 긁어내어 무늬 나타내기

①
기마 인물형 토기

②
백자 철화 끈무늬 병

③
청자 참외 모양 병

④
청자 상감 모란문 표주박 모양 주전자

171

기본 57회 18번

다음 기사에 보도된 문화유산으로 옳은 것은? [2점]

○○신문

제△△호   2020년 ○○월 ○○일

고려 나전 칠기의 귀환

국외 소재 문화재 재단의 노력으로 고려 시대의 '나전 국화 넝쿨무늬 합'이 일본에서 돌아왔다. 나전 칠기는 표면에 옻칠을 하고 조개껍데기를 정교하게 오려 붙인 것으로 불화, 청자와 함께 고려를 대표하는 문화유산이다. 이번 환수로 국내에 소장된 고려의 나전 칠기는 총 3점이 되었다.

①
②
③
④

III. 고려 | 65

172

(가) 인물의 활동으로 옳은 것은? [2점]

이 전투는 고려 말 (가) 이/가 제작한 화포를 이용하여 왜구를 크게 물리친 진포 대첩입니다.

① 거중기를 설계하였다.
② 앙부일구를 제작하였다.
③ 비격진천뢰를 발명하였다.
④ 화통도감 설치를 건의하였다.

키워드로 개념 다지기

1 다음 키워드를 보고 ⭐ 에 알맞은 글자를 쓰시오.

❶ 성종 때 처음 설치, 고려의 최고 교육 기관, 유학과 기술 교육 ⭐⭐ 감

❷ 김부식, 현존하는 가장 오래된 역사서 ····· 삼국 ⭐⭐

❸ 일연, 단군의 건국 이야기와 불교 관련 내용 수록 ····· 삼국 ⭐⭐

❹ 대각국사, 왕자 출신, 해동 천태종 개창 ····· ⭐ 천

❺ 보조국사, 수선사 결사, 정혜쌍수 주장 ····· ⭐ 눌

❻ 몽골의 침입, 합천 해인사에 보관, 목판, 유네스코 세계 기록 유산 ····· ⭐ 대장경판

❼ 청주 흥덕사에서 간행, 현재 남아 있는 세계에서 가장 오래된 금속 활자 인쇄본, 박병선 박사, 프랑스 국립 도서관에 소장 ····· ⭐ 심체요절

❽ 화약 개발, 화통도감 설치 건의, 진포 대첩 ····· 최 ⭐⭐

2 고려의 문화유산으로 옳으면 ○표, 틀리면 ×표를 하시오.

❶
논산 관촉사
석조 미륵보살 입상
( )

❷
경주 석굴암
본존불상
( )

❸
경주 불국사
다보탑
( )

❹
개성 경천사지
10층 석탑
( )

❺
평창 월정사
8각 9층 석탑
( )

❻
경주 분황사
모전 석탑
( )

❼
부여 정림사지
5층 석탑
( )

❽
영주 부석사
무량수전
( )

정답 **1** ❶ 국자 ❷ 사기 ❸ 유사 ❹ 의 ❺ 지 ❻ 팔만 ❼ 직지
❽ 무선 **2** ❶ ○ ❷ × ❸ × ❹ ○ ❺ ○ ❻ × ❼ × ❽ ○

IV 조선 1

한국사능력검정시험 **기본**

최근 4회차 단원별 출제 비중

● 선사　● 고대　● 고려　조선 1　● 조선2　● 개항기　● 일제 강점기　● 현대

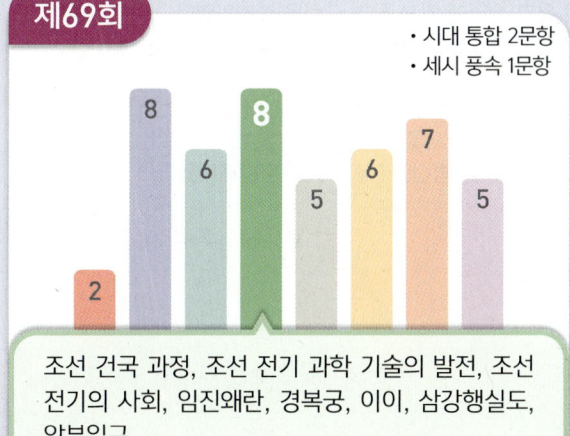

제69회
- 시대 통합 2문항
- 세시 풍속 1문항

2　8　6　8　5　6　7　5

조선 건국 과정, 조선 전기 과학 기술의 발전, 조선 전기의 사회, 임진왜란, 경복궁, 이이, 삼강행실도, 앙부일구

제67회
- 시대 통합 3문항
- 세시 풍속 1문항

2　8　7　4　7　5　6　7

세종의 업적, "조선왕조실록", 세조의 정책, 무오사화

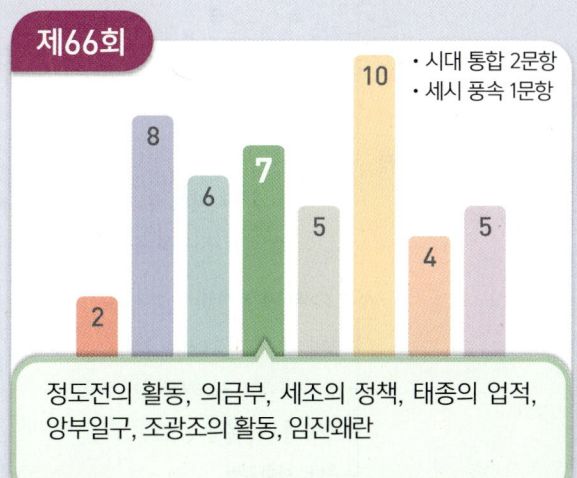

제66회
- 시대 통합 2문항
- 세시 풍속 1문항

2　8　6　7　5　10　4　5

정도전의 활동, 의금부, 세조의 정책, 태종의 업적, 앙부일구, 조광조의 활동, 임진왜란

제64회
- 시대 통합 2문항

2　7　8　5　7　7　7　5

세종의 업적, 태종의 정책, 임진왜란, 명·청 교체기 조선의 대외 관계, 을사사화

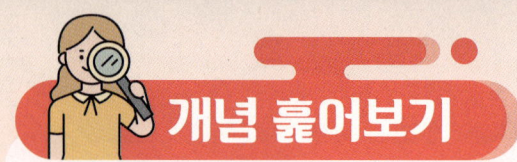
〈큰별쌤과 재미있게 공부하는 초등 한국사능력검정시험〉 교재에 있는 판서입니다.
★을 채우면서 핵심 개념을 한 번 더 확인해 보세요.

자세한 개념 정리는 〈큰별쌤과 재미있게 공부하는 초등 한국사능력검정시험〉에 있어요.

1 · 조선의 탄생　　　　　▶ 90~91쪽

❶ ★도 회군

② 이★★ (신흥 무인 세력)
＋
❸ 정★★ (신진 사대부)
└ 성리학

권문세족 vs ── 조선 건국(1392)

과전법

빈출 키워드 한 문장

★ 고려 말에 **신진 사대부**는 **성리학**을 바탕으로 사회를 개혁하고자 하였다.
★ **이성계**는 **위화도**에서 **회군**하여 권력을 장악하였다.
★ 이성계는 **정도전** 등 **신진 사대부**의 도움을 받아 **조선**을 건국하였다.

정답 ❶ 위화 ② 성계 ❸ 도전

2 · 국가 기틀의 확립　　　　　▶ 92~95쪽

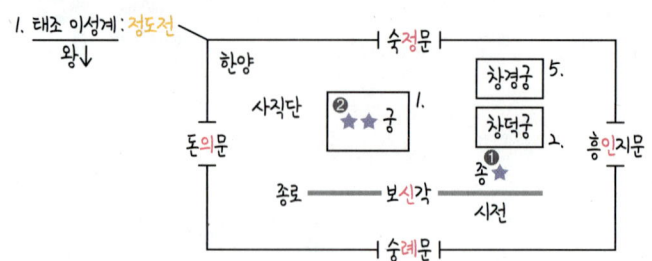

1. 태조 이성계: 정도전
　왕↓
　한양, 사직단, ②★★궁 1., 종★ ❶, 종로 ── 보신각 ── 시전, 숙정문, 창경궁 5., 창덕궁 2., 흥인지문, 돈의문, 숭례문

2. 태종 이방원 ┬ 정몽주 X(단심가 vs 하여가, 선죽교 – 개성), 정도전 X
　왕↑　　　 └ 6조 직계제, 사병 혁파, 호❸법
3. 세종: ④★★전(→ 훈민정음), ⑤4군(최윤덕)과 ⑥6진(김종서) 설치, 쓰시마섬 정벌(이종무)
4. 세조: 단종 X, 집현전 X, 6조 직계제, 경국대전△, 직전법
5. 성종: ⑦★★관 ──→ ○
6. 연산군: 무오사화(김종직의 '조의제문'), 갑자사화(폐비 윤씨)
　↑ 반정
7. 중종: 조광조(현량과, 위훈 삭제) ← 기묘사화
8. 명종: 을사사화(대윤 vs 소윤), 임꺽정

빈출 키워드 한 문장

★ 태조 **이성계**는 수도를 **한양**으로 옮겼다.
★ **정도전**은 유교 원리에 따라 **한양 도성**을 설계하였다.
★ **종묘**는 조선의 역대 왕과 왕비의 신주를 모신 사당이다.
★ **태종**은 **호패법**을 시행하였다.
★ **세종**은 학문 연구 기관으로 **집현전**을 설치하였다.
★ **세종**은 최윤덕과 김종서를 보내 **4군 6진**을 개척하였다.
★ **성종** 때 조선의 기본 법전인 "**경국대전**"이 반포되었다.

정답 ❶ 묘 ② 경복 ❸ 패 ④ 집현 ⑤ 군 ⑥ 진 ⑦ 홍문

3 · 조선 전기의 사회와 문화　　　　　▶ 100~103쪽

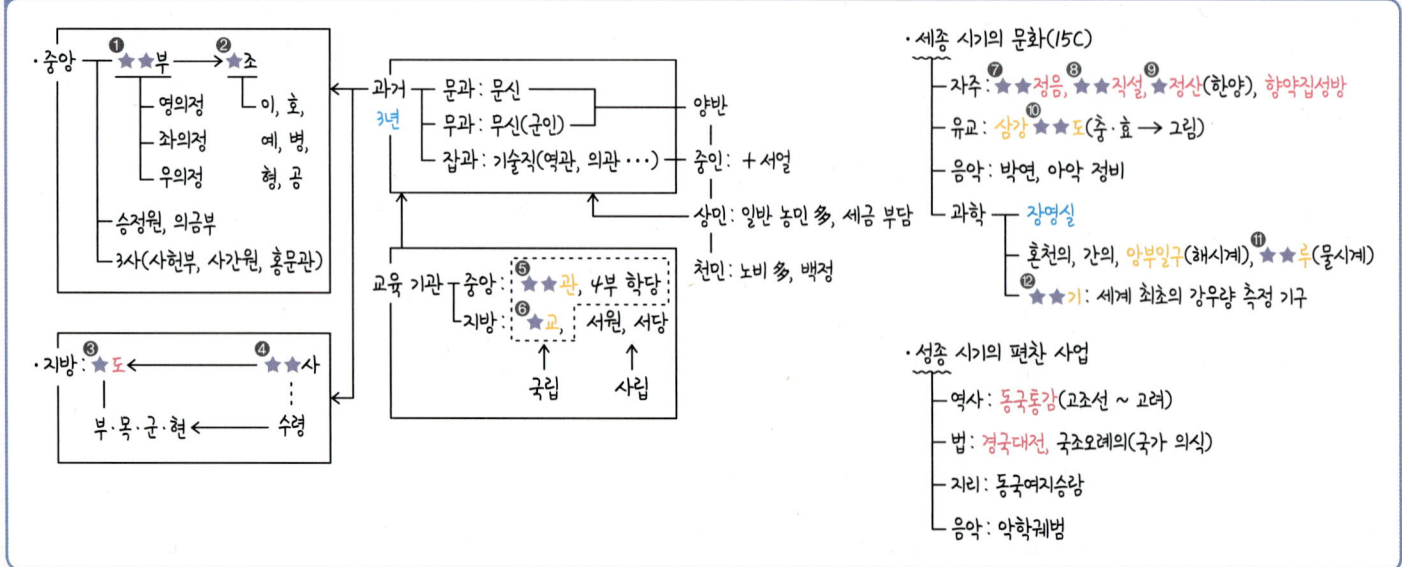

· 중앙 ┬ ❶★★부 → ② ★조
　　　　├ 영의정, 좌의정, 우의정
　　　　├ 이, 호, 예, 병, 형, 공
　　　　├ 승정원, 의금부
　　　　└ 3사(사헌부, 사간원, 홍문관)

· 지방: ❸★도 ← ④★★사
　　　　부·목·군·현 ← 수령

과거 3년 ┬ 문과: 문신 ┐
　　　　　├ 무과: 무신(군인) ├ 양반
　　　　　└ 잡과: 기술직(역관, 의관 ···) │
　　　　　　　　　　　　　　중인: ＋서얼
　　　　　　　　　　　　　　상인: 일반 농민 多, 세금 부담
　　　　　　　　　　　　　　천민: 노비 多, 백정

교육 기관 ┬ 중앙: ⑤★★관, 4부 학당 (국립)
　　　　　└ 지방: ⑥★★교, 서원, 서당 (사립)

· 세종 시기의 문화(15C)
　├ 자주: ⑦★★정음, ⑧★★직설, ⑨★칠정산(한양), 향약집성방
　├ 유교: 삼강 ⑩★★도(충·효 → 그림)
　├ 음악: 박연, 아악 정비
　└ 과학: 장영실
　　　　├ 혼천의, 간의, 앙부일구(해시계), ⑪★★루(물시계)
　　　　└ ⑫★★기: 세계 최초의 강우량 측정 기구

· 성종 시기의 편찬 사업
　├ 역사: 동국통감(고조선 ~ 고려)
　├ 법: 경국대전, 국조오례의(국가 의식)
　├ 지리: 동국여지승람
　└ 음악: 악학궤범

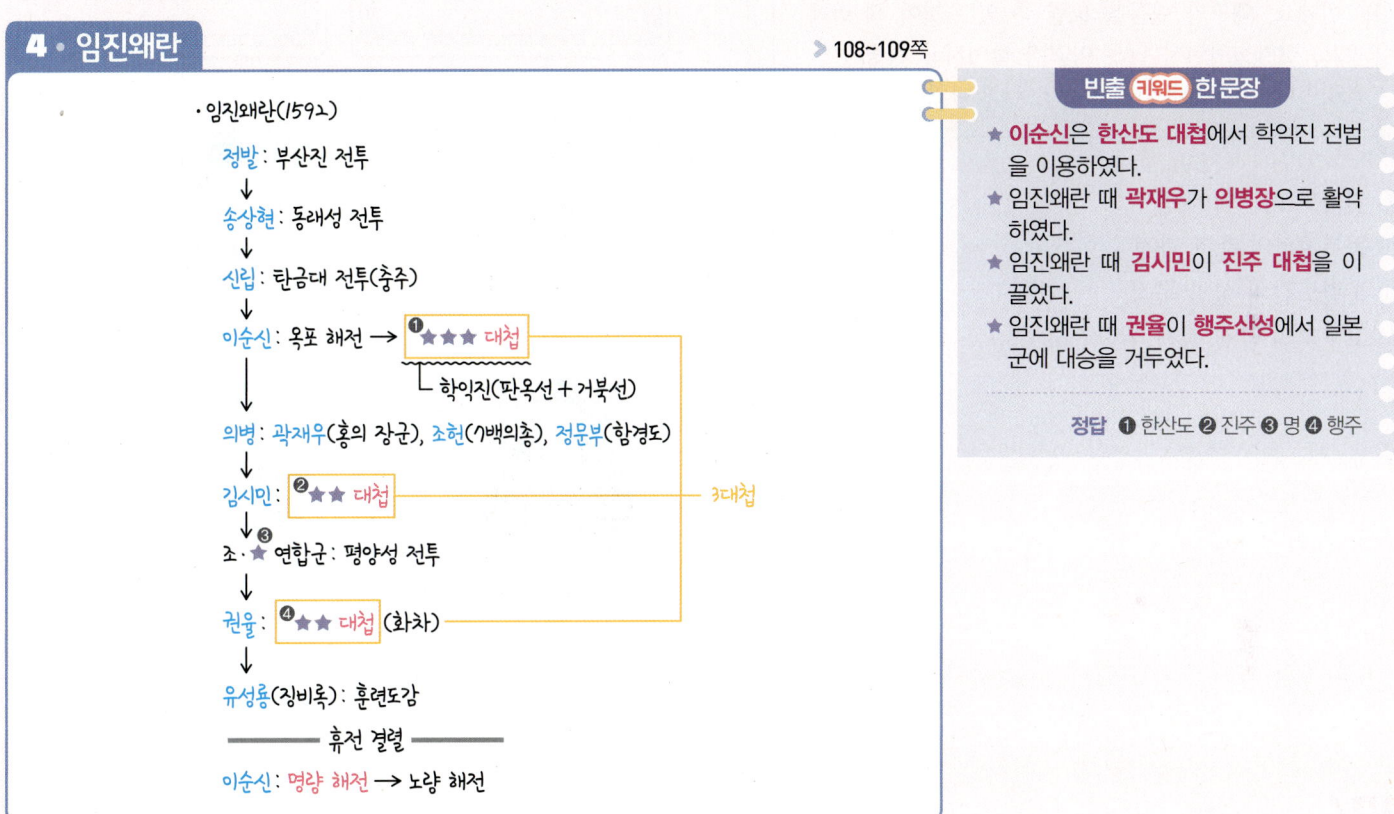

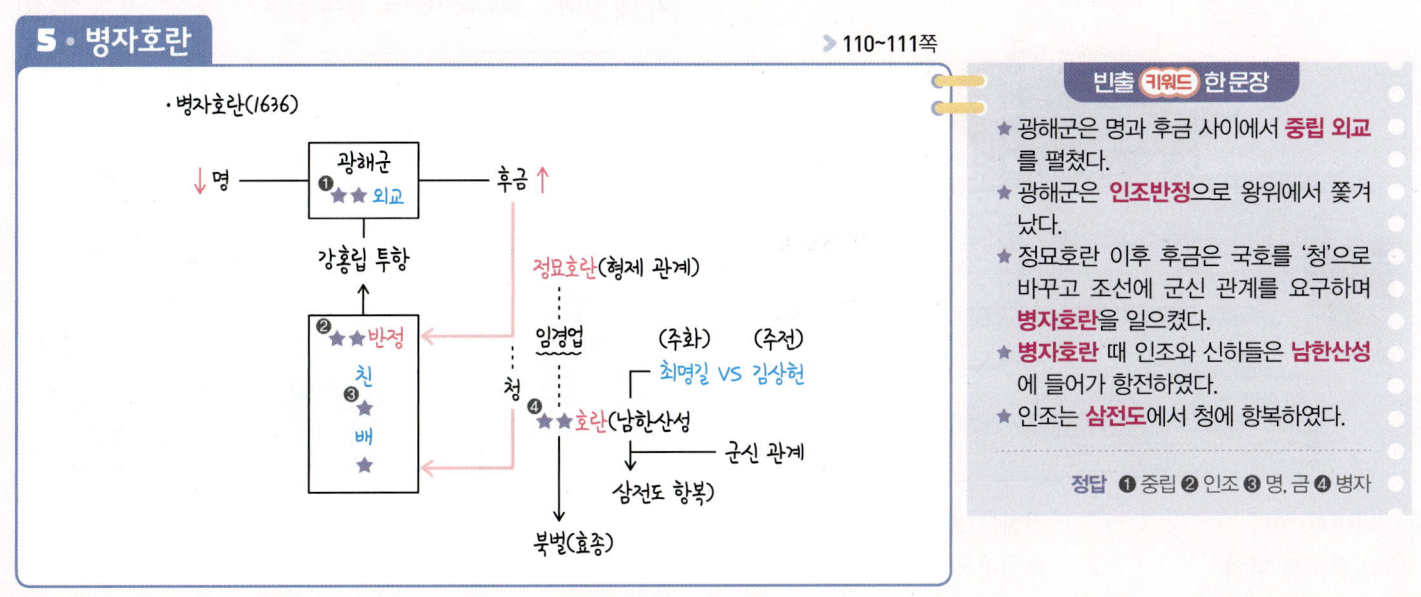

> 108~109쪽

> 110~111쪽

빈출 키워드 한 문장

★ **의정부**는 나랏일을 총괄한 국정 최고 기관이었다.

★ 조선은 전국을 **8도**로 나누고 각 도에 **관찰사**를 파견하였다.

★ **성균관**은 조선의 최고 교육 기관으로 유학 교육을 실시하였다.

★ 조선은 지방 교육 기관으로 **향교**를 설립하였다.

★ **세종** 때 우리 고유의 문자인 **훈민정음**이 창제되었다.

★ **세종** 때 우리 풍토에 맞는 농사법을 소개한 "**농사직설**"이 편찬되었다.

★ **세종** 때 한양을 기준으로 천체 운동을 계산한 역법서인 "**칠정산**"이 편찬되었다.

★ **세종** 때 충신과 효자, 열녀 등의 이야기를 글과 그림으로 설명한 "**삼강행실도**"가 편찬되었다.

★ **장영실**은 물의 흐름을 이용해 자동으로 시간을 알려 주는 **자격루**를 만들었다.

★ **세종** 때 강우량 측정 기구인 **측우기**가 제작되었다.

정답 ❶ 의정 ❷ 6 3 8 4 ❸ 관찰 ❹ 성균 ❺ 향 ❻ 훈민 ❼ 농사 ❽ 칠 ❾ 행실 ❿ 자격 ⓫ 측우

4 · 임진왜란

· 임진왜란(1592)

정발 : 부산진 전투

송상현 : 동래성 전투

신립 : 탄금대 전투(충주)

이순신 : 옥포 해전 → ❶ ★★★ 대첩

학익진(판옥선 + 거북선)

의병 : 곽재우(홍의 장군), 조헌(7백의총), 정문부(함경도)

김시민 : ❷ ★★ 대첩

조 · ★ 연합군 : 평양성 전투

권율 : ❹ ★★ 대첩 (화차)

3대첩

유성룡(징비록) : 훈련도감

── 휴전 결렬 ──

이순신 : 명량 해전 → 노량 해전

빈출 키워드 한 문장

★ **이순신**은 **한산도 대첩**에서 학익진 전법을 이용하였다.

★ 임진왜란 때 **곽재우**가 **의병장**으로 활약하였다.

★ 임진왜란 때 **김시민**이 **진주 대첩**을 이끌었다.

★ 임진왜란 때 **권율**이 **행주산성**에서 일본군에 대승을 거두었다.

정답 ❶ 한산도 ❷ 진주 ❸ 명 ❹ 행주

5 · 병자호란

· 병자호란(1636)

↓ 명 — 광해군 ❶ ★★ 외교 — 후금 ↑

강홍립 투항

정묘호란 (형제 관계)

임경업

(주화) (주전)
최명길 VS 김상헌

❷ ★★ 반정
친
❸ ★
배
★

청

❹ ★★ 호란 (남한산성)

군신 관계

삼전도 항복)

북벌(효종)

빈출 키워드 한 문장

★ 광해군은 명과 후금 사이에서 **중립 외교**를 펼쳤다.

★ 광해군은 **인조반정**으로 왕위에서 쫓겨났다.

★ 정묘호란 이후 후금은 국호를 '청'으로 바꾸고 조선에 군신 관계를 요구하며 **병자호란**을 일으켰다.

★ 병자호란 때 인조와 신하들은 **남한산성**에 들어가 항전하였다.

★ 인조는 **삼전도**에서 청에 항복하였다.

정답 ❶ 중립 ❷ 인조 ❸ 명, 금 ❹ 병자

정답과 해설 **88~93**쪽

1 조선의 탄생

173

| 기본 **47**회 **18**번

다음 자료를 활용한 탐구 주제로 가장 적절한 것은? [2점]

> 우왕과 최영이 요동 공격을 결정하자 이성계가 이르기를, "지금 출병하는 것은 네 가지 이유로 불가합니다. 작은 나라가 큰 나라를 공격할 수 없는 것이 첫 번째요, 여름에 군사를 동원할 수 없는 것이 두 번째요, 왜구가 빈틈을 노릴 수 있는 것이 세 번째요, 장마철이어서 활은 아교가 풀어지고 질병이 돌 것이니 이것이 네 번째입니다."라고 하였다.

① 위화도 회군의 배경
② 동북 9성의 축조 과정
③ 훈련도감의 설치 목적
④ 고구려의 남진 정책 추진

174

| 기본 **52**회 **18**번

(가)에 들어갈 내용으로 옳은 것은? [2점]

① 비변사 혁파
② 위화도 회군
③ 대전회통 편찬
④ 훈민정음 창제

175

| 기본 **57**회 **22**번

(가)에 들어갈 인물로 옳은 것은? [1점]

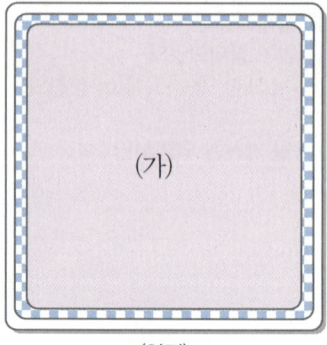

| (가) | • 조선 개국 공신
• 조선의 통치 기준과 운영 원칙을 제시한 조선경국전을 저술함
• 불씨잡변을 지어 불교 교리를 비판함 |

(앞면)   (뒷면)

①
이이

②
송시열

③
정도전

④
정몽주

176

| 기본 **61**회 **19**번

(가)에 들어갈 문화유산으로 옳은 것은? [1점]

① 경복궁
② 경운궁
③ 경희궁
④ 창경궁

177

| 기본 51회 29번

(가)에 들어갈 문화유산으로 옳은 것은?　　　[1점]

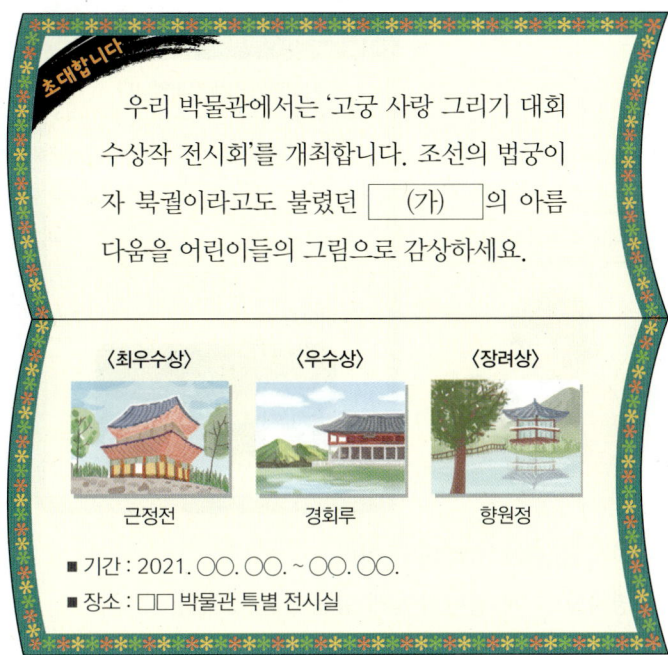

초대합니다

우리 박물관에서는 '고궁 사랑 그리기 대회 수상작 전시회'를 개최합니다. 조선의 법궁이자 북궐이라고도 불렸던 　(가)　의 아름다움을 어린이들의 그림으로 감상하세요.

〈최우수상〉　　〈우수상〉　　〈장려상〉

근정전　　　경회루　　　향원정

■ 기간 : 2021. ○○. ○○. ~ ○○. ○○.
■ 장소 : □□ 박물관 특별 전시실

① 경복궁　　　　　② 덕수궁
③ 창경궁　　　　　④ 창덕궁

178

| 기본 47회 20번

(가)에 들어갈 문화유산으로 옳은 것은?　　　[2점]

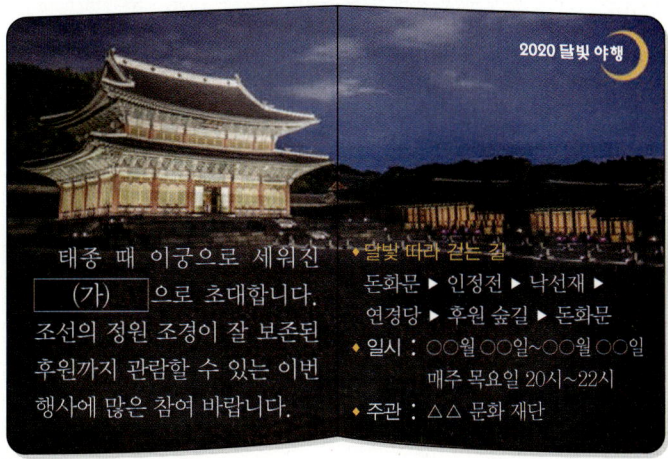

2020 달빛 야행

태종 때 이궁으로 세워진 　(가)　으로 초대합니다. 조선의 정원 조경이 잘 보존된 후원까지 관람할 수 있는 이번 행사에 많은 참여 바랍니다.

달빛 따라 걷는 길
돈화문 ▶ 인정전 ▶ 낙선재 ▶
연경당 ▶ 후원 숲길 ▶ 돈화문
◆ 일시 : ○○월 ○○일~○○월 ○○일
　　매주 목요일 20시~22시
◆ 주관 : △△ 문화 재단

① 경복궁　　　　　② 경희궁
③ 덕수궁　　　　　④ 창덕궁

179

| 초급 41회 17번

(가)에 들어갈 문화유산으로 옳은 것은?　　　[3점]

문화유산 카드

(가)

• 사적 제122호
• 조선 태종 때 만들어짐
• 왕실 도서관인 규장각이 있었음
• 1997년 유네스코 세계 유산으로 등재

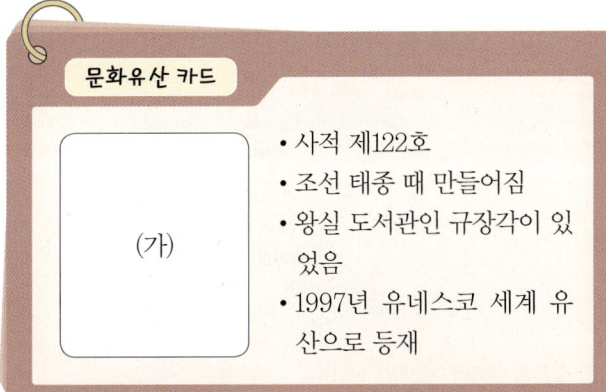

①　경희궁　　　②　덕수궁

③　창경궁　　　④　창덕궁

180

| 기본 52회 29번

다음에서 설명하는 문화유산으로 옳은 것은?　　　[3점]

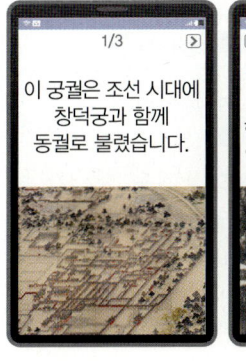

1/3
이 궁궐은 조선 시대에 창덕궁과 함께 동궐로 불렸습니다.

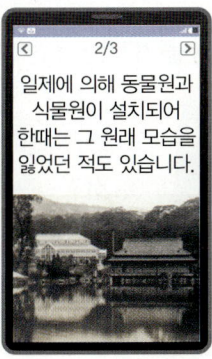

2/3
일제에 의해 동물원과 식물원이 설치되어 한때는 그 원래 모습을 잃었던 적도 있습니다.

3/3
이제 본 모습을 찾아가고 있는 궁궐에서 조선 왕실의 숨결을 느껴 보시기 바랍니다.

① 경복궁　　　　　② 경희궁
③ 덕수궁　　　　　④ 창경궁

181

초급 46회 23번

(가)에 들어갈 문화유산 스탬프로 옳은 것은? [3점]

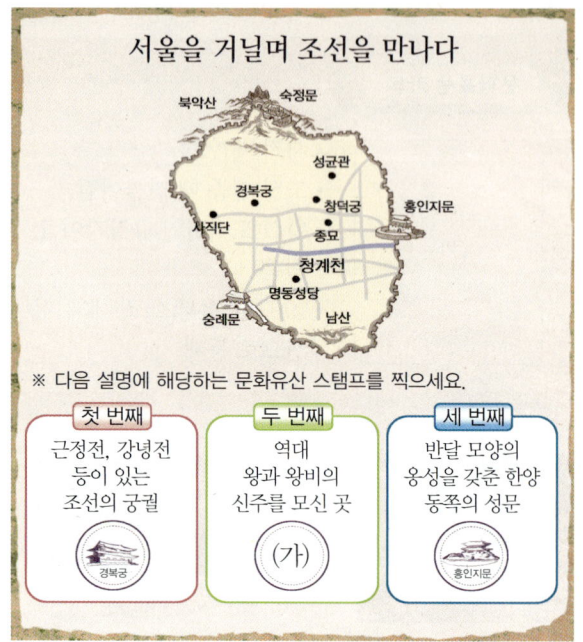

※ 다음 설명에 해당하는 문화유산 스탬프를 찍으세요.

첫 번째	두 번째	세 번째
근정전, 강녕전 등이 있는 조선의 궁궐	역대 왕과 왕비의 신주를 모신 곳	반달 모양의 옹성을 갖춘 한양 동쪽의 성문
경복궁	(가)	흥인지문

①  종묘

②  사직단

③  성균관

④  명동 성당

182

기본 55회 21번

(가)에 들어갈 문화유산으로 옳은 것은? [2점]

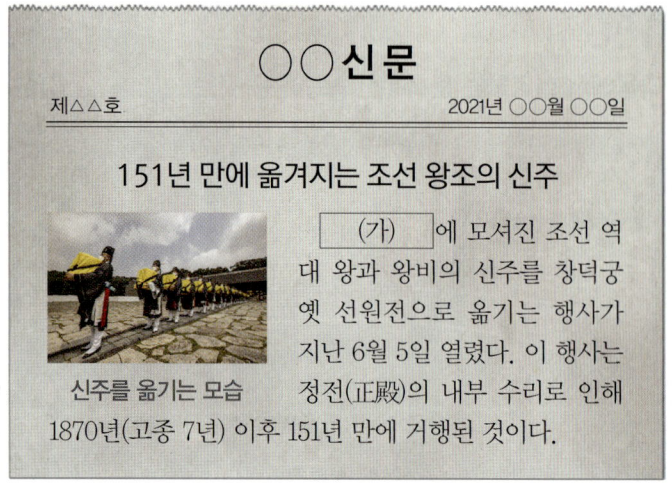

○○신문

제△△호 2021년 ○○월 ○○일

151년 만에 옮겨지는 조선 왕조의 신주

신주를 옮기는 모습

(가) 에 모셔진 조선 역대 왕과 왕비의 신주를 창덕궁 옛 선원전으로 옮기는 행사가 지난 6월 5일 열렸다. 이 행사는 정전(正殿)의 내부 수리로 인해 1870년(고종 7년) 이후 151년 만에 거행된 것이다.

① 종묘 ② 사직단
③ 성균관 ④ 도산 서원

183

초급 39회 25번

(가)에 들어갈 내용으로 옳은 것은? [3점]

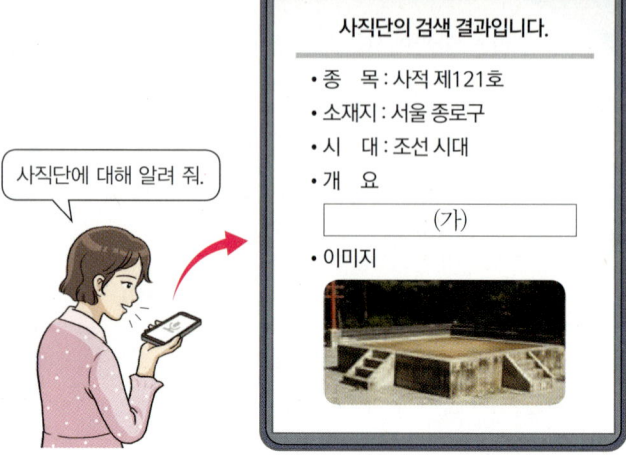

사직단에 대해 알려 줘.

사직단의 검색 결과입니다.
• 종 목 : 사적 제121호
• 소재지 : 서울 종로구
• 시 대 : 조선 시대
• 개 요
　　　　(가)
• 이미지

① 명성 황후가 시해된 곳이다.
② 병자호란 때 청나라에게 항복했던 곳이다.
③ 땅의 신과 곡식의 신에게 제사를 지내던 곳이다.
④ 조선 시대 역대 왕과 왕비의 신주를 모셔 놓은 곳이다.

키워드로 개념 다지기

다음 키워드를 보고 ⭐ 에 알맞은 글자를 쓰시오.

❶ 4불가론, 요동 정벌에 나섰던 이성계가 군대를 돌려 권력 장악 ⭐⭐도 회군

❷ 조선 개국 공신, 한양 도성 설계, "조선경국전"·"불씨잡변" 저술 정⭐⭐

❸ 조선 시대에 가장 먼저 지어진 궁궐, 정도전이 궁궐의 이름을 지음, 광화문·근정전·경회루, 임진왜란으로 불에 탐, 흥선 대원군이 다시 지음 ⭐⭐궁

❹ 태종 때 지음, 이궁, 유네스코 세계 유산, 후원에 규장각이 있었음 ⭐⭐궁

❺ 조선 시대 왕과 왕비의 신주를 모심, 경복궁 동쪽에 위치, 유네스코 세계 유산 ⭐묘

❻ 땅의 신과 곡식의 신에게 제사를 지냄, 경복궁 서쪽에 위치 ⭐⭐단

정답 ❶ 위화 ❷ 도전 ❸ 경복 ❹ 창덕 ❺ 종 ❻ 사직

정답과 해설 93~98쪽

2 국가 기틀의 확립

184

| 기본 48회 17번

(가)에 들어갈 내용으로 옳은 것은?   [2점]

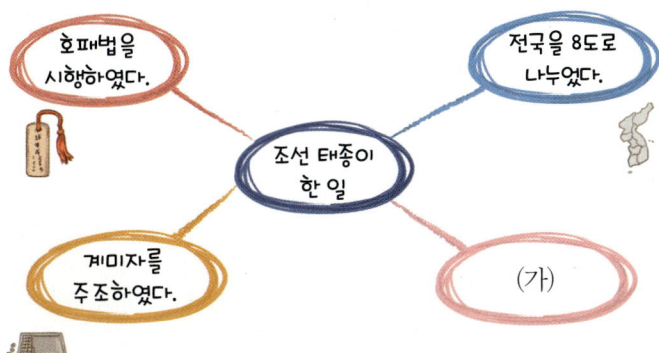

호패법을 시행하였다.

전국을 8도로 나누었다.

조선 태종이 한 일

계미자를 주조하였다.

(가)

① 균역법을 시행하였다.
② 직전법을 실시하였다.
③ 5군영 체제를 완성하였다.
④ 6조 직계제를 시행하였다.

186

| 기본 48회 20번

밑줄 그은 '이 왕'의 업적으로 옳은 것은?   [1점]

우리 모둠에서는 존경하는 역사 인물로 이 왕을 선정하였습니다.

역 사 인 물 발 표 회

△△ 모둠

☆ 선정 이유 ☆
• 훈민정음을 창제하였다.
• 농사직설을 편찬하였다.

① 4군 6진을 개척하였다.
② 경국대전을 완성하였다.
③ 대동여지도를 제작하였다.
④ 백두산정계비를 건립하였다.

185

| 기본 58회 19번

밑줄 그은 '왕'의 업적으로 옳은 것은?   [2점]

이성계의 아들로 태어나 두 차례의 왕자의 난 이후 왕위에 올랐어.

이곳은 헌릉으로 조선 3대 왕이 왕비와 함께 묻힌 곳이야.

6조 직계제를 실시하는 등 왕권 강화에 힘썼지.

① 탕평비를 건립하였다.
② 현량과를 실시하였다.
③ 호패법을 시행하였다.
④ 훈민정음을 창제하였다.

187

| 초급 42회 18번

(가)에 들어갈 내용으로 옳은 것은?   [2점]

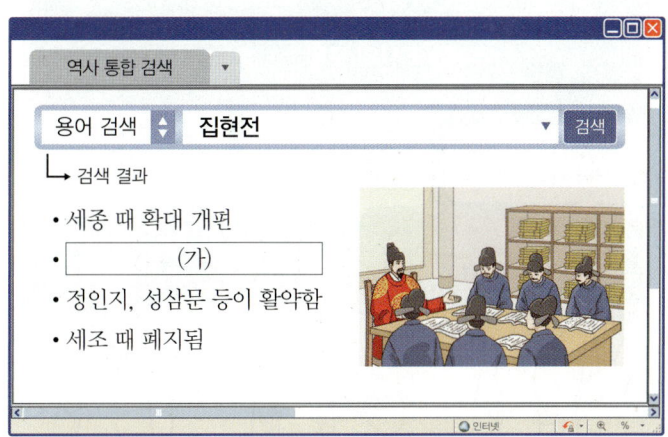

역사 통합 검색

용어 검색   집현전   검색

└ 검색 결과
• 세종 때 확대 개편
•   (가)
• 정인지, 성삼문 등이 활약함
• 세조 때 폐지됨

① 신문을 발행함
② 병든 백성을 치료함
③ 학문 연구를 담당함
④ 군사 훈련을 실시함

188

기본 67회 20번

밑줄 그은 '왕'에 대한 설명으로 옳은 것은? [3점]

○ 왕께서 명하기를, "집현전을 파하고 경연을 정지하며, 거기에 소장하였던 서책은 모두 예문관에서 관장하게 하라."라고 하였다.

○ 왕께서 명령을 내려, "전날 성삼문 등이 상왕도 모의에 참여하였다고 말하였으니 …… 상왕을 노산군으로 낮추고, 궁에서 내보내 영월에 거주시키도록 하라."라고 하였다.

① 시헌력을 도입하였다.
② 탕평책을 실시하였다.
③ 한양으로 도읍을 옮겼다.
④ 6조 직계제를 시행하였다.

189

기본 61회 20번

(가) 왕의 재위 기간에 있었던 사실로 옳은 것은? [2점]

① 계미자가 주조되었다.
② 균역법이 실시되었다.
③ 기묘사화가 일어났다.
④ 6조 직계제가 시행되었다.

190

기본 51회 21번

(가)에 해당하는 책으로 옳은 것은? [2점]

조선 제9대 국왕인 성종의 재위 기간에는 통치에 관한 규범들을 확립하기 위해 많은 서적이 편찬되었다. 국가 운영 전반에 대한 법률을 담은 (가) 이/가 반포되었으며, 국가의 의례를 정비한 국조오례의와 궁중 음악을 집대성한 악학궤범이 완성되었다.

①
택리지

②
경국대전

③
농사직설

④
동의보감

191

기본 49회 19번

(가)에 들어갈 내용으로 옳은 것은? [2점]

① 경신환국
② 무오사화
③ 인조반정
④ 임오군란

192

(가)에 들어갈 내용으로 옳은 것은?   [2점]

역사 인물 카드

- 조선 중종 때 사림의 중심 인물
- 도학 정치를 추구함
- 소격서 폐지를 주장함
- (가)

(1482년~1519년)

① 성학집요를 저술함
② 백운동 서원을 건립함
③ 현량과 실시를 건의함
④ 시헌력 도입을 주장함

193

(가)에 들어갈 사건으로 옳은 것은?   [2점]

학습지

주제 : (가)

이름 : ○○○

✏ **학습 내용 1** 왜 일어났나요?

위훈 삭제 등 조광조가 주장한 개혁에 대한 반발 때문에 일어났어요.

✏ **학습 내용 2** 어떻게 진행되었나요?

조광조는 유배된 후 사약을 받아 죽임을 당하였고, 그를 따르던 많은 사람들도 처형되거나 관직에서 쫓겨났어요.

① 기묘사화   ② 신유박해
③ 인조반정   ④ 임오군란

194

(가)에 해당하는 사건으로 옳은 것은?   [2점]

이곳은 유네스코 세계 유산에 등재된 필암 서원으로 인종의 스승이었던 김인후를 배향하고 있습니다. 그는 명종 즉위 후 왕의 외척들 간 권력 다툼으로 (가) 이/가 일어나자, 고향으로 돌아와 성리학 연구와 후학 양성에 힘썼습니다.

① 경신환국   ② 기해예송
③ 병인박해   ④ 을사사화

키워드로 개념 다지기

다음 키워드를 보고 ⭐ 에 알맞은 글자를 쓰시오.

❶ 두 차례 왕자의 난을 통해 즉위, 사병 혁파, 6조 직계제 시행, 전국을 8도로 나눔, 호패법 시행 ········· ⭐ 종

❷ 집현전 설치, 훈민정음 창제, 이종무를 보내 쓰시마섬 정벌 ··· ⭐ 종

❸ 세종 때 개척, 최윤덕·김종서, 여진 정벌 ···· ⭐ 군 ⭐ 진

❹ 계유정난으로 정권을 잡음, 6조 직계제 부활, 집현전 폐지, 직전법 실시 ····································· ⭐ 조

❺ 홍문관 설치, "경국대전" 반포, "국조오례의" 편찬 ···· ⭐ 종

❻ 연산군, 김일손, '조의제문' ·············· ⭐ ⭐ 사화

❼ 연산군, 폐비 윤씨 ························· ⭐ ⭐ 사화

❽ 중종, 조광조, 주초위왕 ··················· ⭐ ⭐ 사화

❾ 명종, 대윤, 소윤 ·························· ⭐ ⭐ 사화

정답 ❶ 태 ❷ 세 ❸ 4, 6 ❹ 세 ❺ 성 ❻ 무오 ❼ 갑자 ❽ 기묘
❾ 을사

정답과 해설 99~106쪽

3 조선 전기의 사회와 문화

195

| 기본 51회 20번

다음 학생이 생각하고 있는 기구로 옳은 것은? [2점]

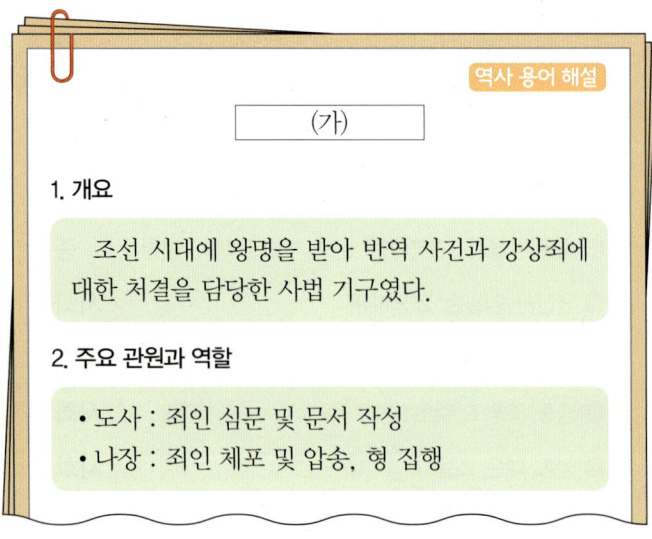

조선의 중앙 정치 기구 중 하나였어.

왕명의 출납을 담당하였어.

6명의 승지가 있었어.

① 사간원   ② 사헌부
③ 승정원   ④ 홍문관

196

| 기본 66회 19번

(가)에 들어갈 기구로 옳은 것은? [2점]

역사 용어 해설

(가)

1. 개요

조선 시대에 왕명을 받아 반역 사건과 강상죄에 대한 처결을 담당한 사법 기구였다.

2. 주요 관원과 역할

• 도사 : 죄인 심문 및 문서 작성
• 나장 : 죄인 체포 및 압송, 형 집행

① 사헌부   ② 의금부
③ 춘추관   ④ 홍문관

197

| 기본 60회 21번

(가) 기구에 대한 설명으로 옳은 것은? [2점]

호조의 관리들이 국가의 물자를 빼돌렸는데 비위의 범위가 넓다네.

서둘러 (가) 의 수장인 대사헌께 보고하세.

① 왕명 출납을 관장하였다.
② 수도의 행정과 치안을 맡았다.
③ 외국어 통역 업무를 담당하였다.
④ 사간원, 홍문관과 함께 삼사로 불렸다.

198

| 기본 61회 22번

(가)에 들어갈 내용으로 옳은 것은? [2점]

옥당이라 쓰여 있는 이 현판은 창덕궁 내의 홍문관 청사에 걸려 있던 것입니다. 홍문관은 활발한 언론 활동을 통해 사헌부 · 사간원과 함께 3사라고 불렸습니다. 또한 (가)

① 수원 화성에 외영을 두었습니다.
② 한양의 치안과 행정을 맡았습니다.
③ 재정의 출납과 회계를 관장하였습니다.
④ 왕의 정책 자문과 경연을 담당하였습니다.

199

│ 기본 49회 20번

(가)에 들어갈 내용으로 옳은 것은?　　　　[1점]

○○년 신입생 모집

조선 최고 교육 기관

(가)

1. 선발 인원 : 200명
2. 지원 자격 : 소과에 합격한 생원, 진사 등
3. 특전 : 원점* 300점인 자에게 관시(館試)
　　　　 응시 자격 부여

*원점(圓點) : 아침, 저녁 식당에 들어갈 때 찍는 점

① 향교　　　　　　② 성균관
③ 육영 공원　　　　④ 4부 학당

200

│ 기본 51회 19번

교사의 질문에 대한 학생의 답변으로 옳지 <u>않은</u> 것은?　[2점]

조선 시대의 교육 기관에 대해 말해 볼까요?

① 책을 읽고 활쏘기를 익히는 경당이 있었어요.

② 서울의 4부 학당에서는 중등 교육을 담당했어요.

③ 최고 교육 기관으로 성균관이 있었어요.

④ 사림이 세운 서원이 있었어요.

201

│ 기본 52회 28번

(가)에 들어갈 교육 기관으로 옳은 것은?　　[1점]

여러분은 현재의 초등학교와 유사한 조선 시대의 (가) 체험을 하고 있어요. 당시 학생들은 천자문, 동몽선습, 소학 등을 배웠답니다.

千字文　天地玄黃　宇宙洪荒

① 서당　　　　　　② 태학
③ 성균관　　　　　④ 주자감

202

│ 초급 45회 16번

(가)에 들어갈 신분으로 옳은 것은?　　[2점]

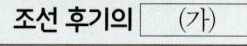

조선 후기의 (가)

나는 사역원에 소속된 역관이오.

나는 도화서에서 일하는 화원이라오.

나는 전의감에 소속된 의관이오.

① 천민　　　　　　② 귀족
③ 양반　　　　　　④ 중인

203

| 기본 54회 19번

(가) 왕의 업적으로 옳은 것은?　　　　　　　[2점]

한글을 빛낸 인물들

■ 전시 안내
　〈1실〉 훈민정음을 창제한 　(가)
　〈2실〉 우리말 문법을 연구한 주시경
　〈3실〉 한글 점자를 창안한 박두성
■ 기간 : 2021년 ○○월 ○○일~○○일
■ 장소 : □□ 박물관 특별 전시관

① 만권당을 세웠다.
② 농사직설을 간행하였다.
③ 대전회통을 편찬하였다.
④ 초계문신제를 시행하였다.

204

| 기본 64회 18번

다음 가상 인터뷰에 등장하는 왕의 업적으로 옳은 것은? [2점]

조선의 북방 영토를 넓힌 과정을 말씀해 주세요.

여진의 침입이 잦아 최윤덕과 김종서를 파견하여 4군 6진을 개척하였습니다.

① 비변사를 폐지하였다.
② 칠정산을 편찬하였다.
③ 동의보감을 간행하였다.
④ 백두산정계비를 건립하였다.

205

| 기본 60회 19번

(가)에 들어갈 내용으로 옳은 것은?　　　　[2점]

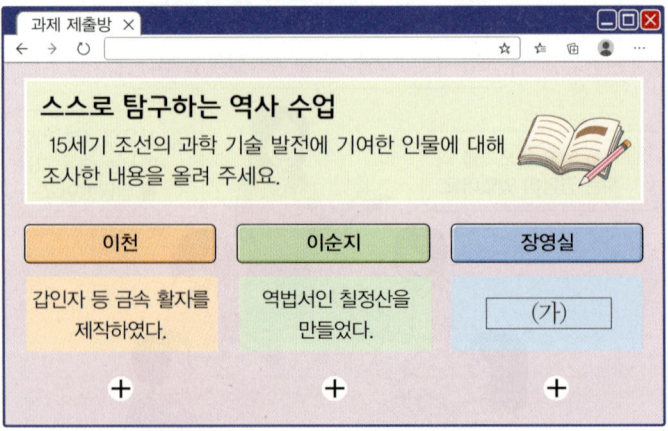

과제 제출방　✕

스스로 탐구하는 역사 수업
　15세기 조선의 과학 기술 발전에 기여한 인물에 대해 조사한 내용을 올려 주세요.

이천	이순지	장영실
갑인자 등 금속 활자를 제작하였다.	역법서인 칠정산을 만들었다.	(가)
+	+	+

① 거중기를 설계하였다.
② 자격루를 제작하였다.
③ 대동여지도를 만들었다.
④ 동의보감을 완성하였다.

206

기본 50회 18번

(가)에 들어갈 책으로 옳은 것은?　　　　[2점]

○○ 박물관

(가)

충신, 효자, 열녀의 이야기를 담아 세종 때 편찬된 책

효자 최루백이 아버지의 묘를 지켰어요.

① 동의보감　　　　② 악학궤범
③ 삼강행실도　　　　④ 용비어천가

207

기본 48회 19번

(가)에 들어갈 과학 기구로 옳은 것은?　　　　[1점]

(가)는 자동으로 시간을 알려 주는 장치를 갖춘 물시계입니다. 이 시계가 알려 주는 시간에 따라 도성 문을 열고 닫았으며, 궁궐 호위병들은 임무를 교대하였습니다.

① 자격루　　　　② 측우기
③ 혼천의　　　　④ 앙부일구

208

기본 52회 20번

(가)에 들어갈 문화유산으로 옳은 것은?　　　　[1점]

나
어제, 오전 9시 30분
#국립고궁박물관 #미국에서_귀환
#조선시대_과학기구 #해시계

(가)

👍 좋아요 6　　💬 댓글 2　　➤ 공유

□□ 이건 어떤 기구야?

 △△
그림자로 시간을 측정하는 기구야. 동지나 하지와 같은 절기도 알 수 있어.

①　　자격루

②　　측우기

③　　앙부일구

④　　혼천의

IV
조선1

209

(가)에 들어갈 기구로 옳은 것은?　　　　　　　[2점]

○○신문

제△△호　　　　　　　　　　　○○○○년 ○○월 ○○일

조선, 세계 최초로 강우량 측정 기구를 제작하다

　조선은 백성의 생활을 안정시키고자 과학 기술의 발전에 힘썼다. 특히 농업을 중시하여 비가 내린 양을 측정하는 기구를 제작하였다.

(가)

①
거중기

②
자격루

③
측우기

④
앙부일구

키워드로 개념 다지기

다음 키워드를 보고 ⭐ 에 알맞은 글자를 쓰시오.

❶ 조선 시대 왕의 비서 기관, 왕명 출납 ·········· ⭐⭐원

❷ 국왕 직속 사법 기구, 반역죄 등 중범죄 담당 ⭐⭐부

❸ 조선 시대 3사, 언론 역할
　　　　　⭐헌부, ⭐간원, ⭐문관

❹ 조선의 최고 교육 기관, 대성전, 명륜당 ········ ⭐⭐관

❺ 성리학 교육, 사립 교육 기관, 교육과 제사 담당 ····· ⭐원

❻ 세종 때 창제, 우리 고유의 문자 ··········· ⭐⭐정음

❼ 세종 때 편찬, 우리 기후와 토지에 맞는 농사법 정리
　　　　　　　　　　　　농사⭐⭐

❽ 세종 때 편찬, 우리 역사 최초로 한양을 기준으로 천체의
　운동 계산, 역법서 ················· ⭐⭐산

❾ 세종 때 편찬, 유교 윤리 보급, 충신·효자·열녀의 이야기를
　글과 그림으로 설명 ·········· 삼강⭐⭐도

❿ 세종 때 장영실이 제작, 물시계, 자동으로 종·북·징을 울리
　게 해 시간을 알려 줌 ··············· ⭐⭐루

⓫ 세종 때 제작, 해시계, 그림자로 시간 측정 ···· ⭐⭐일구

정답 ❶ 승정 ❷ 의금 ❸ 사, 사, 홍 ❹ 성균 ❺ 서 ❻ 훈민 ❼ 직설
❽ 칠정 ❾ 행실 ❿ 자격 ⓫ 앙부

정답과 해설 106~110쪽

4 임진왜란

210
| 기본 57회 25번

(가) 전쟁 중에 있었던 사실로 옳은 것은? [2점]

1592년 7월 이순신이 이끄는 조선 수군은 이곳 한산도 앞바다에서 학익진을 펼치며 일본 수군을 크게 격파하였습니다. 그 결과 조선군은 (가) 당시 남해안 일대의 제해권을 장악하게 되었습니다.

증강 현실로 만난 역사

① 최윤덕이 4군을 개척하였다.
② 서희가 강동 6주를 확보하였다.
③ 권율이 행주산성에서 승리하였다.
④ 이종무가 쓰시마섬을 토벌하였다.

211
| 기본 48회 23번

(가) 전쟁 중에 있었던 사실로 옳은 것은? [2점]

진주성에서 진주 목사 김시민의 지휘 아래 관군과 백성들이 일본군에 맞서 싸우고 있습니다. 곽재우 등이 이끄는 의병 부대도 성 밖에서 이를 지원하고 있는데요. 이 전투가 일본의 침략으로 시작된 (가) 의 흐름에 어떤 영향을 미칠지 관심이 모아지고 있습니다.

진주성에서 치열한 전투 중

① 천리장성이 축조되었다.
② 권율이 행주산성에서 승리하였다.
③ 황룡사 9층 목탑이 불타 없어졌다.
④ 윤관이 별무반 편성을 건의하였다.

212
| 기본 64회 21번

(가) 전쟁에 대한 설명으로 옳지 않은 것은? [3점]

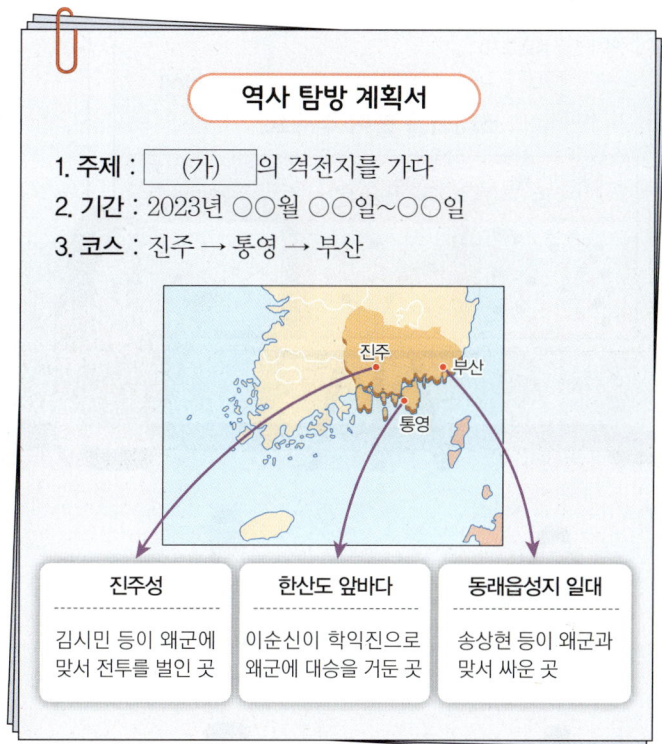

역사 탐방 계획서

1. 주제 : (가) 의 격전지를 가다
2. 기간 : 2023년 ○○월 ○○일~○○일
3. 코스 : 진주 → 통영 → 부산

진주성	한산도 앞바다	동래읍성지 일대
김시민 등이 왜군에 맞서 전투를 벌인 곳	이순신이 학익진으로 왜군에 대승을 거둔 곳	송상현 등이 왜군과 맞서 싸운 곳

① 조헌이 금산에서 의병을 이끌었다.
② 임경업이 백마산성에서 항전하였다.
③ 곽재우가 의병을 일으켜 정암진에서 싸웠다.
④ 신립이 탄금대에서 배수의 진을 치고 전투를 벌였다.

213
| 기본 54회 22번

(가) 전쟁 중에 있었던 사실로 옳은 것은? [2점]

"징비록"이란 무엇인가? (가) 당시의 일을 기록한 것이다. 이때의 화는 참혹하였다. 수십 일 만에 삼도(三都)*를 잃고 임금께서 수도를 떠나 피란하였다. 그럼에도 오늘날까지 우리나라가 남아 있게 된 것은 하늘이 도운 까닭이다. 그리고 나라를 생각하는 백성들의 마음이 그치지 않았고, 우리나라를 돕기 위해 명의 군대가 여러 차례 출동하였기 때문이다. *삼도 : 한성, 개성, 평양

① 이종무가 쓰시마섬을 토벌하였다.
② 정문부가 의병을 모아 왜군을 격퇴하였다.
③ 배중손이 삼별초를 이끌고 몽골군과 싸웠다.
④ 최영이 군대를 지휘하여 홍건적을 물리쳤다.

214

기본 49회 21번

(가)에 해당하는 인물로 옳은 것은? [2점]

〈역사 인물 설문 조사〉

(가) 하면 가장 먼저 떠오르는 것에 스티커를 붙여 주세요.

| 징비록을 썼어요. | 이순신을 천거했어요. | 훈련도감 설치를 건의했어요. |

①
박지원

② 유성룡

③ 임경업

④ 정약용

215

기본 63회 25번

(가)에 들어갈 부대로 옳은 것은? [2점]

월간 여행과 역사

특집
네덜란드에서 만난 조선의 무관, 박연

네덜란드 알크마르에 세워진 이 동상의 주인공은 벨테브레이로, 조선에 정착하여 박연이라는 이름으로 살았다. 네덜란드 출신이었던 그는 조선 연안에 표류한 후 서울로 압송되었고, 이후 (가) 에 소속되어 서양의 화포 기술을 전수하였다. 임진왜란 중 설치된 (가) 은/는 포수, 사수, 살수의 삼수병으로 구성되었다.

① 9서당
② 별기군
③ 삼별초
④ 훈련도감

216

기본 58회 22번

밑줄 그은 '의병장'으로 옳은 것은? [2점]

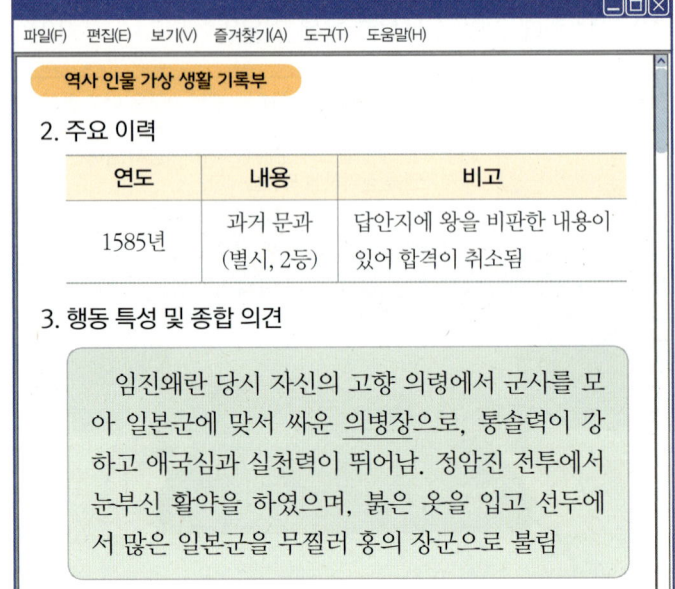

파일(F) 편집(E) 보기(V) 즐겨찾기(A) 도구(T) 도움말(H)

역사 인물 가상 생활 기록부

2. 주요 이력

연도	내용	비고
1585년	과거 문과 (별시, 2등)	답안지에 왕을 비판한 내용이 있어 합격이 취소됨

3. 행동 특성 및 종합 의견

임진왜란 당시 자신의 고향 의령에서 군사를 모아 일본군에 맞서 싸운 의병장으로, 통솔력이 강하고 애국심과 실천력이 뛰어남. 정암진 전투에서 눈부신 활약을 하였으며, 붉은 옷을 입고 선두에서 많은 일본군을 무찔러 홍의 장군으로 불림

① 조헌
② 고경명
③ 곽재우
④ 정문부

217

기본 50회 20번

(가) 시기에 있었던 사실로 옳은 것은? [2점]

이곳 탄금대에서 배수진을 치고 적을 섬멸하라!

신립

(가)

칠천량에서는 패배했지만 아직 우리에게는 열두 척의 배가 남아 있다!

이순신

① 최영이 홍산에서 왜구를 물리쳤다.
② 강감찬이 귀주에서 거란을 격퇴하였다.
③ 권율이 행주산성에서 대승을 거두었다.
④ 김윤후가 처인성에서 적을 막아 내었다.

218

| 기본 52회 26번

밑줄 그은 '사절단'으로 옳은 것은?　　　　[2점]

이것은 일본 에도 막부의 요청으로 조선이 파견한 공식 외교 사절단에 관한 기록물입니다. 이 기록물을 통해 양국이 우호 관계 구축과 유지를 위해 노력하였다는 것을 알 수 있습니다.

① 보빙사　　　　　　② 연행사
③ 영선사　　　　　　④ 통신사

5　병자호란

219

| 초급 46회 20번

밑줄 그은 '나'에 해당하는 왕으로 옳은 것은?　　　　[2점]

아버지인 선조의 뒤를 이어 왕위에 오른 나는 전쟁 피해를 복구하기 위해 노력하였고, 명과 후금 사이에서 중립 외교를 펼쳤지.

① 세조　　　　　　② 정조
③ 광해군　　　　　④ 연산군

키워드로 개념 다지기

다음 키워드를 보고 ⭐에 알맞은 글자를 쓰시오.

❶ 탄금대 전투, 한산도 대첩, 진주 대첩, 행주 대첩
　　　　　　　　　　⭐⭐ 왜란

❷ 임진왜란, 학익진 전법, 한산도 대첩, 명량 해전, 노량 해전
　　　　　　　　　　이 ⭐⭐

❸ "징비록" 저술, 이순신을 천거함, 병산 서원 … 유 ⭐⭐

❹ 임진왜란, 의령에서 의병을 일으킴, 홍의 장군이라고 불림
　　　　　　　　　　곽 ⭐⭐

❺ 임진왜란 중 창설, 포수·사수·살수의 삼수병
　　　　　　　　　　⭐⭐ 도감

정답　❶ 임진　❷ 순신　❸ 성룡　❹ 재우　❺ 훈련

220

| 초급 46회 21번

밑줄 그은 '전쟁' 중에 있었던 사실로 옳은 것은?　　　　[3점]

명은 우리에게 부모의 나라입니다. 청에 맞서 끝까지 싸워야 합니다.

척화파

전쟁을 지속하는 것보다 청의 요구를 받아들여 나라를 보존하는 것이 옳습니다.

주화파

① 화통도감이 설치되었다.
② 김시민이 진주성에서 항전하였다.
③ 인조가 남한산성으로 피란하였다.
④ 황룡사 구층 목탑이 불타 없어졌다.

221

| 기본 47회 23번

(가) 전쟁에 대한 탐구 활동으로 적절한 것은? [2점]

체험 학습 결과 보고서

이름	○○○	학번	제 △학년 △반 △번
기간	2020년 □□월 □□일(1일)		
장소	남한산성		

학습한 내용: 남한산성은 북한산성과 함께 한양 도성을 지키던 산성으로, [(가)] 당시 인조가 이곳으로 피란하여 45일간 청에 항전하였다.

수어장대   서문

① 보빙사의 활동을 조사한다.
② 삼별초의 이동 경로를 찾아본다.
③ 삼전도비의 건립 배경을 파악한다.
④ 을미의병이 일어난 계기를 살펴본다.

222

| 기본 60회 23번

밑줄 그은 '이 전쟁'에 대한 설명으로 옳은 것은? [2점]

지금 촬영하는 곳은 남한산성입니다. 적의 공격을 방어하기 유리한 지형에 세워진 산성으로 이 전쟁 때 인조가 피신하였습니다.

① 김시민 장군이 활약하였다.
② 별무반을 편성하여 적과 싸웠다.
③ 전쟁 후 청과 군신 관계를 맺었다.
④ 이여송이 이끄는 명의 지원군이 파병되었다.

223

| 기본 63회 24번

다음 상황 이후에 전개된 사실로 옳은 것은? [2점]

남한산성을 나와 삼전도에 도착한 왕께서 청 황제 앞에 나아가 항복의 예를 행하였다. 예를 마치고 해 질 무렵이 되자 청 황제가 왕에게 도성으로 돌아가도록 허락하였다. 포로로 사로잡힌 이들이 도성으로 돌아가는 왕을 보고 "우리 임금이시여, 우리 임금이시여. 우리를 버리고 가십니까."라며 울부짖는데, 그 수가 만 명을 헤아렸다.

① 북벌이 추진되었다.
② 강화도로 천도하였다.
③ 쓰시마섬을 정벌하였다.
④ 최씨 무신 정권이 붕괴하였다.

키워드로 개념 다지기

다음 키워드를 보고 ⭐ 에 알맞은 글자를 쓰시오.

❶ 인조, 친명배금 정책, 후금의 침략, 후금과 형제 관계를 맺음 ……………… ⭐⭐호란

❷ 인조, 청의 침략, 남한산성에서 항전, 인조가 삼전도에서 굴욕적인 항복 의식을 치름 ……… ⭐⭐호란

정답 ❶ 정묘 ❷ 병자

V 조선 2

한국사능력검정시험 기본

최근 4회차 단원별 출제 비중

● 선사 ● 고대 ● 고려 ● 조선1 조선2 ● 개항기 ● 일제 강점기 ● 현대

제69회
· 시대 통합 2문항
· 세시 풍속 1문항

홍경래의 난, 봉수 제도, 조선 후기의 경제, 영조의 정책, 조선 시대 정치 변화

제67회
· 시대 통합 3문항
· 세시 풍속 1문항

대동법, 병자호란 이후의 사실, 정조의 업적, 조선 후기의 모습, 진주 농민 봉기, 김정희의 활동, 부산의 역사

제66회
· 시대 통합 2문항
· 세시 풍속 1문항

조선 후기의 정치 변화, 균역법, 신윤복의 작품, 진주 농민 봉기, 정약용의 활동

제64회
· 시대 통합 2문항

대동법, 인왕제색도, 조선 후기의 경제 상황, 정조의 업적, 홍경래의 난, 독도, 의궤

〈큰별쌤과 재미있게 공부하는 초등 한국사능력검정시험〉 교재에 있는 판서입니다.
★을 채우면서 핵심 개념을 한 번 더 확인해 보세요.

1 · 전란 이후의 정치 변화

자세한 개념 정리는 〈큰별쌤과 재미있게 공부하는 초등 한국사능력검정시험〉에 있어요.

▶ 116~117쪽

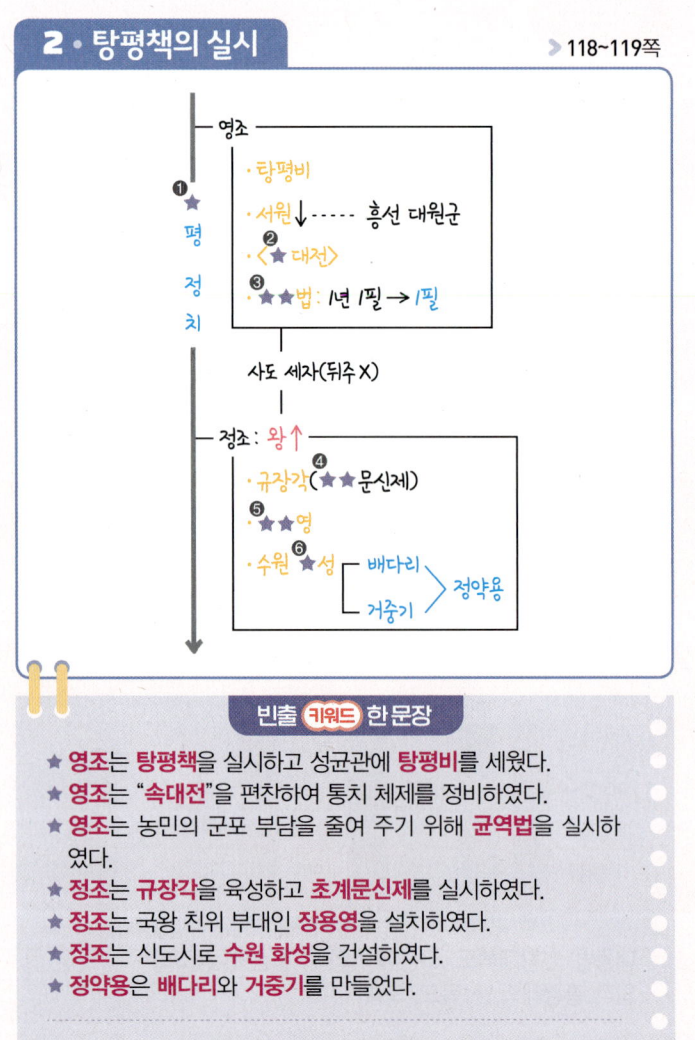

[1592]

광해군
- 중립 외교
- ❶ ★★법(경기도)
  └ 특산물 → 쌀(토지 기준)
- 〈동❷★★〉: 허준

↑ 인조반정: 호란

효종
- ❸★벌 ← 송시열

현종
- 예송(자의 대비 상복)

숙종
- 환국
- 안★★: 울릉도, 독도
- 백두산 ❺★★비: 간도
- ❻★★통보: 유통O

고려 화폐: 유통X
- 건원중보(성종): 최초 화폐, 철전
- 삼한통보·해동통보(숙종)

왕↑

2 · 탕평책의 실시

▶ 118~119쪽

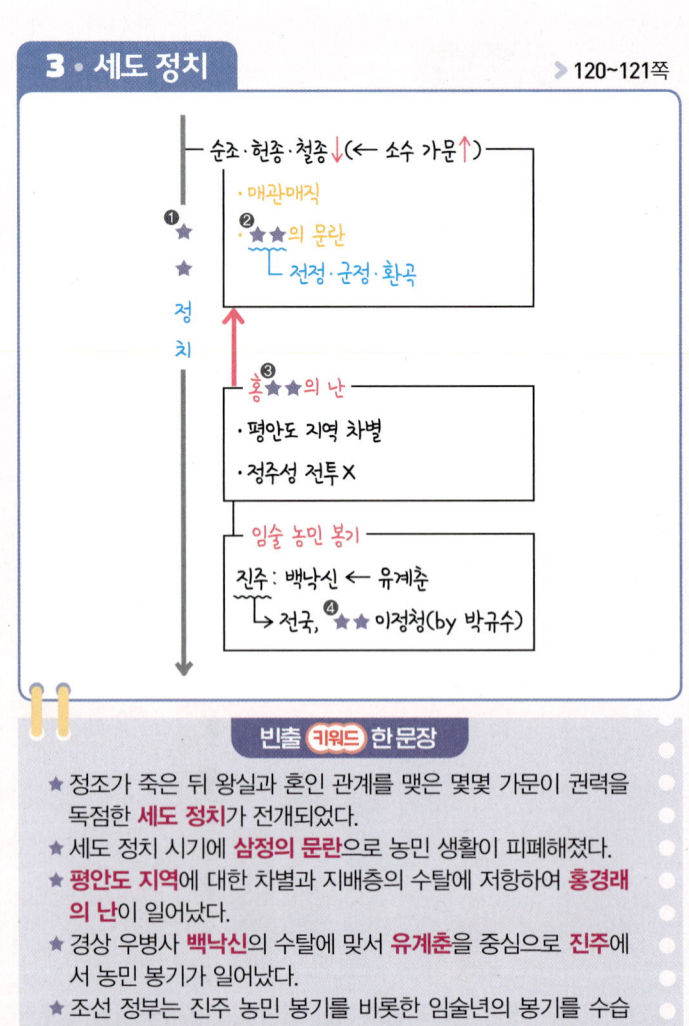

영조
- 탕평비
- 서원↓ ----- 흥선 대원군
- 〈❷★대전〉
- ❸★★법: 1년 1필 → 1필

탕❶★평 정치

사도 세자(뒤주 X)

정조: 왕↑
- 규장각(❹★★문신제)
- ❺★★영
- 수원 ❻★성 ┌ 배다리
              └ 거중기   → 정약용

3 · 세도 정치

▶ 120~121쪽

순조·헌종·철종↓(← 소수 가문↑)
- 매관매직
- ❷★★의 문란
  └ 전정·군정·환곡

세❶★도 정치

↑ 홍❸★★의 난
- 평안도 지역 차별
- 정주성 전투 X

임술 농민 봉기
진주: 백낙신 ← 유계춘
  └ 전국, ❹★★이정청(by 박규수)

4 • 전란 이후의 경제와 사회

▶ 126~129쪽

• 경제

❶ ★내기법 확산 (노동력↓, 생산량↑)
- 농민층 분화 ┌ 부농: 광작
              └ 임노동자
- 잉여물↑ → 교환↑ → 상업↑
  - 사상: ❷ ★송상(개성, 인삼), ❸ ★내상(동래), 만상(의주), 경강상인(한강)
  - ❹ ★★보부상(지방 장시)
  - ❺ ★★ 작물 재배↑: 인삼, 담배, 고구마, 감자, 고추
                              └ 임진왜란 이후

• 사회

1. 신분제 동요: 양반의 수↑   상민·노비의 수↓
                      ❻ ★납속책, ❼ ★공명첩
                      ※ 서얼: 규장각 검서관(정조)

2. 여성 지위↓
  - 신 ★★★ (연산군 ~ 명종): 아티스트, 율곡 이이 母
  - ❾ 허 ★★★ (선조): 문학가, 허균 누나
                      └ 〈홍길동전〉
  - ❿ 김 ★★ (정조): 제주도, 사업가, 자선가
  - 빙허각 이씨: 여성 실학자, 〈규합총서〉

빈출 키워드 한 문장

★ 조선 후기에 모내기법이 전국적으로 확산되었다.
★ 조선 후기에 송상, 내상, 경강상인 등 사상이 크게 성장하였다.
★ 조선 후기에 보부상이 전국의 장시를 연결하였다.
★ 조선 후기에 인삼, 담배, 면화 등이 상품 작물로 재배되었다.
★ 조선 후기에 부를 축적한 일부 상민이 납속책과 공명첩을 이용하여 양반 신분을 얻었다.
★ 이이의 어머니인 신사임당은 시, 그림 등 다양한 예술 활동을 하였다.

★ 허난설헌은 중국, 일본에서 높은 평가를 받았던 조선의 여성 시인이며, 허균의 누나이다.
★ 김만덕은 제주도에 큰 흉년이 들었을 때 자기 재산을 들여 쌀을 사 와 굶주린 제주 백성들을 구제하였다.

정답 ❶모 ❷송 ❸내 ❹보부 ❺상품 ❻납 ❼공 ❽사임당 ❾난설헌 ❿만덕

5 • 실학의 등장

▶ 134~135쪽

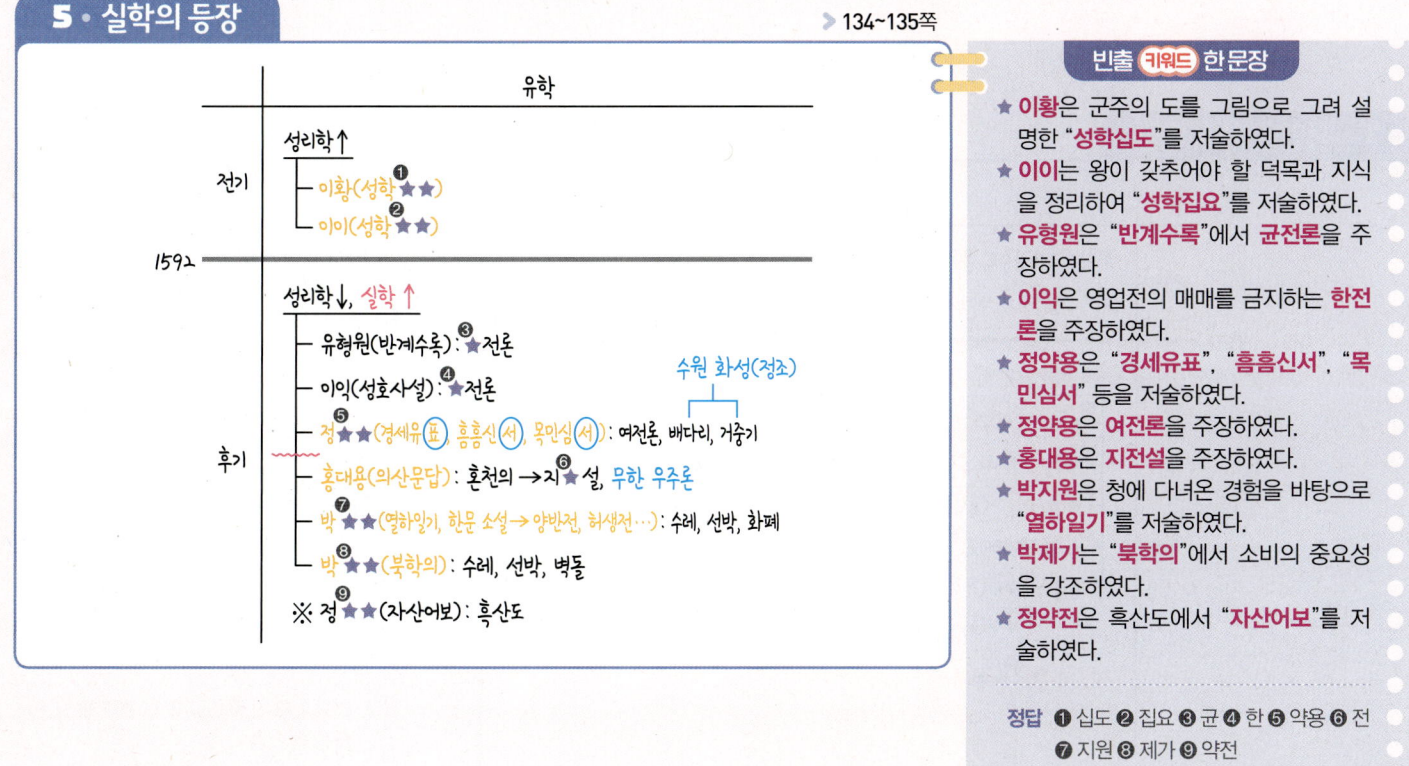

유학

전기
  성리학↑
  ┌ 이황(성학 ❶★★)
  └ 이이(성학 ❷★★)

1592

후기
  성리학↓, 실학 ↑
  - 유형원(반계수록): ❸★전론
  - 이익(성호사설): ❹★전론
  - 정 ❺★★(경세유표, 흠흠신서, 목민심서): 여전론, 배다리, 거중기   수원 화성(정조)
  - 홍대용(의산문답): 혼천의 →지❻★설, 무한 우주론
  - 박 ❼★★(열하일기, 한문 소설 → 양반전, 허생전…): 수레, 선박, 화폐
  - 박 ❽★★(북학의): 수레, 선박, 벽돌
  ※ 정 ❾★★(자산어보): 흑산도

빈출 키워드 한 문장

★ 이황은 군주의 도를 그림으로 그려 설명한 "성학십도"를 저술하였다.
★ 이이는 왕이 갖추어야 할 덕목과 지식을 정리하여 "성학집요"를 저술하였다.
★ 유형원은 "반계수록"에서 균전론을 주장하였다.
★ 이익은 영업전의 매매를 금지하는 한전론을 주장하였다.
★ 정약용은 "경세유표", "흠흠신서", "목민심서" 등을 저술하였다.
★ 정약용은 여전론을 주장하였다.
★ 홍대용은 지전설을 주장하였다.
★ 박지원은 청에 다녀온 경험을 바탕으로 "열하일기"를 저술하였다.
★ 박제가는 "북학의"에서 소비의 중요성을 강조하였다.
★ 정약전은 흑산도에서 "자산어보"를 저술하였다.

정답 ❶십도 ❷집요 ❸균 ❹한 ❺약용 ❻전 ❼지원 ❽제가 ❾약전

6 · 역사, 지도, 건축

▶ 136~137쪽

	역사	지도	건축
전기	❶ ★록(춘추관) └ 유네스코 세계 기록 유산	세계지도 ❸ ★★강리역대국도지도 ├ 현존 동양 최고(最古) 세계 지도 └ 중국 중심 O	· 궁궐 · 서원: 교육 + 제사
1592			
후기	유득공, ❷〈★★고〉 └ '남북국'	곤여만국전도 └ 중국 중심 X · 김정호, ❹★★★지도 └ 목판	· 수원 화★❺(정조) ↓ 〈화성성역의궤〉 유네스코 세계 유산 · 법주사 팔상전 └ 유일한 목조 5층탑

빈출 키워드 한문장

★ "**조선왕조실록**"은 유네스코 세계 기록 유산으로 등재되었다.
★ **유득공**은 "**발해고**"에서 신라와 발해를 **남북국**이라고 칭하였다.
★ 태종 때 세계 지도인 **혼일강리역대국도지도**가 제작되었다.
★ **김정호**는 목판 22첩을 묶고 이를 책처럼 만든 **대동여지도**를 제작하였다.

정답 ❶ 실 ❷ 발해 ❸ 혼일 ❹ 대동여 ❺ 성

7 · 서민 문화의 발달

▶ 138~139쪽

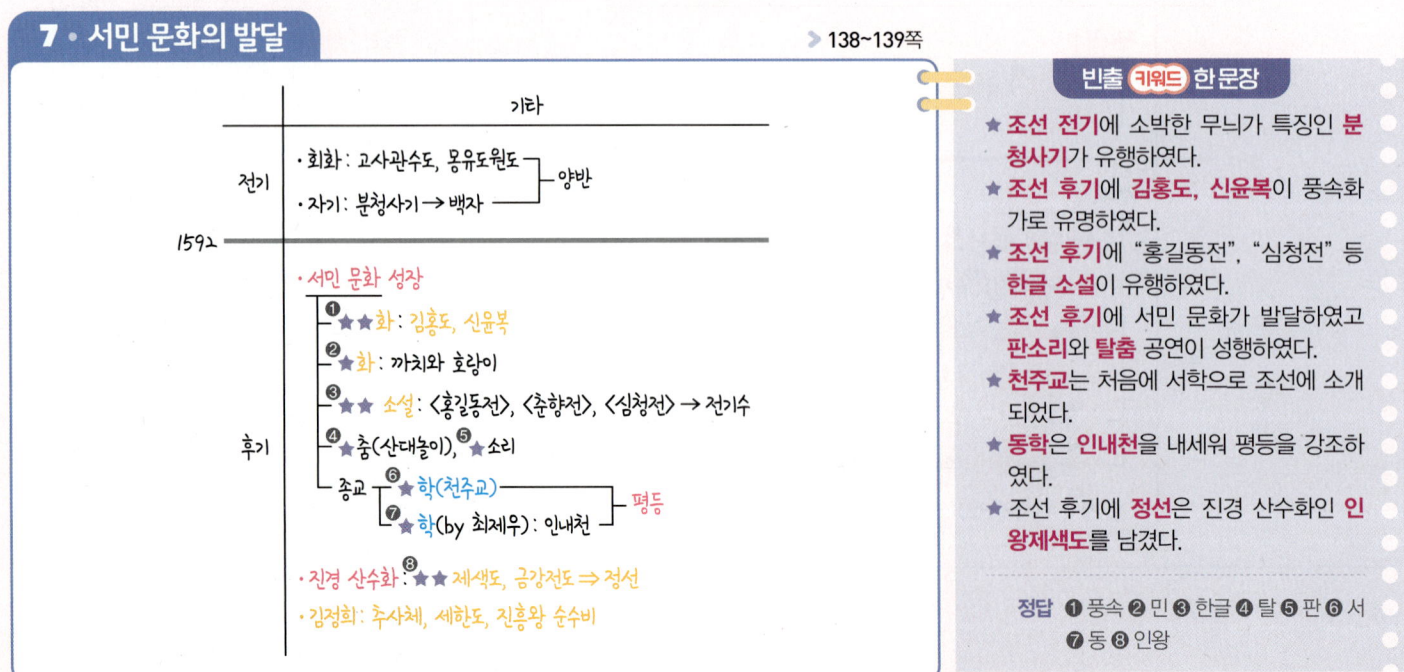

	기타
전기	· 회화: 고사관수도, 몽유도원도 ┐ · 자기: 분청사기 + 백자 ┘ 양반
1592	
후기	· 서민 문화 성장 　├ ❶★★화: 김홍도, 신윤복 　├ ❷★화: 까치와 호랑이 　├ ❸★소설: 〈홍길동전〉, 〈춘향전〉, 〈심청전〉 → 전기수 　├ ❹★춤(산대놀이), ❺★소리 　└ 종교 ┬ ❻★학(천주교) ┐ 　　　　 └ ❼★학(by 최제우): 인내천 ┘ 평등 · 진경 산수화: ❽★★제색도, 금강전도 ⇒ 정선 · 김정희: 추사체, 세한도, 진흥왕 순수비

빈출 키워드 한문장

★ **조선 전기**에 소박한 무늬가 특징인 **분청사기**가 유행하였다.
★ **조선 후기**에 **김홍도, 신윤복**이 풍속화가로 유명하였다.
★ **조선 후기**에 "홍길동전", "심청전" 등 **한글 소설**이 유행하였다.
★ **조선 후기**에 서민 문화가 발달하였고 **판소리**와 **탈춤** 공연이 성행하였다.
★ **천주교**는 처음에 서학으로 조선에 소개되었다.
★ **동학**은 **인내천**을 내세워 평등을 강조하였다.
★ 조선 후기에 **정선**은 진경 산수화인 **인왕제색도**를 남겼다.

정답 ❶ 풍속 ❷ 민 ❸ 한글 ❹ 탈 ❺ 판 ❻ 서
　　 ❼ 동 ❽ 인왕

정답과 해설 113~117쪽

1 전란 이후의 정치 변화

224
| 기본 48회 24번

(가) 왕의 정책으로 옳은 것은? [2점]

이곳은 명과 후금 사이에서 중립 외교를 펼쳤던 (가) 와/과 왕비의 묘야.

왕이 묻힌 곳인데 왜 능이 아닌 묘라고 부르는 걸까?

(가) 은/는 인조 반정으로 왕의 자리에서 쫓겨났기 때문이야.

① 대전회통을 편찬하였다.
② 삼정이정청을 설치하였다.
③ 초계문신제를 실시하였다.
④ 대동법을 처음 시행하였다.

225
| 기본 60회 27번

(가)에 들어갈 제도로 옳은 것은? [1점]

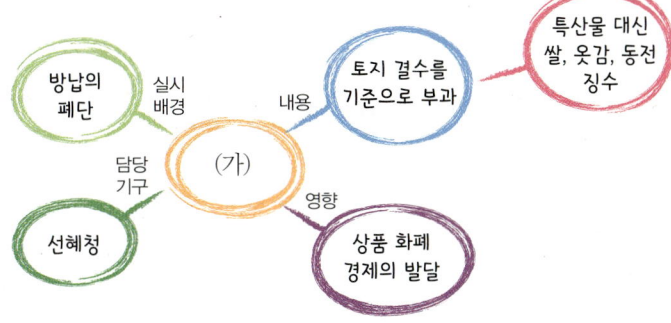

방납의 폐단 — 실시 배경
토지 결수를 기준으로 부과 — 내용
특산물 대신 쌀, 옷감, 동전 징수
(가)
선혜청 — 담당 기구
상품 화폐 경제의 발달 — 영향

① 과전법   ② 균역법
③ 대동법   ④ 영정법

226
| 기본 61회 23번

다음 검색창에 들어갈 사건으로 옳은 것은? [1점]

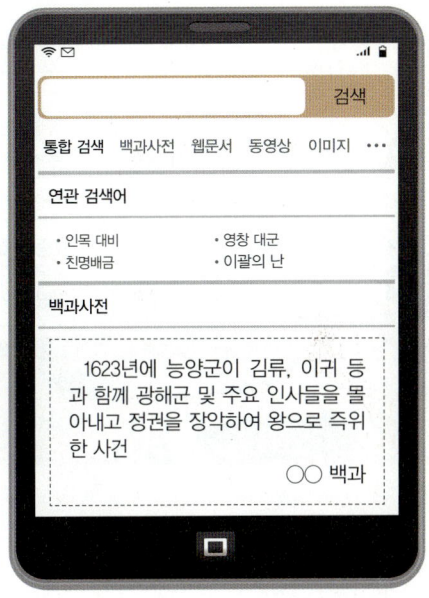

검색

통합 검색 백과사전 웹문서 동영상 이미지 ···

연관 검색어
• 인목 대비   • 영창 대군
• 친명배금   • 이괄의 난

백과사전

1623년에 능양군이 김류, 이귀 등과 함께 광해군 및 주요 인사들을 몰아내고 정권을 장악하여 왕으로 즉위한 사건

○○ 백과

① 경신환국   ② 무오사화
③ 신유박해   ④ 인조반정

227
| 기본 57회 26번

다음 학생이 생각하고 있는 책으로 옳은 것은? [1점]

광해군 때 허준이 편찬하였어.

당시 중국과 우리나라 의서를 망라하여 전통 의학을 집대성하였지.

2009년에 유네스코 세계 기록 유산으로 등재되었어.

① 동의보감   ② 목민심서
③ 열하일기   ④ 향약집성방

228

| 기본 50회 22번

교사의 질문에 대한 학생의 답변으로 옳지 <u>않은</u> 것은? [3점]

현종 때 있었던 두 차례의 예송에 대해 발표해 볼까요?

① 서인과 남인이 예법을 둘러싸고 대립한 것이에요.

② 조광조 일파가 축출되는 결과를 가져왔어요.

③ 자의 대비가 상복을 입는 기간이 문제가 되었어요.

④ 효종과 효종 비가 죽은 뒤 각각 일어났어요.

230

| 기본 49회 22번

밑줄 그은 '이 왕'의 재위 기간에 볼 수 있는 모습으로 옳은 것은? [3점]

이것은 백두산정계비 사진입니다. 청과 국경 문제가 발생하자 <u>이 왕</u>은 박권을 파견해 국경을 정하고 백두산정계비를 세웠습니다. 비석은 현재 사진으로만 남아 있습니다.

이 사진에 대해 설명해 주세요.

① 장용영에서 훈련하는 군인

② 만민 공동회에서 연설하는 백정

③ 집현전에서 학문을 연구하는 관리

④ 시전에서 상평통보를 사용하는 상인

229

| 기본 49회 23번

(가)에 들어갈 내용으로 옳은 것은? [2점]

효종에 대해 조사한 것을 이야기해 볼까?

병자호란 이후 소현 세자와 함께 청나라 심양에 볼모로 잡혀갔다 왔어.

왕으로 즉위하고 나서 (가)

① 북벌을 추진했어.

② 경복궁을 중건했어.

③ 중립 외교를 펼쳤어.

④ 대전통편을 만들었어.

231

| 기본 57회 30번

(가) 왕이 추진한 정책으로 옳은 것은? [3점]

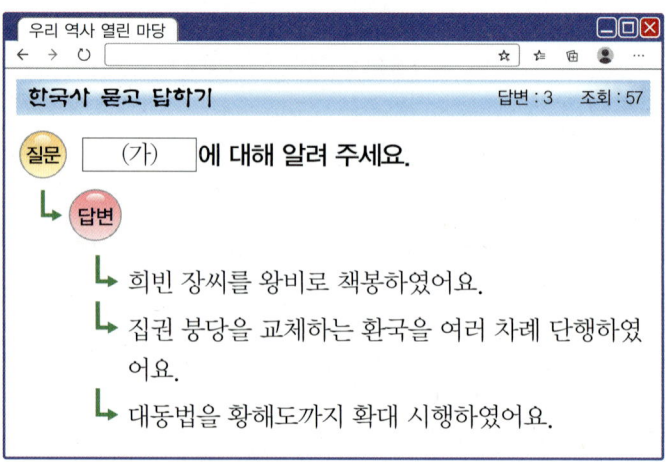

우리 역사 열린 마당

한국사 묻고 답하기   답변 : 3   조회 : 57

질문   (가) 에 대해 알려 주세요.

답변

희빈 장씨를 왕비로 책봉하였어요.

집권 붕당을 교체하는 환국을 여러 차례 단행하였어요.

대동법을 황해도까지 확대 시행하였어요.

① 장용영을 설치하였다.

② 탕평비를 건립하였다.

③ 상평통보를 발행하였다.

④ 동국여지승람을 편찬하였다.

232

| 기본 60회 24번

(가), (나) 사이의 시기에 있었던 사실로 옳은 것은?　[3점]

> (가) 효종이 죽자 자의 대비의 상복 입는 기간을 두고 예송이 발생하였다.
>
> (나) 신하들이 언제라도 탕평의 의미를 되새기라는 뜻에서 왕이 성균관 앞에 탕평비를 세웠다.

① 비변사가 폐지되었다.
② 훈련도감이 설치되었다.
③ 경신환국으로 서인이 집권하였다.
④ 무오사화로 김일손 등이 처형되었다.

키워드로 개념 다지기

다음 키워드를 보고 ⭐ 에 알맞은 글자를 쓰시오.

❶ 명과 후금 사이에서 중립 외교를 펼침, 대동법을 처음 시행, 인조반정으로 폐위됨 ········· ⭐⭐군

❷ 광해군 때 처음 시행, 선혜청에서 주관, 공납을 쌀이나 베·동전 등으로 거둠 ········· ⭐⭐법

❸ 광해군 때 허준이 편찬, 전통 의학 집대성, 유네스코 세계 기록 유산 ········· ⭐⭐보감

❹ 북벌 추진, 나선 정벌에 조총 부대 파견 ········· ⭐종

❺ 현종 때 발생, 자의 대비의 상복 착용 기간, 서인과 남인의 대립 ········· ⭐송

❻ 환국을 여러 차례 단행, 백두산정계비 건립, 상평통보를 공식 화폐로 발행 ········· ⭐종

정답 ❶ 광해 ❷ 대동 ❸ 동의 ❹ 효 ❺ 예 ❻ 숙

정답과 해설 118~121쪽

2 탕평책의 실시

233

| 초급 45회 15번

다음 가상 인터뷰에 등장하는 왕의 업적으로 옳은 것은?
　[3점]

① 척화비를 세웠다.
② 탕평책을 실시하였다.
③ 집현전을 설치하였다.
④ 전국을 8도로 나누었다.

234

| 초급 36회 28번

(가)에 들어갈 내용으로 옳은 것은?　[3점]

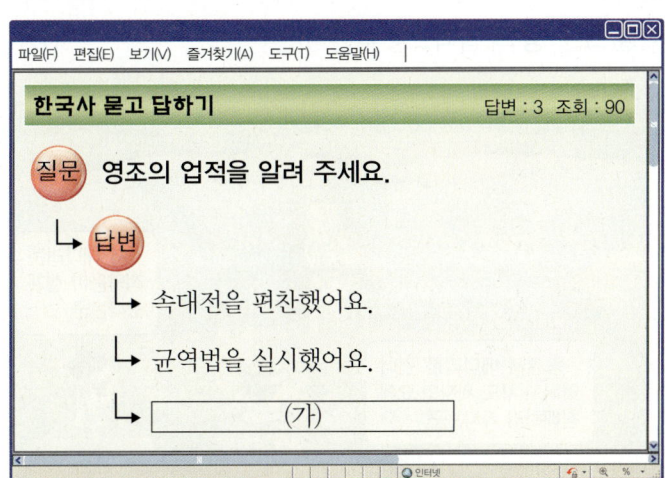

① 탕평비를 건립했어요.
② 영선사를 파견했어요.
③ 집현전을 설치했어요.
④ 별기군을 창설했어요.

235

| 기본 50회 24번

다음 비석을 세운 왕의 업적으로 옳은 것은? [3점]

이 건물 안에 있는 비석은 탕평비입니다. '두루 원만하고 치우치지 않음이 군자의 공정한 마음이요, 치우치고 두루 원만하지 못함이 소인의 사사로운 마음이다.'라는 글이 새겨져 있습니다.

① 비변사를 혁파하였다.
② 속대전을 편찬하였다.
③ 나선 정벌을 단행하였다.
④ 백두산정계비를 건립하였다.

236

| 기본 67회 24번

밑줄 그은 '왕'의 업적으로 옳은 것은? [1점]

저 배다리는 정약용이 설계했다는군.

왕께서 배다리를 건너 아버지 사도 세자의 묘에 참배하러 가시는군.

① 장용영을 설치하였다.
② 당백전을 발행하였다.
③ 속대전을 편찬하였다.
④ 훈민정음을 반포하였다.

237

| 기본 48회 32번

다음 학생이 생각하고 있는 기구로 옳은 것은? [2점]

왕실 도서관이자 학문 연구 기관으로 정조의 개혁 정치를 뒷받침했어.

이 기구에 소장된 고금도서집성의 기기도설을 참고하여 수원 화성을 축조했어.

유득공, 박제가와 같은 서얼 출신 인재들이 검서관으로 등용되었어.

① 규장각　② 성균관　③ 집현전　④ 홍문관

238

| 기본 55회 25번

(가) 왕이 실시한 정책으로 옳은 것은? [2점]

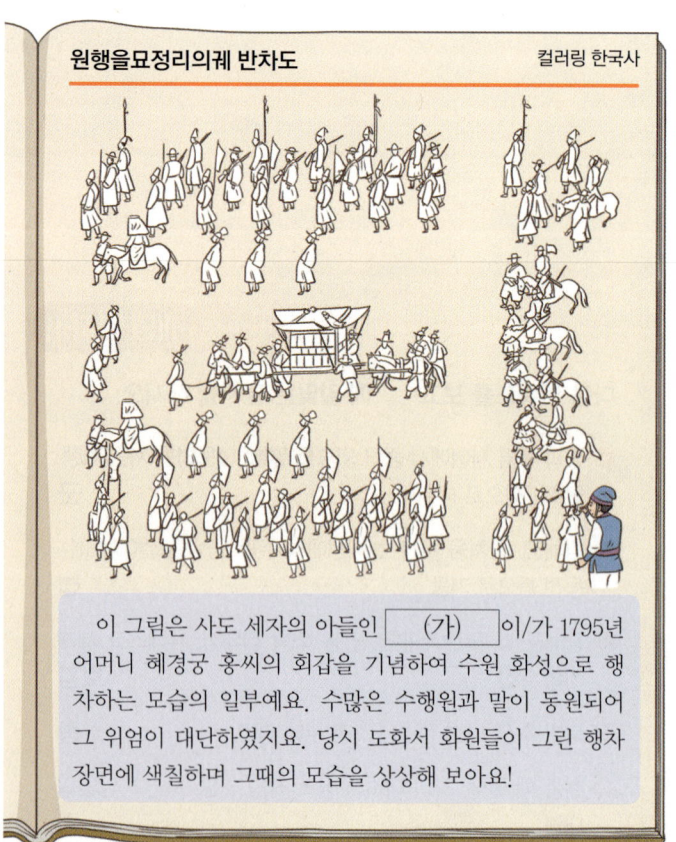

원행을묘정리의궤 반차도　컬러링 한국사

이 그림은 사도 세자의 아들인 　(가)　이/가 1795년 어머니 혜경궁 홍씨의 회갑을 기념하여 수원 화성으로 행차하는 모습의 일부예요. 수많은 수행원과 말이 동원되어 그 위엄이 대단하였지요. 당시 도화서 화원들이 그린 행차 장면에 색칠하며 그때의 모습을 상상해 보아요!

① 경복궁을 중건하였다.
② 대마도를 정벌하였다.
③ 장용영을 창설하였다.
④ 탕평비를 건립하였다.

239

| 기본 60회 28번

(가) 왕이 실시한 정책으로 옳은 것은? [2점]

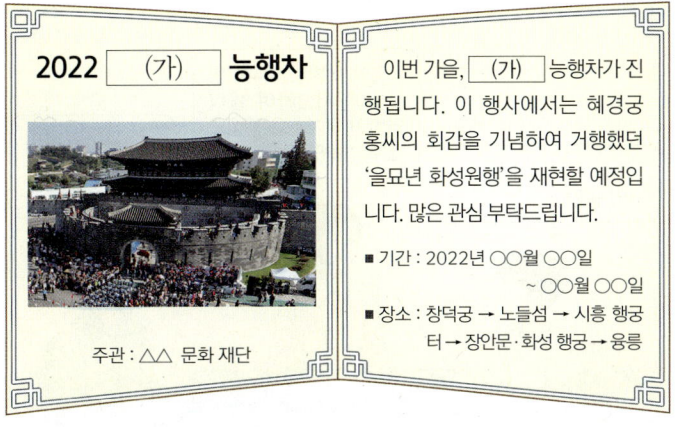

2022 (가) 능행차

이번 가을, (가) 능행차가 진행됩니다. 이 행사에서는 혜경궁 홍씨의 회갑을 기념하여 거행했던 '을묘년 화성원행'을 재현할 예정입니다. 많은 관심 부탁드립니다.

■ 기간 : 2022년 ○○월 ○○일
　　　　　　　　　 ~ ○○월 ○○일
■ 장소 : 창덕궁 → 노들섬 → 시흥 행궁
　　　　　 터 → 장안문·화성 행궁 → 융릉

주관 : △△ 문화 재단

① 장용영을 설치하였다.
② 전시과를 시행하였다.
③ 경복궁을 중건하였다.
④ 경국대전을 완성하였다.

키워드로 개념 다지기

다음 키워드를 보고 ⭐에 알맞은 글자를 쓰시오.

❶ 탕평책 실시, 탕평비 건립, "속대전" 편찬, 균역법 실시
　　　　　　　　　　　　　　　　　　　　　　　 ⭐ 조

❷ 영조 때 실시, 군포 부담을 2필에서 1필로 줄임
　　　　　　　　　　　　　　　　　　　　 ⭐⭐ 법

❸ 사도 세자의 아들, 탕평책 실시, 장용영 설치, 수원 화성 건립, 초계문신제 시행 ⭐ 조

❹ 정조 때 기능 강화, 왕실 도서관, 서얼 출신 박제가와 유득공 등이 검서관에 등용됨 ⭐⭐ 각

정답 ❶ 영 ❷ 균역 ❸ 정 ❹ 규장

---

3 세도 정치

240

| 기본 63회 26번

밑줄 그은 '시기'의 사실로 옳은 것은? [3점]

문학으로 만나는 한국사

구만 리 긴 하늘에도 머리 들기 어렵고
삼천리 넓은 땅에서도 발을 펴기 어렵도다.
늦은 밤 누대에 오르니 달을 감상하고자 함이 아니요
삼 일 동안 곡기를 끊었으니 신선이 되기 위함이 아니로다.

[해설] 김삿갓으로 널리 알려진 김병연은 안동 김씨 등 소수 외척 가문이 중심이 되어 권력을 독점하던 시기에 전국을 방랑하며 많은 시를 남겼다. 그는 안동 김씨였으나 할아버지가 반역죄로 처형당했기에 관직에 진출하지 못하였다. 김병연이 지은 것으로 전해지는 위 시에는 그의 이러한 처지가 잘 나타나 있다.

① 최승로가 시무 28조를 올렸다.
② 수양 대군이 계유정난을 일으켰다.
③ 지방 세력 통제를 위해 사심관 제도가 실시되었다.
④ 삼정의 문란을 바로잡기 위해 삼정이정청이 설치되었다.

241

| 기본 51회 27번

다음 격문이 작성된 시기의 상황으로 옳은 것은? [2점]

평서 대원수는 급히 격문을 띄우노니 관서 지역의 모든 사람들은 들으라. …… 조정에서는 관서 지역을 썩은 흙과 같이 버렸다. 심지어 권세가의 노비들도 관서 사람을 보면 반드시 '평안도 놈'이라고 한다. 어찌 억울하고 원통하지 않겠는가.

① 무신들이 정권을 장악하였다.
② 신식 군대인 별기군이 창설되었다.
③ 최치원이 시무 10여 조를 건의하였다.
④ 수령과 향리의 수탈로 삼정이 문란하였다.

242

| 기본 64회 27번

밑줄 그은 '사건'에 대한 설명으로 옳은 것은?　　[2점]

이 지도는 홍경래가 주도하여 일으킨 사건을 진압하기 위해 관군이 정주성을 포위한 상황을 보여 주고 있습니다.

정주성공함작전도(모사본)

① 보국안민, 제폭구민을 기치로 내걸었다.
② 한성 조약이 체결되는 결과를 가져왔다.
③ 서북 지역민에 대한 차별에 반발하여 일어났다.
④ 전개 과정에서 선혜청과 일본 공사관을 공격하였다.

243

| 기본 58회 27번

밑줄 그은 '사건'에 대한 설명으로 옳은 것은?　　[3점]

이번 사건에 가담한 이유가 있나요?

백낙신이 경상 우병사로 있을 때 백성에게 마구잡이로 세금을 거두어들였습니다. 참다 못한 저는 항의 문서를 만들어 관청에 고발했지만, 받아들여지지 않아 행동에 나설 수밖에 없었습니다.

유계춘

① 남접과 북접이 논산에서 연합하였다.
② 삼정이정청이 설치되는 계기가 되었다.
③ 우정총국 개국 축하연을 이용하여 일어났다.
④ 청군에 의해 흥선 대원군이 톈진으로 납치되었다.

244

| 기본 67회 27번

학생들이 공통으로 이야기하고 있는 사건에 대한 설명으로 옳은 것은?　　[2점]

세도 정치기에 일어난 농민 봉기야.

경상 우병사 백낙신의 수탈에 저항하여 몰락 양반인 유계춘을 중심으로 봉기하였어.

삼정이정청이 설치되는 계기가 되었어.

① 청군의 개입으로 진압되었다.
② 박규수가 안핵사로 파견되었다.
③ 조선 형평사의 주도로 전개되었다.
④ 서북 지역민에 대한 차별이 원인이 되었다.

키워드로 개념 다지기

다음 키워드를 보고 ⭐ 에 알맞은 글자를 쓰시오.

❶ 안동 김씨와 풍양 조씨 등이 권력 독점, 삼정의 문란이 심해짐, 매관매직 성행 ·········· ⭐⭐ 정치

❷ 홍경래가 봉기 주도, 세도 정치와 평안도 지역(서북 지역) 차별에 저항 ·········· ⭐⭐⭐의 난

❸ 철종 때 설치, 삼정의 문란을 바로잡기 위한 기구
·········· 삼정⭐⭐청

정답 ❶ 세도 ❷ 홍경래 ❸ 이정

정답과 해설 124~127쪽

4 전란 이후의 경제와 사회

245

기본 47회 28번

선생님의 질문에 대한 학생의 대답으로 옳지 <u>않은</u> 것은? [2점]

조선 후기의 경제 상황에 대해 말해 볼까요?

① 과전법이 실시되었어요.

② 모내기법이 확산되었어요.

③ 상평통보가 널리 유통되었어요.

④ 장시가 전국 곳곳에서 열렸어요.

247

기본 52회 25번

(가)에 들어갈 화폐로 옳은 것은? [2점]

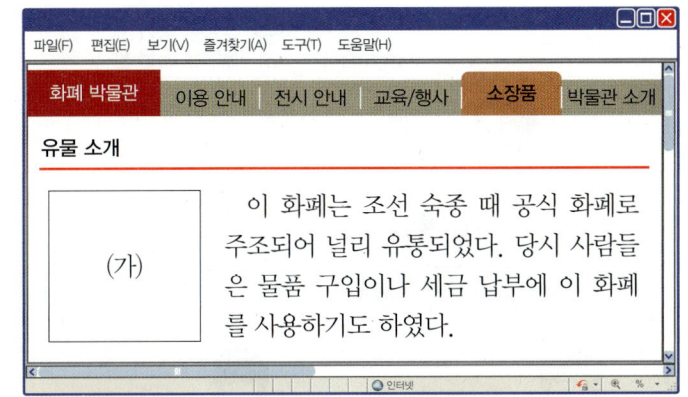

화폐 박물관 이용 안내 | 전시 안내 | 교육/행사 | **소장품** | 박물관 소개

유물 소개

(가)

이 화폐는 조선 숙종 때 공식 화폐로 주조되어 널리 유통되었다. 당시 사람들은 물품 구입이나 세금 납부에 이 화폐를 사용하기도 하였다.

① 건원중보

② 해동통보

③ 상평통보

④ 백동화

246

기본 48회 28번

(가)에 들어갈 내용으로 옳지 <u>않은</u> 것은? [3점]

조선 후기 상업에 대해 이야기해 보자.

경강상인이 한강을 무대로 운송업에 종사했어.

(가)

① 내상이 일본과의 무역을 주도했어.

② 벽란도에서 송과의 무역이 이루어졌어.

③ 관청에 물품을 조달하는 공인이 활동했어.

④ 정기 시장인 장시가 전국 각지에서 열렸어.

248

기본 64회 25번

선생님의 질문에 대한 학생의 대답으로 옳지 <u>않은</u> 것은? [2점]

이 화폐가 전국에 유통된 시기의 경제 상황에 대해서 말해 볼까요?

① 정기 시장인 장시가 전국 각지에서 열렸어요.

② 관청에 물품을 조달하는 공인이 활동했어요.

상평통보

③ 송상이 각지에 송방이라는 지점을 설치했어요.

④ 벽란도에서 활발한 국제 무역이 이루어졌어요.

249

| 기본 48회 29번

다음 퀴즈의 정답으로 옳은 것은? [2점]

조선 시대에 정부가 부족한 국가 재정을 보충하기 위해 곡물, 돈 등을 받고 그 대가로 신분을 상승시켜 주거나 벼슬을 내린 정책을 무엇이라 할까요?

①  납속책

②  사창제

③  영정법

④  호포제

250

| 초급 35회 28번

다음 인물 카드의 (가)에 들어갈 인물로 옳은 것은? [2점]

(가)

(앞면)

- 조선의 여류 시인
- 작품이 중국과 일본에서 높은 평가를 받음
- 동생은 "홍길동전"을 지은 인물임

(뒷면)

①
김만덕

② 유관순

③ 신사임당

④
허난설헌

251

| 초급 40회 23번

다음 가상 인터뷰의 주인공으로 옳은 것은? [2점]

조선 시대 제주 출신의 사회 활동가를 만나 보도록 하겠습니다. 당시 활동에 대해 말씀해 주세요.

저는 큰 흉년으로 굶주리는 제주 백성들을 위해 쌀을 기부하였습니다. 이 일로 임금님께 칭찬을 받기도 했습니다.

① 김만덕 ② 유관순
③ 신사임당 ④ 허난설헌

키워드로 개념 다지기

1 조선 후기의 경제 상황으로 옳으면 ○표, 틀리면 × 표를 하시오.

❶ 모내기법이 전국적으로 확산되었다. ( )

❷ 보부상이 전국의 장시를 연결하였다. ( )

❸ 만상, 내상 등이 활발하게 활동하였다. ( )

❹ 벽란도가 국제 무역항으로 번성하였다. ( )

❺ 활구라고도 불린 은병이 화폐로 사용되었다. ( )

❻ 관청에 물품을 조달하는 공인이 활동하였다. ( )

2 다음 키워드를 보고 ⭐ 에 알맞은 글자를 쓰시오.

❶ 조선 시대에 정부가 곡식이나 돈 등을 받고 신분을 상승시켜 주거나 벼슬을 내림 ·········· ⭐속책

❷ 조선의 여류 시인, "홍길동전"을 지었다고 알려진 허균의 누나 ··········· 허⭐⭐⭐

❸ 정조 때 개인 재산으로 굶주리는 제주도 백성을 구제, 정조가 금강산 여행을 보내 줌 ··········· 김⭐⭐

정답 1 ❶ ○ ❷ ○ ❸ ○ ❹ ×(고려) ❺ ×(고려) ❻ ○
2 ❶ 납 ❷ 난설헌 ❸ 만덕

5 실학의 등장

252

| 기본 60회 29번

(가)에 들어갈 인물로 옳은 것은? [2점]

○○○
전북 부안

♥ 좋아요 60개

이곳은 조선의 실학자인 ___(가)___ 이/가 머물렀던 반계 서당이다. 그는 균전론 등 여러 개혁안을 제시한 반계수록을 저술하였다. … 더보기

댓글 15개 모두 보기

① 이익
② 박제가
③ 유형원
④ 홍대용

253

| 기본 48회 30번

다음 가상 인터뷰의 주인공에 대한 설명으로 옳은 것은? [2점]

선생님께서 주장하신 토지 개혁론은 무엇인가요?

나는 마을 단위로 농민이 함께 경작하고 세금을 제외한 나머지 생산물을 일한 양에 따라 분배하자는 여전론을 주장하였습니다.

① 동학을 창시하였다.
② 추사체를 창안하였다.
③ 목민심서를 저술하였다.
④ 사상 의학을 확립하였다.

254

| 기본 54회 25번

(가) 인물에 대한 설명으로 옳은 것은? [2점]

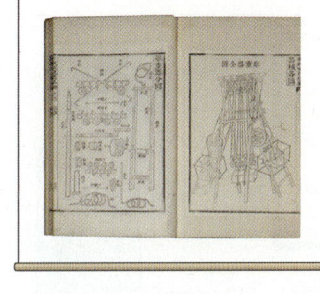

이것은 화성성역의궤에 수록된 거중기 설계도입니다. ___(가)___ 이/가 기기도설을 참고하여 제작한 거중기는 수원 화성 축조에 이용되었습니다.

① 여전론을 주장하였다.
② 추사체를 창안하였다.
③ 북학의를 저술하였다.
④ 몽유도원도를 그렸다.

255

| 기본 50회 25번

다음 인물에 대한 설명으로 옳은 것은? [2점]

역사 인물을 찾아서

• 조선 후기 실학자 · 문장가
• 생몰 : 1737년~1805년
• 호 : 연암
• 주요 활동
 – '양반전', '허생전' 저술
 – 수레와 선박의 이용 등을 강조

① 몽유도원도를 그렸다.
② 열하일기를 저술하였다.
③ 사상 의학을 정립하였다.
④ 대동여지도를 제작하였다.

조선2

256

(가)에 들어갈 인물로 옳은 것은? [1점]

이 작품은 (가) 이/가 북경에 갔을 때 우정을 나눈 청의 화가 나빙이 선물한 것입니다. (가) 은/는 4차례나 연행길에 올라 청의 지식인들과 교유하였고, 청의 제도와 문물을 소개한 북학의를 저술하였습니다.

① 이익
② 김정희
③ 박제가
④ 유성룡

257

밑줄 그은 '이 인물'에 대한 설명으로 옳은 것은? [2점]

이 인물은 유학, 서양 과학 등 여러 학문을 융합하여 독창적 사상을 정립하였습니다. 그가 저술한 의산문답에는 무한 우주론에 대한 설명과 함께, 중국 중심 세계관에 대한 비판적 인식이 잘 드러나 있습니다.

조선 후기 북학파 실학자인 이 인물에 대해 알려 주세요.

① 추사체를 창안하였다.
② 지전설을 주장하였다.
③ 사상 의학을 정립하였다.
④ 대동여지도를 제작하였다.

258

다음 가상 인터뷰에 등장하는 인물로 옳은 것은? [2점]

북한산비가 진흥왕 순수비임을 고증하셨다지요. 또 어떤 활동을 하셨나요?

금석학을 연구하여 독창적인 서체를 만들었고, 제주도에서 유배 생활을 할 때 세한도를 그렸지요.

① 김정희
② 박지원
③ 송시열
④ 유득공

키워드 로 개념 다지기

다음 키워드를 보고 ⭐ 에 알맞은 글자를 쓰시오.

❶ "반계수록" 저술, 균전론 주장 ············· 유 ⭐⭐

❷ "목민심서" 저술, 여전론 주장, 거중기 설계 ··· 정 ⭐⭐

❸ "열하일기"·'양반전'·'허생전' 저술, 수레와 선박의 이용 주장
········· 박 ⭐⭐

❹ "북학의" 저술, 규장각 검서관, 소비의 중요성 강조
········· 박 ⭐⭐

❺ "의산문답" 저술, 지전설과 무한 우주론 주장, 혼천의 제작
········· 홍 ⭐⭐

❻ 추사체, 세한도, 북한산비 고증 ············· 김 ⭐⭐

정답 ❶ 형원 ❷ 약용 ❸ 지원 ❹ 제가 ❺ 대용 ❻ 정희

6 역사, 지도, 건축

정답과 해설 131~133쪽

259

기본 67회 19번

(가)에 들어갈 문화유산으로 옳은 것은? [1점]

(가) 에 대해 검색해 줘.

검색 결과입니다.

태조에서 철종에 이르는 470여 년간의 역사를 역대 왕별로 기록하였습니다. 방대한 규모와 내용의 정확성을 인정받아 유네스코 세계 기록 유산에 등재되었습니다.

① 경국대전
② 동의보감
③ 목민심서
④ 조선왕조실록

260

초급 36회 23번

다음 퀴즈의 정답으로 옳은 것은? [3점]

이 지도는 조선 초기에 그려진 세계 지도로, 조선과 중국은 물론 아프리카와 유럽까지 그려져 있습니다. 이를 통해 당시의 세계관을 알 수 있습니다. 이 지도의 이름은 무엇일까요?

①  대동여지도
②  동국대지도
③  곤여만국전도
④  혼일강리 역대국도지도

261

초급 40회 28번

다음 퀴즈의 정답으로 옳은 것은? [3점]

이 지도는 중국에서 가져온 세계 지도를 보고 1708년 제작한 것의 일부입니다. 세계를 둥글게 표현한 이 지도를 통해 조선인들은 서양 세계에 대한 새로운 지식을 얻을 수 있었습니다. 이 지도의 이름은 무엇일까요?

①  팔도총도
②  대동여지도
③  곤여만국전도
④  혼일강리 역대국도지도

262

기본 54회 26번

(가)에 들어갈 지도로 옳은 것은? [1점]

문화유산 퍼즐 맞추기

(가) 는 김정호가 제작한 총 22첩의 목판본 지도입니다. 10리마다 눈금을 표시하여 거리를 알 수 있게 하였습니다.

① 동국지도
② 대동여지도
③ 곤여만국전도
④ 혼일강리역대국도지도

263

기본 57회 27번

다음 퀴즈의 정답으로 옳은 것은? [2점]

이것은 충북 보은군에 소재한 조선 후기 건축물입니다. 내부에는 석가모니의 생애를 여덟 장면으로 그린 불화가 있으며, 현재 우리나라에 남아 있는 가장 오래된 5층 목탑입니다. 이것은 무엇일까요?

도전!!
한국사 퀴즈왕

①  금산사 미륵전

②  법주사 팔상전

③  봉정사 극락전

④  부석사 무량수전

264

기본 63회 28번

(가)에 들어갈 문화유산으로 옳은 것은? [1점]

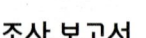

조사 보고서

△학년 △반 이름 : ○○○

■ 주제 : (가) 의 축조와 복원

　(가) 은 정조의 명에 의해 축조된 성으로, 거중기 등을 이용하여 공사 기간과 경비를 줄일 수 있었다. 일제 강점기와 6·25 전쟁을 거치면서 일부 훼손되었지만, 의궤의 기록을 바탕으로 원형에 가깝게 복원되었다. 아래의 사진과 그림은 이 성의 일부인 남포루가 엄밀한 고증을 거쳐 복원되었음을 보여 준다.

훼손된 모습　　의궤에 묘사된 포루　　복원 후 모습

① 공산성　　　　　　② 전주성
③ 수원 화성　　　　④ 한양 도성

7 서민 문화의 발달

265

(가)에 들어갈 그림으로 옳은 것은? | 기본 48회 21번 [2점]

> 이 작품은 조선 전기를 대표하는 그림으로, 안평 대군이 꿈에서 본 이상 세계에 대한 이야기를 듣고 안견이 그린 것입니다.

가상 현실 체험으로 만나는
조선 회화 특별전

(가)

①
무동도

②
세한도

③
인왕제색도

④
몽유도원도

266

(가)에 들어갈 문화유산으로 적절한 것은? | 초급 35회 14번 [2점]

> 조선 전기에 유행했던 도자기 중 하나야.

> 회색 또는 회백색의 흙으로 빚은 그릇의 표면에 흰 색의 흙을 분처럼 발랐지.

> 이것은 철분이 든 안료로 그림을 그린 건데, 이외에도 다양한 무늬 기법이 있어.

(가)

①
청자 참외 모양 병

②
분청사기
철화 연어문 병

③
백자 청화
매죽문 항아리

④
청자 상감
운학무늬 매병

267

기본 49회 25번

다음 특별전에서 볼 수 있는 작품으로 옳은 것은? [1점]

특별전

우리 산천을 담다

우리나라 산천을 소재로 한
조선 후기 진경 산수화의 아름다움을
느껴 보세요.

2020. ○○. ○○.~○○. ○○.
△△ 박물관 특별 전시실

①
수렵도

②
인왕제색도

③
몽유도원도

④
고사관수도

268

기본 66회 27번

(가)에 들어갈 그림으로 옳은 것은? [2점]

메타버스에서 만나는 조선의 회화

두 그림은 조선 후기 풍속화가 신윤복의 작품
입니다. 그는 양반의 풍류와 여성의 생활 등을
소재로 한 많은 작품을 남겼습니다.

단오풍정 (가)

해설사

학생1 학생2 학생3

①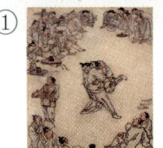
씨름도

②
노상알현도

③
고사관수도

④
월하정인

269

기본 54회 24번

밑줄 그은 '이 그림'이 그려진 시기에 볼 수 있는 모습으로 적절하지 <u>않은</u> 것은? [2점]

이 그림은 서당의 모습을 그린 김홍도의 풍속화입니다. 훈장 앞에서 훌쩍이는 학생과 이를 바라보는 다른 학생들의 모습이 생생하게 표현되어 있습니다.

① 한글 소설을 읽는 여인
② 청화 백자를 만드는 도공
③ 판소리 공연을 하는 소리꾼
④ 초조대장경을 제작하는 장인

270

기본 58회 28번

다음 대화가 이루어진 시기에 볼 수 있는 모습으로 옳은 것은? [2점]

감자 팝니까?

예, 그럼요. 고구마도 팝니다.

상평통보 환영

① 국자감에 입학하는 학생
② 팔관회에 참석하는 관리
③ 판소리 공연을 구경하는 농민
④ 삼별초의 일원으로 훈련하는 군인

271

기본 50회 26번

다음 대화가 이루어진 시기의 상황으로 옳지 <u>않은</u> 것은? [2점]

임경업 장군이 칼을 휙~~익! 휘두르자 ······.

전기수, 자네 왜 이야기를 하다 멈추는가?

다음 이야기를 들을 수 있게 얼른 상평통보를 주게나.

① 중인층의 시사 활동이 활발하였다.
② 춘향가 등의 판소리가 성행하였다.
③ 기존 형식에서 벗어난 사설시조가 유행하였다.
④ 단군의 건국 이야기를 담은 제왕운기가 저술되었다.

272

기본 55회 27번

다음 직업이 등장한 시기의 사회 모습으로 옳은 것은? [2점]

우리 역사 속 직업의 세계

나의 직업은 무엇일까요?

(앞면)

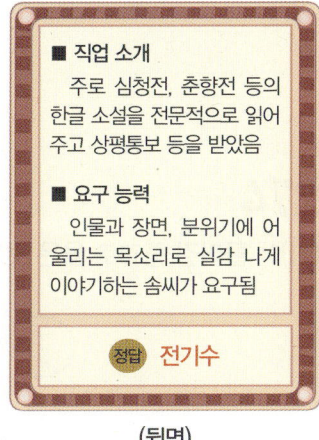

■ 직업 소개
주로 심청전, 춘향전 등의 한글 소설을 전문적으로 읽어 주고 상평통보 등을 받았음

■ 요구 능력
인물과 장면, 분위기에 어울리는 목소리로 실감 나게 이야기하는 솜씨가 요구됨

정답 전기수

(뒷면)

① 변발과 호복이 유행하였다.
② 판소리와 탈춤이 성행하였다.
③ 골품에 따라 일상생활을 규제하였다.
④ 특수 행정 구역인 향과 부곡이 있었다.

273

기본 50회 27번

(가) 종교에 대한 설명으로 옳은 것은? [2점]

○○신문

제△△호   2014년 ○○월 ○○일

교황, 서소문 성지 방문

프란치스코 교황은 지난 8월 16일 서울특별시의 서소문 순교 성지를 방문하였다. 이곳은 200여 년 전, 유교 윤리를 어겼다는 이유로 이승훈을 비롯한 [(가)]을/를 믿는 사람들을 처형한 곳이다. 교황은 순교자들을 애도하며 이곳에 세워진 현양탑에 헌화하였다.

---

① 중광단 결성을 주도하였다.
② 기관지로 만세보를 발간하였다.
③ 초기에는 서학으로 소개되었다.
④ 동경대전을 기본 경전으로 삼았다.

274

기본 51회 23번

(가)에 들어갈 종교로 옳은 것은? [1점]

동경대전

경전

최제우 — 창시자 — (가) — 주요 사상 — 시천주, 인내천

① 동학
② 대종교
③ 원불교
④ 천주교

키워드로 **개념 다지기**

1 다음 키워드를 보고 ☆ 에 알맞은 글자를 쓰시오.

❶ 태종 때 제작, 현재 전해지는 동양에서 가장 오래된 세계 지도, 중국 중심의 세계관 반영
·········· ☆☆☆☆ 역대국도지도

❷ 김정호가 제작, 총 22첩의 목판본 지도, 10리마다 눈금 표시
·········· ☆☆☆ 지도

❸ 탈춤, 한글 소설, 판소리, 민화 ·········· ☆☆ 문화

❹ 서학, 평등 강조, 제사 거부 ·········· ☆☆ 교

❺ 최제우가 창시, "동경대전", 인내천 사상, 평등 강조
·········· ☆ 학

2 조선 후기의 문화유산으로 옳으면 ○표, 틀리면 ×표를 하시오.

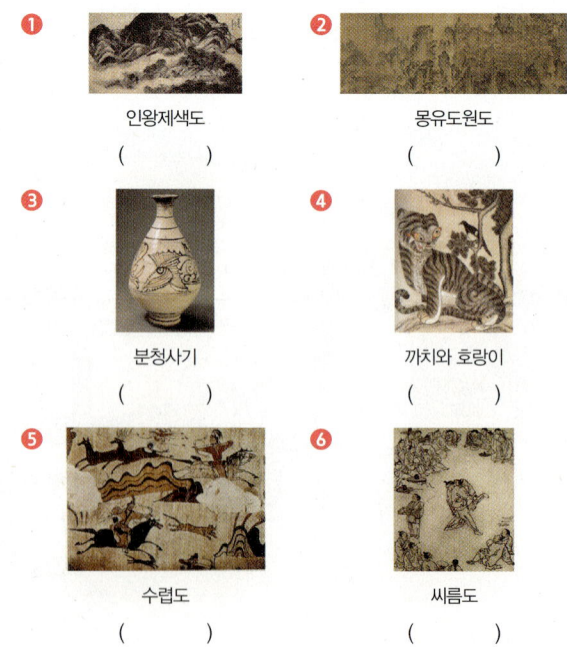

❶ 인왕제색도 ( )
❷ 몽유도원도 ( )
❸ 분청사기 ( )
❹ 까치와 호랑이 ( )
❺ 수렵도 ( )
❻ 씨름도 ( )

정답 **1** ❶ 혼일강리 ❷ 대동여 ❸ 서민 ❹ 천주 ❺ 동
2 ❶ ○ ❷ ×(조선 전기) ❸ ×(조선 전기) ❹ ○ ❺ ×(고구려) ❻ ○

VI 개항기

한국사능력검정시험 **기본**

최근 **4회차** 단원별 출제 비중

🔴 선사 🟣 고대 🟢 고려 🟩 조선1 🟨 조선2 🟡 개항기 🟠 일제 강점기 🟣 현대

제69회
- 시대 통합 2문항
- 세시 풍속 1문항

갑신정변, 갑오개혁, 이승훈의 활동, 정미의병, 안중근의 활동, 전주의 역사

제67회
- 시대 통합 3문항
- 세시 풍속 1문항

동학 농민 운동, 신돌석의 활동, 병인양요, 독립 협회의 활동, 이상설의 활동

제66회
- 시대 통합 2문항
- 세시 풍속 1문항

신미양요 이후의 사실, 보빙사, 최익현의 활동, 갑신정변, 거문도 사건, 대성 학교, 국권 피탈 과정, 동학 농민 운동의 전개 과정, 국채 보상 운동, 대한 제국 시기 근대 문물의 도입

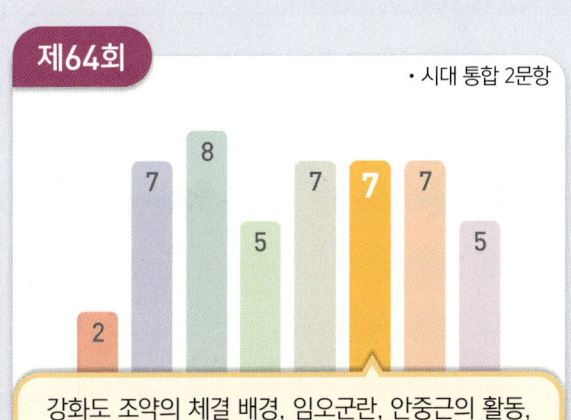

제64회
- 시대 통합 2문항

강화도 조약의 체결 배경, 임오군란, 안중근의 활동, 양기탁의 활동, 전차 개통 이후의 사실, 대한 제국 시기의 사실, 인천의 역사

개념 훑어보기

〈큰별쌤과 재미있게 공부하는 초등 한국사능력검정시험〉 교재에 있는 판서입니다.
★을 채우면서 핵심 개념을 한 번 더 확인해 보세요.

자세한 개념 정리는 〈큰별쌤과 재미있게 공부하는 초등 한국사능력검정시험〉에 있어요.
▶ 144~147쪽

1 · 흥선 대원군의 정책과 개항

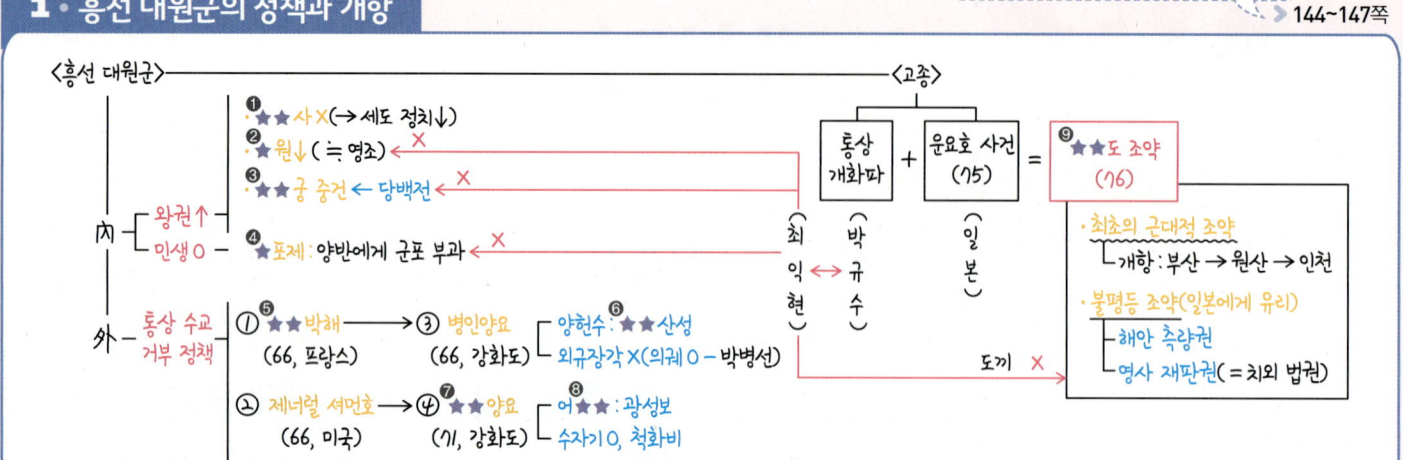

▶ 152~153쪽

빈출 키워드 한 문장

★ 흥선 대원군은 **비변사**를 폐지하였다.
★ 흥선 대원군은 전국의 **서원**을 47곳만 남기고 모두 **철폐**하였다.
★ 흥선 대원군은 왕권 강화를 위해 **경복궁**을 중건하였다.
★ 흥선 대원군은 **당백전**을 발행하여 경복궁 중건 비용을 마련하였다.
★ 흥선 대원군은 집집마다 군포를 부과하는 **호포제**를 실시하여 양반도 군포를 내게 하였다.
★ **병인박해**를 구실로 프랑스군이 강화도를 침략하여 **병인양요**가 일어났다.
★ **병인양요** 때 **양헌수** 부대가 **정족산성**에서 프랑스군을 격퇴하였다.
★ **병인양요** 때 프랑스군이 **외규장각 도서**를 약탈해 갔다.

★ **제너럴 셔먼호 사건**이 빌미가 되어 미군이 강화도를 침략한 **신미양요**가 일어났다.
★ **신미양요** 때 **어재연** 부대가 **광성보**에서 미군에 맞서 싸웠다.
★ 신미양요 후 **흥선 대원군**은 전국에 **척화비**를 세웠다.
★ **운요호 사건**을 계기로 조선은 일본과 **강화도 조약**을 체결하였다.
★ **강화도 조약**은 조선이 외국과 맺은 **최초의 근대적 조약**이었다.
★ 강화도 조약에 따라 조선은 **부산, 원산, 인천**을 개항하였다.

정답 ❶ 비변 ❷ 서 ❸ 경복 ❹ 호 ❺ 병인 ❻ 정족 ❼ 신미 ❽ 재연 ❾ 강화

2 · 임오군란과 갑신정변

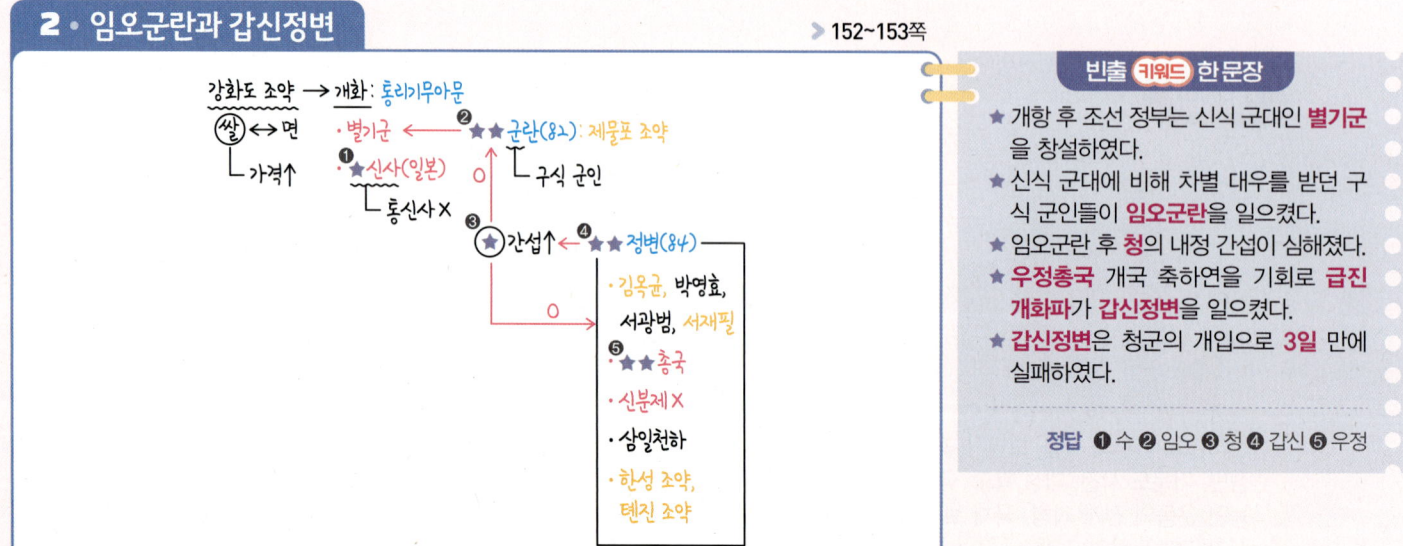

빈출 키워드 한 문장

★ 개항 후 조선 정부는 신식 군대인 **별기군**을 창설하였다.
★ 신식 군대에 비해 차별 대우를 받던 구식 군인들이 **임오군란**을 일으켰다.
★ 임오군란 후 **청**의 내정 간섭이 심해졌다.
★ **우정총국** 개국 축하연을 기회로 **급진 개화파**가 **갑신정변**을 일으켰다.
★ **갑신정변**은 청군의 개입으로 **3일** 만에 실패하였다.

정답 ❶ 수 ❷ 임오 ❸ 청 ❹ 갑신 ❺ 우정

3 · 동학 농민 운동과 갑오·을미개혁

> 154~155쪽

동학 농민 운동(94)
- ❶ · 전★★(녹두 장군)
- ❷ · ★★성 점령 → 전주 화약 → 집강소(신분제X ···)
- 청·일 전쟁, ❸★★개혁
  - 1차: 군국기무처(신분제X, 과거제X ···)
  - 2차: 홍범 14조(8도 → 23부 ···)
- ❹ · 무★★(공주) 전투X
- ❺ · ★★사변(명성 황후X)

일↑

을미개혁: 단발령, 태양력

빈출 키워드 한 문장

★ 동학 농민군은 전주성을 점령하고 조선 정부와 **전주 화약**을 체결하였다.
★ 전주 화약이 체결된 후 전라도 각지에 **집강소**가 설치되었다.
★ 조선 정부는 **군국기무처**를 설치하고 **갑오개혁**을 추진하였다.
★ 제1차 **갑오개혁**으로 과거제와 신분제가 폐지되었다.
★ 동학 농민군은 **우금치 전투**에서 관군과 일본군에 패배하였다.
★ 을미개혁으로 **단발령**이 실시되었다.

정답 ❶ 봉준 ❷ 전주 ❸ 갑오 ❹ 금치 ❺ 을미

4 · 독립 협회와 대한 제국

> 156~157쪽

독립신문 → ❶★★협회 → 독립문
(서재필) (만민 공동회)

❷★★파천(96) → 대한 제국(97)
- · 환구단
- ❸ · ★★개혁(황제↑)
  - 지계 발급,
  - 대한국 국제
  - (원수부)

빈출 키워드 한 문장

★ 을미사변이 일어난 후 고종이 러시아 공사관으로 거처를 옮기는 **아관 파천**이 일어났다.
★ **독립 협회**는 민중 집회인 **만민 공동회**를 개최하였다.
★ **독립 협회**는 중국 사신을 맞이하던 옛 영은문 자리 부근에 **독립문**을 건립하였다.
★ 고종은 환구단에서 황제 즉위식을 거행하고 **대한 제국**의 수립을 선포하였다.
★ 대한 제국은 **광무개혁**을 추진하였다.

정답 ❶ 독립 ❷ 아관 ❸ 광무

5 · 국권 피탈 과정

> 162~163쪽

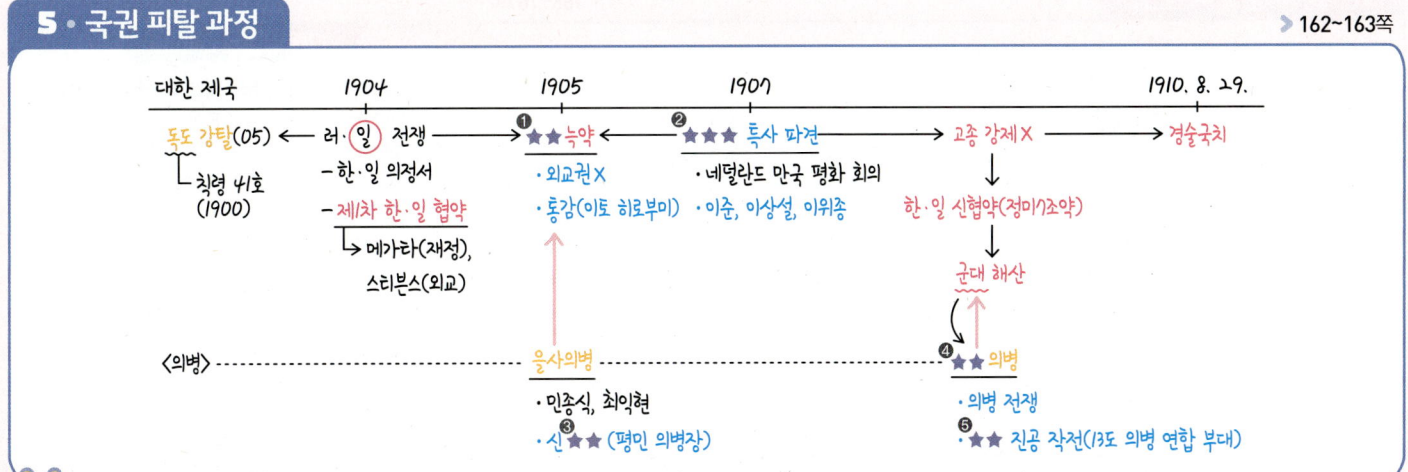

대한 제국 | 1904 | 1905 | 1907 | 1910. 8. 29.

독도 강탈(05) ← 러·일 전쟁 → ❶★★늑약 ← ❷★★★특사 파견 → 고종 강제X → 경술국치
- 칙령 41호 (1900)
- 한·일 의정서
- 제1차 한·일 협약
  - 메가타(재정), 스티븐스(외교)

❶ · 외교권X
· 통감(이토 히로부미)

❷ · 네덜란드 만국 평화 회의
· 이준, 이상설, 이위종

한·일 신협약(정미7조약)
- 군대 해산

〈의병〉---------- 을사의병
- · 민종식, 최익현
- ❸ · 신★★(평민 의병장)

❹★★의병
· 의병 전쟁
❺ · ★★진공 작전(13도 의병 연합 부대)

빈출 키워드 한 문장

★ **을사늑약** 체결로 대한 제국의 **외교권**이 박탈되고 **통감부**가 설치되었다.
★ 고종은 을사늑약의 부당함을 전 세계에 알리기 위해 **헤이그에 특사**를 파견하였다.
★ 일제는 **헤이그 특사** 파견을 구실 삼아 고종을 강제로 **퇴위**시켰다.
★ 을미사변과 단발령에 반발하여 **을미의병**이 일어났다.
★ **을사의병** 때 **신돌석** 등 평민 출신 의병장이 등장하였다.
★ 일제의 **고종 강제 퇴위**와 군대 해산에 반발하여 **정미의병**이 일어났다.
★ **정미의병** 당시 **13도 의병 연합 부대**가 결성되어 **서울 진공 작전**을 전개하였다.

정답 ❶ 을사 ❷ 헤이그 ❸ 돌석 ❹ 정미 ❺ 서울

VI. 개항기 | **107**

6 · 국권 수호 운동

164~165쪽

대한 제국	1904	1905			1910. 8. 29.
		을사늑약			경술국치

〈의열〉 ---------------------- 안 ★★ (이토 히로부미), 이재명(이완용)-09 ---------------- 장인환·전명운(스티븐스) - 08

〈경제〉 --- ❷ ★★ 보상 운동(서상돈, 대구) ← 대한매일신보

〈계몽〉 --------- 보안회 ----------------------------- ❸ ★★ 회 ┌ 안창호, 양기탁
                                                    └ ❹ ★산 학교, ❺★성 학교, 태극 서관, 독립운동 기지 건설

빈출 키워드 한 문장

★ **안중근**은 하얼빈에서 **이토 히로부미**를 저격하였다.

★ **장인환**과 **전명운**은 미국에서 **스티븐스**를 처단하였다.

★ 일본에 진 나랏빚을 갚기 위해 **대구**에서 **국채 보상 운동**이 시작되었다.

★ **안창호, 양기탁** 등이 중심이 되어 비밀 결사인 **신민회**를 조직하였다.

★ **신민회**는 민족 교육을 위해 **오산 학교, 대성 학교**를 설립하였다.

★ **신민회**는 민족 자본을 육성하기 위해 **태극 서관**을 운영하였다.

★ **신민회**는 만주 **삼원보**에 **독립운동 기지**를 건설하였다.

★ **신민회**는 무장 독립 투쟁을 위해 **신흥 강습소**를 설립하였다.

정답 ❶ 중근 ❷ 국채 ❸ 신민 ❹ 오 ❺ 대

7 · 근대 문물의 수용

166~167쪽

학교	• 최초 근대식 학교: ❶★★ 학사
	• 최초 국립 근대식 학교: ❷★★ 공원
	• 최초 외국인이 세운 근대식 학교: 배재 학당(by 선교사 – 이화 학당)
병원	최초 근대식 병원: ❸★★ 원(→제중원)
건축물	독립문, 환구단, 명동 성당, 덕수궁 석조전
근대 시설	• 시설: 전보, 전화, 전등, 전차, 기차(❹★★선 – 최초)
	• 기관: 박문국(인쇄), 전환국(화폐), 기기창(무기), 우정총국(우체국)
근대 신문	• 최초 신문: ❺★★ 순보 / 독립신문(한글, 영문)
	• 황성신문(장지연, 시일야방성대곡), 제국신문(서민), ❻★★★ 신보(베델)
음식	커피

빈출 키워드 한 문장

★ 1883년에 우리나라 최초의 근대식 학교인 **원산 학사**가 설립되었다.

★ 최초의 근대식 관립 학교인 **육영 공원**은 **헐버트** 등 미국인 교사를 초빙하여 근대 학문을 교육하였다.

★ **광혜원**은 우리나라 최초의 근대식 병원이며 설립 직후 **제중원**으로 이름이 바뀌었다.

★ 1899년에 우리나라 최초의 철도인 **경인선**이 개통되었다.

★ 우리나라 최초의 근대 신문인 **한성순보**는 **박문국**에서 발행되었다.

★ **독립신문**은 우리나라 최초의 민간 신문이며 한글판과 영문판으로 발행되었다.

★ 장지연의 논설 **시일야방성대곡**이 **황성신문**에 처음으로 게재되었다.

★ **양기탁**과 **베델**이 창간한 **대한매일신보**는 국채 보상 운동을 적극적으로 후원하였다.

정답 ❶ 원산 ❷ 육영 ❸ 광혜 ❹ 경인 ❺ 한성
❻ 대한매일

정답과 해설 139~145쪽

1 흥선 대원군의 정책과 개항

275

| 초급 37회 31번

(가)에 들어갈 내용으로 옳은 것은? [2점]

〈인물 탐구 보고서〉

△△ 모둠

흥선 대원군 이하응(1820~1898년)

- 시대 : 조선
- 업적
  - 경복궁을 다시 지었다.
  - 전국에 척화비를 세웠다.
  - 양반에게도 군포를 거두었다.
  - [(가)]

① 삼별초를 조직하였다.
② 통감부를 설치하였다.
③ 서원을 대폭 정리하였다.
④ 한산도 대첩을 이끌었다.

276

| 기본 47회 27번

다음 다큐멘터리에서 볼 수 있는 장면으로 가장 적절한 것은? [2점]

〈다큐멘터리 기획안〉

흥선 대원군, 통치 체제를 정비하다

■ 기획 의도

1863년 고종의 즉위로 실권을 장악한 흥선 대원군이 추진하였던 정책을 조명한다.

■ 내용

1. 왕권 강화를 위한 통치 체제의 재정비
2. 민생 안정과 국가 재정 확충을 위한 노력

① 서원 철폐에 반대하는 양반
② 배재 학당에서 공부하는 학생
③ 탕평비 건립을 바라보는 유생
④ 만민 공동회에서 연설하는 백정

277

| 기본 48회 33번

다음 대화가 이루어진 시기에 볼 수 있는 모습으로 적절한 것은? [2점]

① 원에 공녀로 끌려가는 여인
② 원산 총파업에 참여하는 노동자
③ 독립운동가를 감시하는 헌병 경찰
④ 경복궁 중건 공사에 동원되는 농민

278

| 기본 51회 28번

(가) 인물이 집권한 시기의 사실로 옳은 것은? [2점]

① 장용영이 창설되었다.
② 척화비가 건립되었다.
③ 청해진이 설치되었다.
④ 칠정산이 편찬되었다.

279

기본 49회 26번

밑줄 그은 '이 사건'의 배경으로 옳은 것은? [2점]

지금 보고 있는 것은 양헌수 장군이 이 사건 당시 정족산성에서 프랑스군과 벌인 전투를 기록한 문헌입니다.

정족산성 접전 사실

① 병인박해가 일어났다.
② 영국이 거문도를 점령하였다.
③ 오페르트가 남연군 묘를 도굴하려 하였다.
④ 서인 정권이 친명배금 정책을 추진하였다.

281

기본 54회 29번

밑줄 그은 '이 사건'에 대한 설명으로 옳은 것은? [2점]

화면의 사진은 문수산성입니다. 이 사건 당시 한성근 부대는 이곳에서 프랑스군에 맞서 싸웠고, 이어서 양헌수 부대는 정족산성에서 프랑스군을 물리쳤습니다.

① 흥선 대원군 집권기에 일어났다.
② 제너럴 셔먼호 사건의 배경이 되었다.
③ 삼정이정청이 설치되는 결과를 가져왔다.
④ 군함 운요호가 강화도에 접근하여 위협하였다.

280

기본 61회 28번

(가) 사건에 대한 설명으로 옳은 것은? [2점]

이달의 인물 소개

한국의 문화유산을 지켜 낸 박병선 박사

프랑스 국립 도서관 사서였던 박병선 박사는 (가) 때 프랑스군이 약탈해 간 외규장각 의궤의 소재를 확인하였다.

그는 오랜 노력 끝에 의궤의 목록을 만들어 세상에 공개하였고, 2011년 의궤가 145년 만에 우리 땅으로 돌아오게 하는 데 기여하였다.

① 청군의 개입으로 진압되었다.
② 제너럴 셔먼호 사건이 배경이 되었다.
③ 양헌수 부대가 정족산성에서 활약하였다.
④ 제물포 조약이 체결되는 결과를 가져왔다.

282

기본 55회 29번

(가) 시기에 있었던 사실로 옳은 것은? [3점]

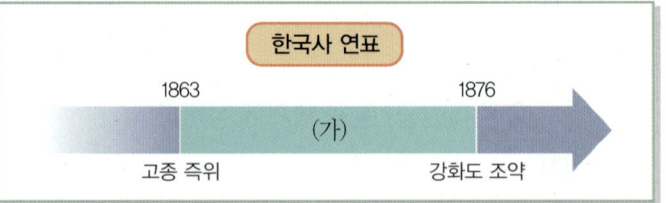

한국사 연표

1863 ——— (가) ——— 1876
고종 즉위   강화도 조약

①
신미양요

②
보빙사 파견

③
황룡촌 전투

④
만민 공동회 개최

283

| 기본 50회 28번

밑줄 그은 '이 사건'에 대한 설명으로 옳은 것은?　[2점]

이곳은 어재연 장군의 생가입니다. 미군이 통상을 강요하며 강화도를 침략한 이 사건 당시 그는 광성보에서 맞서 싸우다 전사하였습니다.

① 삼국 간섭이 일어나는 배경이 되었다.
② 제너럴 셔먼호 사건이 빌미가 되었다.
③ 운요호의 초지진 공격으로 시작되었다.
④ 제물포 조약이 체결되는 계기가 되었다.

284

| 기본 60회 33번

다음 상황 이후에 일어난 사실로 옳은 것은?　[3점]

미국 군대가 쳐들어왔다.

어재연 장군을 중심으로 힘을 모아 광성보를 지켜 내자!

① 병인박해가 일어났다.
② 척화비가 건립되었다.
③ 제너럴 셔먼호 사건이 발생하였다.
④ 오페르트가 남연군 묘 도굴을 시도하였다.

285

| 초급 45회 29번

밑줄 그은 '이 사건'으로 옳은 것은?　[3점]

실록 한국사

이것은 강화도 조약 체결을 논의하는 장면입니다.

일본군의 강화도 해안 불법 침입으로 발생한 이 사건이 계기가 되어 조약이 맺어졌지요.

조선, 역사의 갈림길에 서다

① 105인 사건
② 운요호 사건
③ 헤이그 특사 사건
④ 제너럴 셔먼호 사건

286

| 초급 35회 34번

(가) 조약의 내용으로 옳은 것은?　[2점]

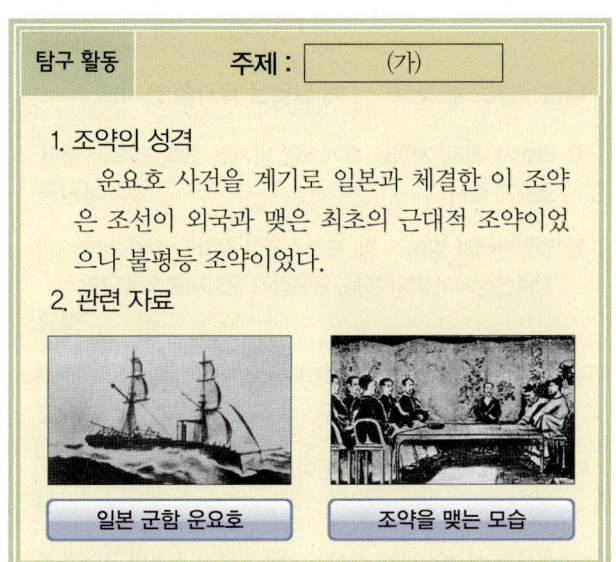

탐구 활동　　주제 : 　(가)

1. 조약의 성격
　운요호 사건을 계기로 일본과 체결한 이 조약은 조선이 외국과 맺은 최초의 근대적 조약이었으나 불평등 조약이었다.
2. 관련 자료

일본 군함 운요호　　조약을 맺는 모습

① 통감부 설치
② 일본에 배상금 지불
③ 일본인의 치외 법권 인정
④ 일본군의 조선 주둔 허용

287

(가)~(다)를 일어난 순서대로 옳게 나열한 것은? [3점]

(가)	(나)	(다)
병인양요	강화도 조약 체결	척화비 건립

① (가) - (나) - (다)
② (가) - (다) - (나)
③ (나) - (다) - (가)
④ (다) - (나) - (가)

2 임오군란과 갑신정변

288

(가)에 들어갈 내용으로 옳은 것은? [2점]

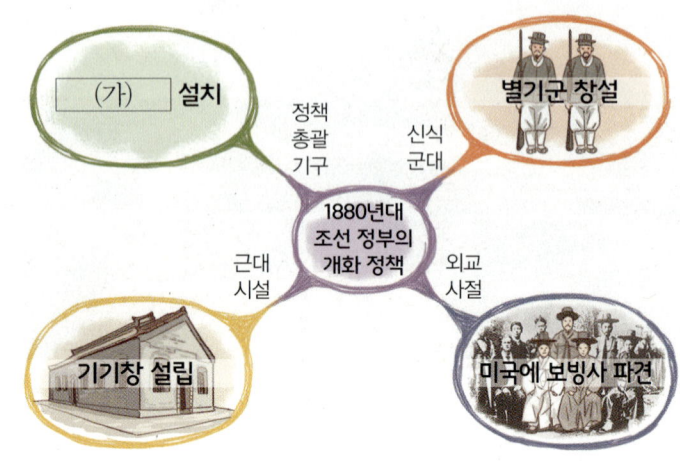

① 교정청
② 군국기무처
③ 도평의사사
④ 통리기무아문

키워드로 개념 다지기

다음 키워드를 보고 ⭐ 에 알맞은 글자를 쓰시오.

❶ 비변사 폐지, 서원을 47개소만 남기고 철폐, 경복궁 중건, 호포제 실시 ·········· ⭐⭐ 대원군

❷ 병인박해가 빌미가 됨, 프랑스군이 강화도 침략, 양헌수가 정족산성에서 맞서 싸움, 외규장각 문화재를 약탈당함 ·········· ⭐⭐ 양요

❸ 제너럴 셔먼호 사건이 빌미가 됨, 미군이 강화도 침략, 어재연이 광성보에서 맞서 싸움 ·········· ⭐⭐ 양요

❹ 신미양요 이후 흥선 대원군이 전국 각지에 세움 ·········· ⭐⭐ 비

❺ 운요호 사건이 계기, 조선이 외국과 맺은 최초의 근대적 조약, 부산 외 2개 항구 개항, 일본에 해안 측량권과 영사 재판권 허용 ·········· ⭐⭐⭐ 조약

정답 ❶ 흥선 ❷ 병인 ❸ 신미 ❹ 척화 ❺ 강화도

289

밑줄 그은 '변란'으로 옳은 것은? [2점]

① 갑신정변
② 신미양요
③ 임오군란
④ 임술 농민 봉기

290

다음에서 설명하는 사건의 영향으로 옳은 것은? [2점]

> **특강 주제 : 개화 정책을 둘러싼 갈등**

신식 군대인 별기군에 비해 차별 대우를 받던 구식 군인들은 밀린 봉급을 겨와 모래가 섞인 쌀로 지급받게 되었습니다. 이들은 결국 분노하여 난을 일으켰고, 일부 백성들도 이에 합세하였습니다.

① 운요호 사건이 일어났다.
② 통리기무아문이 설치되었다.
③ 외규장각 도서가 약탈되었다.
④ 청의 내정 간섭이 심화하였다.

291

(가) 사건에 대한 설명으로 옳은 것은? [2점]

이 책은 개화 정책에 반발하여 구식 군인들이 일으킨 (가) 당시 일본 공사가 쓴 보고서를 정리한 것입니다. 책에는 (가) (으)로 인한 일본 측의 피해 등이 기록되어 있습니다.

전보 조선사건

① 청군의 개입으로 진압되었다.
② 조선책략이 유입되는 결과를 가져왔다.
③ 우금치에서 일본군과의 전투가 벌어졌다.
④ 우정총국 개국 축하연에서 정변이 일어났다.

292

(가) 시기에 있었던 사실로 옳은 것은? [3점]

이번에 설치할 통리기무아문의 담당 업무와 관리 임용에 대해 정해 보았습니다.

(가)

외국 군대를 끌어들여 변란을 일으킨 김옥균, 박영효 등을 처벌하게 하소서.

① 탕평비가 건립되었다.
② 간도 협약이 체결되었다.
③ 구식 군인들이 임오군란을 일으켰다.
④ 어영청을 강화하며 북벌이 추진되었다.

293

밑줄 그은 '비상 수단'에 해당하는 사건으로 옳은 것은? [2점]

나라를 어지럽히는 신하를 살해하고, 국왕을 보호하여 정령(政令)*의 남발을 막을 수밖에 없었다. 그러므로 희생을 무릅쓰고 비상 수단을 쓰기로 결심한 것이다.

홍영식 : 모의를 총괄한 제1인자
박영효 : 실행 총지휘
서광범 : 거사 계획 수립
김옥균 : 일본 공사관과의 교섭 및 통역
서재필 : 병사 통솔

– 박영효의 회고 –

*정령(政令) : 정치상의 명령

① 갑신정변   ② 을미사변
③ 삼국 간섭   ④ 아관 파천

정답과 해설 149~152쪽

[294~295] 다음 자료를 읽고 물음에 답하시오.

근대 역사의 현장

[(가)]은/는 1884년 근대 우편 업무를 도입하기 위해 세워졌다. 그러나 개화당이 이곳에서 열린 개국 축하연을 기회로 삼아 [(나)]을/를 일으켜 한동안 우편 업무가 중단되었다. 그 후 1895년 우체사가 설치되어 관련 업무가 재개되었다.

현재 복원된 모습 (서울시 종로구 소재)

294

| 기본 47회 29번

(가)에 들어갈 기구로 옳은 것은? [1점]

① 기기창
② 우정총국
③ 군국기무처
④ 통리기무아문

295

| 기본 47회 30번

(나) 사건에 대한 설명으로 옳은 것은? [3점]

① 구본신참을 개혁 원칙으로 내세웠다.
② 한성 조약이 체결되는 계기가 되었다.
③ 외규장각 도서가 약탈당하는 결과를 가져왔다.
④ 사태 수습을 위해 박규수가 안핵사로 파견되었다.

키워드로 개념 다지기

다음 키워드를 보고 ⭐ 에 알맞은 글자를 쓰시오.

❶ 1880년에 설치, 개화 정책 총괄 ····· ⭐⭐⭐⭐ 아문

❷ 구식 군인들의 봉기, 청군의 개입으로 진압됨, 청의 내정 간섭을 가져옴, 제물포 조약 체결 ············· ⭐⭐ 군란

❸ 김옥균 등 급진 개화파가 일으킴, 우정총국 개국 축하연에서 발생, 청군의 개입으로 3일 만에 실패, 한성 조약 체결 ····· ⭐⭐ 정변

정답 ❶ 통리기무 ❷ 임오 ❸ 갑신

---

3. 동학 농민 운동과 갑오·을미개혁

296

| 기본 57회 33번

(가) 운동에 대한 탐구 활동으로 가장 적절한 것은? [2점]

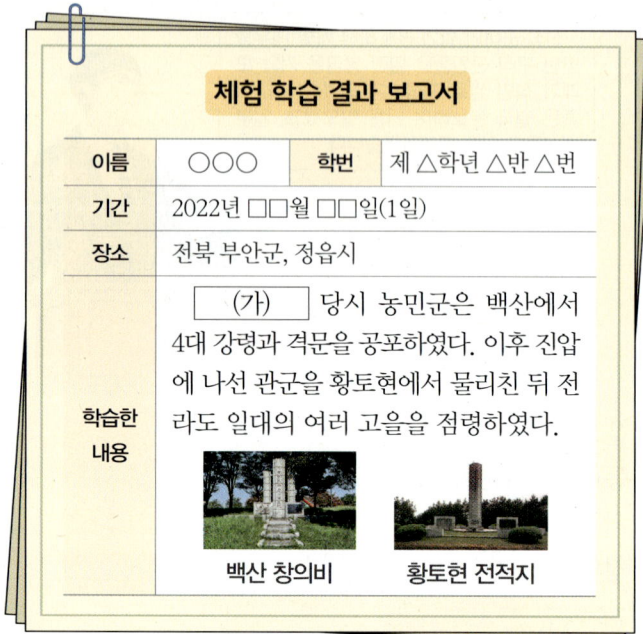

체험 학습 결과 보고서

이름	○○○	학번	제 △학년 △반 △번
기간	2022년 □□월 □□일(1일)		
장소	전북 부안군, 정읍시		

학습한 내용: [(가)] 당시 농민군은 백산에서 4대 강령과 격문을 공포하였다. 이후 진압에 나선 관군을 황토현에서 물리친 뒤 전라도 일대의 여러 고을을 점령하였다.

백산 창의비   황토현 전적지

① 삼전도비의 건립 배경을 조사한다.
② 산미 증식 계획의 실상을 파악한다.
③ 나선 정벌군의 이동 경로를 알아본다.
④ 전주 화약이 체결되는 과정을 살펴본다.

297

| 기본 51회 31번

다음 가상 편지의 (가)에 들어갈 기구로 옳은 것은? [2점]

사랑하는 딸에게

아빠는 농민군의 일원으로 나라와 백성을 구하기 위해 싸우고 있단다. 전주에서 정부와 화해하고 우리가 [(가)]을/를 설치하여 탐관오리를 처벌하는 등의 활동을 할 때에는 새로운 세상이 머지않아 보였어. 그런데 일본이 군대를 동원하여 궁궐을 점령하고 조정을 압박하니 농민군이 다시 나서게 되었지. 우리의 무기는 비록 변변치 못하지만 전봉준 장군을 중심으로 단결하여 기세는 하늘을 찌르고 있단다.

네 모습이 무척 그립구나. 아빠가 곧 집으로 돌아갈 터이니 엄마 말씀 잘 듣고 건강히 지내렴.

아빠가

① 기기창
② 집강소
③ 도평의사사
④ 통리기무아문

298

기본 52회 34번

다음 사건에 대한 설명으로 옳은 것은? [2점]

백산 집결 → 황룡촌 전투

전주성 점령 → 우금치 전투

① 외규장각 도서가 약탈되었다.
② 집강소를 설치하여 폐정 개혁을 추진하였다.
③ 홍의 장군 곽재우가 의병장으로 활약하였다.
④ 서북인에 대한 차별이 원인이 되어 일어났다.

299

기본 66회 37번

다음 시나리오의 상황 이후에 전개된 사실로 옳은 것은? [2점]

S#17. 전주성 안 선화당

농민군 대장 전봉준과 전라감사 김학진이 대화를 나누고 있다.

김학진 : 일본군이 궁궐을 점령하여 국가에 큰 위기가 닥쳤소.

전봉준 : 청군과 일본군이 들어와 있는 상황에서 이런 일이 생기다니 참으로 큰일입니다.

① 동학을 창시한 최제우가 처형되었다.
② 동학 농민군이 우금치 전투에서 패하였다.
③ 교조 신원을 요구하는 삼례 집회가 열렸다.
④ 조병갑의 탐학에 맞서 고부 농민 봉기가 일어났다.

300

기본 63회 33번

(가)에 들어갈 기구로 옳은 것은? [2점]

노비 제도가 폐지되었다는 소식 들었는가?

들었네. (가) 에서 과거 제도를 없애고 연좌제를 폐지하는 개혁 안건도 통과시켰다더군.

① 비변사　　　　② 원수부
③ 홍문관　　　　④ 군국기무처

301

기본 55회 31번

밑줄 그은 '개혁'의 내용으로 옳지 않은 것은? [3점]

역사 용어 카드

군국기무처

1894년 6월 의정부 산하에 설치되어 개혁을 추진하였던 정책 의결 기구이다. 총재는 영의정 김홍집이 겸임하였다. 약 3개월 동안 신분제 폐지, 조혼 금지 등 약 210건의 안건을 심의하고 통과시켰다.

① 지계를 발급하였다.
② 과거제를 폐지하였다.
③ 도량형을 통일하였다.
④ 연좌제를 금지하였다.

302

| 기본 49회 30번

(가) 시기에 있었던 사실로 옳은 것은? [2점]

① 당백전이 발행되었다.
② 동시전이 설치되었다.
③ 속대전이 편찬되었다.
④ 태양력이 채택되었다.

정답과 해설 153~156쪽

4 독립 협회와 대한 제국

303

| 기본 63회 35번

다음 가상 뉴스가 보도된 이후에 전개된 사실로 옳은 것은? [2점]

① 외규장각 도서가 약탈되었다.
② 김윤식이 영선사로 파견되었다.
③ 제너럴 셔먼호 사건이 발생하였다.
④ 고종이 러시아 공사관으로 피신하였다.

304

| 기본 61회 33번

(가)에 들어갈 단체로 옳은 것은? [1점]

① 신민회
② 독립 협회
③ 대한 자강회
④ 조선어 학회

키워드로 개념 다지기

다음 키워드를 보고 ⭐ 에 알맞은 글자를 쓰시오.

❶ 전봉준, 보국안민 주장, 황토현 전투, 황룡촌 전투, 우금치 전투 ·············· ⭐⭐ 농민 운동

❷ 전주성 점령 후 동학 농민군과 조선 정부가 체결 ·············· 전주 ⭐⭐

❸ 전주 화약 체결 후 설치됨, 폐정 개혁 추진 ······ ⭐⭐소

❹ 과거제와 신분제 폐지, 도량형 통일, 연좌제 금지, 조혼 금지, 과부의 재가 허용 ·············· ⭐⭐개혁

❺ 단발령 시행, 태양력 채택 ·············· ⭐⭐개혁

정답 ❶ 동학 ❷ 화약 ❸ 집강 ❹ 갑오 ❺ 을미

305

(가)에 들어갈 단체의 활동으로 옳은 것은?　　[2점]

오늘 신문에 ㅤ(가)ㅤ이/가 종로에서 만민 공동회를 열어 러시아 군사 교관 철수를 요구했다는 기사가 실렸네.

지난 기사에는 러시아의 절영도 조차 요구를 반대했다는 내용이 실렸었지요.

① 태극 서관을 운영하였다.
② 독립문 건립을 주도하였다.
③ 고종 강제 퇴위를 반대하였다.
④ 국채 보상 운동을 지원하였다.

306

(가) 단체의 활동으로 옳은 것은?　　[2점]

우리 대조선국이 독립국이 되어 세계 여러 나라와 어깨를 나란히 하니, 우리 동포 이천만이 오늘날 맞이한 행복이다. 여러 사람의 의견으로 ㅤ(가)ㅤ을/를 조직하여 옛 영은문 자리에 독립문을 새로 세우고, 옛 모화관을 고쳐 독립관이라 하고자 한다. 이는 지난날의 치욕을 씻고 후손들에게 본보기를 보여 주고자 함이다.

① 형평 운동을 전개하였다.
② 만민 공동회를 개최하였다.
③ 한국 광복군을 창설하였다.
④ 한글 맞춤법 통일안을 제정하였다.

307

다음 사건 이후에 일어난 사실로 옳은 것은?　　[2점]

역사신문

제△△호　　　　　　　　　○○○○년 ○○월 ○○일

국왕, 경복궁을 떠나다

　2월 11일 국왕과 세자가 비밀리에 러시아 공사관으로 거처를 옮겼다. 일본군 감시가 허술한 틈을 타 궁녀의 가마를 타고 경복궁을 나왔는데, 공사관에 도착한 때는 대략 오전 7시 30분이었다.

① 훈련도감이 설치되었다.
② 청에 영선사가 파견되었다.
③ 외규장각 도서가 약탈되었다.
④ 대한 제국 수립이 선포되었다.

308

(가) 시기에 시행된 정책으로 옳은 것은?　　[2점]

역사 탐방 사전 학습지

이름	○○○	학번	△학년 △반 △△번
장소	서울 덕수궁		

왜 가고 싶나요?

　고종은 국가의 위상을 높이기 위해 황제에 오르고 ㅤ(가)ㅤ의 수립을 대내외에 선포하였습니다. 이 시기에 고종이 머물렀던 덕수궁에서 그 흔적을 찾아보고 싶습니다.

관련 자료를 찾아볼까요?

덕수궁 중화전

덕수궁 정관헌

① 지계가 발급되었다.
② 척화비가 건립되었다.
③ 홍범 14조가 반포되었다.
④ 치안 유지법이 제정되었다.

309

| 기본 60회 30번

(가) 시기에 있었던 사실로 옳은 것은? [2점]

여기는 환구단의 일부인 황궁우야.

고종은 환구단에서 황제 즉위식을 거행하고, 경운궁에서 새로운 국호인 [(가)]을/를 선포하였지.

① 당백전을 발행하였다.
② 영선사를 파견하였다.
③ 육영 공원을 설립하였다.
④ 대한국 국제를 제정하였다.

정답과 해설 156~160쪽

5 국권 피탈 과정

310

| 초급 46회 29번

(가)에 들어갈 내용으로 옳은 것은? [2점]

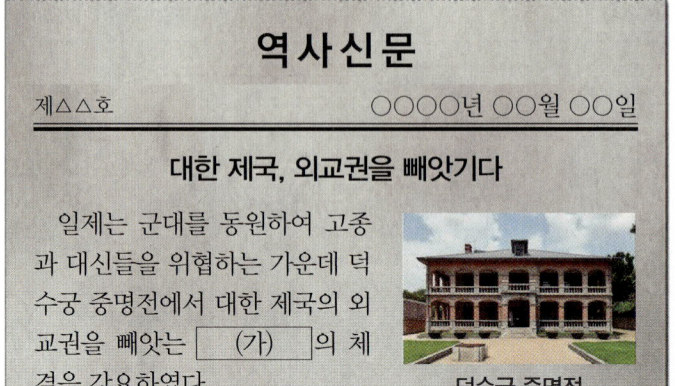

역사 신문

제△△호   ○○○○년 ○○월 ○○일

대한 제국, 외교권을 빼앗기다

일제는 군대를 동원하여 고종과 대신들을 위협하는 가운데 덕수궁 중명전에서 대한 제국의 외교권을 빼앗는 [(가)]의 체결을 강요하였다.

덕수궁 중명전

① 을사늑약   ② 간도 협약
③ 강화도 조약   ④ 제물포 조약

311

| 기본 47회 35번

(가) 조약의 내용으로 옳은 것은? [2점]

우리와 함께 일제에 맞선 외국인

호머 헐버트

호머 헐버트는 육영 공원의 교사로 초빙되어 우리나라와 처음 인연을 맺었다. 그는 1905년 일제에 의해 [(가)]이/가 강제로 체결되자, 그 부당성을 알리기 위해 파견된 헤이그 특사의 활동을 지원하였다.

① 외교권 박탈
② 천주교 포교 허용
③ 화폐 정리 사업 실시
④ 대한 제국 군대 해산

312

기본 51회 34번

밑줄 그은 '새 조약'에 대한 설명으로 옳은 것은? [2점]

나인영은 진술하기를 "광무 9년 11월에 우리 대한 제국의 외교권을 일본에 넘겨준 새 조약은 일본의 강제에 따른 것으로 황제 폐하가 윤허하지 않았고, 참정대신이 동의하지도 않았습니다. 슬프게도 5적 이지용, 이근택, 박제순 등이 제멋대로 가(可)하다고 쓰고 속여 2천만 민족을 노예로 내몰았습니다."라고 하였다.

① 운요호 사건을 계기로 체결되었다.
② 최혜국 대우를 처음으로 규정하였다.
③ 통감부가 설치되는 결과를 가져왔다.
④ 외국과 맺은 최초의 근대적 조약이었다.

313

초급 43회 29번

다음 특사단이 파견된 배경으로 옳은 것은? [3점]

1907년 6월
헤이그 만국 평화 회의장 앞

우리는 대한 제국의 특사단입니다.

우리를 회의에 참석하게 해주시오!

① 간도 협약이 맺어졌다.
② 을사늑약이 체결되었다.
③ 신탁 통치안이 결정되었다.
④ 조선 총독부가 설치되었다.

314

기본 66회 36번

(가), (나) 사이의 시기에 체결된 조약으로 옳은 것은? [2점]

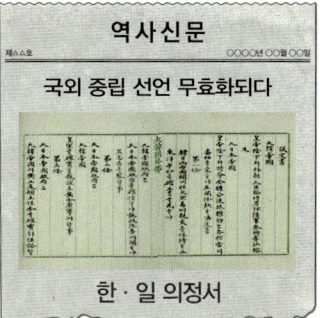

(가)
역사신문
국외 중립 선언 무효화되다
한·일 의정서

(나)
역사신문
일제가 국권을 강탈하다
한·일 병합 조약

① 톈진 조약
② 정미7조약
③ 제물포 조약
④ 시모노세키 조약

315

기본 49회 31번

(가)~(다)를 일어난 순서대로 옳게 나열한 것은? [3점]

(가)
역사신문
박승환 대대장, 군대 해산에 항의하며 순국하다

(나)
역사신문
헤이그 특사, 을사늑약의 부당성을 폭로하다

(다)
역사신문
고종, 일본에 의해 강제 퇴위되다

① (가) – (나) – (다)
② (가) – (다) – (나)
③ (나) – (다) – (가)
④ (다) – (가) – (나)

316

기본 67회 30번

(가)에 들어갈 인물로 옳은 것은? [1점]

(앞면)

(가)

- 평민 출신 의병장으로 알려짐
- 을미사변이 발생하자 영해에서 의병으로 활동함
- 을사늑약이 체결되자 울진, 평해 등지에서 일본군에 맞서 싸움
- 뛰어난 전술을 펼쳐 태백산 호랑이라고 불림

(뒷면)

① 신돌석 ② 유인석
③ 최익현 ④ 홍범도

317

기본 50회 30번

교사의 질문에 대한 학생의 답변으로 옳은 것은? [2점]

화면의 사진은 1907년 영국 기자 매켄지가 의병들을 취재하면서 찍은 것입니다. 당시 의병 활동에 대해 말해 볼까요?

① 13도 창의군을 결성하였어요.
② 정부에 헌의 6조를 건의하였어요.
③ 백산에 집결하여 4대 강령을 발표하였어요.
④ 곽재우, 고경명 등이 의병장으로 활약하였어요.

318

기본 61회 36번

밑줄 그은 '이 부대'에 대한 설명으로 옳은 것은? [2점]

> ○○에게
>
> 이보게, 나는 마침내 의병에 합류하였네.
> 황제 폐하께서 강제로 그 자리에서 내려오셔야 했던 사건은 여전히 울분을 참을 수 없게 만드네. 일제가 끝내 우리 군대를 강제로 해산시키는 과정에서 동료들의 죽음을 보며 가만히 있을 수 없었네. 나는 13도의 의병이 모여 조직되고 이인영 총대장이 지휘하는 이 부대에 가담하여 끝까지 나라를 지키려고 하네.
> 자네도 우리와 뜻을 같이하면 좋겠네.
>
> 옛 동료가

① 서울 진공 작전을 전개하였다.
② 일제의 탄압을 피해 자유시로 이동하였다.
③ 어재연의 지휘 아래 광성보에서 활약하였다.
④ 황푸 군관 학교에서 군사 훈련을 실시하였다.

키워드로 개념 다지기

다음 키워드를 보고 ★에 알맞은 글자를 쓰시오.

❶ 덕수궁 중명전에서 체결, 외교권 박탈, 통감부 설치
　　　　　　　　　　　　　　　　　★★늑약

❷ 이상설·이준·이위종으로 구성, 네덜란드 만국 평화 회의 참석에 노력, 을사늑약 체결의 불법성 폭로
　　　　　　　　　　　　　　　　　★★★특사

❸ 을사늑약에 반대, 최익현, 신돌석
　　　　　　　　　　　　　　　　　★★의병

❹ 고종 강제 퇴위와 군대 해산에 반대, 13도 의병 연합 부대 (13도 창의군) 결성, 서울 진공 작전 추진
　　　　　　　　　　　　　　　　　★★의병

정답 ❶ 을사 ❷ 헤이그 ❸ 을사 ❹ 정미

6 국권 수호 운동

319

초급 42회 26번

(가)에 해당하는 인물로 옳은 것은? [3점]

이달의 독립운동가

(가)

일제의 침략에 협력한 스티븐스를
미국 샌프란시스코에서 처단하다

① 김원봉 ② 안창호
③ 윤봉길 ④ 장인환

320

초급 43회 34번

밑줄 그은 '나'에 해당하는 인물로 옳은 것은? [2점]

이토 히로부미를 저격한
이유는 무엇인가?

나는 대한 의군 참모 중장 자격으로
이토 히로부미가 동양의 평화를 어지
럽혔기에 사살하였다.

① 김상옥 ② 김원봉
③ 안중근 ④ 윤봉길

321

기본 64회 30번

밑줄 그은 '나'에 대한 설명으로 옳은 것은? [2점]

나는 대한 제국의 주권을 침탈한 이토
히로부미를 대한의군 참모중장 자격으로
하얼빈역에서 처단하였습니다.

디지털
복원으로
만나는
독립운동가

獨立

① 중광단을 결성하였다.
② 독립 의군부를 조직하였다.
③ 동양 평화론을 집필하였다.
④ 시일야방성대곡을 발표하였다.

322

초급 38회 34번

(가)에 들어갈 민족 운동으로 옳은 것은? [2점]

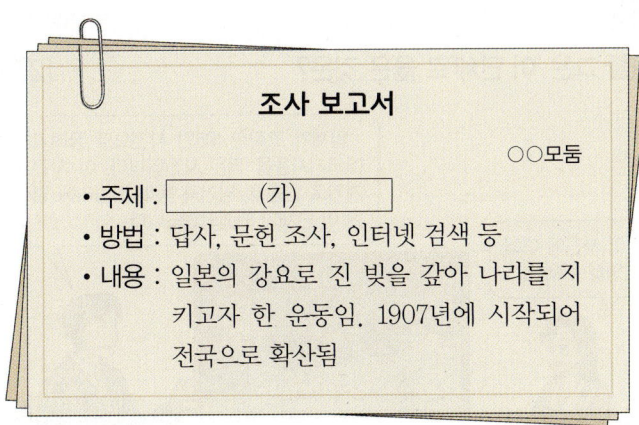

조사 보고서

○○모둠

• 주제 : (가)
• 방법 : 답사, 문헌 조사, 인터넷 검색 등
• 내용 : 일본의 강요로 진 빚을 갚아 나라를 지
키고자 한 운동임. 1907년에 시작되어
전국으로 확산됨

① 국채 보상 운동
② 문자 보급 운동
③ 6 · 10 만세 운동
④ 민립 대학 설립 운동

VI
개항기

323

기본 60회 35번

밑줄 그은 '이 운동'에 대한 설명으로 옳은 것은? [2점]

여기가 국채 보상 기성회에서 모금하고 있는 곳이군요.

저는 이 운동에 참여하려고 비녀를 팔았어요.

저는 담배를 끊어 성금을 마련했어요.

① 만민 공동회를 개최하였다.
② 대한매일신보 등 언론의 지원을 받았다.
③ 조선 사람 조선 것이라는 구호를 내세웠다.
④ 백정에 대한 사회적 차별 철폐를 주장하였다.

325

기본 50회 31번

(가) 단체의 활동으로 옳은 것은? [2점]

(가) , 애국 계몽 운동을 펼치다

안창호

안창호, 양기탁 등이 중심이 되어 조직한 비밀 결사로, 국권 회복과 공화 정체의 근대 국가 건설을 목표로 하였다.

이를 위해 국내에서는 교육 진흥, 국민 계몽, 산업 진흥을 강조하였다. 국외에서는 독립운동 기지 건설을 통한 군사적 실력 양성을 꾀하였다.

일제가 날조한 105인 사건으로 국내 조직이 해산되었다.

① 독립신문을 창간하였다.
② 한성 사범 학교를 설립하였다.
③ 태극 서관, 자기 회사를 운영하였다.
④ 일본의 황무지 개간권 요구를 저지하였다.

324

기본 55회 33번

밑줄 그은 '이 단체'로 옳은 것은? [2점]

이 사진에 대해 설명해 주세요.

일제가 조작한 105인 사건으로 끌려가는 애국지사들을 찍은 사진입니다. 이 사건을 계기로 안창호, 양기탁 등이 비밀리에 결성한 이 단체가 와해되었습니다.

① 보안회　　　　② 신민회
③ 대한 자강회　　④ 헌정 연구회

키워드로 개념 다지기

다음 키워드를 보고 ★ 에 알맞은 글자를 쓰시오.

❶ 샌프란시스코에서 스티븐스 처단
　　　　　　　　　　장 ★ ★ , 전 ★ ★

❷ 만주 하얼빈역에서 이토 히로부미 저격, "동양 평화론" 집필
　　　　　　　　　　안 ★ ★

❸ 김광제, 서상돈, 대구에서 시작, 대한매일신보 등 언론의 지원을 받음 ★ ★ 보상 운동

❹ 안창호, 양기탁, 비밀 결사, 오산 학교와 대성 학교 설립, 태극 서관과 자기 회사 운영, 105인 사건으로 해체
　　　　　　　　　　★ ★ 회

정답 ❶ 인환, 명운 ❷ 중근 ❸ 국채 ❹ 신민

7 근대 문물의 수용

326

(가)에 들어갈 근대 교육 기관으로 옳은 것은? [2점]

1886년 신입생 모집

영재들이여
신학문을 가르치는 공립 학교
(가) 으로 오라!

1. 선발 인원 : 35명
2. 지원 자격
   – 좌원 : 7품 이하 젊은 현직 관리
   – 우원 : 15~20세의 양반 자제
3. 교과목 : 영어, 수학, 자연 과학 등
4. 교사 : 헐버트, 길모어, 벙커 등

① 서전서숙   ② 배재 학당
③ 육영 공원   ④ 이화 학당

327

밑줄 그은 '학교'로 옳은 것은? [2점]

이것은 1886년에 선교사 스크랜턴이 여성의 신학문 교육을 위해 세운 학교 사진이야. 최초의 여의사 박에스더, 3·1 운동으로 순국한 유관순 등이 이 학교에서 공부했지.

할머니, 이 사진은 무엇인가요?

① 배재 학당   ② 오산 학교
③ 육영 공원   ④ 이화 학당

328

(가)에 들어갈 문화유산으로 옳은 것은? [2점]

답사 계획서

- 주제 : 근대 역사의 현장을 찾아서
- 날짜 : 2021년 ○○월 ○○일
- 답사 장소

사진	설명
우정총국	근대 우편 제도를 시행하기 위해 세워진 것으로, 개국 축하연 때 갑신정변이 발생하였다.
구 러시아 공사관	을미사변 이후 고종이 피신한 곳으로 약 1년 동안 머물렀다. 지금은 건물의 일부만 남아 있다.
(가)	고종의 접견실 등으로 사용하기 위해 지어진 것으로, 당시 건축된 서양식 건물 중 규모가 가장 크다.

①
황궁우

②
명동 성당

③
운현궁 양관

④
덕수궁 석조전

VI 개항기

329

| 기본 55회 28번

밑줄 그은 '신문'으로 옳은 것은? [2점]

이번에 박문국에서 발행한 신문입니다.

순 한문으로 열흘에 한 번씩 나온다지.

외국 소식도 폭넓게 소개하고 있습니다.

① 만세보　　　　　② 한성순보
③ 황성신문　　　　④ 대한매일신보

330

| 기본 47회 34번

(가)에 해당하는 신문으로 옳은 것은? [1점]

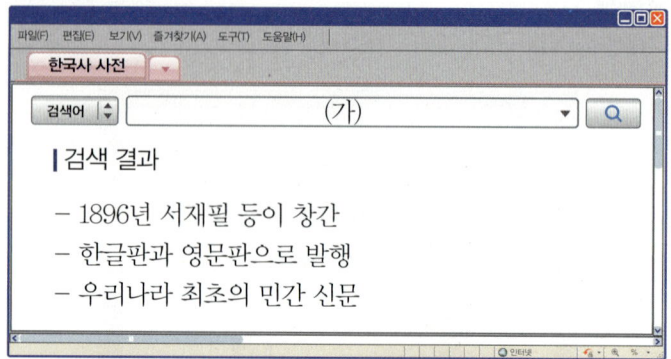

한국사 사전

검색어　(가)

검색 결과

- 1896년 서재필 등이 창간
- 한글판과 영문판으로 발행
- 우리나라 최초의 민간 신문

①

독립신문

② 제국신문

③

해조신문

④

대한매일신보

331

(가)에 해당하는 신문으로 옳은 것은? [1점]

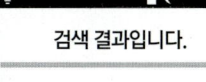

(가) 에 대해 검색해 줘.

검색 결과입니다.

서재필이 중심이 되어 창간한 신문입니다. 민중 계몽을 위해 순 한글로 발행하였으며, 외국인을 위해 영문판도 함께 제작하였습니다.

①
독립신문

②
제국신문

③
해조신문

④
대한매일신보

332

(가)에 해당하는 신문으로 옳은 것은? [1점]

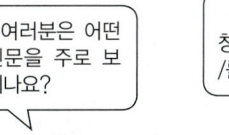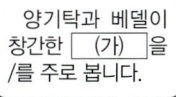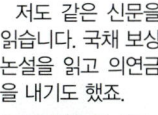

여러분은 어떤 신문을 주로 보시나요?

양기탁과 베델이 창간한 (가) 을/를 주로 봅니다.

저도 같은 신문을 읽습니다. 국채 보상 논설을 읽고 의연금을 내기도 했죠.

①
만세보

②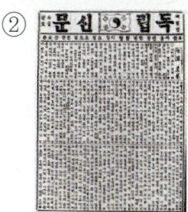
독립신문

③
해조신문

④
대한매일신보

키워드로 개념 다지기

다음 키워드를 보고 ⭐ 에 알맞은 글자를 쓰시오.

❶ 근대식 관립 학교, 젊은 현직 관리와 양반 자제 교육, 헐버트 등을 교사로 초빙 ⭐⭐ 공원

❷ 우리나라 최초의 근대 신문, 박문국에서 발행, 열흘에 한 번 발행 ⭐⭐ 순보

❸ 서재필 등이 창간, 우리나라 최초의 민간 신문, 순 한글 신문, 영문판도 발행 ⭐⭐ 신문

❹ 양기탁과 영국인 베델이 창간, 국채 보상 운동 지원 ⭐⭐⭐⭐ 신보

정답 ❶ 육영 ❷ 한성 ❸ 독립 ❹ 대한매일

VII 일제 강점기

한국사능력검정시험 기본

최근 4회차 단원별 출제 비중

● 선사 ● 고대 ● 고려 ● 조선1 ● 조선2 ● 개항기 **일제 강점기** ● 현대

제69회
- 시대 통합 2문항
- 세시 풍속 1문항

2, 8, 6, 8, 5, 6, 7, 5

대한 광복회, 일제 강점기 독립군의 활동, 대한민국 임시 정부의 활동, 산미 증식 계획, 광주 학생 항일 운동, 1930년대 후반 이후 일제 식민 정책, 브나로드 운동

제67회
- 시대 통합 3문항
- 세시 풍속 1문항

2, 8, 7, 4, 7, 5, 6, 7

1910년대 일제의 식민 지배 정책, 3·1 운동, 물산 장려 운동, 신채호의 활동, 윤봉길의 활동, 1940년대의 사실

제66회
- 시대 통합 2문항
- 세시 풍속 1문항

2, 8, 6, 7, 5, 10, 4, 5

6·10 만세 운동, 1910년대 일제의 식민 지배 정책, 대한민국 임시 정부의 활동, 조선 의용대

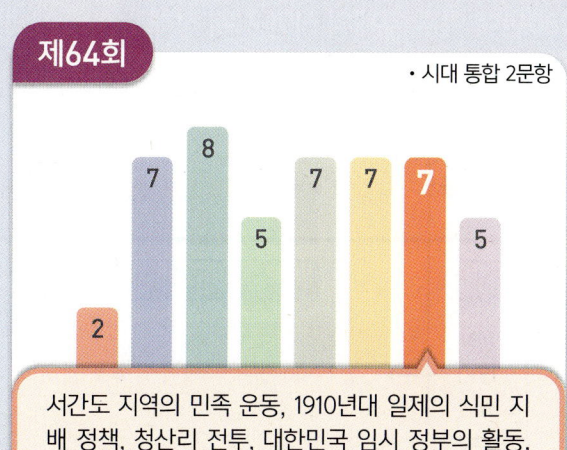

제64회
- 시대 통합 2문항

2, 7, 5, 8, 7, 7, 7, 5

서간도 지역의 민족 운동, 1910년대 일제의 식민 지배 정책, 청산리 전투, 대한민국 임시 정부의 활동, 이봉창의 활동, 1930년대 후반 이후의 모습, 근우회

〈큰별쌤과 재미있게 공부하는 초등 한국사능력검정시험〉 교재에 있는 판서입니다.
★을 채우면서 핵심 개념을 한 번 더 확인해 보세요.

1 • 1910~1920년대 일제의 식민 지배 정책
> 172~173쪽

자세한 개념 정리는 〈큰별쌤과 재미있게 공부하는 초등 한국사능력검정시험〉에 있어요.

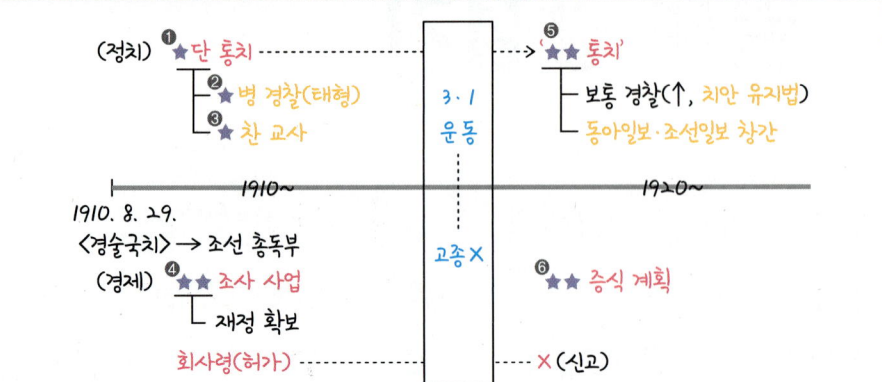

빈출 키워드 한 문장

★ 일제는 최고 식민 통치 기구로 **조선 총독부**를 설치하였다.

★ 1910년대 일제는 **헌병 경찰제**를 실시하였다.

★ 1910년대 일제는 **한국인에게만 적용**하는 **조선 태형령**을 실시하였다.

★ 일제는 식민 통치에 필요한 재정을 얻기 위해 **토지 조사 사업**을 실시하였다.

★ 일제는 1910년에 회사령을 제정하여 회사를 설립할 때 **조선 총독의 허가**를 받도록 하였다.

★ 3·1 운동을 계기로 일제는 이른바 **문화 통치**를 실시하였다.

★ 1920년대에 일제는 자국의 부족한 쌀을 한국에서 가져가기 위해 **산미 증식 계획**을 실시하였다.

정답 ❶ 무 ❷ 헌 ❸ 칼 ❹ 토지 ❺ 문화 ❻ 산미

2 • 1930년대 이후 일제의 식민 지배 정책
> 174~175쪽

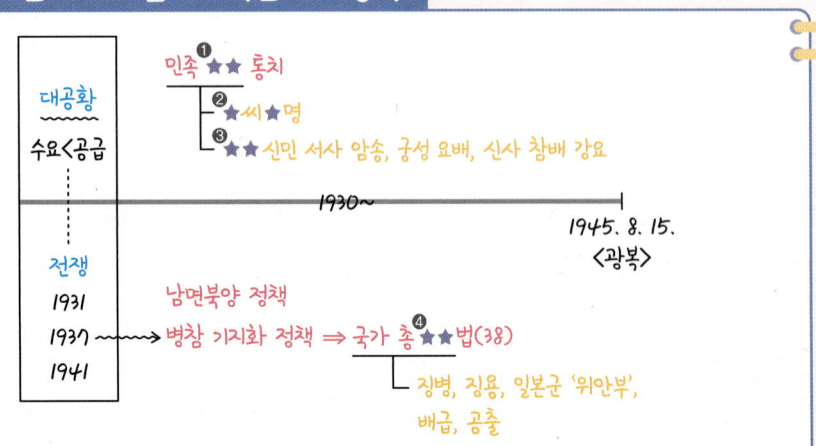

빈출 키워드 한 문장

★ 1930년대 이후 일제는 **민족 말살 통치**를 실시하여 **신사 참배, 황국 신민 서사 암송, 창씨개명** 등을 강요하였다.

★ 일제는 1938년에 **국가 총동원법**을 제정하여 전쟁 수행에 필요한 자원을 본격적으로 수탈하였다.

★ 일제는 **공출** 제도를 실시하여 전쟁에 필요한 물자와 식량을 강제로 빼앗아 갔다.

★ 일제는 **징병제**를 실시하여 한국 젊은이들을 침략 전쟁에 강제 동원하였다.

정답 ❶ 말살 ❷ 창, 개 ❸ 황국 ❹ 동원

3 · 1910년대 항일 운동

180~181쪽

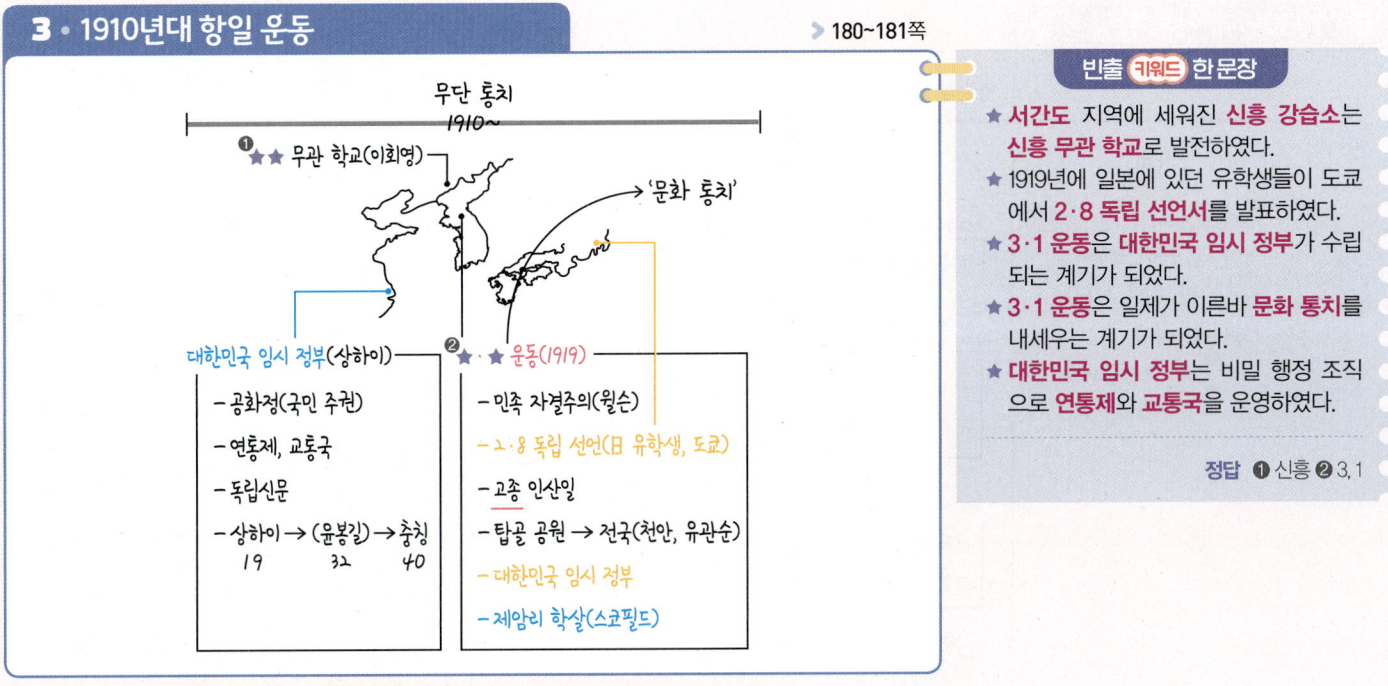

무단 통치
1910~

❶ ★★ 무관 학교(이회영)

'문화 통치'

대한민국 임시 정부(상하이)
- 공화정(국민 주권)
- 연통제, 교통국
- 독립신문
- 상하이 → (윤봉길) → 충칭
   19   32   40

❷ ★★ 운동(1919)
- 민족 자결주의(윌슨)
- 2·8 독립 선언(日 유학생, 도쿄)
- 고종 인산일
- 탑골 공원 → 전국(천안, 유관순)
- 대한민국 임시 정부
- 제암리 학살(스코필드)

빈출 키워드 한문장

★ **서간도** 지역에 세워진 **신흥 강습소**는 **신흥 무관 학교**로 발전하였다.

★ 1919년에 일본에 있던 유학생들이 도쿄에서 **2·8 독립 선언서**를 발표하였다.

★ **3·1 운동**은 **대한민국 임시 정부**가 수립되는 계기가 되었다.

★ **3·1 운동**은 일제가 이른바 **문화 통치**를 내세우는 계기가 되었다.

★ **대한민국 임시 정부**는 비밀 행정 조직으로 **연통제**와 **교통국**을 운영하였다.

정답 ❶ 신흥 ❷ 3, 1

4 · 1920년대 항일 운동

182~183쪽

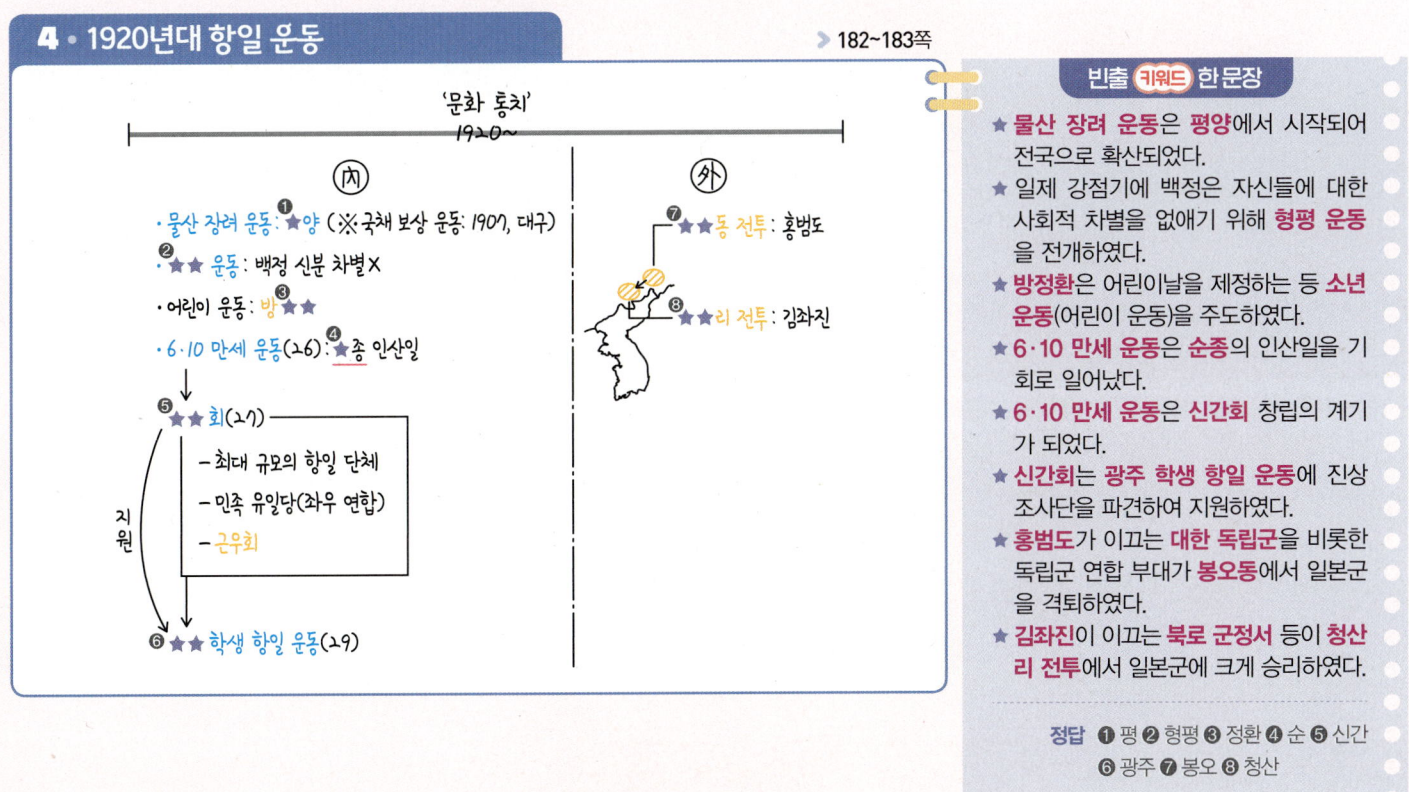

'문화 통치'
1920~

內

· 물산 장려 운동 ❶ ★양 (※ 국채 보상 운동: 1907, 대구)
· ❷ ★★ 운동: 백정 신분 차별X
· 어린이 운동: 방 ★★
· 6·10 만세 운동(26) ❹ ★종 인산일
   ↓
❺ ★★ 회(27)
- 최대 규모의 항일 단체
- 민족 유일당(좌우 연합)
- 근우회
지원
   ↓
❻ ★★ 학생 항일 운동(29)

外

❼ ★★동 전투: 홍범도

❽ ★★리 전투: 김좌진

빈출 키워드 한문장

★ **물산 장려 운동**은 **평양**에서 시작되어 전국으로 확산되었다.

★ 일제 강점기에 백정은 자신들에 대한 사회적 차별을 없애기 위해 **형평 운동**을 전개하였다.

★ **방정환**은 어린이날을 제정하는 등 **소년 운동**(어린이 운동)을 주도하였다.

★ **6·10 만세 운동**은 **순종**의 인산일을 기회로 일어났다.

★ **6·10 만세 운동**은 **신간회** 창립의 계기가 되었다.

★ **신간회**는 **광주 학생 항일 운동**에 진상 조사단을 파견하여 지원하였다.

★ **홍범도**가 이끄는 **대한 독립군**을 비롯한 독립군 연합 부대가 **봉오동**에서 일본군을 격퇴하였다.

★ **김좌진**이 이끄는 북로 군정서 등이 **청산리 전투**에서 일본군에 크게 승리하였다.

정답 ❶ 평 ❷ 형평 ❸ 정환 ❹ 순 ❺ 신간
❻ 광주 ❼ 봉오 ❽ 청산

5 · 1930년대 이후 항일 운동

> 184~185쪽

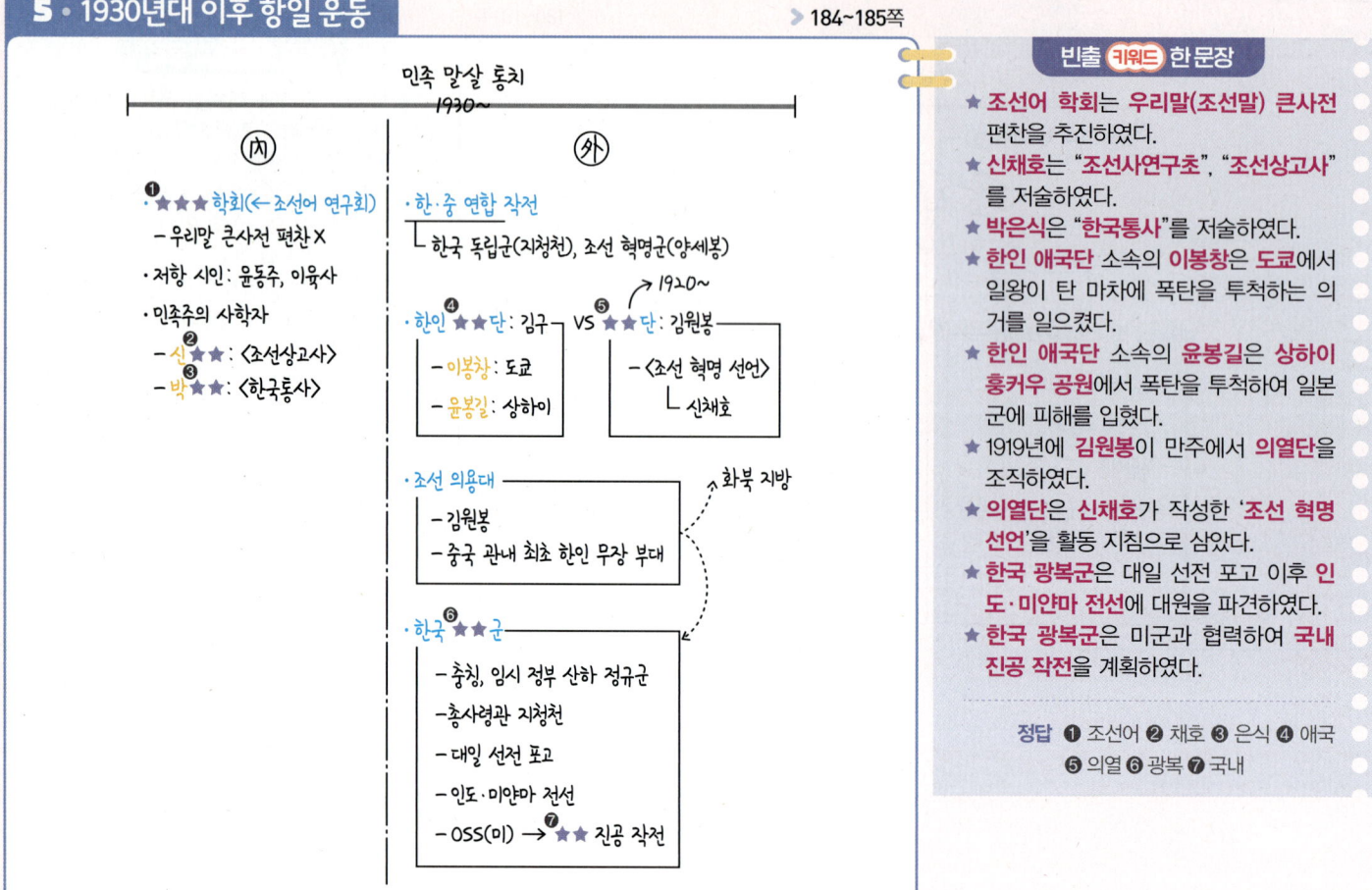

민족 말살 통치
1930~

内

• ❶★★★학회(← 조선어 연구회)
 ─ 우리말 큰사전 편찬 X
• 저항 시인: 윤동주, 이육사
• 민족주의 사학자
 ─ 신❷★★ 〈조선상고사〉
 ─ 박❸★★ 〈한국통사〉

外

• 한·중 연합 작전
 └ 한국 독립군(지청천), 조선 혁명군(양세봉)

• 한인 ❹★★단: 김구 VS ❺★★단: 김원봉 → 1920~
  ─ 이봉창: 도쿄   ─ 〈조선 혁명 선언〉
  ─ 윤봉길: 상하이   └ 신채호

• 조선 의용대 ·····→ 화북 지방
  ─ 김원봉
  ─ 중국 관내 최초 한인 무장 부대

• 한국 ❻★★군
  ─ 충칭, 임시 정부 산하 정규군
  ─ 총사령관 지청천
  ─ 대일 선전 포고
  ─ 인도·미얀마 전선
  ─ OSS(미) → ❼★★ 진공 작전

빈출 키워드 한 문장

★ **조선어 학회**는 우리말(조선말) 큰사전 편찬을 추진하였다.
★ **신채호**는 "**조선사연구초**", "**조선상고사**"를 저술하였다.
★ **박은식**은 "**한국통사**"를 저술하였다.
★ **한인 애국단** 소속의 **이봉창**은 **도쿄**에서 일왕이 탄 마차에 폭탄을 투척하는 의거를 일으켰다.
★ **한인 애국단** 소속의 **윤봉길**은 **상하이 훙커우 공원**에서 폭탄을 투척하여 일본군에 피해를 입혔다.
★ 1919년에 **김원봉**이 만주에서 **의열단**을 조직하였다.
★ **의열단**은 **신채호**가 작성한 '**조선 혁명 선언**'을 활동 지침으로 삼았다.
★ **한국 광복군**은 대일 선전 포고 이후 **인도·미얀마 전선**에 대원을 파견하였다.
★ **한국 광복군**은 미군과 협력하여 **국내 진공 작전**을 계획하였다.

정답 ❶ 조선어 ❷ 채호 ❸ 은식 ❹ 애국 ❺ 의열 ❻ 광복 ❼ 국내

정답과 해설 168~171쪽

1 1910~1920년대 일제의 식민 지배 정책

333
| 기본 55회 37번

(가)에 들어갈 기구로 옳은 것은? [1점]

저는 지금 일제 식민 통치의 최고 기구였던 (가) 청사 철거 현장에 나와 있습니다. 정부는 광복 50주년을 맞아 '역사 바로 세우기' 사업의 일환으로 이번 철거를 진행한다고 밝혔습니다.

① 조선 총독부
② 종로 경찰서
③ 서대문 형무소
④ 동양 척식 주식회사

335
| 기본 52회 41번

(가)에 들어갈 사진으로 옳은 것은? [2점]

사진으로 보는 일제 강점기
- 1910년대 -

헌병 경찰 | 칼을 휴대한 교사 | (가)

①
별기군

②
토지 조사 사업

③
산미 증식 계획

④
강제 공출

334
| 기본 67회 34번

밑줄 그은 '이 시기'에 볼 수 있는 모습으로 적절한 것은? [2점]

이 사진을 보면 경무부와 헌병대 간판이 나란히 걸려 있네요.

그렇습니다. 이 시기 일제는 군사 경찰인 헌병이 일반 경찰 업무까지 맡는 헌병 경찰 제도를 실시하였습니다.

① 제복을 입고 칼을 찬 교사
② 한성순보를 발간하는 관리
③ 단발령 시행에 반발하는 유생
④ 경인선 철도 개통식을 구경하는 청년

336
| 기본 64회 32번

다음 공고가 발표된 시기 일제의 정책으로 옳은 것은? [2점]

토지 조사 사무원 생도 모집

조선 총독부에서는 토지 조사 사업을 진행할 사무원 및 기술원 생도를 모집합니다.
■ 모집 인원 : 150명
■ 수업 기간 : 6개월 이내
■ 담당 기관 : 임시 토지 조사국 사무원 양성과

① 농광 회사를 설립하였다.
② 조선 태형령을 시행하였다.
③ 산미 증식 계획을 실시하였다.
④ 화폐 정리 사업을 추진하였다.

337

기본 61회 39번

밑줄 그은 '이 정책'으로 옳은 것은? [2점]

그렇다네. 일제가 1920년부터 실시한 이 정책으로 쌀 생산량이 늘었지만 이보다 더 많은 양의 쌀을 일본으로 가져가 우리의 식량 사정이 더욱 나빠졌다네.

이 많은 쌀을 전부 일본으로 가져간다는 말인가?

① 방곡령　　　　② 신해통공
③ 산미 증식 계획　④ 토지 조사 사업

338

기본 55회 38번

밑줄 그은 '이 정책'으로 옳은 것은? [2점]

이 사진은 일제 강점기 일본으로 반출하기 위해 쌀을 쌓아 놓은 군산항의 모습입니다. 일제는 자국의 식량 문제를 해결하기 위하여 1920년부터 조선에 이 정책을 실시하여 수많은 양의 쌀을 수탈해 갔습니다.

① 회사령　　　　② 농지 개혁법
③ 산미 증식 계획　④ 토지 조사 사업

339

초급 39회 35번

다음 탐구 주제에 대한 모둠별 발표 제목으로 적절하지 않은 것은? [3점]

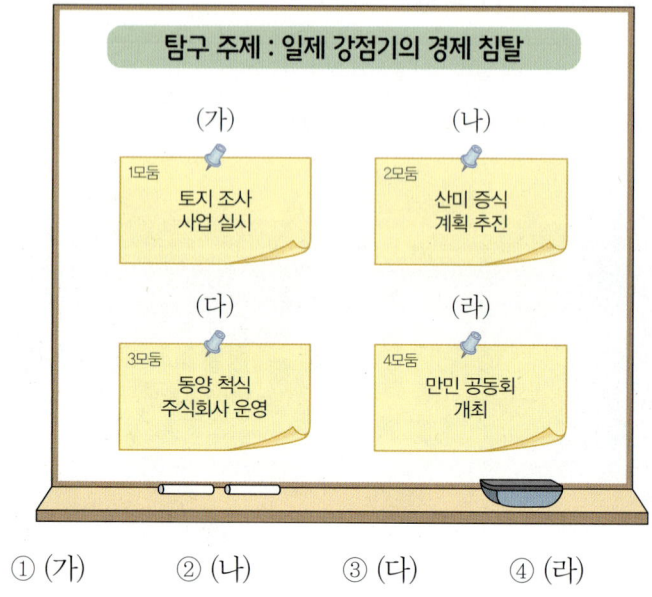

탐구 주제 : 일제 강점기의 경제 침탈

(가)
1모둠
토지 조사 사업 실시

(나)
2모둠
산미 증식 계획 추진

(다)
3모둠
동양 척식 주식회사 운영

(라)
4모둠
만민 공동회 개최

① (가)　② (나)　③ (다)　④ (라)

키워드로 개념 다지기

다음 키워드를 보고 ⭐ 에 알맞은 글자를 쓰시오.

❶ 일제 강점기, 일제 식민 통치의 최고 기구
　　　　　　　　　조선 ⭐ ⭐ 부

❷ 1910년대, 무단 통치, 군인이 경찰 업무 담당
　　　　　　　　　⭐ ⭐ 경찰 제도

❸ 1910년대, 태형, 한국인에게만 적용 ⭐ ⭐ 태형령

❹ 1910년대, 회사를 설립할 때 조선 총독의 허가를 받도록 함
　　　　　　　　　⭐ ⭐ 령

❺ 1910년대, 정해진 기간 내 소유자가 직접 토지를 신고, 일제의 토지 수탈　　토지 ⭐ ⭐ 사업

❻ 일본 내의 식량 부족 문제를 해결하고자 함, 1920년에 시작, 일제의 쌀 수탈 정책 ········· 산미 ⭐ ⭐ 계획

정답 ❶ 총독 ❷ 헌병 ❸ 조선 ❹ 회사 ❺ 조사 ❻ 증식

정답과 해설 171~174쪽

2 1930년대 이후 일제의 식민 지배 정책

340

| 기본 60회 39번

밑줄 그은 '시기'에 볼 수 있는 모습으로 가장 적절한 것은?

[2점]

궁성 요배 표어

중·일 전쟁 이후 침략 전쟁을 확대하던 시기에 아침마다 일왕이 거처하는 곳(궁성)을 향해 절을 하며 경의를 표하도록 강요하기 위해, 친일 단체인 국민 정신 총동원 조선 연맹이 만든 표어

① 태형을 집행하는 헌병 경찰
② 회사령을 공포하는 총독부 관리
③ 황국 신민 서사를 암송하는 학생
④ 암태도 소작 쟁의에 참여하는 농민

341

| 기본 64회 39번

밑줄 그은 '이 시기'에 볼 수 있는 모습으로 적절하지 않은 것은?

[3점]

이것은 일제 강점기 학적부의 일부입니다. 중·일 전쟁 이후 침략 전쟁을 확대하던 이 시기에 일제는 학생들에게도 일본식으로 성명을 바꾸게 하는 창씨개명을 강요하였습니다.

① 공출을 독려하는 애국반 반장
② 황국 신민 서사를 암송하는 학생
③ 국민 징용령에 의해 끌려가는 청년
④ 회사령을 공포하는 조선 총독부 관리

342

| 기본 55회 42번

교사의 질문에 대한 학생의 답변으로 옳은 것은?

[2점]

이것은 중·일 전쟁 발발 이후 일제가 본격적인 전시 체제 구축을 위해 제정한 법령입니다. 이 법령이 시행된 시기에 있었던 사실에 대해 말해 볼까요?

제1조 본 법에서 국가 총동원이란 전시에 국방 목적 달성을 위해 국가의 전력을 가장 유효하게 발휘하도록 인적, 물적 자원을 통제 운용하는 것을 가리킨다.
⋮
제8조 정부는 전시에 국가 총동원상 필요한 경우에는 칙령이 정하는 바에 따라 물자의 생산, 수리, 배급, 양도 기타 처분, 사용, 소비, 소지 및 이동에 관하여 필요한 명령을 할 수 있다.

① 헌병 경찰제가 실시되었어요.
② 경성 제국 대학이 설립되었어요.
③ 국채 보상 운동이 전개되었어요.
④ 황국 신민 서사의 암송이 강요되었어요.

343

| 기본 58회 40번

밑줄 그은 '이 시기'를 연표에서 옳게 고른 것은?

[3점]

황국 신민 서사가 새겨진 이 전시물은 일제의 침략상을 고발하기 위해 쓰러뜨린 채로 '홀대 전시' 중입니다. 일제는 황국 신민 서사 암송을 강요하고 조선어 과목을 폐지하는 등 이 시기에 우리 민족의 정체성을 말살시키려 하였습니다.

1910		1919		1926		1937		1945
	(가)		(나)		(다)		(라)	
국권 피탈		3·1 운동		6·10 만세 운동		중·일 전쟁		광복

① (가)　　② (나)　　③ (다)　　④ (라)

344

│기본 57회 42번

밑줄 그은 '이 시기'에 일제가 추진한 정책으로 옳은 것은?

[3점]

이 인공 동굴은 일제가 공중 폭격에 대비하여 목포 유달산 아래에 만든 방공호입니다. 국가 총동원법이 시행된 이 시기에 일제는 한국인들을 강제 동원하여 이와 같은 군사 시설을 한반도 곳곳에 만들었습니다.

① 회사령을 공포하였다.

② 미곡 공출제를 시행하였다.

③ 치안 유지법을 제정하였다.

④ 헌병 경찰 제도를 실시하였다.

345

│기본 61회 40번

다음 다큐멘터리에서 볼 수 있는 장면으로 적절하지 않은 것은?

[3점]

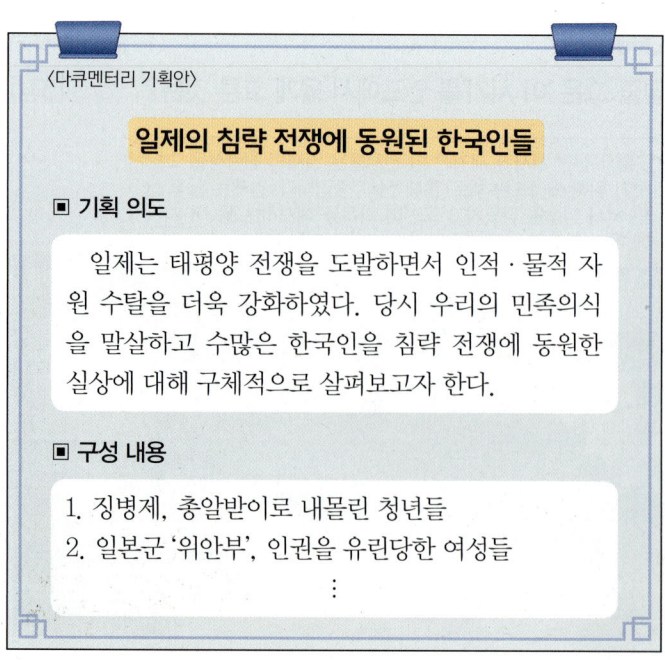

〈다큐멘터리 기획안〉

일제의 침략 전쟁에 동원된 한국인들

◉ 기획 의도

　일제는 태평양 전쟁을 도발하면서 인적 · 물적 자원 수탈을 더욱 강화하였다. 당시 우리의 민족의식을 말살하고 수많은 한국인을 침략 전쟁에 동원한 실상에 대해 구체적으로 살펴보고자 한다.

◉ 구성 내용

1. 징병제, 총알받이로 내몰린 청년들
2. 일본군 '위안부', 인권을 유린당한 여성들
　　　　　：

① 태형을 집행하는 헌병 경찰

② 강제 징용으로 끌려가는 청년

③ 공출로 가마솥을 빼앗기는 농민

④ 황국 신민 서사를 암송하는 학생

346

│기본 50회 33번

(가)~(다)를 일어난 순서대로 옳게 나열한 것은?　　[2점]

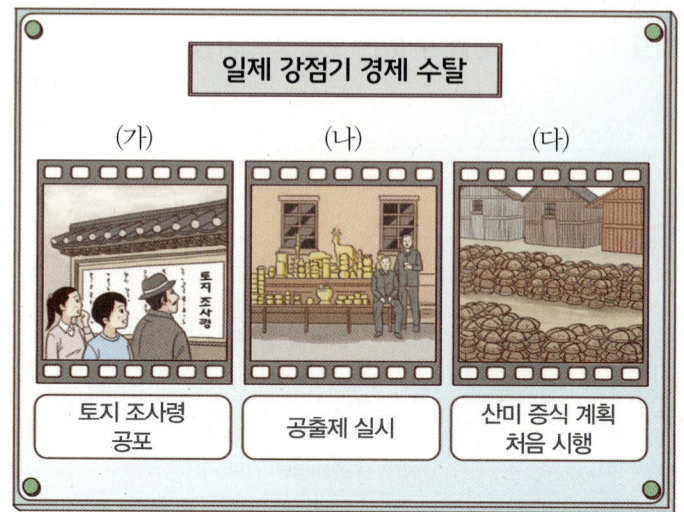

일제 강점기 경제 수탈

(가)	(나)	(다)
토지 조사령 공포	공출제 실시	산미 증식 계획 처음 시행

① (가) – (나) – (다)　　② (가) – (다) – (나)

③ (나) – (가) – (다)　　④ (다) – (나) – (가)

키워드로 개념 다지기

다음 키워드를 보고 ⭐ 에 알맞은 글자를 쓰시오.

❶ 민족 말살 정책, '천황의 신하와 백성임을 맹세'

　　　　　　　　황 ⭐ 신 ⭐ 서사

❷ 일본식 성과 이름으로 바꾸도록 강요 ⋯⋯ ⭐ 씨 ⭐ 명

❸ 징병, 징용, 일본군 '위안부', 식량과 금속 공출의 바탕이 된 법률 ⋯⋯⋯⋯⋯⋯⋯⋯ 국가 ⭐⭐⭐ 법

정답 ❶ 국, 민 ❷ 창, 개 ❸ 총동원

3 1910년대 항일 운동

347

| 기본 60회 37번

(가)에 해당하는 단체로 옳은 것은? [2점]

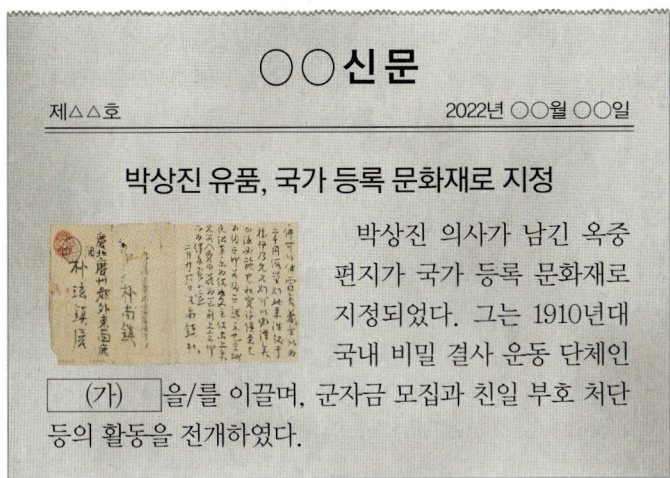

○○신문

제△△호 　　　　　2022년 ○○월 ○○일

박상진 유품, 국가 등록 문화재로 지정

박상진 의사가 남긴 옥중 편지가 국가 등록 문화재로 지정되었다. 그는 1910년대 국내 비밀 결사 운동 단체인 ___(가)___ 을/를 이끌며, 군자금 모집과 친일 부호 처단 등의 활동을 전개하였다.

① 권업회　　　　　② 보안회
③ 참의부　　　　　④ 대한 광복회

348

| 기본 60회 38번

(가)에 들어갈 인물로 옳은 것은? [1점]

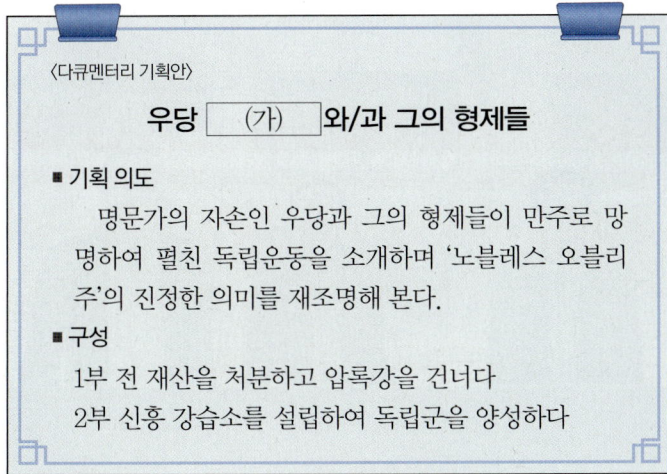

〈다큐멘터리 기획안〉

우당 ___(가)___ 와/과 그의 형제들

■ 기획 의도
　명문가의 자손인 우당과 그의 형제들이 만주로 망명하여 펼친 독립운동을 소개하며 '노블레스 오블리주'의 진정한 의미를 재조명해 본다.
■ 구성
　1부 전 재산을 처분하고 압록강을 건너다
　2부 신흥 강습소를 설립하여 독립군을 양성하다

① 신채호　　　　　② 안중근
③ 이회영　　　　　④ 이동휘

349

| 기본 60회 36번

밑줄 그은 '만세 시위운동'의 영향으로 옳은 것은? [2점]

함께하는 독립운동사 ∨　　라이브 방송　⬆170　✕

이것은 언론이 통제된 무단 통치 시기에 발행된 지하 신문 중 하나입니다. 지하 신문은 1919년에 일어난 만세 시위운동의 확산에 기여하였습니다.

조선독립신문 제1호

○○○ 지하 신문이 뭐죠?

○○○ 비합법적으로 숨어서 발행한 신문입니다.

댓글 달기　　…　📹 ▽ ♡

① 독립문이 건립되었다.
② 홍범 14조가 반포되었다.
③ 토지 조사 사업이 시작되었다.
④ 대한민국 임시 정부가 수립되었다.

350

| 기본 51회 38번

밑줄 그은 '만세 시위'에 대한 설명으로 옳은 것은?　[2점]

이것은 친일파 이완용의 경고문입니다. 탑골 공원 등에서 독립 선언서를 낭독하는 것으로 시작된 학생과 시민들의 만세 시위가 전국으로 확산하자, 그 열기를 꺾을 목적으로 작성되었습니다.

조선 독립을 외치는 것이 허언, 망동이라고 유지인사들이 계속 말해도 깨닫지를 못하니 …… 망동을 따라하면 죽거나 다치게 될 것이니 이것이 바로 삶 중에서 죽음을 구함이 아닌가.

① 순종의 인산일에 전개되었다.
② 만주, 연해주, 미주 등지로 확산하였다.
③ 일제의 황무지 개간권 요구를 철회시켰다.
④ 러시아의 내정 간섭과 이권 침탈을 규탄하였다.

351

| 기본 58회 34번

밑줄 그은 '정부'의 활동으로 옳지 <u>않은</u> 것은?　[3점]

3·1 운동을 계기로 수립된 정부가 상하이에 있을 때 청사로 사용했던 건물이란다.

할머니, 이 건물은 무엇인가요?

① 연통제를 실시하였다.
② 독립 공채를 발행하였다.
③ 구미 위원부를 설치하였다.
④ 대한국 국제를 반포하였다.

352

| 기본 54회 40번

(가)의 활동으로 옳은 것은?　[2점]

독립 공채 상환에 관한 특별 조치 법안 심사 보고서

1983.12. 재무 위원회

……

가. 제안 이유

　지금으로부터 64년 전인 1919년, 　(가)　에서는 항일 독립운동을 전개하기 위한 자금 조달 방법의 하나로 소위 '독립 공채'라는 것을 발행하였음

　이 공채는 대부분 해외 교민 및 미국인을 비롯한 외국인을 대상으로 발매되었으며, 이에는 '조국이 광복되고 독립을 승인받은 후 이자를 가산하여 상환할 것을 대한민국의 명예와 신용으로 보증한다.'고 기재되어 있음

……

　따라서 3·1 운동 이후 독립운동을 목적으로 발행된 　(가)　 명의의 공채에 대하여 국가가 이를 상환할 수 있도록 근거법을 마련, 전 국민의 독립 애국정신을 발양하는 동시, 정부의 대내외적인 공신력을 높이고자 함

① 집강소를 설치하였다.
② 만민 공동회를 개최하였다.
③ 연통제와 교통국을 운영하였다.
④ 개벽, 신여성 등의 잡지를 발간하였다.

353

| 기본 57회 37번

(가)의 활동으로 옳은 것은?   [2점]

이 기념관은 독립운동가 안희제가 1914년 부산에 설립한 백산 상회의 옛터에 건립되었습니다. 백산 상회는 단순한 상회가 아니라 독립운동에 크게 기여한 조직으로, 특히 1919년 상하이에서 수립된 (가) 에 독립운동 자금을 지원하였고 독립신문 배포에도 중요한 통로가 되었습니다.

독립운동의 자취를 찾아서

생방송 현재 5,057명 시청 중

① 구미 위원부를 설치하였다.
② 만민 공동회를 개최하였다.
③ 국채 보상 운동을 전개하였다.
④ 신흥 무관 학교를 설립하였다.

4 1920년대 항일 운동

354

| 기본 58회 37번

학생들이 공통으로 이야기하는 민족 운동으로 옳은 것은?

[2점]

1920년 평양에서 조만식 등이 중심이 되어 시작했어.

우리 민족 산업을 보호하고 육성하기 위해 전개했지.

사회주의자로부터 자본가의 이익만을 추구한다고 비판받기도 했어.

① 브나로드 운동
② 문자 보급 운동
③ 물산 장려 운동
④ 민립 대학 설립 운동

키워드로 개념 다지기

다음 키워드를 보고 ⭐ 에 알맞은 글자를 쓰시오.

❶ '우당'이라는 호를 사용함, 전 재산을 팔아 형제들과 만주로 망명, 신흥 강습소 설립 ·············· 이 ⭐⭐

❷ 1919년, 탑골 공원, 독립 선언서, 전국적인 만세 시위, 화성 제암리 학살 사건 ·············· ⭐·⭐ 운동

❸ 3·1 운동이 계기, 상하이에서 수립, 연통제와 교통국 운영, 독립신문 간행, "한·일 관계 사료집" 발간, 독립 공채 발행, 구미 위원부 설치 ·············· ⭐⭐⭐⭐ 임시 정부

정답 ❶ 회영 ❷ 3,1 ❸ 대한민국

355

| 기본 51회 40번

다음 자료의 민족 운동에 대한 설명으로 옳은 것은?   [2점]

물산 장려에 대한 운동의 새로운 풍조가 시작된 이래로 ······ 반드시 토산으로 원료를 삼아 학생모, 중절모 등을 제조하는 것이 좋겠다. ······ 현재 인도에서는 간디캡이 크게 유행한다는데 간디 씨가 발명, 제조한 순 인도산의 재료로 순 인도인이 만든 모자라고 한다.

① 대한매일신보의 후원을 받았다.
② 평양에서 시작하여 전국으로 확산하였다.
③ 황국 중앙 총상회를 중심으로 전개되었다.
④ 독립문 건립을 위한 모금 활동이 추진되었다.

356

│ 기본 63회 39번

(가)에 들어갈 민족 운동으로 옳은 것은?　　　[1점]

(가)에 대해 검색해 줘.

검색 결과입니다.

1920년대 초반 실력 양성 운동의 일환으로 이상재, 이승훈 등이 고등 교육 기관을 설립하기 위해 전개한 운동입니다.

1년 내 1천만 원 조성을 목표로 모금 활동을 추진하였으나, 조선 총독부의 방해와 자연재해 등으로 성과를 거두지 못하였습니다.

① 6·10 만세 운동
② 물산 장려 운동
③ 광주 학생 항일 운동
④ 민립 대학 설립 운동

357

│ 기본 50회 35번

(가)에 들어갈 자료로 옳은 것은?　　　[2점]

일제 강점기에 백정들이 저울처럼 평등한 사회를 만들고자 일으켰던 운동을 기념하는 탑이야.

이것은 이 운동을 주도한 단체의 포스터야. 저울을 뜻하는 글자를 볼 수 있어.

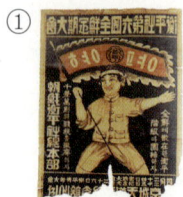 ①

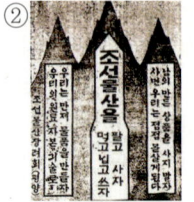 ②

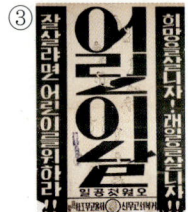 ③

 ④

358

│ 기본 57회 39번

(가)에 들어갈 내용으로 적절한 것은?　　　[1점]

〈한국사 설문 조사〉
소파 방정환 하면 가장 먼저 떠오르는 것에 스티커를 붙여 주세요.

(가)　천도교　색동회

① 서유견문　　　② 어린이날
③ 진단 학회　　　④ 통리기무아문

359

│ 기본 58회 35번

(가)에 들어갈 종교로 옳은 것은?　　　[1점]

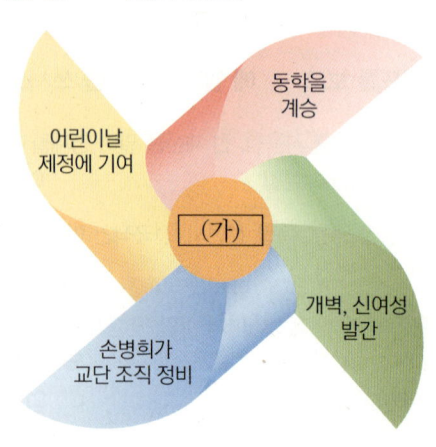

동학을 계승
어린이날 제정에 기여
(가)
개벽, 신여성 발간
손병희가 교단 조직 정비

① 대종교　　　② 원불교
③ 천도교　　　④ 천주교

360

기본 66회 40번

다음 상황 이후에 일어난 사실로 옳은 것은? [2점]

① 6 · 10 만세 운동이 일어났다.
② 헤이그 특사가 파견되었다.
③ 토지 조사 사업이 실시되었다.
④ 제너럴 셔먼호 사건이 발생하였다.

361

기본 50회 34번

(가)에 들어갈 민족 운동에 대한 설명으로 옳은 것은? [3점]

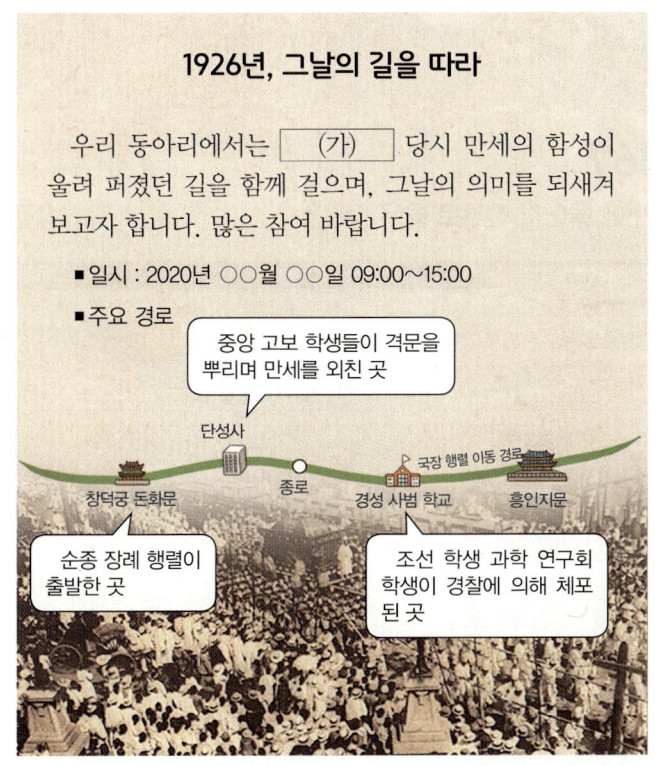

1926년, 그날의 길을 따라

우리 동아리에서는 [　(가)　] 당시 만세의 함성이 울려 퍼졌던 길을 함께 걸으며, 그날의 의미를 되새겨 보고자 합니다. 많은 참여 바랍니다.

■ 일시 : 2020년 ○○월 ○○일 09:00~15:00
■ 주요 경로

- 중앙 고보 학생들이 격문을 뿌리며 만세를 외친 곳
- 창덕궁 돈화문
- 단성사
- 종로
- 국장 행렬 이동 경로
- 경성 사범 학교
- 흥인지문
- 순종 장례 행렬이 출발한 곳
- 조선 학생 과학 연구회 학생이 경찰에 의해 체포된 곳

① 신간회 창립의 계기가 되었다.
② 을미사변에 반발하여 일어났다.
③ 대한민국 임시 정부 수립에 영향을 끼쳤다.
④ 동아일보의 적극적인 지원을 받아 진행되었다.

362

기본 58회 39번

(가)에 들어갈 단체로 옳은 것은? [2점]

① 신간회　　　　　② 토월회
③ 대한 광복회　　　④ 조선어 학회

363

기본 47회 40번

(가) 단체의 활동으로 옳은 것은? [3점]

강령
1. 우리는 정치적 · 경제적 각성을 촉진함
1. 우리는 단결을 공고히 함
1. 우리는 기회주의를 일체 부인함

[　(가)　] 창립 총회
1927. 2. 15.

① 독립 공채를 발행하였다.
② 정부에 헌의 6조를 건의하였다.
③ 한글 맞춤법 통일안을 발표하였다.
④ 광주 학생 항일 운동에 조사단을 파견하였다.

364

기본 60회 40번

밑줄 그은 '이 운동'에 대한 설명으로 옳은 것은? [2점]

1929년, 나주와 광주를 열차로 통학하는 한·일 학생 간에 충돌이 발생하였습니다.

1/3

일제 경찰의 민족 차별에 대항하여 광주의 학생들은 시위를 벌였고, 점차 전국으로 확산되었습니다.

2/3

이 운동을 기억하기 위해 시위가 시작된 11월 3일을 학생 독립운동 기념일로 지정하였습니다.

11.3.

3/3

① 순종의 인산일에 일어났다.
② 통감부의 탄압으로 실패하였다.
③ 국민 대표 회의 개최의 배경이 되었다.
④ 신간회에서 진상 조사단을 파견하였다.

365

기본 64회 40번

다음 퀴즈의 정답으로 옳은 것은? [1점]

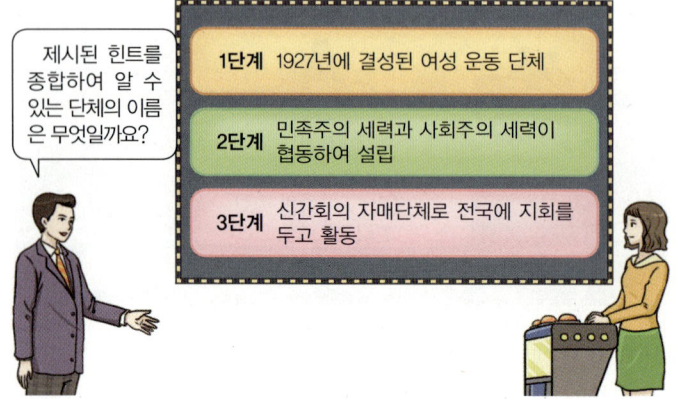

제시된 힌트를 종합하여 알 수 있는 단체의 이름은 무엇일까요?

1단계 1927년에 결성된 여성 운동 단체

2단계 민족주의 세력과 사회주의 세력이 협동하여 설립

3단계 신간회의 자매단체로 전국에 지회를 두고 활동

① 근우회
② 보안회
③ 송죽회
④ 색동회

366

기본 54회 35번

밑줄 그은 '전투'가 일어난 시기를 연표에서 옳게 고른 것은? [3점]

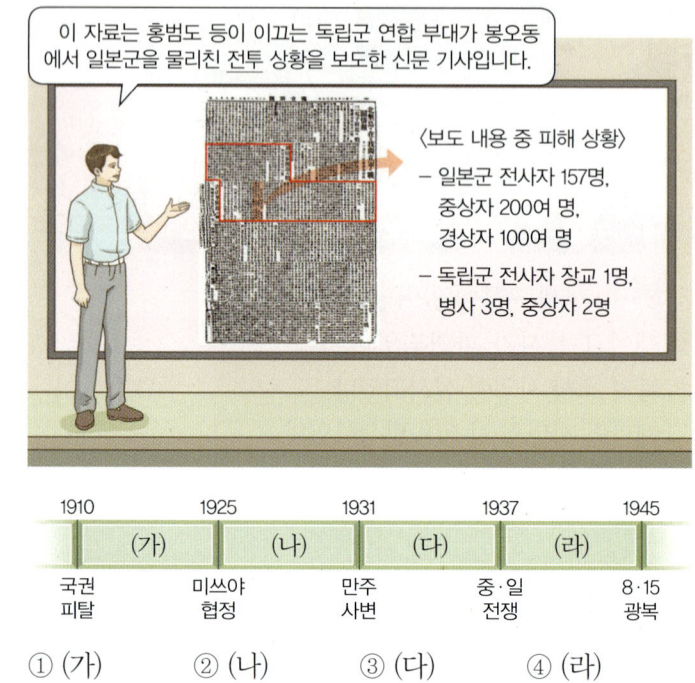

이 자료는 홍범도 등이 이끄는 독립군 연합 부대가 봉오동에서 일본군을 물리친 전투 상황을 보도한 신문 기사입니다.

〈보도 내용 중 피해 상황〉
– 일본군 전사자 157명, 중상자 200여 명, 경상자 100여 명
– 독립군 전사자 장교 1명, 병사 3명, 중상자 2명

1910		1925		1931		1937		1945
	(가)		(나)		(다)		(라)	
국권 피탈		미쓰야 협정		만주 사변		중·일 전쟁		8·15 광복

① (가)
② (나)
③ (다)
④ (라)

367

기본 64회 35번

(가)에 들어갈 전투로 옳은 것은? [1점]

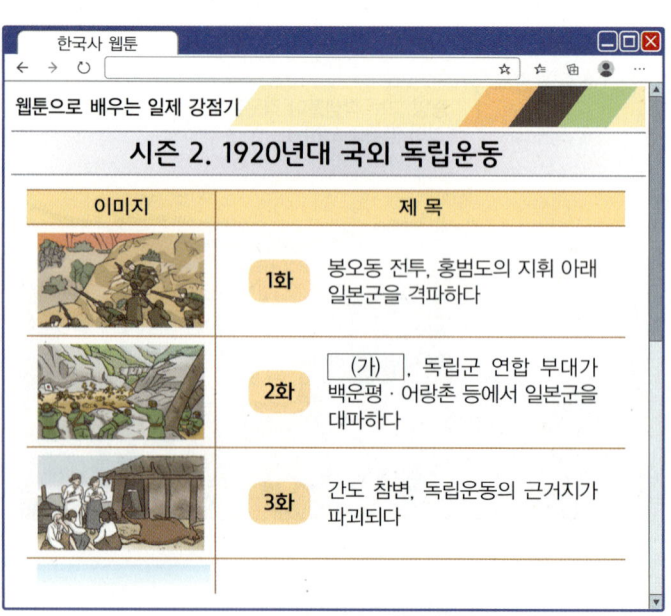

한국사 웹툰

웹툰으로 배우는 일제 강점기

시즌 2. 1920년대 국외 독립운동

이미지		제 목
	1화	봉오동 전투, 홍범도의 지휘 아래 일본군을 격파하다
	2화	(가) , 독립군 연합 부대가 백운평·어랑촌 등에서 일본군을 대파하다
	3화	간도 참변, 독립운동의 근거지가 파괴되다

① 영릉가 전투
② 청산리 전투
③ 흥경성 전투
④ 대전자령 전투

368

| 기본 49회 34번

(가)에 들어갈 군사 조직으로 옳은 것은? [2점]

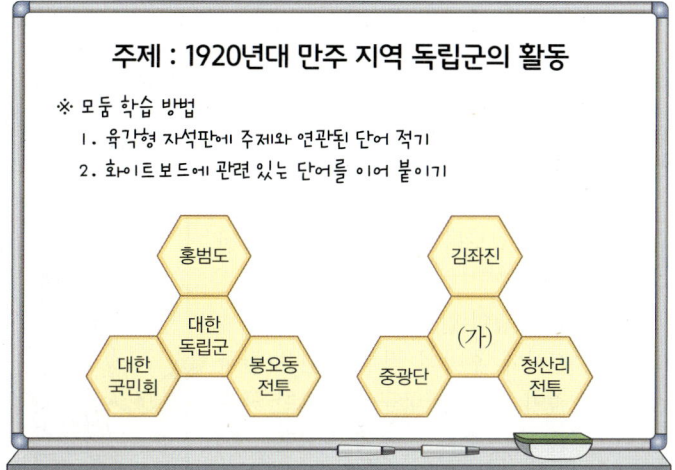

주제 : 1920년대 만주 지역 독립군의 활동

※ 모둠 학습 방법
  1. 육각형 자석판에 주제와 연관된 단어 적기
  2. 화이트보드에 관련 있는 단어를 이어 붙이기

홍범도
대한 독립군
대한 국민회 · 봉오동 전투

김좌진
(가)
중광단 · 청산리 전투

① 북로 군정서
② 조선 의용대
③ 조선 혁명군
④ 한국 광복군

키워드 로 개념 다지기

다음 키워드를 보고 ★에 알맞은 글자를 쓰시오.

❶ 조만식, 평양에서 시작, 국산품 애용 주장, '내 살림 내 것으로', '조선 사람 조선 것' ········ ★ ★ 장려 운동

❷ 백정에 대한 사회적 차별 철폐 주장 ········ ★ ★ 운동

❸ 소년 운동 주도, 어린이날 제정, 잡지 "어린이" 발행
········ 방 ★ ★

❹ 1926년, 순종의 인산일, 신간회 창립의 계기
········ ★ · ★ ★ 만세 운동

❺ 비타협적 민족주의 세력과 사회주의 세력 연합, 광주 학생 항일 운동 지원 ········ ★ ★ 회

❻ 한·일 학생 간 충돌에서 비롯됨, 신간회가 진상 조사단 파견, 3·1 운동 이후 최대 규모의 항일 민족 운동
········ ★ ★ 학생 항일 운동

❼ 홍범도, 대한 독립군 ········ 봉 ★ ★ 전투

❽ 김좌진이 이끄는 북로 군정서, 홍범도가 이끄는 대한 독립군, 백운평·천수평·어랑촌 ········ 청 ★ ★ 전투

정답 ❶ 물산 ❷ 형평 ❸ 정환 ❹ 6, 10 ❺ 신간 ❻ 광주 ❼ 오동 ❽ 산리

정답과 해설 186~192쪽

5 1930년대 이후 항일 운동

369

| 기본 57회 45번

(가)에 들어갈 단체로 옳은 것은? [1점]

특별 기획전

한글, 민족을 지키다

이윤재, 최현배 등을 중심으로 우리말과 글을 지키기 위하여 노력한 (가) 의 자료를 특별 전시합니다. 일제의 탄압 속에서도 지켜 낸 한글의 소중함을 느끼고 한글 수호에 앞장선 사람들을 기억하는 자리가 되기를 바랍니다.

■ 기간 : 2022년 ○○월 ○○일~○○월 ○○일
■ 장소 : △△ 박물관 특별 전시실
■ 주요 전시 자료

조선말 큰사전 원고 · 한글 맞춤법 통일안

① 토월회
② 독립 협회
③ 대한 자강회
④ 조선어 학회

370

| 기본 49회 37번

다음 퀴즈의 정답으로 옳은 것은? [1점]

이것은 한글 맞춤법 통일안과 외래어 표기법 통일안을 마련한 단체에서 사전을 편찬하기 위해 만든 원고입니다. 이 단체의 이름은 무엇일까요?

①  보안회
②  독립 협회
③  대한 광복회
④  조선어 학회

371

기본 61회 38번

(가)에 해당하는 인물로 옳은 것은?　　　　[2점]

이 시는 일제 강점기 민족 저항 시인 [(가)]의 대표적인 작품입니다. 그는 조선 은행 대구 지점 폭파 사건에 연루되어 수감 생활을 하던 당시의 수인 번호를 따서 호를 지었습니다. 이제 그의 시를 노래로 만나 보겠습니다.

광야

지금 눈 내리고
매화 향기 홀로 아득하니
내 여기 가난한 노래의 씨를 뿌려라

다시 천고의 뒤에
백마 타고 오는 초인이 있어
이 광야에서 목놓아 부르게 하리라

①  심훈　② 윤동주　③  이육사　④  한용운

372

기본 55회 44번

(가)에 해당하는 인물로 옳은 것은?　　　　[1점]

한국사 설문 조사

일본 유학 중 독립운동 혐의로 수감되어 옥사한 저항 시인, [(가)] 하면 떠오르는 작품에 스티커를 붙여 주세요.

| 서시 | 별 헤는 밤 | 쉽게 씌어진 시 |

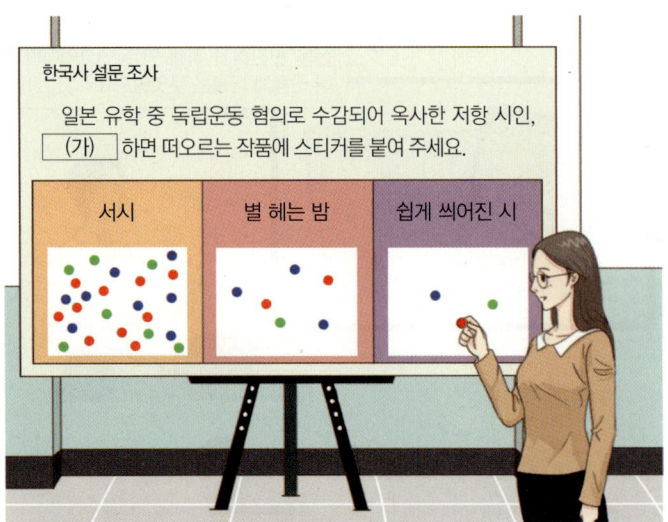

①  심훈　② 윤동주　③  이육사　④  한용운

373

기본 57회 41번

밑줄 그은 '합의'가 이루어진 배경으로 옳은 것은?　　　[3점]

이 자료는 지청천이 이끄는 한국 독립군이 중국 항일군과 합의한 내용입니다. 이를 바탕으로 한·중 연합 작전이 전개되어 쌍성보 전투와 대전자령 전투에서 일본군에 큰 승리를 거두었습니다.

첫째, 한·중 양군은 최악의 상황이 오더라도 장기간 항전할 것을 맹세한다.
둘째, 중동 철도를 경계선으로 서부 전선은 중국 측이 맡고, 동부 전선은 한국 측이 맡는다.
셋째, 전시에 후방의 전투 훈련은 한국 측이 맡고, 한국군에 필요한 군수품 등은 중국 측이 공급한다.

① 만주 사변이 일어났다.
② 카이로 회담이 개최되었다.
③ 태평양 전쟁이 발발하였다.
④ 조선 건국 준비 위원회가 결성되었다.

374

기본 48회 41번

교사의 질문에 대한 답변으로 옳은 것은?　　　[3점]

일제는 만주 사변을 일으키고 지도에 표시된 것과 같이 자신들의 꼭두각시 정권인 만주국을 세웠습니다. 이 지역에서 독립운동을 펼치던 세력은 당시 일제의 만주 침략에 어떻게 대응하였을까요?

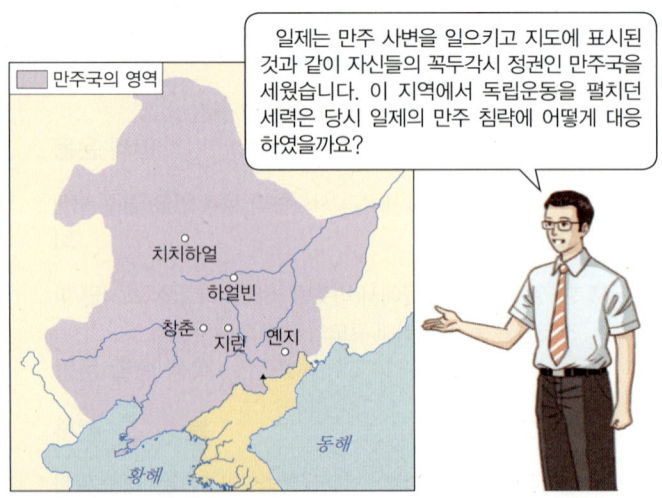

① 신간회를 결성하였습니다.
② 국민 대표 회의를 소집하였습니다.
③ 신흥 무관 학교를 설립하였습니다.
④ 한·중 연합 작전을 전개하였습니다.

375

| 기본 58회 38번

(가)에 들어갈 단체로 옳은 것은? [1점]

이것은 일제 경찰에서 제작한 감시 대상 인물 카드에 있는 ⬚(가)⬚ 단원들의 사진입니다. 사진에서는 단장 김원봉과 조선 총독부에 폭탄을 던진 김익상을 비롯한 총 7명의 모습을 확인할 수 있습니다.

① 의열단 ② 중광단
③ 흥사단 ④ 한인 애국단

376

| 기본 49회 36번

(가) 단체에 대한 설명으로 옳은 것은? [2점]

이 분 누군지 알아?

응. 김익상이잖아.

김원봉이 조직한 ⬚(가)⬚ 에 소속되어 조선 총독부에 폭탄을 투척한 분이야.

아~ 나석주, 김상옥도 ⬚(가)⬚ 의 일원이었지.

① 105인 사건으로 해체되었다.
② 고종의 밀지를 받아 결성되었다.
③ 파리 강화 회의에 대표를 파견하였다.
④ 조선 혁명 선언을 활동 지침으로 삼았다.

377

| 기본 55회 43번

(가)에 들어갈 단체로 옳은 것은? [1점]

1931년 김구는 항일 의열 단체인 ⬚(가)⬚ 을 조직하였습니다.
1/3

단원 이봉창은 1932년 1월 도쿄에서 일왕이 탄 마차를 향해 수류탄을 던졌습니다.
2/3

단원 윤봉길은 1932년 4월 상하이 훙커우 공원에서 일본군 주요 인사 등을 처단하였습니다.
3/3

① 중광단 ② 흥사단
③ 한인 애국단 ④ 대조선 국민군단

378

| 기본 61회 42번

(가)에 들어갈 인물로 옳은 것은? [1점]

나는 지금 상하이에 있는 매헌 기념관에 와 있어.

거기는 어떤 곳이야?

한인 애국단 소속으로 훙커우 공원에서 의거를 일으킨 ⬚(가)⬚ 을/를 기념하는 곳이야.

그런 의미가 있는 곳이구나.

① 나석주 ② 윤봉길
③ 이봉창 ④ 이회영

379

|기본 66회 43번

(가)에 들어갈 군사 조직으로 옳은 것은? [2점]

① 대한 독립군
② 북로 군정서
③ 조선 의용대
④ 조선 혁명군

380

|기본 55회 45번

(가) 군대에 대한 설명으로 옳은 것은? [2점]

① 자유시 참변으로 큰 타격을 입었다.
② 봉오동 전투에서 일본군을 격퇴하였다.
③ 미군과 연계하여 국내 진공 작전을 계획하였다.
④ 흥경성에서 중국 의용군과 연합 작전을 펼쳤다.

381

|기본 61회 43번

(가) 군대에 대한 설명으로 옳은 것은? [2점]

① 고종의 밀지를 받아 조직되었다.
② 조선 혁명 선언을 활동 지침으로 삼았다.
③ 지청천을 총사령관으로 하여 창설되었다.
④ 영릉가 전투에서 한·중 연합 작전을 전개하였다.

키워드로 개념 다지기

다음 키워드를 보고 ⭐에 알맞은 글자를 쓰시오.

❶ 한글 맞춤법 통일안, "우리말(조선말) 큰사전" 편찬 시도
⭐⭐⭐ 학회

❷ '서시', '별 헤는 밤' ⋯⋯⋯⋯ 윤⭐⭐

❸ '광야', 형무소 수인 번호 264번 ⋯⋯ 이⭐⭐

❹ 김원봉이 조직, '조선 혁명 선언', 김익상·김상옥·나석주
⭐⭐단

❺ 김구가 조직, 이봉창 의거, 윤봉길 의거 ⋯ 한인 ⭐⭐⭐단

❻ 대한민국 임시 정부가 충칭에서 창설, 총사령관 지청천, 국내 진공 작전 준비 ⋯⋯⋯⋯ 한국 ⭐⭐군

정답 ❶ 조선어 ❷ 동주 ❸ 육사 ❹ 의열 ❺ 애국 ❻ 광복

VIII 현대

한국사능력검정시험 **기본**

최근 4회차 단원별 출제 비중

● 선사 ● 고대 ● 고려 ● 조선1 ● 조선2 ● 개항기 ● 일제 강점기 현대

제69회

- 시대 통합 2문항
- 세시 풍속 1문항

여운형, 모스크바 3국 외상 회의, 6·25 전쟁, 6월 민주 항쟁, 김대중 정부 시기의 사실

제67회

- 시대 통합 3문항
- 세시 풍속 1문항

좌우 합작 위원회, 제주 4·3 사건, 6·25 전쟁, 4·19 혁명, 노태우 정부 시기의 사실, 박정희 정부 시기의 사실, 전태일의 활동

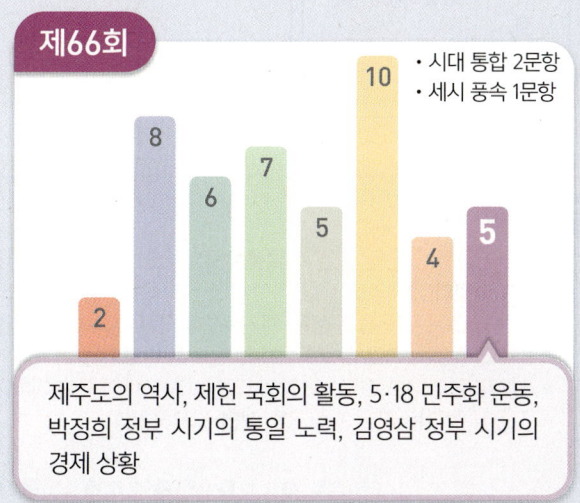

제66회

- 시대 통합 2문항
- 세시 풍속 1문항

제주도의 역사, 제헌 국회의 활동, 5·18 민주화 운동, 박정희 정부 시기의 통일 노력, 김영삼 정부 시기의 경제 상황

제64회

- 시대 통합 2문항

6월 민주 항쟁, 김규식의 활동, 6·25 전쟁, 박정희 정부 시기의 사실, 김대중 정부의 통일 노력

〈큰별쌤과 재미있게 공부하는 초등 한국사능력검정시험〉 교재에 있는 판서입니다.
★을 채우면서 핵심 개념을 한 번 더 확인해 보세요.

> 자세한 개념 정리는 〈큰별쌤과 재미있게 공부하는 초등 한국사능력검정시험〉에 있어요.

1 • 광복 ~ 6·25 전쟁
> 190~193쪽

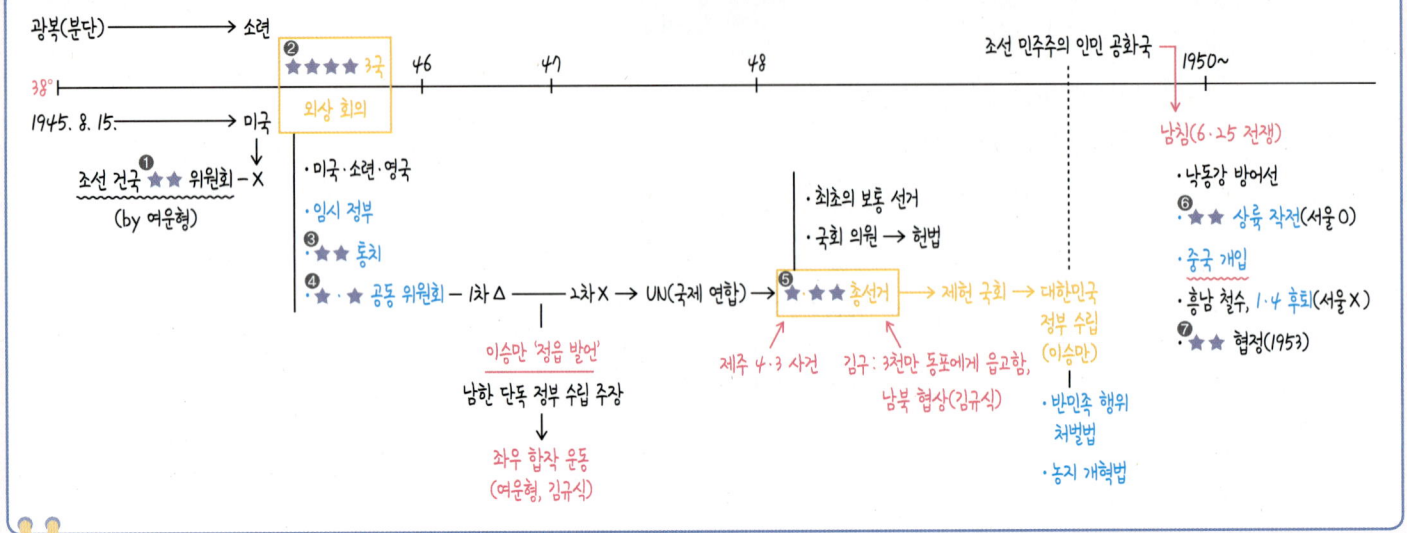

빈출 키워드 한문장

★ 광복 직후 여운형 등이 **조선 건국 준비 위원회**를 조직하였다.
★ **모스크바 3국 외상 회의**의 결과가 국내에 알려지면서 **신탁 통치 반대 운동**이 전개되었다.
★ **이승만**은 **남한만의 단독 정부 수립**을 주장하였다.
★ 남한만의 단독 선거에 반대하여 **제주 4·3 사건**이 일어났다.
★ **김구**와 **김규식**은 단독 선거에 반대하고 통일 정부 수립을 위해 **남북 협상**을 추진하였다.
★ **5·10 총선거**로 **제헌 국회**가 구성되고 이후 대한민국 정부가 수립되었다.

★ **6·25 전쟁**에 **유엔군**이 파견되었다.
★ 6·25 전쟁 당시 국군과 유엔군은 **인천 상륙 작전**을 전개하였다.
★ 국군과 유엔군은 압록강 유역까지 진출하였으나 **중국군**의 개입으로 밀려나 서울을 다시 빼앗겼다.
★ 1953년 7월에 판문점에서 **정전 협정**이 체결되었다.

정답 ❶ 준비 ❷ 모스크바 ❸ 신탁 ❹ 미, 소 ❺ 5, 10 ❻ 인천 ❼ 정전

2 • 민주주의의 발전
> 198~199쪽

정부	이승만 정부	박정희 정부	전두환 정부	→ 노태우 정부	김영삼 정부
정치	• 초대 대통령, 6·25 전쟁 • 1960. 3·15 부정 선거 ┗❶★★ 혁명 — 대통령 하야 → 장면 정부(내각 책임제)	• 1961. 5·16 군사 정변(정치 군인) • 1964. 한·일 협정 추진(→ 6·3 시위) (※ 1965. 조약 체결) • 1972. ❷★★ 헌법 ┗통일 주체 국민 회의 ← 긴급 조치권 ❸★★ 민주 항쟁(79) • 1979. 10·26 사태(대통령×)	• 12·12 사태(79): 신군부 ┗❹★★ 민주화 운동(80) — 광주, 시민군 vs 계엄군 • 4·13 호헌 조치(87): 7년, 간선제 ┗❺★★ 민주 항쟁: 호헌×, 직선제 • 6·29 민주화 선언(87) ┗❻★ 선제○		• 지방 자치제 전면 실시 • 역사 바로 세우기 (조선 총독부×)

빈출 키워드 한문장

★ **3·15 부정 선거**에 반대하여 **4·19 혁명**이 일어났다.
★ **4·19 혁명**으로 **이승만 대통령**이 하야하였다.
★ 1972년에 **박정희 정부**는 **유신 헌법**을 제정·공포하였다.
★ **유신 헌법**은 대통령에게 **긴급 조치권**과 **국회 해산권** 등 막강한 권력을 부여하였다.
★ 1979년에 **유신 독재 체제**에 저항하여 **부·마 민주 항쟁**이 일어났다.
★ **신군부**의 비상계엄령 확대에 반대해 광주에서 **5·18 민주화 운동**이 전개되었다.

★ **5·18 민주화 운동** 관련 기록물은 **유네스코 세계 기록 유산**으로 등재되었다.
★ **박종철 고문치사 사건** 등을 계기로 **6월 민주 항쟁**이 일어났다.
★ **6월 민주 항쟁**으로 **6·29 민주화 선언**이 발표되었다.
★ **6월 민주 항쟁**으로 5년 단임의 **대통령 직선제** 개헌이 이루어졌다.
★ **김영삼 정부**는 **지방 자치제**를 전면 실시하였다.

정답 ❶ 4, 19 ❷ 유신 ❸ 부, 마 ❹ 5, 18 ❺ 6월 ❻ 직

3 · 경제의 발전과 통일을 위한 노력

➤ 200~203쪽

정부	이승만 정부	박정희 정부	전두환 정부	노태우 정부	김영삼 정부	김대중 정부
경제	원조	·1·2차 경제 개발 **❶**★★개년 계획(60년대~, 경공업) **❷**★★ 고속 국도, 새마을 운동, 전★★★ 분신 사건 **❸** **❹**·★★4차 경제 개발 5개년 계획(70년대~, 중화학 공업)	3저 호황 { ·저유가, 저금리, 저달러	서울 올림픽(88)	·외환 위기(IMF 사태) → ·조기 졸업 **❺**·★★실명제	·초기 졸업 ·한일 월드컵(2002)
통일	북진 통일	**❻**·★★ 남북 공동 성명(1972): 통일 3대 원칙 └ 자주, 평화, 민족 대단결	최초의 이산가족 상봉	·북방 외교 ·남북한 유엔 동시 가입(91) ·남북 **❼**★★ 합의서(91)		·햇볕 정책 노무현, 문재인 ← **❽**·★ ★★★ 남북 공동 선언(2000): 최초의 남북 정상 회담 →개성 공단, 경의선 개통, 이산가족 상봉, 금강산 육로 관광

빈출 키워드 한 문장

★ **박정희 정부**는 1960년대에 **제1, 2차 경제 개발 5개년 계획**을 추진하였다.

★ **박정희 정부** 시기인 1970년에 **경부 고속 국도**가 개통되었다.

★ 1970년에 **전태일**이 근로 기준법 준수를 요구하며 분신하였다.

★ 1970년대에 **제3, 4차 경제 개발 5개년 계획**이 추진되었다.

★ **전두환 정부** 때 **3저 호황**으로 수출이 증가하였다.

★ **김영삼 정부** 말에 외환 위기로 **국제 통화 기금**에 **긴급 구제 금융**을 요청하였다.

★ **김영삼 정부**는 투명한 금융 거래를 위해 **금융 실명제**를 실시하였다.

★ **박정희 정부** 시기인 1972년에 남북은 자주, 평화, 민족 대단결이라는 통일 원칙에 합의한 **7·4 남북 공동 성명**을 발표하였다.

★ **전두환 정부** 때 최초로 **남북 간 이산가족 상봉**이 이루어졌다.

★ **노태우 정부**는 남북 기본 합의서를 채택하였다.

★ **김대중 정부**는 최초의 **남북 정상 회담**을 개최하였다.

★ **김대중 정부**는 **6·15 남북 공동 선언**을 발표하고 **개성 공단** 조성에 합의하였다.

정답 ❶ 5 ❷ 2 경부 ❸ 태일 ❹ 3 ❺ 금융 ❻ 7, 4 ❼ 기본 ❽ 6, 15

정답과 해설 192~197쪽

1 광복 ~ 6·25 전쟁

382

| 기본 48회 45번

밑줄 그은 '위원회'로 옳은 것은? [2점]

> 이곳 덕수궁 석조전에서는 모스크바 3국 외상 회의에서 결정된 한반도의 임시 민주 정부 수립 문제를 협의하기 위해 위원회가 열렸습니다.

① 남북 조절 위원회
② 미·소 공동 위원회
③ 조선 건국 준비 위원회
④ 반민족 행위 특별 조사 위원회

383

| 기본 58회 41번

(가)에 들어갈 내용으로 옳은 것은? [3점]

탐구 활동 계획서

• 주제 : 몽양 여운형의 생애와 활동
• 방법 : 문헌 조사, 현장 답사 등
• 조사할 것
  – 신한 청년당의 지도자로 활동한 내용
  – ＿＿＿＿(가)＿＿＿＿
  – 좌우 합작 운동의 주도 과정과 결과
• 가볼 곳

생가(양평)　　　묘소(서울)

① 헤이그 특사로 파견된 배경
② 암태도 소작 쟁의에 참여한 계기
③ 한국독립운동지혈사의 저술 이유
④ 조선 건국 준비 위원회의 결성 목적

384

| 기본 51회 46번

다음 발언 이후에 전개된 사실로 옳은 것은? [3점]

> 미·소 공동 위원회가 결렬된 이후 다시 열릴 기미가 보이지 않습니다. 통일 정부가 수립되길 원했으나 뜻대로 되지 않으니, 남방만이라도 임시 정부 혹은 위원회를 조직하고, 38도선 이북에서 소련이 물러가도록 세계에 호소해야 합니다.

이승만

① 한국 광복군이 창설되었다.
② 김구가 남북 협상을 추진하였다.
③ 모스크바 삼국 외상 회의가 개최되었다.
④ 여운형이 조선 건국 준비 위원회를 결성하였다.

385

| 기본 67회 41번

(가)에 들어갈 단체로 옳은 것은? [2점]

> 1946년 7월, 미군정의 지원 아래 여운형, 김규식 등이 중심이 되어 결성한 단체입니다. 정치 세력의 대립을 넘어 민주주의 임시 정부 수립을 위해 노력한 이 단체의 이름은 무엇일까요?

(가)

① 권업회
② 대한인 국민회
③ 좌우 합작 위원회
④ 남북 조절 위원회

386

기본 60회 43번

(가)에 들어갈 사건으로 옳은 것은? [2점]

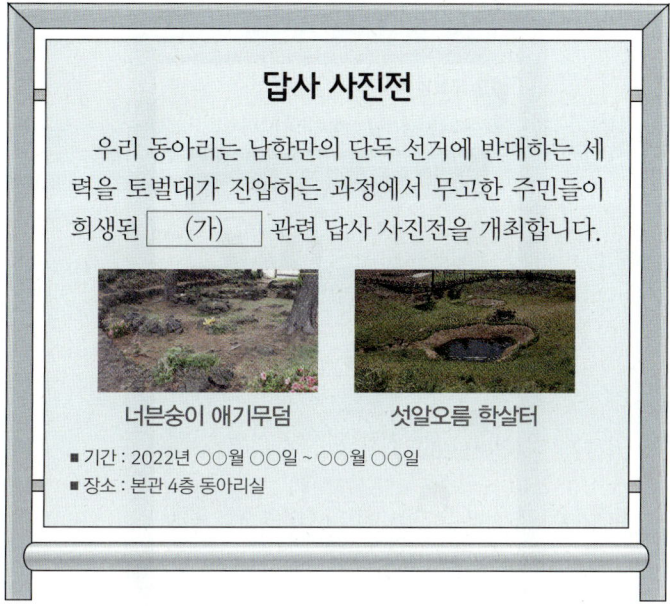

답사 사진전

우리 동아리는 남한만의 단독 선거에 반대하는 세력을 토벌대가 진압하는 과정에서 무고한 주민들이 희생된 ___(가)___ 관련 답사 사진전을 개최합니다.

너븐숭이 애기무덤 / 섯알오름 학살터

■ 기간 : 2022년 ○○월 ○○일 ~ ○○월 ○○일
■ 장소 : 본관 4층 동아리실

① 원산 총파업
② 제암리 사건
③ 자유시 참변
④ 제주 4·3 사건

387

기본 50회 46번

(가)에 들어갈 내용으로 가장 적절한 것은? [2점]

모둠별 탐구 활동

주제 : ___(가)___

1모둠
모스크바 3국 외상 회의 결과를 찾아본다.

2모둠
좌우 합작 운동의 의미를 파악한다.

3모둠
5·10 총선거 과정을 알아본다.

① 헤이그 특사 파견 배경
② 대한민국 정부 수립 과정
③ 국민 대표 회의 개최 원인
④ 한·일 기본 조약 체결 결과

388

기본 55회 46번

(가)에 들어갈 사진으로 옳지 <u>않은</u> 것은? [2점]

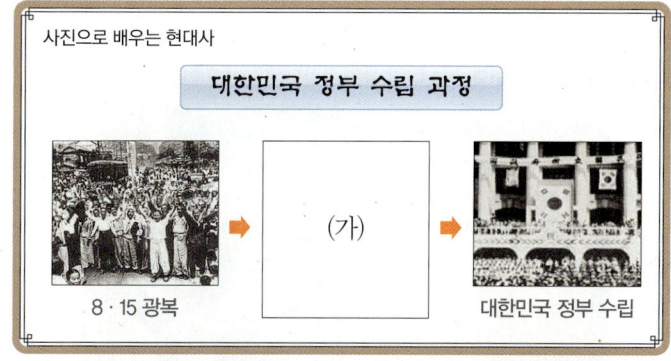

사진으로 배우는 현대사

대한민국 정부 수립 과정

8·15 광복 → (가) → 대한민국 정부 수립

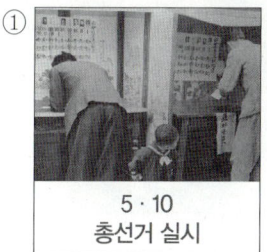
① 5·10 총선거 실시

② 유엔 한국 임시 위원단 내한

③ 제1차 미·소 공동 위원회 개최

④ 반민족 행위 특별 조사 위원회 활동

389

기본 63회 44번

밑줄 그은 '국회'에 대한 설명으로 옳은 것은? [3점]

이 사진은 5·10 총선거를 통해 구성된 국회의 개원식 모습입니다. 임기 2년의 국회 의원으로 구성된 이 국회는 국호를 대한민국으로 결정하고 헌법을 제정하였습니다.

① 3선 개헌안을 통과시켰다.
② 농지 개혁법을 제정하였다.
③ 5·16 군사 정변으로 해산되었다.
④ 국회 의원의 3분의 1을 대통령이 추천하였다.

390

기본 52회 47번

밑줄 그은 '이 전쟁' 중에 있었던 사실로 옳은 것은? [2점]

이것은 이우근의 편지를 새긴 조형물입니다. 그는 이 전쟁 당시 학도 의용군으로 포항여중 전투에서 북한군과 싸우다 전사하였습니다. 그가 쓴 편지에는 동족상잔의 비극, 어머니에 대한 그리움이 담겨져 있습니다.

① 미국이 애치슨 선언을 발표하였다.
② 조선 건국 준비 위원회가 결성되었다.
③ 16개국으로 구성된 유엔군이 참전하였다.
④ 13도 창의군이 서울 진공 작전을 전개하였다.

391

기본 55회 47번

밑줄 그은 '이 전쟁' 중에 있었던 사실로 옳은 것은? [2점]

이것은 이 전쟁 중인 1951년 11월 판문점 인근에서 열기구를 띄우려는 모습을 촬영한 사진입니다. 이 열기구는 휴전 회담이 진행되던 당시 판문점 일대가 중립 지대임을 표시하기 위한 것이었습니다.

① 애치슨 선언이 발표되었다.
② 흥남 철수 작전이 전개되었다.
③ 사사오입 개헌안이 가결되었다.
④ 한 · 미 상호 방위 조약이 체결되었다.

392

기본 58회 42번

(가) 전쟁 중에 있었던 사실로 옳지 않은 것은? [2점]

史 오늘의 역사
30분 전
#사건 #1953년_7월_27일

👍 좋아요 58 | 💬 댓글 3 | ➡ 공유하기

□□ 무슨 사진이야?

△△ (가) 전쟁의 정전 협정 체결 모습이야.

○○ 판문점에서 찍은 사진이지.

① 반공 포로가 석방되었다.
② 미 · 소 공동 위원회가 개최되었다.
③ 중국군의 개입으로 서울을 다시 빼앗겼다.
④ 국군과 유엔군이 인천 상륙 작전에 성공하였다.

2 민주주의의 발전

393

| 기본 58회 43번

(가)에 들어갈 민주화 운동으로 옳은 것은? [2점]

■ 주제 : 불의와 독재에 항거한 (가) 자료집 만들기

– 수행 과제 : (가) 중 인상적인 장면을 그려 설명과 함께 올려 주세요.

게시자 : 서 ○○
3 · 15 부정 선거에 항의하는 학생들
바로 잡
⊕ 댓글 추가

게시자 : 송 ○○
대학교수단의 가두시위
학생의 피에 보답하라!
⊕ 댓글 추가

게시자 : 최 ○○
하야하는 이승만 대통령
⊕ 댓글 추가

게시자 : 강 ○○
환호하는 시민들
⊕ 댓글 추가

① 4 · 19 혁명
② 6월 민주 항쟁
③ 부 · 마 민주 항쟁
④ 5 · 18 민주화 운동

---

1 다음 키워드를 보고 ⭐에 알맞은 글자를 쓰시오.

❶ 여운형 중심, 조선 건국 동맹이 바탕, 광복 직후 치안과 행정 담당 ·················· 조선 건국 ⭐⭐ 위원회

❷ 미국·소련·영국의 대표 참여, 한반도 문제 논의, 미·소 공동 위원회 개최와 신탁 통치 실시 협의
·················· ⭐⭐⭐⭐ 3국 외상 회의

❸ 덕수궁 석조전에서 개최, 미국과 소련의 대립으로 결렬
·················· ⭐ · ⭐ 공동 위원회

❹ 김구·김규식 참여, 단독 선거에 반대 ······ 남북 ⭐⭐

❺ 제주도, 단독 정부 수립에 반대, 진상 규명 및 희생자 명예 회복에 관한 특별법 ·········· 제주 ⭐ · ⭐ 사건

❻ 우리나라 최초의 보통 선거, 제헌 국회 구성
·················· ⭐ · ⭐⭐ 총선거

---

2 6 · 25 전쟁 중에 있었던 사실들을 일어난 순서대로 나열하시오.

(가) 1 · 4 후퇴   (나) 중국군 개입
(다) 인천 상륙 작전   (라) 정전 협정 체결

(   )

정답 **1** ❶ 준비 ❷ 모스크바 ❸ 미, 소 ❹ 협상 ❺ 4, 3 ❻ 5, 10
2 (다)–(나)–(가)–(라)

394

기본 55회 48번

(가) 민주화 운동에 대한 설명으로 옳은 것은? [2점]

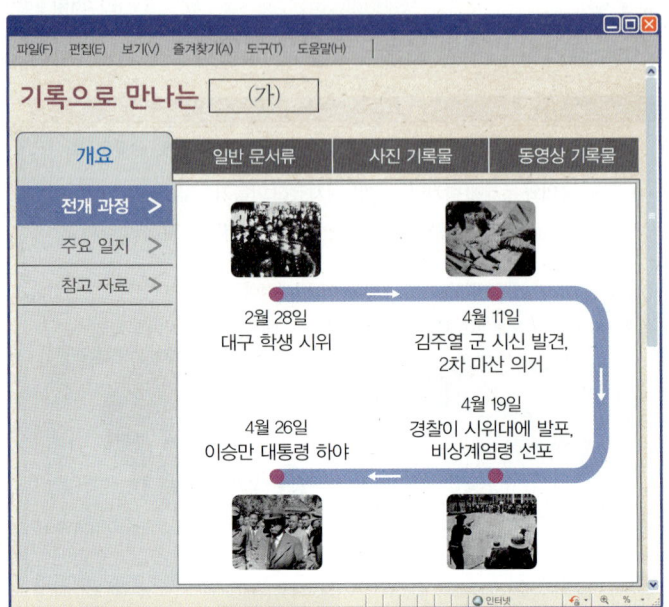

① 3 · 15 부정 선거에 항의하였다.
② 4 · 13 호헌 조치 철폐를 요구하였다.
③ 유신 체제가 붕괴하는 계기가 되었다.
④ 신군부의 비상계엄 확대에 반대하였다.

395

기본 63회 45번

밑줄 그은 '정부' 시기에 볼 수 있는 사회 모습으로 가장 적절한 것은? [2점]

① 부 · 마 민주 항쟁에 참여하는 학생
② 서울 올림픽 대회 개막식을 관람하는 시민
③ 금융 실명제 시행 속보를 시청하는 회사원
④ 반민족 행위 특별 조사 위원회에 체포되는 친일 행위자

396

기본 61회 45번

(가)에 들어갈 민주화 운동으로 옳은 것은? [1점]

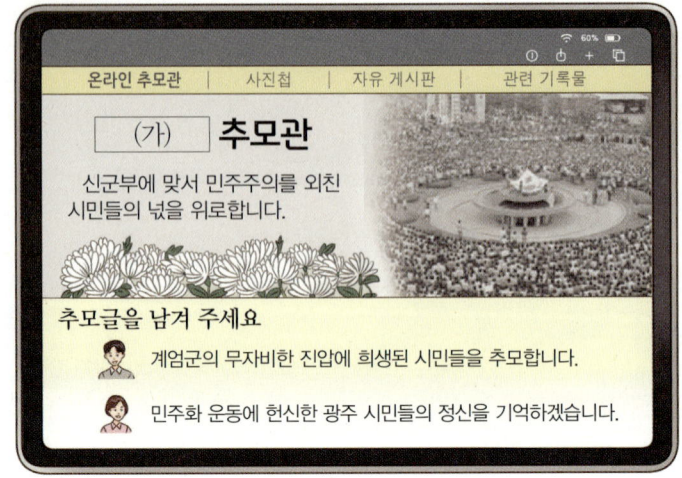

① 4 · 19 혁명
② 6월 민주 항쟁
③ 부 · 마 민주 항쟁
④ 5 · 18 민주화 운동

397

기본 57회 46번

(가)에 들어갈 민주화 운동으로 옳은 것은? [1점]

① 6 · 3 시위
② 6월 민주 항쟁
③ 2 · 28 민주 운동
④ 5 · 18 민주화 운동

398

| 기본 64회 41번

밑줄 그은 '이 민주화 운동'에 대한 설명으로 옳은 것은? [3점]

'고바우'가 바라본 우리 현대사

이 만화는 김성환이 그린 '고바우 영감'으로 1987년 7월 1일자 신문에 게재되었다.

호헌 철폐, 독재 타도를 외친 이 민주화 운동으로 대통령 직선제 개헌을 약속하는 발표가 나자, 기뻐하는 국민들의 모습을 작가가 네 컷 만화로 표현하였다.

① 유신 체제가 붕괴되는 계기가 되었다.
② 양원제 국회가 출현하는 결과를 가져왔다.
③ 박종철과 이한열 등의 희생으로 확산되었다.
④ 전개 과정에서 시민군이 자발적으로 조직되었다.

399

| 기본 52회 48번

다음 자료로 알 수 있는 민주화 운동에 대한 설명으로 옳은 것은? [3점]

고문 살인 은폐 규탄 및 호헌 철폐 국민 대회

- 일시 : 1987년 6월 10일 오후 6시
- 장소 : 성공회 대성당
- 주최 : 박종철 고문 살인 은폐 조작 규탄 범국민 대회 준비 위원회
- 주관 : 민주 헌법 쟁취 국민 운동 본부

① 대통령이 하야하는 결과를 가져왔다.
② 굴욕적인 한·일 국교 정상화에 반대하였다.
③ 5년 단임의 대통령 직선제 개헌을 이끌어 냈다.
④ 전개 과정에서 시민군이 자발적으로 조직되었다.

키워드로 개념 다지기

다음 키워드를 보고 ⭐ 에 알맞은 글자를 쓰시오.

❶ 3·15 부정 선거에 항의, 김주열, 대학교수단이 시국 선언 발표, 이승만이 대통령직에서 물러남

⭐·⭐⭐ 혁명

❷ 부산과 마산 일대, 박정희 정부의 유신 체제에 저항

⭐·⭐ 민주 항쟁

❸ 광주, 신군부에 저항, 민주주의 회복과 계엄령 철회 요구, 신군부가 계엄군 투입, 시민군 조직, 계엄군의 무력 진압

⭐·⭐⭐ 민주화 운동

❹ 박종철, 이한열, 4·13 호헌 조치 철폐 요구, '호헌 철폐, 독재 타도'의 구호, 6·29 민주화 선언, 5년 단임의 대통령 직선제 개헌 ……… 6월 ⭐⭐ 항쟁

정답 ❶ 4, 19 ❷ 부, 마 ❸ 5, 18 ❹ 민주

정답과 해설 201~208쪽

3 경제의 발전과 통일을 위한 노력

400
| 기본 48회 46번

(가)~(라)에 들어갈 내용으로 적절한 것은? [3점]

〈2020년 하계 한국사 특강〉

대한민국 경제의 발자취

우리 연구소에서는 대한민국의 경제 상황을 시기별로 살펴보는 온라인 특강을 준비하였습니다. 관심 있는 분들의 많은 참여를 부탁드립니다.

▣ 특강 주제 ▣

제1강 1950년대,	(가)
제2강 1960년대,	(나)
제3강 1970년대,	(다)
제4강 1980년대,	(라)

■ 일시 : 2020년 ○○월 ○○일 10:00~17:00
■ 주관 : ○○○○ 연구소
■ 신청 : 홈페이지 공지 사항 참조

① (가) – 삼백 산업과 원조 경제 체제
② (나) – 중화학 공업의 육성과 석유 파동
③ (다) – 산업 구조의 재편과 3저 호황
④ (라) – 외환 위기 발생과 금 모으기 운동

401
| 기본 67회 46번

다음 가상 뉴스에서 보도하는 사건이 일어난 정부 시기의 사실로 옳은 것은? [2점]

오늘 일본 총리 관저에서 한·일 협정 조인식이 열려 양국 대표들이 협정문에 서명했습니다.

한·일 협정 조인식 열려

① 농지 개혁법을 제정하였다.
② 경부 고속 도로를 개통하였다.
③ 경제 협력 개발 기구(OECD)에 가입하였다.
④ 미국과 자유 무역 협정(FTA)을 체결하였다.

402
| 기본 55회 49번

다음 연설문을 발표한 정부 시기의 경제 상황으로 옳은 것은? [3점]

우리 민족의 숙원이던 경부 간 고속 도로의 완전 개통을 보게 된 것을 국민 여러분들과 더불어 경축해 마지않는 바입니다. 이 길은 총 연장 428km로 우리나라의 리(里) 수로 따지면 천 리 하고도 약 칠십 리가 더 되는데, 장장 천릿길을 이제부터는 자동차로 4시간 반이면 달릴 수 있게 됐습니다. …… 이 고속 도로가 앞으로 우리나라 국민 경제의 발전과 산업 근대화에 여러 가지 큰 공헌을 하리라고 믿습니다.

① 서울에서 G20 정상 회의가 개최되었다.
② 한·미 자유 무역 협정(FTA)이 체결되었다.
③ 제2차 경제 개발 5개년 계획이 추진되었다.
④ 경제 협력 개발 기구(OECD)에 가입하였다.

403
| 기본 64회 44번

(가) 정부 시기에 있었던 사실로 옳은 것은? [2점]

사진으로 보는 (가) 정부

새마을 운동 | 광주 대단지 사건 | 100억 달러 수출 달성

① 농지 개혁법이 제정되었다.
② 경부 고속 도로를 준공하였다.
③ 금융 실명제를 전면 실시하였다.
④ 경제 협력 개발 기구(OECD)에 가입하였다.

404

기본 57회 47번

(가)에 해당하는 인물로 옳은 것은?　　　　[2점]

이 문서는 (가) 이/가 작성한 평화 시장 봉제 공장 실태 조사서입니다. 당시 노동자들의 노동 시간과 건강 상태 등이 상세히 기록되어 있습니다. 열악한 노동 환경의 개선을 요구하던 그는 1970년에 "근로 기준법을 지켜라.", "우리는 기계가 아니다."를 외치며 분신하였습니다.

①
김주열

②
장준하

③
전태일

④
이한열

405

기본 63회 46번

(가) 정부 시기의 경제 상황으로 옳은 것은?　　　[2점]

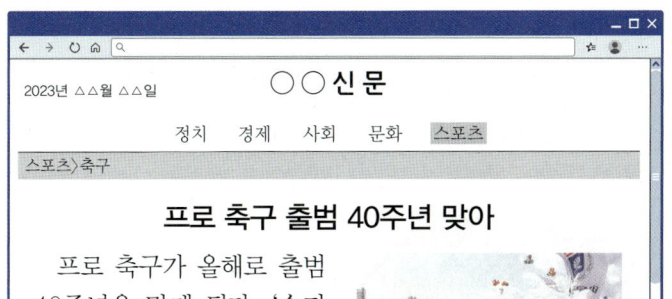

○○신문

2023년 △△월 △△일

정치　경제　사회　문화　스포츠

스포츠〉축구

프로 축구 출범 40주년 맞아

슈퍼 리그 개막 행사

프로 축구가 올해로 출범 40주년을 맞게 된다. '슈퍼 리그'라는 이름 아래 다섯 팀으로 시작하였던 프로 축구는 현재 팀 수가 크게 늘어나 승강제가 시행될 정도로 규모가 확대되었다.

5·18 민주화 운동이 진압된 이후 집권한 (가) 정부는 프로 야구 출범 이듬해인 1983년에 프로 축구를 출범시켰다. 이로써 프로 스포츠 시대가 본격화하였지만, 정치에 대한 국민의 관심을 돌리기 위한 조치였다는 비판을 받기도 한다.

① 제1차 경제 개발 5개년 계획이 수립되었다.
② 경제 협력 개발 기구(OECD)에 가입하였다.
③ 저금리·저유가·저달러의 3저 호황이 있었다.
④ 미국과의 자유 무역 협정(FTA)이 체결되었다.

406

기본 60회 47번

(가)에 들어갈 내용으로 옳은 것은?　　　[2점]

주제 : ○○○ 정부가 한 일

역사 바로 세우기의 일환으로 옛 조선 총독부 건물을 철거했어.

경제 협력 개발 기구(OECD)에 가입했어.

(가)

① 금융 실명제를 실시했어.
② 경부 고속 도로를 준공했어.
③ 제1차 경제 개발 5개년 계획을 추진했어.
④ 미국과 자유 무역 협정(FTA)을 체결했어.

407

기본 66회 49번

다음 연설이 있었던 정부 시기의 경제 상황으로 옳은 것은?

[2점]

> 국민 여러분, 금융 실명제 실시를 위한 대통령 긴급 명령은 깨끗한 사회로 가기 위해 필수적인 제도 개혁입니다. 지하 경제가 사라질 것입니다. 검은 돈이 없어질 것입니다.

① 경부 고속 도로를 준공하였다.
② 3저 호황으로 수출이 증가하였다.
③ 제1차 경제 개발 5개년 계획을 추진하였다.
④ 경제 협력 개발 기구(OECD)에 가입하였다.

408

기본 61회 48번

다음 뉴스가 보도된 정부 시기의 경제 상황으로 옳은 것은?

[2점]

> 오늘 서울 월드컵 경기장에서 제17회 FIFA 한·일 월드컵 축구 대회 개막식이 열렸습니다. 이번 월드컵 대회는 아시아 지역에서 처음 열리는 대회로서 세계인의 큰 관심을 끌고 있습니다.

서울에서 월드컵 개막식 성공적으로 열려

① 경부 고속 도로를 준공하였다.
② 세계 무역 기구(WTO)에 가입하였다.
③ 제1차 경제 개발 5개년 계획이 추진되었다.
④ 국제 통화 기금(IMF)의 구제 금융을 조기 상환하였다.

409

기본 52회 50번

(가)에 들어갈 내용으로 옳은 것은?

[2점]

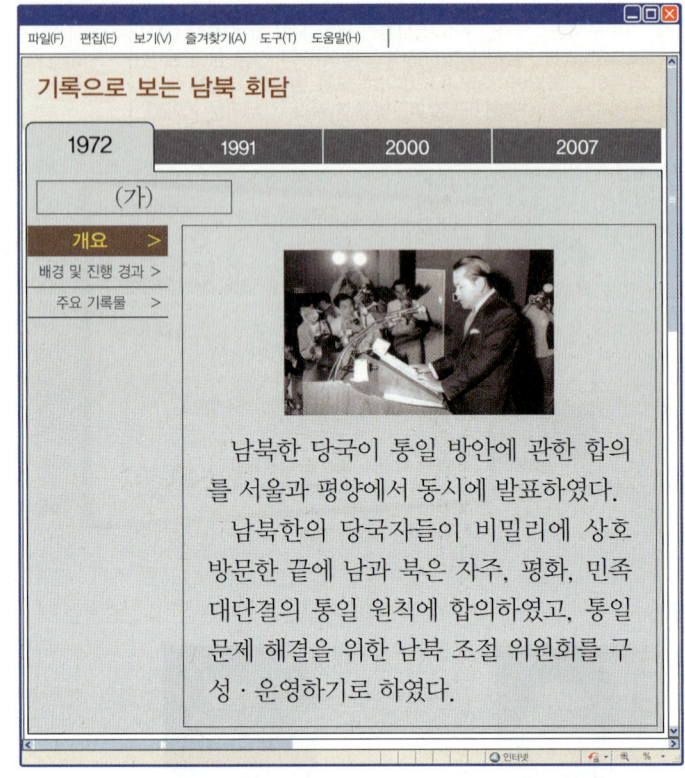

파일(F) 편집(E) 보기(V) 즐겨찾기(A) 도구(T) 도움말(H)

기록으로 보는 남북 회담

| 1972 | 1991 | 2000 | 2007 |

(가)

개요 >
배경 및 진행 경과 >
주요 기록물 >

남북한 당국이 통일 방안에 관한 합의를 서울과 평양에서 동시에 발표하였다. 남북한의 당국자들이 비밀리에 상호 방문한 끝에 남과 북은 자주, 평화, 민족 대단결의 통일 원칙에 합의하였고, 통일 문제 해결을 위한 남북 조절 위원회를 구성·운영하기로 하였다.

① 남북 기본 합의서
② 7·4 남북 공동 성명
③ 6·15 남북 공동 선언
④ 10·4 남북 정상 선언

410

기본 61회 46번

다음 자료에 나타난 정부 시기의 통일 노력으로 옳은 것은?

[3점]

1/3
북방 외교를 통해 소련과 국교를 수립하고, 남북 관계의 진전을 이루었다.

2/3
화해와 불가침 및 교류 협력에 관한 내용을 담은 남북 기본 합의서를 채택하였다.

3/3
평화와 통일을 위한 준비 과정으로 한반도 비핵화 공동 선언에 합의하였다.

① 남북한 유엔 동시 가입
② 남북 이산가족 최초 상봉
③ 7·4 남북 공동 성명 발표
④ 6·15 남북 공동 선언 채택

411

기본 55회 50번

다음 발표에 해당하는 정부 시기에 있었던 사실로 옳은 것은?

[2점]

주제 : 남북 화해와 평화를 위한 노력

△△ 모둠 발표

남북한이 유엔에 동시 가입하였어요.

남북 기본 합의서를 채택하였어요.

한반도 비핵화에 관한 공동 선언에 합의하였어요.

① 개성 공단이 조성되었다.
② 서울 올림픽 대회가 개최되었다.
③ 베트남 전쟁에 국군이 파병되었다.
④ 국민 기초 생활 보장법이 제정되었다.

412

기본 50회 50번

(가)에 들어갈 내용으로 옳은 것은?

[2점]

기록으로 보는 평화 통일 노력

1990년대 2000년대

(가) 기록물 #10

2000년, 남북한의 정상인 김대중 대통령과 김정일 국방 위원장이 분단 이후 처음으로 만나 평양에서 회담을 진행하였다.

① 남북 기본 합의서
② 7 · 4 남북 공동 성명
③ 6 · 15 남북 공동 선언
④ 한반도 비핵화 공동 선언

413

기본 54회 50번

다음 내용을 발표한 정부의 통일 노력으로 옳은 것은? [2점]

북한의 무력 도발을 절대 용납하지 않는다. 우리도 북한을 해치거나 흡수 통일을 추구하지 않는다. 남북이 화해 · 협력하자. 이것이 바로 우리가 추구하는 햇볕 정책의 핵심이며 냉전 종식을 위한 주장입니다.

역사의 현장

2000년 3월, 베를린 자유대학

① 개성 공단 조성에 합의하였다.
② 남북 기본 합의서를 채택하였다.
③ 남북한이 유엔에 동시 가입하였다.
④ 7 · 4 남북 공동 성명을 발표하였다.

키워드로 개념 다지기

다음 키워드를 보고 어느 정부인지 〈보기〉에서 골라 쓰시오.

보기

박정희 정부, 노태우 정부,
김영삼 정부, 김대중 정부

❶ 경제 개발 5개년 계획 추진, 경부 고속 국도 건설, 전태일 분신 ⋯⋯⋯⋯⋯ ( )

❷ 금 모으기 운동, 최초의 남북 정상 회담 개최, 6·15 남북 공동 선언 ⋯⋯⋯⋯ ( )

❸ 금융 실명제 전격 실시, 경제 협력 개발 기구(OECD) 가입, 외환 위기 ⋯⋯⋯⋯ ( )

❹ 남북한 유엔(UN) 동시 가입, 남북 기본 합의서 채택, 한반도 비핵화 공동 선언 ⋯⋯⋯⋯ ( )

정답 ❶ 박정희 정부 ❷ 김대중 정부 ❸ 김영삼 정부 ❹ 노태우 정부

부록

정답과 해설 208~211쪽

1 시대 통합 문제

414

| 기본 57회 38번

(가)~(라)에 들어갈 내용으로 옳은 것은? [2점]

한국사 콘텐츠 기획안

주제	민중 봉기로 본 우리 역사
제목	들풀이 꿈꾼 세상
기획 의도	우리 역사에서 일어났던 시대별 민중 봉기를 웹드라마로 제작하여 그들이 지향한 세상을 살펴본다.
구성 방식	웹드라마, 4부작
구성 내용	1부	사벌주 농민 원종과 애노, (가)
	2부	경상도의 김사미와 효심, (나)
	3부	최충헌의 사노비 만적, (다)
	4부	'평서대원수' 홍경래, (라)
주의 사항	사료에 기반하여 각 10분 분량으로 제작함

① (가) – 환곡의 폐단과 탐관오리의 횡포에 항거하다

② (나) – 정감록 신앙을 바탕으로 왕조 교체를 외치다

③ (다) – 무신 정변 이래 격변한 세상에서 신분 해방을 도모하다

④ (라) – 특수 행정 구역인 소의 주민에 대한 수탈에 저항하다

415

| 기본 64회 50번

(가)~(다)를 설립한 순서대로 옳게 나열한 것은? [3점]

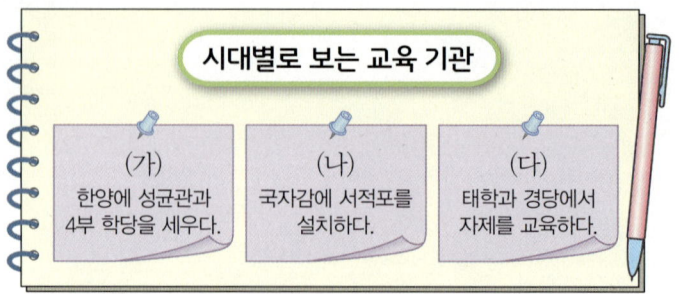

시대별로 보는 교육 기관

(가)	(나)	(다)
한양에 성균관과 4부 학당을 세우다.	국자감에 서적포를 설치하다.	태학과 경당에서 자제를 교육하다.

① (가) – (나) – (다)   ② (가) – (다) – (나)

③ (나) – (가) – (다)   ④ (다) – (나) – (가)

416

| 기본 60회 49번

(가)~(라)에 들어갈 내용으로 적절하지 <u>않은</u> 것은? [3점]

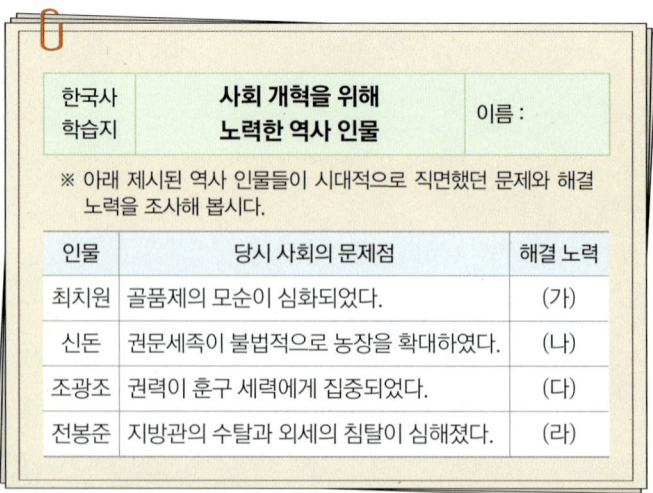

한국사 학습지	**사회 개혁을 위해 노력한 역사 인물**	이름 :

※ 아래 제시된 역사 인물들이 시대적으로 직면했던 문제와 해결 노력을 조사해 봅시다.

인물	당시 사회의 문제점	해결 노력
최치원	골품제의 모순이 심화되었다.	(가)
신돈	권문세족이 불법적으로 농장을 확대하였다.	(나)
조광조	권력이 훈구 세력에게 집중되었다.	(다)
전봉준	지방관의 수탈과 외세의 침탈이 심해졌다.	(라)

① (가) – 훈요 10조를 남겼다.

② (나) – 전민변정도감의 설치를 건의하였다.

③ (다) – 현량과 시행을 주장하였다.

④ (라) – 동학 농민 운동을 일으켰다.

417

기본 66회 45번

(가)~(다)에 대한 설명으로 옳은 것은?　　　　[3점]

한국사 탐구 보고서

■ **주제** : 사회적 차별에 맞선 사람들
■ **목적** : 우리 역사 속 사회적 차별에 맞선 사람들의 주장을 조사하여 그 의미를 되새겨 본다.
■ **방법** : 문헌 조사, 인터넷 검색 등
■ **시대별 탐구 내용**

시대	탐구 내용
고려 시대	"장군과 재상에 어찌 씨가 있겠는가?", 만적을 비롯한 많은 (가) 이/가 신분 해방을 도모하다.
조선 시대	"적자가 아니라는 이유로 관직을 제한하는 법을 풀어 주십시오.", 상소를 올려 (나) 에 대한 차별 폐지를 요청하다.
일제 강점기	"공평은 사회의 근본이요, 애정은 인류의 본성이라.", 조선 형평사를 조직하여 (다) 에 대한 차별 철폐를 주장하다.

① (가) – 고려 시대에 공음전을 지급받았다.
② (나) – 일부가 규장각 검서관에 기용되었다.
③ (다) – 골품에 따라 관직 승진의 제한을 받았다.
④ (가), (나), (다) – 매매, 상속, 증여의 대상이 되었다.

418

기본 57회 28번

(가)에 대한 역대 왕조의 시기별 정책으로 옳은 것은?　[3점]

○ (가) 의 변경 침략 때문에 [예종이] 법왕사에 행차하여 분향하고, 신하들을 나누어 보내 여러 사당에서 기도하게 하였다.

○ 동북면 도순문사가 아뢰었다. "경성, 경원에 (가) 의 출입을 허락하면 떼 지어 몰려들 우려가 있고, 일절 금하면 소금과 쇠를 얻지 못하여 변경에 불화가 생길까 걱정됩니다. 원하건대, 두 고을에 무역소를 설치하여 저들로 하여금 와서 교역하게 하소서." [태종이] 그대로 따랐다.

① 백제 의자왕 때 대야성을 공격하였다.
② 신라 흥덕왕 때 완도에 청해진을 설치하였다.
③ 고려 숙종 때 윤관의 건의로 별무반을 편성하였다.
④ 조선 고종 때 종로와 전국 각지에 척화비를 건립하였다.

419

기본 58회 16번

교사의 질문에 대한 학생들의 대답으로 옳지 않은 것은? [2점]

역사상 우리나라와 중국 사이에 있었던 교류 활동의 사례를 말해 볼까요?

① 신라의 장보고는 산둥반도에 법화원을 세웠어요.

② 고려 시대에 이제현이 만권당에서 공부하였어요.

③ 조선 시대에 박지원은 연행사의 일원으로 열하에 다녀왔어요.

④ 개항기에 민영익이 보빙사의 대표로 파견되었어요.

정답과 해설 211~215쪽

2 세시 풍속, 민속놀이

420

| 기본 54회 47번

(가) 명절에 행해지는 세시 풍속으로 가장 적절한 것은? [1점]

> **역사신문**
>
> 제△△호   1989년 ○○월 ○○일
>
> (가) 의 부활, 3일 연휴 확정
>
> 우리나라에서는 전통적으로 음력에 근거하여 새해의 첫날을 명절로 보내왔다. 하지만 양력이 사용된 후 일제 강점기를 거치며 음력 새해의 첫날은 '구정(舊正)'으로 불리는 등 등한시되었다. 그럼에도 음력으로 명절을 쇠는 전통은 사라지지 않았고, 1985년에 정부는 이날을 '민속의 날'이라는 이름의 국가 공휴일로 지정하였다. 그리고 1989년 드디어 (가) (이)라는 고유의 명칭으로 변경하고, 연휴로 하는 방안을 확정하였다.

① 화전놀이
② 세배하기
③ 창포물에 머리 감기
④ 보름달 보며 소원 빌기

421

| 기본 60회 8번

(가)에 들어갈 세시 풍속으로 옳은 것은? [1점]

> (가)
>
> 동지로부터 105일째 되는 날인 (가) 은/는 양력 4월 5일 무렵으로 중국 춘추 시대 개자추 이야기에서 유래되었다고 전한다.
> 이날에는 불을 사용하지 않고 찬 음식을 먹었으며 조상의 묘를 돌보았다.

① 단오
② 칠석
③ 한식
④ 삼짇날

422

| 기본 63회 48번

(가)에 들어갈 명절로 옳은 것은? [1점]

> 오전 10:00
>
> ○○○ 30분 전
> #세시_풍속 #부럼_깨기
> #오곡밥_먹기
>
> 오늘은 음력 1월 15일
> (가) 맞이 부럼 깨기 완료!
>
> 👍 좋아요 48   💬 댓글 2   ↗ 공유하기
>
> □□ 부럼 깨기가 뭐야?
>
> ○○○ 부스럼을 예방하고 치아를 튼튼하게 하려는 뜻이 담긴 세시 풍속이야.

① 단오
② 동지
③ 한식
④ 정월 대보름

423

| 기본 47회 46번

다음 행사에 해당하는 세시 풍속으로 옳은 것은? [1점]

> **수릿날 맞이 체험 행사**
> 2020년 6월 25일(음력 5월 5일)
>
> 창포물에 머리 감기 체험   수리취떡 만들기 체험

① 설날
② 단오
③ 추석
④ 한식

424

기본 55회 23번

(가)에 들어갈 세시 풍속으로 옳은 것은? [1점]

우리나라의 큰 명절인 음력 8월 15일 (가) 을/를 맞이하여 특별한 요리를 준비하셨다고요?

네, 이 명절에는 햅쌀로 송편을 빚어 차례를 지내고 성묘하잖아요. 오늘은 송편을 맛있게 만드는 비법을 알려 드릴게요.

오늘의 요리

① 단오
② 추석
③ 한식
④ 정월 대보름

425

기본 49회 47번

다음 일기에 나타난 세시 풍속을 행하는 명절로 옳은 것은? [1점]

○○월 ○○일 ○요일   날씨:

오늘은 1년 중 밤이 가장 길고 낮이 가장 짧은 날이라고 한다. 아침부터 아빠와 함께 팥죽을 만들었다. 나는 찹쌀로 새알심을 만들었다. 팥죽을 먹어야 진짜 나이를 한 살 더 먹는다고 하는데, 오늘 만들어 먹었으니까 나도 이제 진짜로 열 살이 된 것 같아 기쁘다.

① 단오
② 동지
③ 추석
④ 한식

426

기본 58회 49번

밑줄 그은 '놀이'로 옳은 것은? [1점]

우리나라의 민속놀이 소개

구명 뚫린 동전을 천이나 한지로 접어 싸고 그 끝을 여러 갈래로 찢어 술을 너풀거리게 만든 뒤, 이를 발로 차며 즐기는 놀이입니다.

① 널뛰기
② 비석치기
③ 제기차기
④ 쥐불놀이

427

기본 52회 16번

다음에 해당하는 문화유산으로 옳은 것은? [1점]

오전 10:00

세계 유산 | 세계 기록 유산 | 무형 문화유산

기본 정보   상세 설명

두 사람이 상대방의 샅바나 바지의 허리춤을 잡고 상대를 바닥에 넘어뜨리는 민속놀이이다. 이 놀이는 남북한이 공동으로 등재를 신청하여 2018년에 유네스코 무형 문화유산이 되었다.

① 씨름
② 택견
③ 강강술래
④ 남사당놀이

정답과 해설 215~218쪽

3 지역사

428

| 기본 60회 48번

(가)에 해당하는 지역으로 옳은 것은? [1점]

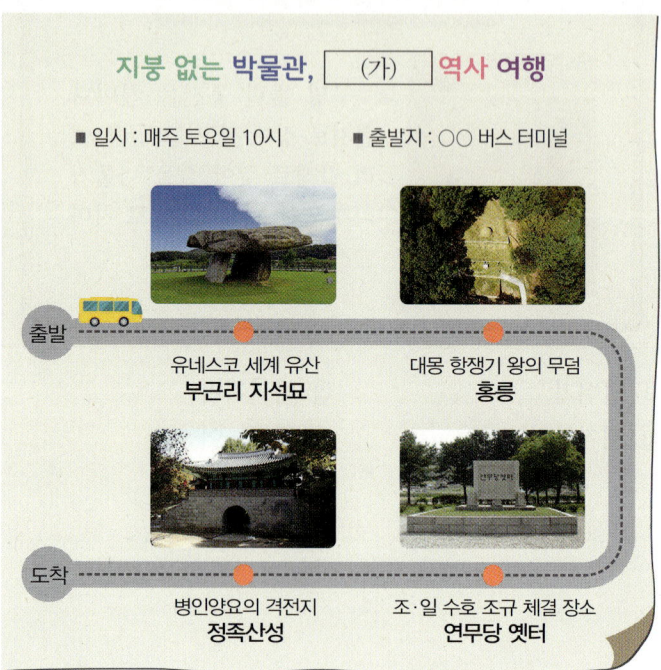

① 진도
② 거제도
③ 강화도
④ 울릉도

429

| 기본 58회 50번

학생들이 공통으로 이야기하는 지역으로 옳은 것은? [2점]

① 상주
② 원주
③ 전주
④ 청주

430

| 기본 54회 38번

다음 답사가 이루어진 지역을 지도에서 옳게 고른 것은? [2점]

우리 고장 문화유산 탐방
일자 : 2021년 ○○월 ○○일

◆ 답사 코스 ◆

태사묘
고창 전투를 승리로 이끈 고려 공신 삼태사의 위패를 모신 사당

도산 서원
퇴계 이황이 제자들을 가르쳤던 장소에 세워진 서원

임청각
일제 강점기 서간도로 망명하여 독립운동에 앞장섰던 석주 이상룡의 생가

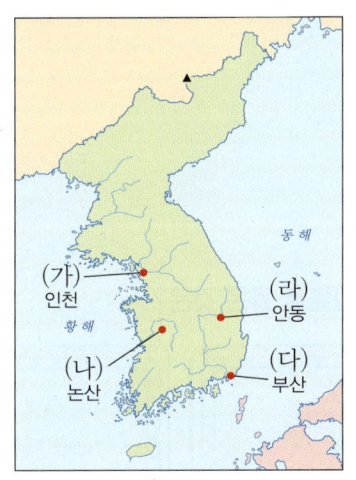

① (가)　　② (나)　　③ (다)　　④ (라)

431

| 기본 61회 50번

(가)에 들어갈 지역으로 옳은 것은? [2점]

학생 모둠 활동

주제 : (가) 의 역사 알아보기

신문왕이 이곳으로 천도를 하려고 했어.

고려와 후백제 사이에 치열했던 공산 전투가 벌어진 곳이야.

김광제 등을 중심으로 국채 보상 운동이 시작되었지.

학생들을 중심으로 이승만 독재 정권에 저항한 2·28 민주 운동이 일어났어.

① 대구　　　　　② 안동
③ 울산　　　　　④ 청주

432

| 기본 63회 50번

학생들이 공통으로 이야기하는 지역으로 옳은 것은? [2점]

① 강릉　　　　　　② 군산
③ 대구　　　　　　④ 진주

433

| 기본 64회 46번

밑줄 그은 '이 섬'에 대한 설명으로 옳은 것은? [1점]

① 정약전이 자산어보를 저술한 섬이다.
② 하멜 일행이 표류하다 도착한 섬이다.
③ 이종무가 왜구를 소탕하기 위해 정벌한 섬이다.
④ 안용복이 일본에 가서 우리 영토임을 확인받은 섬이다.

정답과 해설 218~226쪽

4　역사 속 인물

434

| 기본 52회 6번

(가)에 들어갈 인물로 옳은 것은? [2점]

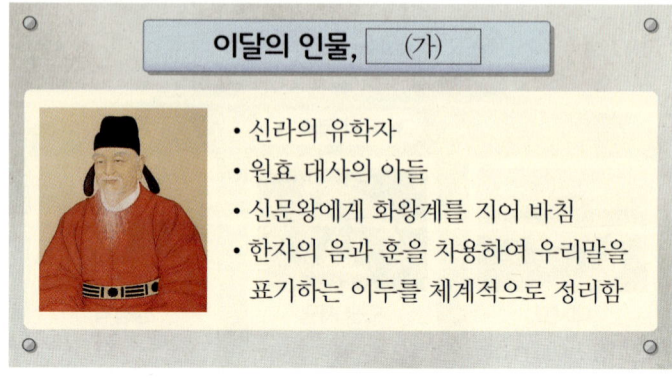

이달의 인물, (가)

• 신라의 유학자
• 원효 대사의 아들
• 신문왕에게 화왕계를 지어 바침
• 한자의 음과 훈을 차용하여 우리말을 표기하는 이두를 체계적으로 정리함

① 설총　　　　　　② 안향
③ 김부식　　　　　④ 최치원

435

| 기본 60회 18번

(가)에 들어갈 인물로 옳은 것은? [1점]

(가) (앞면)

• 고려 시대 학자
• 성균관 대사성 역임
• 사신으로 명, 일본 왕래
• 조선 건국 세력에 맞서 고려 왕조를 지키고자 함
• 문집으로 포은집이 있음

(뒷면)

①  박지원
②  송시열
③  정몽주
④  정도전

436

| 기본 64회 17번

(가) 인물에 대한 설명으로 옳은 것은?　　　　[3점]

〈한국사 토론〉

요동 정벌, 어떻게 볼 것인가?

저는 최영의 주장처럼 명의 철령위 설치에 맞서 요동 정벌을 추진해야 했다고 생각합니다.

아닙니다. 저는 요동 정벌은 무리라는 (가) 의 4불가론이 타당하다고 생각합니다.

① 강동 6주를 획득하였다.
② 비격진천뢰를 제작하였다.
③ 황산에서 왜구를 물리쳤다.
④ 매소성 전투를 승리로 이끌었다.

437

| 기본 63회 23번

(가)에 들어갈 인물로 옳은 것은?　　　　[1점]

여기는 도산 서당으로, 성학십도를 저술한 성리학자 (가) 이/가 제자들을 양성한 곳입니다. 그의 사후 제자들이 스승을 추모하고자 서당 뒤편으로 도산 서원을 조성하면서 한 공간에 서원과 서당이 공존하는 보기 드문 형태를 갖추게 되었습니다.

① 서희　　　　② 이황
③ 박제가　　　④ 정몽주

438

| 기본 49회 32번

(가)에 들어갈 인물로 옳은 것은?　　　　[2점]

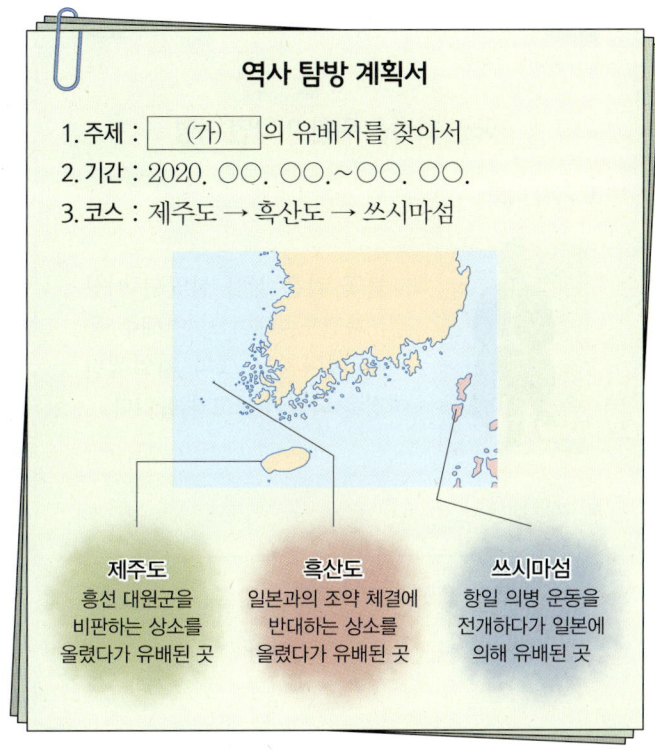

역사 탐방 계획서

1. 주제 : (가) 의 유배지를 찾아서
2. 기간 : 2020. ○○. ○○.~○○. ○○.
3. 코스 : 제주도 → 흑산도 → 쓰시마섬

제주도
흥선 대원군을 비판하는 상소를 올렸다가 유배된 곳

흑산도
일본과의 조약 체결에 반대하는 상소를 올렸다가 유배된 곳

쓰시마섬
항일 의병 운동을 전개하다가 일본에 의해 유배된 곳

① 허위　　　　② 신돌석
③ 유인석　　　④ 최익현

439

기본 67회 35번

(가)에 들어갈 내용으로 적절한 것은? [3점]

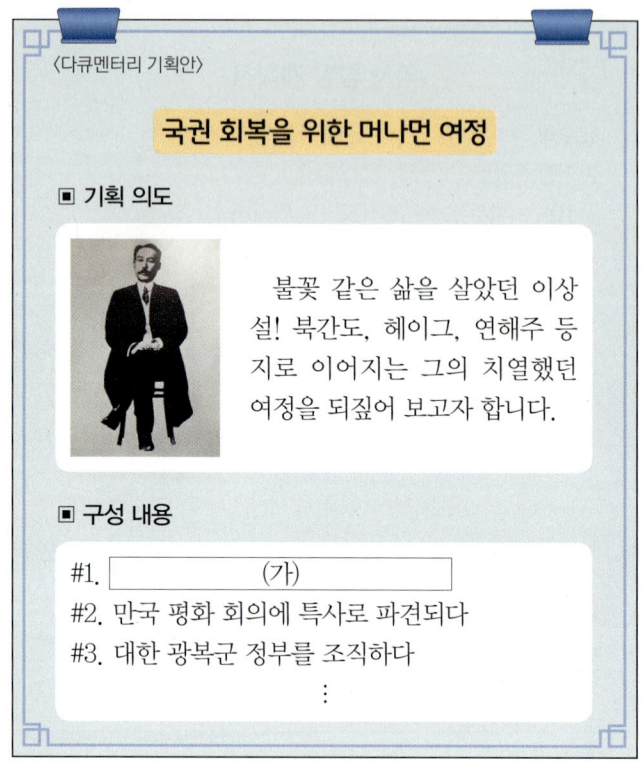

〈다큐멘터리 기획안〉

국권 회복을 위한 머나먼 여정

■ 기획 의도

　불꽃 같은 삶을 살았던 이상설! 북간도, 헤이그, 연해주 등지로 이어지는 그의 치열했던 여정을 되짚어 보고자 합니다.

■ 구성 내용

#1. ____(가)____
#2. 만국 평화 회의에 특사로 파견되다
#3. 대한 광복군 정부를 조직하다
⋮

① 의열단을 조직하다
② 서전서숙을 설립하다
③ 동양 평화론을 집필하다
④ 시일야방성대곡을 발표하다

440

기본 55회 35번

(가)에 해당하는 인물로 옳은 것은? [3점]

이 작품은 (가) 이 여성의 의병 참여를 독려하기 위해 만든 노래입니다. 그녀는 이 외에도 의병을 주제로 여러 편의 가사를 지어 의병들의 사기를 높이려 하였습니다. 일제에 나라를 빼앗긴 이후에는 만주로 망명하여 항일 투쟁을 이어 갔습니다.

안사람 의병가
아무리 왜놈들이 강성한들
우리들도 뭉쳐지면 왜놈 잡기 쉬울세라
아무리 여자인들 나라사랑 모를쏘냐
남녀가 유별한들 나라 없이 소용있나
우리도 의병하러 나가보세
의병대를 도와주세 ……

①  권기옥

②  남자현

③  박차정

④  윤희순

441

| 기본 63회 38번

다음 인물에 대한 설명으로 옳은 것은?　　　　　[3점]

> **역사 인물 카드**
>
> ### 손병희
>
> - **생몰** : 1861년~1922년
> - **호** : 의암
> - **주요 활동**
>   - 교조 신원 운동에 참여함
>   - 동학의 3대 교주로 취임함
>   - 동학을 천도교로 선포함

① 청산리 전투를 승리로 이끌었다.
② 하얼빈에서 이토 히로부미를 처단하였다.
③ 헤이그 만국 평화 회의에 특사로 파견되었다.
④ 민족 대표 33인 중 한 명으로 독립 선언에 참여하였다.

442

| 기본 63회 37번

(가)에 들어갈 인물로 옳은 것은?　　　　　[2점]

> 이것은 구 서울역사 앞에 세워진 (가) 의사의 동상입니다. 당시 65세였던 그는 새로 부임하는 사이토 총독을 향해 이곳에서 폭탄을 던졌으나, 뜻을 이루지 못하고 체포되어 이듬해 서대문 형무소에서 순국하였습니다.

① 김구　　　　　② 강우규
③ 윤봉길　　　　④ 이승만

443

| 기본 50회 39번

(가)에 들어갈 인물로 옳은 것은?　　　　　[3점]

> **이달의 독립 유공자**
> ## 조선을 사랑한 외국인
>
> (가)
>
> (1889~1970)
>
> 영국 태생 캐나다 의학자 | 1968년 건국 훈장 독립장
>
> 3·1 운동 당시 일제가 저지른 제암리 학살 사건의 참상을 외국 언론에 제보하여 일제의 만행을 세계에 폭로하였다. 국립 서울 현충원에 안장된 최초의 외국인이다.

①
호머 헐버트

②
메리 스크랜튼

③
어니스트 베델

④
프랭크 스코필드

444

(가)에 들어갈 인물로 옳은 것은? [1점]

① 안창호 　　　　② 이육사
③ 한용운 　　　　④ 윤봉길

446

(가)에 해당하는 인물로 옳은 것은? [2점]

신문으로 보는 일제 강점기 노동 운동

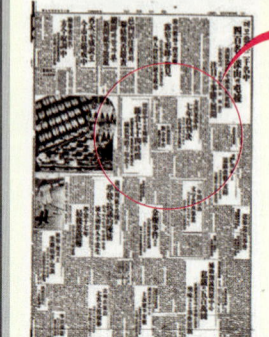

🔍 **내용 살펴보기**

평양 을밀대 지붕 위에 올라
갔다가 평양 경찰서에 검속되어
있는 평원 고무 공장 파업 여공
(가) 이 31일 밤까지 단
식을 계속하고 있다. ……그는
평원 고무 공장이 임금 삭감을
취소하지 않으면 먹지 않겠다고
버티는 중이다.

① 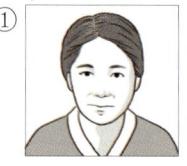 　　　②
　강주룡 　　　　　　　　남자현

③ 　　　　　④
　유관순 　　　　　　　　윤희순

445

다음 자료에 해당하는 인물로 옳은 것은? [2점]

 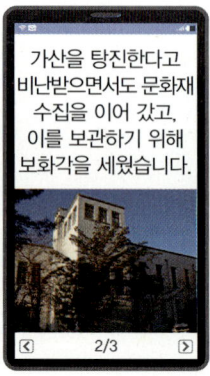 

일제 강점기에 훈민정음 해례본 등 수많은 문화재를 수집하여 보존에 힘쓴 한 사람이 있습니다. 1/3

가산을 탕진한다고 비난받으면서도 문화재 수집을 이어 갔고, 이를 보관하기 위해 보화각을 세웠습니다. 2/3

그의 헌신적인 노력으로 지켜 낸 우리 문화재의 소중함을 되새겨 보시기 바랍니다. 3/3

① 심훈 　　　　② 이회영
③ 전형필 　　　④ 주시경

447

기본 55회 39번

(가)에 들어갈 인물로 옳은 것은? [1점]

고대 그리스 청동 투구

이 유물은 (가) 이 1936년 베를린 올림픽 마라톤 경기에서 우승하여 받은 투구입니다. 당시 조선중앙일보, 동아일보 등이 그의 우승 소식을 보도하면서 유니폼에 그려진 일장기를 삭제하여 일제의 탄압을 받았습니다.

① 남승룡
② 손기정
③ 안창남
④ 이중섭

448

기본 64회 42번

(가)에 들어갈 내용으로 옳은 것은? [3점]

역사 인물 카드

- **호 : 우사**
- **생몰 : 1881년~1950년**
- **주요 활동**
  - 파리 강화 회의에 신한 청년당 대표로 파견
  - 대한민국 임시 정부 부주석 등 역임
  - (가)
  - 남북 협상 참여

① 대성 학교 설립
② 조선 혁명 선언 작성
③ 좌우 합작 위원회 결성
④ 한국독립운동지혈사 저술

449

기본 63회 47번

학생들이 공통으로 이야기하는 인물로 옳은 것은? [2점]

제15대 대통령에 당선되어 평화적 여야 정권 교체를 이루었어.

분단 이후 처음으로 남북 정상 회담을 갖고, 6·15 남북 공동 선언을 발표하였지.

민주주의와 인권, 한반도 긴장 완화에 기여한 공로를 인정받아 노벨 평화상을 수상하였어.

① 김대중
② 김영삼
③ 윤보선
④ 최규하

한국사능력검정시험, 접수부터 합격까지
"큰★별쌤의 라이브방송과 함께"

▶ 최태성1TV에서

| 한능검 D-28 (금, 22시) 한능검 시작합시다! |  | "한능검 접수와 함께 스타트~" 큰★별쌤의 합격 열차에 탑승하세요. |

| D-21 (금, 22시) 한능검 아직도 구석기니? |  | "열공 부스터를 달아 봅시다." 큰★별쌤과 함께 쭉쭉 진도를 빼 봅시다. |

| D-14 (금, 22시) 한능검 이제 2주 남았다! |  | "2주. 이제 총력전이다." 큰★별쌤의 특급 진단과 함께 중간 점검하는 시간을 가져보세요. |

| D-7 (금, 22시) 한능검 7일의 기적! |  | "포기하지마! 아직 7일이나 남았어." 큰★별쌤이 기적과 같은 일주일을 보내는 방법을 알려드립니다. |

| D-1 (20시) 한능검 전야제 |  | "내일 시험지 보고 깜놀할 준비해." 큰★별쌤의 예언과도 같은 족집게 강의, 실시간 시청자가 3만이 넘었던 전설의 라방! 꼭 챙기세요. |

| D-DAY 시험 당일 가답안 공개 |  | "두구두구~ 과연 나는 합격?" 시험이 끝난 직후, 큰★별쌤과 함께 바로 가답안을 채점해 보세요. |

| D+14 (금, 22시) 한능검 합격자 발표 및 분석 |  | "시험 결과가 나오는 날, 모두 모여라." 다 같이 모여 큰★별쌤과 함께 의미 있는 마무리를 해요. |

4대 온라인 서점 1위

정통파

큰별쌤의 아트 판서와 함께

1달 동안 흐름을 정리하는

한국사능력검정시험

심화 ㅣ 기본

문제풀이파

기출문제로 **실전 감각을 키우는**

회차별 구성
기출 500제
심화 ㅣ 기본

시대별, 주제별 구성
시대별 기출문제집
심화 ㅣ 기본

속성파

큰별쌤이 요약한 필수 개념으로

7일 만에 끝내는

7일의 기적

심화 ㅣ 기본

큰별쌤 최태성의

별★별한국사

최신판

시대별 기출문제집

초등
한국사능력검정시험

최태성 지음

정답과 해설

| 한국사능력검정시험 **기본** (4·5·6급) 시험 대비

모두의 별★별 한국사
강의 바로 보기

▶ YouTube 최태성 1TV/최태성 2TV
Ⓦ www.etoos.com/bigstar

가르치기 쉽고 빠르게 배울 수 있는 www.etoosbook.com

이투스북

빠른 정답 찾기

I 선사 시대~여러 나라의 성장
본문 9~14쪽

001	002	003	004	005	006	007	008	009	010
③	①	④	②	①	②	③	④	③	②

011	012	013	014	015	016	017	018	019	020
①	④	①	④	④	①	④	①	③	④

021
②

II 고대
본문 19~41쪽

022	023	024	025	026	027	028	029	030	031
④	④	①	④	④	②	④	③	②	①

032	033	034	035	036	037	038	039	040	041
③	③	③	④	②	②	④	③	②	③

042	043	044	045	046	047	048	049	050	051
③	①	③	②	③	①	④	③	①	②

052	053	054	055	056	057	058	059	060	061
②	②	③	②	①	①	②	③	①	④

062	063	064	065	066	067	068	069	070	071
③	①	③	③	④	②	①	①	④	②

072	073	074	075	076	077	078	079	080	081
①	④	③	④	④	④	④	①	④	①

082	083	084	085	086	087	088	089	090	091
④	①	②	④	①	①	④	③	①	①

092	093	094	095	096	097	098	099	100	101
②	①	④	④	④	②	③	②	①	③

102	103
①	④

III 고려
본문 47~66쪽

104	105	106	107	108	109	110	111	112	113
②	④	②	④	④	③	③	①	③	①

114	115	116	117	118	119	120	121	122	123
②	③	①	③	②	②	④	①	③	④

124	125	126	127	128	129	130	131	132	133
②	③	①	③	②	①	①	①	③	③

134	135	136	137	138	139	140	141	142	143
③	②	③	④	④	④	④	③	④	②

144	145	146	147	148	149	150	151	152	153
③	①	④	④	①	②	②	③	③	③

154	155	156	157	158	159	160	161	162	163
①	①	③	①	③	②	①	③	②	③

164	165	166	167	168	169	170	171	172
④	④	②	④	④	③	④	②	④

IV 조선 1
본문 70~84쪽

173	174	175	176	177	178	179	180	181	182
①	②	③	①	①	④	④	④	①	①

183	184	185	186	187	188	189	190	191	192
③	④	③	①	③	④	④	②	②	③

193	194	195	196	197	198	199	200	201	202
①	③	②	②	④	④	②	①	①	③

203	204	205	206	207	208	209	210	211	212
②	①	③	①	①	③	②	③	①	②

213	214	215	216	217	218	219	220	221	222
②	④	④	③	③	④	②	③	③	③

223
①

V 조선 2
본문 89~104쪽

224	225	226	227	228	229	230	231	232	233
④	③	④	①	②	①	④	③	③	②

234	235	236	237	238	239	240	241	242	243
①	②	①	①	③	①	④	④	③	②

244	245	246	247	248	249	250	251	252	253
②	①	②	③	④	①	④	①	③	③

254	255	256	257	258	259	260	261	262	263
①	②	③	②	①	③	④	③	②	②

264	265	266	267	268	269	270	271	272	273
③	④	②	②	④	④	③	④	②	③

274
①

빠른 정답 찾기

VI 개항기

본문 109~125쪽

275	276	277	278	279	280	281	282	283	284
③	①	④	②	①	③	①	①	②	②

285	286	287	288	289	290	291	292	293	294
②	③	②	④	③	④	①	③	①	②

295	296	297	298	299	300	301	302	303	304
②	④	②	②	②	④	①	④	④	②

305	306	307	308	309	310	311	312	313	314
②	②	④	①	④	①	①	③	②	②

315	316	317	318	319	320	321	322	323	324
③	①	①	①	④	③	③	①	②	②

325	326	327	328	329	330	331	332		
③	③	④	④	②	①	①	④		

부록

본문 160~171쪽

414	415	416	417	418	419	420	421	422	423
③	④	①	②	③	④	②	③	④	②

424	425	426	427	428	429	430	431	432	433
②	②	③	①	③	④	④	①	④	④

434	435	436	437	438	439	440	441	442	443
①	③	③	②	④	②	②	④	②	④

444	445	446	447	448	449				
④	③	①	②	③	①				

VII 일제 강점기

본문 131~144쪽

333	334	335	336	337	338	339	340	341	342
①	①	②	②	③	③	④	③	④	④

343	344	345	346	347	348	349	350	351	352
④	②	①	②	④	③	④	②	④	③

353	354	355	356	357	358	359	360	361	362
①	③	②	④	①	②	③	①	①	①

363	364	365	366	367	368	369	370	371	372
④	④	①	①	②	①	④	④	③	②

373	374	375	376	377	378	379	380	381	
①	④	①	④	③	②	③	③	③	

VIII 현대

본문 148~157쪽

382	383	384	385	386	387	388	389	390	391
②	④	②	③	④	②	④	②	③	②

392	393	394	395	396	397	398	399	400	401
②	①	①	①	④	④	③	③	①	②

402	403	404	405	406	407	408	409	410	411
③	②	③	③	①	④	④	②	①	②

412	413								
③	①								

큰별쌤 최태성의
별★별한국사

최신판

시대별
기출문제집

초등
최태성 지음
한국사능력검정시험

정답과 해설

본문 9~10쪽

1 구석기 시대와 신석기 시대

001 구석기 시대의 생활 모습 정답 ③

밑줄 그은 '이 시대'의 생활 모습으로 옳은 것은? [1점]

이 유물은 ❶돌을 깨뜨려 만든 것으로, 이 시대 사람들이 처음으로 제작하였습니다. 사냥을 하거나 동물의 가죽을 벗기는 용도 등으로 사용되었습니다.

❷주먹도끼 ❷찍개

정답 잡는 키워드

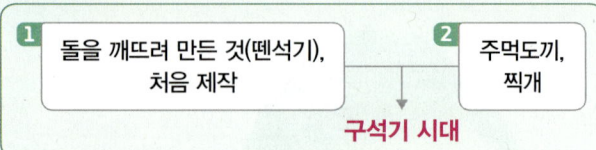

❶ 돌을 깨뜨려 만든 것(뗀석기), 처음 제작	❷ 주먹도끼, 찍개

구석기 시대

❶ **구석기 시대** 사람들은 돌을 깨뜨려 만든 뗀석기를 사용하기 시작하였어요.

❷ 주먹도끼와 찍개는 **구석기 시대**에 사용된 대표적인 뗀석기입니다. 주먹도끼는 찍고, 자르고, 동물의 가죽을 벗기는 등 다양한 용도로 쓰였어요.

① 철제 농기구로 농사를 지었다.
　▶ **철기 시대**부터 철제 농기구를 사용하여 농사를 지었어요.
② 토기를 만들어 식량을 저장하였다.
　↳ 진흙으로 만들어 불에 구운 그릇을 말해요.
　▶ **신석기 시대** 사람들은 토기를 만들어 식량을 저장하고 음식을 조리하기 시작하였어요. 대표적인 신석기 시대의 토기로 빗살무늬 토기가 있어요.
③ 주로 동굴이나 막집에서 거주하였다.
　▶ **구석기 시대** 사람들은 추위를 피해 주로 동굴이나 바위 그늘에 살았으며, 강가에 막집을 짓고 거주하기도 하였어요.
　↳ 만들려는 물건의 모양대로 속이 비어 있어 거기에 쇳물을 붓도록 되어 있는 틀이에요.
④ 거푸집을 사용하여 청동기를 제작하였다.
　▶ **청동기 시대** 사람들은 거푸집을 이용하여 금속 도구를 만들기 시작하였으며, 처음으로 청동기를 제작하였어요.

기출 선택지 +α 다른 선택지가 나온다면?

❺ 우경이 널리 보급되었다. (O / ✕)
❻ 비파형 동검을 사용하였다. (O / ✕)
❼ 빗살무늬 토기에 곡식을 저장하기 시작하였다. (O / ✕)

기출 선택지 +α 정답 ❺ ✕ [철기 시대] ❻ ✕ [청동기 시대] ❼ ✕ [신석기 시대]

002 구석기 시대의 유물 정답 ①

(가)에 들어갈 유물로 옳은 것은? [2점]

여기 와! 구석기 시대 탐험은 처음이지?

박물관을 관람하고 구석기 시대의 유물 사진 스티커를 찾아서 빈칸에 붙여 보세요.

(가)

이것은 구석기 시대의 대표적인 유물로 다양한 용도로 사용되었다.

(가)에는 **구석기 시대**의 유물이 들어가야 합니다. 구석기 시대 사람들은 주먹도끼, 찍개와 같이 돌을 깨뜨리거나 떼어 내어 만든 뗀석기를 사용하였어요.

①
주먹도끼

▶ 주먹도끼는 **구석기 시대**에 만들어진 뗀석기 중 하나입니다. 찍고, 자르고, 동물의 가죽을 벗기는 등 다양한 쓰임새를 가진 도구였어요.

②
갈돌과 갈판

▶ 갈돌과 갈판은 **신석기 시대**의 대표적인 간석기이며, 곡물이나 나무 열매의 껍질을 벗기거나 가루로 만드는 데 사용되었어요.

③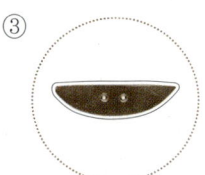
반달 돌칼

▶ 반달 돌칼은 **청동기 시대**에 이삭을 따는 데 사용된 수확 도구입니다.

④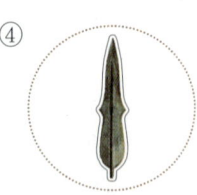
비파형 동검

▶ 비파형 동검은 **청동기 시대**에 만들어진 청동 칼이에요.
　↳ 악기 비파와 생김새가 비슷하여 붙여진 이름이에요.

003 ● 구석기 시대의 생활 모습　정답 ④

(가) 도구가 처음 사용된 시대의 생활 모습으로 옳은 것은?　[2점]

정답 잡는 키워드

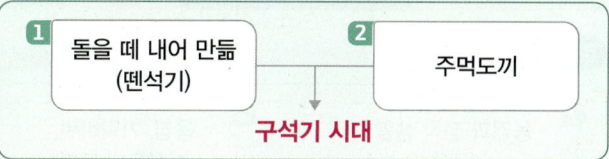

1 돌을 떼 내어 만듦 (뗀석기)	→	2 주먹도끼

구석기 시대

1 **구석기 시대** 사람들은 돌을 떼 내어 만든 뗀석기를 처음으로 사용하였어요.

2 주먹도끼는 **구석기 시대**에 사용된 대표적인 뗀석기입니다. 찍고, 자르고, 동물의 가죽을 벗기는 등 다양한 용도로 쓰였어요.

① 철제 무기를 사용하였다.
　▶ **철기 시대**부터 철제 무기를 사용하였어요.

② 농사를 짓고 가축을 길렀다.
　▶ **신석기 시대**부터 농사를 짓고 가축을 길렀어요.

→반지, 귀고리, 팔찌 등 몸치장을 하는 데 쓰는 물건을 말해요.
③ 청동으로 장신구를 제작하였다.
　▶ **청동기 시대**부터 청동으로 장신구를 만들었어요.

④ 주로 동굴이나 막집에서 살았다.
　▶ **구석기 시대** 사람들은 추위를 피해 주로 동굴이나 바위 그늘에서 살았으며, 강가에 막집을 짓고 살기도 하였어요.

기출 선택지 +a 다른 선택지가 나온다면?

⑤ 민무늬 토기를 제작하였다.　(O / ×)
⑥ 가락바퀴가 처음 등장하였다.　(O / ×)
⑦ 지배층의 무덤으로 고인돌을 만들었다.　(O / ×)

기출 선택지 +a 정답 ⑤ ×[청동기 시대] ⑥ ×[신석기 시대] ⑦ ×[청동기 시대]

---

004 ● 신석기 시대의 유물　정답 ②

(가) 시대에 처음 제작된 유물로 옳은 것은?　[1점]

선사 문화 축제
1 농경과 정착 생활이 시작된 ⬚(가)⬚ 시대로 떠나요!
→농사를 짓는 것을 말해요.
■ 기간 : 2020년 ○○월 ○○일~○○일
■ 주최 : △△ 문화 재단

2 움집 생활 체험하기
2 갈돌과 갈판으로 곡식 갈기
2 가락바퀴로 실뽑기

정답 잡는 키워드

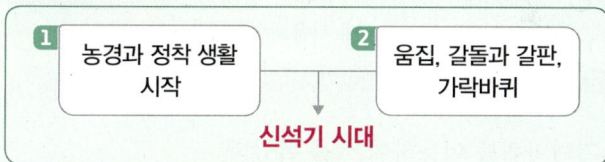

1 농경과 정착 생활 시작	→	2 움집, 갈돌과 갈판, 가락바퀴

신석기 시대

1 **신석기 시대**에 농경과 목축이 시작되었고, 사람들이 점차 마을을 이루어 정착 생활을 하기 시작하였어요.

2 **신석기 시대** 사람들은 강가나 바닷가에 움집을 짓고 살았고, 갈돌과 갈판, 가락바퀴 등의 도구를 사용하였어요. 갈돌과 갈판은 나무 열매나 곡물의 껍질을 벗기거나 가루로 만드는 데 사용된 간석기이고, 가락바퀴는 실을 뽑을 때 사용된 도구입니다.

①
　▶ **구석기 시대**의 뗀석기 중 하나인 주먹도끼입니다. 찍고, 자르고, 동물의 가죽을 벗기는 등 다양한 용도로 사용되었어요.

②
　▶ **신석기 시대**에 만들어진 빗살무늬 토기입니다. 신석기 시대 사람들은 토기를 만들어 식량을 저장하거나 음식을 조리하는 데 사용하였어요.

③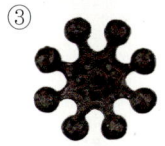
　▶ 청동 방울의 하나인 팔주령이에요. **청동기 시대**부터 칼, 방울, 거울 등 청동 무기나 도구가 만들어졌어요.

④
　▶ **가야**의 철제 판갑옷과 투구입니다. 가야에서는 철이 많이 생산되어 낙랑과 왜에 철을 수출하였어요.

(가) 시대의 생활 모습으로 옳은 것은? [2점]

> 우리가 만들고 있는 것은 (가) 시대 사람들이 처음으로 사용했던 빗살무늬 토기예요. 이 토기로 당시 사람들은 식량을 저장하거나 조리하였지요.

↳ 표면에 가는 줄이 새겨지거나 그어져 있는 흙으로 만든 그릇이에요.

암사동 유적 전시관

정답 잡는 키워드

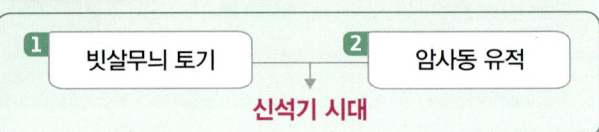

```
1 빗살무늬 토기      2 암사동 유적
              ↓
          신석기 시대
```

1 **신석기 시대** 사람들은 빗살무늬 토기를 만들어 식량을 저장하고 음식을 조리하는 데 사용하였어요.

2 서울 암사동 유적은 **신석기 시대**의 대표적인 유적이에요.

① 가락바퀴를 이용하여 실을 뽑았다.
> **신석기 시대** 사람들은 가락바퀴를 이용하여 실을 뽑아 그물이나 옷을 만들었어요.

② 지배층의 무덤으로 고인돌을 만들었다.
> 고인돌은 **청동기 시대** 지배층의 무덤으로 알려져 있어요.

③ 거푸집으로 비파형 동검을 제작하였다.
> **청동기 시대**부터 사람들은 거푸집을 이용하여 비파형 동검과 같은 청동 무기나 제사에 필요한 도구를 만들었어요.

④ 철제 농기구를 사용하여 농사를 지었다.
> **철기 시대**부터 사람들은 농사를 짓는 데 철제 농기구를 사용하였어요.

기출 선택지 **+α** 다른 선택지가 나온다면?

5 농경과 목축이 시작되었다. (O / X)
6 주로 동굴이나 막집에서 거주하였다. (O / X)
7 반달 돌칼을 사용하여 벼를 수확하였다. (O / X)

(가) 시대에 처음 제작된 유물로 옳은 것은? [1점]

한국사 교실   생방송 중   ON 대화창

> 농경과 정착 생활이 시작된 (가) 시대의 생활 모습에 대해 대화창에 올려 주세요.

> 움집을 짓고 살았어요.
> 가락바퀴를 이용하여 실을 뽑았어요.
> 빗살무늬 토기에 식량을 저장하였어요.

보내기

정답 잡는 키워드

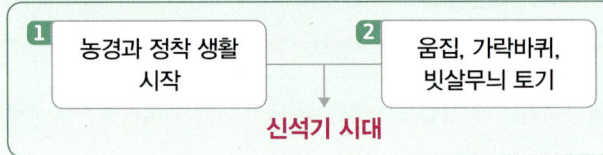

```
1 농경과 정착 생활   2 움집, 가락바퀴,
  시작                 빗살무늬 토기
              ↓
          신석기 시대
```

1 **신석기 시대** 사람들은 농사를 지어 식량을 생산하고 정착 생활을 시작하였어요.

2 **신석기 시대** 사람들은 강가나 바닷가에 움집을 짓고 살았어요. 가락바퀴를 이용하여 실을 뽑아 그물이나 옷을 만들었으며, 빗살무늬 토기를 만들어 음식을 보관하고 조리하는 데 사용하였어요.

①
주먹도끼
> **구석기 시대**에 주먹도끼와 같은 뗀석기를 만들어 사용하기 시작하였어요.

②
갈돌과 갈판
> **신석기 시대**에 돌을 갈아 간석기를 만들어 사용하기 시작하였어요. 갈돌과 갈판은 대표적인 간석기입니다.

③
비파형 동검
↳ 양쪽으로 칼날이 있는 긴 칼을 말해요.
> **청동기 시대**부터 청동으로 칼, 도끼와 같은 무기나 거울, 방울과 같은 제사 의식에 필요한 도구를 만들었어요. 비파형 동검은 청동기 시대에 만들어진 청동 칼입니다.

④
철제 농기구
> **철기 시대**부터 철제 농기구를 사용하여 농사를 지었어요.

기출 선택지 **+α 정답**   **5** O   **6** X [구석기 시대]   **7** X [청동기 시대]

007 · 신석기 시대의 생활 모습 　정답 ③

(가)에 들어갈 내용으로 가장 적절한 것은? 　[1점]

겨울 방학 한국사 학습지

신석기 시대 사람의 하루가 담긴 가상 일과표를 만들어 봅시다.

꿈나라

간석기 손질하기
저녁 식사
(가)
가락바퀴로 실뽑기
사슴 사냥하기
아침 식사
봄씨 확인하기

신석기 시대 사람들은 사냥으로 식량을 마련하는 한편 농사를 짓고 가축을 길러 식량을 생산하기 시작하였어요. 바닷가나 강가에 움집을 짓고 정착 생활을 하였으며 갈돌과 갈판 등 간석기를 사용하였어요. 또 가락바퀴를 이용하여 실을 뽑아 옷이나 그물을 만들기도 하였어요.

① 거친무늬 거울 닦기
▶ 거친무늬 거울은 **청동기 시대**에 제작되었어요. 청동기 시대부터 청동 검, 청동 방울, 청동 거울 등 청동으로 도구를 만들기 시작하였어요.

② 비파형 동검 제작하기
▶ 비파형 동검은 **청동기 시대**에 제작되었어요. 악기 비파와 생김새가 비슷하여 '비파형' 동검이라는 이름이 붙여졌어요.

③ 빗살무늬 토기 만들기
▶ 빗살무늬 토기는 **신석기 시대**의 대표적인 유물이에요. 신석기 시대 사람들은 빗살무늬 토기를 만들어 식량을 저장하거나 음식을 조리하는 데 사용하였어요.

④ 철제 농기구로 밭 갈기
▶ **철기 시대**부터 철제 농기구를 이용하여 농사를 지었어요.

2 　최초의 국가 고조선

008 · 청동기 시대의 생활 모습 　정답 ④

(가) 시대의 생활 모습으로 옳은 것은? 　[1점]

여러분은 　(가)　 시대의 벼농사를 체험하고 있습니다. 이 시대에는 ①처음으로 금속 도구를 만들었으나, ②농기구는 여러분이 손에 들고 있는 반달 돌칼과 같이 돌로 만들었습니다.

청동은 재료가 귀하고 다루기 어려워 농기구 등 생활 도구는 여전히 반달 돌칼과 같이 돌로 만들었어요.

정답 잡는 키워드

| ① 처음으로 금속 도구를 만듦 | ② 반달 돌칼과 같이 돌로 농기구를 만듦 |

청동기 시대

① **청동기 시대**에 처음으로 금속 도구가 제작되었어요. 청동기 시대 사람들은 구리와 주석, 아연 등의 금속을 섞어 만든 청동을 녹인 후 거푸집을 이용하여 칼이나 도끼 등 무기와 방울이나 거울 등 제사용 도구, 장신구를 만들었어요.

② **청동기 시대** 사람들은 반달 돌칼과 돌낫 등 돌로 만든 농기구를 사용하였어요. 한편, 청동기 시대에 농경이 본격화되면서 한반도 일부 지역에 벼농사가 보급되었어요.

소를 이용하여 농사를 짓는 것을 말해요.
① 우경이 널리 보급되었다.
▶ 우경은 철기 시대에 시작된 것으로 보이며, **고려 시대**에 널리 보급되었어요.

② 철제 무기를 사용하였다.
▶ **철기 시대**부터 철제 무기를 사용하였어요.

③ 주로 동굴이나 막집에 살았다.
▶ **구석기 시대** 사람들은 추위를 피해 주로 동굴이나 바위 그늘에서 살았으며, 강가에 막집을 짓고 살기도 하였어요.

④ 지배자의 무덤으로 고인돌을 만들었다.
▶ **청동기 시대**에 개인 소유의 재산이 생기고 계급이 발생하면서 지배자가 등장하였고, 지배자의 무덤으로 고인돌이 만들어졌어요.

(가) 시대의 생활 모습으로 옳은 것은?   [1점]

이 영상은 (가) 시대의 대표적 무덤인 **고인돌**의 축조 과정을 재현한 것입니다. 이처럼 축조에 많은 노동력이 동원되어야 한다는 점을 통해 당시에 **권력을 가진 지배자**가 있었음을 알 수 있습니다.

정답 잡는 키워드

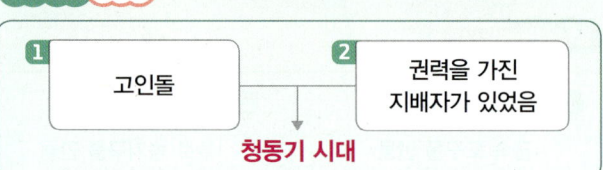

1 고인돌 → **2** 권력을 가진 지배자가 있었음 → **청동기 시대**

1 고인돌은 **청동기 시대** 지배자의 무덤으로 알려져 있어요.

2 **청동기 시대**에 계급이 발생하여 권력을 가진 지배자가 정치 권력을 가졌고, 하늘에 제사를 지내는 종교적 역할까지 담당하기도 하였어요.

① 우경이 널리 보급되었다.
> 우경은 철기 시대에 시작된 것으로 보이며, **고려 시대**에 널리 보급되었어요.

② 주로 동굴이나 막집에서 거주하였다.
> **구석기 시대** 사람들은 추위를 피해 주로 동굴이나 바위 그늘에서 살았으며, 강가에 막집을 짓고 거주하기도 하였어요.

③ 반달 돌칼을 사용하여 벼를 수확하였다.
> **청동기 시대** 사람들은 반달 돌칼을 사용하여 조, 기장, 벼 등 곡식을 수확하였어요.

④ 실을 뽑기 위해 가락바퀴를 처음 사용하였다.
> **신석기 시대**부터 사용된 가락바퀴는 둥근 몸체 중앙에 구멍이 뚫려 있는 도구입니다. 막대(가락)에 실의 원료를 동여맨 다음, 가락바퀴를 끼워 늘어뜨린 뒤 회전시키면 원료가 꼬이면서 실이 만들어졌어요.

(가) 시대의 생활 모습으로 옳은 것은?   [1점]

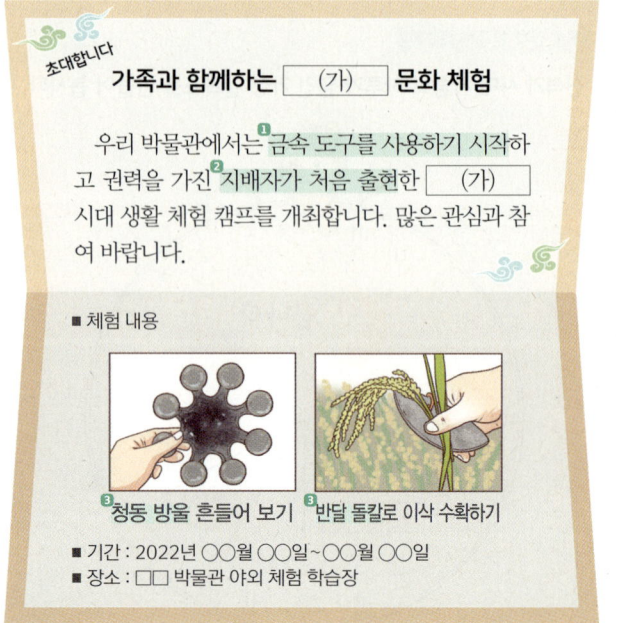

초대합니다
가족과 함께하는 (가) 문화 체험

우리 박물관에서는 **금속 도구를 사용**하기 시작하고 **권력을 가진 지배자**가 처음 출현한 (가) 시대 생활 체험 캠프를 개최합니다. 많은 관심과 참여 바랍니다.

■ 체험 내용

청동 방울 흔들어 보기   반달 돌칼로 이삭 수확하기

■ 기간 : 2022년 ○○월 ○○일~○○월 ○○일
■ 장소 : □□ 박물관 야외 체험 학습장

정답 잡는 키워드

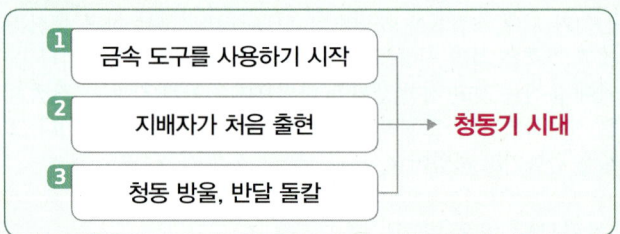

1 금속 도구를 사용하기 시작
2 지배자가 처음 출현 → **청동기 시대**
3 청동 방울, 반달 돌칼

1 **청동기 시대**부터 청동 도끼, 청동 검, **청동 방울**, 거친무늬 거울 등의 **금속 도구**가 사용되기 시작하였어요.

2 **청동기 시대**에 계급이 발생하여 권력을 가진 지배자가 처음으로 출현하였어요.

3 **청동기 시대** 사람들은 청동으로 무기를 만들거나 **청동 방울**, 청동 거울 등의 제사용 도구를 만들었어요. 하지만 농사일에는 **반달 돌칼**, 돌낫 등 간석기를 사용하였어요.

① 우경이 널리 보급되었다.
> 우경은 **철기 시대**에 시작되어 고려 시대에 널리 보급되었어요. 신라 지증왕 때 우경이 시작되었다는 기록이 남아 있어요.

② 비파형 동검을 사용하였다.
> **청동기 시대**부터 거푸집을 이용하여 비파형 동검과 같은 청동 무기나 제사를 지낼 때 쓰는 도구를 만들었어요.

③ 가락바퀴가 처음 등장하였다.
> **신석기 시대**에 가락바퀴가 처음 등장하였어요. 신석기 시대 사람들은 가락바퀴를 이용하여 실을 뽑아 뼈바늘에 꿰어 그물이나 옷을 만들었어요.

④ 주로 동굴이나 막집에서 살았다.
> **구석기 시대** 사람들은 추위 등을 피해 주로 동굴이나 바위 그늘에 살았으며, 강가에 막집을 짓고 살기도 하였어요.

밑줄 그은 '이 나라'에 대한 설명으로 옳은 것은? [1점]

> 환웅과 웅녀 사이에서 태어난 [1]단군왕검이 아사달에 도읍을 정하고 이 나라를 세웠다고 전해져요.

정답 잡는 키워드

[1] 단군왕검이 아사달에 도읍을 정하고 세움 → **고조선**

[1] "삼국유사"에 실려 있는 **고조선**의 건국 이야기를 보면, 곰과 호랑이가 하늘에서 내려온 환웅에게 사람이 되기를 빌었고, 그중 어려움을 이겨 낸 곰만 사람으로 변해 환웅과 혼인하여 단군왕검을 낳았다고 합니다. 단군왕검은 아사달을 도읍으로 정하여 고조선을 세웠다고 전해지고 있어요.

① 8조법으로 백성을 다스렸다.
> **고조선**에는 사회 질서를 유지하기 위한 8조법(범금 8조)이 있었는데, 현재 3개 조항만 전해집니다.

② 영고라는 제천 행사를 열었다.
　　↗ 하늘에 제사 지내는 행사입니다.
> **부여**는 12월에 영고라는 제천 행사를 열었어요.

③ 지배자로 신지, 읍차 등이 있었다.
> **삼한**에는 세력의 크기에 따라 신지, 읍차라고 불리는 지배자가 있었어요.
　　↗ 같은 조상과 언어 등을 가진 부족이 모여 사는 마을을 말해요.

④ 읍락 간의 경계를 중시하는 책화가 있었다.
> **동예**에는 읍락 간의 경계를 중시하여 다른 부족의 영역을 함부로 침입하였을 때 소나 말, 노비로 물어내게 하는 책화라는 풍습이 있었어요.

(가) 국가에 대한 설명으로 옳은 것은? [3점]

역사 탐구 학습 안내

* 주제 : ___(가)___ 의 정치와 사회, 문화
* 방법 : 문헌 조사, 인터넷 검색 등
* 모둠별 탐구 내용

누리 모둠	가람 모둠	빛솔 모둠
[1]단군왕검을 통해 본 제사장의 역할	미송리식 토기를 통해 본 문화	[2]8조법을 통해 본 사회 모습

정답 잡는 키워드

[1] 단군왕검　[2] 8조법 → **고조선**

[1] 단군왕검은 하늘에 제사를 지내는 제사장을 뜻하는 '단군'과 정치 지배자를 뜻하는 '왕검'이 합쳐진 말이에요. 환웅과 웅녀 사이에서 태어난 단군왕검이 아사달을 도읍으로 **고조선**을 세웠다고 합니다.

[2] **고조선**에는 사회 질서를 유지하기 위한 8조법(범금 8조)이 있었어요.

① 위례성을 도읍으로 하였다.
> **백제**는 온조가 한강 유역에 위치한 하남 위례성을 도읍으로 건국한 나라입니다.

② 영고라는 제천 행사를 열었다.
> **부여**는 12월에 영고라는 제천 행사를 열었어요.

③ 골품제라는 신분 제도가 있었다.
> **신라**에 골품제라는 엄격한 신분 제도가 있었어요.

④ 건국 이야기가 삼국유사에 실려 있다.
> "삼국유사"에 단군의 **고조선** 건국 이야기가 실려 있어요.

013 ● 고조선
정답 ①

밑줄 그은 '이 나라'에 대한 설명으로 옳은 것은? [2점]

> 이 나라는 중국의 한과 한반도의 남부 사이에서 중계 무역을 했어.
> 이 나라를 세운 **단군왕검**이 여기서 하늘에 제사를 지냈다고 전해져.

정답 잡는 키워드

1 **단군왕검**

2 중국의 한과 한반도 남부 사이에서 중계 무역을 함

→ **고조선**

1 **고조선**은 **단군왕검**이 청동기 문화를 바탕으로 세운 우리 역사 최초의 국가입니다.

2 **고조선**은 중국에서 들어온 위만이 왕이 된 후 철기 문화를 본격적으로 받아들였으며, **중국의 한과 한반도 남부 사이에서 중계 무역을 하여** 큰 이익을 얻었어요.

① 8조법으로 백성을 다스렸다.
　▶ **고조선**은 사회 질서를 유지하기 위해 8조법(범금 8조)을 만들어 백성을 다스렸어요. 8조법은 현재 3개 조항만 전해집니다.

② 낙랑과 왜에 철을 수출하였다.
　▶ **변한**과 **가야**는 철이 많이 생산되어 낙랑과 왜에 철을 수출하였어요.

③ 신분 제도인 골품제가 있었다.
　▶ **신라**에는 엄격한 신분 제도인 골품제가 있었어요.

④ 혼인 풍습으로 민며느리제가 있었다.
　▶ **옥저**에는 신랑 집에서 신부가 될 여자아이를 데려와 키우고 어른이 되면 돌려보낸 뒤 신부 집에 예물을 보내고 정식으로 혼인하는 민며느리제의 풍습이 있었어요.

014 ● 고조선의 사회 모습
정답 ④

다음 자료에 해당하는 나라에 대한 설명으로 옳은 것은? [2점]

> ○ 위서에 이르기를, "지금으로부터 2천여 년 전에 **단군왕검**이 아사달에 도읍을 정하였다."고 하였다.
> － "삼국유사" －
> ○ 누선장군 양복(楊僕)이 군사 7천을 거느리고 먼저 **왕검성**에 도착하였다. **우거**가 성을 지키고 있다가 양복의 군사가 적은 것을 알고 곧 나가서 공격하니 양복이 패하여 달아났다.
> － "삼국유사" －

정답 잡는 키워드

1 **단군왕검**
2 **왕검성**
3 **우거**

→ **고조선**

1 **고조선**은 **단군왕검**이 아사달에 도읍을 정하고 건국하였다고 전해지는 우리 역사 최초의 국가입니다.

2. 3 **고조선**은 **우거왕** 때 한의 공격을 받아 1년여 동안 맞서 싸웠으나 기원전 108년에 수도인 **왕검성**이 함락되면서 멸망하였어요.

↗ 함부로 들어가거나 가까이 갈 수 없는 곳을 말해요.
① 신성 지역인 소도가 있었다.
　▶ **삼한**에는 제사장인 천군과 신성 지역인 소도가 있었어요. 소도에는 정치적 지배자의 힘이 미치지 못하였어요.

② 낙랑, 왜 등에 철을 수출하였다.
　▶ 삼한 가운데 **변한**과 이 지역에서 성장한 **가야**는 철이 풍부하게 생산되어 낙랑, 왜 등에 철을 수출하였어요.

③ 화백 회의에서 중요한 일을 결정하였다.
　▶ **신라**는 귀족 회의인 화백 회의에서 나라의 중요한 일을 결정하였어요.

④ 사회 질서를 유지하기 위해 범금 8조를 만들었다.
　▶ **고조선**에는 사회 질서를 유지하기 위해 만든 범금 8조(8조법)가 있었어요. 이 중 3개 조항이 현재 전해지는데, 이를 통해 당시 사회 모습을 짐작할 수 있어요.

기출 선택지 +α 다른 선택지가 나온다면?

5 진대법을 실시하였다. 　　　　　　(○ / ×)
6 책화라는 풍습이 있었다. 　　　　　(○ / ×)
7 혼인 풍습으로 민며느리제가 있었다. (○ / ×)

기출 선택지 +α 정답 5 × [고구려] 6 × [동예] 7 × [옥저]

3   여러 나라의 성장

015 ● 부여의 사회 모습   정답 ④

(가)에 들어갈 내용으로 옳은 것은?   [2점]

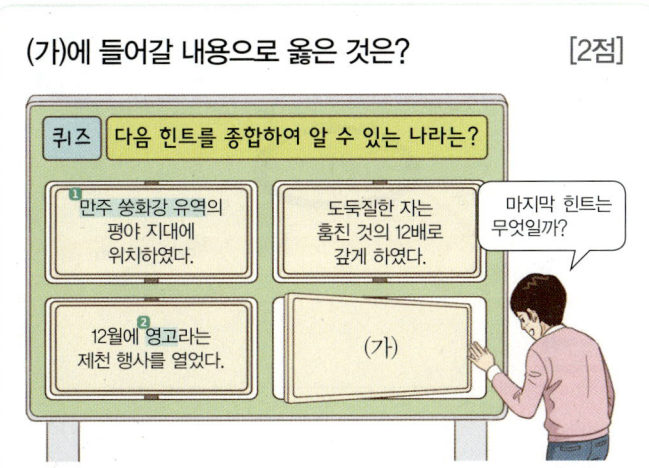

[퀴즈] 다음 힌트를 종합하여 알 수 있는 나라는?

① 만주 쑹화강 유역의 평야 지대에 위치하였다.

도둑질한 자는 훔친 것의 12배로 갚게 하였다.

② 12월에 영고라는 제천 행사를 열었다.

(가)

마지막 힌트는 무엇일까?

정답 잡는 키워드

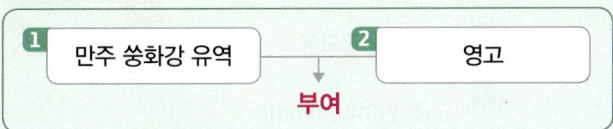

① 만주 쑹화강 유역 → ② 영고

→ 부여

① **부여**는 만주 쑹화강 유역의 넓은 평야 지대에 위치하여 농경과 목축이 발달하였어요.

② **부여**는 풍성한 수확에 감사하는 뜻에서 매년 12월에 영고라는 제천 행사를 열어 하늘에 제사를 지냈어요.

① 소도라고 불리는 신성 지역이 있었다.
> **삼한**에는 신성 지역인 소도가 있었어요. 소도에는 정치적 지배자의 힘이 미치지 못하여 죄를 짓고 도망친 사람이 숨어도 함부로 잡아갈 수 없었어요.

② 읍락 간의 경계를 중시한 책화가 있었다.
> **동예**에는 읍락 간의 경계를 중요하게 여겨 다른 부족의 영역을 함부로 침범하였을 때 소나 말, 노비로 물어내게 하는 책화의 풍습이 있었어요.

③ 범금 8조를 통해 사회 질서를 유지하였다.
> **고조선**에는 사회 질서를 유지하기 위해 만든 범금 8조(8조법)가 있었는데, 현재는 3개 조항만 전해지고 있어요.

④ 여러 가(加)들이 별도로 사출도를 주관하였다.
> **부여**에서는 왕이 중앙을 다스리고 마가, 우가, 저가, 구가 등 여러 가들이 별도로 사출도를 다스렸어요.

기출 선택지 +α 다른 선택지가 나온다면?

⑤ 한의 침입으로 멸망하였다.   (○ / ×)
⑥ 신지, 읍차 등의 지배자가 있었다.   (○ / ×)
⑦ 건국 이야기가 삼국유사에 실려 있다.   (○ / ×)

기출 선택지 +α 정답 ⑤ ×[고조선] ⑥ ×[삼한] ⑦ ×[고조선]

016 ● 부여의 사회 모습   정답 ①

학생들이 공통으로 이야기하고 있는 나라를 지도에서 옳게 찾은 것은?   [2점]

마가, 우가, 저가, 구가 등이 별도로 ①사출도를 다스렸어.

12월에 ②영고라는 제천 행사를 열었어.

정답 잡는 키워드

① 사출도 → ② 영고

→ 부여

① **부여**에서는 마가, 우가, 저가, 구가 등 여러 가들이 별도로 사출도를 다스렸어요.

② **부여**는 12월에 영고라는 제천 행사를 열어 하늘에 제사를 지냈어요.

①(가)
> **부여**는 만주 쑹화강 유역의 평야 지대에서 성장하였어요.

②(나)
> **고구려**는 압록강 중류 일대 산이 많은 지역에서 건국되었어요.

③(다)
> **옥저**는 지금의 함경도 지역에 자리를 잡았어요.

④(라)
> **동예**는 지금의 강원도 북부 지역에서 성장하였어요. 옥저와 동예는 한반도 동해안의 비옥한 지역에 있었기 때문에 농경에 유리하고 해산물이 풍부하였어요.

다음 퀴즈의 정답으로 옳은 것은? [2점]

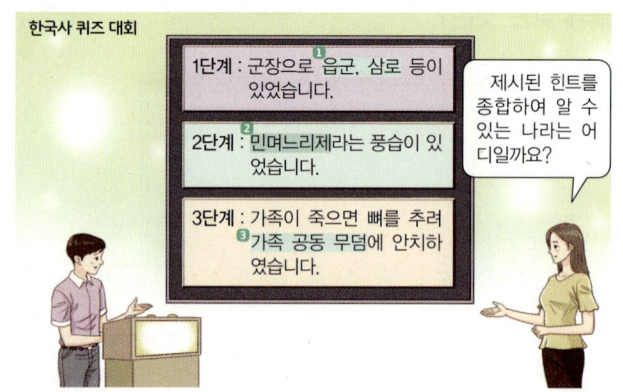

한국사 퀴즈 대회

1단계 : 군장으로 **①읍군, 삼로** 등이 있었습니다.

2단계 : **②민며느리제**라는 풍습이 있었습니다.

3단계 : 가족이 죽으면 뼈를 추려 **③가족 공동 무덤**에 안치하였습니다.

제시된 힌트를 종합하여 알 수 있는 나라는 어디일까요?

정답 잡는 키워드

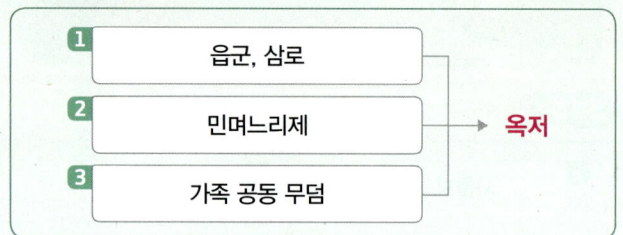

①	읍군, 삼로
②	민며느리제
③	가족 공동 무덤

➡ **옥저**

① **옥저**에는 왕이 없고 세력 크기에 따라 읍군, 삼로라고 불린 군장이 있어 이들이 부족을 다스렸어요.

② **옥저**에는 신랑 집에서 신부가 될 여자아이를 데려와 키우고 어른이 되면 돌려보낸 뒤 신부 집에 예물을 보내고 정식으로 혼인하는 민며느리제의 풍습이 있었어요.

③ **옥저**에는 가족이 죽으면 시신을 임시로 묻어 두었다가 나중에 뼈를 추려서 가족의 뼈를 담아 놓은 목곽에 함께 두는 가족 공동 무덤의 장례 풍습이 있었어요.

① 동예
> 동예에서도 읍군, 삼로라고 불린 군장이 부족을 다스렸어요. 동예에는 책화라는 풍습이 있었어요.

② 부여
> 부여에서는 왕이 중앙을 다스리고 마가, 우가, 저가, 구가 등 여러 가들이 별도로 각자의 영역인 사출도를 다스렸어요.

③ 삼한
> 삼한에는 신지, 읍차 등의 군장이 있고 제사장인 천군도 있었어요.

④옥저
> 옥저는 지금의 함경도 지역에서 성장하였고, 고구려의 간섭을 받다가 복속되었어요.

(가)에 들어갈 나라로 옳은 것은? [1점]

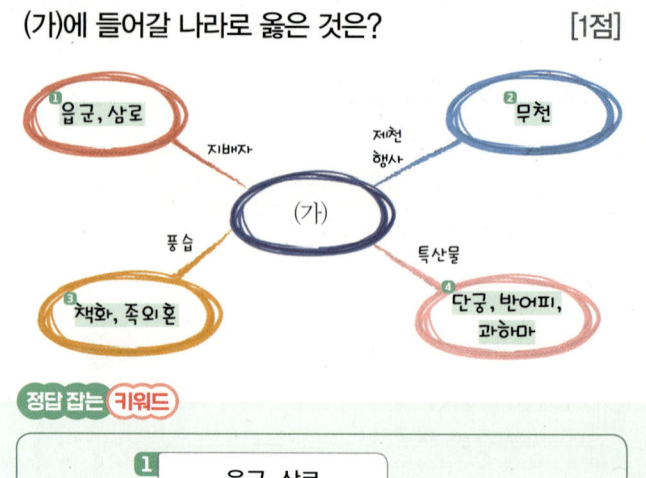

①읍군, 삼로 — 지배자 — (가) — 제천 행사 — **②무천**

풍습 — **③책화, 족외혼**

특산물 — **④단궁, 반어피, 과하마**

정답 잡는 키워드

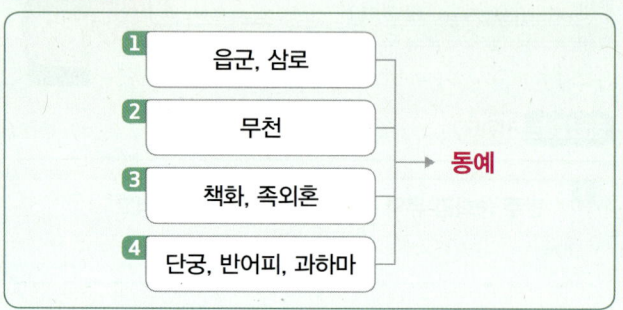

①	읍군, 삼로
②	무천
③	책화, 족외혼
④	단궁, 반어피, 과하마

➡ **동예**

① **동예**에는 왕이 없고 세력 크기에 따라 읍군, 삼로라고 불린 지배자가 부족을 다스렸어요.

② **동예**는 해마다 10월에 무천이라는 제천 행사를 열어 하늘에 제사를 지내고 나라의 사람들이 노래와 춤을 즐겼어요.

③ **동예**에서는 읍락 간의 경계를 중요하게 여겨 다른 부족의 영역을 함부로 침범하면 소나 말, 노비 등으로 물어내게 하였는데, 이를 책화라고 해요. 또 씨족끼리 혼인하지 않는 족외혼이 엄격하게 지켜졌어요.

④ **동예**는 단궁이라는 활, 바다표범의 가죽인 반어피, 키가 작은 말인 과하마가 특산물로 유명하였어요.

①동예
> 동예는 지금의 강원도 북부 동해안 지역을 중심으로 성장하였어요.

② 부여
> 부여는 만주 쑹화강 유역에서 성장하였으며, 넓은 평야 지대에 자리를 잡아 농경과 목축이 발달하였어요.

③ 삼한
> 삼한은 한반도 남부에서 성장한 마한, 변한, 진한을 말해요. 신지, 읍차 등으로 불린 지배자가 있었으며, 천군이라는 제사장도 있었어요.

④ 옥저
> 옥저는 지금의 함경도 지역에서 성장하였어요. 민며느리제라는 혼인 풍습과 가족 공동 무덤을 만드는 장례 풍습이 있었어요.

019 동예의 사회 모습   정답 ③

다음 가상 광고에 해당하는 나라에 대한 설명으로 옳은 것은? [3점]

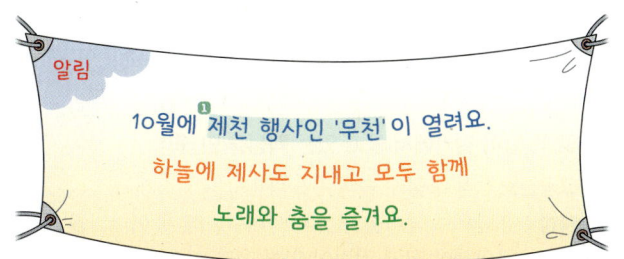

정답 잡는 키워드

① **제천 행사인 무천** → **동예**

① **동예**는 지금의 강원도 북부 지역에서 성장한 나라입니다. 옥저와 마찬가지로 한반도 동해안의 비옥한 지역에 위치하여 농경에 유리하고 해산물이 풍부하였어요. 또한, 10월에 무천이라는 제천 행사를 열어 하늘에 제사를 지냈어요.

① 사출도가 있었다.
> **부여**에서는 왕이 중앙을 다스리고 마가, 우가, 저가, 구가 등 여러 가들이 사출도를 독립적으로 다스렸어요.

② 주몽이 건국하였다.
> 주몽은 졸본을 도읍으로 **고구려**를 건국하였어요.

③ 책화라는 풍습이 있었다.
> **동예**에는 읍락 간의 경계를 중시하여 다른 부족의 영역을 함부로 침범하면 소나 말, 노비 등으로 물어내게 하는 책화라는 풍습이 있었어요.

④ 신라의 침입으로 멸망하였다.
> 신라 법흥왕에게 **금관가야**, 신라 진흥왕에게 **대가야**가 멸망하였어요.

기출 선택지 +α 다른 선택지가 나온다면?

⑤ 신성 지역인 소도가 있었다.   (O / X)
⑥ 혼인 풍습으로 민며느리제가 있었다.   (O / X)
⑦ 단궁, 과하마, 반어피 등의 특산물이 있었다.   (O / X)

---

020 삼한   정답 ④

밑줄 그은 '이 나라'에 대한 설명으로 옳은 것은? [3점]

정답 잡는 키워드

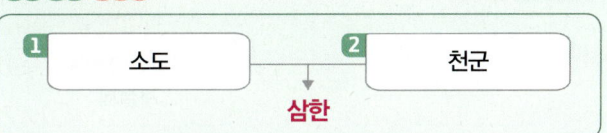

① **소도** → **삼한** ← ② **천군**

① **삼한**에는 소도라고 불린 신성 지역이 있었는데, 소도에는 정치적 지배자의 권력이 미치지 못하였어요.

② **삼한**에는 제사장인 천군이 있어 제사 지내는 일을 맡아 관리하였어요.

① 범금 8조로 백성을 다스렸다.
> **고조선**은 사회 질서를 유지하기 위해 범금 8조(8조법)를 만들어 백성을 다스렸어요.

② 영고라는 제천 행사를 열었다.
> **부여**는 12월에 영고라는 제천 행사를 열었어요.

③ 서옥제라는 혼인 풍습이 있었다.
> **고구려**에는 서옥제라는 혼인 풍습이 있었어요. 서옥제는 신랑이 신부 집의 뒤편에 지어 놓은 서옥(사위집)에서 살다가 자식이 태어나 장성하면 가족을 데리고 자기 집으로 돌아가는 혼인 풍습이에요.

④ 신지, 읍차 등의 지배자가 있었다.
> **삼한**에는 세력의 크기에 따라 신지, 읍차 등으로 불린 지배자가 있었어요.

기출 선택지 +α 다른 선택지가 나온다면?

⑤ 무천이라는 제천 행사가 있었다.   (O / X)
⑥ 소도라고 불리는 신성 지역이 있었다.   (O / X)
⑦ 여러 가(加)들이 별도로 사출도를 주관하였다.   (O / X)

기출 선택지 +α 정답 ⑤ X [삼한] ⑥ X [옥저] ⑦ O

기출 선택지 +α 정답 ⑤ X [동예] ⑥ O ⑦ X [부여]

021 삼한의 사회 모습   정답 ②

학생들이 공통으로 이야기하고 있는 나라에 대한 설명으로 옳은 것은?   [2점]

한반도 남부에서 철기 문화를 바탕으로 발전하였어.

① 신지나 읍차 등의 지배자가 있었어.

② 씨뿌리기를 끝낸 5월과 추수를 마친 10월에 계절제를 지냈어.

정답 잡는 키워드

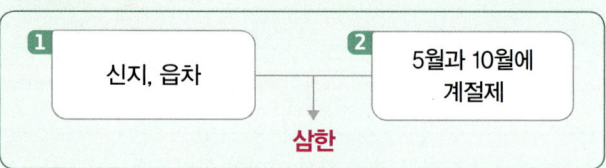

| **1** 신지, 읍차 | **2** 5월과 10월에 계절제 |

↓

삼한

1 **삼한**에는 신지, 읍차 등으로 불린 지배자가 있었어요.

2 **삼한**에서는 벼농사가 발달하였으며, 씨뿌리기가 끝나는 5월과 추수가 끝나는 10월에 계절제를 지냈어요.

① 서옥제라는 혼인 풍습이 있었다.
▶ **고구려**에는 신랑이 신부 집의 뒤편에 지어 놓은 서옥(사위집)에 살다가 자식이 태어나 장성하면 아내와 자식을 데리고 자기 집으로 돌아가는 서옥제라는 혼인 풍습이 있었어요.

② 소도라고 불리는 신성 구역이 있었다.
▶ **삼한**에는 제사장인 천군과 신성 지역인 소도가 있었어요.

③ 범금 8조를 만들어 사회 질서를 유지하였다.
▶ **고조선**에는 사회 질서를 유지하기 위해 만든 범금 8조(8조법)가 있었어요.

④ 단궁, 과하마, 반어피 등의 특산물이 있었다.
▶ **동예**에는 단궁, 과하마, 반어피 등의 특산물이 있었어요.

기출 선택지 +α 다른 선택지가 나온다면?

5 제사장인 천군이 존재하였다.   (○ / ×)
6 영고라는 제천 행사를 열었다.   (○ / ×)
7 읍락 간의 경계를 중시한 책화가 있었다.   (○ / ×)

---

022 진대법 시행   정답 ④

밑줄 그은 '제도'로 옳은 것은?   [1점]

〈역사 연극 대본〉

S# 7. 왕이 길가에서 울고 있는 백성을 만난다.

1 고국천왕 : 왜 그렇게 슬피 우느냐?

백성 : 흉년으로 곡식을 구하기 어려워 어떻게 어머니를 봉양해야 할지 걱정이 되어 울고 있습니다.
→ 부모 등 웃어른을 받들어 모시는 것을 말해요.

S# 8. 궁에서 신하와 국정을 논의하고 있다.

고국천왕 : 어려운 백성을 구제할 해결책을 찾아보아라.

을파소 : 봄에 곡식을 빌려주고 겨울에 갚게 하는 제도를 마련하겠습니다.

정답 잡는 키워드

| **1** 고국천왕 | **2** 봄에 곡식을 빌려주고 겨울에 갚게 하는 제도 |

↓

진대법

1 **진대법**은 고구려 고국천왕이 재상 을파소의 건의에 따라 가난한 백성을 구제하기 위해 시행한 제도입니다.

2 **진대법**은 흉년이 들거나 봄에 먹을 것이 없을 때 나라에서 백성에게 곡식을 빌려주고 수확이 끝난 겨울에 갚게 하는 제도였어요.

① 의창
▶ 고려와 조선에서 운영된 의창은 미리 마련해 둔 식량과 작물의 씨앗을 흉년에 가난한 사람들에게 빌려주는 제도였어요. 이를 통해 사람들이 굶어 죽는 것을 막고 농사를 계속 지을 수 있도록 하였어요.

② 환곡
▶ 조선에서는 가난한 백성을 구제하기 위해 먹을 것이 부족한 봄에 백성에게 곡식을 빌려주고 수확한 후에 갚게 하는 환곡을 시행하였어요.

③ 사창제
▶ 사창은 조선 시대에 각 지방 군현에 설치된 곡물 대여 기관이에요.

④ 진대법
▶ 고구려 고국천왕 때 시행된 진대법은 고려, 조선 시대에 의창, 환곡 등으로 발전하였어요.

023 ● 고구려 소수림왕 　　정답 ④

학생들이 공통으로 이야기하고 있는 왕으로 옳은 것은? [2점]

┌ 나라를 다스리는 데 필요한 법을 통틀어 가리키는 말이에요.
┌ 고구려가 수도에 세운 최고 교육 기관이에요.

❶ 태학을 세워 나라의 인재를 양성했어.

❷ 불교를 받아들여 왕권을 강화하였어.

❸ 율령을 반포하여 나라의 기틀을 마련했지.

정답 잡는 키워드

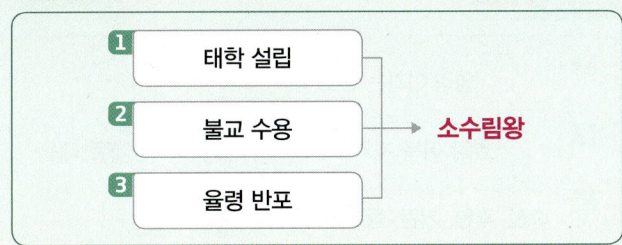

❶	태학 설립	
❷	불교 수용	→ **소수림왕**
❸	율령 반포	

❶, ❷, ❸ 4세기 후반에 **소수림왕**은 불교를 수용하고 태학을 설립하였으며, 율령을 반포하여 왕권을 강화하고 나라의 체제를 정비하였어요.

① 고이왕
　▶ 백제 고이왕은 관등제를 정비하고 관리의 등급에 따라 관복의 색을 달리하는 등 나라의 체제를 정비하였어요.

② 진흥왕
　▶ 신라 진흥왕은 적극적으로 영토 확장에 나서서 한강 유역을 차지하고 대가야를 정복하였어요.

③ 근초고왕
　▶ 백제의 전성기를 이끈 근초고왕은 남쪽으로 마한을 정복하고 북쪽으로는 고구려의 평양성을 공격하였어요. 이때 고구려 고국원왕이 백제군의 화살에 맞아 전사하였어요. 고국원왕의 아들이 소수림왕이에요.

④ 소수림왕
　▶ 고구려 소수림왕은 중국 전진에서 불교를 받아들이고 수도에 교육 기관인 태학을 설립하였으며, 율령을 반포하였어요.

---

024 ● 소수림왕의 업적 　　정답 ①

(가)에 들어갈 내용으로 옳은 것은? [2점]

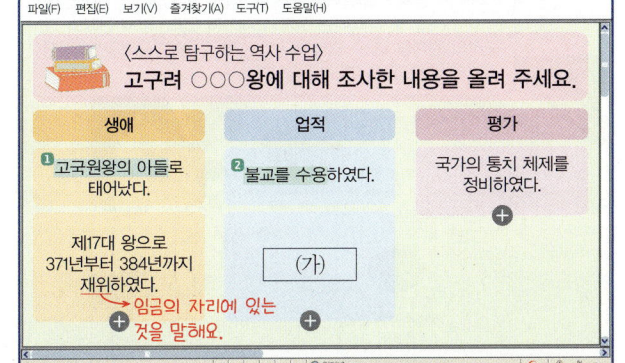

〈스스로 탐구하는 역사 수업〉
고구려 ○○○왕에 대해 조사한 내용을 올려 주세요.

생애	업적	평가
❶고국원왕의 아들로 태어났다.	❷불교를 수용하였다.	국가의 통치 체제를 정비하였다.
제17대 왕으로 371년부터 384년까지 재위하였다.	(가)	

└ 임금의 자리에 있는 것을 말해요.

정답 잡는 키워드

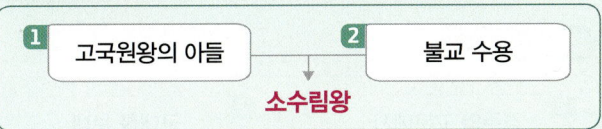

❶	고국원왕의 아들	❷	불교 수용

소수림왕

❶, ❷ **소수림왕**은 아버지 고국원왕이 백제 근초고왕의 공격을 받아 평양성에서 전사한 국가적 위기 상황에서 왕위에 올랐어요. 소수림왕은 위기를 극복하고 사회를 안정시키기 위해 중국으로부터 불교를 수용하고, 율령을 반포하여 국가의 통치 체제를 정비하였어요.

① 태학을 설립하였다.
　▶ 고구려 **소수림왕**은 수도에 태학을 설립하여 인재를 양성하였어요.
　┌ 군사 업무를 맡아본 관청이에요.
② 병부를 설치하였다.
　▶ 신라 **법흥왕**은 병부를 설치하여 군권을 장악하였어요.

③ 화랑도를 정비하였다.
　▶ 신라 **진흥왕**은 화랑도를 국가적인 조직으로 정비하였어요.
　┌ 도읍(수도)을 옮기는 것을 말해요.
④ 웅진으로 천도하였다.
　▶ 백제는 고구려 장수왕의 공격으로 수도 한성이 함락되고 개로왕이 죽임을 당하자 **문주왕** 때 웅진(지금의 공주)으로 수도를 옮겼어요.

기출 선택지 +α 다른 선택지가 나온다면?

❺ 율령을 반포하였다.	(O / X)
❻ 진대법을 시행하였다.	(O / X)
❼ 영락이라는 연호를 사용하였다.	(O / X)

기출 선택지 +α 정답 ❺ O ❻ X [고국천왕] ❼ X [광개토 태왕]

(가) 왕에 대한 설명으로 옳은 것은? [2점]

이것은 경주의 고분에서 출토된 청동 그릇입니다. 바닥면에 (가) 을/를 나타내는 글자가 새겨져 있어, 당시 신라와 고구려의 관계를 알 수 있습니다. (가) 은/는 군대를 보내 신라에 침입한 왜를 격퇴하였습니다.

호우총 청동 그릇

정답 잡는 키워드

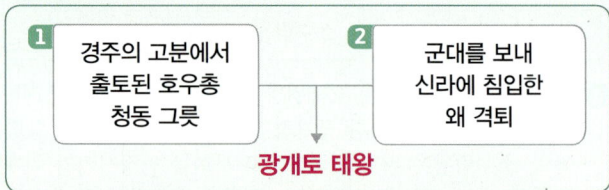

| 1 경주의 고분에서 출토된 호우총 청동 그릇 | 2 군대를 보내 신라에 침입한 왜 격퇴 |

→ 광개토 태왕

1 호우총 청동 그릇은 경주에 있는 신라 고분인 호우총에서 발견된 유물이에요. 그릇 바닥면에 '국강상광개토지호태왕'이라는 **광개토 태왕**을 나타내는 글자가 새겨져 있어요. 이를 통해 당시 신라와 고구려가 가까운 관계였음을 짐작할 수 있어요.

2 **광개토 태왕**은 왜의 침입을 받은 신라가 도움을 요청하자 군대를 보내 신라에 침입한 왜를 격퇴하였어요.

① 태학을 설립하였다.

▶**소수림왕**은 태학을 설립하여 유학 교육을 실시하였어요.

② 낙랑군을 몰아내었다.

▶**미천왕**은 낙랑군을 몰아내고 영토를 확장하였어요.

↗고구려가 서쪽 국경을 방어하기 위해 부여성에서 비사성까지 쌓은 성곽이에요.

③ 천리장성을 축조하였다.

▶**영류왕** 때부터 당의 침입을 막기 위해 국경 지역에 쌓기 시작한 천리장성은 **보장왕** 때 완성되었어요. 고려 시대에도 북방 민족의 침입을 막기 위해 북쪽 국경에 천리장성이 만들어졌어요.

↗임금이 즉위한 해에 붙이던 칭호를 말해요.

④영락이라는 연호를 사용하였다.

▶**광개토 태왕**은 '영락'이라는 독자적인 연호를 사용하였어요.

(가)에 들어갈 내용으로 옳은 것은? [2점]

- 고구려 제19대 왕
- 영락이라는 연호를 사용함
- (가)
- 한강 이북 지역을 차지함
- 숙신, 후연, 거란, 동부여 등을 정벌함

(앞면)　　　(뒷면)

정답 잡는 키워드

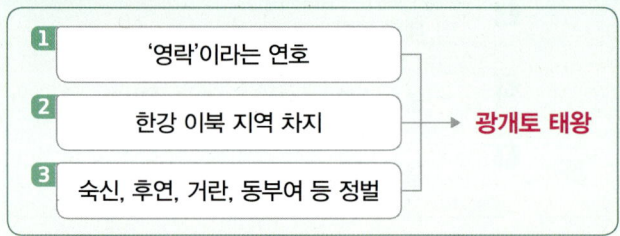

| 1 '영락'이라는 연호 |
| 2 한강 이북 지역 차지 |　→ 광개토 태왕
| 3 숙신, 후연, 거란, 동부여 등 정벌 |

1 **광개토 태왕**은 '영락'이라는 연호를 사용하여 '영락 대왕'으로 불린 고구려 제19대 왕입니다.

2, 3 **광개토 태왕**은 백제를 공격하여 한강 이북 지역을 차지하고, 숙신, 후연, 거란, 동부여 등을 정벌하여 요동과 만주 일대를 장악하는 등 영토를 크게 넓혔어요.

① 태학을 설립함

▶**소수림왕**은 인재 양성을 위해 국립 교육 기관인 태학을 설립하였어요.

② 평양으로 천도함

▶**장수왕**은 국내성에서 평양으로 도읍을 옮기고 본격적인 남진 정책을 추진하였어요.

③ 천리장성을 축조함

▶**영류왕**은 당의 침입에 대비하여 천리장성 축조를 추진하고 연개소문을 책임자로 파견하였어요. 천리장성은 보장왕 때 완성되었어요.

④신라에 침입한 왜를 격퇴함

▶**광개토 태왕**은 신라 내물 마립간의 지원 요청에 따라 군대를 보내 신라에 침입한 왜를 격퇴하였어요.

(가) 왕의 업적으로 옳은 것은? [2점]

고구려

(가)

친구 추가　　메세지　　더 보기

🎗 광개토 대왕의 아들로 태어남

🏛 고구려 제20대 왕에 즉위함

🔻 백제를 공격하여 한성을 함락함

정답 잡는 키워드

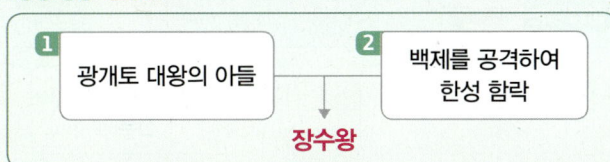

1 광개토 대왕의 아들	2 백제를 공격하여 한성 함락

장수왕

1, 2 광개토 태왕의 아들로 왕위에 오른 **장수왕**은 남진 정책을 추진하여 백제의 수도 한성을 함락하고 한강 유역을 차지하였으며, 한반도 중부 지역까지 영토를 확장하였어요.

① 청해진을 설치하였다.
　▶신라 말 **흥덕왕** 때 장보고가 지금의 완도에 청해진을 설치하였어요.

②수도를 평양으로 옮겼다.
　▶고구려 **장수왕**은 수도를 국내성에서 평양으로 옮겼어요.

③ 지방에 22담로를 두었다.
　▶백제는 지방 행정 구역으로 담로를 두었어요. **무령왕**은 지방 통제를 강화하기 위해 22담로에 왕족을 파견하였어요.
　↗유교 경전을 이해하는 수준을 평가하여 국학 학생들을 관리로 뽑는 제도였어요.
④ 독서삼품과를 실시하였다.
　▶신라 **원성왕**은 유교 지식을 갖춘 인재를 선발하기 위해 독서삼품과를 실시하였어요.

(가) 왕에 대한 설명으로 옳은 것은? [3점]

↗남쪽으로 나아간다는 뜻이에요.
저희 모둠은 **1** 남진 정책을 추진한 (가)의 **2** 한강 유역 진출 과정을 개로왕과 도림 스님의 이야기로 그려 보았습니다.

역사의 한 장면 그리기

개로왕

도림

정답 잡는 키워드

1 남진 정책 추진	2 한강 유역 진출

장수왕

1 장수왕은 427년에 수도를 국내성에서 평양으로 옮기고 본격적으로 남진 정책을 추진하였어요.

2 장수왕은 백제를 공격하여 한성을 함락하고 한강 유역을 차지하였는데, 이때 백제의 개로왕이 죽음을 맞았어요(475). "삼국사기"에는 장수왕이 보낸 승려 도림의 계략으로 개로왕이 대규모 토목 공사를 일으켜 백제의 국력이 쇠약해지고 이때를 노린 장수왕이 백제를 공격하였다는 이야기가 나옵니다.

① 태학을 설립하였다.
　▶고구려 **소수림왕**은 태학을 설립하여 인재를 양성하였어요.
　↗지금의 울릉도 일대에 있었던 작은 나라입니다.
② 우산국을 정벌하였다.
　▶신라 **지증왕**이 이사부를 보내 우산국을 정벌하였어요.
　↗'7개의 가지가 달린 검'이라는 뜻을 가진 철제 칼이에요.
③ 왜에 칠지도를 보냈다.
　▶백제 **근초고왕** 때 칠지도라는 철제 칼을 만들어 왜에 보낸 것으로 알려져 있어요.

④광개토 대왕릉비를 건립하였다.
　▶고구려 **장수왕**은 아버지 광개토 태왕의 업적을 기리기 위해 광개토 태왕릉비를 세웠어요.

기출 선택지 +α 다른 선택지가 나온다면?

5 수도를 평양으로 옮겼다. (O / ×)
6 국호를 남부여로 바꾸었다. (O / ×)
7 신라의 요청으로 왜를 격퇴하였다. (O / ×)
8 화랑도를 국가 조직으로 개편하였다. (O / ×)

기출 선택지 +α 정답
5 O **6** × [백제 성왕] **7** × [고구려 광개토 태왕] **8** × [신라 진흥왕]

(가)~(다)를 일어난 순서대로 옳게 나열한 것은? [2점]

고구려의 발전 과정

(가) 영락 연호 사용　(나) 태학 설립　(다) 평양 천도

(가) 소수림왕의 체제 정비 후에 왕위에 오른 **광개토 태왕**은 적극적으로 정복 활동을 벌여 영토를 크게 확장하였으며, '영락'이라는 연호를 사용하였어요.

(나) 4세기 후반에 고구려는 백제와의 전투에서 국왕이 전사하는 위기를 겪었어요. 이러한 국가적 위기 상황에서 즉위한 **소수림왕**은 태학 설립, 율령 반포, 불교 수용 등을 통해 국가 체제를 정비하여 위기를 극복하려고 노력하였어요.

(다) 광개토 태왕의 아들 **장수왕**은 **평양 천도**를 단행하고 본격적으로 남진 정책을 펼쳐 한강 유역을 장악하였어요.

① (가) - (나) - (다)
② (가) - (다) - (나)
③ (나) - (가) - (다)
> (나) 태학 설립(4세기 후반 소수림왕) - (가) '영락' 연호 사용(4세기 말~5세기 초 광개토 태왕) - (다) 평양 천도(5세기 장수왕) 순으로 일어났어요.
④ (다) - (나) - (가)

밑줄 그은 '전투'로 옳은 것은? [2점]

문학으로 만나는 한국사

신묘한 계책은 하늘의 이치를 알았고
오묘한 계획은 땅의 이치를 다 통했구려.
전쟁에 이겨서 공이 이미 높아졌으니
만족함을 알고 전쟁을 멈추는 것이 어떠하오.
- 을지문덕이 우중문에게 보낸 시 -

①을지문덕은 고구려를 침략한 수의 장수 우중문에게 이 시를 보냈습니다. 이후 강을 건너 퇴각하는 ②수의 군대와 벌인 전투에서, 고구려군은 큰 승리를 거두었습니다.

정답 잡는 키워드

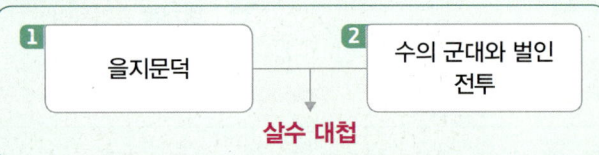

1 을지문덕	**2** 수의 군대와 벌인 전투

↓

살수 대첩

1, **2** 7세기 초에 수의 양제는 많은 군사를 동원하여 고구려의 요동성을 공격하였으나 함락에 실패하였어요. 이어 우중문 등에게 30만 명의 별동대를 이끌고 가 고구려의 수도 평양을 공격하게 하였어요. 이때 고구려의 장수 을지문덕이 수의 30만 별동대를 살수(지금의 청천강)에서 크게 물리쳤는데, 이를 **살수 대첩**이라고 합니다.

① 명량 대첩
> 정유재란 때 이순신이 이끄는 조선 수군이 명량(울돌목)에서 13척의 배로 일본 수군의 배 133척을 격파하였어요.

②살수 대첩
> 을지문덕이 이끄는 고구려군은 살수에서 수의 군대를 크게 격퇴하였어요.

③ 황산 대첩
> 고려 말 우왕 때 이성계가 황산에서 왜구를 크게 물리쳤어요.

④ 한산도 대첩
> 임진왜란 때 이순신이 이끄는 조선 수군이 한산도 앞바다에서 일본군에 큰 승리를 거두었어요.

031 ● 고구려의 대외 항쟁   정답 ①

선생님의 질문에 대한 학생의 대답으로 적절한 것은?
[2점]

5세기 광개토 태왕과 장수왕을 거치면서 동북아시아의 강국으로 성장한 **고구려**는 6세기 후반에 중국의 분열을 통일하고 새롭게 등장한 수와 대립·격돌하였어요. 고구려는 여러 차례에 걸친 수의 공격을 모두 물리쳤고, 수는 고구려와의 전쟁에 패배하고 국력마저 크게 쇠퇴하여 결국 멸망하였어요. 30여 년이 지난 뒤 고구려는 수의 뒤를 이어 들어선 당이 세력을 넓혀 침략해 오자 전쟁에 나서서 당군을 격퇴하였어요.

① 을지문덕이 살수에서 수의 군대를 물리쳤어요.
　▶수는 중국을 통일한 후 대군을 보내 고구려를 공격하였어요. **고구려**의 을지문덕은 살수(지금의 청천강)에서 수의 군대를 크게 물리쳤어요.

② 계백이 이끄는 결사대가 황산벌에서 항전하였어요.
　▶**백제**의 계백이 이끄는 결사대가 황산벌(지금의 논산)에서 신라군에 맞서 싸웠으나 패배하였어요. 이후 나·당 연합군에 사비성이 함락되고 백제는 멸망하였어요.

③ 이성계가 황산에서 왜구를 격퇴하였어요.
　▶**고려** 말에 이성계는 황산(지금의 남원)에 침입한 왜구를 격퇴하였어요.

④ 왕건이 일리천에서 승리하였어요.
　▶**고려**의 왕건은 일리천(지금의 구미)에서 신검이 이끄는 후백제군을 상대로 싸워 승리하였어요.

032 ● 연개소문의 활동   정답 ③

다음 가상 인터뷰의 주인공으로 옳은 것은?　[2점]

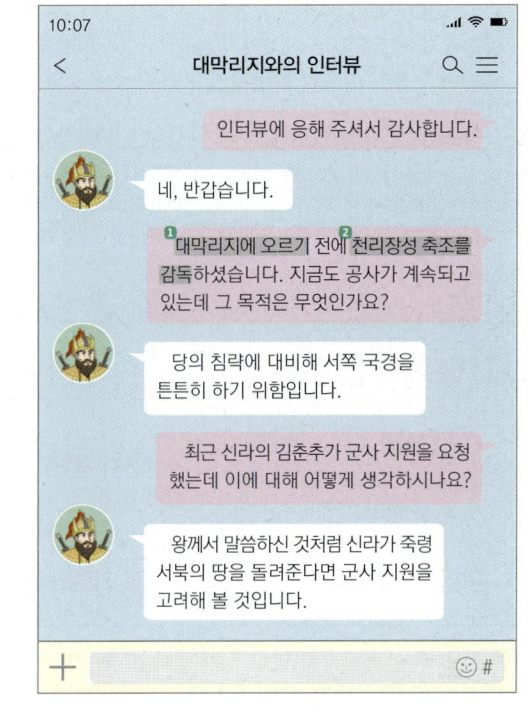

정답 잡는 키워드

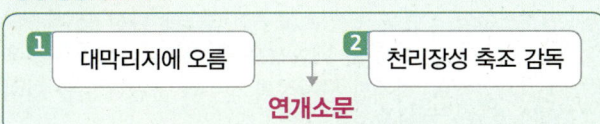

① 대막리지에 오름	→	② 천리장성 축조 감독
	연개소문	

① ② 고구려는 영류왕 때 당의 침입에 대비하여 서쪽 국경 지역에 **천리장성**을 축조하였는데, **연개소문**이 공사의 감독자였어요. 연개소문은 천리장성 축조 중에 정변을 일으켜 영류왕을 죽인 뒤 보장왕을 왕위에 올리고 스스로 **대막리지**가 되어 정권을 장악하였어요. 같은 해 백제군의 공격으로 위기에 빠진 신라가 김춘추를 고구려에 보내 군사 지원을 요청하였어요. 그러나 보장왕이 죽령 서북의 땅을 요구하여 고구려와 신라의 연합은 이루어지지 않았어요.

① 김유신
　▶김유신은 신라의 장수로, 백제와의 황산벌 전투에서 승리를 거두는 등 삼국 통일에 큰 공을 세웠어요.

② 장보고
　▶장보고는 신라 말에 당으로 건너가 군인으로 활동하다가 신라로 돌아와 지금의 완도에 청해진을 설치하였어요.

③ 연개소문
　▶권력을 차지한 연개소문이 당에 계속 강경한 입장을 취하자, 침략의 기회를 엿보던 당 태종이 연개소문의 정변을 구실로 고구려를 공격하였어요.

④ 흑치상지
　▶흑치상지는 백제의 장수로, 백제 멸망 이후 임존성에서 백제 부흥 운동을 전개하였어요.

033 ● 고구려의 대외 항쟁　　　　정답 ③

(가), (나) 사이의 시기에 있었던 사실로 옳은 것은? [2점]

> (가) ●장수왕 63년, 왕이 군사 3만 명을 거느리고 백제에 침입하여 도읍인 ❷한성을 함락시키고 백제 왕을 죽였다.
>
> (나) 보장왕 4년, ❸당의 여러 장수가 안시성을 공격하였다. …… [당군이] 밤낮으로 쉬지 않고 60일간 50만 명을 동원하여 토산을 쌓았다. …… 고구려군 수백 명이 성이 무너진 곳으로 나가 싸워서 마침내 토산을 빼앗았다.
> → 흙을 쌓아 만든 산을 말해요.

정답 잡는 키워드

1 장수왕	(가) 고구려의 한성 함락(475)
2 한성 함락	
3 당이 안시성 공격	(나) 안시성 전투(645)

(가) 평양 천도 후 본격적으로 남진 정책에 나선 장수왕은 **475년**에 직접 군사를 이끌고 백제 공격에 나서서 **한성을 함락**하였어요. 이때 백제 개로왕이 목숨을 잃었어요.

(나) 연개소문의 정변을 구실로 고구려 침공에 나선 **당 태종**의 **대군**이 **645년** 요동성, 백암성을 함락하고 이어 **안시성을 공격**하였어요. 하지만 안시성의 성주와 군민이 힘을 합쳐 당의 공격을 물리쳤어요.

① 원종과 애노가 봉기하였다.
➤ **889년** 신라 진성 여왕 때 원종과 애노가 무거운 세금에 저항하여 사벌주(지금의 상주)에서 봉기하였어요.

② 김흠돌이 반란을 도모하였다.
➤ **681년** 통일 신라 신문왕 때 김흠돌이 반란을 꾀하다 발각되어 처형되었어요.

③ 을지문덕이 수의 군대를 물리쳤다.
➤ 고구려 영양왕 때인 **612년**에 을지문덕이 이끄는 고구려군이 살수에서 수의 군대를 크게 격퇴하였어요(살수 대첩).

④ 장문휴가 당의 산둥반도를 공격하였다.
➤ 발해 무왕 때인 **732년**에 장문휴가 당의 산둥반도 등주를 공격하였어요.

---

034 ● 안시성 전투　　　　정답 ③

밑줄 그은 '이 전투'로 옳은 것은? [2점]

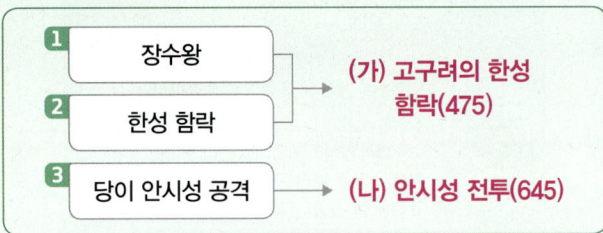

한국사 대담　**그날**을 말하다

이 전투를 지휘한 성주님을 모시고 이야기를 들어보겠습니다.

당시 우리 ●고구려군은 당 태종의 대군에 맞서 치열하게 싸웠습니다. ❷당군은 토산을 쌓으면서까지 성을 점령하려 했으나, 우리는 백성들과 함께 이를 막아 냈습니다.

정답 잡는 키워드

| 1 고구려군이 당군에 맞서 싸움 | 2 당군이 토산을 쌓아 성을 점령하려고 함 |

안시성 전투

1, 2 연개소문의 정변을 구실로 당 태종이 대군을 이끌고 고구려에 침공하여 요동성과 백암성을 함락하고 안시성에 도달하였어요. 당군이 성벽보다 높은 흙산을 쌓아 성을 공격하였지만, 안시성의 성주와 관민은 힘을 합쳐 **당군의 공격에 맞서** 치열하게 싸워 결국 물리쳤어요(**안시성 전투**).

① 관산성 전투
➤ 백제 성왕은 신라 진흥왕과 힘을 합쳐 고구려를 물리치고 한강 하류 지역을 되찾았지만, 곧이어 신라의 공격을 받아 이 지역을 빼앗겼어요. 분노한 성왕은 신라 공격에 나섰다가 관산성 전투에서 전사하였어요.

② 기벌포 전투
➤ 백제와 고구려가 멸망한 후 신라는 한반도 전체를 차지하려고 하는 당과 전쟁을 벌여 매소성 전투, 기벌포 전투에서 당군을 격퇴하고 삼국 통일을 완성하였어요.

③ 안시성 전투
➤ 안시성 전투는 고구려군이 안시성에서 당 태종의 대군을 물리친 전투입니다.

④ 황산벌 전투
➤ 백제의 장수 계백이 이끄는 5천 명의 결사대가 황산벌 전투에서 김유신이 이끄는 신라군에 맞서 싸웠으나 패배하였어요.

035 ● 안시성 전투　　　　　　정답 ④

다음에서 보도하고 있는 사건이 일어난 시기를 연표에서 옳게 고른 것은?　　　　　　[3점]

> 우리 고구려군이 당군에 맞서 치열하게 싸우고 있습니다. 당군이 성벽보다 높은 흙산을 쌓아 공략을 시도하고 있는데요. 성안에서도 방어 태세를 갖추고 있는 것으로 보입니다. 지금까지 안시성 전투 현장에서 전해드렸습니다.

당 태종이 대외 팽창 정책을 펴면서 고구려를 압박하자, 고구려는 국경 지역에 천리장성을 쌓는 등 당의 공격에 대비하였어요. 이러한 가운데 천리장성을 쌓는 일의 책임자였던 연개소문이 정변을 일으켜 영류왕을 죽이고 보장왕을 세웠어요(642). 침략의 기회를 엿보던 당 태종은 연개소문의 정변을 구실로 삼아 고구려를 침략하였어요. 당군이 요동성과 백암성을 함락하고 안시성을 공격하였지만, 안시성의 성주와 관민은 힘을 합쳐 당의 공격을 물리쳤어요(안시성 전투, 645).

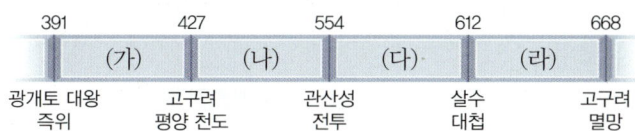

391	427	554	612	668
(가)	(나)	(다)	(라)	
광개토 대왕 즉위	고구려 평양 천도	관산성 전투	살수 대첩	고구려 멸망

> ▶ 수 양제의 군대가 고구려를 공격하였으나 살수(지금의 청천강)에서 을지문덕이 이끄는 고구려군에게 크게 패배하고 돌아갔어요(살수 대첩, 612). 그 뒤에도 수는 여러 차례 고구려를 공격하였으나 성과를 얻지 못하였고, 국력마저 크게 쇠퇴하여 멸망하였어요. 수의 뒤를 이은 당도 고구려를 여러 차례 공격하였지만, 고구려는 안시성 전투에서 승리하는 등 당의 침입을 막아 냈어요. 고구려 공격에 실패한 당은 신라에서 보낸 김춘추의 동맹 제안을 받아들여 신라와 연합하였어요. 그리고 나·당 연합군은 660년에 백제를 멸망시킨 뒤 668년에 고구려를 공격하여 멸망시켰어요.

① (가)
② (나)
③ (다)
④ (라)
> ▶ 안시성 전투가 일어난 시기는 살수 대첩과 고구려 멸망 사이인 (라)입니다.

036 ● 검모잠의 활동　　　　　　정답 ②

(가)에 해당하는 인물로 옳은 것은?　　　　　　[2점]

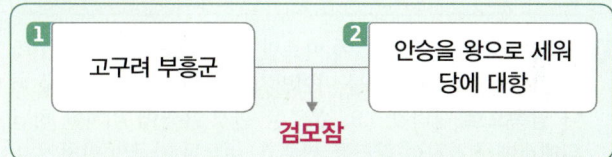

정답 잡는 키워드

1	2
고구려 부흥군	안승을 왕으로 세워 당에 대항

→ 검모잠

1, 2 나·당 연합군의 공격으로 668년에 고구려가 멸망한 후 고구려 부흥을 꾀하는 세력이 모여 다시 나라를 일으키기 위한 운동을 전개하였어요. 고연무는 압록강을 넘어 오골성에서 당군과 싸웠으며, 검모잠은 보장왕의 아들 안승을 왕으로 받들어 한성(지금의 황해도 재령)에서 고구려 부흥을 위한 운동을 일으켰어요.

① 계백
> ▶ 백제의 장수 계백은 5천 명의 결사대를 이끌고 황산벌에서 김유신이 이끄는 신라군에 맞서 싸웠으나 패배하였어요.

②⃝ 검모잠
> ▶ 검모잠은 안승을 왕으로 받들고 고구려를 다시 세우고자 하는 부흥 운동을 전개하였어요. 하지만 부흥 세력 내부에서 분열이 일어나 안승이 검모잠을 죽이고 신라에 항복하였어요.

③ 김유신
> ▶ 김유신은 황산벌 전투에서 계백이 이끄는 백제군과 싸워 승리하는 등 신라의 삼국 통일에 큰 공을 세웠어요.

④ 흑치상지
> ▶ 흑치상지는 임존성에서 백제 부흥 운동을 전개하였어요.

2 백제

037 ○ 백제의 건국 이야기 정답 ②

그림의 건국 이야기가 전해지는 나라에 대한 설명으로 옳은 것은? [3점]

 **첫 번째 장면**
300
● 고구려를 떠나는 비류와 온조 형제

 **두 번째 장면**
300
정착할 곳을 살피는 비류와 온조 형제

 **세 번째 장면**
300
② 한강 유역에 정착하여 나라를 세우는 온조

 정답 잡는 키워드

❶ 고구려를 떠나는 비류와 온조 형제	❷ 한강 유역에 정착하여 나라를 세우는 온조

↓
백제

❶, ❷ 백제의 건국 이야기에 따르면, 고구려를 세운 주몽의 아들 비류와 온조가 왕위를 이어받지 못하게 되자 고구려를 떠나 남쪽으로 내려왔어요. 온조는 한강 유역에 위치한 하남 위례성에 정착하여 나라를 세우고, 비류는 지금의 인천인 미추홀에 터를 잡고 나라를 세웠어요. 비류가 자리 잡은 곳은 땅이 습하고 물이 짜서 농사가 잘되지 않아 결국 비류의 무리는 위례성에 자리를 잡은 온조와 힘을 합쳤어요.

① 대가야를 정복하였다.
▷ 신라는 진흥왕 때 대가야를 정복하였어요.

②왜에 칠지도를 보냈다.
▷ 백제는 왜와 활발하게 교류하고 칠지도를 보내기도 하였어요.

③ 화랑도라는 단체가 있었다.
▷ 신라에는 화랑도라는 청소년 수련 단체가 있었어요. 이 단체는 진흥왕 때 국가적인 조직으로 정비되었어요.

④ 동맹이라는 제천 행사를 열었다.
▷ 고구려는 10월에 동맹이라는 제천 행사를 열었어요.

038 ○ 백제 근초고왕 정답 ④

(가)에 해당하는 왕으로 옳은 것은? [2점]

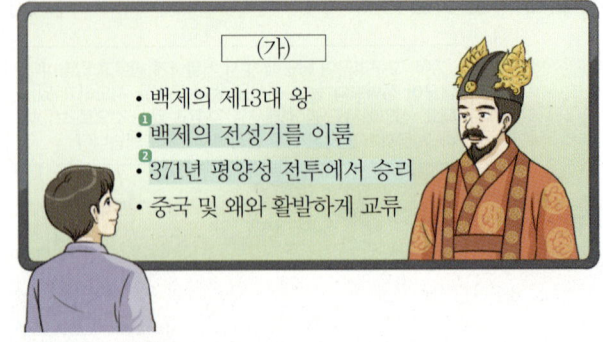

(가)
• 백제의 제13대 왕
❶ • 백제의 전성기를 이룸
❷ • 371년 평양성 전투에서 승리
• 중국 및 왜와 활발하게 교류

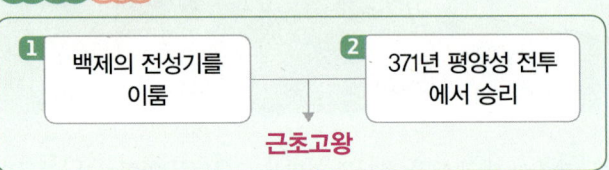 정답 잡는 키워드

❶ 백제의 전성기를 이룸	❷ 371년 평양성 전투에서 승리

↓
근초고왕

❶, ❷ 근초고왕은 371년에 고구려의 평양성을 공격하여 승리하고 황해도 일부 지역을 차지하였어요. 이때 고구려의 고국원왕이 전사하였어요. 근초고왕은 백제의 전성기를 이루었으며, 중국의 동진, 왜의 규슈 등지와 활발하게 교류하였어요.

① 성왕
▷ 성왕은 수도를 사비(지금의 부여)로 옮기고 나라 이름을 '남부여'로 바꾸는 등 백제의 국력 회복을 위해 힘썼어요.

② 온조왕
▷ 온조왕은 하남 위례성을 도읍으로 백제를 건국하였어요.

③ 의자왕
▷ 백제의 마지막 왕인 의자왕은 신라의 40여 개 성을 함락하고 요충지인 대야성까지 빼앗는 등 신라를 위기에 빠뜨리기도 하였으나, 나·당 연합군의 공격을 막아 내지 못하였어요.

④ 근초고왕
▷ 근초고왕은 북쪽으로 고구려의 평양성을 공격하여 고국원왕을 죽이고 황해도 지역까지 영토를 넓혔으며, 남쪽으로는 마한을 정벌하였어요.

(가)에 들어갈 내용으로 옳은 것은? 　　[2점]

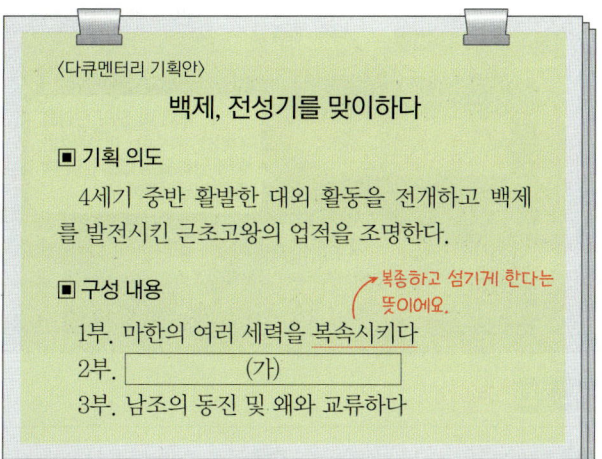

〈다큐멘터리 기획안〉

백제, 전성기를 맞이하다

■ 기획 의도

　4세기 중반 활발한 대외 활동을 전개하고 백제를 발전시킨 근초고왕의 업적을 조명한다.

■ 구성 내용

　　　　　　　　　　　　→ 복종하고 섬기게 한다는 뜻이에요.

1부. 마한의 여러 세력을 복속시키다
2부. 　　　　　(가)
3부. 남조의 동진 및 왜와 교류하다

근초고왕은 백제의 전성기를 이끈 왕이에요. 마한 지역의 여러 세력을 복속시키고 남해안으로 진출하였으며, 대외적으로는 중국의 동진, 왜 등과 교류하였어요. 또한, 고흥에게 역사서인 "서기"를 편찬하게 하였어요.

① 사비로 천도하다
　▶백제 **성왕**은 웅진(지금의 공주)에서 사비(지금의 부여)로 도읍을 옮기고 나라 이름을 '남부여'로 바꾸었어요.

② 22담로를 설치하다
　▶담로는 백제의 지방 행정 구역이에요. 백제가 웅진에 도읍한 시기에 22개의 담로를 두었다고 전해지고 있으며, **무령왕**은 지방 통제를 강화하기 위해 22담로에 왕족을 파견하였다고 해요. 근초고왕이 재위한 시기에 백제의 도읍은 한성입니다.

③ 고국원왕을 전사시키다
　▶백제 **근초고왕**은 고구려의 평양성을 공격하여 고국원왕을 전사시켰어요.

④ 독서삼품과를 시행하다
　▶신라 **원성왕**은 국학의 학생들을 대상으로 유교 경전을 얼마나 이해하는지 평가하여 관리 선발에 활용하는 독서삼품과를 실시하였어요.

(가), (나) 사이의 시기에 있었던 사실로 옳은 것은? [3점]

(가)
얼마 전 고구려가 도읍을 평양으로 옮겼다는군.

앞으로 우리 한성을 향해 내려올 것 같아 걱정일세.

(나)
왕성이 함락되고 왕께서도 목숨을 잃으셨다고 하네.

새로 즉위한 문주왕께서 이곳 웅진으로 오신다는군.

정답 잡는 키워드

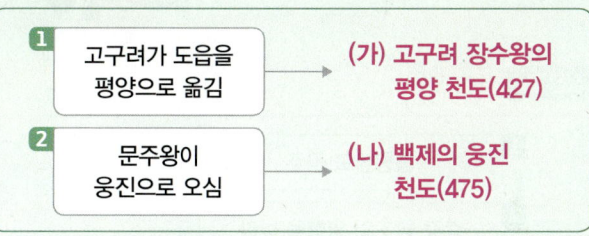

| 1 | 고구려가 도읍을 평양으로 옮김 | → | (가) 고구려 장수왕의 평양 천도(427) |
| 2 | 문주왕이 웅진으로 오심 | → | (나) 백제의 웅진 천도(475) |

(가) 고구려는 장수왕 때인 **427년**에 평양 천도를 단행하고 본격적으로 남진 정책을 추진하였어요.

(나) 백제는 **475년**에 고구려 장수왕의 공격을 받아 수도 한성이 함락되고 개로왕이 죽임을 당하였어요. 개로왕의 뒤를 이은 문주왕은 지금의 공주 지역인 웅진으로 천도하였어요.

① 고구려가 옥저를 정복하였다.
　▶고구려는 **1세기** 태조왕 때 옥저를 정복하고 동해안으로 진출하였어요.

② 백제가 신라와 동맹을 맺었다.
　▶고구려가 평양으로 도읍을 옮겨 압박하자 위협을 느낀 백제 비유왕과 신라 눌지왕이 **433년**에 동맹을 맺었어요(나·제 동맹).

③ 백제가 관산성 전투에서 패배하였다.
　▶백제는 **554년**에 관산성 전투에서 신라에 패배하였어요. 이때 백제 성왕이 전사하였어요.

④ 고구려가 안시성에서 당군을 물리쳤다.
　▶고구려는 보장왕 때인 **645년**에 안시성에서 당군의 공격을 물리쳤어요.

밑줄 그은 '이 왕'으로 옳은 것은?   [1점]

> ① 충청남도 공주에 있는 이 무덤은 ② 중국 남조의 영향을 받아 벽돌로 만들어졌습니다. 이곳에서 출토된 묘지석을 통해 무덤의 주인공이 이 왕임을 알 수 있습니다.

무덤 내부 모습   ③ 묘지석

정답 잡는 키워드

① 충청남도 공주	
② 중국 남조의 영향을 받아 벽돌로 만들어진 무덤	→ **무령왕**
③ 묘지석	

① **무령왕**과 왕비의 무덤인 무령왕릉은 충청남도 공주의 송산리 고분군(공주 무령왕릉과 왕릉원)에 있어요.

②, ③ **무령왕**의 무덤인 무령왕릉은 중국 남조의 영향을 받아 벽돌로 만들어진 벽돌무덤입니다. 도굴되지 않은 채 발견되어 무덤의 주인이 무령왕임을 알려 주는 묘지석을 비롯하여 무덤을 지키는 돌짐승, 장신구 등 다양한 유물이 출토되었어요.

① 성왕
> 성왕은 수도를 사비(지금의 부여)로 옮기고 나라 이름을 '남부여'로 바꾸는 등 백제의 국력을 키우기 위해 노력하였어요.

② 고이왕
> 고이왕은 등급에 따라 관리가 입는 옷의 색을 달리하는 등 나라의 체제를 정비하였어요.

③ 무령왕
> 무령왕은 22담로에 왕족을 파견하여 지방 통제를 강화하였어요.

④ 근초고왕
> 근초고왕은 남쪽으로는 마한을 정복하여 남해안으로 진출하였으며, 북쪽으로는 고구려의 평양성을 공격하여 고국원왕을 전사시키고 황해도 일부 지역을 장악하였어요.

밑줄 그은 '이 왕'에 대한 설명으로 옳은 것은?   [2점]

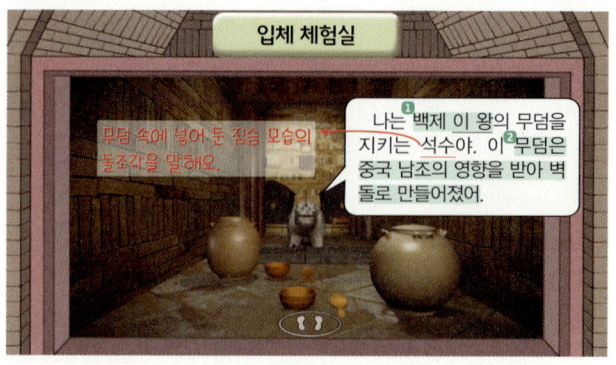

입체 체험실

무덤 속에 넣어 둔 짐승 모습의 돌조각을 말해요.

> ① 나는 백제 이 왕의 무덤을 지키는 석수야. 이 ② 무덤은 중국 남조의 영향을 받아 벽돌로 만들어졌어.

정답 잡는 키워드

① 백제 왕	② 중국 남조의 영향을 받아 벽돌로 만들어진 무덤
↓ **무령왕**	

① 백제가 웅진으로 천도한 뒤에 즉위한 **무령왕**은 나라를 안정시키기 위해 노력하였으며, 대외적으로는 중국 남조와 활발하게 교류하여 국력 회복에 힘썼어요.

② 충청남도 공주에 있는 무령왕릉은 **무령왕**과 그 왕비의 무덤으로, 중국 남조의 영향을 받아 벽돌로 만들어졌어요. 무덤 안에서 무덤의 주인을 알 수 있는 묘지석과 석수(돌짐승), 장신구 등 다양한 유물이 출토되었어요.

① 수나라의 침략을 막아 냈다.
> 고구려 영양왕은 수나라의 침략을 막아 냈어요.

② 도읍을 평양성으로 옮겼다.
> 고구려 장수왕은 도읍을 국내성에서 평양으로 옮겼어요.

③ 22담로에 왕족을 파견하였다.
> 백제 무령왕은 지방 통제를 강화하기 위해 22담로에 왕족을 파견하였어요.

④ 진대법을 처음으로 실시하였다.
> 고구려 고국천왕은 가난한 백성을 구제하기 위해 진대법을 처음으로 실시하였어요.

043 ● 백제 성왕

학생들이 공통으로 이야기하고 있는 왕으로 옳은 것은?
[2점]

① 사비로 도읍을 옮겼어.

② 남부여로 국호를 바꿨어.

③ 신라와 연합하여 한강 하류 지역을 되찾았어.

정답 잡는 키워드

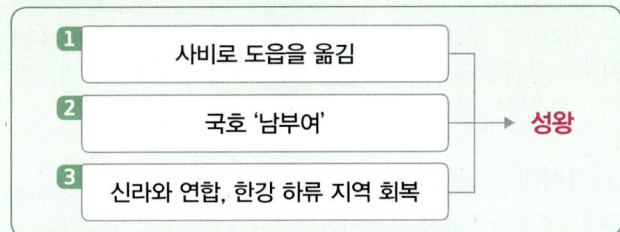

1 사비로 도읍을 옮김	
2 국호 '남부여'	→ **성왕**
3 신라와 연합, 한강 하류 지역 회복	

1 **성왕**은 넓은 평야가 있고 강을 끼고 있어 수로 교통이 편리한 **사비(지금의 부여)로 도읍을 옮겼어요.**

2 **성왕**은 부여 계승 의식을 내세우며 **나라 이름을 '남부여'로** 바꾸었어요.

3 **성왕**은 신라 **진흥왕과 연합하여 고구려를 공격해 한강 하류** 지역을 되찾았지만, 곧이어 신라의 공격을 받아 이 지역을 빼앗겼어요. 분노한 성왕은 신라 공격에 나섰다가 관산성 전투에서 전사하였어요.

① 성왕
➤ 무령왕의 뒤를 이은 성왕은 통치 체제를 재정비하여 국력을 회복하고자 하였어요.

② 무열왕
➤ 신라에서 진골 출신 최초로 왕위에 오른 무열왕(김춘추)은 당과 함께 백제를 공격하여 멸망시켰어요.

③ 근초고왕
➤ 백제 근초고왕은 왕권을 강화하고 영토를 확장하여 백제의 전성기를 이루었어요. 또한, 중국과 왜 등 주변 나라와 활발하게 교류하였어요.

④ 소수림왕
➤ 고구려 소수림왕은 불교 수용, 태학 설립, 율령 반포 등을 통해 나라의 체제를 정비하였어요.

---

044 ● 성왕의 업적

밑줄 그은 '이 왕'의 업적으로 옳은 것은? [2점]

부여 나성 발굴 과정에서 성의 북문 터가 확인되었습니다. 부여 나성은 백제 사비 도성을 감싸는 방어 시설로, **수도를 웅진에서 사비로 옮긴 이 왕** 때 축조된 것으로 추정됩니다.

부여 나성 북문 터 확인

성 밖에 겹으로 둘러쌓은 성으로 안쪽 성을 보호하기 위한 방어 시설의 기능을 해요.

정답 잡는 키워드

1 수도를 웅진에서 사비로 옮김	→ **성왕**

1 **성왕**은 국력을 회복하기 위해 **수도를 웅진(지금의 공주)에서 사비(지금의 부여)로 옮겼어요.** 사비는 넓은 평야가 있고 강을 끼고 있어 수로 교통이 편리한 지역이었어요. 또한, 부여 계승 의식을 내세우며 나라 이름을 '남부여'로 바꾸었어요.

① 동진으로부터 불교를 받아들였다.
➤ **침류왕**은 동진에서 온 승려 마라난타를 통해 불교를 받아들였어요.

② 고흥에게 역사서인 서기를 편찬하게 하였다.
➤ **근초고왕**은 고흥에게 역사서인 "서기"를 편찬하게 하였어요.

③ 진흥왕과 연합하여 한강 유역을 회복하였다.
➤ **성왕**은 신라 진흥왕과 연합하여 고구려를 공격해 빼앗겼던 한강 하류 지역을 되찾았으나 곧이어 진흥왕의 공격을 받아 다시 빼앗겼어요.

④ 대야성을 비롯한 신라의 40여 개 성을 빼앗았다.
➤ **의자왕**은 신라를 공격하여 40여 개 성을 함락하고 윤충을 보내 전략적으로 중요한 지역인 대야성을 빼앗았어요.

기출 선택지 +α 다른 선택지가 나온다면?

5 태학을 설립하였다.	(○ / ×)
6 국호를 남부여로 바꾸었다.	(○ / ×)
7 22담로에 왕족을 파견하였다.	(○ / ×)
8 진대법을 처음으로 실시하였다.	(○ / ×)

기출 선택지 +α 정답
5 × [고구려 소수림왕] **6** ○ **7** × [백제 무령왕] **8** × [고구려 고국천왕]

045 ● 백제의 역사   정답 ②

(가) 국가에 대한 설명으로 옳은 것은?   [2점]

> 이 전시실에서는 한성을 빼앗긴 뒤 웅진과 사비에서 국력을 회복하며 문화의 꽃을 피운 (가) 의 문화유산을 감상할 수 있습니다.

정답 잡는 키워드

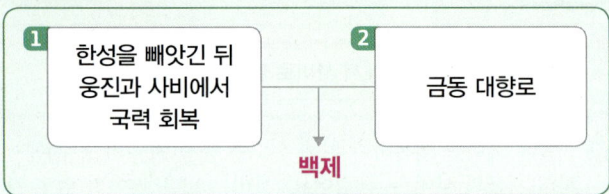

| **1** 한성을 빼앗긴 뒤 웅진과 사비에서 국력 회복 | **2** 금동 대향로 |

→ **백제**

1 **백제**는 고구려 장수왕의 공격으로 수도 한성이 함락되자 웅진(지금의 공주)으로 천도하였으며, 이후 다시 사비(지금의 부여)로 도읍을 옮겨 국력을 회복하기 위한 노력을 하였어요.

2 **백제**의 세 번째 수도였던 부여의 능산리 절터에서 출토된 금동 대향로는 도교와 불교 사상의 영향을 받은 문화유산이에요. 향로의 뚜껑 부분에는 도교에서 신선이 산다는 이상향이 표현되었고, 향을 담는 몸통은 불교에서 중시하는 연꽃으로 표현되었어요.

① 주몽이 건국하였다.
> ▶주몽이 졸본을 도읍으로 정하고 **고구려**를 건국하였어요.

②지방에 22담로를 두었다.
> ▶**백제**는 지방에 22담로를 두었어요. 무령왕은 지방 통제를 강화하기 위해 22담로에 왕족을 파견하였어요.

③ 8조법으로 백성을 다스렸다.
> ▶**고조선**은 8조법(범금 8조)으로 백성을 다스리고 사회 질서를 유지하였어요. 현재는 8조법 중 3개 조항만 전해지고 있어요.

④ 골품제라는 신분 제도가 있었다.
> ▶**신라**에는 골품에 따라 정치 활동과 옷차림, 집의 크기 등 일상생활까지 제한하는 골품제라는 신분 제도가 있었어요.

---

046 ● 황산벌 전투 이후의 사실   정답 ③

다음 대화 이후에 있었던 사실로 옳은 것은?   [2점]

> 자네 소식 들었는가? 며칠 전 김유신 장군이 이끄는 우리 신라군이 황산벌 전투에서 마침내 승리하였다네.

> 나도 들었네. 계백이 이끄는 결사대와 싸워 힘겹게 승리했다더군.

660년에 신라와 당의 연합군이 백제를 공격하였으며, 김유신이 이끄는 신라군은 백제군과 황산벌에서 치열한 전투를 벌였어요. 신라군은 **황산벌 전투**에서 계백이 이끄는 5천 명의 백제 결사대와 싸워 승리를 거두었고, 패배한 백제는 사비성까지 함락되고 의자왕이 항복하여 결국 멸망하였어요.

① 대가야가 신라에 정복되었다.
> ▶**6세기 신라 진흥왕** 때 대가야가 신라에 정복되었어요(562).

② 고구려가 안시성에서 당군을 격퇴하였다.
> ▶고구려는 **645년**에 안시성에서 당 태종이 이끄는 대군을 물리쳤어요(안시성 전투).

③흑치상지가 백제 부흥 운동을 전개하였다.
> ▶**백제 멸망(660) 후** 복신과 도침이 주류성에서, 흑치상지가 임존성에서 백제 부흥 운동을 전개하였어요.

④ 김춘추가 당과의 군사 동맹을 성사시켰다.
> ▶**648년**에 김춘추는 당에 건너가 신라와 당의 군사 동맹을 성사시켰어요. 이에 따라 결성된 나·당 연합군이 660년에 백제, 668년에 고구려를 공격하여 차례로 멸망시켰어요.

기출 선택지 +α 다른 선택지가 나온다면?

5 을지문덕이 살수에서 적군을 물리쳤다.   (○ / ×)
6 검모잠이 고구려 부흥 운동을 전개하였다.   (○ / ×)
7 나·당 연합군이 고구려의 평양성을 함락하였다. (○ / ×)

기출 선택지 +α 정답
5 × [612년, 살수 대첩]   **6** ○ [고구려 멸망(668) 이후 부흥 운동 시작]
7 ○ [668년, 고구려 멸망]

047 ● 백제 멸망 이후의 사실   정답 ①

(가), (나) 사이의 시기에 있었던 사건으로 옳은 것은?

[3점]

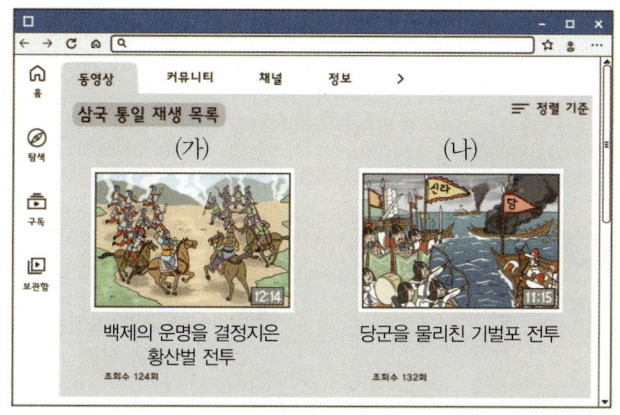

(가) **660년**에 나·당 연합군이 공격해 오자, 백제의 장수 계백이 5천 명의 결사대와 함께 **황산벌**에서 신라군에 맞서 싸웠으나 패배하였어요. 이어 사비성까지 함락되어 백제는 멸망하였어요.

(나) 백제, 고구려가 멸망한 뒤 신라는 한반도 전체를 차지하려고 하는 당과 전쟁을 벌였어요. 신라는 675년 매소성 전투, **676년 기벌포** 전투에서 승리하여 대동강 이남의 당군을 몰아내고 삼국 통일을 이룩하였어요.

① 백강 전투
> ▶ **백제 멸망 이후 663년**에 백제의 부흥 세력은 왜의 지원군과 함께 백강에서 나·당 연합군에 맞서 싸웠으나 패배하였어요.

② 살수 대첩
> ▶ 612년에 을지문덕이 이끄는 고구려군이 수의 군대를 살수에서 크게 물리쳤어요.

③ 관산성 전투
> ▶ 백제 성왕은 고구려로부터 되찾은 한강 하류 지역을 빼앗아 간 신라와 전쟁을 벌였으나 **554년** 관산성 전투에서 전사하였어요.

④ 처인성 전투
> ▶ **1232년**에 고려의 김윤후는 처인성에서 주민과 함께 몽골군의 공격에 맞서 싸워 승리하였어요.

---

3   신라, 가야

048 ● 신라의 정치 제도   정답 ④

(가) 나라에 대한 설명으로 옳은 것은?   [3점]

정답 잡는 키워드

1 사로국	→	**2** 박혁거세

신라

1, **2** **신라**는 진한의 **사로국**에서 출발하였어요. "삼국사기"에서는 알에서 나온 **박혁거세**가 신라를 건국하였다고 해요. 박혁거세의 건국 이야기에 따르면, 한 마을의 촌장이 나정이라는 우물가에서 무릎을 꿇고 울고 있는 흰말과 자줏빛 알을 발견하였는데, 알을 깨보니 사내아이가 나와 신비롭게 여기면서 왕으로 받들었다고 합니다. 큰 알이 둥근 박과 같았기 때문에 성을 박으로 하고 환한 빛으로 세상을 다스린다는 뜻에서 이름을 혁거세라고 하였다는 이야기가 전해집니다.

① 위례성을 도읍으로 하였다.
> ▶ 온조는 한강 유역에 위치한 하남 위례성을 도읍으로 **백제**를 건국하였어요.

② 서옥제라는 풍습이 있었다.
> ▶ **고구려**에는 서옥제라는 혼인 풍습이 있었어요.

③ 제천 행사인 무천이 열렸다.
> ▶ **동예**는 10월에 무천이라는 제천 행사를 열었어요.

④ 화백 회의라는 제도가 있었다.
> ▶ **신라**는 귀족 회의인 화백 회의에서 나라의 중요한 일을 결정하였어요.

다음 가상 인터뷰에 등장하는 왕의 재위 기간에 있었던 사실로 옳은 것은?   [3점]

즉위한 이후에 어떤 일을 하셨나요?

❶ 국호를 신라로 확정하고 ❷ 임금의 칭호를 마립간에서 왕으로 고쳤습니다.

정답 잡는 키워드

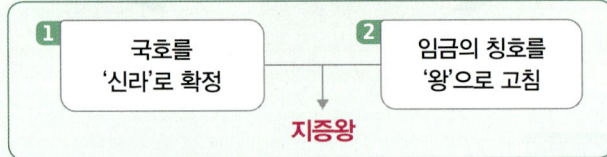

| ❶ 국호를 '신라'로 확정 | ❷ 임금의 칭호를 '왕'으로 고침 |

↓

지증왕

❶, ❷ **지증왕**은 나라 이름을 '신라'로 정하고, 임금의 칭호를 '마립간'에서 중국식 호칭인 '왕'으로 바꾸는 등 나라의 체제를 정비하였어요.

① 불교가 공인되었다.
➤ 신라 **법흥왕** 때 이차돈의 순교를 계기로 불교가 공인되었어요.

↗ 노비를 자세히 조사한다는 뜻이에요.
② 노비안검법이 시행되었다.
➤ 고려 **광종** 때 노비를 조사하여 불법적으로 노비가 된 사람을 양인 신분으로 되돌려 주는 노비안검법이 시행되었어요.

③ 이사부가 우산국을 정벌하였다.
➤ 신라 **지증왕** 때 이사부가 지금의 울릉도에 있었던 우산국을 정벌하였어요.

④ 황룡사 구층 목탑이 건립되었다.
➤ 신라 **선덕 여왕** 때 자장의 건의로 황룡사 9층 목탑이 건립되었어요.

밑줄 그은 '왕'의 업적으로 옳은 것은?   [2점]

○ 왕이 영을 내려 ❶순장을 금하게 하였다. 이전에는 국왕이 죽으면 남녀 다섯 명씩 순장하였는데, 이때에 이르러 금하게 한 것이다.

○ 여러 신하들이 한뜻으로 ❷'신라 국왕'이라는 호칭을 올리니, 왕이 이를 따랐다.
     - "삼국사기" -

정답 잡는 키워드

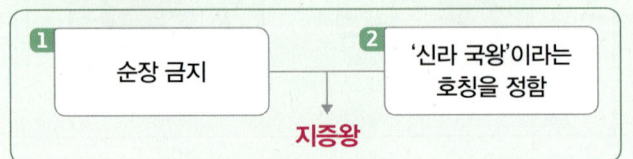

| ❶ 순장 금지 | ❷ '신라 국왕'이라는 호칭을 정함 |

↓

지증왕

❶ **지증왕**은 왕이나 귀족이 죽었을 때 신하나 노비 등을 함께 묻는 순장을 금지하였어요.

❷ **지증왕**은 국호를 '신라', 최고 지배자의 칭호를 '왕'으로 정하였으며, 이사부를 보내 우산국을 정복하였어요.

① 우경을 장려하였다.
➤ **지증왕**은 농업 생산력을 높이기 위해 소를 이용하여 농사를 짓는 우경을 장려하였어요.

② 율령을 반포하였다.
➤ **법흥왕**은 율령을 반포하여 국가 체제를 정비하였어요.

③ 독서삼품과를 실시하였다.
➤ **원성왕**은 유학을 공부하여 학문적 능력을 갖춘 인재를 등용하기 위해 독서삼품과를 실시하였어요.

④ 화랑도를 국가 조직으로 개편하였다.
➤ **진흥왕**은 청소년 수련 단체인 화랑도를 국가 조직으로 개편하여 인재를 양성하였어요.

기출 선택지 +α 다른 선택지가 나온다면?
❺ 국학을 설립하였다.   (○ / ×)
❻ 병부를 설치하였다.   (○ / ×)
❼ 우산국을 정벌하였다.   (○ / ×)
❽ 북한산에 순수비를 세웠다.   (○ / ×)

기출 선택지 +α 정답 ❺ × [신문왕] ❻ × [법흥왕] ❼ ○ ❽ × [진흥왕]

051 ● 신라 법흥왕 정답 ②

다음 가상 인터뷰에 등장하는 왕으로 옳은 것은? [2점]

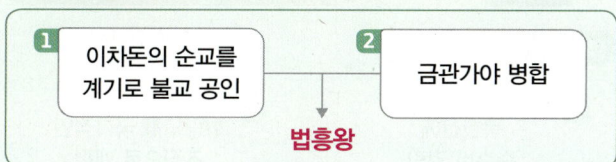

정답 잡는 키워드

| ① 이차돈의 순교를 계기로 불교 공인 | → | ② 금관가야 병합 |

법흥왕

① **법흥왕**은 이차돈의 순교를 계기로 불교를 공인하였어요. 토속 신앙의 영향력이 강해 이를 믿는 귀족들의 반대로 공인을 받지 못했던 신라의 불교는 법흥왕 때 비로소 공식적으로 인정을 받았어요.

② **법흥왕**은 김해 지역을 중심으로 발전한 **금관가야를 병합**하여 낙동강 하류 유역을 확보하였어요.

① 성왕
  ▶ 백제 성왕은 도읍을 사비(지금의 부여)로 옮기고 나라 이름을 '남부여'로 바꾸었어요.

②**법흥왕**
  ▶ 신라 법흥왕은 병부를 설치하고 율령을 반포하였으며, 불교를 공인하였어요.

③ 지증왕
  ▶ 신라 지증왕은 나라 이름을 '신라', 임금의 칭호를 '왕'으로 정하였으며, 이사부를 보내 우산국을 정복하였어요.

④ 근초고왕
  ▶ 백제 근초고왕은 고구려의 평양성을 공격하여 고국원왕을 전사시키고 황해도 지역까지 영토를 크게 넓혔어요.

---

052 ● 법흥왕의 업적 정답 ②

밑줄 그은 '나'의 업적으로 옳은 것은? [2점]

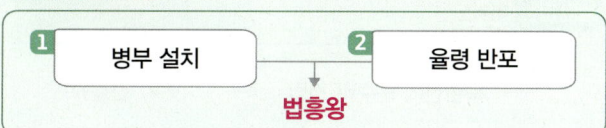

정답 잡는 키워드

| ① 병부 설치 | → | ② 율령 반포 |

법흥왕

① **법흥왕**은 군사 업무를 총괄하는 **병부를** 설치하여 군권을 장악하였어요.

② **법흥왕**은 **율령을** 반포하여 국가 체제를 정비하였어요.

① 녹읍을 폐지하였다.
  ▶ **신문왕**은 왕권을 강화하고 귀족의 세력을 약화하기 위해 녹읍을 폐지하였어요.

②불교를 공인하였다.
  ▶ **법흥왕**은 이차돈의 순교를 계기로 불교를 공인하였어요.

③ 독서삼품과를 시행하였다.
  ▶ **원성왕**은 유교적 소양을 갖춘 인재를 관리로 선발하기 위해 독서삼품과를 시행하였어요.

④ 북한산에 순수비를 세웠다.
  ▶ **진흥왕**은 한강 유역을 차지한 후 새로 개척한 영토를 직접 돌아보고 북한산에 순수비를 세웠어요.

기출 선택지 +α 다른 선택지가 나온다면?

❺ 화랑도를 정비하였다. (○ / ×)
❻ 금관가야를 병합하였다. (○ / ×)
❼ 진골 출신 최초로 왕위에 올랐다. (○ / ×)

기출 선택지 +α 정답 ❺ × [진흥왕] ❻ ○ ❼ × [무열왕]

053 ● 신라 진흥왕 정답 ②

다음 사건이 일어난 시기를 연표에서 옳게 고른 것은?

[3점]

나는 신라의 영토를 한강 유역까지 넓힌 것을 기념하여 이곳 **1 북한산에 순수비를 세우노라.**

정답 잡는 키워드

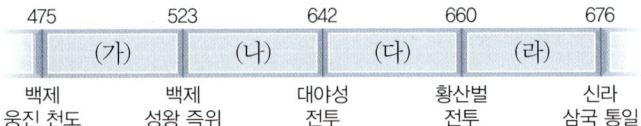

1 북한산에 순수비 건립 ——→ **진흥왕**

1 진흥왕은 백제 성왕과 동맹을 맺고 고구려를 공격하여 한강 상류 지역을 차지한 뒤, 다시 백제를 공격하여 한강 하류 지역까지 장악하였어요. 한강 유역을 차지한 후 진흥왕은 이 지역을 직접 둘러보고 이를 기념하여 **북한산에 순수비를 세웠어요.**

475	523	642	660	676
(가)	(나)	(다)	(라)	
백제 웅진 천도	백제 성왕 즉위	대야성 전투	황산벌 전투	신라 삼국 통일

> 백제 성왕은 신라 진흥왕과 함께 고구려를 공격하여 한강 하류 지역을 되찾았으나 곧이어 신라에게 이 지역을 빼앗겼어요. 이에 분노한 성왕은 신라 공격에 나섰다가 관산성 전투에서 전사하였어요. 이후 백제의 마지막 왕인 의자왕은 신라를 공격하여 40여 개 성을 함락하고 요충지인 대야성까지 빼앗았어요(대야성 전투).

① (가)

② (나)
> 진흥왕이 북한산에 순수비를 세운 시기는 백제 성왕 즉위와 대야성 전투 사이인 (나)입니다.

③ (다)

④ (라)

---

054 ● 진흥왕의 업적 정답 ③

다음 가상 인터뷰에 등장하는 왕의 업적으로 옳은 것은?

[2점]

즉위하신 이후에 어떤 일을 하셨나요?

한강 유역을 차지한 뒤, 이를 기념하여 **1 북한산에 순수비를 세웠습니다.** 그리고 **2 화랑도를 국가적인 조직으로 개편했습니다.**

정답 잡는 키워드

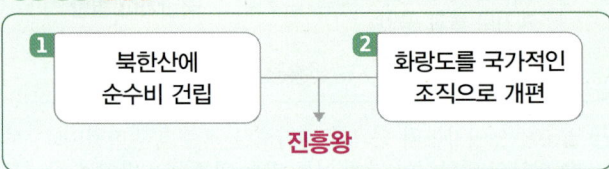

1 북한산에 순수비 건립	**2** 화랑도를 국가적인 조직으로 개편

진흥왕

1 진흥왕은 한강 유역을 차지한 뒤 이 지역을 직접 돌아보고 이를 기념하여 **북한산에 순수비를 세웠어요.** 조선 후기에 김정희가 이 비석을 연구하여 진흥왕이 세운 순수비임을 밝혀냈어요.

2 진흥왕은 청소년 수련 단체인 **화랑도를 국가적인 조직으로 개편**하여 많은 인재를 양성하였어요.

① 국학을 설립하였다.
> **신문왕**은 인재를 양성하기 위해 국학을 설립하여 유학을 교육하였어요.

② 병부를 설치하였다.
> **법흥왕**은 군사 업무를 총괄하는 병부를 설치하였어요.

③ 대가야를 정복하였다.
> **진흥왕**은 서쪽으로 대가야를 정복하고 북쪽으로는 함흥평야까지 진출하였어요. 이러한 영토 확장을 기념하여 단양 신라 적성비와 4개의 순수비를 세웠어요.

④ 독서삼품과를 실시하였다.
> **원성왕**은 유교 지식을 갖춘 관리를 뽑기 위해 독서삼품과를 실시하였어요.

기출 선택지 **+α** 다른 선택지가 나온다면?

5 불교를 공인하였다. (O / X)
6 녹읍을 폐지하였다. (O / X)
7 율령을 반포하였다. (O / X)

기출 선택지 **+α** 정답 **5** X [법흥왕] **6** X [신문왕] **7** X [법흥왕]

밑줄 그은 '그'로 옳은 것은? 　　　　[1점]

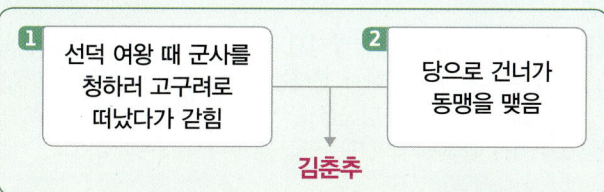

정답 잡는 키워드

1 선덕 여왕 때 군사를 청하러 고구려로 떠났다가 갇힘	2 당으로 건너가 동맹을 맺음

→ **김춘추**

1 백제의 공격에 시달리던 신라 선덕 여왕은 **김춘추**를 고구려로 보내 군사 지원을 요청하였어요. 그러나 고구려의 보장왕이 신라가 차지한 죽령 이북의 땅을 돌려달라고 요구하여 고구려와 신라의 연합은 이루어지지 않았어요.

2 **김춘추**는 고구려와의 연합에 실패한 후 당으로 건너가 도움을 요청하였어요. 당 태종이 신라의 제안을 받아들여 **나·당 동맹**이 체결되었어요.

① 김대성
　▶ 김대성은 불국사와 석굴암을 지었다고 전해지는 인물이에요.

②김춘추
　▶ 김춘추는 진덕 여왕의 뒤를 이어 왕위에 올라 무열왕이 되었는데, 진골 출신 최초의 왕이었어요.

③ 사다함
　▶ 사다함은 신라의 화랑으로 대가야를 정벌할 때 큰 공을 세웠어요.

④ 이사부
　▶ 이사부는 지증왕 때 우산국을 정벌하는 등 신라의 영토 확장에 큰 공을 세웠어요.

(가) 시기에 있었던 사실로 옳은 것은? 　　　　[3점]

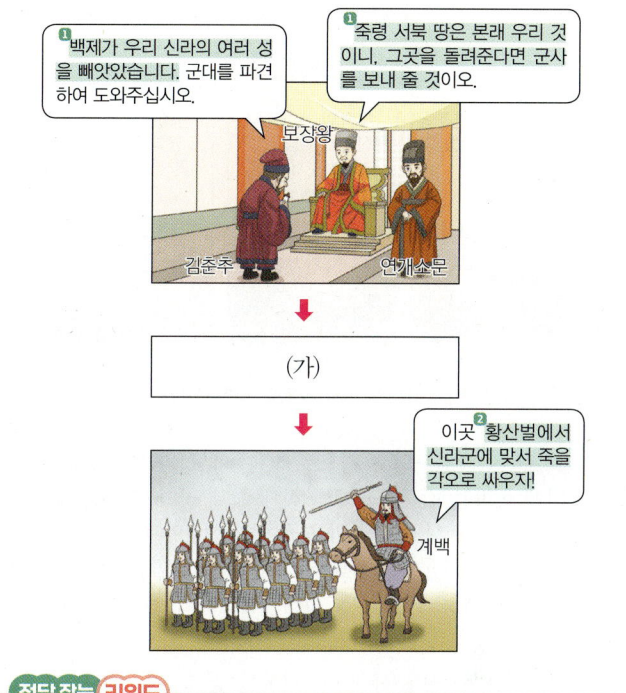

정답 잡는 키워드

1 김춘추의 군대 파견 요청, 고구려 보장왕의 죽령 서북 땅 반환 요구	→ 신라와 고구려의 연합 실패(642)
2 계백, 황산벌에서 신라군에 맞섬	→ 황산벌 전투(660)

1 백제의 공격으로 위협을 받던 신라는 **642년**에 김춘추를 고구려에 보내 군사 지원을 요청하였어요. 하지만 고구려 보장왕이 신라가 차지한 죽령 서북 땅을 돌려줄 것을 요구하면서 **신라와 고구려의 연합은 실패**하였어요.

2 **660년** 나·당 연합군이 공격해 오자 백제의 장수 계백이 결사대를 이끌고 **황산벌 전투**에서 신라군에 맞서 싸웠으나 패배하였어요. 이어 사비성이 함락되어 백제는 멸망하였습니다.

①신라와 당이 동맹을 맺었다.
　▶ 고구려와의 연합에 실패한 후 김춘추는 당에 건너가 군사 동맹을 요청하여 **648년**에 나·당 동맹을 맺었어요.

② 백제가 수도를 사비로 옮겼다.
　▶ **6세기 백제 성왕**은 수도를 사비로 옮겨 백제의 국력을 회복하기 위해 노력하였어요(538).

③ 대가야가 가야 연맹을 주도하였다.
　▶ **5세기 이후** 대가야가 성장하여 가야 연맹을 주도하였지만 562년에 신라 진흥왕에게 정복되었어요.

④ 고구려가 살수에서 수의 대군을 격파하였다.
　▶ **612년**에 을지문덕은 고구려군을 이끌고 살수에서 수의 대군을 격파하였어요(살수 대첩).

(가)~(다)를 일어난 순서대로 옳게 나열한 것은? [3점]

(가) **642년**에 백제군의 공격으로 40여 개 성과 대야성이 함락되자 신라는 김춘추를 고구려에 보내 군사 지원을 요청하였어요. 그러나 고구려의 보장왕이 신라에 빼앗긴 죽령 이북의 땅을 요구하여 신라와 고구려의 연합은 실패하였어요. 이후 김춘추는 당에 건너가 군사 지원을 요청하였고, 신라와 당의 동맹이 체결되었어요.

(나) 나·당 연합군이 **660년**에 백제를 공격하자, 의자왕은 계백에게 결사대를 이끌고 신라군에 대항하도록 하였어요. 하지만 계백이 이끄는 5천 명의 결사대는 황산벌 전투에서 김유신이 이끄는 신라군에 패배하였어요. 이어 사비성이 함락되고 의자왕이 항복하여 백제는 멸망하였어요.

(다) 나·당 연합군이 668년에 고구려를 공격하여 멸망시켰어요. 백제와 고구려가 멸망한 후 당이 한반도 전체를 차지하려는 욕심을 드러내자, 신라는 당과 전쟁을 벌였어요. 신라는 매소성 전투(675)와 기벌포 전투(676)에서 당군을 격파하고 삼국 통일을 완성하였어요.

① (가) - (나) - (다)
  ▶ (가) 고구려가 신라의 군사 지원 요청 거절(642) - (나) 황산벌 전투(660) - (다) 매소성 전투(675) 순으로 일어났어요.

② (나) - (가) - (다)

③ (나) - (다) - (가)

④ (다) - (나) - (가)

다음 가상 일기의 밑줄 그은 '이 전투'로 옳은 것은?

[2점]

> **①676년** ○○월 ○○일
>
> 매소성 전투에서 승리한 우리 **②신라군이 설인귀가 이끄는 당군을 이 전투에서 또다시 격파하였다**는 소식을 들었다. 수많은 사람의 희생 끝에 삼국 통일이 눈앞에 다가왔으니, 이제 백성들이 좀 더 편안하게 살 수 있는 세상이 되었으면 좋겠다.

정답 잡는 키워드

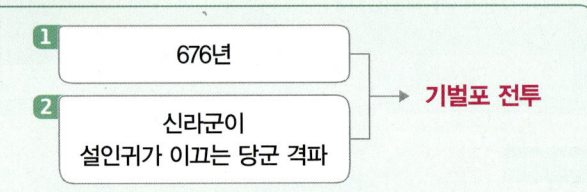

①, ② 백제와 고구려를 멸망시킨 후 당이 약속과 다르게 한반도 전체를 차지하려고 하자 신라는 당에 맞서 싸웠어요. 675년에 매소성 전투에서 당군을 물리친 신라군은 676년에 **기벌포 전투**에서 설인귀가 이끄는 당군을 또다시 격파하였어요.

① 살수 대첩
  ▶ 살수 대첩은 을지문덕이 이끄는 고구려군이 살수(지금의 청천강)에서 수의 군대를 크게 물리친 전투입니다.

② 기벌포 전투
  ▶ 신라는 매소성 전투, 기벌포 전투에서 당군을 격퇴하고 삼국 통일을 완성하였어요.

③ 안시성 전투
  ▶ 안시성 전투는 고구려군이 안시성에서 당의 군대를 물리친 전투입니다.

④ 황산벌 전투
  ▶ 황산벌 전투는 계백이 이끄는 5천 명의 결사대와 김유신이 이끄는 신라군이 싸워 신라군이 승리한 전투입니다.

(가)~(다)를 일어난 순서대로 옳게 나열한 것은? [3점]

만화로 보는 삼국 통일 과정

(가)	(나)	(다)
고구려의 평양성이 함락되었다.	왜군이 백강 전투에서 패배하였다.	신라군이 기벌포에서 당군에 승리하였다.

(가) 668년에 나·당 연합군의 공격을 받아 고구려의 평양성이 함락되고 고구려가 멸망하였어요.

(나) 백제 멸망 이후 663년에 백제 부흥 세력과 이들을 돕기 위해 온 왜군이 백강 전투에서 나·당 연합군과 싸웠으나 패배하였어요.

(다) 고구려가 멸망한 뒤 신라는 한반도 전체를 차지하려고 하는 당과 전쟁을 벌여 675년 매소성 전투와 676년 기벌포 전투에서 승리하고 대동강 이남 지역에서 당군을 몰아냈어요.

① (가) – (나) – (다)

② (가) – (다) – (나)

③ (나) – (가) – (다)

▶ (나) 백강 전투(663) – (가) 고구려의 평양성 함락(668) – (다) 기벌포 전투(676) 순으로 일어났어요.

④ (다) – (가) – (나)

밑줄 그은 '이 나라'에 대한 설명으로 옳은 것은? [2점]

김해 지역에 세워진 이 나라의 역사를 여행 앱을 통해 만나 보세요.

금관가야의 시조 김수로왕이 태어난 곳으로 알려져 있어요. 거북이가 엎드려 있는 듯한 모습의 봉우리예요.

정답 잡는 키워드

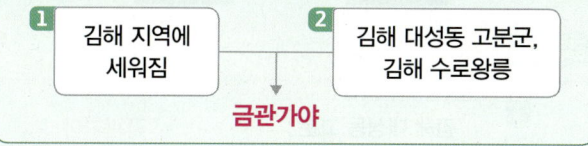

1 김해 지역에 세워짐	2 김해 대성동 고분군, 김해 수로왕릉

금관가야

1 금관가야는 낙동강 하류인 김해 지역에 세워진 가야 연맹의 한 나라입니다.

2 금관가야는 알에서 나온 김수로왕이 세웠다는 건국 이야기가 전해지고 있으며, 대표적인 유적으로 김해 대성동 고분군이 있어요. 이 고분에서 금관가야의 우수한 철기 문화를 알 수 있는 철제 무기와 갑옷 등이 나왔어요.

① 전기 가야 연맹을 주도하였다.

▶ 금관가야는 전기 가야 연맹을 주도하였으나, 5세기 초에 광개토 태왕이 신라를 돕기 위해 보낸 고구려 군대의 공격으로 크게 피해를 입어 국력이 쇠퇴하였어요.

② 교육 기관인 국학을 설치하였다.

▶ 신라는 신문왕 때 국학을 설립하여 유학을 가르치고 인재를 양성하였어요.

③ 옥저를 정복하고 동해안으로 진출하였다.

▶ 고구려는 태조왕 때 옥저를 정복하고 동해안으로 진출하였어요.

④ 지방에 22담로를 두어 왕족을 파견하였다.

▶ 백제는 무령왕 때 지방 통제를 강화하기 위해 22담로에 왕족을 파견하였어요.

(가) 나라의 경제 상황으로 옳은 것은? [2점]

(가) 문화유산 발표회

이 토기는 김해에서 출토되었으며, 갑옷으로 무장한 인물의 모습이 묘사되어 있습니다.

이것은 김해 대성동 고분에서 출토된 철제 판갑옷입니다.

정답 잡는 키워드

1 김해 대성동 고분 　→ 　**금관가야**

1 김해 대성동 고분군에서는 **금관가야**의 우수한 철기 문화를 짐작할 수 있는 철제 판갑옷 등이 출토되었어요. 또한, 김해에서 출토된 말 탄 사람 모양 뿔잔(도기 기마인물형 뿔잔)에는 갑옷으로 무장한 무사가 투구를 쓰고 방패를 쥔 채 말 위에 앉아 있는 모습이 표현되어 있어요. 이는 금관가야의 말 갖춤과 무기 연구에 귀중한 자료가 되고 있습니다.

① 정기 시장인 장시가 전국 각지에서 열렸다.
> **조선** 후기에 정기 시장인 장시가 전국 각지에서 열렸으며, 보부상이 전국의 장시를 돌면서 활동하였어요.

② 시장을 감독하기 위한 동시전이 설치되었다.
> **신라** 지증왕 때 수도 금성(지금의 경주)에 시장인 동시와 이를 감독하기 위한 관청인 동시전이 설치되었어요.

③ 활구라고도 불린 은병이 화폐로 사용되었다.
　병의 입구처럼 보이는 위쪽이 넓어 붙인 이름이에요.
> **고려** 시대에 활구라고도 불린 은병이 화폐로 사용되었어요.

④ 낙랑군과 왜 사이의 중계 무역으로 이익을 얻었다.
> **금관가야**는 해상 교통이 편리하여 낙랑군과 왜를 연결하는 중계 무역으로 이익을 얻었어요.

기출 선택지 +α 다른 선택지가 나온다면?

5 낙랑과 왜에 철을 수출하였다. 　(O / ×)
6 벽란도가 국제 무역항으로 번성하였다. 　(O / ×)
7 청해진을 중심으로 해상 무역을 전개하였다. 　(O / ×)

밑줄 그은 '이 나라'에 대한 설명으로 옳은 것은? [3점]

고령에 다녀와서

나는 어제 부모님과 함께 경상북도 **1** 고령의 지산동 고분군을 보고 왔다.
이곳에서는 이 나라의 문화유산인 금동관과 철제 판갑옷 등 다양한 유물이 출토되었다고 한다.

고령 지산동 고분군

정답 잡는 키워드

1 고령의 지산동 고분군 　→ 　**대가야**

1 고령의 지산동 고분군은 고령 지역을 중심으로 성장하여 후기 가야 연맹을 주도한 **대가야**의 유적이에요. 대가야에서는 질 좋은 철이 생산되었으며 이를 이용한 우수한 철기가 만들어졌어요. 고령의 지산동 고분군에서는 철제 판갑옷과 투구, 금동관 등 다양한 유물이 출토되었어요.

① 진대법을 실시하였다.
> **고구려**의 고국천왕은 을파소의 건의에 따라 가난한 백성을 구제하기 위해 봄에 곡식을 빌려주고 수확이 끝난 겨울에 갚도록 하는 진대법을 실시하였어요.

② 22담로를 설치하였다.
> **백제**는 지방 행정 구역으로 담로를 두었고, 무령왕 때 지방 통제를 강화하기 위해 22담로에 왕족을 파견하였어요.

③ 후기 가야 연맹을 주도하였다.
> 고구려의 공격으로 금관가야가 쇠퇴하자 5세기 후반에 **대가야**가 성장하여 후기 가야 연맹을 주도하였어요.

④ 거란의 침입으로 멸망하였다.
> 고구려 출신 대조영이 세운 **발해**는 926년에 거란의 침입으로 멸망하였어요.

기출 선택지 +α 정답 　**5** O 　**6** × [고려] 　**7** × [통일 신라]

4 삼국의 문화

063 고구려 고분 벽화   정답 ①

(가)에 들어갈 내용으로 적절한 것은?   [2점]

정답 잡는 키워드

| **1** 무용총 | **2** 수산리 고분 |

고구려

1 **고구려**의 고분인 **무용총**에는 무용수와 악사의 모습을 그린 무용도 등 벽화가 그려져 있어요.

2 **고구려**의 고분인 **수산리 고분**의 벽면에는 여인들의 모습을 그린 것을 비롯하여 많은 벽화가 그려져 있어요. 이를 통해 당시 사람들의 생활 모습을 엿볼 수 있어요.

① 고구려인의 의생활
> 무용총 벽화에 그려진 무용수의 의상이나 수산리 고분 벽화에 그려진 여인의 옷차림 등을 통해 **고구려** 사람들의 의생활을 알 수 있어요.

② 발해인의 무역 활동
> **발해**는 여러 교통로를 정비하여 당, 일본, 거란 등과 교류하였어요.

③ 백제인의 해외 진출
> **백제**는 해상 교통이 발달하여 일찍부터 중국, 왜와 활발하게 교류하였어요.

④ 신라인의 종교 생활
> **신라**에서는 토착 신앙이 강하여 귀족들이 불교 수용을 거부하였지만, 법흥왕 때 이차돈의 순교를 계기로 불교가 공인되었어요. 이후 절, 불상, 탑 등 불교문화가 융성하였는데 이를 통해 신라 사람들의 종교 생활을 파악할 수 있어요.

064 금동 연가 7년명 여래 입상   정답 ③

(가)에 들어갈 문화유산으로 옳은 것은?   [2점]

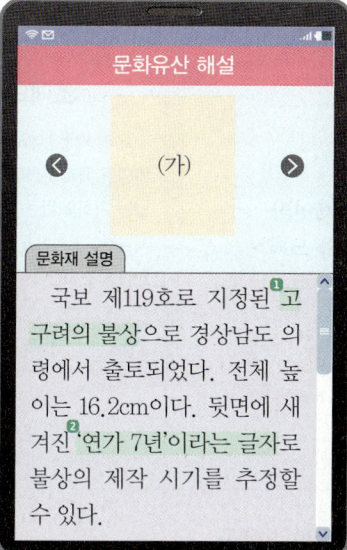

문화유산 해설

(가)

문화재 설명

국보 제119호로 지정된 **1** **고구려의 불상**으로 경상남도 의령에서 출토되었다. 전체 높이는 16.2cm이다. 뒷면에 새겨진 **2** '**연가 7년**'이라는 글자로 불상의 제작 시기를 추정할 수 있다.

정답 잡는 키워드

| **1** 고구려의 불상 | **2** '연가 7년'이라는 글자 |

금동 연가 7년명 여래 입상

1, **2** **금동 연가 7년명 여래 입상**은 고구려의 불상으로 중국 북위의 불상 양식과 비슷합니다. 불상 뒷면에 '연가 7년'이라는 글자가 새겨져 있어 제작 시기를 추정할 수 있어요.

①
> 삼국 시대에 만들어진 **금동 미륵보살 반가 사유상**이에요. 반가 사유상은 한쪽 다리를 다른 한쪽 다리 위에 얹고 앉아 생각에 잠긴 모습을 한 불상을 말해요.

②
> 통일 신라의 **석굴암 본존불상**으로, 경주 석굴암의 중앙에 놓여 있어요.

③
> 고구려의 **금동 연가 7년명 여래 입상**이에요. 고구려의 승려들이 만든 것이라고 알려져 있어요.

④
> 발해의 **이불병좌상**이에요. 두 부처가 나란히 앉아 있는 모습을 표현한 불상으로 고구려 불상 양식의 영향을 받았어요.

다음 전시회에서 볼 수 있는 문화유산으로 옳은 것은?

[2점]

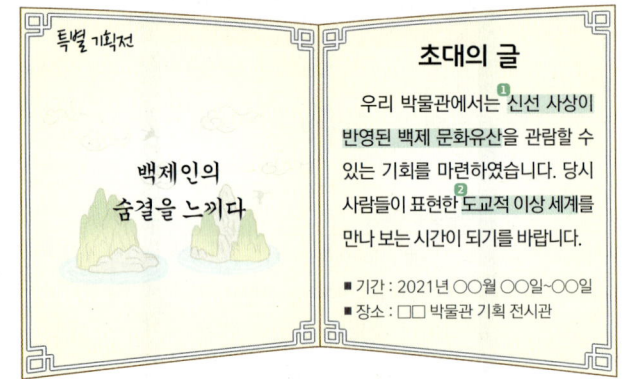

특별 기획전

백제인의 숨결을 느끼다

초대의 글

우리 박물관에서는 ❶신선 사상이 반영된 백제 문화유산을 관람할 수 있는 기회를 마련하였습니다. 당시 사람들이 표현한 ❷도교적 이상 세계를 만나 보는 시간이 되기를 바랍니다.

■ 기간 : 2021년 ○○월 ○○일~○○일
■ 장소 : □□ 박물관 기획 전시관

정답 잡는 키워드

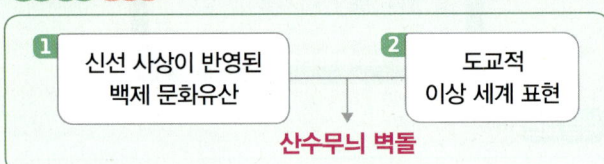

❶ 신선 사상이 반영된 백제 문화유산	❷ 도교적 이상 세계 표현

↓

산수무늬 벽돌

❶, ❷ **산수무늬 벽돌**은 신선이 사는 도교적 이상 세계를 표현한 백제의 문화유산입니다.

①
천마도

▶ 신라의 고분에서 발견된 천마도는 말안장 양쪽에 달아 늘어뜨리는 장니(말다래)에 그려져 있는 그림이에요.

②
청자 상감 운학문 매병

▶ 청자 상감 운학문 매병은 고려의 독창적인 상감 기법으로 제작된 청자입니다.

③
산수무늬 벽돌

▶ 백제의 산수무늬 벽돌을 통해 당시에 도교가 전래되었음을 알 수 있어요.

④
강서대묘 현무도

▶ 고구려 고분인 강서대묘 안에서 발견된 현무도 등 사신도에 도교 사상이 반영되어 있어요.

(가)에 들어갈 문화유산으로 옳은 것은?

[3점]

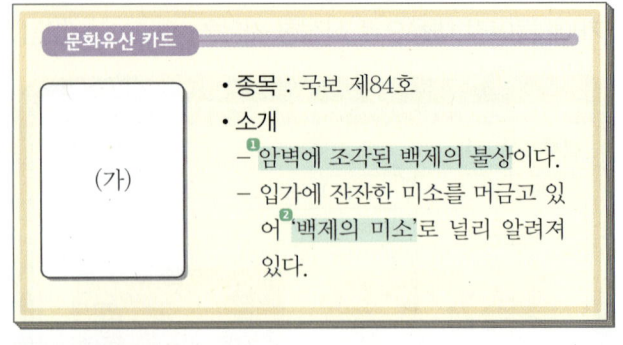

문화유산 카드

(가)

• 종목 : 국보 제84호
• 소개
  – ❶암벽에 조각된 백제의 불상이다.
  – 입가에 잔잔한 미소를 머금고 있어 ❷'백제의 미소'로 널리 알려져 있다.

정답 잡는 키워드

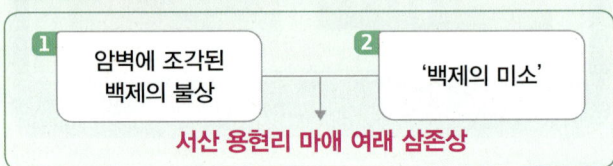

❶ 암벽에 조각된 백제의 불상	❷ '백제의 미소'

↓

서산 용현리 마애 여래 삼존상

❶ **서산 용현리 마애 여래 삼존상**은 충청남도 서산시에 있는 암벽에 조각된 백제의 불상이에요. '마애'는 바위에 새겼다는 뜻이에요.

❷ **서산 용현리 마애 여래 삼존상**은 얼굴 표정이 온화하고 미소를 머금고 있어 '백제의 미소'로 널리 알려져 있어요.

①
이불병좌상

▶ 두 부처가 나란히 앉아 있는 모습의 발해 불상이며 고구려의 영향을 받았어요.

②
금동 연가 7년명 여래 입상

▶ 고구려의 불상으로, 뒷면에 새겨진 '연가 7년'이라는 글자를 통해 불상이 제작된 시기를 추정할 수 있어요.

③
파주 용미리 마애 이불 입상

▶ 두 불상이 나란히 서 있는 모습으로, 절벽에 몸체를 새긴 거대 불상이에요. 고려 시대에 만들어졌어요.

④
서산 용현리 마애 여래 삼존상

▶ 절벽에 부처와 보살, 세 명을 새겨 놓은 백제의 불상이에요.

067 · 백제의 문화유산
정답 ②

(가)에 들어갈 가상 우표로 적절한 것은?
[2점]

우리 반에서는 **①공주와 부여에 도읍**했던 국가의 문화유산을 소재로 우표를 만들었습니다.

정림사지 오층 석탑 / 석촌동 고분군 / (가) / **②무령왕릉 석수**

정답 잡는 키워드

| **①** 공주와 부여에 도읍 | → | **②** 정림사지 오층 석탑, 무령왕릉 석수 |

백제

① **백제**는 고구려의 공격으로 수도 한성이 함락되자 지금의 공주 지역인 웅진으로 도읍을 옮겼어요. 이후 성왕 때 지금의 부여 지역인 사비로 도읍을 옮겼습니다.

② **백제**의 도읍이었던 공주와 부여 지역에는 백제 문화유산이 많이 남아 있어요. 부여의 정림사지 5층 석탑, 공주의 무령왕릉이 대표적인 백제의 문화유산입니다.

①
첨성대

▶ 첨성대는 **신라** 선덕 여왕 때 축조된 천문 관측대로 알려져 있으며 경주에 있어요.

②
미륵사지 석탑

▶ 익산 미륵사지 석탑은 **백제** 무왕 때 건립된 미륵사에 세워진 탑으로, 석탑이지만 목탑 양식이 남아 있어요.

③
무용총 수렵도

▶ **고구려**의 고분인 무용총에는 수렵도, 무용도, 접객도 등의 벽화가 그려져 있어 당시 고구려인의 생활을 짐작해 볼 수 있어요.

④
성덕 대왕 신종

▶ 성덕 대왕 신종은 **신라**의 경덕왕이 아버지 성덕왕을 기리기 위해 만든 종으로 경덕왕의 아들인 혜공왕 때 완성되었어요. 현존하는 우리나라에서 가장 큰 종입니다.

---

068 · 신라의 문화유산
정답 ①

(가)에 들어갈 문화유산으로 옳은 것은?
[3점]

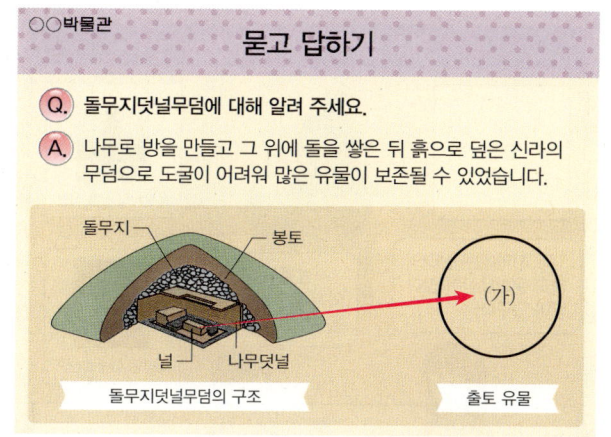

○○박물관 **묻고 답하기**

Q. 돌무지덧널무덤에 대해 알려 주세요.

A. 나무로 방을 만들고 그 위에 돌을 쌓은 뒤 흙으로 덮은 신라의 무덤으로 도굴이 어려워 많은 유물이 보존될 수 있었습니다.

돌무지 / 봉토 / 널 / 나무덧널 / (가)

돌무지덧널무덤의 구조 / 출토 유물

돌무지덧널무덤은 **신라**의 독특한 무덤 양식으로, 나무덧널 위에 돌을 쌓은 뒤 흙으로 덮어 내부에 벽화를 그릴 수 없는 구조입니다. 또한, 도굴이 어려운 구조이기 때문에 발굴 당시 금관 등 많은 유물이 남아 있었어요.

①

▶ **신라**의 돌무지덧널무덤에서 출토된 금관이에요.

②

▶ **고구려**의 불상인 금동 연가 7년명 여래 입상이에요.

③

▶ 부여 능산리 고분군 주변 절터에서 출토된 **백제** 금동 대향로입니다.

④

▶ **백제**의 공주 무령왕릉에서 출토된 금제 관식(금으로 만든 왕관 장식)입니다.

(가)에 들어갈 문화유산으로 옳은 것은?　[3점]

경주 남산 일대 탐방 지도

(가)

탑골

금오봉 · 무량사

용장골

용장사곡 삼층 석탑

이 지역에는 신라의 불교 문화유산이 많이 남아 있구나!

사람들이 자주 와서 불공을 드렸을 것 같아.

칠불암 마애 불상군

신라의 수도였던 **경주**에는 첨성대, 불국사 등 신라의 문화유산이 많이 남아 있어 그 가치를 인정받아 '경주 역사 유적 지구'라는 이름으로 유네스코 세계 유산에 등재되었어요. 특히 경주 역사 유적 지구 중 하나인 **경주 남산** 일대에는 경주 배동 석조 여래 삼존 입상을 비롯한 불상, 불탑 등 신라의 불교 문화유산이 많이 남아 있어요.

①

배동 석조 여래 삼존 입상

▶ **경주** 배동 석조 여래 삼존 입상은 어린아이 같은 천진난만한 표정으로 부처의 자비로움을 표현하고 있어요.

②

관촉사 석조 미륵보살 입상

▶ **논산**에 있는 관촉사 석조 미륵보살 입상은 고려 시대의 불상 가운데 가장 큰 불상이에요.

③

미륵사지 석탑

▶ **익산**에 있는 미륵사지 석탑은 백제 무왕이 지은 미륵사에 세워진 목탑 양식이 반영된 석탑입니다.

④

월정사 팔각 구층 석탑

▶ **평창**에 있는 월정사 8각 9층 석탑은 고려 시대에 세워진 다각 다층탑이에요.

(가)에 들어갈 문화유산으로 옳은 것은?　[2점]

한국사 발표 대회　**주제 : 삼국의 대외 관계**

이것은 백제가 왜에 보낸 것으로 알려진 문화유산입니다. 백제와 왜의 교류를 잘 보여 줍니다.

(가)

정답 잡는 키워드

1 백제가 왜에 보낸 것으로 알려진 문화유산 → **칠지도**

1 백제가 왜에 보낸 것으로 알려진 **칠지도**를 찾는 문제입니다. 선택지 중에 백제의 문화유산은 칠지도뿐이기 때문에 비교적 쉽게 풀 수 있어요.

①

금동 연가 7년명 여래 입상

▶ 고구려의 금동 연가 7년명 여래 입상은 불상의 뒷면에 '연가 7년'이라는 글자가 새겨져 있어 제작 시기를 추정할 수 있어요.

②

앙부일구

▶ 조선 시대에 만들어진 앙부일구는 해의 그림자로 시간을 측정하는 해시계입니다.

③

호우명 그릇

▶ 고구려의 호우명 그릇은 경주에 있는 신라 고분 호우총에서 발견되었어요. 그릇의 밑바닥에 광개토 태왕을 나타내는 글자가 새겨져 있어요.

④

칠지도

▶ 백제의 칠지도는 칼날이 가지처럼 뻗어 있는 모양의 철제 칼이에요. 백제에서 만들어 왜에 보낸 것으로 알려져 있어요.

071 신라와 서역의 문화 교류
정답 ②

(가)에 들어갈 내용으로 적절한 것은? [3점]

정답 잡는 키워드

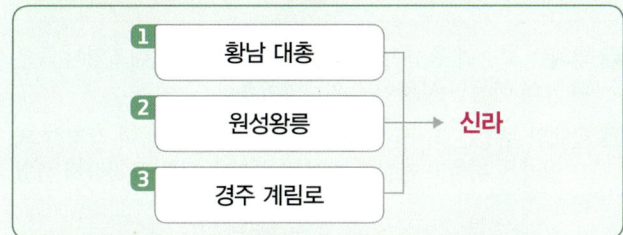

1 황남 대총

2 원성왕릉 → 신라

3 경주 계림로

1 **신라** 고분인 황남 대총에서 서역의 유리 공예품이 출토되었어요.

2 **신라** 수도였던 경주의 **원성왕릉** 앞에는 서역인의 모습을 한 무인석이 세워져 있어요.

3 **신라** 수도였던 **경주의 계림로** 도로 공사 중에 서역에서 유행한 장식 기법이 사용된 금제 보검이 발견되었어요.

① 고려와 송의 경제 교류
　▶ 고려는 송에서 비단, 서적, 약재 등을 수입하고 나전 칠기, 화문석, 종이, 인삼 등을 수출하였어요.

② 신라와 서역의 문화 교류 ⟵ 중국 서쪽에 있었던 나라들을 이르는 말로, 주로 중앙아시아를 가리키는 말이에요.
　▶ 신라 고분에서 출토된 서역의 유리그릇과 금제 장식 보검, 원성왕릉 무인석 등을 통해 신라가 서역과 교류하였음을 알 수 있어요.

③ 일본에 전파된 백제 문화
　▶ 삼국 중에서 백제가 일본과 가장 활발하게 교류하였어요. 일본에 불교를 전파하였고, 아직기와 왕인은 한문, 논어, 천자문을 전하기도 하였어요.

④ 고구려를 계승한 발해 문화
　▶ 발해는 고구려를 계승한 나라임을 내세웠고, 문화적으로도 고구려의 영향을 많이 받았어요. 이불병좌상, 연꽃무늬 수막새 등에서 이를 알 수 있어요.

---

072 금관가야의 문화유산
정답 ①

(가) 나라의 문화유산으로 옳은 것은? [2점]

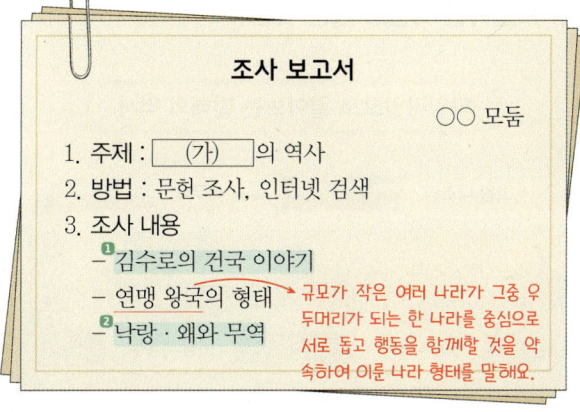

조사 보고서
　　　　　　　　　　　　○○ 모둠

1. 주제 : [(가)]의 역사
2. 방법 : 문헌 조사, 인터넷 검색
3. 조사 내용
　- 김수로의 건국 이야기
　- 연맹 왕국의 형태 ⟵ 규모가 작은 여러 나라가 그중 우두머리가 되는 한 나라를 중심으로 서로 돕고 행동을 함께할 것을 약속하여 이룬 나라 형태를 말해요.
　- 낙랑·왜와 무역

정답 잡는 키워드

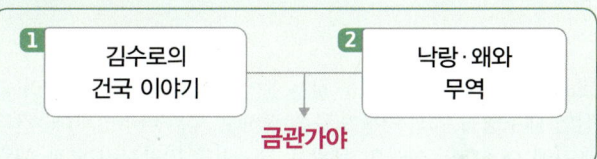

1 김수로의 건국 이야기 → **금관가야** ← 2 낙랑·왜와 무역

1 **금관가야**는 김수로왕이 건국하였어요. "삼국유사"에 알에서 태어난 김수로의 건국 이야기가 전해집니다.

2 **금관가야**에서는 철이 풍부하게 생산되어 **낙랑과 왜에 철을 수출**하였어요.

① ▶ **금관가야**의 유적인 김해 대성동 고분군에서 출토된 철제 판갑옷이에요. 금관가야는 풍부한 철 생산지와 우수한 제철 기술을 바탕으로 다양한 철제 무기와 도구를 만들었어요.
철제 판갑옷

② ▶ **백제**의 수도였던 부여의 능산리 절터에서 출토된 문화유산이에요. 이 금동 대향로에는 불교와 도교 사상이 반영되어 있어요.
금동 대향로

③ ▶ 신라 고분인 경주 호우총에서 발견된 **고구려**의 청동 그릇이에요.
호우명 그릇

④ ▶ **신라**의 수도였던 경주의 금관총에서 발견된 금관이에요.
금관총 금관

5　발해의 정치와 문화

073 ● 발해 무왕의 업적　　　　　　　정답 ④

(가)에 들어갈 사실로 옳은 것은?　　　[2점]

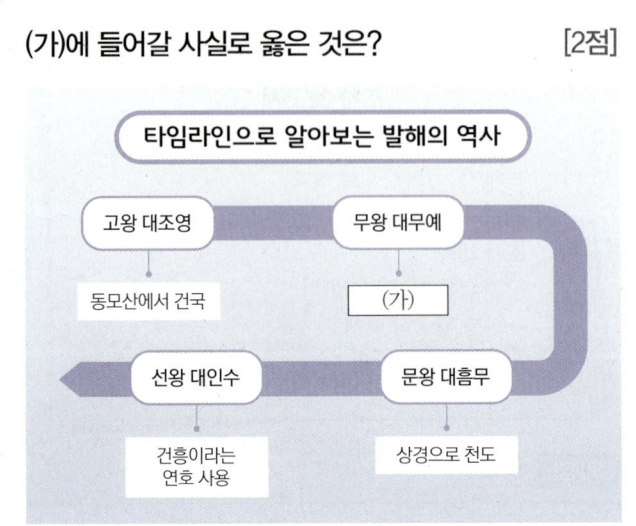

타임라인으로 알아보는 발해의 역사

- 고왕 대조영 — 동모산에서 건국
- 무왕 대무예 — (가)
- 문왕 대흠무 — 상경으로 천도
- 선왕 대인수 — 건흥이라는 연호 사용

발해 무왕 대무예의 업적을 찾는 문제입니다. 발해는 고구려 출신인 대조영이 동모산에 도읍을 정하고 세운 나라입니다. 건국 초기에 대조영의 아들인 무왕은 고구려를 멸망시킨 당과 대립하여 장문휴를 보내 당의 산둥반도를 공격하기도 하였어요. 이후 문왕은 당과의 대립 관계에서 벗어나 당의 문물을 받아들여 제도를 정비하였으며, 상경으로 천도하고 신라도라는 교통로를 통해 신라와 교역하였어요. 선왕은 '건흥'이라는 독자적인 연호를 사용하였으며, 연해주에서 요동 지방에 이르는 발해 최대의 영토를 확보하였어요.

① 대마도 정벌
> 고려 말에서 조선 초에 왜구가 해안 지역을 침략하여 약탈하는 일이 잦았어요. 이에 여러 차례 왜구의 근거지인 대마도(쓰시마섬)를 정벌하였는데, **고려 창왕** 때 박위의 대마도 정벌과 **조선 세종** 때 이종무의 대마도 정벌이 대표적이에요.

② 4군 6진 개척
> **조선 세종** 때 최윤덕과 김종서가 여진을 몰아내고 4군 6진을 개척하였어요.

③ 동북 9성 축조
> **고려 예종** 때 윤관이 별무반을 이끌고 여진을 정벌한 뒤 동북 9성을 축조하였어요.

④ 산둥반도의 등주 공격
> **발해 무왕**은 장문휴를 보내 당의 산둥반도 등주를 공격하게 하였어요.

074 ● 발해　　　　　　　　　　　　정답 ③

(가) 국가에 대한 설명으로 옳은 것은?　　[2점]

이 사료의 대무예는 　(가)　의 무왕으로, 대조영의 아들입니다. 그는 장문휴에게 명령하여 당의 등주를 공격하는 등 대당 강경책을 펼쳤습니다.

대무예가 대장 장문휴를 보내 수군을 거느리고 등주를 공격하게 하였다. 당 현종은 급히 대문예에게 유주의 군사를 거느리고 반격하게 하였다.

정답 잡는 키워드

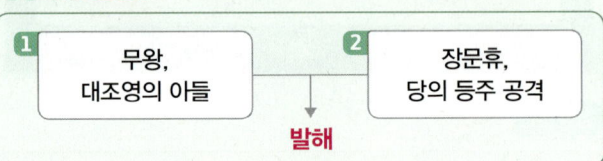

1 무왕, 대조영의 아들	2 장문휴, 당의 등주 공격

→ 발해

1 **발해**는 고구려 출신 대조영이 세운 나라이며, 대조영이 죽은 뒤 그의 아들인 무왕이 즉위하였어요.

2 **발해**의 무왕은 고구려를 멸망시킨 당을 적대하여 강경한 외교 입장을 취하고 장문휴를 보내 당의 등주를 공격하게 하였어요.

① 마한의 소국 중 하나였다.
　　삼한의 하나로, 지금의 경기도, 충청도, 전라도 지역의 여러 소국으로 구성된 나라였어요.
> 마한의 소국 중 하나였던 **백제**는 한강 유역을 발판으로 빠르게 성장하였어요. 대조영이 고구려 계승 의식을 바탕으로 세운 발해는 만주의 동모산 일대에 건국되었어요.

② 상수리 제도를 실시하였다.
> **신라**는 지방 세력을 견제하기 위해 지방 세력가나 그 자제를 일정 기간 수도에 머물게 하는 상수리 제도를 실시하였어요.

③ 전성기에 해동성국이라 불렸다.
> **발해**는 전성기에 중국으로부터 '바다 동쪽의 융성한 나라'라는 뜻에서 해동성국이라 불렸어요.

④ 광덕, 준풍 등의 연호를 사용하였다.
> **고려** 광종은 '광덕', '준풍' 등의 독자적인 연호를 사용하였어요.

075 ● 발해　　　　　　　정답 ④

밑줄 그은 '이 국가'에 대한 설명으로 옳은 것은? [2점]

이것은 ❶고구려 문화의 영향을 받은 이 국가의 문화유산입니다. 고구려의 옛 영토를 대부분 회복한 이 국가는 전성기에 ❷해동성국이라 불렸습니다.

온돌 시설　　　　치미
(러시아 콕샤로프카)　(중국 헤이룽장성)

정답 잡는 키워드

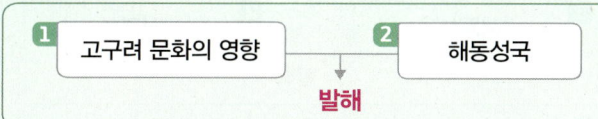

| ❶ 고구려 문화의 영향 | ❷ 해동성국 |

→ **발해**

❶ 고구려 계승을 내세운 **발해**의 유적지에서 발견된 온돌 장치, 이불병좌상, 돌사자상, 치미 등을 통해 발해가 고구려 문화의 영향을 받았음을 알 수 있어요.

❷ 7세기 말에 대조영이 동모산에서 건국한 **발해**는 9세기 선왕 때 연해주에서 요동 지방에 이르는 영토를 확보하여 옛 고구려 영토의 대부분을 차지하였어요. 전성기를 이룬 이 무렵에 중국으로부터 해동성국이라 불리기도 하였어요.

① 상수리 제도를 실시하였다.

➤ **신라**는 지방 세력을 견제하기 위해 상수리 제도를 실시하였어요.
↗ 수도가 동남쪽에 치우쳐 있는 점을 보완하기 위해 설치하였어요.

② 전국에 9주 5소경을 두었다.

➤ 삼국을 통일한 **신라**는 전국을 9주로 나누고 주요 지역에 5소경을 설치하여 9주 5소경의 지방 행정 제도를 갖추었어요.

③ 제가 회의에서 중요한 일을 결정하였다.

➤ **고구려**는 귀족 회의인 제가 회의에서 국가의 중대사를 결정하였어요.

④ 인안, 대흥 등의 독자적 연호를 사용하였다.

➤ **발해**는 독자적인 연호를 사용하여 당과 대등하다는 의식을 드러냈어요. '인안'은 무왕 때, '대흥'은 문왕 때 사용된 연호입니다.

기출 선택지 +α 다른 선택지가 나온다면?

❺ 대조영이 동모산에서 건국하였다.　　　(O / X)
❻ 향·부곡·소 등의 특수 행정 구역이 있었다.　(O / X)
❼ 정당성 아래 6부를 두어 행정을 담당하게 하였다. (O / X)

---

076 ● 발해　　　　　　　정답 ④

(가) 국가에 대한 설명으로 옳은 것은? [2점]

이곳 옛 ❶상경 용천부의 절터에는 높이 6.3m의 거대한 석등이 남아 있습니다. 이 석등을 통해 전성기에 ❷해동성국이라 불렸던 (가) 의 융성한 불교문화를 알 수 있습니다.

정답 잡는 키워드

| ❶ 상경 용천부 | ❷ 해동성국 |

→ **발해**

❶ 상경 용천부는 **발해**의 수도 중 하나입니다. 문왕이 중경 현덕부에서 상경 용천부로 수도를 옮겼고, 이후 잠시 동경 용원부로 천도하였던 시기를 제외하고 멸망할 때까지 발해의 수도는 상경 용천부였어요.

❷ **발해**는 선왕 때 연해주에서 요동 지방에 이르는 영토를 확보하여 옛 고구려 영토의 대부분을 차지하였어요. 이 무렵 발해는 중국으로부터 '바다 동쪽의 융성한 나라'라는 뜻에서 해동성국이라고 불렸어요.

↗ 호족의 자제를 일정 기간 개경에 머물게 한 제도였어요.

① 기인 제도를 실시하였다.

➤ **고려** 태조 왕건은 호족 세력을 견제하기 위해 기인 제도를 실시하였어요.

② 9주 5소경을 설치하였다.

➤ 삼국을 통일한 **신라**는 넓어진 영토를 효과적으로 다스리기 위해 전국을 9주로 나누고 주요 지역에 5소경을 설치하였어요.

③ 한의 침략을 받아 멸망하였다.

➤ **고조선**은 한 무제의 침략을 받아 수도 왕검성이 함락되어 멸망하였어요.

④ 대조영이 동모산에서 건국하였다.

➤ **발해**는 고구려 출신 대조영이 고구려 유민, 말갈인과 함께 동모산에서 세운 나라입니다.

밑줄 그은 '국가'에 대한 설명으로 옳은 것은?   [1점]

정답 잡는 키워드

1 대조영이 세움	→	2 고구려 계승 표방

발해

1 **발해**는 고구려 장수 출신 대조영이 만주의 동모산에서 세운 나라입니다.

2 **발해**는 일본에 보내는 외교 문서에서 스스로 '고려(고구려)', '고려 국왕'이라고 표현하며 고구려 계승 의식을 표방하였어요. 발해의 수도 상경성 터에서 발견된 치미와 용머리상은 발해가 고구려 문화의 영향을 받았음을 보여 주는 문화유산입니다.

① 수의 침략을 물리쳤다.
> **고구려**는 을지문덕을 보내 살수에서 수의 군대를 격파하는 등 여러 차례 수의 침략을 물리쳤어요.

② 기인 제도를 실시하였다.
> **고려**의 태조 왕건은 호족 세력을 견제하기 위해 기인 제도를 실시하였어요.

③ 독서삼품과를 시행하였다.
> **신라**의 원성왕은 인재 선발을 위해 독서삼품과를 시행하였어요.

④ 해동성국이라고도 불렸다.
> **발해**는 전성기에 중국으로부터 '바다 동쪽의 융성한 나라'라는 뜻에서 해동성국이라고 불리기도 하였어요.

(가) 국가에 대한 설명으로 옳은 것은?   [2점]

정답 잡는 키워드

1 해동성국	→	2 상경성

발해

1 **발해**는 전성기에 중국으로부터 '바다 동쪽의 융성한 나라'라는 뜻에서 해동성국이라고 불리기도 하였어요.

2 **발해**는 상경성을 비롯하여 정치·군사적으로 중요한 지역에 5경을 두고 이를 중심으로 교통망을 정비하였어요.

① 글과 활쏘기를 가르치는 경당을 두었다.
> **고구려**는 지방에 글과 활쏘기를 가르치는 경당을 두었어요.

② 정사암에서 국가의 중대사를 결정하였다.
> **백제**에서는 귀족들이 정사암에 모여 재상을 선출하고 국가 중대사를 결정하였어요.

③ 청해진을 중심으로 해상 무역을 전개하였다.
> **신라** 말에 장보고는 지금의 완도에 청해진을 설치하고 해적을 소탕한 후 이곳을 중심으로 해상 무역을 전개하였어요.

④ 5경 15부 62주로 지방 행정 제도를 정비하였다.
> **발해**는 넓은 영토를 효율적으로 다스리기 위해 5경 15부 62주의 지방 행정 제도를 갖추었어요.

기출 선택지 +α 다른 선택지가 나온다면?

⑤ 전국에 9주 5소경을 두었다.   (O / X)
⑥ 대조영이 동모산에서 건국하였다.   (O / X)
⑦ 인안, 대흥 등의 독자적 연호를 사용하였다.   (O / X)

기출 선택지 +α 정답 ⑤ X [통일 신라] ⑥ O ⑦ O

(가) 국가에 대한 설명으로 옳은 것은? [1점]

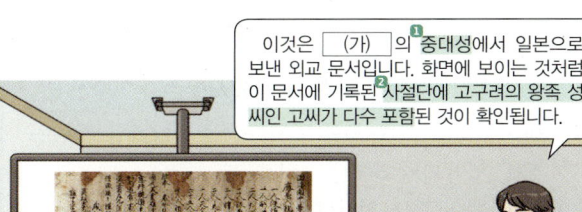

> 이것은 (가)❶의 중대성에서 일본으로 보낸 외교 문서입니다. 화면에 보이는 것처럼 이 문서에 기록된 사절단에 고구려의 왕족 성씨인 고씨가 다수 포함❷된 것이 확인됩니다.

중대성첩

정답 잡는 **키워드**

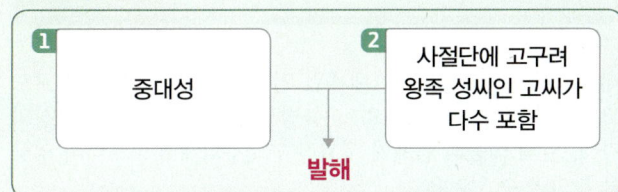

❶ 중대성 —— ❷ 사절단에 고구려 왕족 성씨인 고씨가 다수 포함
↓
발해

❶ **발해**는 정당성, 중대성, 선조성의 3성과 충·인·의·지·예·신부의 6부로 중앙 정치 조직을 정비하였어요. 그중 중대성은 왕이 내리는 명령과 법령의 기초를 만들고 왕의 명령을 전달하는 일을 담당하였어요.

❷ **발해**는 고구려 출신 대조영이 세운 나라로, 지배층에는 왕족 성씨인 대씨와 고구려 왕족 성씨인 고씨 등 고구려계가 많았어요.

① 대조영이 동모산에서 건국하였다.
> **발해**는 고구려 출신 대조영이 동모산에서 건국하였어요.

② 청해진을 중심으로 해상 무역이 전개되었다.
> **신라** 말에 장보고는 지금의 완도에 군사 기지인 청해진을 설치하고 해적을 소탕한 후 청해진을 중심으로 해상 무역을 주도하였어요.

③ 여러 가(加)들이 별도로 사출도를 주관하였다.
> **부여**에서는 왕이 중앙을 다스리고, 마가, 우가, 저가, 구가의 여러 가(加)들이 별도로 사출도를 다스렸어요.

④ 지방 세력 견제를 위해 기인 제도가 실시되었다.
> **고려** 태조는 호족 세력을 견제하고 지방 통치를 보완하기 위해 호족의 자제를 개경에 머물게 하는 기인 제도를 실시하였어요.

(가) 국가에 대한 설명으로 옳은 것은? [3점]

> (가)❶의 영광탑을 보러 왔습니다. 벽돌로 쌓은 이 탑은 높이가 약 13미터에 이릅니다. 지하에는 무덤 칸으로 보이는 공간이 있어 (가)의 정효 공주 무덤 탑과 같은 양❷식으로 추정하기도 합니다.

정답 잡는 **키워드**

❶ 영광탑 —— ❷ 정효 공주 무덤
↓
발해

❶ 영광탑은 벽돌로 만든 전탑이며, 완전한 형태로 보존된 유일한 **발해** 탑이에요. 건축 기법 등에 당의 영향을 받았어요.

❷ 정효 공주는 **발해** 문왕의 딸입니다. 정효 공주 무덤은 당의 양식과 고구려의 양식이 혼합된 형태로 만들어졌어요. 본래 무덤 위에는 전탑이 세워져 있었는데, 지금은 기초만 남아 있어요.

① 송악에서 철원으로 도읍을 옮겼다.
> 궁예가 송악(지금의 개성)을 도읍으로 정하여 세운 **후고구려**는 나라 이름을 '마진'으로 바꾼 뒤 철원으로 도읍을 옮겼어요.

② 수의 군대를 살수에서 크게 무찔렀다.
> 을지문덕이 이끄는 **고구려** 군대가 수의 군대를 살수(지금의 청천강)에서 크게 물리쳤어요.

③ 인재 선발을 위하여 독서삼품과를 시행하였다.
> **신라**의 원성왕은 인재 선발을 위해 독서삼품과를 시행하였어요. 독서삼품과는 국학 학생들의 유교 경전 이해 수준을 상, 중, 하로 평가하여 관리 선발에 활용한 제도입니다.

④ 정당성 아래 6부를 두어 행정을 담당하게 하였다.
> **발해**는 정당성, 선조성, 중대성의 3성과 충·인·의·지·예·신부의 6부를 중심으로 중앙 정치 체제를 정비하였어요. 정당성을 중심으로 나랏일을 운영하고 정당성 아래 6부를 두어 행정을 담당하게 하였어요.

Ⅱ 고대

다음 자료에 해당하는 국가의 문화유산으로 옳은 것은? [2점]

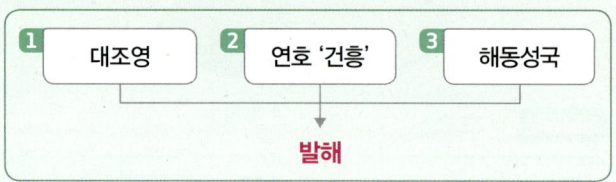

○ 대조영은 마침내 그 무리를 거느리고 동쪽으로 가서 계루부의 옛 땅을 차지하고, 동모산에 웅거하여 성을 쌓고 살았다. 초기 고구려를 구성한 5부족 중 하나였어요.
○ 대인수가 왕위에 올라 연호를 건흥으로 바꾸었다. …… 여러 차례 학생들을 유학 보내어 고금의 제도를 익히게 하니, 비로소 해동성국에 이르렀다.

정답 잡는 키워드

1 대조영	2 연호 '건흥'	3 해동성국

→ 발해

1 **발해**는 고구려 출신 대조영이 세운 나라입니다.

2, 3 **발해**에서는 '인안', '대흥', '건흥' 등의 독자적인 연호를 사용하였어요. '건흥'은 전성기를 이룬 선왕 때의 연호이며, 이 무렵 발해는 중국으로부터 '바다 동쪽의 융성한 나라'라는 뜻의 해동성국이라고 불리기도 하였어요.

①

▶ **발해**의 영광탑은 벽돌을 쌓아 만든 전탑이에요. 건축 기법 등에서 당의 영향을 찾아볼 수 있어요.

영광탑

②

▶ **신라**의 금관총 금관은 경주의 고분에서 발견되었어요. 신라의 금관은 현재 금관총 금관 등 6점이 남아 있어요.

금관총 금관

③

▶ **백제**의 금동 대향로는 부여 능산리 고분군 근처의 절터에서 출토되었어요.

금동 대향로

④

▶ **대가야**가 성장한 고령의 지산동 고분군에서 출토된 판갑옷과 투구입니다.

판갑옷과 투구

(가)에 들어갈 문화유산으로 적절한 것은? [2점]

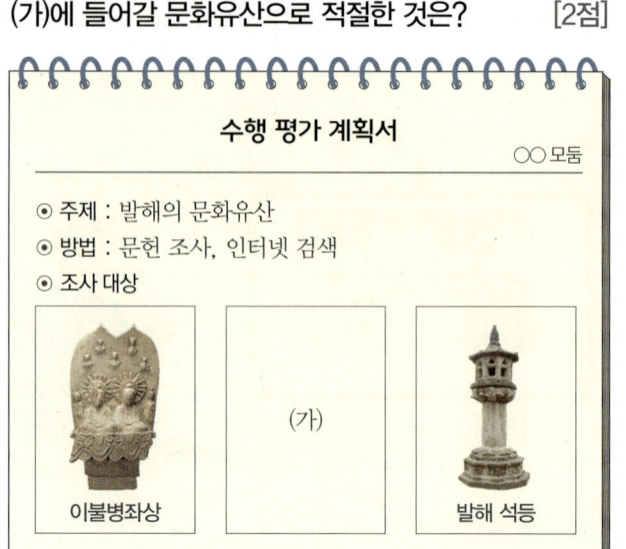

수행 평가 계획서 ○○ 모둠

⊙ 주제 : 발해의 문화유산
⊙ 방법 : 문헌 조사, 인터넷 검색
⊙ 조사 대상

이불병좌상	(가)	발해 석등

대조영이 고구려 계승을 내세워 건국한 **발해**는 문화적으로도 고구려의 영향을 받았어요. 이불병좌상의 광배 모습과 불상의 자세, 발해 석등의 몸체에 새겨진 연꽃무늬에서 고구려의 영향을 찾아볼 수 있어요.

①

▶ 칠지도는 **백제**에서 만들어 일본에 보낸 철제 칼이에요.

칠지도

②

▶ **신라**의 고분인 금관총에서 발견된 금관을 통해 당시 신라인의 금을 다루는 기술이 뛰어났음을 알 수 있어요.

금관총 금관

③

▶ 호우총 청동 그릇(호우명 그릇)은 **고구려**에서 만들어졌지만 신라 고분에서 발견되었어요.

호우총 청동 그릇

④

▶ **발해**의 연꽃무늬 수막새는 제작 방식과 무늬 등이 고구려의 연꽃무늬 수막새와 매우 비슷해요.

연꽃무늬 수막새

└▶ 목조 건축 지붕의 처마 끝에 놓는 장식 기와를 말해요.

083 ● 발해의 문화유산 정답 ①

(가) 국가의 문화유산으로 옳지 않은 것은? [2점]

> (가) 은/는 여러 번 도읍을 옮겼지만, 이곳 ①상경성을 가장 오랫동안 도읍으로 삼았습니다. ②문왕은 당의 도읍 장안성의 구조를 본떠 상경성을 만들었습니다.

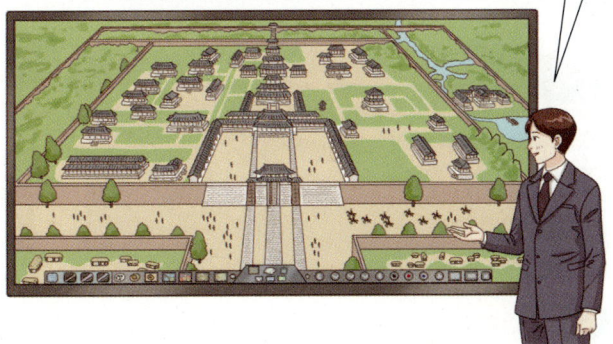

정답 잡는 키워드

| 1 상경성 | → | 2 문왕 |

발해

1 **발해**의 상경성은 **문왕** 때 당의 도읍 장안성의 구조를 본떠 지은 것으로, 동서남북으로 도로를 건설하여 도시 전체를 바둑판처럼 구역을 나누었어요.

2 **발해**의 문왕은 무왕의 아들로, 당과 적대적인 관계에서 벗어나 교류하고 당의 문물을 적극적으로 받아들였어요.

①

칠지도

> 칠지도는 **백제**에서 만들어 일본에 보낸 것으로 알려진 철제 칼이에요.

②

이불병좌상

> 이불병좌상은 **발해**의 불상으로, 두 부처가 나란히 앉아 있는 모습을 표현하였어요.

③

영광탑

> 영광탑은 벽돌을 쌓아 만든 전탑이며 완전한 형태로 보존된 유일한 **발해**의 탑이에요.

④

정효 공주 무덤 벽화

> **발해** 문왕의 딸인 정효 공주의 무덤은 당과 고구려의 양식이 혼합된 형태로 만들어졌어요.

---

6 통일 신라의 정치

본문 36~39쪽

084 ● 신라 문무왕 정답 ②

(가)에 들어갈 인물로 옳은 것은? [2점]

> 이 인물에 대한 연관 단어를 조사해 보았습니다. 글자의 크기가 클수록 높은 관심도를 나타냅니다.

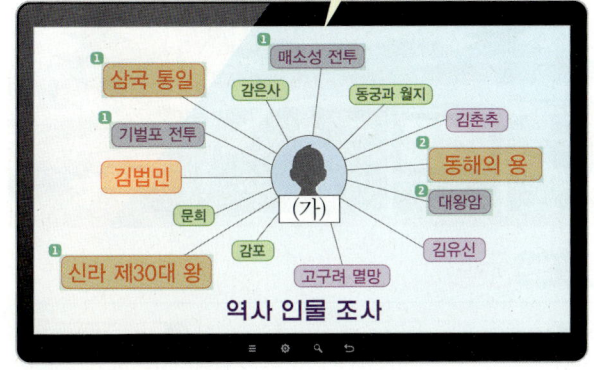

역사 인물 조사

정답 잡는 키워드

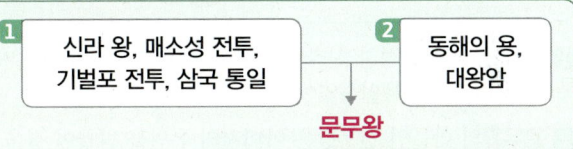

| 1 신라 왕, 매소성 전투, 기벌포 전투, 삼국 통일 | → | 2 동해의 용, 대왕암 |

문무왕

1 신라의 **문무왕**은 고구려를 멸망시킨 후 당이 신라까지 차지하려고 하자 당과의 전쟁에 나섰어요. 매소성 전투, 기벌포 전투에서 승리하여 대동강 이남 지역에서 당을 몰아내고 삼국 통일을 완성하였어요.

2 **문무왕**은 죽어서도 동해의 용이 되어 나라를 지키겠다며 바다에 장사 지낼 것을 유언으로 남겼다고 해요. 유언에 따라 문무왕의 무덤은 수중릉으로 조성되었는데, 이것을 대왕암이라고도 합니다.

① 무왕

> 백제 무왕은 미륵사를 짓고 신라에 빼앗긴 영토를 되찾기 위해 노력하였어요. 발해 무왕은 장문휴를 보내 당의 산둥반도를 공격하는 등 영토 확장에 힘썼어요.

② 문무왕

> 무열왕(김춘추)의 뒤를 이어 즉위한 문무왕은 나·당 전쟁을 승리로 이끌어 신라의 삼국 통일을 완성하였어요.

③ 장수왕

> 고구려 장수왕은 평양으로 도읍을 옮기고 본격적으로 남진 정책을 펼쳐 한강 유역을 장악하였어요.

④ 근초고왕

> 백제의 전성기를 이끈 근초고왕은 영토 확장에 적극적으로 나섰으며 중국, 왜와 활발하게 교류하였어요.

밑줄 그은 '왕'의 업적으로 옳은 것은? [3점]

감은사는 "동해의 용이 되어 나라를 지키겠다."는 유언을 남긴 왕의 아들인 신문왕이 완공하였습니다.

감은사 터

정답 잡는 키워드

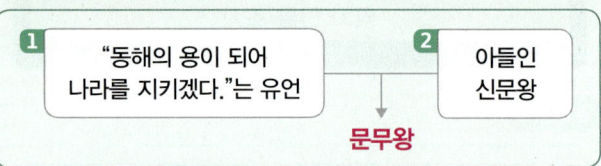

❶ "동해의 용이 되어 나라를 지키겠다."는 유언	❷ 아들인 신문왕

→ 문무왕

❶ 삼국 통일을 완성한 신라 **문무왕**은 죽어서도 나라를 지키는 용이 되겠다고 유언하였어요.

❷ **문무왕**의 아들인 신문왕은 아버지의 유언을 받들어 절을 짓고, 아버지의 은혜에 감사한다는 뜻을 담아 '감은사'라고 이름 지었어요. 절이 있었던 경주의 감은사 터에는 동쪽과 서쪽에 3층 석탑이 각각 세워져 있어요.

① 불교를 공인하였다.
  ▶ 신라 **법흥왕**은 이차돈의 순교를 계기로 불교를 공인하였어요. 고구려에서는 **소수림왕**이, 백제에서는 **침류왕**이 불교를 공인하였어요.

② 태학을 설립하였다.
  ▶ 고구려 **소수림왕**은 수도에 국립 교육 기관인 태학을 설립하여 유학을 교육하고 인재를 양성하였어요.

③ 대가야를 정복하였다.
  ▶ 신라 **진흥왕**은 적극적으로 영토 확장에 나서서 한강 유역을 차지하고, 대가야도 정복하였어요.

④ 삼국 통일을 이룩하였다.
  ▶ 신라 **문무왕**은 한반도 전체를 차지하려고 하는 당과 전쟁을 벌여 승리하고 삼국 통일을 이룩하였어요.

(가) 왕의 업적으로 옳은 것은? [2점]

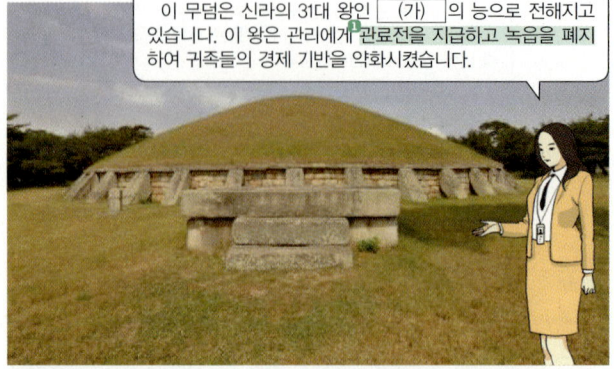

이 무덤은 신라의 31대 왕인 (가) 의 능으로 전해지고 있습니다. 이 왕은 관리에게 관료전을 지급하고 녹읍을 폐지하여 귀족들의 경제 기반을 약화시켰습니다.

정답 잡는 키워드

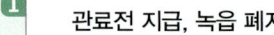

❶ 관료전 지급, 녹읍 폐지	→ **신문왕**

❶ **신문왕**은 귀족의 경제 기반을 약화하기 위해 관리에게 **관료전**을 지급하고 **녹읍**을 폐지하였어요. 관료전은 조세만 거둘 수 있는 토지였지만, 녹읍은 조세를 걷고 농민의 노동력도 징발할 수 있게 허락해 준 지역을 말해요.

① 국학을 설립하였다.
  ▶ **신문왕**은 인재를 양성하기 위해 국학을 설립하여 유학을 교육하였어요.

② 대가야를 정복하였다.
  ▶ **진흥왕**은 한강 유역을 차지하고 대가야를 정복하는 등 영토를 크게 확장하였어요.

③ 독서삼품과를 실시하였다.
  ▶ **원성왕**은 국학 학생들의 유교 경전 이해 수준을 상, 중, 하로 평가하여 관리 선발에 활용하는 독서삼품과를 실시하였어요.

④ 김헌창의 난을 진압하였다.
  ▶ **헌덕왕** 때 왕위 계승에 불만을 가진 웅천주 도독 김헌창이 반란을 일으켰으나 진압되었어요.

기출 선택지 +α 다른 선택지가 나온다면?

❺ 병부를 설치하였다.	(O / X)
❻ 삼국 통일을 이룩하였다.	(O / X)
❼ 화랑도를 국가 조직으로 개편하였다.	(O / X)

기출 선택지 +α 정답 ❺ X [법흥왕] ❻ X [문무왕] ❼ X [진흥왕]

087 ● 골품 제도　　　정답 ①

다음 퀴즈의 정답으로 옳은 것은?　　　[1점]

> 혈통에 따라 관직 진출뿐만 아니라 일상생활까지 차별한 신라의 신분 제도는 무엇일까요?

정답 잡는 키워드

> **1** 　신라의 신분 제도　→　**골품 제도**

1 골품 제도는 신라의 신분 제도입니다. 골품은 뼈[골(骨)]의 등급, 즉 타고나는 신분을 말합니다. 신라는 타고난 골품에 따라 올라갈 수 있는 벼슬 등급을 정하였어요. 진골은 모든 벼슬에 다 오를 수 있었지만, 다른 신분은 아무리 능력이 뛰어나도 정해진 등급 이상으로 올라갈 수 없었습니다. 또한, 골품에 따라 집의 크기, 옷차림, 수레의 크기 등 일상생활까지 제한하였어요.

①
> 골품 제도는 지배층을 성골과 진골, 6~1두품으로 구분하였어요.

②
> 기인 제도는 고려 태조가 호족 세력을 견제하기 위해 지방 호족의 자제를 일정 기간 수도에 머물게 한 제도입니다.

③
> 음서는 고려 시대에 왕실 자손과 나라에 공을 세운 공신, 고위 관리의 자손에게 시험 없이 관직을 준 제도를 말해요.

④
> 상수리 제도는 신라가 지방 세력을 통제하기 위해 지방 세력가나 그 아들을 일정 기간 수도에 머물게 한 제도입니다.

088 ● 신라 촌락 문서　　　정답 ④

(가)에 들어갈 내용으로 옳은 것은?　　　[3점]

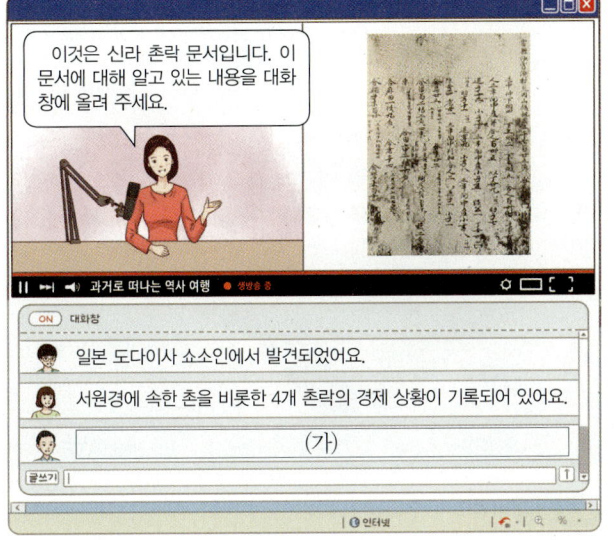

> 이것은 신라 촌락 문서입니다. 이 문서에 대해 알고 있는 내용을 대화창에 올려 주세요.

> 일본 도다이사 쇼소인에서 발견되었어요.

> 서원경에 속한 촌을 비롯한 4개 촌락의 경제 상황이 기록되어 있어요.

> (가)

일본 도다이사 쇼소인에서 발견된 **신라 촌락 문서(민정 문서)**에는 지금의 청주 지역인 서원경에 속한 촌(마을)을 비롯한 4개 촌락의 크기, 살고 있는 사람의 수, 소와 말의 수, 뽕나무 같은 나무의 종류와 수 등 경제 상황이 기록되어 있어요.

① 단군의 건국 이야기가 수록되어 있어요.
> 단군의 건국 이야기가 수록된 역사서로는 **"삼국유사"**, **"제왕운기"** 등이 있어요.

② 병인양요 때 프랑스군에게 약탈당하였어요.
> 병인양요 때 강화도에 침입한 프랑스군이 퇴각하면서 외규장각에 보관 중이던 **의궤**를 약탈해 갔어요.

③ 유네스코 세계 기록 유산으로 등재되었어요.
> 유네스코 세계 기록 유산으로 등재된 우리나라 문화유산으로는 **"직지심체요절"**, **"조선왕조실록"**, **"난중일기"**, **"동의보감"** 등이 있어요. 신라 촌락 문서는 유네스코 세계 기록 유산에 등재되지 않았어요.

④ 노동력 동원과 세금 징수를 위해 작성되었어요.
> **신라 촌락 문서**에 기록된 마을의 여러 사정은 신라 정부가 노동력을 동원하고 세금을 거두는 데 활용되었어요.

(가)에 해당하는 인물로 옳은 것은?   [1점]

저는 지금 ❶완도 청해진 유적 상공에 있습니다. (가) 은/는 이곳을 거점으로 삼아 ❷해적을 소탕하고 당, 일본과의 해상 무역을 주도하였습니다.

정답 잡는 키워드

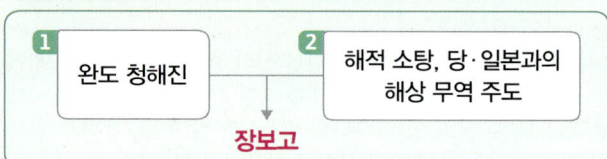

❶ 완도 청해진 → 장보고 ← ❷ 해적 소탕, 당·일본과의 해상 무역 주도

❶ 신라 말에 **장보고**는 완도에 군사 기지인 청해진의 설치를 흥덕왕에게 건의하였어요.

❷ 흥덕왕의 허락을 받은 **장보고**는 청해진을 설치한 후 이곳을 거점으로 삼아 해적을 소탕하고 당, 신라, 일본을 연결하는 해상 무역을 주도하였어요.

① 원효
▶ 신라의 승려 원효는 '무애가'라는 노래를 지어 부르면서 불교를 널리 퍼뜨렸어요.

② 설총
▶ 원효의 아들로 알려진 설총은 이두를 체계적으로 정리하였어요.

③ 장보고
▶ 당으로 건너가 군인으로 활약한 장보고는 당에서 해적들이 신라인을 잡아 와 노예로 파는 것을 목격하고 분노하였어요. 신라로 돌아온 후 장보고는 흥덕왕의 허락을 받아 지금의 완도에 청해진을 설치하고 해적 소탕에 적극 나섰어요.

④ 최치원
▶ 최치원은 6두품 출신으로 당에 건너가 빈공과에 합격한 후 당의 관리로 일하였고, 문장가로도 이름을 알렸어요.

(가) 인물의 활동으로 옳은 것은?   [2점]

❶신라 출신의 (가) 은/는 이곳 ❷완도를 해상 무역 거점지로 삼았어.

❸그는 해적을 소탕하여 해상 무역로를 보호하고 국제 무역을 주도하였지.

정답 잡는 키워드

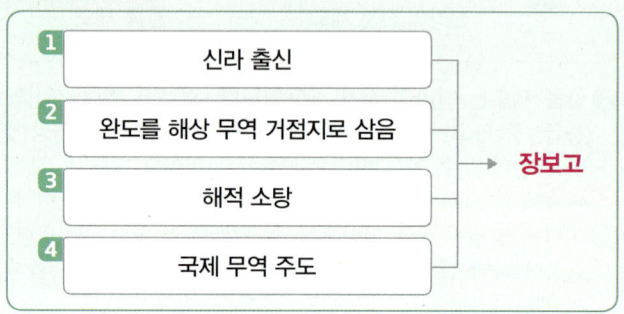

❶ 신라 출신
❷ 완도를 해상 무역 거점지로 삼음 → 장보고
❸ 해적 소탕
❹ 국제 무역 주도

❶, ❷ 신라 출신의 **장보고**는 당으로 건너가 군인으로 일하다가 신라로 돌아왔어요. 장보고는 왕에게 건의하여 지금의 완도에 청해진을 설치하고 해상 무역의 거점으로 삼았어요.

❸, ❹ **장보고**는 청해진을 거점으로 해적을 소탕한 후 당, 신라, 일본을 연결하는 국제 무역을 주도하였어요.

① 청해진을 설치하였다.
▶ **장보고**는 지금의 완도에 설치한 청해진을 중심으로 해상 무역을 장악하였어요.

② 불국사를 창건하였다.
▶ 경주 불국사는 **김대성**이 창건하였다고 전해져요.

③ 당의 빈공과에 합격하였다.
▶ 당의 빈공과에 합격한 대표적인 신라인으로 **최치원**이 있어요.

④ 안시성 싸움에서 승리하였다.
▶ 고구려의 **안시성 성주**와 **관민**이 당군과의 싸움에서 승리하였어요.

091 • 통일 신라의 대외 교역 정답 ①

교사의 질문에 대한 학생의 대답으로 옳은 것은? [2점]

통일 신라의 대외 교역에 대해 말해 볼까요?

① 장보고가 청해진을 설치하여 해상 무역을 주도했어요.

② 무역소를 설치하여 여진과 교역했어요.

③ 개시와 후시를 통한 국경 무역이 활발했어요.

④ 낙랑과 왜에 철을 수출했어요.

통일 신라는 당과 활발하게 교역하였어요. 당의 산둥반도 일대에는 신라인의 거주지인 신라방과 신라촌이 형성되어 신라소(관청), 신라관(숙소), 신라원(사찰) 등도 들어섰어요. 이 시기에 수도 금성(지금의 경주) 근처의 울산항이 국제 무역항으로 번성하여 아라비아 상인도 왕래하였어요.

① 장보고가 청해진을 설치하여 해상 무역을 주도했어요.
　▶**통일 신라** 말에 황해와 남해안 일대에서 해적의 약탈이 심하였어요. 이에 장보고가 지금의 완도에 청해진을 설치하여 해적을 소탕하고 해상 무역을 주도하였어요.

② 무역소를 설치하여 여진과 교역했어요.
　▶**조선**은 국경 지대에 무역소를 설치하여 여진이 필요한 물건을 거래할 수 있도록 하였어요.

③ 개시와 후시를 통한 국경 무역이 활발했어요.
　▶**조선** 후기에 국경 지대에서 공무역인 개시와 사무역인 후시가 열렸어요.

④ 낙랑과 왜에 철을 수출했어요.
　▶**변한**과 **가야**에서는 철이 풍부하게 생산되어 낙랑과 왜에 철을 수출하였어요.

092 • 호족 정답 ②

(가)에 들어갈 내용으로 적절한 것은? [1점]

<역사 학습 내용 정리>

　　　(가)

1. 신라 말 지방에서 독자적인 세력을 형성하며 성장함
2. 일정한 지역에서 정치·군사·경제적 지배권을 장악함
3. 스스로 성주 또는 장군이라고 칭하기도 함

정답 잡는 키워드

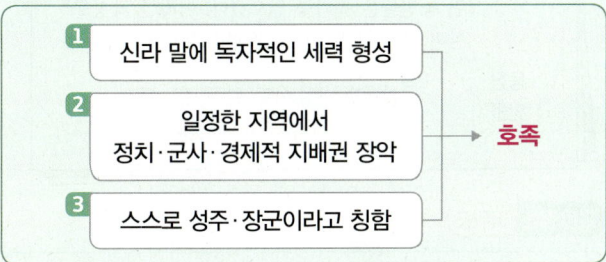

1 신라 말에 독자적인 세력 형성
2 일정한 지역에서 정치·군사·경제적 지배권 장악 → **호족**
3 스스로 성주·장군이라고 칭함

1 신라 말에 진골 귀족들이 왕위 계승을 두고 치열한 다툼을 벌이면서 중앙 정치가 혼란에 빠졌어요. 이때 지방에서는 독자적인 세력을 형성한 **호족**이 등장하였어요.

2, 3 **호족**은 지방의 정치·군사·경제적 지배권을 장악하여 실질적으로 지방을 통치하였으며, 스스로 성주 또는 장군이라고 칭하기도 하였어요.

① 성골
　▶성골은 신라의 골품 중 첫째 등급이에요. 진덕 여왕까지 성골 출신이 왕이 되었어요.

② 호족
　▶신라 말에 중앙 정부의 통치력이 약화하면서 지방에서 호족이 성장하였어요. 대표적인 호족으로 장보고, 견훤, 궁예 등을 들 수 있어요.

③ 권문세족
　▶원 간섭기에 대체로 원과의 관계를 배경으로 성장한 권문세족이 새로운 지배 세력으로 등장하였어요. 권문세족은 높은 관직을 독점하고 대농장을 소유하였어요.

④ 신진 사대부
　▶신진 사대부는 고려 후기에 등장한 새로운 정치 세력이에요. 성리학을 수용하여 이를 바탕으로 고려 사회의 모순을 개혁하고자 노력하였으며 조선 건국을 주도하였어요.

다음 기획서에 나타난 시기에 발생한 사건으로 옳은 것은? [2점]

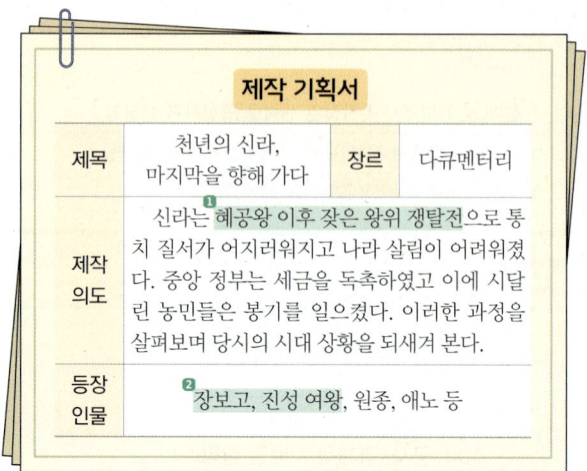

제작 기획서

제목	천년의 신라, 마지막을 향해 가다	장르	다큐멘터리
제작 의도	신라는 ①혜공왕 이후 잦은 왕위 쟁탈전으로 통치 질서가 어지러워지고 나라 살림이 어려워졌다. 중앙 정부는 세금을 독촉하였고 이에 시달린 농민들은 봉기를 일으켰다. 이러한 과정을 살펴보며 당시의 시대 상황을 되새겨 본다.		
등장 인물	②장보고, 진성 여왕, 원종, 애노 등		

정답 잡는 키워드

1 혜공왕 이후 잦은 왕위 쟁탈전	**2** 장보고, 진성 여왕

→ **신라 말**

1 혜공왕 이후 진골 귀족들의 왕위 쟁탈전이 치열하게 전개된 **신라 말**, 150여 년 동안 20명의 왕이 바뀌는 등 통치 질서가 어지러웠어요.

2 **신라 말**에 정치적 혼란으로 중앙 정부의 지방 통치력이 약화하면서 지방 세력도 왕위 쟁탈전에 가담하였어요. 그 대표적인 인물이 청해진을 배경으로 힘을 키운 장보고였어요. 왕위 다툼에 개입하여 신무왕이 즉위하는 데 공을 세운 장보고는 자신의 딸을 왕비로 만들고자 하였으나 뜻대로 되지 않자 반란을 일으켜 결국 죽임을 당하였어요. 한편, 중앙 정치가 혼란한 가운데 자연재해가 빈번하게 발생하고 귀족의 수탈이 날로 심해져 백성의 생활이 더욱 힘들어졌어요. 이러한 사회 혼란은 9세기 말 진성 여왕 때에 이르러 더욱 심해져 전국 각지에서 봉기가 일어났습니다.

① 김헌창의 난
▶ **신라 말** 헌덕왕 때 웅천주 도독 김헌창이 자신의 아버지가 왕위에 오르지 못한 것에 불만을 품고 반란을 일으켰어요.

② 이자겸의 난
▶ **고려** 인종 때 왕실과 혼인 관계를 맺어 권력을 장악한 이자겸이 스스로 왕이 되려고 반란을 일으켰으나 실패하였어요.

③ 김사미·효심의 난
▶ **고려** 무신 집권기에 지배층의 과도한 수탈에 저항하여 하층민이 봉기를 일으켰어요. 김사미와 효심은 경상도 지역에서 농민들을 이끌고 봉기를 일으킨 인물입니다.

④ 망이·망소이의 난
▶ **고려** 무신 집권기에 공주 명학소에서 과도한 세금과 가혹한 수탈에 저항하여 망이·망소이 형제를 중심으로 봉기가 일어났어요.

(가)에 들어갈 내용으로 옳은 것은? [2점]

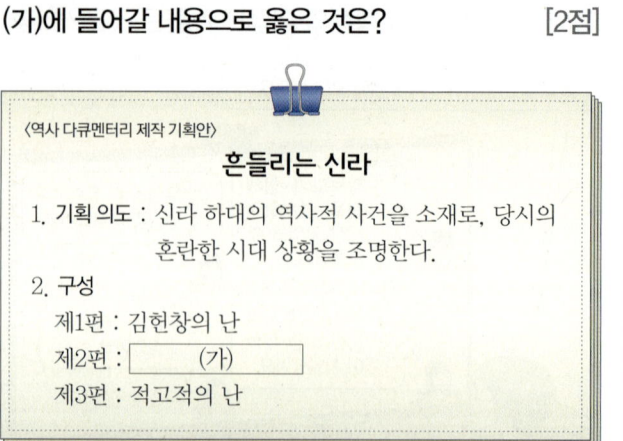

〈역사 다큐멘터리 제작 기획안〉

흔들리는 신라

1. 기획 의도 : 신라 하대의 역사적 사건을 소재로, 당시의 혼란한 시대 상황을 조명한다.
2. 구성
　제1편 : 김헌창의 난
　제2편 : ＿＿＿(가)＿＿＿
　제3편 : 적고적의 난

신라 말에 진골 귀족들 사이에 치열한 왕위 다툼이 벌어지면서 왕권이 약해지고 중앙 정부의 통제력이 약화되어 지방에서 김헌창의 난 등 반란이 일어났어요. 또한, 귀족들의 수탈이 심해지고 자연재해까지 더해져 농민의 생활은 더욱 어렵고 힘들어졌어요. 이러한 상황에서 정부가 세금을 독촉하자 농민들의 분노가 폭발하여 각지에서 봉기가 일어났는데, 진성 여왕 때 일어난 원종과 애노의 난, 적고적의 난 등이 대표적이에요.

① 만적의 난
▶ **고려** 무신 집권기에 개경에서 노비 만적이 신분 해방을 위한 봉기를 계획하였다가 사전에 발각되었어요.

② 홍경래의 난
▶ **조선** 후기에 홍경래가 평안도 지역에 대한 차별과 지배층의 수탈에 저항하여 광산 노동자, 가난한 농민들과 함께 봉기하였어요.

③ 망이·망소이의 난
▶ **고려** 무신 집권기에 공주 명학소의 주민 망이·망소이 형제가 과도한 세금과 지배층의 수탈에 저항하여 봉기하였어요.

④ 원종과 애노의 난
▶ **신라 말** 진성 여왕 때 중앙 정부가 세금을 독촉하자 원종과 애노가 사벌주(지금의 상주)에서 봉기를 일으켰어요.

095 최치원의 활동   정답 ④

밑줄 그은 '이 인물'로 옳은 것은?   [1점]

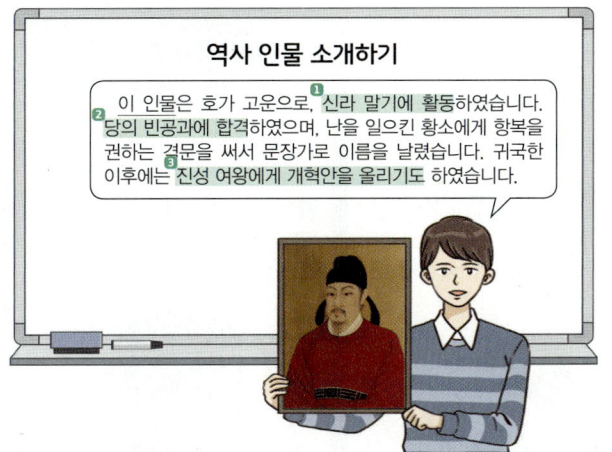

역사 인물 소개하기

이 인물은 호가 고운으로, ① 신라 말기에 활동하였습니다. ② 당의 빈공과에 합격하였으며, 난을 일으킨 황소에게 항복을 권하는 결문을 써서 문장가로 이름을 날렸습니다. 귀국한 이후에는 ③ 진성 여왕에게 개혁안을 올리기도 하였습니다.

정답 잡는 키워드

1	신라 말기에 활동	
2	당의 빈공과에 합격	→ **최치원**
3	진성 여왕에게 개혁안을 올림	

1, 2 신라 말에 6두품 출신 **최치원**은 당으로 건너가 공부하고 빈공과에 합격하여 관직 생활을 하였으며, 뛰어난 글솜씨를 가진 문장가로 이름을 떨쳤어요.

3 **최치원**은 신라 사회가 극도로 혼란한 시기에 귀국하여 사회 혼란을 바로잡고자 진성 여왕에게 개혁안을 올렸어요. 하지만 진골 귀족의 반발에 부딪혀 개혁을 실행에 옮기지 못하였어요.

① 강수
▶ 강수는 신라의 유학자로 글을 잘 짓기로 유명하였어요. 특히 외교 문서 작성에 뛰어났어요.

② 설총
▶ 승려 원효의 아들인 설총은 이두 문자를 집대성한 학자입니다.

③ 김부식
▶ 김부식은 고려 시대 관리이자 유학자로, 우리나라에서 가장 오래된 역사서인 "삼국사기"의 편찬을 주도하였어요.

④ 최치원
▶ 최치원은 개혁이 좌절되자 은둔 생활을 하였다고 전해지며, 저서로 "계원필경" 등을 남겼어요.

096 신라 말의 사회 모습   정답 ④

밑줄 그은 '그'가 활동한 시기에 볼 수 있는 모습으로 적절한 것은?   [2점]

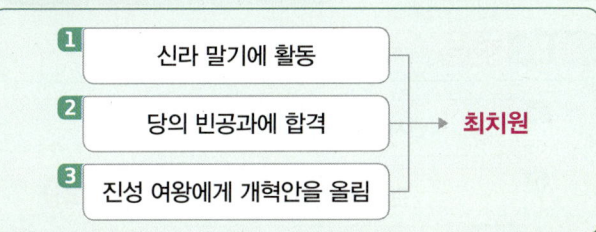

지금 촬영하는 곳은 부산 해운대 동백섬이야. 해운대라는 지명은 그의 호에서 유래했어. ① 진성 여왕에게 10여 조의 개혁안을 올렸던 그는 신라 조정에 크게 실망하여 여러 곳을 떠돌아다녔는데, 이곳에도 한동안 머물렀다고 해.

정답 잡는 키워드

1	진성 여왕에게 10여 조의 개혁안을 올림	→ **신라 말, 최치원**

1 **최치원**은 **신라 말** 6두품 출신의 유학자였어요. 당에 건너가 공부하고 빈공과에 합격한 뒤 당에서 관직 생활을 하였어요. 신라에 돌아온 후 최치원은 혼란에 빠진 신라 사회를 바로잡기 위해 진성 여왕에게 개혁안 10여 조를 올렸어요. 하지만 진골 귀족들의 반대에 부딪혀 실행하지 못하고 이후 조정에 실망하여 은둔 생활을 하였다고 전해집니다. 부산의 '해운대'라는 지명은 최치원의 호인 '해운'에서 유래되었다고 해요.

① 성리학을 공부하는 유생
▶ **고려 말**에 안향에 의해 성리학이 전해졌으며, 신진 사대부가 성리학을 공부하였어요.

→ 인쇄를 하기 위해 금속으로 만든 하나하나의 글자를 말해요.
② 금속 활자를 주조하는 장인
▶ **고려** 시대에 금속 활자가 만들어지기 시작하였어요. 고려 말에 청주 흥덕사에서 인쇄된 "직지심체요절"은 현존하는 세계에서 가장 오래된 금속 활자 인쇄본으로 평가받고 있어요.

→ 소리꾼이 고수의 장단에 맞추어 노래와 말 등으로 이야기를 전하는 공연이에요.
③ 판소리 공연을 하는 소리꾼
▶ **조선** 후기에 사람들이 많이 모이는 곳에서 판소리 공연이 자주 벌어졌어요.

④ 군사를 모아 장군이라 칭하는 호족
▶ **신라 말**에 지방에서 스스로 성주 또는 장군이라 칭하며 독자적인 세력을 형성한 호족이 성장하였어요.

7 통일 신라의 문화

097 원효의 활동   정답 ②

(가) 인물에 대한 설명으로 옳은 것은?   [2점]

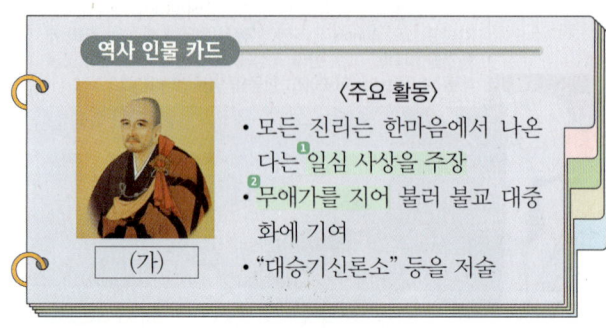

역사 인물 카드

〈주요 활동〉
• 모든 진리는 한마음에서 나온다는 **①**일심 사상을 주장
• **②**무애가를 지어 불러 불교 대중화에 기여
• "대승기신론소" 등을 저술

(가)

정답 잡는 키워드

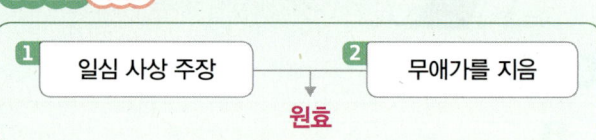

① 일심 사상 주장 → **②** 무애가를 지음
원효

① 신라의 승려 **원효**는 일심 사상과 화쟁 사상을 통해 불교 종파 간의 사상적 대립을 해소하고 조화시키려고 노력하였어요.

② **원효**는 일반 백성이 불교를 쉽게 받아들일 수 있게 '무애가'라는 노래를 지어 부르며 불교 대중화에 힘썼어요.

① 세속 5계를 지었다.
▶ 신라의 승려 **원광**은 화랑도의 행동 규범으로 세속 5계를 제시하였어요.

②십문화쟁론을 저술하였다.
▶ **원효**는 "대승기신론소", "십문화쟁론", "금강삼매경론" 등을 저술하였어요.

③ 수선사 결사를 제창하였다.
▶ 고려의 승려 **지눌**은 참선과 노동에 힘쓸 것을 강조하며 수선사 결사를 제창하여 불교계를 개혁하고자 하였어요.

④ 영주 부석사를 건립하였다.
▶ 신라의 승려 **의상**은 양양 낙산사, 영주 부석사 등 많은 사찰을 건립하였어요.

---

098 의상의 활동   정답 ③

(가)에 해당하는 인물로 옳은 것은?   [2점]

검색 결과입니다.

귀족 출신의 신라 승려로 당에 유학하였다. 귀국 후 **①**낙산사 등 여러 절을 창건하고, **②**관음 신앙을 전파하였다. **③**신라에서 화엄종을 개창하였으며 화엄일승법계도를 남겼다.

(가) 에 대해 검색해 줘.

정답 잡는 키워드

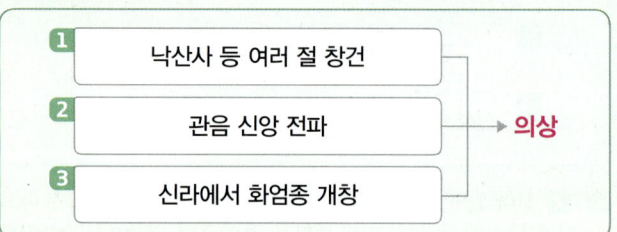

① 낙산사 등 여러 절 창건
② 관음 신앙 전파 → **의상**
③ 신라에서 화엄종 개창

① **의상**은 양양 낙산사, 영주 부석사 등 여러 절을 건립하였으며 많은 제자를 양성하였어요.

② **의상**은 현세에서 고난을 구제받고자 하는 관음 신앙을 전파하였어요.

③ **의상**은 당에서 유학한 후 신라에 돌아와 화엄종을 개창하고 '화엄일승법계도'를 저술하여 화엄 사상을 정립하였어요.

① 원효
▶ 신라의 승려 원효는 '나무아미타불'만 외우면 누구나 극락세계에 갈 수 있다고 주장하였으며, 불교의 대중화에 힘썼어요.

② 일연
▶ 고려의 승려 일연은 역사서 "삼국유사"를 지었어요. "삼국유사"에는 단군의 건국 이야기가 실려 있어요.

③의상
▶ 의상은 원효와 더불어 불교를 널리 퍼뜨리는 데 힘쓴 승려이며, 신라 화엄종을 열어 왕권 강화에 영향을 끼쳤어요.

④ 지눌
▶ 고려의 승려 지눌은 수선사 결사를 제창하여 불교계를 개혁하고자 하였어요.

099 ● 혜초의 활동   정답 ②

다음 퀴즈의 정답으로 옳은 것은? [3점]

> 이것은 인도와 중앙아시아 지역을 순례한 후 그 지역의 종교, 풍속, 문화 등을 기록한 책입니다. 이 책을 쓴 사람은 누구일까요?

①왕오천축국전

정답 잡는 키워드

| ① 왕오천축국전 | → | 혜초 |

① 신라의 승려 **혜초**는 인도와 중앙아시아 지역을 순례한 뒤 여행에 관한 기록으로 "왕오천축국전"을 남겼어요.

①
의상
> 의상은 신라에서 화엄종을 열고, '화엄일승법계도'를 지어 화엄 사상을 정리하였어요.

②
혜초
> 혜초는 당에서 불교를 공부하면서 스승의 권유를 받아 인도와 중앙아시아 지역을 순례하였어요.

③
원효
> 원효는 불교 종파 간의 화합을 강조하고 '나무 아미타불'만 외우면 누구나 극락세계에 갈 수 있다고 주장하였어요.

④
의천
> 고려 문종의 아들로 태어나 승려가 된 의천은 해동 천태종을 열고 불교 통합을 위해 노력하였어요.

100 ● 경주 동궁과 월지   정답 ①

(가)에 해당하는 문화유산으로 옳은 것은? [3점]

> 이것은 초의 심지를 자르는 데 사용된 가위입니다. 이 가위가 출토된 (가) 에서는 귀족의 놀이 문화를 보여 주는 나무 주사위도 발견되었습니다.

금동 초 심지 가위

경주 동궁과 월지에서는 금동 초 심지 가위, 나무 주사위 등 많은 유물이 출토되었어요. 이를 통해 신라 왕실과 귀족의 생활 모습을 짐작할 수 있어요.

①
경주 동궁과 월지
> 안압지라고도 불렸던 경주 동궁과 월지는 신라 왕실의 별궁 터입니다.

②
부여 궁남지
> 궁남지는 부여 남쪽에 위치한 백제의 별궁 연못이며, 백제 무왕 때 만들어진 것으로 알려져 있어요.

③
부여 능산리 고분군
> 부여 능산리 고분군은 백제의 수도가 사비(지금의 부여)였던 시기에 만들어진 왕실의 무덤이에요.

④
고령 지산동 고분군
> 대가야의 유적인 고령의 지산동 고분군에서는 철제 판갑옷과 투구, 금동관 등 다양한 유물이 출토되었어요.

(가)에 해당하는 문화유산으로 옳은 것은?   [1점]

○○월 ○○일 ○요일 날씨: ☀

오늘은 가족과 함께 **①신라의 수도였던 경주**를 여행하였다. 신라인이 남긴 여러 문화유산을 둘러보며 그들의 높은 예술 수준에 감명을 받았다. 8세기 중엽 김대성이 조성했다고 전해지는 **(가)** 에는 **②석가탑과 다보탑이 나란히 서 있었다.** 이 절을 둘러보며 불교의 이상 세계를 지상에 건설하고자 했던 신라인의 마음을 잘 느낄 수 있었다.

정답 잡는 키워드

① 신라의 수도였던 경주	② 석가탑과 다보탑이 나란히 서 있음

→ **불국사**

① **불국사**는 신라의 수도였던 경주에 있는 절이며, 김대성이 조성하였다는 이야기가 전해지고 있어요.

② **불국사**의 대웅전 앞에는 석가탑이라고 불리는 3층 석탑과 다보탑이 나란히 서 있어요.

①
금산사

▶ 전라북도 김제에 있는 금산사는 후 백제를 건국한 견훤이 큰아들 신검에 의해 유폐되어 있던 절로 알려져 있어요.

②
법주사

▶ 충청북도 보은의 법주사에는 조선 후기에 지어진 팔상전이 있어요. 팔상전의 내부에는 석가모니의 생애를 여덟 장면으로 그린 팔상도가 있어요.

③
불국사

▶ 불국사에는 석가탑과 다보탑, 부처의 세계와 현실 세계를 이어 주는 다리인 청운교와 백운교 등 많은 불교 문화유산이 있어요.

④
수덕사

▶ 충청남도 예산의 수덕사에는 고려 후기에 지어진 주심포 양식의 대웅전이 있어요.

다음 일기의 소재가 된 절에서 볼 수 있는 문화유산으로 옳은 것은?   [1점]

○○월 ○○일 ○요일 날씨:맑음 ☀

오늘은 가족과 함께 경상북도 **①경주 토함산에 있는 절**에 다녀왔다. 8세기 중엽 김대성이 조성했다고 전해지는 이 절을 둘러보며 부처의 나라를 이루려고 노력하였던 신라 사람들의 마음을 잘 느낄 수 있었다. 특히 **②유네스코 세계 유산**으로 지정된 이곳에서 신라의 불교문화를 배울 수 있어서 뿌듯하였다.

③청운교와 백운교

정답 잡는 키워드

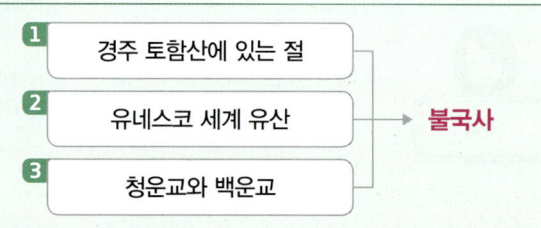

① 경주 토함산에 있는 절
② 유네스코 세계 유산
③ 청운교와 백운교

→ **불국사**

①, ② 8세기 중엽 경덕왕 때 김대성이 지었다고 전해지는 **불국사**는 경주 토함산에 있는 신라의 사찰(절)이에요. '불국사'라는 이름에는 '부처가 사는 나라를 현실 세계에 옮겨 놓은 절'이라는 뜻이 담겨 있습니다. 불국사는 1995년에 석굴암과 함께 유네스코 세계 유산으로 지정되었어요.

③ **불국사**에는 석가탑이라고도 불리는 3층 석탑과 다보탑, 청운교와 백운교 등 많은 문화유산이 있어요. 대웅전으로 향하는 청운교와 백운교는 현실 세계와 부처가 사는 나라를 이어 주는 상징적인 의미를 담고 있어요.

①
불국사 삼층 석탑

▶ **경주 불국사**에는 균형 잡힌 모습의 3층 석탑이 있어요.

②
쌍봉사 철감선사탑

▶ 쌍봉사 철감선사탑은 **화순 쌍봉사**에 있는 승탑이에요.

③
이불병좌상

▶ 발해의 불상인 이불병좌상은 현재 **일본 도쿄 국립 박물관**에 소장되어 있어요.

④
성덕 대왕 신종

▶ 에밀레종이라고도 불리는 성덕 대왕 신종은 **국립 경주 박물관**에 소장되어 있어요.

103 무구정광대다라니경   정답 ④

다음 퀴즈의 정답으로 옳은 것은?   [1점]

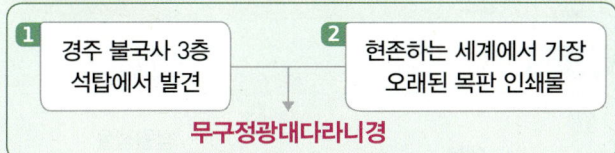

퀴즈 한국사

제시된 힌트를 종합하여 알 수 있는 문화유산은 무엇일까요?

1단계 국보 제126-6호로 지정

2단계 ① 경주 불국사 삼층 석탑에서 발견

3단계 ② 현존하는 세계에서 가장 오래된 목판 인쇄물

정답 잡는 키워드

| **1** 경주 불국사 3층 석탑에서 발견 | **2** 현존하는 세계에서 가장 오래된 목판 인쇄물 |

→ **무구정광대다라니경**

1 **무구정광대다라니경**은 경주 불국사 3층 석탑을 해체·보수하던 중 탑의 몸체 부분에서 발견되었어요.

2 8세기 무렵에 간행된 것으로 알려진 **무구정광대다라니경**은 현재 남아 있는 세계에서 가장 오래된 목판 인쇄물이에요.

①  **팔만대장경**
▶ 고려는 부처의 힘으로 몽골의 침입을 물리치고자 하는 소망을 담아 팔만대장경을 조성하였어요.

②  **왕오천축국전**
▶ 신라의 승려 혜초는 인도와 중앙아시아를 다녀온 후 이 지역의 풍물을 기록한 "왕오천축국전"을 남겼어요.

③  **직지심체요절**
▶ 고려 말에 청주 흥덕사에서 금속 활자로 인쇄된 "직지심체요절"은 현존하는 세계에서 가장 오래된 금속 활자 인쇄본이에요.

④  **무구정광 대다라니경**
▶ 두루마리 형태의 불교 경전인 무구정광대다라니경은 신라의 목판 인쇄술이 뛰어났음을 보여 주는 문화유산이에요.

---

1 고려의 후삼국 통일

104 견훤의 활동   정답 ②

(가)에 들어갈 내용으로 옳은 것은?   [2점]

 (앞면)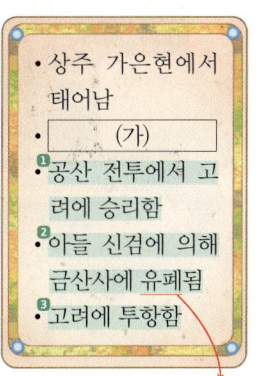

- 상주 가은현에서 태어남
- **(가)**
- ① 공산 전투에서 고려에 승리함
- ② 아들 신검에 의해 금산사에 유폐됨
- ③ 고려에 투항함

(뒷면) 아주 깊숙이 가두어 두는 것을 말해요.

정답 잡는 키워드

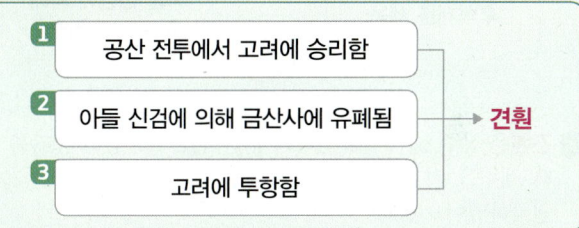

| **1** 공산 전투에서 고려에 승리함 |
| **2** 아들 신검에 의해 금산사에 유폐됨 | → **견훤** |
| **3** 고려에 투항함 |

1 **견훤**의 후백제군은 공산(지금의 대구 팔공산) 전투에서 왕건의 고려군에 승리하였어요.

2 **견훤**은 넷째 아들 금강에게 왕위를 물려주려다가 이에 불만을 품은 큰아들 신검에 의해 금산사에 유폐되었어요.

3 **견훤**은 금산사에서 탈출하여 고려에 투항하였어요.

① 철원으로 천도함
▶ 후고구려를 세운 **궁예**는 이후 나라 이름을 '마진'으로 바꾸고 철원으로 천도하였어요.

② 후백제를 건국함
▶ **견훤**은 신라 말에 농민 봉기가 확산되는 혼란을 틈타 독자적인 세력을 이루고 완산주를 도읍으로 후백제를 건국하였어요.

③ 훈요 10조를 남김
▶ 고려를 세운 **왕건**은 후대 왕들이 지켜야 할 정책 방향을 담은 훈요 10조를 남겼어요.

중앙의 높은 관리에게 고향의 일도 살피도록 내린 특별 관직입니다.
④ 경주의 사심관으로 임명됨
▶ 신라의 마지막 왕인 경순왕 **김부**는 고려에 항복한 이후 경주의 사심관으로 임명되었어요.

밑줄 그은 '인물'에 대한 설명으로 옳은 것은?　[2점]

문화유산을 찾아서 – 상주 편

이 사당은 후백제를 세운 ❶인물을 기리고 있어.

그는 ❷아들 신검에 의해 금산사에 유폐된 비운의 왕이기도 해.

정답 잡는 키워드

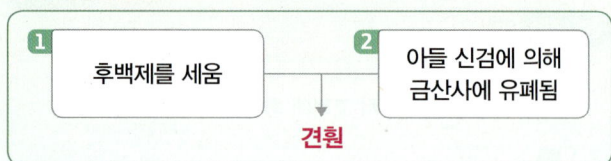

❶ 후백제를 세움	❷ 아들 신검에 의해 금산사에 유폐됨

견훤

❶ **견훤**은 상주 출신으로 신라의 군인이었어요. 농민 봉기를 틈타 세력을 키워 완산주(지금의 전주)를 도읍으로 후백제를 건국하였어요(900).

❷ **견훤**은 왕위 계승에 불만을 가진 아들 신검에 의해 금산사에 갇혀 있다가 탈출하여 고려 태조에게 귀순하였어요.

① 청해진을 설치하였다.
　▶ **장보고**는 당에서 군인으로 활동하다가 신라 흥덕왕 때 신라로 돌아와 지금의 완도에 군사·무역 기지인 청해진을 설치하였어요.

② 국호를 마진으로 하였다.
　▶ 후고구려를 세운 **궁예**는 나라 이름을 '마진'으로 바꾸고 철원으로 천도하였어요. 이후 다시 나라 이름을 '태봉'으로 바꾸었어요.

③ 경주의 사심관으로 임명되었다.
　▶ 신라의 마지막 왕인 경순왕 **김부**는 고려에 항복한 이후 경주의 사심관으로 임명되었어요.

④ 공산 전투에서 고려에 승리하였다.
　▶ **견훤**의 후백제군은 지금의 대구 팔공산 일대에서 벌어진 공산 전투에서 왕건의 고려군에 승리하였어요.

기출 선택지 +α 다른 선택지가 나온다면?

❺ 훈요 10조를 남겼다.　　　(O / ×)
❻ 백제 계승을 내세웠다.　　　(O / ×)
❼ 국호를 태봉으로 바꾸었다.　　　(O / ×)

기출 선택지 +α 정답 ❺ × [고려 태조]　❻ O　❼ × [궁예]

(가)에 들어갈 인물로 옳은 것은?　[2점]

이것은 (가) 이/가 세운 ❶태봉의 도성 터 사진입니다. 삼국사기에 의하면 수많은 청주 사람을 이곳 ❷철원성에 옮기고 도읍으로 삼았다고 합니다.

이 사진에 대해 설명해 주세요.

정답 잡는 키워드

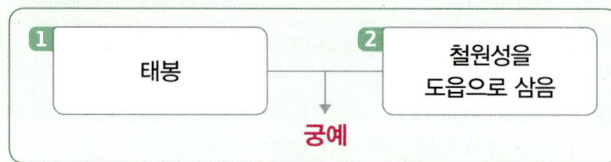

❶ 태봉	❷ 철원성을 도읍으로 삼음

궁예

❶. ❷ 후고구려를 건국한 **궁예**는 나라 이름을 '마진'으로 바꾸고 철원으로 도읍을 옮겼어요. 이후 다시 나라 이름을 '태봉'으로 고쳤어요.

① 견훤
　▶ 견훤은 완산주를 도읍으로 후백제를 건국하였어요.

② 궁예
　▶ 궁예는 스스로 미륵불을 칭하며 폭정을 일삼다가 민심을 잃고 신하들에게 쫓겨났어요.

③ 온조
　▶ 온조는 한강 유역의 위례성에서 백제를 건국하였어요.

④ 주몽
　▶ 주몽은 졸본을 도읍으로 고구려를 건국하였어요.

밑줄 그은 '이 인물'에 대한 설명으로 옳은 것은? [2점]

신라 왕실의 후예로 알려진 이 인물은 양길의 부하가 되어 세력을 키웠다.

이후 그는 송악을 도읍으로 삼아 새로운 국가를 세웠다. 스스로 미륵불이라 칭하였다.

정답 잡는 키워드

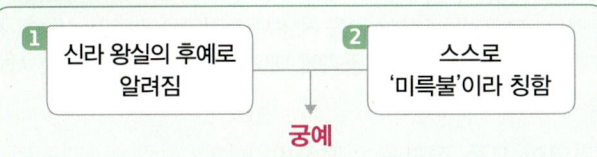

1 신라 왕실의 후예로 알려짐	→	**2** 스스로 '미륵불'이라 칭함

→ 궁예

1 신라 왕실의 후예로 알려진 **궁예**는 양길의 부하로 들어가 세력을 키운 후 송악을 도읍으로 삼아 후고구려를 세웠어요.

2 **궁예**는 스스로 '미륵불'이라 부르며 독재 정치를 하다가 민심을 잃었어요. 이에 신하들은 궁예를 몰아내고 왕건을 왕으로 추대하였어요.

① 훈요 10조를 남겼다.

> 고려의 **태조 왕건**은 후대 왕들이 지켜야 할 정책 방향을 담은 훈요 10조를 남겼어요.

② 청해진을 설치하였다.

> 신라 말에 **장보고**는 지금의 완도에 군사 기지인 청해진을 설치하고 해적을 소탕하였어요.

③ 백제 계승을 내세웠다.

> **견훤**은 백제 계승을 내세우고 호족 세력을 모아 완산주(지금의 전주)에 도읍을 정하고 후백제를 건국하였어요.

④ 국호를 태봉으로 바꾸었다.

> 후고구려를 세운 **궁예**는 이후 나라 이름을 '마진'으로 바꾸고 철원으로 도읍을 옮겼어요. 그리고 나라 이름을 다시 '태봉'으로 바꾸었어요.

다음 사건이 일어난 시기를 연표에서 옳게 고른 것은?

[3점]

1 견훤이 나주로 도망쳐 와 귀부하기를 청한다고 하옵니다.

장군 유금필 등을 보내 정중히 맞아오도록 하라.

정답 잡는 키워드

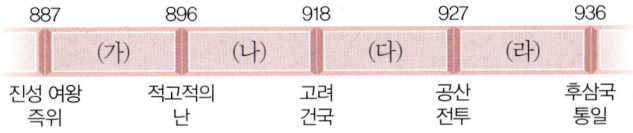

1 견훤이 귀부를 청함	→	935년

1 후백제에서 왕위 계승을 둘러싼 다툼이 일어나 견훤은 큰아들 신검에 의해 금산사에 갇혔다가 **935년**에 탈출하여 **고려**에 **귀부**하였어요.

887	896	918	927	936
	(가)	(나)	(다)	(라)
진성 여왕 즉위	적고적의 난	고려 건국	공산 전투	후삼국 통일

> 927년에 견훤의 후백제군은 왕건의 고려군과 공산(지금의 대구)에서 전투를 벌여 이겼어요. 이후 930년에 고려군이 고창(지금의 안동)에서 후백제군을 상대로 크게 승리하고 후삼국 간 경쟁에서 주도권을 갖게 되었어요. 935년에 왕위 계승을 둘러싼 다툼 과정에서 견훤이 신검에 의해 금산사에 갇혔다가 탈출하여 고려에 귀부하였고, 힘이 약해진 신라가 나라를 유지하기 어려워지자 고려에 항복하였어요. 이듬해 고려는 후백제를 공격하여 일리천 전투에서 승리한 뒤 후백제를 멸망시키고 후삼국을 통일하였어요(936).

① (가)

② (나)

③ (다)

④ (라)

> 연표에서 견훤이 고려에 귀부한 시기는 공산 전투와 후삼국 통일 사이인 (라)입니다.

(가)~(다)를 일어난 순서대로 옳게 나열한 것은? [2점]

고려의 후삼국 통일 과정

공산에서 당한 패배를 드디어 이곳 고창에서 설욕하였노라.

(가)

국호를 고려라 하고 연호를 천수로 할 것이다.

(나)

이곳 일리천에서 신검의 군대를 격파하였도다.

(다)

(가) 신라의 도움 요청을 받은 왕건의 고려군은 공산(지금의 대구 팔공산)에서 견훤의 후백제군에 맞서 싸웠으나 패배하였어요(공산 전투, 927). 이후 주변 지역 호족들의 도움을 받아 고려군은 고창(지금의 안동)에서 후백제군을 상대로 싸워 크게 승리하였어요(**고창 전투, 930**). 이로써 고려는 후삼국 간 경쟁에서 주도권을 차지하게 되었습니다.

(나) 후고구려를 세운 궁예가 스스로를 '미륵불'이라고 부르며 잘못된 정치를 펴자 신하들이 궁예를 몰아내고 왕건을 왕으로 세웠어요. 왕건은 나라 이름을 '고려', 연호를 '천수'라고 정하였어요(**고려 건국, 918**). 이듬해에 송악(개경)으로 수도를 옮겼습니다.

(다) 고창 전투 이후, 후백제에서 왕위 계승을 둘러싸고 다툼이 일어나 견훤이 큰아들 신검에 의해 금산사에 갇혔다가 탈출하여 고려에 항복하였어요(935). 왕건은 후백제를 공격하여 일리천에서 신검의 후백제군을 크게 무찔렀고(**일리천 전투, 936**) 이후 후삼국을 통일하였어요.

① (가) – (나) – (다)

② (가) – (다) – (나)

③ (나) – (가) – (다)
> (나) 고려 건국(918) – (가) 고창 전투(930) – (다) 일리천 전투(936) 순으로 일어났어요.

④ (다) – (가) – (나)

(가), (나) 사이의 시기에 있었던 사실로 옳은 것은? [3점]

> (가) 견훤이 완산주를 근거지로 삼고 스스로 후백제라 일컬으니, 무주 동남쪽의 군현들이 투항하여 복속하였다.
>
> (나) 태조가 대상(大相) 왕철 등을 보내 항복해 온 경순왕을 맞이하게 하였다.

(가) 신라 말의 혼란한 상황에서 세력을 키운 **견훤**은 **900년**에 **완산주를 도읍으로 정하고 후백제를 건국**하였어요. 견훤은 군사력을 키워 충청도와 전라도의 옛 백제 영토를 대부분 차지하고 신라를 압박하였어요.

(나) **935년**에 **신라의 경순왕**은 나라의 힘이 약해져 더 이상 나라를 유지하기 어렵다고 생각하여 스스로 **고려에 항복**하였어요. 고려 태조 왕건은 항복해 온 경순왕을 경주의 사심관으로 임명하였어요.

① 연개소문이 천리장성을 쌓았다.
> 7세기 중반에 당 태종이 대외 팽창 정책을 펴면서 고구려를 압박하자 고구려는 연개소문을 책임자로 임명하여 국경 지역에 천리장성을 쌓는 등 당의 공격에 대비하였어요. (가) 이전의 사실이에요.

② 최영이 요동 정벌을 추진하였다.
> 고려 말에 명이 고려가 원으로부터 되찾은 철령 이북 지역을 직접 다스리겠다고 하자 우왕과 최영이 요동 정벌을 추진하였어요. (나) 이후의 사실이에요.

③ 왕건이 고창 전투에서 승리하였다.
> 왕건의 고려군은 고창 전투(930)에서 견훤의 후백제군을 물리치고 승리하였어요.

④ 이순신이 명량에서 일본군을 물리쳤다.
> 임진왜란의 휴전 협상이 결렬되자 일본군이 다시 조선을 침략하여 정유재란이 일어났어요. 이때 이순신이 이끈 조선 수군은 명량(울돌목)에서 13척의 배로 일본 수군의 배 133척을 물리치는 대승을 거두었어요. (나) 이후의 사실이에요.

본문 49~52쪽

2 왕권의 강화

111 고려 태조의 업적 　　정답 ①

밑줄 그은 '이 왕'의 업적으로 옳은 것은? 　　[2점]

> 이 왕은 후삼국을 통일하고 발해 유민까지 포용했어요. 저는 이것을 그림으로 표현해 보았어요.

정답 잡는 키워드

1 후삼국 통일	→	2 발해 유민 포용

고려 태조 왕건

1 **고려 태조 왕건**은 신라의 항복을 받은 뒤에 후백제를 공격하여 멸망시키고 **후삼국을 통일**하였어요.

2 **고려 태조 왕건**은 발해 왕자 대광현 등 **발해 유민을 받아들여** 민족 통합을 꾀하였어요.

① 흑창을 만들었다.
> **고려 태조**는 가난한 백성을 구제하기 위해 흑창을 만들어 먹을 것이 부족할 때 곡식을 빌려주고 추수한 후에 갚도록 하였어요.

② 천리장성을 축조하였다.
> 고려는 거란과 여진의 침입을 막기 위해 국경 지역에 천리장성을 축조하였어요. 천리장성은 **덕종** 때 쌓기 시작하여 **정종** 때 완성되었어요.

③ 전민변정도감을 설치하였다.
> 고려 **공민왕**은 전민변정도감을 설치하여 권문세족이 불법으로 차지한 토지와 노비를 조사하여 원래대로 되돌렸어요.

④ 전시과를 처음으로 시행하였다.
> 고려 **경종** 때 관직 복무 등에 대한 대가로 관리에게 전지와 시지를 지급하는 전시과를 처음으로 시행하였어요.

112 고려 태조의 정책 　　정답 ③

(가) 왕이 추진한 정책으로 옳은 것은? 　　[2점]

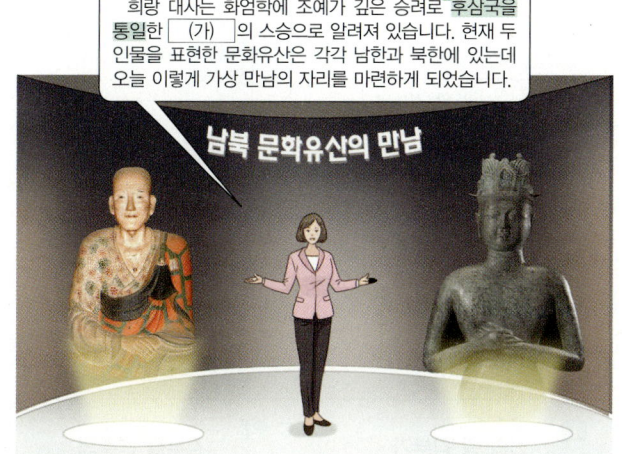

> 희랑 대사는 화엄학에 조예가 깊은 승려로 후삼국을 통일한 [(가)]의 스승으로 알려져 있습니다. 현재 두 인물을 표현한 문화유산은 각각 남한과 북한에 있는데 오늘 이렇게 가상 만남의 자리를 마련하게 되었습니다.

남북 문화유산의 만남

정답 잡는 키워드

1 후삼국 통일	→	고려 태조 왕건

1 **고려 태조 왕건**은 935년에 스스로 항복해 온 신라 경순왕으로부터 나라를 넘겨받고, 이듬해에는 신검의 후백제를 격파하여 후삼국을 통일하였어요.

① 노비안검법을 시행하였다.
> **고려 광종**은 왕권을 강화하기 위해 불법으로 노비가 된 사람을 다시 양인 신분으로 되돌리는 노비안검법을 시행하였어요.

② 지방에 12목을 설치하였다.
> **고려 성종**은 최승로의 시무 28조를 받아들여 처음으로 지방에 12목을 설치하고 지방관을 파견하였어요.

③ 사심관 제도를 실시하였다.
> **고려 태조**는 지방 통치를 보완하고 호족 세력을 견제하기 위해 사심관 제도를 실시하였어요.

④ 활구라고 불린 은병을 제작하였다.
> **고려 숙종**은 주전도감을 설치하여 은병(활구), 해동통보 등의 화폐를 발행하였어요.

(가) 왕에 대한 설명으로 옳은 것은?　[2점]

신라 왕 김부가 항복해 왔습니다.

신라를 경주라 하고, 그를 경주의 사심관으로 임명하라.

(가)

정답 잡는 키워드

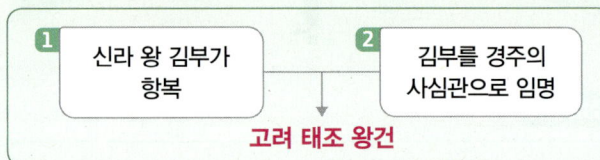

| 1 신라 왕 김부가 항복 | 2 김부를 경주의 사심관으로 임명 |

고려 태조 왕건

1. 2 **고려 태조 왕건**은 935년에 더 이상 나라를 유지하기 힘들다고 판단한 신라의 경순왕 김부가 항복해 오자 받아들였어요. 그리고 신라를 경주라 하고 김부를 경주의 사심관으로 임명하였어요. 호족 세력의 지원을 받아 후삼국을 통일한 고려 태조는 중앙의 고위 관리를 출신 지역의 사심관으로 임명하여 그 지역을 관리하게 하는 사심관 제도와 지방 호족의 자제를 일정 기간 개경에 머물게 하는 기인 제도를 실시하였어요. 이를 통해 호족 세력을 견제하고 지방 통치를 보완하였어요.

① 훈요 10조를 남겼다.
　▶**고려 태조**는 후대 왕들이 지켜야 할 정책 방향을 담은 훈요 10조를 남겼어요.

② 과거제를 시행하였다.
　▶**고려 광종**은 쌍기의 건의를 받아들여 시험을 통해 관리를 뽑는 과거제를 처음 시행하였어요.

③ 만권당을 설립하였다.
　▶**고려 충선왕**은 원의 연경에 있는 자신의 집에 독서당인 만권당을 설립하였어요. 이곳에서 이제현 등 고려의 학자들과 원의 학자들이 교류하였어요.

④ 전시과를 마련하였다.
　▶**고려 경종**은 관직 복무에 대한 대가로 등급에 따라 전지와 시지를 지급하는 전시과 제도를 마련하였어요. 전지는 세금을 거둘 수 있는 토지이고 시지는 땔감을 얻을 수 있는 토지입니다.

(가) 왕에 대한 설명으로 옳은 것은?　[2점]

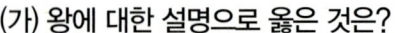

후손을 말해요.

짐의 후사들이 나라의 기강을 어지럽힐까 걱정되어 훈요 10조를 남기니, 후세에 전하여 귀감으로 삼도록 하라.

(가)

네, 분부대로 하겠습니다.

박술희

정답 잡는 키워드

| 1 훈요 10조 | → 고려 태조 왕건 |

1 **고려 태조 왕건**은 후대 왕들에게 고려의 정책 방향을 제시하는 내용을 담은 훈요 10조를 남겼어요. 태조는 여기에서 서경을 중시할 것, 연등회와 팔관회 등 불교 행사를 소홀히 하지 말 것을 당부하였어요. 연등회는 전국 곳곳에 등불을 밝혀 부처의 가르침이 널리 퍼지기를 기원한 행사이고, 팔관회는 불교, 도교, 토속 신앙이 어우러진 국가적 행사로 송의 상인이나 여진의 사신이 참여하기도 하였어요.

① 집현전을 설치하였다.
　▶**조선 세종**은 학문과 정책 연구 기구로 궁궐 안에 집현전을 설치하였어요.

② 기인 제도를 실시하였다.
　▶**고려 태조**는 호족 세력을 견제하기 위해 호족의 자제를 개경에 머물게 하는 기인 제도를 실시하였어요.

러시아를 부르는 말입니다.
③ 나선 정벌을 단행하였다.
　▶**조선 효종**은 청의 요청에 따라 나선 정벌에 조총 부대를 파견하였어요. 조총은 총에 화약을 넣고 심지에 불을 붙여 총알을 발사하는 무기로 임진왜란 이후에 우리나라에 들어왔어요.

④ 노비안검법을 시행하였다.
　▶**고려 광종**은 왕권을 강화하고 국가 재정을 확충하기 위해 노비안검법을 시행하여 억울하게 노비가 된 사람들을 양인으로 되돌려 주었어요.

기출 선택지 +a 다른 선택지가 나온다면?

❺ 흑창을 만들었다.　　　　　　　　(○ / ×)
❻ 훈요 10조를 남겼다.　　　　　　　(○ / ×)
❼ 사심관 제도를 실시하였다.　　　　(○ / ×)
❽ 전민변정도감을 설치하였다.　　　(○ / ×)

기출 선택지 +a 정답 ❺○ ❻○ ❼○ ❽×[고려 공민왕 등]

115 ● 광종의 업적   정답 ③

(가)에 들어갈 내용으로 옳은 것은?   [2점]

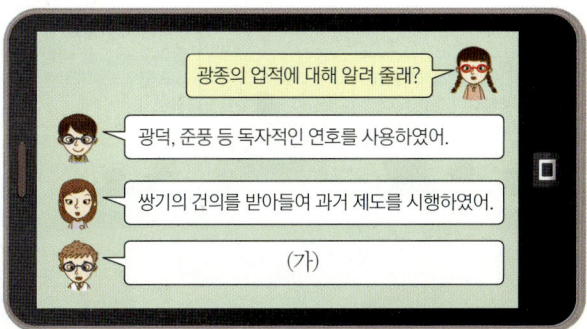

> 광종의 업적에 대해 알려 줄래?
>
> 광덕, 준풍 등 독자적인 연호를 사용하였어.
>
> 쌍기의 건의를 받아들여 과거 제도를 시행하였어.
>
> (가)

고려 광종의 업적과 관련된 내용이 들어가면 됩니다. 고려 태조가 죽은 뒤 혜종과 정종 때에는 왕위 계승 다툼으로 왕권이 불안정하였어요. 이러한 상황에서 즉위한 광종은 왕권을 강화하기 위해 노력하였어요. 노비안검법과 과거제를 시행하고 개혁 정책에 반대하는 공신과 호족을 제거하였어요. 그리고 스스로 황제라 칭하고, '광덕', '준풍' 등의 독자적인 연호를 사용하였어요.

① 훈요 10조를 남겼어.

> ▶ **고려 태조**는 후대 왕들에게 고려의 정책 방향을 제시하는 훈요 10조를 남겼어요.

② 교정도감을 설치하였어.

> ▶ **고려 무신 집권기**에 **최충헌**은 교정도감을 설치하고 스스로 교정도감의 우두머리인 교정별감이 되어 권력을 장악하였어요. 교정도감은 최씨 무신 정권의 최고 권력 기구가 되었어요.

③ 노비안검법을 실시하였어.

> ▶ **고려 광종**은 공신과 호족의 세력을 약화하고 왕권을 강화하기 위해 노비를 조사하여 불법으로 노비가 된 사람을 양인 신분으로 되돌려 주는 노비안검법을 실시하였어요. 노비는 공신과 호족 세력의 경제적·군사적 기반이었어요.

④ 12목에 지방관을 파견하였어.

> ▶ **고려 성종**은 최승로의 시무 28조를 받아들여 처음으로 지방에 12목을 설치하고 지방관을 파견하였어요.

116 ● 광종의 업적   정답 ①

다음 역사 다큐멘터리의 제목으로 가장 적절한 것은?   [2점]

> ① 노비를 안검하고 조사하여, 불법적으로 노비가 된 자가 있으면 양민으로 돌려놓도록 하시오.

정답 잡는 키워드

① 노비를 안검 → 고려 광종

① 고려 태조가 죽은 뒤 혜종과 정종 때에는 왕위를 둘러싼 다툼으로 왕의 권력이 불안정하였어요. 이러한 상황에서 왕위에 오른 **광종**은 노비안검법을 실시하여 **노비를 안검**하고, 불법적으로 노비가 된 자가 있으면 양인으로 돌려놓도록 하였어요. '노비를 안검한다'는 것은 노비를 자세히 조사하고 살펴본다는 뜻이에요. 광종은 이를 통해 공신과 호족 세력을 약화하고 왕권을 강화하고자 하였어요.

① 광종, 왕권 강화를 도모하다.

> ▶ **고려 광종**은 노비안검법과 과거제를 시행하고 관리의 공복을 제정하는 등 왕권을 강화하기 위한 정책을 적극 추진하였어요.

② 인종, 서경 천도를 계획하다.

> ▶ **고려 인종**은 묘청 등 서경 세력의 건의에 따라 서경(지금의 평양)으로 도읍을 옮길 것을 계획하였으나 개경 세력의 반대로 실행하지 못하였어요.

③ 태조, 북진 정책을 추진하다.

> ▶ **고려 태조**는 고구려의 도읍이었던 평양을 서경으로 삼고 북진 정책을 추진하여 북쪽으로 영토를 확장하였어요.

④ 현종, 지방 제도를 정비하다.

> ▶ **고려 현종**은 5도 양계의 지방 제도를 정비하였어요.

밑줄 그은 '왕'의 업적으로 옳은 것은?   [2점]

> 왕께서 한림학사 쌍기의 건의를 받아 들이셨다고 합니다.
> ❷ 과거 시험을 통해 인재를 선발하기로 했다더군요.

정답 잡는 키워드

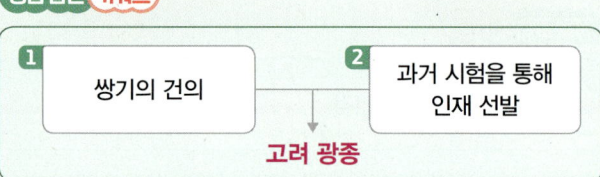

❶ 쌍기의 건의	→	❷ 과거 시험을 통해 인재 선발

↓

고려 광종

❶ **광종**은 쌍기의 건의를 받아들여 과거제를 도입하였어요.

❷ **광종**은 과거 시험을 통해 능력을 갖춘 인재를 선발하여 공신과 호족 세력을 견제하고 왕권을 튼튼히 하고자 하였어요.

① 훈요 10조를 남겼다.
> **고려 태조**는 후대 왕들이 지켜야 할 정책 방향을 담은 훈요 10조를 남겼어요.

② 수도를 강화도로 옮겼다.
> **고려 고종** 때 몽골이 고려에 침입하자 최우가 주도한 고려 정부는 장기 항전을 위해 강화도로 도읍을 옮겼어요.

③ 노비안검법을 시행하였다.
> **고려 광종**은 불법으로 노비가 된 사람의 신분을 다시 양인으로 되돌리는 노비안검법을 시행하였어요. 이를 통해 공신과 호족의 세력을 약화하고 왕권을 강화하고자 하였어요.

→ 중국의 원과 친한 무리를 가리키는 말이에요.
④ 기철 등 친원파를 숙청하였다.
> **고려 공민왕**은 원의 힘이 약해지는 틈을 타 반원 자주 정책을 추진하여 몽골식 풍습을 금지하고 기철을 비롯한 친원파를 숙청하였어요.

기출 선택지 +α 다른 선택지가 나온다면?

❺ 과거제를 시행하였다.   (O / X)
❻ 전시과를 마련하였다.   (O / X)
❼ 전민변정도감을 설치하였다.   (O / X)

다음 상황 이후에 일어난 사실로 옳은 것은?   [2점]

> ❶ 최승로, 시무 28조를 작성하여 올립니다.
> 국가적인 불교 행사를 줄이고 유교를 바탕으로 나라를 다스리라는 말이로군.

정답 잡는 키워드

❶ 최승로, 시무 28조	→	고려 성종

❶ **고려 성종** 때인 982년에 **최승로**가 지방관의 파견, 국가적인 불교 행사의 축소, 유교 정치 이념 확립 등의 의견을 담아 작성한 **시무 28조**를 건의하였어요. 성종은 이를 수용하여 유교 정치 이념에 근거하여 통치 체제를 정비하였어요.

→ 신라 시대 최고 관직으로, 귀족의 대표입니다.
① 상대등이 설치되었다.
> **신라 법흥왕** 때 상대등이 설치되어 화백 회의를 이끌었어요.

② 12목에 지방관이 파견되었다.
> **고려 성종**은 최승로의 시무 28조를 받아들여 지방의 주요 거점인 12목에 관리를 파견하여 중앙 집권 체제를 강화하였어요.

③ 쌍기의 건의로 과거제가 실시되었다.
> **고려 광종**은 후주에서 귀화한 쌍기의 건의를 받아들여 과거제를 도입하였어요.

④ 웅천주 도독 김헌창이 반란을 일으켰다.
> **신라 헌덕왕** 때 웅천주 도독 김헌창이 자신의 아버지 김주원이 왕이 되지 못한 것에 불만을 품고 난을 일으켰어요.

119 ● 최승로　　　　　　정답 ②

(가)에 들어갈 인물로 옳은 것은?　　　　[2점]

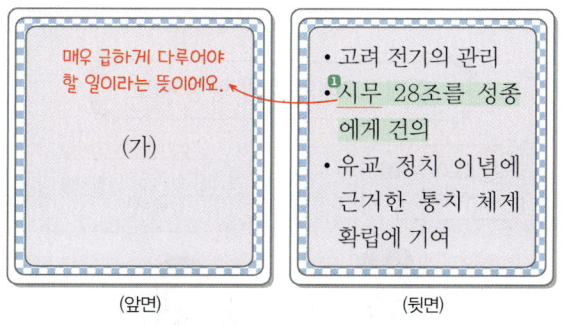

매우 급하게 다루어야 할 일이라는 뜻이에요. →

(가)

（앞면）

• 고려 전기의 관리
❶ 시무 28조를 성종에게 건의
• 유교 정치 이념에 근거한 통치 체제 확립에 기여

（뒷면）

| ❶ 시무 28조를 성종에게 건의 | → | **최승로** |

❶ 고려 성종 때 관리인 **최승로**는 시무 28조를 성종에게 올려 지방관의 파견, 불교 행사의 축소, 유교 정치 이념 확립 등을 건의하였어요. 성종은 최승로의 시무 28조를 수용하고 유교 정치 이념에 근거하여 통치 체제를 정비하였으며, 전국의 주요 지역에 12목을 설치하고 지방관을 파견하였어요.

①
김부식
　▶ 김부식은 고려의 유학자이자 정치가로 관군을 이끌고 묘청의 난을 진압하였으며, 왕명을 받아 역사서인 "삼국사기"를 편찬하여 인종에게 바쳤어요.

②
최승로
　▶ 최승로는 신라 6두품 집안에서 태어났으며, 신라 경순왕(김부)이 고려 태조에게 투항할 때 아버지를 따라 고려에 들어왔어요.

③
정몽주
　▶ 정몽주는 고려 말의 학자로, 새 왕조의 개창에 반대하여 이성계의 아들인 이방원 세력에 의해 살해되었어요.

④
이제현
　▶ 이제현은 고려 말의 학자로, 충선왕이 원의 연경에 설치한 만권당에서 원의 학자들과 교류하며 성리학을 연구하였어요.

120 ● 도병마사　　　　　　정답 ④

다음 퀴즈의 정답으로 옳은 것은?　　　　[2점]

❶ 중서문하성과 중추원의 고위 관료들이 모여 ❷ 국방과 군사 문제를 논의하던 고려의 정치 기구는 무엇일까요?

정답 잡는 **키워드**

| ❶ 중서문하성과 중추원의 고위 관료들이 모임 | ❷ 국방과 군사 문제 논의 |

도병마사

❶ **도병마사**와 식목도감은 중서문하성과 중추원의 고위 관료들이 모여 국가의 중대사를 논의하고 결정한 고려의 정치 기구입니다.

❷ **도병마사**에서는 국방과 군사 문제를 논의하고, 식목도감에서는 법의 제정이나 각종 시행 규칙 등을 논의하였어요.

①
삼사
　▶ 고려의 삼사는 화폐와 곡식의 출납 및 회계를 담당하였어요.

②
어사대
　▶ 어사대는 고려 시대 관리 감찰과 풍속 교정을 담당한 중앙 정치 기구입니다.

③
의정부
　▶ 의정부는 조선 시대 국정을 총괄한 최고 기구로, 영의정, 좌의정, 우의정의 재상들이 모여 정책을 심의·결정하였어요.

④
도병마사
　▶ 도병마사는 원 간섭기에 도평의사사로 개편되어 구성과 기능이 확대되었어요.

III 고려

(가)에 들어갈 기구로 옳은 것은?   [2점]

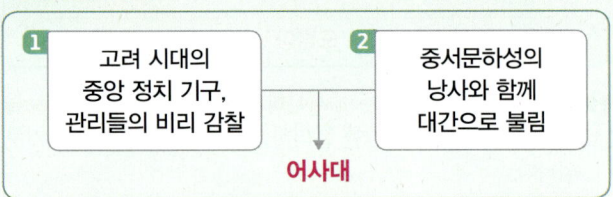

1 어사대는 고려 시대의 중앙 정치 기구 중 하나로, 관리의 비리를 감찰하는 역할을 하였어요.

2 어사대의 관원은 중서문하성의 낭사와 함께 대간으로 불렸어요. 대간은 관리 임명과 법령 제정 등에 동의하고 서명하는 서경, 왕의 잘잘못을 말하는 간쟁, 왕이 내린 명령이 부적절한 경우에 되돌려 보내는 봉박의 권한을 행사하였어요.

① 어사대
  ▶ 어사대는 고려 시대의 감찰 기구입니다.

② 의정부
  ▶ 의정부는 조선 시대에 3정승이 모여 정책을 심의하고 결정한 국정 총괄 기구입니다.

③ 중추원
  ▶ 고려 시대에 중추원은 군사 기밀을 다루고 왕의 명령을 전달하는 역할을 하였어요.

④ 도병마사
  ▶ 도병마사는 고려 시대에 중서문하성과 중추원의 고위 관료들이 모여 국방과 군사 문제를 논의한 정치 기구입니다.

다음 주제에 대한 학생들의 대화로 옳지 않은 것은?   [3점]

고려는 성종 때부터 지방 행정 제도를 정비하기 시작하여 현종 때 완성하였어요.

① 5도와 양계를 두었어.
  ▶ 고려는 수도 개경과 그 주변 지역인 경기 외에 전국을 5도와 양계로 나누어 통치하였어요.

② 각 도에 안찰사를 보냈지.
  ▶ 고려는 일반 행정 구역인 5도에는 안찰사를 파견하여 행정을 살피게 하고, 군사 행정 구역인 양계에는 병마사를 파견하였어요.

③ 주요 지역에 5소경을 설치했어.
  ▶ 삼국 통일 후 신라는 수도가 동남쪽에 치우친 점을 보완하기 위해 주요 지역에 5소경을 설치하였어요.

④ 특수 행정 구역으로 향·부곡·소가 있었지.
  ▶ 고려는 특수 행정 구역으로 향·부곡·소를 두었어요. 이곳에 거주하는 주민은 나라에서 필요로 하는 물품을 만들거나 요구하는 일을 의무적으로 해야 했고, 일반 군현에 거주하는 사람보다 많은 세금을 부담하는 등 차별을 받았어요.

123 ● 고려의 지방 행정 제도

정답 ④

다음 상황이 있었던 국가의 지방 제도에 대한 설명으로 옳은 것은? [3점]

> ① 공주 명학소의 망이·망소이 등이 무리를 모아서 봉기하자, 명학소를 충순현으로 승격하여 그들을 달래고자 하였다.
> ② 사신을 따라 원에 간 유청신이 통역을 잘하였으므로, 그 공을 인정하여 그의 출신지인 고이부곡을 고흥현으로 승격하였다.

정답 잡는 키워드

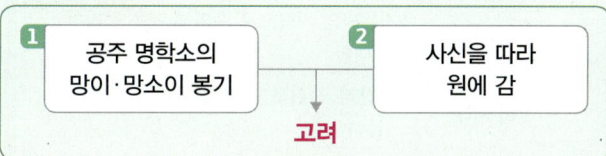

① 공주 명학소의 망이·망소이 봉기	② 사신을 따라 원에 감

고려

① **고려** 무신 집권기에 공주 명학소의 주민들이 과도한 세금과 지배층의 가혹한 수탈에 맞서 망이·망소이 형제를 중심으로 봉기를 일으켰어요.

② 몽골과 강화를 맺고 개경으로 돌아간 뒤 **고려** 정부는 본격적으로 몽골이 세운 **원**의 내정 간섭을 받았어요. 이 시기에 원의 영향력을 배경으로 권문세족이라고 불린 사람들이 지배 세력으로 등장하였어요. 원 황실과 관련이 있거나 몽골어에 능통해서 통역에 종사한 사람 등이 권문세족이 되었어요.

① 전국을 8도로 나누었다.

> ▶ **조선**은 전국을 8도로 나누고, 각 도에 지방관으로 관찰사를 파견하였어요.

② 22담로에 왕족을 파견하였다.

> ▶ 담로는 **백제**의 지방 행정 구역이에요. 무령왕은 지방 통제를 강화하기 위해 22담로에 왕족을 파견하였어요.

③ 주요 지역에 5소경을 설치하였다.

> ▶ 삼국 통일 이후 **신라**는 수도의 위치가 동남쪽에 치우친 것을 보완하기 위해 주요 지역에 5소경을 설치하였어요.

④ 군사 행정 구역으로 양계를 두었다.

> ▶ **고려**는 전국을 5도, 양계, 경기로 나누어 통치하였어요. 5도는 일반 행정 구역이고, 양계는 국경 지역에 설치한 군사 행정 구역이며, 경기는 수도 개경과 그 주변 지역입니다.

124 ● 서희의 활동

정답 ②

(가) 인물에 대한 설명으로 옳은 것은? [2점]

① 들어봐. 거란의 침입을 막아 낸 __(가)__ 의 외교 담판 이야기! 고구려의 옛 땅이 거란의 땅이라고? 노~노~ 고려는 고구려의 후계자! 그래서 이름도 고려! 거란을 외면하고 송나라만 사귄다고? 노~노~ 우리 사이 여진이 가로막고 있어 통하지 못할 뿐!

서로 맞선 관계에 있는 양쪽이 의논하여 옳고 그름을 판단하는 것이에요.

정답 잡는 키워드

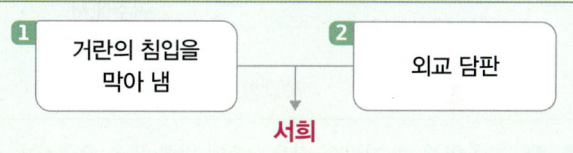

① 거란의 침입을 막아 냄	② 외교 담판

서희

①, ② 거란은 송과 고려의 관계를 끊기 위해 고려를 침략하였어요(거란의 1차 침입). **서희**는 이러한 거란의 의도를 파악하고 거란 장수 소손녕과 **외교 담판**을 벌여 송과 관계를 끊고 거란과 교류할 것을 약속하였어요. 이에 따라 거란군이 철수하였고, 고려는 강동 6주를 획득하였어요.

① 4군 6진을 개척하였다.

> ▶ 조선 세종 때 **최윤덕**과 **김종서**는 여진을 몰아내고 4군 6진을 개척하였어요.

압록강 동쪽에 있는 6개 주를 말해요.

② 강동 6주를 획득하였다.

> ▶ 고려의 **서희**는 거란의 1차 침입 당시 거란 장수 소손녕과 외교 담판을 벌여 강동 6주를 획득하였어요.

③ 동북 9성을 축조하였다.

> ▶ 고려의 **윤관**은 별무반을 이끌고 여진을 정벌한 뒤 동북 9성을 축조하였어요.

원이 고려의 철령 이북 지역을 직접 통치하고자 화주에 설치한 기구입니다.

④ 쌍성총관부를 공격하였다.

> ▶ 고려 **공민왕**은 쌍성총관부를 공격하여 철령 이북의 영토를 되찾았어요.

(가)에 들어갈 인물로 옳은 것은?　　　　[1점]

> **1** 거란의 3차 침입 때 　(가)　 이/가 **2** 귀주에서 적의 대군을 격파하고 큰 승리를 거두었어요.

정답 잡는 키워드

| **1** 거란의 3차 침입 | **2** 귀주에서 적의 대군 격파 |

→ **강감찬**

1, **2** 고려 현종 때 거란이 강동 6주의 반환 등을 요구하며 세 번째 침입하였어요. 이때 **강감찬**이 이끄는 고려군이 귀주에서 거란군을 격파하고 큰 승리를 거두었는데, 이를 귀주 대첩이라고 합니다.

① 서희
> 서희는 거란의 1차 침입 당시 거란 장수 소손녕과 외교 담판을 벌여 강동 6주를 확보하였어요.

② 윤관
> 윤관은 12세기 초에 별무반을 이끌고 가 여진을 정벌한 후 동북 9성을 쌓았어요.

③ 강감찬
> 강감찬은 거란이나 여진 등 북방 세력의 침입에 대비하기 위해 개경에 나성을 쌓자고 건의하였어요.

④ 최무선
> 최무선은 화통도감을 설치하고 화포 등 화약 무기를 개발하여 진포에서 벌어진 왜구와의 전투에 이용하였어요.

(가)에 들어갈 내용으로 옳은 것은?　　　　[1점]

한국사 탐구 계획서

- 주제 : 외세의 침략을 물리친 전투
- 목적 : 우리 역사 속에서 외세의 침략에 맞서 승리한 전투를 시대별로 살펴보고, 그 역사적 의미와 교훈을 되새겨 본다.
- 방법 : 문헌 조사, 인터넷 검색 등
- 시대별 탐구 내용

시대	탐구 내용
삼국 시대	을지문덕의 지략으로 수의 침략을 물리친 살수 대첩
고려 시대	**1** 강감찬의 지휘로 거란의 대군을 섬멸한 　(가)
조선 시대	이순신이 학익진으로 왜군을 격퇴한 한산도 대첩 ← 학이 날개를 편 듯이 적을 둘러싸 공격하는 전투 방법이에요.

| **1** 강감찬의 지휘로 거란의 대군을 섬멸 | → | **귀주 대첩** |

1 거란이 강동 6주의 반환 등을 요구하며 세 번째로 고려에 침입하였어요. 이때 강감찬의 지휘에 따라 고려군이 귀주에서 거란의 대군을 크게 물리쳤는데, 이를 **귀주 대첩**(1019)이라고 합니다.

① 귀주 대첩
> 귀주 대첩은 고려 현종 때 있었던 거란의 3차 침입 당시 강감찬의 지휘로 고려군이 귀주에서 거란군을 크게 물리친 전투입니다.

② 진포 대첩
> 진포 대첩은 고려 말 우왕 때 최무선 등이 진포에서 화포를 이용하여 왜구를 크게 물리친 전투입니다.

③ 행주 대첩
> 행주 대첩은 조선 선조 때 있었던 임진왜란 당시 권율의 지휘 아래 관민이 힘을 합쳐 행주산성에서 일본군을 크게 물리친 전투입니다.

④ 황산 대첩
> 황산 대첩은 고려 말에 이성계가 황산에서 왜구를 크게 물리친 전투입니다.

(가)~(다)를 일어난 순서대로 옳게 나열한 것은? [3점]

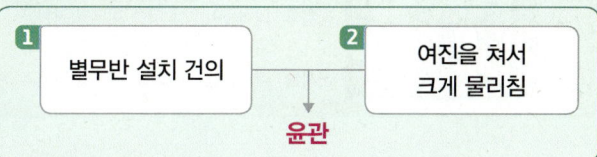

> 여진을 내쫓고 우리 옛 땅을 돌려준다면 어찌 거란과 교류하지 않겠는가?

(가)   소손녕   서희

> 항복은 없다. 거란에 맞서 끝까지 싸우자.

(나)   양규

> 이곳 귀주에서 거란군을 모두 물리쳐라.

(다)   강감찬

(가) 거란은 송을 공격하기 전에 송과 고려의 관계를 끊기 위해 고려에 먼저 침입하였어요(**거란의 1차 침입**). 서희는 이러한 거란의 의도를 파악하고 거란 장수 소손녕과 외교 담판을 벌였어요. 이를 통해 고려는 송과의 관계를 끊고 거란과 교류할 것을 약속하는 대신 거란군을 물러가게 하고 압록강 동쪽에 있는 강동 6주를 확보하였어요.

(나) 고려가 송과의 관계를 유지하자 거란은 다시 고려를 침략하였어요(**거란의 2차 침입**). 이에 국왕인 현종이 나주까지 피란하는 등 위기를 맞았으나, 양규가 거란군을 공격하여 포로로 잡힌 많은 고려 백성을 구하고 거란군에 피해를 입혔어요.

(다) 거란은 고려 현종이 거란에 직접 찾아와 사과를 하고 신하의 예를 갖출 것과 강동 6주를 반환할 것을 요구하였어요. 그러나 고려가 이를 거부하자 거란이 다시 침략하였어요(**거란의 3차 침입**). 이때 강감찬이 이끄는 고려군이 귀주에서 거란군을 크게 물리쳤어요(귀주 대첩).

① (가) – (나) – (다)
> (가) 거란의 1차 침입 때 서희의 외교 담판 – (나) 거란의 2차 침입 때 양규의 활약 – (다) 거란의 3차 침입 때 귀주 대첩 순으로 일어났어요.

② (가) – (다) – (나)

③ (나) – (가) – (다)

④ (다) – (가) – (나)

(가)의 활동으로 옳은 것은?   [2점]

○ [(가)] 이/가 아뢰기를, "신이 여진에게 패배한 까닭은 그들은 기병이고 우리는 보병이어서 대적하기 어려웠기 때문입니다."라고 하였다. 이에 **① 건의하여 비로소 별무반을 만들었다.**   – "고려사절요" –

○ [(가)] 이/가 **② 여진을 쳐서 크게 물리쳤다.** [왕이] 여러 장수를 보내 경계를 정하였다.   – "고려사" –

정답 잡는 키워드

① 별무반 설치 건의	**②** 여진을 쳐서 크게 물리침

→ **윤관**

① **윤관**은 기병 중심의 여진에 대응하기 위해 기병인 신기군, 보병인 신보군, 승병인 항마군으로 구성한 별무반을 만들자고 왕(숙종)에게 건의하였어요.

② **윤관**은 숙종의 뒤를 이은 예종 때 별무반을 이끌고 가 여진을 쳐서 크게 물리치고 동북 9성을 쌓았어요.

① 강동 6주를 획득하였다.
> **서희**는 거란의 1차 침입 당시 거란 장수 소손녕과 외교 담판을 벌여 강동 6주를 획득하였어요.

② 동북 9성을 축조하였다.
> **윤관**은 별무반을 이끌고 가서 여진을 정벌한 후 동북 지방에 9성을 축조하였어요.

③ 쓰시마섬을 정벌하였다.
> 창왕 때 **박위**가 왜구의 근거지인 쓰시마섬(대마도)을 정벌하였어요. 이후 조선 세종 때 **이종무**도 군사를 이끌고 가서 쓰시마섬을 정벌하였어요.

④ 쌍성총관부를 수복하였다.
> 공민왕 때 **유인우** 등을 보내 쌍성총관부를 공격하여 원에 빼앗겼던 철령 이북의 영토를 되찾았어요.

(가), (나) 사이의 시기에 있었던 사실로 옳은 것은?

[3점]

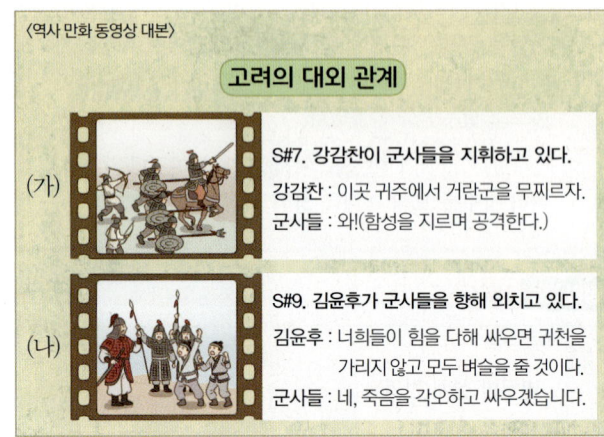

〈역사 만화 동영상 대본〉

고려의 대외 관계

(가) S#7. 강감찬이 군사들을 지휘하고 있다.

강감찬 : 이곳 귀주에서 거란군을 무찌르자.

군사들 : 와!(함성을 지르며 공격한다.)

(나) S#9. 김윤후가 군사들을 향해 외치고 있다.

김윤후 : 너희들이 힘을 다해 싸우면 귀천을 가리지 않고 모두 벼슬을 줄 것이다.

군사들 : 네, 죽음을 각오하고 싸우겠습니다.

(가) **11세기**에 거란은 강동 6주 반환 등을 요구하며 고려에 세 번째 침입하였어요. 이때 **강감찬이 이끄는 고려군이 귀주에서 거란군을 무찌르고** 큰 승리를 거두었어요(**귀주 대첩**, 1019).

(나) **13세기** 몽골이 고려에 침입하였을 때 **김윤후**는 처인성에서 부곡민을 이끌고 몽골군에 맞서 싸워 몽골 장수 살리타를 죽게 하였으며(1232), 이후 충주성에서는 노비 문서를 불태워 노비들의 사기를 북돋아 주고 함께 싸워 몽골군을 물리쳤어요(**충주성 전투**, 1253).

① 서희가 강동 6주를 획득하였다.

> **10세기 말** 거란의 1차 침입 당시 고려의 서희는 거란 장수 소손녕과 외교 담판을 벌여 강동 6주를 획득하였어요. (가) 이전의 사실이에요.

②윤관이 동북 9성을 축조하였다.

> **12세기**에 윤관은 별무반을 이끌고 가서 여진을 정벌한 뒤 동북 9성을 축조하였어요.

③ 박위가 쓰시마섬을 토벌하였다.

> **14세기** 고려 말에 박위가 왜구의 근거지인 쓰시마섬(대마도)을 토벌하였어요. (나) 이후의 사실이에요.

④ 최무선이 진포에서 왜구를 물리쳤다.

> **14세기** 고려 말에 최무선은 화통도감에서 제작한 화포를 이용하여 진포에 침입한 왜구를 물리쳤어요(진포 대첩). (나) 이후의 사실이에요.

기출 선택지 +α 다른 선택지가 나온다면?

❺ 이자겸이 난을 일으켰다. (○ / ×)

❻ 연개소문이 천리장성을 쌓았다. (○ / ×)

❼ 권율이 행주산성에서 승리하였다. (○ / ×)

기출 선택지 +α 정답 ❺ ○ [1126년] ❻ × [고구려] ❼ × [조선, 임진왜란]

다음 가상 인터뷰에 나타난 사건으로 옳은 것은? [2점]

큰일을 일으킨다는 뜻이에요.

❶ 서경에서 거사한 이유가 무엇인가요?

저는 ❷ 서경으로 수도를 옮기면 천하를 다스릴 수 있고, 금이 스스로 항복할 것이라고 주장해 왔습니다. 그런데 조정에 반대하는 무리가 있어 뜻을 이룰 수 없었기 때문에 거사한 것입니다.

정답 잡는 키워드

❶ 서경에서 거사 → **묘청의 난** ← ❷ 서경으로 수도를 옮길 것을 주장

❶. ❷ 이자겸의 난을 계기로 고려 지배층의 분열이 심해졌고, 왕실의 권위는 추락하였어요. 이러한 상황에서 인종은 묘청 등 서경 세력을 등용하여 개혁을 추진하였어요. 묘청 등 서경 세력은 서경으로 수도를 옮길 것을 주장하였지만, 개경 세력의 반대에 부딪혀 실패하였어요. 이에 묘청 등 서경 세력이 **서경에서 거사**하였어요(**묘청의 난**, 1135).

①묘청의 난

> 묘청을 비롯한 서경 세력이 서경에서 천도를 주장하며 난을 일으켰으나 김부식이 이끄는 관군에 의해 진압되었어요.

② 김흠돌의 난

> 신라 신문왕 때 왕의 장인인 김흠돌이 반란을 꾀하다 발각되었어요.

③ 홍경래의 난

> 조선 순조 때 평안도 지역에 대한 차별과 지배층의 세금 수탈에 반대하여 홍경래의 주도로 가난한 농민과 광산 노동자 등이 함께 봉기하였어요.

④ 원종과 애노의 난

> 신라 진성 여왕 때 중앙 정부의 세금 독촉에 분노하여 사벌주(지금의 상주)에서 원종과 애노의 주도로 봉기가 일어났어요.

(가) 시기에 볼 수 있는 장면으로 옳은 것은? [3점]

한국사 연표

1135 ────── (가) ────── 1198

묘청의 난 ────── 만적의 난

이자겸의 난이 진압된 후 인종은 묘청 등 서경 세력과 함께 개혁을 꾀하였어요. 서경 세력은 풍수지리설을 내세워 서경으로 수도를 옮기려고 하였지만, 김부식 등 개경 세력의 반대에 부딪혀 실행하지 못하였어요. 이에 묘청 등 서경 세력이 서경에서 반란을 일으켰다가 관군에 의해 진압되었고, 개경 문벌 세력에 의한 권력 독점은 계속되었어요. 이러한 상황에서 문신에 비해 차별을 받아 온 무신의 불만이 폭발하였어요. 정중부, 이의방 등 무신이 정변을 일으켜 많은 문신을 제거하고 의종을 폐위한 뒤 정권을 장악하였어요(무신 정변, 1170). 이후 무신 집권기에 망이·망소이의 난, 김사미와 효심의 난, 만적의 난 등 농민과 천민의 봉기가 여러 차례 일어났어요.

① 문신의 관을 쓰고 있는 자는 모두 죽여라.

정중부

② 새로 제작한 화포로 진포에 침입한 왜구를 물리치자.

최무선

➤ 정중부, 이의방 등이 정변을 일으켜 많은 문신을 제거하고 정권을 장악하였는데, 이를 **무신 정변(1170)**이라고 해요.

➤ 최무선 등이 화통도감에서 제작한 화포와 화약 무기를 이용하여 진포에서 왜구를 물리쳤어요. 이를 **진포 대첩(1380)**이라고 해요.

③ 이곳 흥화진에서 거란군을 모두 물리쳐라.

강감찬

④ 우리 삼별초는 여기 진도 용장성에서 적에 맞서 끝까지 싸울 것이다.

배중손

➤ 거란의 3차 침입 당시 강감찬이 이끄는 고려군이 흥화진에서 거란군을 크게 물리쳤는데, 이를 **흥화진 전투(1018)**라고 해요. 이후 강감찬은 귀주에서 또 한 번 거란군을 크게 물리쳤어요.

➤ 고려 정부의 개경 환도에 반대하여 배중손이 삼별초를 이끌고 봉기하였어요. 삼별초는 강화도에서 진도, 제주도로 근거지를 옮겨 가며 몽골군에 맞서 싸웠으나 결국 진압되었어요. 이를 **삼별초의 항쟁(1270~1273)**이라고 해요.

(가)~(다)를 일어난 순서대로 옳게 나열한 것은? [3점]

문신의 관을 쓴 자는 모두 죽여라!

정중부

(가)

왕이 우리를 죽이려 했다. 군사를 동원하여 궁궐로 가자!

이자겸

(나)

국호를 대위, 연호를 천개라 하겠다!

묘청

(다)

(가) 문벌 세력의 권력 독점이 계속되는 상황에서 일부 젊은 문신이 무신을 모욕하는 일이 일어나 그동안 차별 대우를 받아 온 무신의 불만이 폭발하였어요. 정중부, 이의방 등이 주도하여 **무신 정변**을 일으켜 많은 문신을 제거하고 정권을 장악하였어요(1170).

(나) 인종 때 **이자겸**이 왕실과 거듭 겹쳐서 혼인 관계를 맺고 왕권을 위협할 정도로 막강한 권력을 행사하였어요. 급기야 이자겸은 스스로 왕이 되기 위해 **군대를 동원하여 궁궐을 침범**하였다가 곧 진압되었어요(**이자겸의 난**, 1126). 이후 인종은 왕권을 회복하고 민심을 수습하기 위해 서경 세력을 등용하여 개혁 정치를 추진하였습니다.

(다) 이자겸의 난 이후 서경 세력은 풍수지리설을 내세워 서경 천도를 추진하였어요. 그러나 김부식 등 개경 세력의 반대로 서경 천도에 실패하자 **묘청** 등이 서경에서 국호를 '대위', 연호를 '천개'라 정하고 반란을 일으켰어요(**묘청의 난**, 1135).

① (가) – (나) – (다)

② (나) – (가) – (다)

③ (나) – (다) – (가)

➤ 이자겸의 난과 묘청의 난을 거치면서 흔들린 문벌 사회는 무신 정변을 계기로 붕괴되었어요. 이를 일어난 순서대로 나열하면 (나) 이자겸의 난(1126) – (다) 묘청의 난(1135) – (가) 무신 정변(1170) 순이에요.

④ (다) – (나) – (가)

Ⅲ 고려

4 몽골의 침입과 공민왕의 개혁 정치

133 ● 고려의 대몽 항쟁   정답 ③

다음 외교 문서를 보낸 국가에 대한 고려의 대응으로 옳은 것은?   [2점]

> 칸께서 ①살리타 등이 이끄는 군대를 너희에게 보내 항복할지 아니면 죽임을 당할지 묻고자 하신다. 이전에 ②칸께서 보낸 사신 저고여가 사라져서 다른 사신이 찾으러 갔으나, 너희들은 활을 쏘아 그를 쫓아냈다. 너희가 저고여를 살해한 것이 확실하니, 이제 그 책임을 묻고 있는 것이다.

정답 잡는 키워드

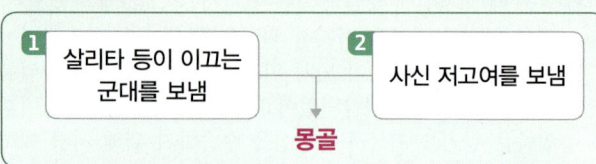

| ① 살리타 등이 이끄는 군대를 보냄 | → **몽골** ← | ② 사신 저고여를 보냄 |

①, ② **몽골**은 고려에 공물을 요구하기 위해 보낸 **사신 저고여**가 귀국길에 살해되는 사건이 일어나자 이를 고려가 벌인 일이라고 여겼어요. 그러고는 저고여 피살 사건을 구실 삼아 **살리타 등이 이끄는 군대를 보내 고려를 침략하였어요.**

→ 작은 나라가 큰 나라를 섬기는 것을 말해요.
① 이자겸이 사대 요구를 수용하였다.
> **여진**이 세운 금이 고려에 사대를 요구하자 이자겸은 정권을 유지하고 전쟁을 피하기 위해 사대 요구를 수용하였어요.

② 서희가 소손녕과 외교 담판을 벌였다.
> **거란**의 1차 침입 당시 고려의 서희는 거란 장수 소손녕과 외교 담판을 벌여 강동 6주를 확보하였어요.

③ 김윤후 부대가 처인성에서 적장을 사살하였다.
> **몽골**이 고려를 침략하였을 때 김윤후 부대가 처인성에서 몽골 장수 살리타를 사살하였어요.

④ 강감찬이 군사를 이끌고 귀주에서 크게 승리하였다.
> **거란**의 3차 침입 당시 고려의 강감찬은 귀주에서 거란군을 물리쳤어요.

134 ● 고려의 대몽 항쟁   정답 ③

다음 상황이 일어난 시기를 연표에서 옳게 고른 것은?   [3점]

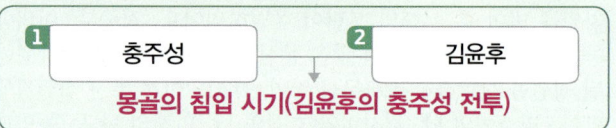

| ① 충주성 | → | ② 김윤후 |
| **몽골의 침입 시기(김윤후의 충주성 전투)** | | |

①, ② 김윤후는 **몽골이 고려에 침입**하였을 때 맞서 싸운 인물로, 처인성 전투에서 주민들과 전투에 나서 몽골 장수 살리타를 죽이고 몽골군을 물리쳤어요. 이후 충주성 전투에서는 노비 문서를 불태워 노비들의 사기를 북돋아 주고 함께 싸워 몽골군을 물리쳤어요.

918	1019	1170	1270	1388
(가)	(나)	(다)	(라)	
고려 건국	귀주 대첩	무신 정변	개경 환도	위화도 회군

> 고려의 무신은 문신에 비해 차별 대우를 받았어요. 이에 불만을 품은 무신이 많은 문신을 죽이고 새 왕을 세운 후 권력을 장악하였어요(무신 정변, 1170). 무신 집권 초기에는 권력 다툼이 계속되어 최고 집권자가 자주 바뀌었는데, 최충헌이 이의민을 제거하고 정권을 장악하면서 정치 혼란이 진정되었고, 이후 60여 년간 최씨 무신 정권이 이어졌어요. 최충헌의 아들 최우가 집권한 시기에 몽골 사신 저고여가 고려에 왔다가 몽골로 돌아가는 길에 피살된 사건을 구실 삼아 몽골군이 고려에 침입하였어요. 당시 최고 집권자였던 최우는 강화도로 수도를 옮겨 장기 항전을 준비하였어요. 고려군과 백성들이 몽골군에 맞서 끈질기게 싸웠으나 결국 고려 정부는 몽골과 강화를 맺고 개경으로 돌아왔어요(개경 환도, 1270).

① (가)

② (나)

③ (다)
> 몽골이 침입한 시기는 무신 정변과 개경 환도 사이인 (다)입니다.

④ (라)

(가)~(다)의 사건을 일어난 순서대로 옳게 나열한 것은? [3점]

(가)	(나)	(다)

(가) **13세기** 몽골이 고려에 침입하자 고려 정부는 1232년에 강화도로 도읍을 옮기고 끈질기게 맞서 싸웠으나, 결국 몽골의 요구 조건을 들어주기로 하고 다시 개경으로 도읍을 옮기는 것을 결정하였어요(1270). 이에 반발하여 배중손을 중심으로 한 삼별초가 봉기하여 진도로 근거지를 옮겨 저항하였지만 고려와 몽골 연합군의 공격으로 진도는 함락되었어요. 삼별초의 남은 세력은 제주도로 옮겨 가 항쟁을 계속하였으나 결국 진압되었어요.

(나) 10세기 말 거란의 1차 침입 때 고려는 서희의 외교 담판으로 강동 6주를 확보하였어요. 이후 **11세기**에 거란은 강동 6주 반환 등을 요구하며 고려에 다시 침입하였어요. 이때 **귀주**에서 강감찬이 이끄는 고려군이 거란군을 물리치고 큰 승리를 거두었어요(귀주 대첩, 1019).

(다) **12세기** 윤관은 별무반을 이끌고 가서 여진을 정벌한 뒤 동북 9성을 쌓았어요.

① (가) – (나) – (다)

② (나) – (다) – (가)

▶ (나) 귀주 대첩(1019) – (다) 윤관의 여진 정벌(1107) – (가) 삼별초의 항쟁(1270~1273) 순으로 일어났어요.

③ (다) – (가) – (나)

④ (다) – (나) – (가)

밑줄 그은 '이 시기'에 있었던 사실로 옳지 않은 것은? [2점]

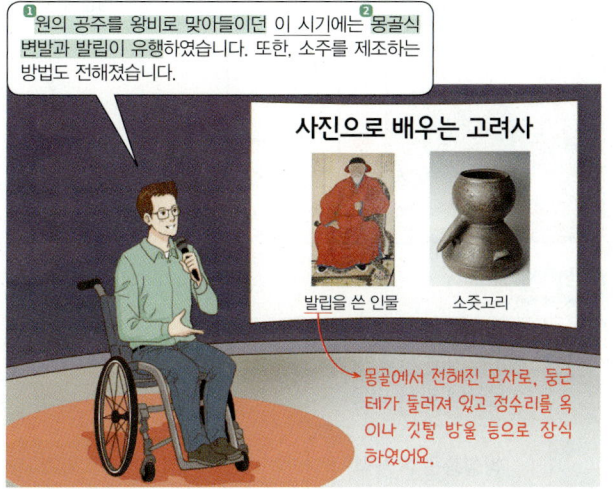

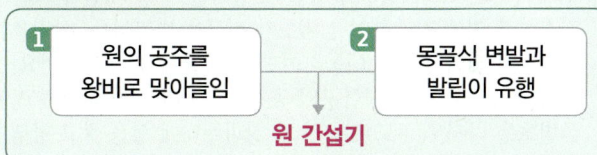

정답 잡는 키워드

1 원의 공주를 왕비로 맞아들임	2 몽골식 변발과 발립이 유행

원 간섭기

1, **2** 고려와 강화를 맺은 후 몽골은 나라 이름을 '원'으로 바꾸고 고려의 내정에 본격적으로 간섭하였는데, 이 시기를 원 간섭기라고 해요. **원 간섭기**에 고려 국왕은 원의 공주와 혼인하였으며, 왕자는 원에서 성장하며 교육을 받았어요. 또 두 나라 사이에 교류가 활발해져 고려에서는 지배층을 중심으로 변발, 발립 등 몽골식 풍습(몽골풍)이 유행하고, 원에도 고려의 복식과 음식 등 고려의 풍습(고려양)이 전해졌어요.

① 정동행성이 설치되었다.

▶ **원 간섭기**인 충렬왕 때 몽골이 일본 원정을 준비하기 위해 고려에 정동행성을 설치하였어요.

→ 원의 세력에 기대어 권세를 누린 사람이나 집안을 말해요.

② 권문세족이 높은 관직을 독점하였다.

▶ **원 간섭기**에 권문세족이 성장하여 높은 관직을 독점하고 대농장을 소유하였어요.

③ 여진 정벌을 위해 별무반이 편성되었다.

▶ **12세기 숙종** 때 윤관의 건의로 여진 정벌을 위한 별무반이 편성되었어요.

④ 결혼도감을 통해 여성들이 공녀로 보내졌다.

▶ **원 간섭기**에 고려의 여성들이 결혼도감을 통해 공녀로 징발되어 원에 보내졌어요.

(가) 시기에 있었던 사실로 옳은 것은?　[3점]

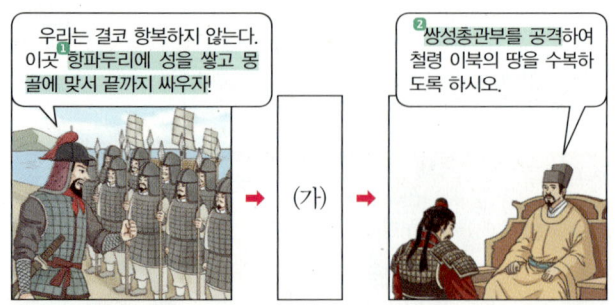

정답 잡는 키워드

1 항파두리에 성을 쌓고 몽골에 맞서 싸움	**13세기 후반 삼별초의 항쟁**
2 쌍성총관부 공격	**14세기 공민왕 시기**

1 **13세기 후반** 고려 정부가 몽골과 강화를 맺고 개경 환도를 결정하자 이에 반대하여 **삼별초**가 **항쟁**을 벌였어요. 삼별초는 강화도에서 진도로 이동하여 계속 몽골에 맞서 싸웠어요. 그러나 고려와 몽골 연합군의 공격으로 진도가 함락되었고, 삼별초는 다시 제주도로 옮겨 가 항파두리에 성을 쌓고 항쟁을 계속하였지만 결국 고려와 몽골 연합군에 의해 진압되었어요. 한편, 몽골과 강화를 맺고 개경으로 돌아온 고려 정부는 몽골(원)의 내정 간섭을 받게 되었어요.

2 **14세기**에 **공민왕**은 원의 세력이 약해진 틈을 타 반원 자주 정책을 폈어요. 변발과 호복 등 몽골식 풍습을 금지하고 기철 등 친원 세력을 숙청하였어요. 또한, 원이 설치한 **쌍성총관부**를 공격하여 철령 이북의 영토를 수복하였어요.

① 별무반이 편성되었다.
▶ 12세기 **고려 숙종** 때 윤관의 건의에 따라 별무반이 편성되었어요.

② 김헌창이 난을 일으켰다.
▶ **신라 헌덕왕** 때 김헌창은 자신의 아버지 김주원이 왕이 되지 못한 것에 불만을 품고 난을 일으켰어요.

③ 김부식이 삼국사기를 편찬하였다.
▶ 12세기 **고려 인종** 때 김부식 등이 왕명을 받아 "삼국사기"를 편찬하였어요.

④ 지배층을 중심으로 변발과 호복이 유행하였다.
　　　　　　　　▶ 북방 민족의 전통적인 머리 모양과 옷차림을 말해요.
▶ **원 간섭기**에 고려와 원의 교류가 활발해져 고려에서는 지배층을 중심으로 변발과 호복 등 몽골식 풍습이 유행하였어요.

밑줄 그은 '왕'의 업적으로 옳은 것은?　[2점]

정답 잡는 키워드

1 고려 제31대 왕	→ 공민왕	**2** 정동행성 이문소 폐지

1 **공민왕**은 고려 제31대 왕이며, 원의 노국 대장 공주와 혼인하였어요.

2 **공민왕**은 정동행성 이문소를 폐지하여 원의 내정 간섭 기구였던 정동행성의 일부 기능을 없앴어요. 또한, 친원 세력을 제거하고 고려의 관제를 되살렸으며, 몽골식 풍습을 금지하는 등 반원 자주 정책을 폈어요. 이러한 정책을 통해 공민왕은 원의 간섭을 물리치고 고려의 자주권을 찾고자 하였어요.

① 교정도감을 설치하였다.
▶ 고려 무신 집권기에 권력을 장악한 **최충헌**은 교정도감을 설치하여 최고 권력 기구로 삼았어요.

② 천리장성을 축조하였다.
▶ 고려는 세 차례에 걸친 거란의 침입을 물리친 후 북방 민족의 침입에 대비하여 **덕종** 때부터 국경 지역에 천리장성 축조를 시작하였으며, **정종** 때 완성하였어요.

③ 쓰시마섬을 정벌하였다.
▶ **고려 말 창왕** 때 박위가, **조선 세종** 때 이종무가 군사를 이끌고 왜구의 근거지인 쓰시마섬을 정벌하였어요.

④ 쌍성총관부를 공격하였다.
▶ **고려 공민왕**은 쌍성총관부를 공격하여 원에 빼앗겼던 철령 이북의 영토를 되찾았어요.

139 ● 공민왕의 업적　　　　정답 ④

학생들이 공통으로 이야기하고 있는 왕의 업적으로 옳은 것은?　　　　[2점]

원에 볼모로 갔다가 고려의 왕이 되었어.

❶몽골식 풍습을 금지하고 기철을 비롯한 친원 세력을 제거하였어.

❷신돈을 등용하여 전민변정도감을 설치하였어.

❸노국 대장 공주와의 사랑 이야기는 인상적이었어.

정답 잡는 키워드

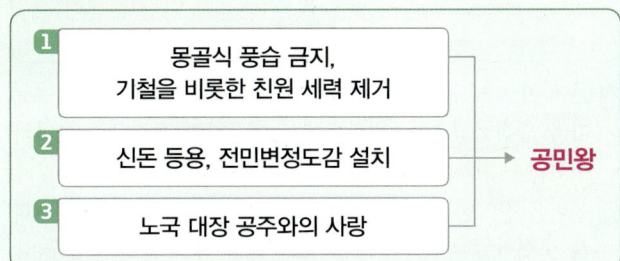

❶ 몽골식 풍습 금지, 기철을 비롯한 친원 세력 제거

❷ 신돈 등용, 전민변정도감 설치

❸ 노국 대장 공주와의 사랑

→ 공민왕

❶ **공민왕**은 원의 세력이 약해지자 반원 자주 정책을 추진하여 **몽골식 풍습을 금지**하고 기철을 비롯한 친원 세력을 제거하였어요. 또한, 원과 비교하여 격을 낮추었던 고려의 관제를 되살렸어요.

❷ **공민왕**은 신돈을 등용하고 전민변정도감을 설치하여 권문세족이 불법적으로 차지한 토지와 노비를 조사해 원래 주인에게 돌려주고 강제로 노비가 된 사람을 양인으로 해방하였어요.

❸ 원 간섭기에 고려의 국왕은 원의 공주와 혼인하였는데, **공민왕**은 원의 노국 대장 공주와 혼인하였어요.

↗ 농민의 군포 부담을 2필에서 1필로 줄여 준 법이에요.

① 균역법을 시행하였다.
▶ **조선 영조**는 균역법을 시행하여 농민의 군포 부담을 덜어 주었어요.

② 독서삼품과를 실시하였다.
▶ **신라 원성왕**은 국학 학생들의 유교 경전 이해 수준을 상, 중, 하의 3품으로 평가하여 관리 선발에 활용하는 독서삼품과를 실시하였어요.

↗ 충신, 효자, 열녀의 모범 사례를 모아 글과 그림으로 설명한 책이에요.

③ 삼강행실도를 편찬하였다.
▶ **조선 세종** 때 유교 윤리를 널리 알리기 위해 "삼강행실도"가 편찬되었어요.

④ 철령 이북의 땅을 되찾았다.
▶ **고려 공민왕**은 쌍성총관부를 공격하여 원이 직접 지배하고 있던 철령 이북의 땅을 되찾았어요.

140 ● 공민왕의 업적　　　　정답 ④

(가) 왕의 업적으로 옳은 것은?　　　　[2점]

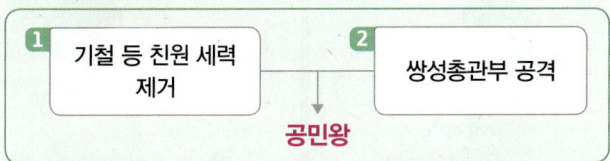

동영상으로 보는 (가) 이야기

기철 등 친원 세력을 제거하다　　05:32　　조회 수 63만 회

쌍성총관부를 공격하다　　07:25　　조회 수 36만 회

정답 잡는 키워드

❶ 기철 등 친원 세력 제거　→　❷ 쌍성총관부 공격

공민왕

❶ **공민왕**은 원의 세력이 약해진 틈을 타 반원 자주 정책을 추진하였어요. 이 과정에서 원의 세력에 기대어 권력을 휘두른 **기철 등 친원 세력을 제거**하였어요.

❷ **공민왕**은 **쌍성총관부를 공격**하여 원에 빼앗겼던 철령 이북의 영토를 되찾았어요.

① 사비로 천도하였다.
▶ **백제 성왕**은 웅진(지금의 공주)에서 사비(지금의 부여)로 천도하고 나라 이름을 '남부여'로 바꾸었어요.

② 북한산 순수비를 세웠다.
▶ **신라 진흥왕**은 한강 유역을 차지한 뒤 영토 확장을 기념하여 북한산에 순수비를 세웠어요.

③ 독서삼품과를 실시하였다.
▶ **신라 원성왕**은 유학적 소양을 갖춘 인재를 등용하기 위해 독서삼품과를 실시하였어요.

④ 전민변정도감을 설치하였다.
▶ **고려 공민왕**은 권문세족이 불법적으로 소유한 토지와 노비 문제를 바로잡기 위해 신돈을 등용하고 전민변정도감을 설치하였어요.

기출 선택지 +α 다른 선택지가 나온다면?

❺ 노비안검법을 시행하였다.　　　　(O / ×)
❻ 과거제를 처음 실시하였다.　　　　(O / ×)
❼ 철령 이북의 땅을 되찾았다.　　　　(O / ×)

기출 선택지 +α 정답　❺ × [고려 광종]　❻ × [고려 광종]　❼ O

다음 학생들이 표현하고 있는 사건으로 적절한 것은? [2점]

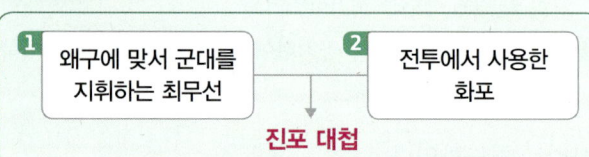

정답 잡는 키워드

1 왜구에 맞서 군대를 지휘하는 최무선	**2** 전투에서 사용한 화포

진포 대첩

1, **2** 최무선은 고려 말에 원에서 온 사람의 도움을 받아 화약 제조 기술을 습득하여 화약 개발에 성공하였어요. 이후 우왕에게 건의하여 화통도감을 설치하고 화약과 화포를 제작하였습니다. 최무선은 화포를 이용하여 진포에 침입한 왜구를 물리쳤는데, 이를 진포 대첩이라고 합니다.

① 명량 대첩
  ▶ 명량 대첩은 정유재란 당시 이순신이 이끄는 조선 수군이 명량(울돌목)에서 일본 수군을 크게 물리친 전투입니다.

② 살수 대첩
  ▶ 살수 대첩은 을지문덕이 이끄는 고구려군이 수의 장수 우중문, 우문술이 이끄는 30만 별동대를 살수에서 격퇴한 전투입니다.

③ 진포 대첩
  ▶ 진포 대첩은 최무선, 나세, 심덕부가 지휘하는 고려군이 진포에서 화포를 이용하여 왜구를 격퇴한 전투입니다.

④ 행주 대첩
  ▶ 행주 대첩은 임진왜란 당시 행주산성에서 권율의 지휘 아래 관군과 백성들이 힘을 합쳐 일본군을 크게 물리친 전투입니다.

(가)에 들어갈 내용으로 옳은 것은? [2점]

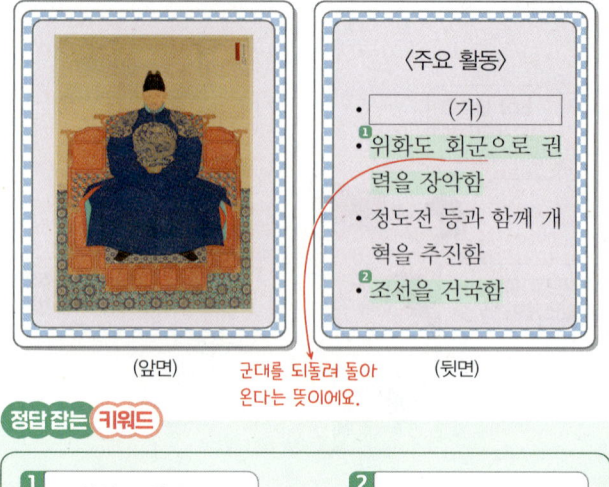

〈주요 활동〉
· (가)
❶ · 위화도 회군으로 권력을 장악함
· 정도전 등과 함께 개혁을 추진함
❷ · 조선을 건국함

(앞면)   군대를 되돌려 돌아온다는 뜻이에요.   (뒷면)

정답 잡는 키워드

1 위화도 회군으로 권력 장악	**2** 조선 건국

이성계

1 고려 말 요동 정벌에 반대한 이성계는 우왕과 최영의 명령에 따라 출정하였으나, 위화도에서 회군하여 개경으로 돌아와 우왕과 최영을 몰아내고 권력을 장악하였어요.

2 권력을 장악한 이성계는 정도전 등 신진 사대부와 함께 개혁을 추진하였으며, 고려 왕조를 지키고자 하였던 정몽주 등 반대파를 제거하고 조선을 건국하였어요.

① 별무반을 편성함
  ▶ 고려 숙종은 윤관의 건의를 받아들여 여진 정벌을 위해 별무반을 편성하였어요.

② 우산국을 정벌함
  ▶ 신라 지증왕은 이사부를 보내 우산국을 정벌하게 하였어요.

③ 전민변정도감을 설치함
  ▶ 고려 공민왕은 전민변정도감을 설치하여 권문세족의 기반을 약화하였어요.

④ 황산에서 왜구를 격퇴함
  ▶ 고려 말에 이성계는 황산에서 왜구를 격퇴하는 등 여러 차례 외적을 물리쳐 백성의 신망이 높았어요.

143 ● 최영의 활동　　　　　정답 ②

(가)에 들어갈 인물로 옳은 것은?　　　　　[2점]

> 이곳은 고려 말 **①홍산에서 왜구의 침입을 격퇴**하는 데 큰 공을 세운 **(가)** 의 무덤이란다. 그는 **②우왕 때 요동 정벌을 추진**했으나, 이성계의 위화도 회군으로 뜻을 이루지 못하였단다.

정답 잡는 키워드

| **①** 홍산에서 왜구의 침입 격퇴 | → | **②** 우왕 때 요동 정벌 추진 |

→ **최영**

① 고려 말에 왜구의 잦은 침입으로 해안 지방이 황폐해지고 왜구가 내륙까지 들어와 노략질하여 그 피해가 극심하였어요. 고려 정부는 최영, 이성계, 최무선 등을 보내 왜구를 토벌하였어요. 이 중 **최영**은 홍산(지금의 부여)에서 왜구의 침입을 격퇴하였어요(홍산 대첩).

② 고려 말 **우왕** 때 명이 고려가 원으로부터 되찾은 철령 이북 지역을 직접 다스리겠다고 통보하자 **최영**은 요동 정벌을 추진하였어요. 이성계는 요동 정벌이 불가한 네 가지 이유(사불가론)를 들어 이에 반대하였어요. 그러나 이성계의 주장은 받아들여지지 않았고, 우왕과 최영은 이성계에게 군대를 주어 요동 정벌에 나서게 하였습니다. 군사를 이끌고 나선 이성계는 위화도에서 다시 요동 정벌의 중지를 요청하였으나 받아들여지지 않자, 회군하여 개경으로 돌아와 우왕과 최영을 몰아내고 정권을 장악하였어요.

① 양규
> 양규는 거란의 2차 침입 당시 활약한 고려의 장수로, 거란군에게 잡힌 많은 고려인 포로를 구하였어요.

②최영
> 최영은 고려에 침입한 한족 반란군인 홍건적과 일본 해적 집단인 왜구를 격퇴하여 큰 공을 세웠어요.

③ 이종무
> 이종무는 조선 세종 때 왜구의 근거지인 쓰시마섬(대마도)을 정벌하였어요.

④ 정몽주
> 정몽주는 고려 말의 문신으로, 고려 왕조의 유지를 주장하다가 이방원 세력에 의해 죽음을 맞았어요.

본문 58~60쪽

5　고려의 경제와 사회

144 ● 전시과 제도　　　　　정답 ③

(가)에 들어갈 내용으로 옳은 것은?　　　　　[2점]

한국사 퀴즈 대회

(가)

> **①** 고려 시대에 관직 복무 등에 대한 대가로 전지와 시지를 차등 지급한 이 제도는 무엇일까요?

정답 잡는 키워드

| **①** 고려 시대, 관직 복무 등에 대한 대가로 전지와 시지를 차등 지급 | → | **전시과** |

① **전시과**는 고려 시대에 관직 복무 등에 대한 대가로 관리에게 조세를 거둘 수 있는 전지와 땔감을 얻을 수 있는 시지를 차등 지급한 제도입니다.

① 관료전
> 신라 신문왕 때 관리에게 지급한 관료전은 해당 토지에서 노동력까지 동원할 수 있는 녹읍과 달리 조세만 거둘 수 있었어요.

② 대동법
> 조선 광해군 때 경기도에서 처음 실시된 대동법은 공납을 납부할 때 특산물 대신 소유한 토지 결수를 기준으로 쌀이나 옷감, 동전 등으로 내게 한 제도입니다.

③전시과
> 고려 경종 때 전시과 제도가 마련되었으며 시행 이후에도 여러 차례 개정되었어요.

　　↗호(戸)는 한 가구를 말해요.

④ 호포제
> 조선 고종 때 흥선 대원군은 군정의 문란을 바로잡기 위해 호포제를 실시하여 양반도 군포를 내게 하였어요.

밑줄 그은 '이 국가'의 경제 상황으로 옳은 것은? [3점]

이것은 전라남도 나주 등지에서 거둔 세곡 등을 싣고 이 국가의 수도인 개경으로 향하다 태안 앞바다에서 침몰한 배를 복원한 것입니다. 발굴 당시 수많은 청자와 함께 화물의 종류, 받는 사람 등이 기록된 목간이 다수 발견되었습니다.

정답 잡는 키워드

1 수도 개경   2 청자 → 고려

1 고려의 수도는 개경으로 지금의 개성입니다.

2 고려를 대표하는 공예품 중 하나가 청자입니다. 고려청자는 신비한 푸른빛의 아름다움으로 유명하였으며, 12세기 중반부터는 고려의 독창적인 상감 기법을 사용한 상감 청자가 제작되었어요.

① 전시과 제도가 실시되었다.
> 고려는 관직 복무 등에 대한 대가로 관리에게 전지와 시지를 지급하는 전시과 제도를 실시하였어요.

② 고구마, 감자가 널리 재배되었다.
> 조선 후기에 감자, 고구마 등이 전래되어 널리 재배되었어요.

③ 모내기법이 전국적으로 확산되었다.
> 조선 후기에 모내기법이 전국적으로 확산되어 농업 생산력이 향상하였어요.

④ 시장을 감독하기 위한 동시전이 설치되었다.
> 신라 지증왕은 수도 금성에 동시라는 시장을 설치하고 이를 감독하기 위한 관청으로 동시전을 두었어요.

기출 선택지 +α 다른 선택지가 나온다면?

5 연분9등법을 시행하였다.   (O / ×)
6 벽란도가 국제 무역항으로 번성하였다.   (O / ×)
7 담배, 면화 등의 상품 작물이 재배되었다.   (O / ×)
8 관청에 물품을 조달하는 공인이 활동하였다.   (O / ×)

기출 선택지 +α 정답 5 ×[조선] 6 O 7 ×[조선] 8 ×[조선]

(가) 국가에서 볼 수 있는 모습으로 적절한 것은? [2점]

이 문화유산은 태안 마도 2호선에서 발견된 청자 매병과 죽찰입니다. 죽찰에는 개경의 중방 도장교 오문부에게 좋은 꿀을 단지에 담아 보낸다는 내용이 적혀 있습니다. 이를 통해 (가) 사람들의 생활 모습을 엿볼 수 있습니다.

청자 연꽃줄기 무늬 매병과 죽찰

정답 잡는 키워드

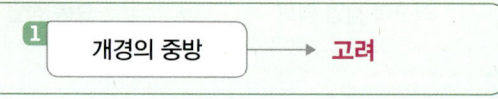

1 개경의 중방 → 고려

1 고려의 수도는 개경이며, 중방은 고려의 중앙군인 2군 6위의 지휘관이 모여 군사 문제를 논의한 회의 기구입니다.

① 광산 개발을 감독하는 덕대
> 조선 후기에 전문 경영인인 덕대가 노동자 등을 고용하여 광산을 경영하는 방식이 성행하였어요.

② 신해통공 실시를 알리는 관리
> 조선 후기 정조 때 육의전을 제외한 시전 상인의 금난전권을 폐지한 신해통공이 실시되었어요.

③ 청과의 무역으로 부를 축적하는 만상
> 조선 후기에 의주를 근거지로 활동한 만상은 청과의 무역으로 부를 축적하였어요.

④ 활구라고도 불린 은병을 제작하는 장인
> 고려 숙종 때 우리나라의 지형을 본떠 만든 고액 화폐인 은병이 제작되었어요. 은병은 활구라고도 불렸어요.

147 고려의 경제 상황   정답 ④

(가) 국가의 경제 상황으로 옳은 것은?   [2점]

> 화면 속의 청동 거울은 [(가)] 시대에 제작된 것으로, 여기에 새겨진 배를 통해 당시 국제 무역이 활발하게 이루어 졌음을 짐작할 수 있습니다. 송을 비롯한 여러 나라 상인들은 예성강 하구의 **벽란도를** 드나들면서 무역을 하였습니다.

정답 잡는 키워드

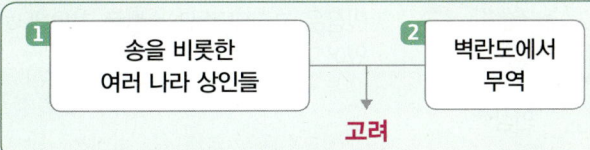

| ① 송을 비롯한 여러 나라 상인들 | ② 벽란도에서 무역 |
고려

① ② **고려** 시대에 수도 개경(지금의 개성) 근처의 예성강 하구에 위치한 벽란도가 국제 무역항으로 번성하였어요. 송을 비롯한 일본, 아라비아의 상인들이 벽란도를 드나들면서 무역하였어요. 특히 송과의 무역이 가장 활발하였는데, 고려는 주로 종이, 나전 칠기, 인삼 등을 송에 수출하고 비단, 서적, 차 등을 수입하였어요.

① 고구마, 감자 등이 재배되었다.
> **조선** 후기에 고구마, 감자 등이 전래되어 구황 작물로 널리 재배되었어요.

② 모내기법이 전국적으로 확산되었다.
> **조선** 후기에 논농사에서 모내기법이 전국적으로 확산되었어요.
↗만상은 의주, 내상은 동래 지역을 근거지로 삼아 활동한 상인이에요.
③ 만상, 내상 등이 활발하게 활동하였다.
> **조선** 후기에 농업 생산력이 향상되고 도시 인구가 증가하여 상업이 발달하면서 만상, 내상 등의 상인이 활발하게 활동하였어요.

④ 활구라고 불린 은병이 화폐로 사용되었다.
> **고려** 시대에 활구라고 불린 은병이 화폐로 사용되었어요. 은병은 병 모양으로 만들어졌으며, 은 1근으로 만든 고액 화폐입니다.

기출 선택지 +α 다른 선택지가 나온다면?
⑤ 상평통보를 발행하였다.   (○ / ×)
⑥ 목화가 처음 전래되었다.   (○ / ×)
⑦ 전시과 제도가 실시되었다.   (○ / ×)

기출 선택지 +α 정답 ⑤ × [조선] ⑥ ○ ⑦ ○

148 고려의 경제 정책   정답 ①

다음 상황을 볼 수 있었던 국가의 경제 정책에 대한 설명으로 옳은 것은?   [2점]

> ① 벽란도에 오신 것을 환영합니다. 어디에서 오셨습니까?
> ② 송에서 인삼을 사러 왔습니다.

정답 잡는 키워드

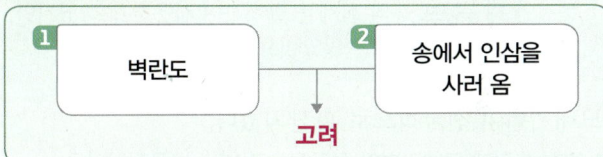

| ① 벽란도 | ② 송에서 인삼을 사러 옴 |
고려

① **고려** 시대에 수도 개경과 가까운 예성강 하구의 벽란도가 국제 무역항으로 번성하였어요. 벽란도에는 주변국의 상인은 물론 멀리 아라비아 지역의 상인도 왔어요.

② **고려**는 송에 종이, 나전 칠기, 인삼 등을 수출하고, 송에서 비단, 서적, 차 등을 수입하였어요.

① 건원중보를 발행하였다.
> 건원중보는 **고려** 성종 때 발행된 우리나라 최초의 금속 화폐입니다.

② 신해통공을 단행하였다.
> **조선** 정조는 육의전을 제외한 시전 상인의 금난전권을 폐지하는 신해통공을 단행하였어요. 금난전권은 허가를 받지 않고 이루어지는 상업 활동을 금지할 수 있는 권리를 말해요.
↗농사의 풍흉 정도를 9등급으로 나누어 전세를 내게 하는 제도입니다.
③ 연분9등법을 시행하였다.
> **조선** 세종 때 전분6등법과 연분9등법을 시행하여 조세를 등급에 따라 다르게 부과하였어요.
↗지방 관청에서 수확량을 조사하여 조세를 거둔 후 관리에게 지급하는 제도입니다.
④ 관수관급제를 실시하였다.
> **조선** 성종 때 관리들이 수조권을 지나치게 행사하는 것을 막기 위해 관수관급제가 실시되었어요.

(가) 국가의 경제 상황으로 옳은 것은? [2점]

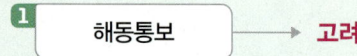
정답 잡는 키워드

| 해동통보 | → | **고려** |

❶ **고려** 숙종 때 주전도감을 설치하여 활구라고도 불린 은병, 동전인 **해동통보** 등의 화폐를 발행하여 사용하게 하였지만, 화폐 사용이 활발하지는 않았어요.

① 모내기법이 전국적으로 확산되었다.
➤ **조선** 후기에 모내기법이 전국적으로 널리 보급되었어요.

② 벽란도가 국제 무역항으로 번성하였다.
➤ **고려** 시대에 벽란도는 송과 일본 상인뿐만 아니라 아라비아 상인도 왕래하는 국제 무역항으로 번성하였어요.

③ 낙랑군과 왜 사이에서 중계 무역을 하였다.
➤ **금관가야**는 해상 교통이 편리한 낙동강 하류 지역에서 성장하여 낙랑군과 왜 사이에서 중계 무역을 하였어요.

④ 청해진을 중심으로 해상 무역을 전개하였다.
➤ **신라** 말에 장보고는 지금의 완도에 군사 기지인 청해진을 설치하여 해적을 소탕한 후 해상 무역을 전개하였어요.

(가)에 해당하는 작물로 옳은 것은? [1점]

❶**문익점**이 원에 갔다가 돌아오는 길에 (가) 을/를 보고 씨 10개를 따서 가져왔다. 진주에 와서 절반을 정천익에게 주고 기르게 하였으나 단 한 개만 살아남았다. 가을에 정천익이 그 씨를 따니 100여 개나 되었다.

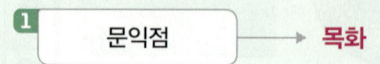

| ❶ 문익점 | → | **목화** |

❶ 고려 말에 **문익점**이 원에 다녀오는 길에 **목화씨**를 가져와 재배에 성공하였어요. 이후 목화솜으로 옷과 이불을 만들어 사용하는 등 의생활에 커다란 변화가 나타났어요.

①
인삼

➤ 인삼은 고려의 주요 수출품 가운데 하나였어요.

②
목화

➤ 고려 말부터 목화가 재배되면서 목화솜을 이용하여 옷과 이불을 만들어 이전보다 겨울을 따뜻하게 보낼 수 있게 되었어요. 목화에서 실을 뽑아 짠 옷감을 무명이라고 해요.

③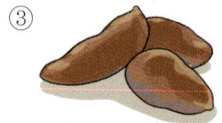
고구마

➤ 고구마는 조선 후기에 전래되어 구황 작물로 널리 재배되었어요.

④
옥수수

➤ 옥수수는 16~17세기에 중국을 통해 우리나라에 전래된 것으로 알려져 있어요.

151 고려의 사회 모습

교사의 질문에 대한 학생의 답변으로 옳지 않은 것은?
[1점]

교사: 고려의 사회 모습에 대해 말해 볼까요?

① 의창이 운영되었습니다.
② 팔관회가 개최되었습니다.
③ 골품제가 실시되었습니다.
④ 여성이 호주가 될 수 있습니다.

① 의창이 운영되었습니다.
　▶ **고려** 시대에 가난한 백성을 구제하기 위해 의창이 운영되었어요.

② 팔관회가 개최되었습니다.
　▶ **고려** 시대에는 종교 행사인 팔관회가 국가적 차원에서 개최되었어요.

③ 골품제가 실시되었습니다.
　▶ **신라**에서는 관직의 승진뿐만 아니라 일상생활까지 규제하는 엄격한 신분 제도인 골품제가 실시되었어요.

한집에서 사는 가족을 돌보는 일에 권리와 의무가 있는 사람이에요.

④ 여성이 <u>호주</u>가 될 수 있습니다.
　▶ **고려** 시대에는 여성이 호주가 될 수 있었고 아들딸 구분 없이 태어난 순서대로 호적에 올렸어요.

152 무신 집권기 농민 봉기

다음 두 사건의 공통점으로 옳은 것은?
[3점]

망이·망소이의 난 / 만적의 난

무신 집권기에 공주 명학소에서 지배층의 수탈에 저항하여 망이·망소이 형제가 봉기를 일으켰어요. 또 개경에서는 노비 만적이 신분 해방을 위한 봉기를 계획하였다가 사전에 발각된 일이 있었어요.

① 전주성을 점령하였다.
　▶ **개항 이후** 동학 농민 운동 당시에 동학 농민군이 전주성을 점령하였어요.

② 서경 천도를 주장하였다.
　▶ **무신 정변이 일어나기 전** 고려 인종 때 묘청 등 서경 세력이 서경 천도를 주장하였어요.

③ 무신 집권기에 발생하였다.
　▶ **무신 집권기**에 지배층의 수탈에 저항한 망이·망소이의 난, 신분 해방을 추구한 만적의 난 등 하층민의 봉기가 각지에서 일어났어요.

④ 청의 군대에 의해 진압되었다.
　▶ **개항 이후**에 일어난 임오군란, 갑신정변 등이 청의 군대에 의해 진압되었어요.

기출 선택지 +α 다른 선택지가 나온다면?

❺ 백낙신의 횡포가 계기가 되었다. (O / ×)
❻ 평안도 지역 차별에 반발하여 일어났다. (O / ×)
❼ 보국안민, 제폭구민을 기치로 내걸었다. (O / ×)

기출 선택지 +α 정답 ❺ ×[진주 농민 봉기] ❻ ×[홍경래의 난] ❼ ×[동학 농민 운동]

6 고려의 문화

153 고려의 국자감 정답 ③

다음 퀴즈의 정답으로 옳은 것은? [1점]

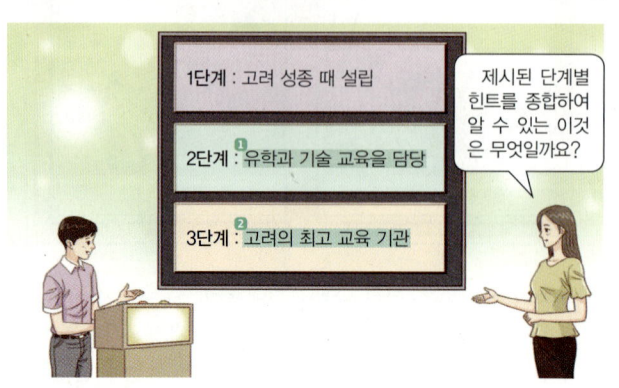

1단계 : 고려 성종 때 설립

2단계 : ❶ 유학과 기술 교육을 담당

3단계 : ❷ 고려의 최고 교육 기관

제시된 단계별 힌트를 종합하여 알 수 있는 이것은 무엇일까요?

정답 잡는 키워드

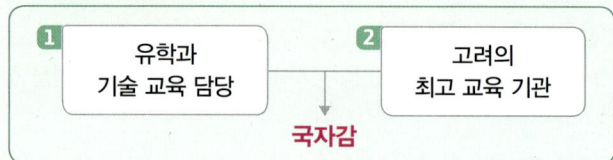

| ❶ 유학과 기술 교육 담당 | → | ❷ 고려의 최고 교육 기관 |

국자감

❶, ❷ **국자감**은 고려 성종 때 수도 개경에 설립된 <mark>최고 교육 기관</mark>으로, <mark>유학과 기술 교육을 담당</mark>하였어요.

① 경당

▶ 경당은 고구려의 지방에 세워진 교육 기관으로, 학문과 무술을 교육하였어요.

② 향교

▶ 향교는 고려와 조선 시대에 지방에 설립된 관립 교육 기관이에요.

③ 국자감

▶ 고려의 국자감에서는 유교 경전을 공부하는 유학 교육과 함께 율학(형법), 서학(서예), 산학(산술) 등 기술 교육도 이루어졌어요.

④ 주자감

▶ 주자감은 발해의 최고 교육 기관으로 유학을 교육하였어요.

154 최충의 활동 정답 ①

다음 인물의 활동으로 옳은 것은? [3점]

나는 고려의 문신 최충이오. 지공거가 되어 과거를 주관하였고, 이후 후학을 양성하는 데 힘썼소. 이곳은 후대 사람들이 나를 기리기 위해 세운 노동 서원이라오.

최충은 고려 목종 때 과거에 합격하여 50여 년 동안 관직 생활을 하였어요. 지공거가 되어 과거 시험을 주관하기도 하였고, 문종 때에는 고려 시대 최고 관직인 문하시중을 지냈어요. 최충은 문장과 글씨에 능하여 '해동공자'로 불렸으며, 고려 유학을 크게 발전시켰습니다. 벼슬에서 물러난 뒤에는 개경에 학교를 세우고 제자 양성에 힘썼어요. 강원도 홍천에 있는 노동 서원은 후대 사람들이 최충을 기리기 위해 세운 것입니다.

① 9재 학당을 열었다.

▶ **최충**은 관직에서 물러난 뒤 9재 학당을 열어 유학을 교육하였어요. 9재 학당은 '문헌공도'라고도 불렸어요.

② 삼국유사를 집필하였다.

▶ **일연**은 고구려, 백제, 신라의 역사를 다룬 "삼국유사"를 집필하였어요. "삼국유사"에는 단군의 고조선 건국 이야기가 수록되었어요.

③ 제왕운기를 저술하였다.

▶ **이승휴**는 중국과 우리나라의 역사를 시로 표현한 "제왕운기"를 저술하였어요. "제왕운기"에도 단군의 고조선 건국 이야기가 실렸어요.

④ 시무 28조를 작성하였다.

▶ **최승로**는 개혁안인 시무 28조를 작성하여 고려 성종에게 건의하였어요.

밑줄 그은 '나'에 해당하는 인물로 옳은 것은? [2점]

> ① 소수 서원 문성공묘에 오신 것을 환영합니다. 나는 ② 고려 후기 문신으로 ③ 성리학 도입과 후학 양성에 힘썼습니다. 후대 사람들이 이러한 공로를 기리기 위해 소수 서원을 지어 매년 이곳에서 제향을 올리고 있답니다.

정답 잡는 키워드

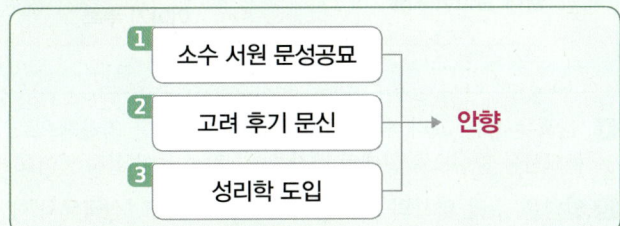

① 소수 서원 문성공묘	
② 고려 후기 문신	→ **안향**
③ 성리학 도입	

① 소수 서원 경내에 있는 문성공묘에는 **안향** 등 3인의 위패가 모셔져 있어요. 조선 중종 때 풍기 군수 주세붕이 안향을 기리기 위해 백운동 서원을 건립하였어요. 백운동 서원은 명종 때 이황의 건의로 나라에서 현판을 하사받아 소수 서원으로 이름이 바뀌었어요.

②, ③ **안향**은 고려 후기의 문신으로 원으로부터 성리학을 도입하여 고려에 처음으로 소개하였다고 알려진 인물이에요.

① 안향
> 안향은 고려에 성리학을 처음으로 들여와 연구한 공을 인정받아 '문성공'이라는 시호를 받았어요.

② 김부식
> 김부식은 고려 인종 때 묘청의 난을 진압하였으며, 이후 왕명을 받아 기전체 형식의 역사서인 "삼국사기"를 편찬하였어요.

③ 이규보
> 이규보는 고려 후기의 문신이자 문장가로 고구려 건국 시조의 일대기를 서사시로 표현한 '동명왕편'을 지었어요.

④ 정몽주
> 정몽주는 고려 말의 문신이자 학자로 새 왕조를 세우려는 세력에 맞서 고려 왕조 유지를 주장하였어요.

다음 퀴즈의 정답으로 옳은 것은? [1점]

1단계 : 본관은 경주로 고려의 유학자이자 정치가이다.

2단계 : 서경에서 ① 묘청이 난을 일으키자 진압군의 원수로 임명되어 이를 평정하였다.

3단계 : 왕명으로 감수국사가 되어 ② 삼국사기를 편찬하였다.

제시된 단계별 힌트를 종합하여 알 수 있는 인물은 누구일까요?

역사를 기록하는 관리 중 가장 높은 사람이에요.

300   250

정답 잡는 키워드

① 묘청의 난 평정	② "삼국사기" 편찬
→ **김부식**	

① 고려의 유학자이자 정치가였던 **김부식**은 인종 때 묘청 등 서경 세력이 서경에서 난을 일으키자 관군을 이끌고 가 묘청의 난을 진압하였어요.

② **김부식**은 인종의 명을 받아 신라, 고구려, 백제의 역사를 다룬 "삼국사기"를 편찬하였어요.

① 양규
> 고려의 장수 양규는 거란의 2차 침입 때 흥화진에서 거란군을 막아 냈어요.

② 일연
> 고려의 승려 일연은 불교사를 중심으로 삼국 시대의 역사를 다룬 "삼국유사"를 저술하였어요.

③ 김부식
> 김부식이 편찬을 주도한 "삼국사기"는 현재 남아 있는 우리나라에서 가장 오래된 역사책이며, 기전체로 서술되었어요.

④ 이제현
> 고려 말의 학자 이제현은 충선왕이 원의 연경에 세운 만권당에서 원의 학자들과 교류하며 성리학을 연구하였어요.

(가) 인물에 대한 설명으로 옳은 것은?   [2점]

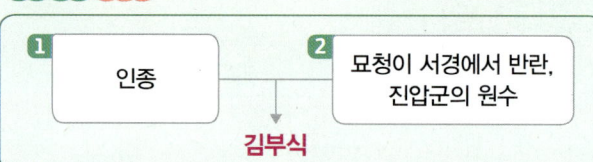

정답 잡는 키워드

| 1 인종 | → | 2 묘청이 서경에서 반란, 진압군의 원수 |

↓

김부식

1, 2 고려 **인종** 때 묘청 등 서경 세력이 풍수지리설을 내세워 서경 천도를 추진하였어요. 그러나 개경 세력의 반대로 서경 천도가 실패하자 **묘청 등이 서경에서 반란**을 일으켰어요. 이에 **김부식**은 인종의 명령에 따라 **진압군의 원수**가 되어 군대를 이끌고 서경으로 가 묘청의 난을 진압하였어요.

① **삼국사기를 편찬하였다.**
> 묘청의 난을 진압한 뒤 관직에서 물러난 **김부식**은 인종의 명령을 받아 "삼국사기"를 편찬하였어요. "삼국사기"는 현재 남아 있는 우리나라에서 가장 오래된 역사책이에요.

② 금국 정벌을 주장하였다.
> **묘청 등 서경 세력**은 금국을 정벌하고 '황제' 칭호를 사용하자고 주장하였어요.

③ 화약 무기를 개발하였다.
> **최무선**은 화약 제조에 성공한 뒤 왕에게 건의하여 화통도감을 설치하고 화약 무기를 개발하였어요.

④ 고려에 성리학을 소개하였다.
> **안향**은 원으로부터 성리학을 들여와 고려에 소개하였어요.

밑줄 그은 '이 책'으로 옳은 것은?   [1점]

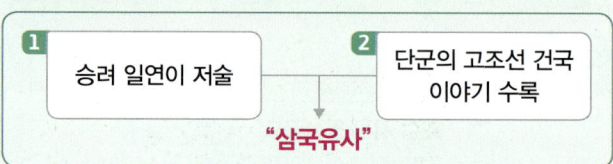

정답 잡는 키워드

| 1 승려 일연이 저술 | → | 2 단군의 고조선 건국 이야기 수록 |

↓

"삼국유사"

1 **"삼국유사"**는 고려 후기에 **승려 일연이 저술**한 역사책으로, 불교사를 중심으로 고대의 민간 설화, 전설 등이 실려 있어요.

2 일연은 우리 역사의 시작을 고조선으로 보고 **"삼국유사"**에 **단군의 고조선 건국 이야기**를 수록하였어요.

① 동국통감
> "동국통감"은 조선 성종 때 서거정 등이 편찬한 역사서로, 고조선부터 고려까지의 역사가 기록되어 있어요.

② 동사강목
> "동사강목"은 조선 후기에 안정복이 저술한 역사서로 우리 역사의 독자적 정통론을 주장하였어요.

③ **삼국유사**
> "삼국유사"에는 곰과 호랑이가 하늘에서 내려온 환웅에게 사람이 되기를 빌었지만 어려움을 이겨 낸 곰만 사람으로 변하여 환웅과 혼인하고 단군왕검을 낳았으며 단군왕검이 (고)조선을 건국하였다는 고조선의 건국 이야기가 실려 있어요.

④ 제왕운기
> "제왕운기"는 고려 후기에 이승휴가 중국과 우리나라의 역사를 시로 표현한 역사서입니다.

(가)에 들어갈 인물로 옳은 것은? [2점]

> 영통사 대각국사비에 대해 검색해 줘.

검색 결과입니다.

영통사 대각국사비는 고려 문종의 넷째 아들로 승려가 된 [(가)]의 행적을 새긴 비석이다. 비문에는 그가 송에서 불교를 배우고 돌아와 **해동 천태종을 개창**한 사실이 기록되어 있다.

정답 잡는 키워드

① 대각국사비 → ② 해동 천태종 개창
의천

1, **2** 고려의 승려 **의천**은 송에서 유학하며 불교를 공부하였고, 고려에 돌아와 해동 **천태종을 열고** 불교 발전을 위해 노력하였어요. 고려의 불교 발전에 큰 영향을 끼친 의천은 '**대각국사**'라는 또 다른 이름으로도 불립니다.

① 원효
➤ 신라의 승려 원효는 일반 백성이 불교 교리를 쉽게 받아들일 수 있게 '무애가'를 지어 부르는 등 불교 대중화에 힘썼어요.

②의천
➤ 고려의 승려 의천은 왕자로 태어났으나 승려가 되어 불교 발전을 위해 노력하였어요.

③ 지눌
➤ 고려의 승려 지눌은 불교계의 타락을 비판하면서 불교 본모습의 신앙생활에 힘쓸 것을 주장하는 수선사 결사(정혜 결사)를 조직하여 불교계를 개혁하고자 하였어요. 죽은 뒤에 왕이 그의 업적을 기려 '보조국사'라는 또 다른 이름을 내렸어요.

④ 혜심
➤ 고려의 승려 혜심은 유교와 불교가 다르지 않다는 유·불 일치설을 주장하였어요.

다음 퀴즈의 정답으로 옳은 것은? [2점]

> 여러 사람이 공동의 목적을 위해 조직한 단체를 말해요.

> 이 인물은 정혜 결사를 조직하였으며, 선과 교를 함께 닦아야 한다는 **정혜쌍수**를 주장하였습니다. **보조국사**라고도 하는 이 인물은 누구일까요?

한국사 퀴즈 대회

정답 잡는 키워드

① 정혜쌍수 주장 ─ ② 보조국사
지눌

1 **지눌**은 고려 불교계의 타락과 세속화를 비판하면서 수선사 결사(정혜 결사)를 조직하여 불교계를 개혁하려고 하였어요. 선종을 중심으로 교종을 통합하고자 하였으며, 수행 방법으로 참선과 교리 공부를 함께해야 한다는 정혜쌍수를 주장하였어요.

2 **지눌**은 죽은 뒤에 보조국사라는 이름을 왕으로부터 받았어요.

①  지눌
➤ 고려의 승려 지눌은 단번에 깨닫고 깨달은 후에도 점진적으로 수행을 계속해야 한다는 돈오점수를 주장하였어요.

②  요세
➤ 고려의 승려 요세는 백련 결사를 주도하였어요.

③  혜초
➤ 신라의 승려 혜초는 "왕오천축국전"을 저술하였어요.

④  원효
➤ 신라의 승려 원효는 '무애가'를 지어 부르며 일반 백성이 불교 교리를 쉽게 받아들일 수 있게 하였어요.

Ⅲ
고려

(가)에 들어갈 문화유산으로 옳은 것은?   [3점]

나
오늘, 오후 1:30
#오늘_다녀온_곳 #논산
#보물_제218호에서_국보_제323호로

(가)

👍 좋아요 6   💬 댓글 달기 2   ↗ 공유하기

□□
고려 시대의 가장 큰 불상이야.

△△
광종 때 만들어졌다고 해.

정답 잡는 키워드

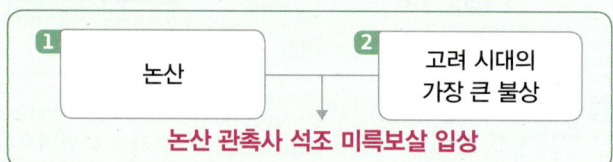

1	2
논산	고려 시대의 가장 큰 불상

↓
논산 관촉사 석조 미륵보살 입상

1, 2 논산에 있는 **관촉사 석조 미륵보살 입상**은 고려 광종 때 만들어진 것으로 알려진 불상이며, 높이가 18m에 달하는 고려 시대의 가장 큰 불상이에요.

①
금동 미륵보살 반가 사유상
▶ 금동 미륵보살 반가 사유상은 삼국의 문화가 일본으로 전파되었음을 짐작하게 해 주는 문화유산이에요.

②
석굴암 본존불상
▶ 경주 석굴암의 중앙에 있는 본존불상은 완벽한 조화미를 보여 주는 통일 신라의 불상이에요.

③
관촉사 석조 미륵보살 입상
▶ 고려 초기에 논산 관촉사 석조 미륵보살 입상과 같이 개성 있는 모습의 대형 불상이 많이 제작되었어요.

④
용현리 마애 여래 삼존상
▶ 서산 용현리 마애 여래 삼존상은 '백제의 미소'로 널리 알려져 있어요.

(가)에 들어갈 문화유산으로 옳은 것은?   [2점]

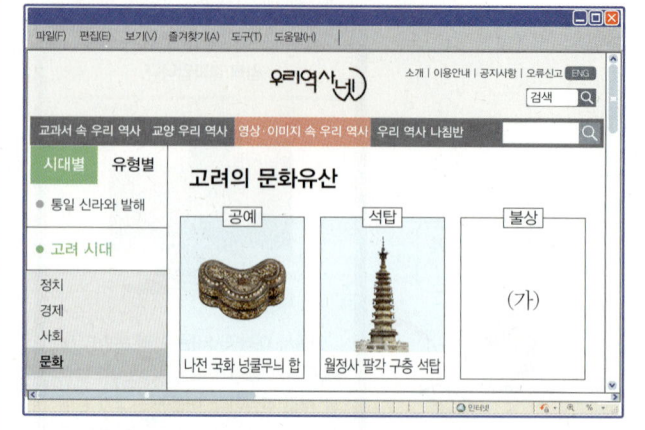

우리역사넷

고려의 문화유산

공예	석탑	불상
나전 국화 넝쿨무늬 합	월정사 팔각 구층 석탑	(가)

고려 시대에는 옻칠한 그릇 바탕에 조개껍데기 조각인 자개를 붙여 무늬를 표현한 나전 칠기가 유행하였어요. 또한, 평창 월정사 8각 9층 석탑과 같은 다각 다층탑이 많이 만들어졌습니다.

①
이불병좌상
▶ 이불병좌상은 두 부처가 나란히 앉아 있는 모습의 **발해** 불상으로, 고구려 양식의 영향을 받았어요.

②
안동 이천동 마애 여래 입상
▶ **고려** 초기에는 안동 이천동 마애 여래 입상과 같은 개성 있는 모습의 거대 불상이 많이 제작되었어요. 고려 시대에 만들어진 대표적인 거대 불상으로 논산 관촉사 석조 미륵보살 입상, 파주 용미리 마애 이불 입상 등이 있어요.

③
석굴암 본존불상
▶ 경주 석굴암의 본존불상은 **통일 신라**의 뛰어난 석공 기술을 보여 주는 문화유산이에요.

④
서산 용현리 마애 여래 삼존상
▶ 서산 용현리 바위에 새겨진 **백제**의 불상이에요. 얼굴 표정이 온화하고 부드러워 '백제의 미소'라고도 불립니다.

163 ● 평창 월정사 8각 9층 석탑 　정답 ③

밑줄 그은 '탑'으로 옳은 것은? 　[2점]

정답 잡는 키워드

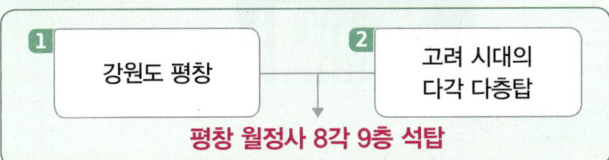

```
┌─────────────┐      ┌─────────────┐
│ 1 강원도 평창 │──────│ 2 고려 시대의 │
└─────────────┘      │   다각 다층탑 │
                     └─────────────┘
         평창 월정사 8각 9층 석탑
```

1, **2** 강원도 평창의 **월정사 8각 9층 석탑**은 고려 시대에 만들어진 대표적인 다각 다층탑이에요. 탑의 옆에는 석탑을 향하여 공양하는 모습을 한 석조 보살 좌상이 있어요.

①
통일 신라 시기에 만들어진 경주 불국사 다보탑은 목조 건축 구조를 본뜬 복잡하면서도 화려한 모습이에요.

불국사 다보탑

②
고려 시대에 만들어진 여주 신륵사 다층 전탑은 현존하는 유일한 고려 시대의 전탑이에요.

신륵사 다층 전탑 　↗벽돌로 쌓은 탑이에요.

③
평창 월정사 8각 9층 석탑은 다각 다층으로 만들어진 고려 시대의 대표적인 탑이에요.

월정사 팔각 구층 석탑

④
통일 신라 시기에 만들어진 구례 화엄사 4사자 3층 석탑은 탑의 네 모퉁이에 앉아 있는 사자상이 탑을 받치고 있는 모습이에요.

화엄사 사사자 삼층 석탑

164 ● 개성 경천사지 10층 석탑 　정답 ④

(가)에 들어갈 문화유산으로 옳은 것은? 　[2점]

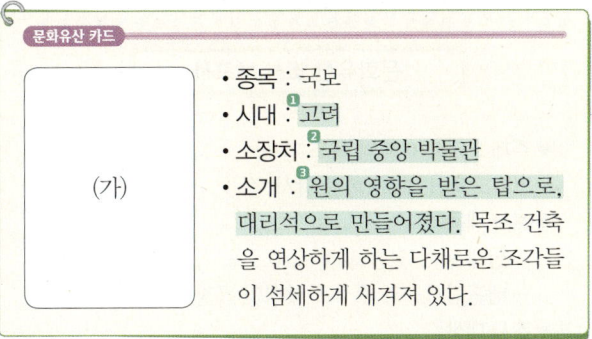

문화유산 카드
- 종목 : 국보
- 시대 : 고려
- 소장처 : 국립 중앙 박물관
- 소개 : 원의 영향을 받은 탑으로, 대리석으로 만들어졌다. 목조 건축을 연상하게 하는 다채로운 조각들이 섬세하게 새겨져 있다.

정답 잡는 키워드

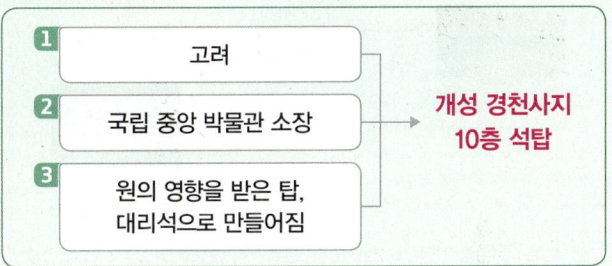

```
┌──────────────────┐
│ 1 고려            │
├──────────────────┤   개성 경천사지
│ 2 국립 중앙 박물관 소장 │→  10층 석탑
├──────────────────┤
│ 3 원의 영향을 받은 탑, │
│   대리석으로 만들어짐 │
└──────────────────┘
```

1, **2**, **3** 개성 경천사지 10층 석탑은 고려 후기에 원의 영향을 받아 대리석으로 만들어진 다각 다층탑이에요. 대한 제국 시기에 일본인에게 약탈되었다가 일제 강점기에 다시 돌아왔어요. 지금은 국립 중앙 박물관 실내에 전시되어 있어요.

①
경주 불국사 3층 석탑은 통일 신라 시기에 만들어진 석탑이에요. 해체·보수 과정에서 무구정광대다라니경이 발견되었는데, 이는 현존하는 세계에서 가장 오래된 목판 인쇄물이에요.

불국사 삼층 석탑

②
경주 분황사 모전 석탑은 돌을 벽돌 모양으로 다듬어 쌓은 신라의 석탑이에요.

분황사 모전 석탑

③
영광탑은 발해의 탑으로 벽돌로 세운 전탑이에요.

영광탑

④
고려 후기에 만들어진 개성 경천사지 10층 석탑은 조선 전기에 만들어진 서울 원각사지 10층 석탑에 영향을 주었어요.

경천사지 십층 석탑

(가)에 들어갈 문화유산으로 가장 적절한 것은? [2점]

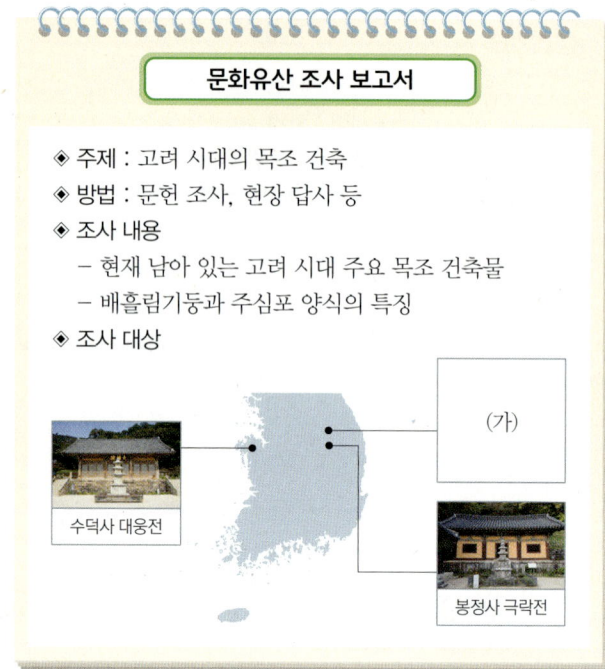

문화유산 조사 보고서

◈ 주제 : 고려 시대의 목조 건축
◈ 방법 : 문헌 조사, 현장 답사 등
◈ 조사 내용
 – 현재 남아 있는 고려 시대 주요 목조 건축물
 – 배흘림기둥과 주심포 양식의 특징
◈ 조사 대상

수덕사 대웅전

(가)

봉정사 극락전

고려 시대의 목조 건축물로 후기에 만들어진 안동 봉정사 극락전, 영주 부석사 무량수전, 예산 수덕사 대웅전이 있어요. 세 건축물은 모두 공포를 기둥 위에만 설치하는 주심포 양식으로 지어졌으며, 건물이 안정감 있게 보이게 기둥의 가운데 부분이 살짝 불룩한 배흘림기둥이 사용되었어요.

종묘 정전

▶ 종묘는 **조선** 시대 왕과 왕비의 신주를 모신 사당이에요. 종묘의 중심 건물인 정전에는 19명의 왕과 그 왕비의 신위를 모셨어요.

경복궁 근정전

▶ 경복궁 근정전은 **조선**의 정궁인 경복궁의 중심 건물이에요. 국왕이 조회를 하거나 외국 사신을 맞이하는 등 중요한 행사를 치르던 곳입니다.

법주사 팔상전

▶ 보은 법주사 팔상전은 **조선** 후기에 지어졌으며, 현재 우리나라에 남아 있는 가장 오래된 5층 목탑이에요.

부석사 무량수전

▶ 영주 부석사 무량수전은 **고려** 시대에 지어진 주심포 양식의 목조 건물이에요. 무량수전 안에 신라의 불상 양식을 계승한 소조 여래 좌상이 있어요.

밑줄 그은 '그 일'에 해당하는 내용으로 옳은 것은? [2점]

❶몽골군의 침략으로 부인사에 보관된 대장경판이 남김없이 불에 탔습니다. 이런 큰 보배가 없어졌는데 어찌 감히 일이 어려운 것을 염려하여 다시 만들지 않겠습니까? 이제 왕과 신하 모두 한마음으로 담당 관청을 설치하고 <u>그 일</u>을 맡아 시작할 것을 다짐합니다. 원하옵건대 ❷부처님께서는 신통한 힘으로 흉악한 오랑캐를 물리치시고 다시는 우리 땅을 밟는 일이 없게 해 주소서.

정답 잡는 키워드

| **1** 몽골군의 침략으로 부인사에 보관된 대장경판이 불에 타 다시 만듦 | **2** 부처님의 힘으로 오랑캐 격퇴를 기원함 |

→ **팔만대장경**

1 고려는 몽골의 침입으로 부인사에 보관되어 있던 초조대장경 목판이 불에 타 없어지자 다시 대장경을 만들기 위해 대장도감을 설치하여 **팔만대장경(재조대장경)** 제작을 시작하였어요.

2 **팔만대장경**에는 부처의 힘으로 몽골의 침입을 격퇴하고자 하는 고려인의 염원이 담겼어요.

① 삼국사기 편찬
▶ 고려 인종 때 김부식 등이 왕명을 받아 삼국의 역사를 다룬 "삼국사기"를 편찬하였어요.

② 팔만대장경 제작
▶ 팔만대장경판은 합천 해인사 장경판전에 보관되어 있으며, 그 가치를 인정받아 유네스코 세계 기록 유산으로 등재되었어요.

③ 직지심체요절 간행
▶ "직지심체요절"은 고려 말에 청주 흥덕사에서 금속 활자로 간행되었어요. 현존하는 세계에서 가장 오래된 금속 활자 인쇄본으로 인정받고 있어요.

④ 무구정광대다라니경 인쇄
▶ 통일 신라 시기에 만들어진 경주 불국사 3층 석탑을 해체·보수하는 과정에서 현존하는 세계에서 가장 오래된 목판 인쇄물인 무구정광대다라니경이 발견되었어요.

(가)에 들어갈 문화유산에 대한 설명으로 옳은 것은?

[2점]

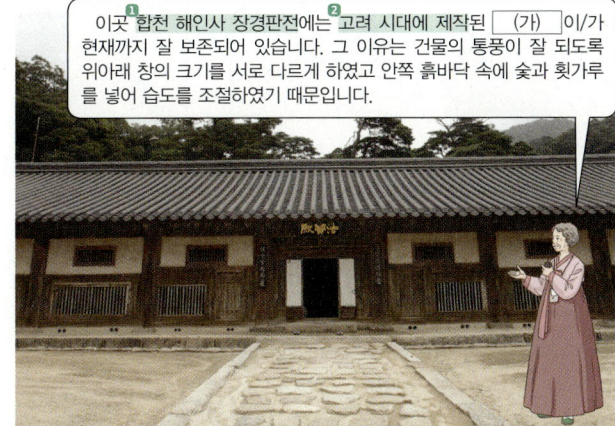

이곳 **❶합천 해인사 장경판전**에는 **❷고려 시대에 제작된** (가) 이/가 현재까지 잘 보존되어 있습니다. 그 이유는 건물의 통풍이 잘 되도록 위아래 창의 크기를 서로 다르게 하였고 안쪽 흙바닥 속에 숯과 횟가루를 넣어 습도를 조절하였기 때문입니다.

정답 잡는 키워드

❶ 합천 해인사 장경판전	❷ 고려 시대에 제작

팔만대장경

❶, ❷ **팔만대장경**은 몽골이 침략하였을 때 **고려가 몽골군 격퇴**를 기원하여 제작한 대장경이에요. 몽골의 침입으로 이전에 만든 초조대장경 목판이 불에 타 없어지자 다시 만들었기에 재조대장경이라고도 해요. 8만여 장의 목판으로 이루어진 팔만대장경의 판목은 현재 **합천 해인사 장경판전**에 보관되어 있어요. 합천 해인사 장경판전은 대장경판을 보존하는 데 필요한 통풍과 온도, 습도 조절 등의 기능이 자연적으로 해결될 수 있도록 설계된 과학적 건축물로 유네스코 세계 유산으로 등재되어 있어요.

↗ 조선 시대에 왕명을 관리들에게 전달하는 역할을 맡은 비서 기관이에요.

① 승정원에서 편찬하였다.
> 조선 시대에 승정원에서 매일매일 취급한 문서와 사건 등을 기록하여 "**승정원일기**"를 편찬하였어요.

② 시정기와 사초를 바탕으로 제작하였다.
> "**조선왕조실록**"은 조선 시대에 제작되었으며, 사관들이 작성한 사초와 각 관서의 업무 기록을 종합하여 연월일 순으로 작성해 둔 시정기 등을 바탕으로 편찬되었어요.

③ 현존하는 가장 오래된 금속 활자본이다.
> 고려 말 청주 흥덕사에서 금속 활자로 간행된 "**직지심체요절**"은 현존하는 세계에서 가장 오래된 금속 활자 인쇄본이에요.

④ 부처의 힘으로 몽골의 침입을 물리치고자 만들었다.
> 고려는 부처의 힘으로 몽골의 침입을 물리치고자 하는 소망을 담아 **팔만대장경**을 조성하였어요. 팔만대장경의 목판은 2007년에 유네스코 세계 기록 유산으로 등재되었어요.

(가)에 들어갈 내용으로 옳은 것은?

[2점]

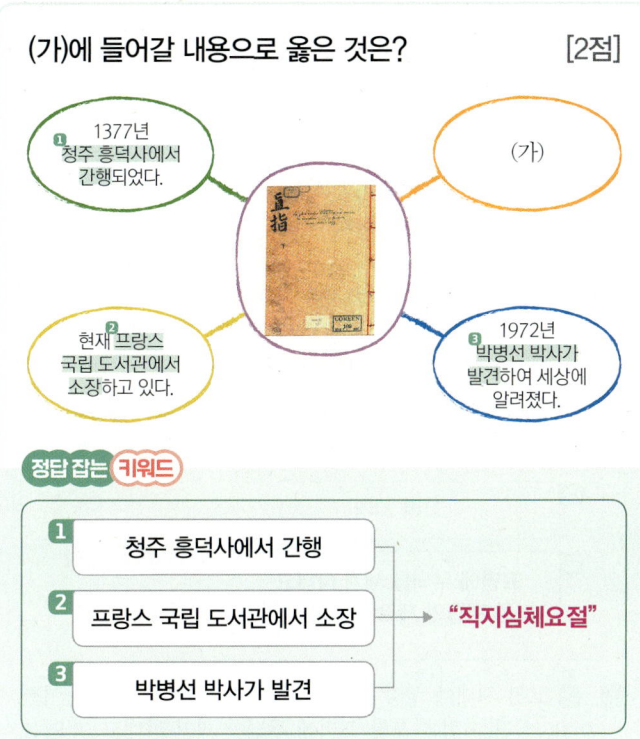

❶ 1377년 청주 흥덕사에서 간행되었다.

(가)

❷ 현재 프랑스 국립 도서관에서 소장하고 있다.

❸ 1972년 박병선 박사가 발견하여 세상에 알려졌다.

정답 잡는 키워드

❶ 청주 흥덕사에서 간행	
❷ 프랑스 국립 도서관에서 소장	→ "**직지심체요절**"
❸ 박병선 박사가 발견	

❶ "**직지심체요절**"은 고려 우왕 때인 1377년에 청주 흥덕사에서 금속 활자로 간행되었어요.

❷ "**직지심체요절**"은 19세기에 프랑스로 반출되어 현재 프랑스 국립 도서관에서 소장하고 있어요.

❸ "**직지심체요절**"은 1972년에 박병선 박사가 프랑스 국립 도서관에 보관되어 있던 것을 발견하여 세상에 알려졌어요.

① 김부식이 왕명을 받아 편찬하였다.
> 김부식 등이 고려 인종의 명을 받아 편찬한 "**삼국사기**"는 현재 남아 있는 우리나라에서 가장 오래된 역사서입니다.

② 사초와 시정기를 바탕으로 제작되었다.
> "**조선왕조실록**"은 사초와 시정기 등을 바탕으로 실록청에서 편찬되었어요.

③ 우리나라 풍토에 맞는 농법을 소개하였다.
> 조선 세종 때 농민의 실제 경험을 반영하여 우리나라 풍토에 맞는 농법을 소개한 "**농사직설**"이 간행되었어요.

④ 현존하는 세계에서 가장 오래된 금속 활자본이다.
> 박병선 박사는 "**직지심체요절**"을 연구하여 이 책이 지금까지 남아 있는 세계에서 가장 오래된 금속 활자 인쇄본이라는 사실을 밝혔어요.

III 고려

(가)에 들어갈 문화유산으로 옳은 것은?   [2점]

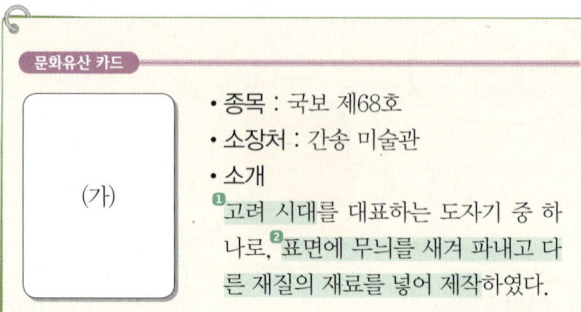

문화유산 카드

(가)

• 종목 : 국보 제68호
• 소장처 : 간송 미술관
• 소개
❶고려 시대를 대표하는 도자기 중 하나로, ❷표면에 무늬를 새겨 파내고 다른 재질의 재료를 넣어 제작하였다.

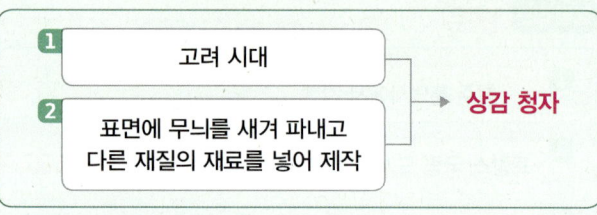

❶   고려 시대

❷   표면에 무늬를 새겨 파내고 다른 재질의 재료를 넣어 제작

→ 상감 청자

❶, ❷ 고려 시대에 상감 기법을 사용한 **상감 청자**가 만들어졌어요. 상감 기법은 그릇 표면에 무늬를 새겨 파내고 그 안을 백토나 흑토 등 다른 재질의 재료로 채우는 장식 기법이에요.

①

분청사기 철화
어문 항아리

▶ 분청사기 철화 어문 항아리는 조선의 문화유산입니다. 분청사기는 회색 또는 회백색의 바탕흙 위에 흰 흙을 발라 장식을 하거나 무늬를 그린 도자기이며, 조선 초기에 유행하였어요.

②

백자 철화
끈무늬 병 →흰 바탕에 철 성분이 들어간 물감으로 무늬를 그렸다는 뜻이에요.

▶ 백자 철화 끈무늬 병은 조선의 문화유산입니다. 조선 시대에 깨끗하고 검소한 아름다움을 가진 백자가 유행하였어요.

③

청자 상감
운학문 매병

▶ 청자 상감 운학문 매병은 고려의 독창적인 상감 기법으로 만들어졌으며 구름과 학 무늬를 새긴 청자입니다.

④

청자
참외 모양 병

▶ 청자 참외 모양 병은 고려의 문화유산으로, 무늬나 장식이 없는 순청자입니다. 고려의 순청자는 신비한 푸른빛의 아름다움으로 유명하였어요.

다음과 같은 기법으로 제작된 문화유산으로 옳은 것은?   [2점]

도자기 표면에 → 무늬에 다른 색의 → 다른 색 흙을 긁어내어
무늬 새기기   흙 메우기   무늬 나타내기

도자기 표면에 무늬를 새기고 그 안을 백토나 흑토 등 다른 색의 흙으로 메운 다음 다른 색 흙을 긁어내어 무늬를 나타내는 기법을 **상감 기법**이라고 해요. 12세기 이후에 고려의 독창적인 상감 기법을 이용하여 만든 상감 청자가 유행하였어요.

①

기마 인물형 토기

▶ 기마 인물형 토기는 신라 경주의 고분 금령총에서 출토되었어요. 당시의 의복 문화와 말갖춤 등을 짐작할 수 있어요.

②

백자 철화 끈무늬 병

▶ 조선 시대에 선비들의 취향과 잘 어울리는 백자가 많이 제작되었어요.

③

청자 참외 모양 병

▶ 고려의 순청자는 신비한 푸른빛의 아름다움으로 유명하였는데, 11세기에 많이 만들어졌어요.

④

청자 상감 모란문
표주박 모양 주전자

▶ 주전자의 윗부분에 상감 기법으로 구름과 학 무늬를 새긴 상감 청자입니다.

171 나전 칠기

정답 ②

다음 기사에 보도된 문화유산으로 옳은 것은? [2점]

> ### ○○신문
>
> 제△△호   2020년 ○○월 ○○일
>
> **고려 나전 칠기의 귀환**
>
> 국외 소재 문화재 재단의 노력으로 고려 시대의 '나전 국화 넝쿨무늬 합'이 일본에서 돌아왔다. 나전 칠기는 표면에 옻칠을 하고 조개껍데기를 정교하게 오려 붙인 것으로 불화, 청자와 함께 고려를 대표하는 문화유산이다. 이번 환수로 국내에 소장된 고려의 나전 칠기는 총 3점이 되었다.

나전 칠기는 그릇 바탕에 옻칠을 하고 조개껍데기 조각인 자개를 붙여 무늬를 표현하는 공예품입니다. 고려의 나전 칠기는 매우 유명하여 송에 수출하기도 하였어요.

①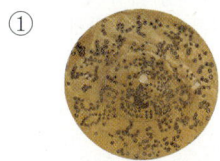
> 조선 시대에 만들어진 **양산 통도사 금동 천문도**입니다. 실제 별을 관측할 때 사용한 도구로 알려져 있어요.

②
> 고려 시대에 만들어진 **나전 국화 넝쿨무늬 합**이에요. 일본에 있던 것을 돌려받았어요.

③
> 고려 시대에 만들어진 **청동 은입사 물가 풍경무늬 정병**이에요. 은입사는 청동이나 철, 구리 등 금속 그릇 표면에 은실을 채워 넣어 무늬를 장식하는 기법이에요.

④
> 조선 시대에 만들어진 **분청사기 철화 넝쿨무늬 항아리**입니다.

172 최무선의 활동

정답 ④

(가) 인물의 활동으로 옳은 것은? [2점]

> 이 전투는 고려 말 **①** (가) 이/가 제작한 **②** 화포를 이용하여 왜구를 크게 물리친 진포 대첩입니다.

정답 잡는 키워드

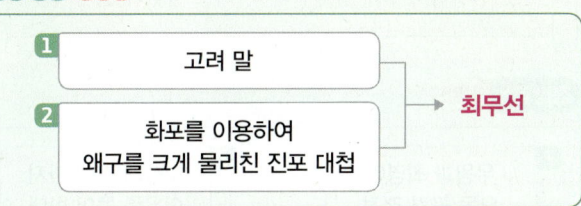

① 고려 말	
② 화포를 이용하여 왜구를 크게 물리친 진포 대첩	→ **최무선**

①, ② 고려 말에 **최무선**은 오랜 연구 끝에 화약 제조에 성공한 후 화포 등 화약 무기를 만들었어요. 이후 화약 무기를 이용하여 진포에서 왜구를 물리쳐 큰 승리를 거두었어요(진포 대첩).

> ↗ 작은 힘을 이용해 무거운 물건을 들 수 있는 기구입니다.

① 거중기를 설계하였다.
> 조선 후기 정조 때 **정약용**은 거중기를 만들어 수원 화성 축조에 이용하였어요.

② 앙부일구를 제작하였다.
> 조선 세종 때 왕명에 따라 **이순지** 등이 해시계인 앙부일구를 제작하였어요.

③ 비격진천뢰를 발명하였다.
> 비격진천뢰는 조선 선조 때 **이장손**이 발명한 화약 무기로 목표물에 날아가서 폭발하는 폭탄이며, 임진왜란 때 이용되었어요.

④ 화통도감 설치를 건의하였다.
> 고려 말 우왕 때 **최무선**은 왕에게 건의하여 화통도감을 설치하고 화포 등 화약 무기를 제작하였어요.

기출 선택지 +α 다른 선택지가 나온다면?

❺ 4군 6진을 개척하였다. (O / X)
❻ 강동 6주를 확보하였다. (O / X)
❼ 동북 9성을 축조하였다. (O / X)

기출 선택지 +α 정답
❺ X [조선 최윤덕, 김종서] ❻ X [고려 서희] ❼ X [고려 윤관]

1 조선의 탄생

173 ● 위화도 회군   정답 ①

다음 자료를 활용한 탐구 주제로 가장 적절한 것은?

[2점]

> **①**우왕과 최영이 요동 공격을 결정하자 **②**이성계가 이르기를, "지금 출병하는 것은 네 가지 이유로 불가합니다. 작은 나라가 큰 나라를 공격할 수 없는 것이 첫 번째요, 여름에 군사를 동원할 수 없는 것이 두 번째요, 왜구가 빈틈을 노릴 수 있는 것이 세 번째요, 장마철이어서 활은 아교가 풀어지고 질병이 돌 것이니 이것이 네 번째입니다."라고 하였다.

정답 잡는 키워드

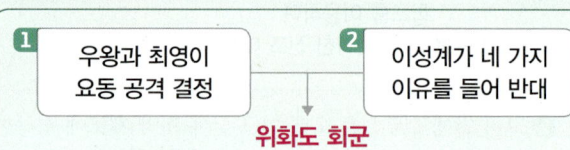

① 우왕과 최영이 요동 공격 결정	**②** 이성계가 네 가지 이유를 들어 반대

→ **위화도 회군**

①, **②** 고려 우왕 때 명이 철령 이북 지역을 직접 다스리겠다고 하자 이에 맞서 우왕과 최영이 요동 공격을 결정하고 이성계와 군대를 파견하였어요. 요동 공격에 나서면 안 되는 네 가지 이유(4불가론)를 들어 요동 공격에 반대하던 이성계는 출정 후에 위화도에서 군대를 멈추고 군대를 되돌리게 해 달라고 요청하였어요. 우왕과 최영이 이를 받아들이지 않자 이성계는 **위화도**에서 **회군**하여 개경으로 돌아와 정권을 장악하였어요.

① 위화도 회군의 배경
> 이성계는 위화도에서 군대를 돌려 개경으로 돌아와 우왕과 최영을 몰아내고 정치적·군사적 실권을 잡았어요.

② 동북 9성의 축조 과정
> 고려 정부는 국경 부근에 자주 침입하여 문제를 일으키는 여진을 정벌하기 위해 윤관의 건의에 따라 별무반을 설치하였어요. 이후 윤관은 별무반을 이끌고 가서 여진을 정벌하고 동북 9성을 쌓았어요.

③ 훈련도감의 설치 목적
> 조선 정부는 임진왜란 중에 군사 조직을 재정비할 필요성이 커짐에 따라 훈련도감을 설치하였어요. 훈련도감은 조총을 다루는 부대인 포수, 활을 쏘는 부대인 사수, 창과 칼을 쓰는 부대인 살수의 삼수병으로 편성되었어요.

④ 고구려의 남진 정책 추진
> 고구려 장수왕은 평양으로 천도하고 본격적으로 남진 정책을 추진하여 한강 유역을 장악하였어요.

174 ● 조선의 건국   정답 ②

(가)에 들어갈 내용으로 옳은 것은?

[2점]

> 조선의 건국 과정을 소개합니다
> 사직단 · 종묘
> 한양 천도 ← 조선 건국 ← 과전법 실시 ← (가)

명이 고려가 원으로부터 되찾은 철령 이북 지역을 직접 다스리겠다고 하자 우왕과 최영은 요동 정벌을 추진하였어요. 이성계는 요동 정벌에 나서지 않아야 하는 네 가지 이유(4불가론)를 들어 이에 반대하였어요. 하지만 신하로서 왕의 명령을 어길 수 없어 군대를 이끌고 요동 정벌에 나섰어요. 압록강 하류의 위화도까지 진군한 이성계는 우왕에게 다시 군대를 되돌리게 해 달라고 요청하였습니다. 우왕과 최영이 이를 받아들이지 않자 결국 **위화도**에서 **회군**하여 개경으로 돌아와 우왕과 최영을 몰아내고 정권을 장악하였어요(1388). 이후 이성계는 정도전 등 신진 사대부와 함께 과전법을 실시(1391)하는 등 개혁을 추진하였어요. 그리고 고려 왕조의 유지를 주장하는 정몽주 등 반대 세력을 제거하고 왕위에 올라 **조선을 건국**(1392)하고 **한양으로 천도**하였어요(1394).

→ 폐지하고 없앤다는 뜻이에요.

① 비변사 혁파
> 조선 고종 때 흥선 대원군은 임진왜란 이후 최고 기구의 역할을 한 비변사를 사실상 폐지하고 의정부와 삼군부의 기능을 부활시켰어요.

② 위화도 회군
> 고려 우왕 때 요동 정벌을 위해 출정한 이성계는 위화도에서 군대를 돌려 개경으로 돌아와 우왕과 최영을 몰아내고 정치적·군사적 실권을 잡았어요.

→ 조선 시대 마지막 통일 법전이에요.

③ 대전회통 편찬
> 조선 고종 때 흥선 대원군은 "대전통편" 편찬 이후 추가된 각종 법규 등을 정리하여 "대전회통"을 편찬하였어요.

④ 훈민정음 창제
> 조선 세종은 백성을 교화하고 백성이 스스로 뜻을 표현할 수 있도록 훈민정음을 창제하여 반포하였어요.

(가)에 들어갈 인물로 옳은 것은? [1점]

(가)

(앞면)

• 조선 개국 공신
• 조선의 통치 기준과 운영 원칙을 제시한 조선경국전을 저술함
❷ • 불씨잡변을 지어 불교 교리를 비판함

(뒷면)

정답 잡는 키워드

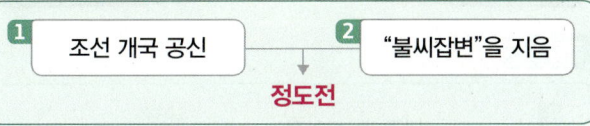

❶ 조선 개국 공신   ❷ "불씨잡변"을 지음

→ **정도전**

❶ **정도전**은 이성계를 도와 조선 건국을 주도하였으며 건국 초기에 체제를 정비하는 데 큰 역할을 하였어요.

❷ **정도전**은 조선의 통치 기준과 운영 원칙을 제시한 "조선경국전"을 지어 태조에게 바쳤으며, "불씨잡변"을 지어 유학의 입장에서 불교 교리를 비판하였어요.

①  ▶ 이이는 조선 시대 대표적인 성리학자이자 정치가입니다. 왕이 갖추어야 할 덕목과 지식을 정리한 "성학집요"를 저술하여 선조에게 올렸어요.

이이

②  ▶ 송시열은 조선 후기의 대표적인 성리학자이자 정치가로 효종과 함께 북벌을 주장하였어요.

송시열

③  ▶ 정도전은 한양 도성을 설계하고 경복궁과 궁궐 내 전각의 이름을 짓는 등 조선 건국 초기에 나라의 기틀을 잡는 데 큰 역할을 하였어요.

정도전

④  ▶ 정몽주는 고려 말의 성리학자이자 정치가로 고려 왕조를 유지한 채 개혁할 것을 주장하여 이방원 세력에 의해 제거되었어요.

정몽주

(가)에 들어갈 문화유산으로 옳은 것은? [1점]

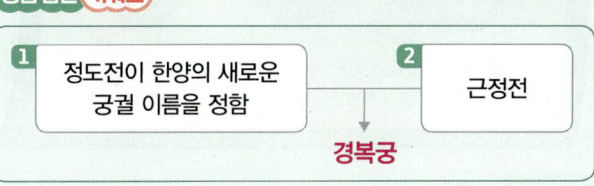

❶ 임금께서 큰 복을 받으시라는 뜻에서 한양의 새로운 궁궐 이름을 (가) 으로 하기를 청합니다. 또한, 중심이 되는 정전은 나랏일을 부지런히 해야 한다는 의미❷로 근정전이라 짓고자 합니다.

그 뜻이 좋구나. 그렇게 하도록 하라.

❶ 정도전   태조

정답 잡는 키워드

❶ 정도전이 한양의 새로운 궁궐 이름을 정함   ❷ 근정전

→ **경복궁**

❶, ❷ 정도전은 조선 건국 초 나라의 기틀을 다지는 데 기여하였으며, 수도 한양에 새로 지은 궁궐의 이름을 **경복궁**이라 짓고 궁궐 안에 있는 주요 건물의 이름도 지었어요. 경복궁의 중심 건물인 근정전에서는 국가의 중요한 행사가 치러졌어요.

① 경복궁
▶ 경복궁은 조선 건국 이후 가장 먼저 지어진 궁궐로 도성의 북쪽에 있어서 북궐이라고 불리기도 하였어요.

② 경운궁
▶ 경운궁은 러시아 공사관에 피신해 있던 고종이 환궁한 곳이에요. 고종이 퇴위 후 이곳에 머물면서 고종의 장수를 빈다는 의미가 담긴 덕수궁으로 이름이 바뀌었어요.

③ 경희궁
▶ 광해군 때 지어진 경희궁은 경복궁의 서쪽에 있어 서궐이라고도 불렸어요.

④ 창경궁
▶ 창경궁은 창덕궁과 함께 동궐로 불렸어요. 일제에 의해 크게 훼손되고 동물원과 식물원이 설치되기도 하였어요.

(가)에 들어갈 문화유산으로 옳은 것은?   [1점]

1 조선의 법궁   **2** 근정전, 경회루
→ **경복궁**

1 **경복궁**은 태조 이성계가 한양을 수도로 정하고 왕이 거처하는 조선의 법궁으로 세운 궁궐이에요.

2 **경복궁**의 중심 건물인 근정전은 국가의 중요한 행사를 치르던 장소였으며, 경회루는 주로 연회를 열 때 사용한 곳입니다. 또 향원정은 왕과 왕의 가족들이 휴식을 취하던 곳이에요.

① 경복궁
▶ 경복궁은 임진왜란 때 불에 탄 이후 복구되지 않다가 고종 때 흥선 대원군이 왕실의 권위를 세우기 위해 다시 지었어요.

② 덕수궁
▶ 덕수궁은 고종이 아관 파천 이후 환궁한 곳으로 당시 이름은 경운궁이었어요. 덕수궁의 중명전에서 을사늑약이 체결되었어요.

③ 창경궁
▶ 창경궁은 창덕궁과 함께 동궐로 불렸어요. 일제에 의해 많은 전각이 헐렸으며, 동물원과 식물원이 설치되어 창경원으로 불리기도 하였어요.

④ 창덕궁
▶ 태종 때 지어진 창덕궁은 창경궁과 함께 동궐로 불렸으며, 경복궁이 임진왜란 때 불에 탄 이후 정궁의 역할을 하였어요. 유네스코 세계 유산으로 등재된 궁궐이에요.

(가)에 들어갈 문화유산으로 옳은 것은?   [2점]

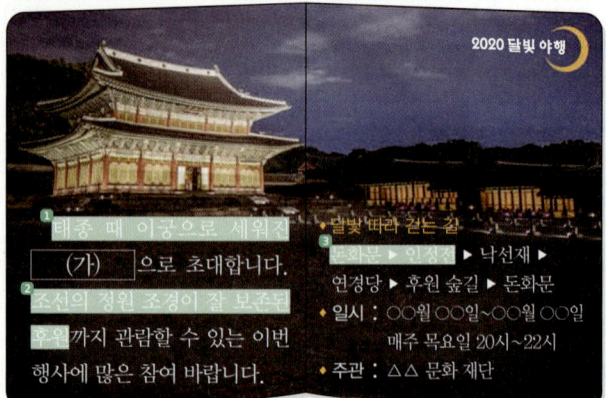

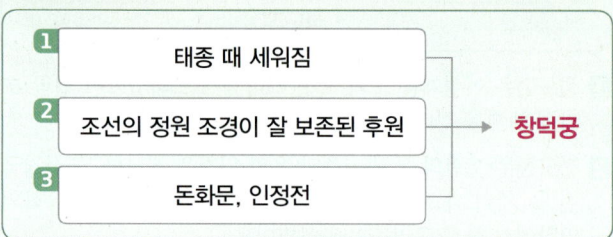

1 태종 때 세워짐
2 조선의 정원 조경이 잘 보존된 후원 → **창덕궁**
3 돈화문, 인정전

1 **창덕궁**은 경복궁에 이어 두 번째로 지어진 궁궐이며 태종 때 세워졌어요.

2 **창덕궁**은 조선의 정원 조경이 잘 보존된 후원이 있어 그 가치를 인정받아 유네스코 세계 유산으로 등재되었어요.

3 **창덕궁**은 임진왜란으로 불에 탄 경복궁을 대신하여 광해군 때부터 조선의 정궁 역할을 하였어요. 주요 건물로 정문인 돈화문과 나라의 각종 행사가 치러진 인정전 등이 있어요.

① 경복궁
▶ 경복궁은 가장 먼저 지어진 조선의 법궁이에요. 임진왜란 때 불에 타 고종 때 흥선 대원군이 다시 지었어요.

② 경희궁
▶ 광해군 때 지어진 경희궁은 경복궁의 서쪽에 있어 서궐이라고도 불렸어요. 본래 경덕궁으로 불렸는데, 영조 때 경희궁으로 이름이 바뀌었어요.

③ 덕수궁
▶ 덕수궁의 다른 이름은 경운궁이에요. 임진왜란 후 선조가 임시 거처로 사용하며 정릉동 행궁으로 불리다가 광해군 때 경운궁으로 이름이 바뀌었어요. 대한 제국 시기에 고종이 순종에게 황제 자리를 넘긴 뒤 이곳에 머물면서 덕수궁으로 불리게 되었어요.

④ 창덕궁
▶ 창덕궁은 조선의 독특한 궁궐 건축과 정원 문화가 잘 보존된 궁궐이에요.

179 ● 창덕궁 정답 ④

(가)에 들어갈 문화유산으로 옳은 것은? [3점]

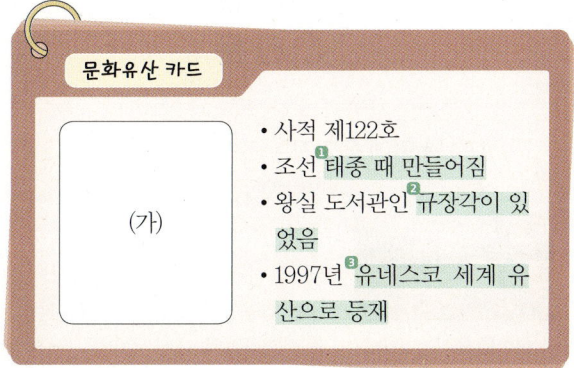

문화유산 카드

(가)

- 사적 제122호
- 조선 태종 때 만들어짐
- 왕실 도서관인 규장각이 있었음
- 1997년 유네스코 세계 유산으로 등재

정답 잡는 키워드

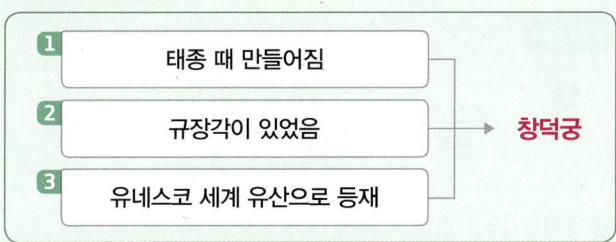

1 태종 때 만들어짐
2 규장각이 있었음 → **창덕궁**
3 유네스코 세계 유산으로 등재

1 **창덕궁**은 태종 때 지어진 궁궐로, 임진왜란 후 광해군 때부터 정궁으로 사용되었어요.

2 정조 때 **창덕궁**의 주합루에 설치된 규장각은 학술과 정책 연구를 담당하였어요.

3 **창덕궁**은 조선의 정원 문화를 보여 주는 후원이 잘 보존되어 있어 그 가치를 인정받아 유네스코 세계 유산으로 등재되었어요.

①
경희궁
▶ 경덕궁이라고도 불린 경희궁은 경복궁의 서쪽에 있어 서궐이라고도 불렸어요.

②
덕수궁
▶ 고종이 강제로 퇴위당한 뒤 경운궁에 머물면서 덕수궁으로 불리게 되었어요.

③
창경궁
▶ 창경궁은 성종 때 대비들의 거처를 마련하기 위해 수강궁을 확장하여 지은 궁궐이에요.

④
창덕궁
▶ 창덕궁은 창경궁과 함께 동궐로 불렸으며, 임진왜란 이후 정궁의 역할을 하였어요.

180 ● 창경궁 정답 ④

다음에서 설명하는 문화유산으로 옳은 것은? [3점]

1/3 이 궁궐은 조선 시대에 창덕궁과 함께 동궐로 불렸습니다.

2/3 일제에 의해 동물원과 식물원이 설치되어 한때는 그 원래 모습을 잃었던 적도 있습니다.

3/3 이제 본 모습을 찾아가고 있는 궁궐에서 조선 왕실의 숨결을 느껴 보시기 바랍니다.

정답 잡는 키워드

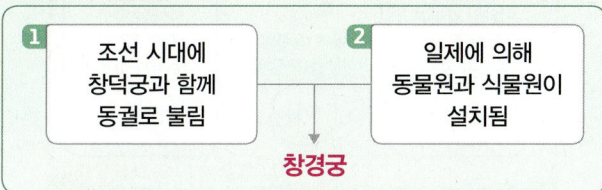

1 조선 시대에 창덕궁과 함께 동궐로 불림
2 일제에 의해 동물원과 식물원이 설치됨
→ **창경궁**

1 **창경궁**은 경복궁 동쪽에 위치하여 창덕궁과 함께 동궐로 불렸어요.

2 **창경궁**은 일제에 의해 많은 전각이 헐리는 등 크게 훼손되었으며, 동물원과 식물원이 설치되어 한때 창경원으로 불리기도 하였어요.

① 경복궁
▶ 경복궁은 조선의 정궁으로, 궁궐 가운데 가장 먼저 건립되었어요. 임진왜란 때 불에 탄 이후 복구되지 않다가 고종 때 흥선 대원군의 주도로 다시 지어졌어요.

② 경희궁
▶ 경희궁은 광해군 때 지어졌으며, 경복궁의 서쪽에 있어 서궐이라고도 불렸어요.

③ 덕수궁
▶ 덕수궁은 임진왜란 후 선조가 임시 거처로 사용하며 정릉동 행궁으로 불리다가 광해군 때 경운궁으로 이름이 바뀌었어요. 고종이 순종에게 황제 자리를 넘긴 후 경운궁에 머물면서 덕수궁으로 불렸어요.

④ **창경궁**
▶ 창경궁은 성종 때 대비들의 거처를 마련하기 위해 수강궁을 확장하여 지은 궁궐이에요.

(가)에 들어갈 문화유산 스탬프로 옳은 것은?   [3점]

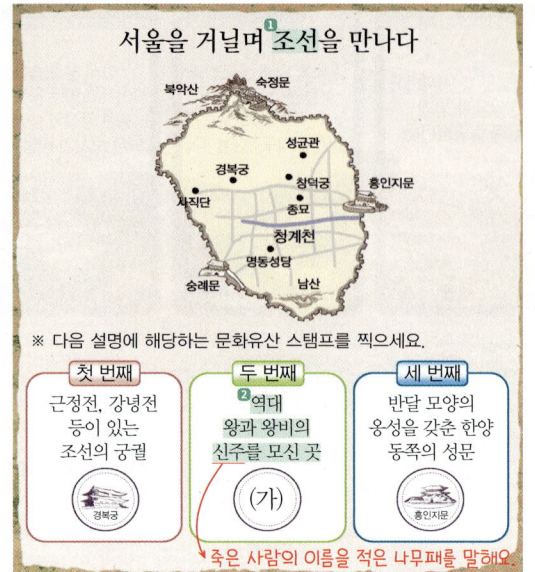

서울을 거닐며 ① 조선을 만나다

※ 다음 설명에 해당하는 문화유산 스탬프를 찍으세요.

첫 번째	두 번째	세 번째
근정전, 강녕전 등이 있는 조선의 궁궐	② 역대 왕과 왕비의 신주를 모신 곳	반달 모양의 옹성을 갖춘 한양 동쪽의 성문
경복궁	(가)	흥인지문

죽은 사람의 이름을 적은 나무패를 말해요.

정답 잡는 키워드

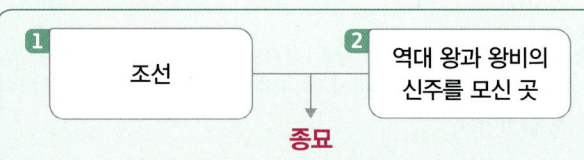

1 조선	→	2 역대 왕과 왕비의 신주를 모신 곳

→ 종묘

1, 2 조선의 역대 왕과 왕비의 신주를 모신 곳은 **종묘**입니다. 태조가 나라를 세운 후 한양을 수도로 정하고 가장 먼저 지은 건물인 종묘는 경복궁의 왼쪽(동쪽)에 있어요.

①  종묘
> 종묘에는 신주를 모시는 건물로 정전과 영녕전이 있어요. 종묘는 유네스코 세계 유산으로 등재되었어요.

②  사직단
> 조선 시대 국왕이 땅의 신과 곡식의 신에게 제사를 지내던 곳이에요. 경복궁의 오른쪽(서쪽)에 있어요.

③  성균관
> 조선 시대 최고 교육 기관이에요. 유학 교육을 실시하고 성현에 제사를 지냈어요.

④  명동 성당
> 대한 제국 시기에 지어진 서양식 건축물로, 천주교 교회당이에요.

(가)에 들어갈 문화유산으로 옳은 것은?   [2점]

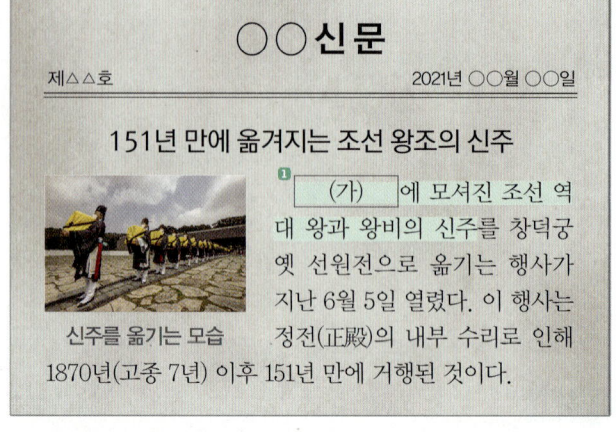

○○신문

제△△호   2021년 ○○월 ○○일

151년 만에 옮겨지는 조선 왕조의 신주

① (가) 에 모셔진 조선 역대 왕과 왕비의 신주를 창덕궁 옛 선원전으로 옮기는 행사가 지난 6월 5일 열렸다. 이 행사는 정전(正殿)의 내부 수리로 인해 1870년(고종 7년) 이후 151년 만에 거행된 것이다.

신주를 옮기는 모습

정답 잡는 키워드

1 조선 역대 왕과 왕비의 신주가 모셔져 있음	→	종묘

1 종묘는 조선 역대 왕과 왕비의 신주를 모신 사당으로, 조선이 건국되고 한양이 수도로 정해진 뒤에 가장 먼저 지어진 건물이에요. 조선 정부는 법궁인 경복궁의 왼쪽(동쪽)에는 종묘를, 오른쪽(서쪽)에는 사직단을 두었어요.

① 종묘
> 종묘는 조선 왕실의 상징성과 정통성을 보여 주는 문화유산으로 그 가치를 인정받아 유네스코 세계 유산으로 등재되었어요.

② 사직단
> 사직단은 조선 시대 왕이 땅의 신과 곡식의 신에게 제사를 지내던 제단이에요.

③ 성균관
> 성균관은 조선 시대 최고 교육 기관이에요. 이곳에서 유학 교육을 실시하고 성현에 제사도 지냈어요.

④ 도산 서원
> 안동의 도산 서원은 이황이 제자들을 가르쳤던 장소에 세워진 서원이며, 선조 때 건립되었어요. 도산 서원 등 9개의 대표적인 서원이 '한국의 서원'이라는 이름으로 2019년에 유네스코 세계 유산으로 등재되었어요.

183 사직단

정답 ③

(가)에 들어갈 내용으로 옳은 것은? [3점]

사직단에 대해 알려 줘.

사직단의 검색 결과입니다.
- 종 목 : 사적 제121호
- 소재지 : 서울 종로구
- 시 대 : 조선 시대
- 개 요
  - (가)
- 이미지

조선 건국 후 태조 이성계는 한양을 수도로 정하고 종묘와 경복궁, 사직단 등을 건설하였어요. **사직단**은 법궁인 경복궁의 오른쪽(서쪽)에 있어요.

① 명성 황후가 시해된 곳이다.
→ 조선 후기 제26대 왕인 고종의 왕비입니다.
  ▶ 일본인이 명성 황후를 시해한 곳은 경복궁 안에 있는 **건청궁**이에요.

② 병자호란 때 청나라에게 항복했던 곳이다.
  ▶ 병자호란에서 패배한 인조는 피신해 있던 남한산성에서 나와 **삼전도**에서 청 황제에게 굴욕적인 항복 의식을 치렀어요.

③ 땅의 신과 곡식의 신에게 제사를 지내던 곳이다.
  ▶ **사직단**은 땅의 신에게 제사를 지내는 '사단'과 곡식의 신에게 제사를 지내는 '직단'을 말해요.

④ 조선 시대 역대 왕과 왕비의 신주를 모셔 놓은 곳이다.
  ▶ **종묘**는 조선의 역대 왕과 왕비의 신주를 모신 사당으로 경복궁의 왼쪽(동쪽)에 있어요.

---

2 국가 기틀의 확립

본문 73~75쪽

184 태종의 정책

정답 ④

(가)에 들어갈 내용으로 옳은 것은? [2점]

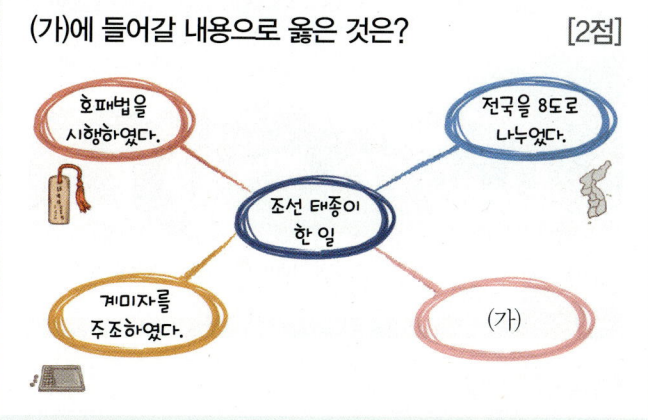

- 호패법을 시행하였다.
- 전국을 8도로 나누었다.
- **조선 태종이 한 일**
- 계미자를 주조하였다.
- (가)

태종은 전국을 8도로 나누고 관리를 파견하는 등 통치 체제 정비에 힘썼어요. 또한, 호구 조사와 호패법을 시행하여 인구를 파악하고 세금 징수와 군역 부과의 기초 자료를 마련하였어요. 한편, 태종 때 금속 활자를 개량한 계미자가 주조되었으며, 세계 지도인 혼일강리역대국도지도가 제작되었어요.

① 균역법을 시행하였다.
  ▶ **영조**는 균역법을 시행하여 농민의 군포 부담을 2필에서 1필로 줄여 주었어요.

② 직전법을 실시하였다.
  ▶ **세조**는 조세를 받을 수 있는 땅, 즉 수조지를 현직 관리에게만 지급하는 직전법을 실시하였어요.
  → 조선 후기에 수도와 그 주변 지역을 방어하기 위해 설치한 다섯 개 군사 조직이에요.

③ 5군영 체제를 완성하였다.
  ▶ **숙종**은 국왕 호위와 수도 방어를 위해 금위영을 설치하여 5군영 체제를 완성하였어요.

④ 6조 직계제를 시행하였다.
  ▶ **태종**은 6조의 장관인 판서가 의정부를 거치지 않고 왕에게 직접 업무를 보고하고 왕의 명령을 받아 정책을 시행하는 6조 직계제를 시행하였어요.

기출 선택지 +α 다른 선택지가 나온다면?

❺ 사병을 혁파하였다. (O / ×)
❻ 칠정산을 편찬하였다. (O / ×)
❼ 신해통공을 실시하였다. (O / ×)

기출 선택지 +α 정답 ❺ O ❻ × [조선 세종] ❼ × [조선 정조]

밑줄 그은 '왕'의 업적으로 옳은 것은?   [2점]

정답 잡는 키워드

1 조선 3대 왕	
2 이성계의 아들	→ **태종**
3 두 차례 왕자의 난 이후 즉위	
4 6조 직계제 실시	

1 , 2 , 3 조선의 3대 왕 **태종**은 이성계의 다섯째 아들 이방원입니다. 이방원은 아버지를 도와 조선을 건국하는 데 공을 세웠으며, 두 차례 왕자의 난을 통해 정도전 등 자신의 반대 세력을 제거한 후 권력을 잡고 왕위에 올랐어요.

4 **태종**은 6조 직계제를 실시하는 등 왕권을 강화하기 위해 힘썼어요. 6조 직계제는 6조의 장관인 판서가 의정부를 거치지 않고 왕에게 직접 업무를 보고하고 왕의 명령을 받아 정책을 시행하는 제도입니다.

① 탕평비를 건립하였다.
　▶ **영조**는 붕당의 폐해를 바로잡기 위해 탕평책을 폈으며, 성균관 앞에 탕평비를 건립하였어요.

② 현량과를 실시하였다.
　▶ **중종**은 조광조의 건의를 받아들여 학문과 덕행이 뛰어난 인재를 추천받아 시험을 통해 관리로 선발하는 현량과를 실시하였어요.

③ 호패법을 시행하였다.
　▶ **태종**은 호패법을 처음 실시하여 양반부터 노비까지 16세 이상의 모든 남성에게 일종의 신분증인 호패를 차고 다니게 하였어요.

④ 훈민정음을 창제하였다.
　▶ **세종**은 백성을 교화하고 백성이 스스로 뜻을 표현할 수 있도록 훈민정음을 창제하여 반포하였어요.

밑줄 그은 '이 왕'의 업적으로 옳은 것은?   [1점]

정답 잡는 키워드

1 훈민정음 창제	2 "농사직설" 편찬

↓ **세종**

1 **세종**은 백성을 교화하고 백성이 스스로 뜻을 표현할 수 있도록 훈민정음을 창제하여 반포하였어요.

2 **세종**은 농민의 실제 경험을 반영하여 우리 풍토에 맞는 농사법을 정리한 "농사직설"을 편찬하였어요.

① 4군 6진을 개척하였다.
　▶ **세종**은 최윤덕과 김종서를 북방으로 보내 여진을 정벌하고 4군 6진을 개척하였어요.

② 경국대전을 완성하였다.
　▶ **성종**은 세조 때부터 편찬하기 시작한 "경국대전"을 완성하여 반포하였어요.

③ 대동여지도를 제작하였다.
　▶ **철종** 때 김정호가 전국 지도인 대동여지도를 제작하였어요.

④ 백두산정계비를 건립하였다.
　▶ **숙종**은 관리를 보내 청과 국경을 확정하고 백두산정계비를 건립하였어요.

기출 선택지 +α 다른 선택지가 나온다면?

5 척화비를 세웠다.	(○ / ×)
6 집현전을 설치하였다.	(○ / ×)
7 장용영을 창설하였다.	(○ / ×)

기출 선택지 +α 정답   5 × [조선 고종 때 흥선 대원군]   6 ○   7 × [조선 정조]

187 ● 집현전의 기능 정답 ③

(가)에 들어갈 내용으로 옳은 것은? [2점]

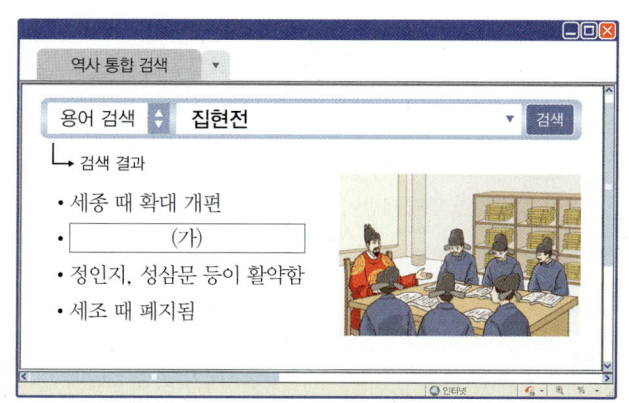

역사 통합 검색

용어 검색 ♦ 집현전 ▼ 검색

└ 검색 결과
• 세종 때 확대 개편
• (가)
• 정인지, 성삼문 등이 활약함
• 세조 때 폐지됨

세종은 **집현전**을 확대 개편하여 궁궐 안에 설치하고 인재를 육성하였어요. 집현전의 학사들은 학문을 연구하고 왕의 자문을 담당하였으며, 여러 가지 책을 편찬하였어요. 하지만 집현전은 세조 때 폐지되었어요.

① 신문을 발행함
▶1883년에 조선 정부는 **박문국**을 설치하고 최초의 근대 신문인 한성순보를 발행하였어요.

② 병든 백성을 치료함
▶조선은 도성에 사는 병든 백성을 치료하는 일을 담당하는 **동·서 활인서**를 설치하였어요.

③ 학문 연구를 담당함
▶세종 때 설치된 **집현전**은 정책과 학문 연구를 담당하였어요.

④ 군사 훈련을 실시함
▶조선 시대에 **훈련원**에서 군사 훈련을 담당하였어요.

188 ● 세조의 정책 정답 ④

밑줄 그은 '왕'에 대한 설명으로 옳은 것은? [3점]

○ 왕께서 명하기를, "집현전을 파하고 경연을 정지하며, 거기에 소장하였던 서책은 모두 예문관에서 관장하게 하라."라고 하였다.

○ 왕께서 명령을 내려, "전날 성삼문 등이 상왕도 모의에 참여하였다고 말하였으니 …… 상왕을 노산군으로 낮추고, 궁에서 내보내 영월에 거주시키도록 하라."라고 하였다.

정답 잡는 키워드

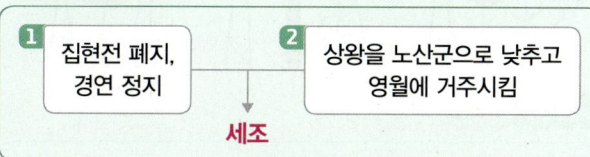

| **1** 집현전 폐지, 경연 정지 | **2** 상왕을 노산군으로 낮추고 영월에 거주시킴 |

세조

1 **세조**는 자신의 활동을 견제하는 집현전을 폐지하고 경연을 정지하여 왕권을 강화하였어요.

2 **세조**는 계유정난을 통해 정권을 장악한 후 조카인 단종의 왕위를 강제로 넘겨받았어요. 이에 반대하여 성삼문 등이 상왕, 즉 단종을 복위시키려고 계획을 세웠지만 발각되었어요. 세조는 성삼문 등을 처형하고 단종을 노산군으로 낮추어 영월로 유배를 보냈습니다.

① 시헌력을 도입하였다.
▶**효종** 때 김육이 청에서 사용하는 역법인 시헌력의 사용을 건의하여 도입하였어요. 시헌력은 서양의 영향을 받아 태음력에 태양력의 원리를 적용한 역법이에요.

② 탕평책을 실시하였다.
▶**영조, 정조**는 붕당 정치의 폐해를 극복하기 위해 탕평책을 실시하였어요.

③ 한양으로 도읍을 옮겼다.
▶**태조**는 조선을 세우고 개경에서 한양으로 도읍을 옮겼어요.

④ 6조 직계제를 시행하였다.
▶**세조**는 국왕 중심의 정치를 강화하기 위해 태종 때 처음 실시된 6조 직계제를 다시 시행하였어요.

기출 선택지 +α 다른 선택지가 나온다면?

5 직전법을 실시하였다. (O / ×)
6 신해통공을 실시하였다. (O / ×)
7 노비안검법을 시행하였다. (O / ×)

기출 선택지 +α 정답 **5** O **6** × [조선 정조] **7** × [고려 광종]

(가) 왕의 재위 기간에 있었던 사실로 옳은 것은? [2점]

카드 뉴스 제작
주제 : 조선의 국왕,   (가)

❶ 계유정난을 일으키는 장면부터 시작해 볼까?

왕권 강화를 위해 집현전을 폐지한 내용을 다루자.

현직 관리에게만 수조권을 지급한 직전법의 내용도 넣어 보자.

정답 잡는 키워드

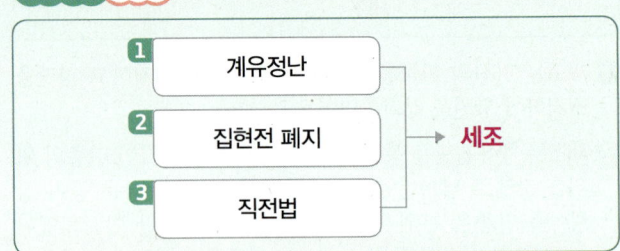

❶ 계유정난
❷ 집현전 폐지 → 세조
❸ 직전법

❶ **세조**(당시 수양 대군)는 계유정난을 일으켜 단종을 보좌하던 황보인, 김종서 등을 제거하고 정권을 차지한 후 단종을 물러나게 하고 즉위하였어요.

❷ **세조**는 성삼문 등 집현전 출신 학자들이 단종의 복위를 꾀하자 이를 진압하고, 자신의 활동을 견제하는 집현전과 경연 제도를 폐지하였어요.

❸ **세조**는 새로운 관리에게 지급할 과전이 부족해지자 현직 관리에게만 수조권을 지급하는 직전법을 실시하였어요.

① 계미자가 주조되었다.
　▶ **태종** 때 금속 활자인 계미자가 주조되었어요.

② 균역법이 실시되었다.
　▶ **영조** 때 농민의 군포 부담을 덜어 주기 위해 군포를 2필에서 1필로 줄이는 균역법이 실시되었어요.

　　↱ 기묘년(1519)에 사림 세력이 훈구 세력에게 물려 큰 피해를 입은 사건이에요.
③ 기묘사화가 일어났다.
　▶ **중종** 때 기묘사화가 일어나 조광조가 제거되고 사림이 큰 피해를 입었어요.

④ 6조 직계제가 시행되었다.
　▶ **세조**는 왕권을 강화하기 위해 6조 직계제를 다시 시행하였어요.

(가)에 해당하는 책으로 옳은 것은? [2점]

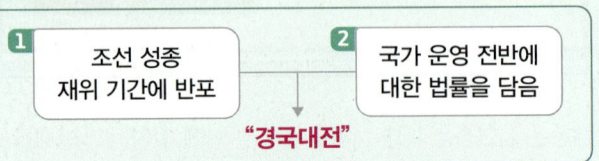

❶ 조선 제9대 국왕인 성종의 재위 기간에는 통치에 관한 규범들을 확립하기 위해 많은 서적이 편찬되었다. ❷ 국가 운영 전반에 대한 법률을 담은 (가) 이/가 반포되었으며, 국가의 의례를 정비한 국조오례의와 궁중 음악을 집대성한 악학궤범이 완성되었다.

정답 잡는 키워드

❶ 조선 성종 재위 기간에 반포
❷ 국가 운영 전반에 대한 법률을 담음
↓
"경국대전"

❶ 조선 성종은 세조 때부터 편찬이 시작된 **"경국대전"**을 완성하여 반포하였어요.

❷ **"경국대전"**은 국가 조직, 재정, 의례, 군사 제도 등 국가 운영 전반에 대한 법률을 담은 조선의 기본 법전이에요.

①
택리지
　▶ "택리지"는 이중환이 각 지방의 자연환경과 경제, 풍속 등을 정리하여 저술한 책이에요.

②
경국대전
　▶ "경국대전"은 중앙의 6조 체제에 맞추어 이·호·예·병·형·공전의 6전 체제로 구성되었어요.

③
농사직설
　▶ "농사직설"은 세종 때 정초 등이 농민의 실제 경험을 반영하여 우리나라 풍토에 맞는 농사법을 정리한 농서입니다.

④
동의보감
　▶ "동의보감"은 광해군 때 허준이 전통 한의학을 집대성하여 편찬한 의학 서적이에요.

(가)에 들어갈 내용으로 옳은 것은?   [2점]

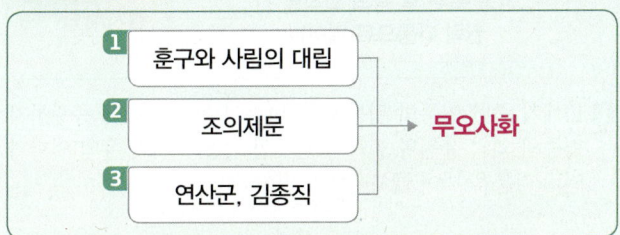

만화로 보는 조선 시대 주요 사건

– 학습 목표 : (가) 을/를 한 장면의 만화로 표현할 수 있다.
– 활동 내용

〈1모둠〉 훈구 사림
〈2모둠〉 ② 조의제문을 사초에 넣었다니! 이극돈
〈3모둠〉 ③ 김종직이 증조할아버지 세조를 능멸하다니! 연산군

정답 잡는 키워드

1 훈구와 사림의 대립
2 조의제문 ➡ **무오사화**
3 연산군, 김종직

1 **무오사화**는 훈구와 사림의 대립이 심해져 벌어진 사건으로 1498년(무오년)에 일어났어요.

2, 3 **무오사화**는 연산군 때 이극돈 등 훈구 세력이 사초에 실린 김종직의 '조의제문'을 문제 삼으면서 일어났어요. 훈구 세력은 김종직이 이 글을 통해 중국 역사에 빗대어 세조가 단종을 쫓아내고 왕위를 차지한 일을 비판하였다며 사림을 공격하였어요. 이로 인해 사림이 큰 화를 입었어요.

↗ 집권하는 붕당이 급격하게 바뀌는 상황을 뜻해요.

① 경신환국
▶ 조선 숙종 때 경신환국(1680)으로 남인이 밀려나고 서인이 집권하였어요.

②무오사화
▶ 무오사화는 무오년(1498)에 일어난 사화로, 사초 문제가 발단이 되었어요.

③ 인조반정
▶ 광해군의 중립 외교에 불만이 컸던 서인은 광해군을 폐위하고 인조를 새 왕으로 세우는 인조반정을 일으켰어요(1623).

↗ 군인들이 일으킨 반란을 말해요.

④ 임오군란
▶ 조선 고종 때 구식 군인에 대한 차별 대우가 원인이 되어 임오군란이 일어났어요(1882).

(가)에 들어갈 내용으로 옳은 것은?   [2점]

역사 인물 카드

• ❶ 조선 중종 때 사림의 중심 인물
• ❷ 도학 정치를 추구함
• ❸ 소격서 폐지를 주장함
• (가)

(1482년~1519년)

정답 잡는 키워드

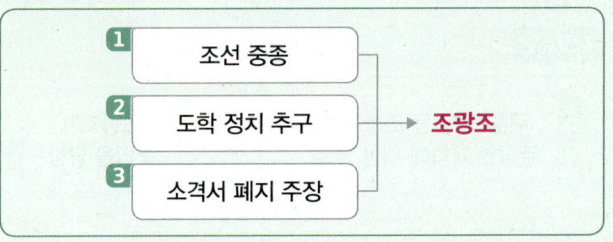

1 조선 중종
2 도학 정치 추구 ➡ **조광조**
3 소격서 폐지 주장

1 **조광조**는 사림의 중심인물로, 반정 공신과 훈구 세력을 견제하고자 한 중종에 의해 중용되었어요.

2 **조광조**는 도학 정치를 추구하며 유교적 이상 정치를 펼치기 위해 과감한 개혁을 추진하였어요.

3 **조광조**는 도교의 제사 의식을 주관하는 소격서의 폐지를 주장하고, 중종반정 때 공을 부풀려 부당하게 공신이 된 이들의 거짓 공훈을 삭제할 것(위훈 삭제)을 건의하였어요. 이에 훈구 세력이 반발하여 기묘사화가 일어나 조광조는 제거되었어요.

① 성학집요를 저술함
▶ 이이는 군주가 갖춰야 할 덕목을 제시한 "성학집요"를 저술하여 선조에게 바쳤어요. "성학집요"는 유학의 중요한 내용을 요약하였다는 뜻이에요.

② 백운동 서원을 건립함
▶ 주세붕은 우리나라 최초의 서원인 백운동 서원을 건립하였어요.

③현량과 실시를 건의함
▶ 조광조는 추천을 받아 학문과 덕행이 뛰어난 인재를 관리로 뽑는 현량과의 실시를 건의하였어요.

④ 시헌력 도입을 주장함
▶ 김육은 청에서 사용하는 역법인 시헌력의 도입을 주장하였어요. 시헌력은 서양의 영향을 받아 태음력에 태양력의 원리를 적용한 역법이에요.

IV
조선1

(가)에 들어갈 사건으로 옳은 것은?　　[2점]

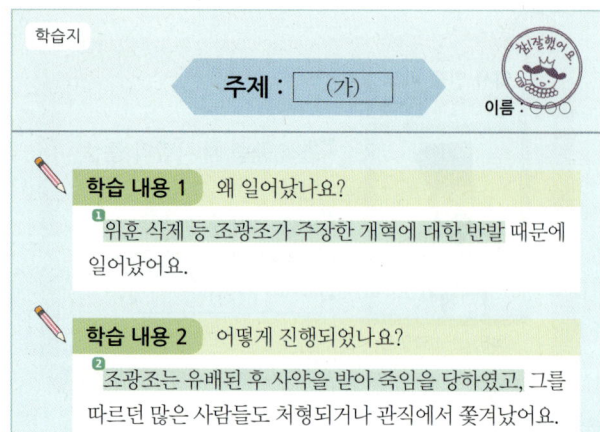

학습지

주제 : (가)

이름 : ◯◯◯

✏️ **학습 내용 1** 왜 일어났나요?

❶ 위훈 삭제 등 조광조가 주장한 개혁에 대한 반발 때문에 일어났어요.

✏️ **학습 내용 2** 어떻게 진행되었나요?

조광조는 유배된 후 사약을 받아 죽임을 당하였고, 그를 따르던 많은 사람들도 처형되거나 관직에서 쫓겨났어요.

정답 잡는 키워드

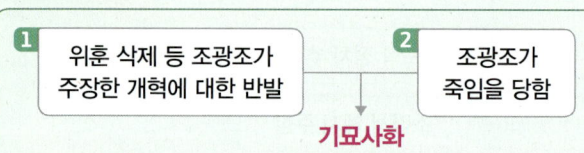

| ❶ 위훈 삭제 등 조광조가 주장한 개혁에 대한 반발 | ❷ 조광조가 죽임을 당함 |

→ **기묘사화**

❶ **기묘사화**는 조선 중종 때 위훈 삭제 등 조광조가 추진한 급진적인 개혁에 훈구 세력이 반발하여 일어난 사건이에요. 조광조는 일부 반정 공신의 거짓 공훈을 삭제해야 한다는 위훈 삭제를 주장하고 소격서 폐지, 현량과 시행 등 개혁 정책을 추진하였어요.

❷ **기묘사화**로 많은 사림이 중앙 정치에서 쫓겨났고, 조광조는 능주로 유배되었다가 곧 사약을 받아 죽었어요.

① 기묘사화
➤ 기묘사화로 조광조를 비롯하여 많은 사림이 죽거나 유배를 가는 등 큰 피해를 입었어요.

↗️ 못 견디게 괴롭히는 행위를 말해요.
② 신유박해
➤ 신유박해는 순조 때 일어난 천주교도 탄압 사건이에요. 이때 이승훈, 정약용 등도 탄압을 받았어요.

③ 인조반정
➤ 인조반정은 서인 세력이 주도하여 광해군을 폐위하고 능양군, 즉 인조를 새 왕으로 세운 사건을 말해요.

④ 임오군란
➤ 임오군란은 개항 후 추진된 정부의 개화 정책과 구식 군인 차별에 대한 불만으로 일어난 사건이에요.

(가)에 해당하는 사건으로 옳은 것은?　　[2점]

이곳은 유네스코 세계 유산에 등재된 필암 서원으로 인종의 스승이었던 김인후를 배향하고 있습니다. 그는 명종 즉위 후 왕의 외척들 간 권력 다툼으로 (가) 이/가 일어나자, 고향으로 돌아와 성리학 연구와 후학 양성에 힘썼습니다.

정답 잡는 키워드

| ❶ 명종 즉위 후 왕의 외척들 간 권력 다툼으로 일어남 | → **을사사화** |

❶ 16세기 중반 인종의 뒤를 이어 명종이 어린 나이에 즉위하자 명종의 외척 윤원형 일파와 선왕인 인종의 외척 윤임 일파가 권력 다툼을 벌여 **을사사화**가 일어났어요.

① 경신환국
➤ 숙종 때 집권 붕당이 급격하게 교체되는 환국이 여러 차례 발생하였어요. 1680년에 있었던 환국(경신환국)은 서인과 남인의 대립으로 남인이 중앙 정계에서 대거 밀려나고 서인이 집권한 사건이에요.

② 기해예송
➤ 현종 때 일어난 기해예송은 효종이 죽어 국장을 치르는 과정에서 효종의 새어머니인 자의 대비가 상복 입는 기간을 두고 서인과 남인이 벌인 논쟁을 말해요.

③ 병인박해
➤ 고종 때인 1866년에 흥선 대원군의 주도로 프랑스 선교사와 수많은 천주교도가 처형된 병인박해가 일어났어요. 이후 프랑스가 병인박해를 구실 삼아 강화도를 침략하여 병인양요가 일어났어요.

④ 을사사화
➤ 명종이 어린 나이에 즉위하면서 왕의 어머니인 문정 왕후가 국왕을 대신해 나랏일을 결정하였어요. 이때 문정 왕후의 동생인 윤원형이 인종의 외척 윤임 일파를 탄압하는 을사사화를 일으켰어요.

3 조선 전기의 사회와 문화

195 승정원
정답 ③

다음 학생이 생각하고 있는 기구로 옳은 것은? [2점]

② 왕명의 출납을 담당하였어.
③ 6명의 승지가 있었어.
① 조선의 중앙 정치 기구 중 하나였어.

정답 잡는 키워드

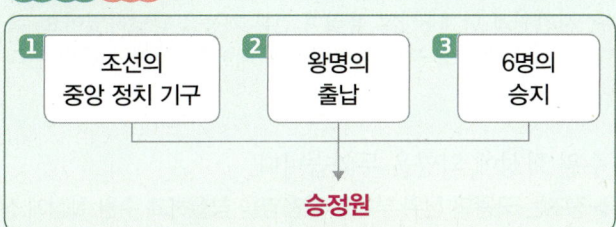

① 조선의 중앙 정치 기구	② 왕명의 출납	③ 6명의 승지

→ **승정원**

①, ② 승정원은 왕명의 출납을 담당한 조선의 중앙 정치 기구로 국왕의 비서 기관이었어요.

③ 승정원은 정원, 은대, 대언사라고도 불렸고, 도승지를 비롯한 6명의 승지가 업무를 분담하였어요.

① 사간원
> 사간원은 조선 시대에 왕이 올바른 정치를 하도록 조언하는 역할을 담당하였어요.

② 사헌부
> 사헌부는 조선 시대에 관리의 비리를 감찰하고 풍속을 바로잡는 일을 담당하였어요. 사헌부와 사간원의 관리는 대간이라고 불리며 서경·간쟁·봉박의 권한을 가졌어요.

③ 승정원
> 승정원은 조선 시대 왕의 비서 기관이며, 그 장관은 도승지입니다.

④ 홍문관
> 홍문관은 조선 시대에 궁궐 내의 서적을 관리하고, 왕의 각종 자문에 응하며 경연을 주관하는 중앙 정치 기구였어요. 홍문관은 사간원, 사헌부와 함께 3사로 불렸어요.

196 의금부
정답 ②

(가)에 들어갈 기구로 옳은 것은? [2점]

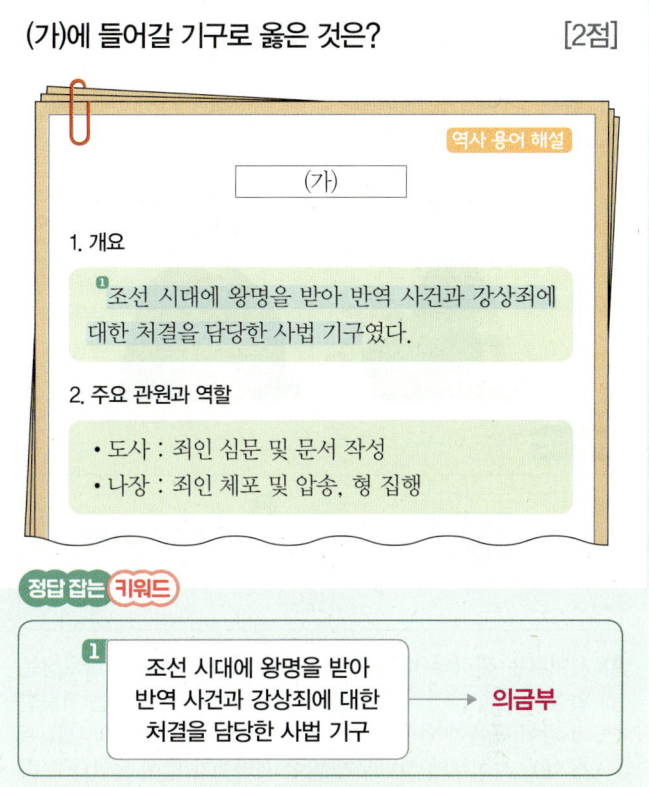

역사 용어 해설

__(가)__

1. 개요

① 조선 시대에 왕명을 받아 반역 사건과 강상죄에 대한 처결을 담당한 사법 기구였다.

2. 주요 관원과 역할

• 도사 : 죄인 심문 및 문서 작성
• 나장 : 죄인 체포 및 압송, 형 집행

정답 잡는 키워드

① 조선 시대에 왕명을 받아 반역 사건과 강상죄에 대한 처결을 담당한 사법 기구	→ **의금부**

① 의금부는 조선 시대에 왕명을 받아 나라의 중죄인을 다스리는 국왕 직속의 사법 기구였어요. 반역죄나 유교 윤리에 어긋나는 죄(강상죄)를 저지른 죄인에 대한 처결을 담당하였어요.

① 사헌부
> 사헌부는 관리의 비리를 감찰하고 풍속을 바로잡는 일을 하였으며, 사헌부 관리는 사간원 관리와 함께 대간이라고 불렸어요.

② 의금부
> 의금부는 조옥, 금부라고 불리기도 하였어요.

③ 춘추관
> 춘추관은 역사서 편찬과 보관을 담당하였어요.

④ 홍문관
> 홍문관은 궁궐 내 서적을 관리하고, 왕의 자문에 응하며 경연을 주관하는 일을 담당한 정치 기구입니다. 사헌부, 사간원과 함께 3사로 불리며 언론 기능을 담당하였어요.

(가) 기구에 대한 설명으로 옳은 것은?   [2점]

호조의 관리들이 국가의 물자를 빼돌렸는데 비위의 범위가 넓다네.

서둘러 (가) 의 ❷수장인 대사헌께 보고하세.

정답 잡는 키워드

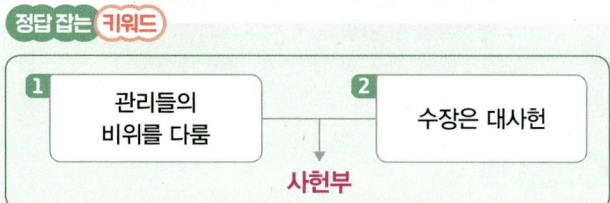

❶ 관리들의 비위를 다룸   ❷ 수장은 대사헌

→ 사헌부

❶ **사헌부**는 관리의 비위를 감찰하고 기강과 풍속을 바로잡는 일을 담당한 조선의 중앙 정치 기구입니다. 사헌부는 서릿발과 같이 규율이 엄정하다는 뜻에서 '상대(霜: 서리 상, 臺: 관청 대)', 사헌부에 잣나무가 많아 까마귀가 많이 살았다고 하여 '오대(烏: 까마귀 오, 臺: 관청 대)' 등으로도 불렸어요.

❷ **사헌부**의 수장은 대사헌이며, 사헌부는 사간원, 홍문관과 함께 3사라고 불렸어요. 또 사헌부의 관리는 사간원의 관리와 함께 대간이라고 하였어요.

① 왕명 출납을 관장하였다.
  ▶ **승정원**은 조선 시대에 왕명 출납을 관장하였어요.

② 수도의 행정과 치안을 맡았다.
  ▶ **한성부**는 수도 한성(한양)의 행정과 치안을 담당하였어요.

③ 외국어 통역 업무를 담당하였다.
  ▶ **사역원**은 외국어의 통역과 번역 업무를 담당하였어요.

④ 사간원, 홍문관과 함께 삼사로 불렸다.
  ▶ 조선 시대에 **사헌부**는 사간원, 홍문관과 함께 3사로 불리며 언론 기능을 담당하였어요.

(가)에 들어갈 내용으로 옳은 것은?   [2점]

옥당이라 쓰여 있는 이 현판은 창덕궁 내의 홍문관 청사에 걸려 있던 것입니다. 홍문관은 활발한 언론 활동을 통해 사헌부·사간원과 함께 3사라고 불렸습니다. 또한 (가)

홍문관은 조선 성종 때 집현전을 계승하여 설치되었으며, 사헌부, 사간원과 함께 3사로 불리며 언론 기능을 담당하였어요. 옥당, 옥서 등으로도 불린 홍문관에는 대제학, 부제학 등의 관직이 있었어요.

① 수원 화성에 외영을 두었습니다.
  ▶ 정조는 국왕의 친위 부대로 **장용영**을 창설하고 수원 화성에 장용영의 외영을 두었어요.

② 한양의 치안과 행정을 맡았습니다.
  ▶ **한성부**는 수도 한양(한성)의 치안과 행정을 담당하였어요.

③ 재정의 출납과 회계를 관장하였습니다.
  ▶ 6조 가운데 **호조**에서 재정의 출납과 회계 등을 주관하였어요. 고려 시대에는 삼사가 화폐와 곡식의 출납과 회계를 담당하였어요.

④ 왕의 정책 자문과 경연을 담당하였습니다.
  ▶ **홍문관**은 궁중의 서적과 문서를 관리하고 왕의 정책 자문을 담당하였으며, 왕에게 경서와 사서를 강론하는 경연을 주관하였어요.

199 ● 성균관   정답 ②

(가)에 들어갈 내용으로 옳은 것은?   [1점]

○○년 신입생 모집
❶ 조선 최고 교육 기관

(가)

1. 선발 인원 : 200명
2. ❷ 지원 자격 : 소과에 합격한 생원, 진사 등
3. 특전 : 원점* 300점인 자에게 관시(館試)
      응시 자격 부여

* 원점(圓點) : 아침, 저녁 식당에 들어갈 때 찍는 점

정답 잡는 키워드

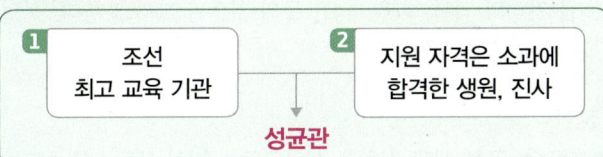

❶ 조선 최고 교육 기관	❷ 지원 자격은 소과에 합격한 생원, 진사

→ 성균관

❶ 성균관은 한양에 설치된 조선 시대 최고 교육 기관으로 수준 높은 유학 교육을 실시하였어요.

❷ 성균관의 입학 자격은 원칙적으로 소과에 합격한 생원과 진사에게 주어졌어요.

① 향교
> 향교는 고려와 조선이 지방에 설립한 관립 교육 기관이에요. 조선은 부·목·군·현에 향교를 하나씩 설립하였어요.

② 성균관
> 성균관에서는 유학 교육과 성현에 대한 제사가 이루어졌어요.

③ 육영 공원
> 육영 공원은 개항 후 조선 정부가 설립한 근대 교육 기관이에요. 미국인 교사를 초빙하여 양반 자제와 관리에게 근대 학문을 가르쳤어요.

↗ 중학·동학·남학·서학의 4개 학당을 말해요.
④ 4부 학당
> 4부 학당은 조선이 한양에 세운 관립 중등 교육 기관이에요.

---

200 ● 조선 시대의 교육 기관   정답 ①

교사의 질문에 대한 학생의 답변으로 옳지 않은 것은?
    [2점]

조선 시대의 교육 기관에 대해 말해 볼까요?

① 책을 읽고 활쏘기를 익히는 경당이 있었어요.

② 서울의 4부 학당에서는 중등 교육을 담당했어요.

③ 최고 교육 기관으로 성균관이 있었어요.

④ 사림이 세운 서원이 있었어요.

조선은 유학 지식과 능력을 갖춘 관리를 양성하기 위해 학교를 세워 유학을 가르쳤어요. 서당에서는 초보적인 유학 지식을 가르쳤고, 한성의 4부 학당과 지방의 향교에서는 유교 경전을 가르쳤어요. 최고 교육 기관인 성균관에서는 수준 높은 유학 교육을 실시하였어요. 그리고 의학, 법학, 외국어 등 기술 교육은 해당 관청에서 실시하였어요.

① 책을 읽고 활쏘기를 익히는 경당이 있었어요.
> **고구려**는 지방에 경당이 있어 학문과 함께 활쏘기 등 무예를 가르쳤어요.

② 서울의 4부 학당에서는 중등 교육을 담당했어요.
> **조선**은 수도 한성에 중등 교육 기관으로 중학·동학·남학·서학의 4부 학당을 설치하였어요.

③ 최고 교육 기관으로 성균관이 있었어요.
> **조선**의 최고 교육 기관인 성균관에는 소과에 합격한 생원과 진사가 입학할 수 있었어요.

④ 사림이 세운 서원이 있었어요.
> **조선** 시대에 지방의 사림이 세운 서원은 덕망이 높은 유학자의 제사를 지내고 지방 양반 자제의 교육을 담당하였어요. 중종 때 주세붕이 백운동 서원을 설립한 이후 지방 곳곳에 서원이 세워졌어요.

(가)에 들어갈 교육 기관으로 옳은 것은? [1점]

> 여러분은 ❶현재의 초등학교와 유사한 ❷조선 시대의 (가) 체험을 하고 있어요. 당시 학생들은 천자문, 동몽선습, 소학 등을 배웠답니다.

정답 잡는 키워드

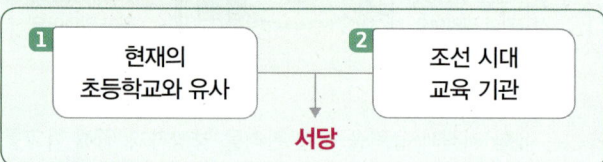

❶ 현재의 초등학교와 유사	→	❷ 조선 시대 교육 기관

서당

❶, ❷ **서당**은 현재의 초등학교와 유사한 조선 시대 초등 교육 기관이에요. "천자문", "동몽선습", "소학" 등으로 한문과 기초적인 유학을 가르쳤어요. 조선 후기에는 서당이 널리 보급되어 글을 쓸 줄 아는 사람이 늘어나고 서민의 의식 수준도 높아졌어요.

① 서당
> ▸ 서당에서는 "천자문"을 통해 한자를 익힌 후 "동몽선습", "격몽요결", "소학" 등을 공부하였어요.

② 태학
> ▸ 태학은 고구려 소수림왕 때 수도에 설립된 교육 기관이에요. 귀족 자제들을 대상으로 유학과 무예 등을 가르쳤어요.

③ 성균관
> ▸ 성균관은 조선의 최고 교육 기관으로 유학 교육과 성현에 대한 제사를 담당하였어요.

④ 주자감
> ▸ 주자감은 발해의 최고 교육 기관으로 유학을 교육하였어요.

(가)에 들어갈 신분으로 옳은 것은? [2점]

조선 후기의 (가)

❶ 나는 사역원에 소속된 역관이오.

❷ 나는 도화서에서 일하는 화원이라오.

❸ 나는 전의감에 소속된 의관이오.

정답 잡는 키워드

❶ 역관	❷ 화원	❸ 의관

↓

중인

❶, ❷, ❸ 조선에서는 실질적으로 양반, 중인, 상민, 천민의 네 신분이 있었어요. 이 중에서 **중인**은 대체로 관청의 행정 업무를 맡거나 전문 기술이 필요한 업무를 담당하였어요. 하급 관리와 역관, 화원, 의관 등의 기술관 그리고 향리, 서얼 등이 중인에 속하였어요.

① 천민
> ▸ 천민은 조선 시대 최하층 신분으로 노비가 대다수를 차지하였어요. 노비는 재산으로 취급되어 매매, 상속, 증여의 대상이 되었어요.

② 귀족
> ▸ 귀족은 법적·정치적 특권을 가진 계층을 말해요. 대대로 권력과 부를 대물림하였어요.

③ 양반
> ▸ 양반은 문반과 무반 관료를 아울러 일컫는 말이지만, 점차 특권과 명예를 누리는 상위 신분을 뜻하는 말이 되었어요.

④ 중인
> ▸ 중인은 양반과 상민의 중간에 있는 신분이에요.

(가) 왕의 업적으로 옳은 것은?   [2점]

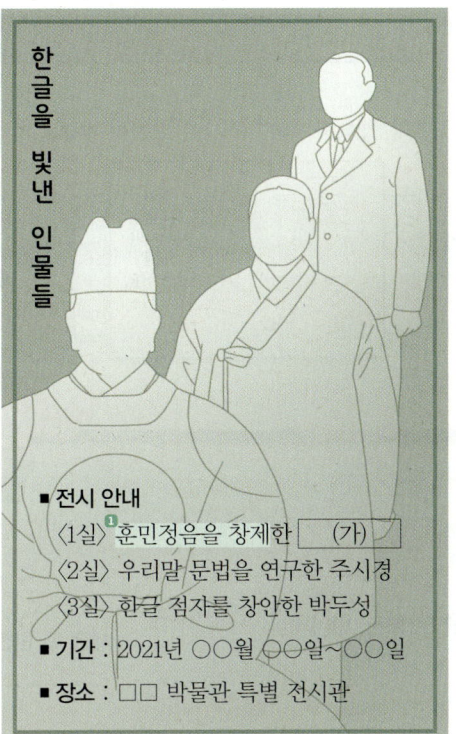

한글을 빛낸 인물들

■ 전시 안내
〈1실〉❶훈민정음을 창제한 ____(가)____
〈2실〉우리말 문법을 연구한 주시경
〈3실〉한글 점자를 창안한 박두성
■ 기간 : 2021년 ○○월 ○○일~○○일
■ 장소 : □□ 박물관 특별 전시관

정답 잡는 키워드

> ❶ 훈민정음 창제 ➞ 세종

❶ **세종**은 백성이 글을 쉽게 읽고 자신의 생각을 글자로 표현할 수 있도록 우리 고유의 문자인 훈민정음을 창제하였어요.

① 만권당을 세웠다.
> 고려 후기 **충선왕**은 아들에게 왕위를 물려준 뒤 원의 연경에 있는 자신의 집에 독서당인 만권당을 세웠어요.

② 농사직설을 간행하였다.
> **세종**은 정초, 변효문 등에게 명하여 우리나라의 풍토에 맞는 농사법을 소개한 "농사직설"을 간행하게 하였어요.

③ 대전회통을 편찬하였다.
> **고종** 때 흥선 대원군은 "대전회통"을 편찬하여 통치 체제를 정비하였어요.
↗ 재능 있는 젊은 문신을 뽑아 다시 교육하는 제도입니다.

④ 초계문신제를 시행하였다.
> **정조**는 왕권을 뒷받침할 인재를 양성하기 위해 초계문신제를 시행하였어요.

다음 가상 인터뷰에 등장하는 왕의 업적으로 옳은 것은?   [2점]

조선의 북방 영토를 넓힌 과정을 말씀해 주세요.

여진의 침입이 잦아 ❶최윤덕과 김종서를 파견하여 4군 6진을 개척하였습니다.

정답 잡는 키워드

> ❶ 최윤덕과 김종서를 파견하여 4군 6진 개척 ➞ 세종

❶ **세종**은 최윤덕과 김종서를 파견하여 압록강과 두만강 유역의 여진을 몰아내고 4군 6진을 개척하였어요. 이로써 현재와 비슷한 국경선이 확정되었어요.

↗ 군사 문제를 위한 임시 기구였으나 임진왜란을 거치면서 권한이 커져 조선 후기에
① 비변사를 폐지하였다. 최고 기구의 역할을 하였어요.
> **고종** 때 국정을 주도한 흥선 대원군이 비변사의 기능을 축소하여 사실상 폐지하고 의정부의 기능을 되살렸어요.

② 칠정산을 편찬하였다.
> **세종**은 이순지 등에게 명하여 한양을 기준으로 천체 운동을 계산한 "칠정산"을 편찬하게 하였어요.

③ 동의보감을 간행하였다.
> **광해군** 때 허준이 전통 한의학을 집대성한 "동의보감"을 간행하였어요.

④ 백두산정계비를 건립하였다.
> **숙종**은 관리를 보내 청과 국경을 확정하고 백두산정계비를 건립하였어요.

기출 선택지 +a 다른 선택지가 나온다면?

❺ 직전법을 시행하였다.   (○ / ×)
❻ 훈민정음을 창제하였다.   (○ / ×)
❼ 경국대전을 완성하였다.   (○ / ×)
❽ 농사직설을 간행하였다.   (○ / ×)

기출 선택지 +a 정답 ❺ ✕ [조선 세조] ❻ ○ ❼ ✕ [조선 성종] ❽ ○

(가)에 들어갈 내용으로 옳은 것은? [2점]

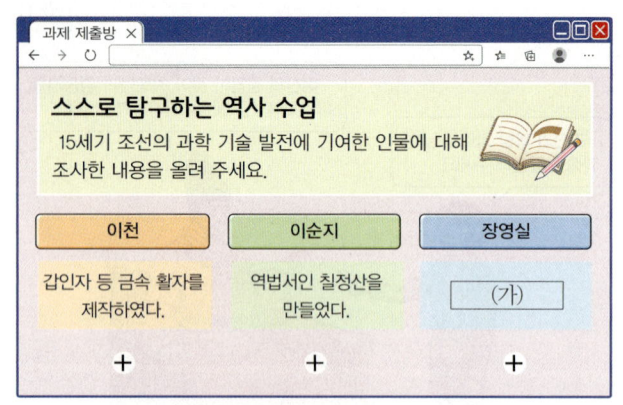

조선 전기에는 국가의 지원 속에 과학 기술이 발달하였어요. 천문 관측 기술이 발전하여 한양을 기준으로 한 역법서인 "칠정산"이 편찬되었어요. 또 고려의 금속 활자를 개량하는 데 힘써 태종 때 계미자, 세종 때 갑인자 등의 금속 활자가 만들어졌어요. 특히 세종 때 이천, 이순지, **장영실** 등이 활약하였는데, 장영실은 왕명을 받아 자격루, 간의 등 각종 기구를 제작하였어요.

① 거중기를 설계하였다.
> **정약용**은 작은 힘으로 무거운 물건을 들 수 있는 기계인 거중기를 설계하였어요. 거중기는 수원 화성 축조에 사용되었어요.

② 자격루를 제작하였다.
> **장영실**은 자동으로 시간을 알려 주는 물시계인 자격루를 제작하였어요.

③ 대동여지도를 만들었다.
> **김정호**는 총 22첩의 목판으로 된 우리나라 전국 지도인 대동여지도를 만들었어요. 대동여지도는 10리마다 눈금을 표시하여 거리를 쉽게 알 수 있게 하였어요.

④ 동의보감을 완성하였다.
> **허준**은 전통 한의학을 체계적으로 정리하여 의학 서적인 "동의보감"을 완성하였어요.

(가)에 들어갈 책으로 옳은 것은? [2점]

정답 잡는 키워드

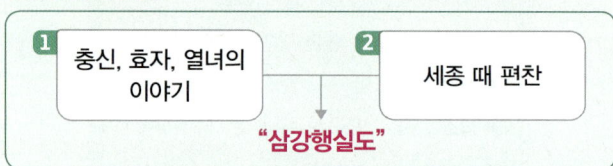

1. 2. 조선 세종 때 편찬된 "**삼강행실도**"는 유교 윤리를 널리 알리기 위해 모범이 될 만한 우리나라와 중국의 **충신, 효자, 열녀의 이야기**를 모아 그림과 글로 설명한 책이에요.

① 동의보감
> 광해군 때 허준이 전통 한의학을 체계적으로 정리하여 "동의보감"을 완성하였어요.

② 악학궤범
> 성종 때 성현 등이 궁중 음악을 집대성한 "악학궤범"을 편찬하였어요.

③ 삼강행실도
> 세종 때 편찬된 "삼강행실도"는 백성에게 유교 윤리를 쉽게 가르치기 위한 책이었어요.
　조선 왕실의 4대 조상과 태조, 태종의 행적을 칭송한 서사시입니다.

④ 용비어천가
> 세종 때 편찬된 "용비어천가"는 훈민정음으로 쓰인 최초의 작품이에요.

207 ◦ 자격루

정답 ①

(가)에 들어갈 과학 기구로 옳은 것은? [1점]

(가) 는 **①**자동으로 시간을 알려 주는 장치를 갖춘 물시계입니다. 이 시계가 알려 주는 시간에 따라 도성 문을 열고 닫았으며, 궁궐 호위병들은 임무를 교대하였습니다.

정답 잡는 키워드

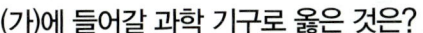

| **①** 자동으로 시간을 알려 주는 장치를 갖춘 물시계 | → **자격루** |

① **자격루**는 물의 흐름을 이용하여 종, 북, 징을 자동으로 쳐서 시간을 알려 주는 장치를 갖춘 물시계입니다. 세종 때 장영실 등이 왕명에 따라 자격루를 만들었어요.

① 자격루
  ▸ 물시계인 자격루가 만들어져 밤과 낮, 날씨에 상관없이 시간을 알 수 있게 되었어요.

② 측우기
  ▸ 세종 때 세계 최초로 강우량 측정 기구인 측우기가 발명되어 서울의 천문 관서와 지방 관아에 설치되었어요.

③ 혼천의
  ▸ 혼천의는 천체의 운행과 위치를 연구하는 데 사용한 천문 관측 기구입니다.

④ 앙부일구
  ▸ 앙부일구는 해의 그림자로 시간을 알 수 있는 해시계입니다. 이를 이용하여 시간과 함께 절기를 파악할 수 있었어요.

208 ◦ 앙부일구

정답 ③

(가)에 들어갈 문화유산으로 옳은 것은? [1점]

나
어제, 오전 9시 30분
#국립고궁박물관 #미국에서_귀환
#조선시대_과학기구 #**①**해시계

(가)

👍 좋아요 6   💬 댓글 2   ↗ 공유

□□ 이건 어떤 기구야?

△△ **②**그림자로 시간을 측정하는 기구야. 동지나 하지와 같은 절기도 알 수 있어.

정답 잡는 키워드

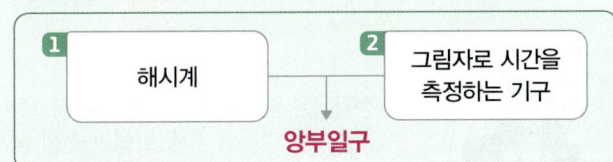

| **①** 해시계 | | **②** 그림자로 시간을 측정하는 기구 |
| | → **앙부일구** | |

①, **②** **앙부일구**는 해의 그림자로 시간을 측정하는 해시계로, 조선 세종 때 처음 만들어졌어요. 가마솥처럼 생긴 앙부일구에는 계절선이 그려져 있어 시간뿐만 아니라 하지, 동지 등 절기를 파악하는 데 도움이 되었어요.

①

자격루
  ▸ 자격루는 자동으로 시간을 알려 주는 장치를 갖춘 물시계입니다.

②

측우기
  ▸ 세종 때 세계 최초로 발명된 측우기는 비가 내린 양(강우량)을 측정하는 기구입니다.

③

앙부일구
  ▸ 세종 때 앙부일구를 설치하여 많은 백성이 시간을 알 수 있게 하였어요.

④

혼천의
  ▸ 혼천의는 천체의 운행과 위치를 연구하는 데 사용한 천문 관측 기구입니다.

IV
조선 1

209 ○ 측우기

정답 ③

(가)에 들어갈 기구로 옳은 것은?

[2점]

○○신문

제△△호　　　　　　○○○○년 ○○월 ○○일

조선, 세계 최초로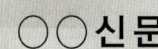강우량 측정 기구를 제작하다

조선은 백성의 생활을 안정시키고자 과학 기술의 발전에 힘썼다. 특히 농업을 중시하여 비가 내린 양을 측정하는 기구를 제작하였다.

(가)

정답 잡는 키워드

1　강우량 측정 기구 → **측우기**

1 **측우기**는 비가 내린 양(강우량)을 측정하는 기구로 세종 때 세계 최초로 발명되었어요. 강우량을 측정하여 기록해 놓으면 시기별로 강우량을 예측할 수 있어 농사짓는 시기를 정하고 가뭄이나 홍수 등에 대비할 수 있었어요.

①

거중기

▶ 정약용은 중국에서 들여온 책을 참고하여 거중기를 만들어 수원 화성의 건설 공사에 이용하였어요.

②

자격루

▶ 자격루는 물의 흐름을 이용해 자동으로 시간을 알려 주는 장치를 갖춘 물시계입니다. 이를 통해 밤과 낮, 날씨에 상관없이 시간을 알 수 있었어요.

③

측우기

▶ 세종은 강우량 측정 기구인 측우기를 만들어 서울의 천문 관서와 지방 관아에 설치하도록 하였어요.

④

앙부일구

▶ 앙부일구는 해의 그림자로 시간을 측정하는 해시계입니다. 이를 통해 시간과 함께 절기도 파악할 수 있었어요.

4　임진왜란

210 ○ 임진왜란

정답 ③

(가) 전쟁 중에 있었던 사실로 옳은 것은?

[2점]

1592년 7월 이순신이 이끄는 조선 수군은 이곳 한산도 앞바다에서 학익진을 펼치며 일본 수군을 크게 격파하였습니다. 그 결과 조선군은 ____(가)____ 당시 남해안 일대의 제해권을 장악하게 되었습니다.

증강 현실로 만난 역사

정답 잡는 키워드

1　이순신이 이끄는 조선 수군이 한산도 앞바다에서 학익진을 펼쳐 일본 수군을 격파 → **임진왜란**

1 1592년에 일본군이 조선을 침략하여 **임진왜란**이 시작되었어요. 일본군의 침략에 대비하지 못한 부산진과 동래성이 순식간에 함락되고 신립이 지키던 충주의 방어선마저 무너졌어요. 그러나 이순신이 이끄는 조선 수군은 옥포, 사천 등지에서 승리를 거두며 일본 수군을 압도하였어요. 특히 이순신이 이끄는 조선 수군은 한산도 앞바다에서 학익진을 펼치며 공격하여 일본 수군을 크게 격파하였어요(한산도 대첩).

① 최윤덕이 4군을 개척하였다.

▶ **조선 세종** 때 최윤덕이 북방의 여진을 몰아내고 압록강 유역에 4군을 설치하였어요.

② 서희가 강동 6주를 확보하였다.

▶ **고려 성종** 때 일어난 거란의 1차 침입 당시 서희가 거란 장수 소손녕과 외교 담판을 벌여 강동 6주를 확보하였어요.

③ 권율이 행주산성에서 승리하였다.

▶ **임진왜란** 때 행주산성에서 권율의 지휘 아래 관군과 백성들이 힘을 합쳐 일본군을 크게 물리쳤어요(행주 대첩).

④ 이종무가 쓰시마섬을 토벌하였다.

▶ **조선 세종** 때 이종무가 왜구의 근거지인 쓰시마섬을 토벌하였어요.

211 ● 임진왜란　　　　　　　　　　정답 ②

(가) 전쟁 중에 있었던 사실로 옳은 것은?　　　[2점]

> **❶** 진주성에서 진주 목사 김시민의 지휘 아래 관군과 백성들이 일본군에 맞서 싸우고 있습니다. **❷** 곽재우 등이 이끄는 의병 부대도 성 밖에서 이를 지원하고 있는데요. 이 전투가 일본의 침략으로 시작된 　(가)　의 흐름에 어떤 영향을 미칠지 관심이 모아지고 있습니다.

진주성에서 치열한 전투 중

정답 잡는 키워드

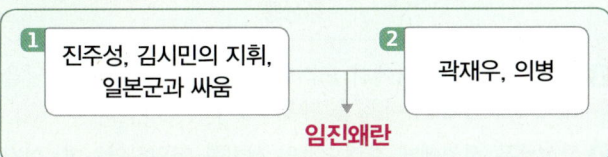

> **❶** 진주성, 김시민의 지휘, 일본군과 싸움　→　**❷** 곽재우, 의병
>
> → **임진왜란**

❶ **임진왜란** 때 진주성에서 진주 목사 김시민의 지휘 아래 관군과 백성들이 힘을 합쳐 일본군을 격퇴하였는데, 이것이 진주 대첩이에요.

❷ **임진왜란** 때 곽재우, 조헌, 정문부 등이 전국 각지에서 의병을 일으켰어요. 곽재우 등이 이끄는 의병 부대는 진주성 전투를 지원하였어요.

① 천리장성이 축조되었다.

> ▶ **고구려**는 **당의 침입에 대비**하여 부여성에서 비사성에 이르는 국경 지역에 천리장성을 축조하였으며, **고려**는 **거란과 여진의 침입에 대비**하여 북쪽 국경에 천리장성을 축조하였어요.

②권율이 행주산성에서 승리하였다.

> ▶ **임진왜란** 때 권율이 관군과 백성을 이끌고 행주산성에서 일본군을 크게 물리쳤어요.

③ 황룡사 9층 목탑이 불타 없어졌다.

> ▶ **고려 시대**에 **몽골의 침입**으로 황룡사 9층 목탑이 불에 타 없어졌어요.

④ 윤관이 별무반 편성을 건의하였다.

> ▶ **고려 숙종** 때 기마병 중심인 **여진의 침입에 대응**하기 위해 윤관의 건의에 따라 별무반이 편성되었어요. 윤관은 예종 때 별무반을 이끌고 가서 여진을 정벌한 뒤 동북 9성을 쌓았어요.

---

212 ● 임진왜란　　　　　　　　　　정답 ②

(가) 전쟁에 대한 설명으로 옳지 <u>않은</u> 것은?　　　[3점]

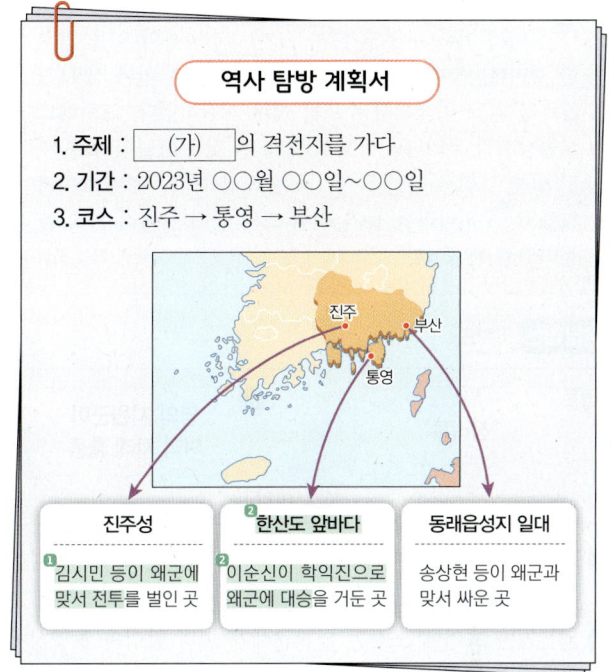

역사 탐방 계획서

1. 주제 : 　(가)　의 격전지를 가다
2. 기간 : 2023년 ○○월 ○○일~○○일
3. 코스 : 진주 → 통영 → 부산

진주성 / **❶** 김시민 등이 왜군에 맞서 전투를 벌인 곳

❷ 한산도 앞바다 / 이순신이 학익진으로 왜군에 대승을 거둔 곳

동래읍성지 일대 / 송상현 등이 왜군과 맞서 싸운 곳

정답 잡는 키워드

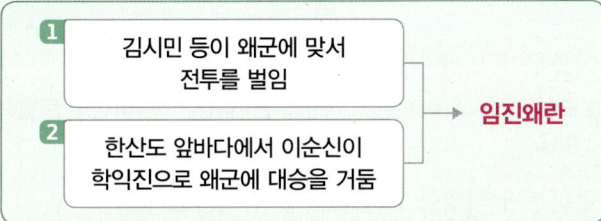

> **❶** 김시민 등이 왜군에 맞서 전투를 벌임
>
> **❷** 한산도 앞바다에서 이순신이 학익진으로 왜군에 대승을 거둠
>
> → **임진왜란**

❶ **임진왜란** 당시 진주성에서 김시민이 이끄는 관군과 백성들이 왜군과 싸워 격퇴하였는데, 이를 진주 대첩이라고 해요.

❷ **임진왜란** 당시 이순신이 이끄는 수군은 한산도 앞바다에서 학익진 전술로 왜군에 대승을 거두었어요(한산도 대첩). 이순신의 한산도 대첩은 김시민의 진주 대첩, 권율의 행주 대첩과 함께 임진왜란 3대첩으로 꼽습니다.

① 조헌이 금산에서 의병을 이끌었다.

> ▶ **임진왜란** 당시 조헌이 이끄는 700명의 의병이 금산에서 왜군에 맞서 싸우다가 모두 전사하였어요.

②임경업이 백마산성에서 항전하였다.

> ▶ **병자호란** 당시 임경업이 백마산성에서 청의 군대에 항전하였어요.

③ 곽재우가 의병을 일으켜 정암진에서 싸웠다.

> ▶ **임진왜란** 당시 곽재우가 의령에서 의병을 일으켜 남강 유역의 정암진에서 왜군을 기습 공격하였어요.

④ 신립이 탄금대에서 배수의 진을 치고 전투를 벌였다.

> ▶ **임진왜란** 당시 신립이 충주의 탄금대에서 배수의 진을 치고 왜군에 맞서 싸웠으나 패배하였어요.

213 ● 임진왜란 정답 ②

(가) 전쟁 중에 있었던 사실로 옳은 것은? [2점]

> ❶"징비록"이란 무엇인가? (가) 당시의 일을 기록한 것이다. 이때의 화는 참혹하였다. 수십 일 만에 삼도(三都)*를 잃고 임금께서 수도를 떠나 피란하였다. 그럼에도 오늘날까지 우리나라가 남아 있게 된 것은 하늘이 도운 까닭이다. 그리고 나라를 생각하는 백성들의 마음이 그치지 않았고, ❷우리나라를 돕기 위해 명의 군대가 여러 차례 출동하였기 때문이다. *삼도 : 한성, 개성, 평양

정답 잡는 키워드

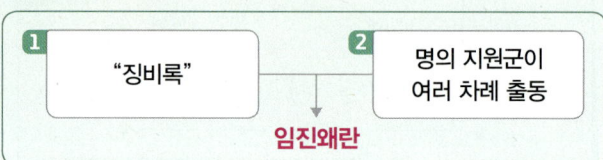

| 1 "징비록" | → | 2 명의 지원군이 여러 차례 출동 |

임진왜란

❶ "징비록"은 유성룡이 **임진왜란**에서 드러난 문제점을 반성하고 훗날을 대비하기 위해 당시의 사실을 기록한 책이에요.

❷ **임진왜란** 초기에 조선은 일본군에게 밀려 한성과 평양성이 함락되는 등 열세를 면치 못하였어요. 그러나 이순신이 이끄는 수군과 각지의 의병이 활약하는 가운데 명의 지원군이 오고 관군이 재정비되어 전세를 역전시킬 수 있었어요.

① 이종무가 쓰시마섬을 토벌하였다.
> **조선 세종** 때 이종무가 왜구의 근거지인 쓰시마섬을 토벌하였어요.

②정문부가 의병을 모아 왜군을 격퇴하였다.
> **임진왜란** 때 곽재우, 조헌, 정문부 등이 의병을 이끌고 활약하였어요.

③ 배중손이 삼별초를 이끌고 몽골군과 싸웠다.
> **고려** 정부가 몽골과 강화를 맺고 개경 환도를 결정하자 이에 반대한 배중손은 삼별초를 이끌고 몽골군과 계속 싸웠어요.

④ 최영이 군대를 지휘하여 홍건적을 물리쳤다.
> **고려 말**에 최영은 군대를 지휘하여 고려에 침입한 한족 반란군인 홍건적을 격퇴하였어요.

기출 선택지 +α 다른 선택지가 나온다면?

❺ 인조가 남한산성으로 피란하였다. (O / ×)
❻ 권율이 행주산성에서 대승을 거두었다. (O / ×)
❼ 최무선이 진포에서 왜구를 격퇴하였다. (O / ×)
❽ 홍의 장군 곽재우가 의병장으로 활약하였다. (O / ×)

---

214 ● 유성룡의 활동 정답 ②

(가)에 해당하는 인물로 옳은 것은? [2점]

> 〈역사 인물 설문 조사〉
> (가) 하면 가장 먼저 떠오르는 것에 스티커를 붙여 주세요.
> ❶징비록을 썼어요. 이순신을 천거했어요. ❷훈련도감 설치를 건의했어요.

정답 잡는 키워드

| 1 "징비록" 저술 | → | 2 훈련도감 설치 건의 |

유성룡

❶ **유성룡**은 임진왜란에서 드러난 문제점을 반성하고 훗날을 대비하기 위해 "징비록"을 저술하였어요.

❷ **유성룡**은 선조에게 훈련도감의 설치를 건의하였는데, 이것이 받아들여져 임진왜란 중에 포수, 사수, 살수의 삼수병으로 구성된 훈련도감이 설치되었어요.

①
> 박지원은 사절단을 따라 청에 다녀온 후 그곳에서 보고 들은 내용을 바탕으로 "열하일기"를 저술하였어요.

박지원

②
> 유성룡은 임진왜란 중에 관군을 이끌고 명군과 함께 평양성을 탈환하였어요.

유성룡

③
> 임경업은 병자호란 때 백마산성을 굳게 지켰어요.

임경업

④
> 정약용은 "목민심서" 등을 저술하고 거중기를 설계하여 수원 화성 건설에 이용하였어요.

정약용

215 ● 훈련도감   정답 ④

(가)에 들어갈 부대로 옳은 것은?   [2점]

> **특집**　　　　　　　　　　　**월간** 여행과 역사
> ### 네덜란드에서 만난 조선의 무관, 박연
>
> 네덜란드 알크마르에 세워진 이 동상의 주인공은 벨테브레이로, 조선에 정착하여 박연이라는 이름으로 살았다. 네덜란드 출신이었던 그는 조선 연안에 표류한 후 서울로 압송되었고, 이후 　(가)　에 소속되어 서양의 화포 기술을 전수하였다. ^①임진왜란 중 설치된 　(가)　은/는 ^②포수, 사수, 살수의 삼수병으로 구성되었다.

정답 잡는 키워드

```
① 임진왜란 중 설치        ② 포수, 사수, 살수의
                              삼수병으로 구성
              ↓
           훈련도감
```

① **훈련도감**은 임진왜란 중에 유성룡의 건의로 설치된 군사 조직이에요.

② **훈련도감**은 조총을 다루는 포수, 활을 다루는 사수, 칼이나 창을 다루는 살수의 삼수병으로 구성되었어요. 네덜란드 출신 박연(벨테브레이)이 훈련도감에 소속되어 서양의 화포 기술을 조선군에 전수하였어요.

① 9서당
> ▶9서당은 통일 신라의 중앙 군사 조직이에요. 신라는 9서당에 신라인뿐만 아니라 고구려인, 백제인, 말갈인까지 포함하여 민족 융합을 꾀하였어요.

② 별기군
> ▶별기군은 개항 후 조선 정부가 개화 정책을 추진하면서 창설한 신식 군대입니다. 일본인 교관을 초빙하여 군사 훈련을 받았어요.

③ 삼별초
> ▶삼별초는 고려 무신 집권기에 최우가 치안 유지를 위해 설치한 야별초에서 비롯되었어요. 좌별초·우별초·신의군으로 구성된 삼별초는 최씨 무신 정권의 군사적 기반이었어요.

④ 훈련도감
> ▶훈련도감은 대부분 급료를 받는 상비군으로 직업 군인의 성격을 띠었어요.

---

216 ● 곽재우의 활동   정답 ③

밑줄 그은 '의병장'으로 옳은 것은?   [2점]

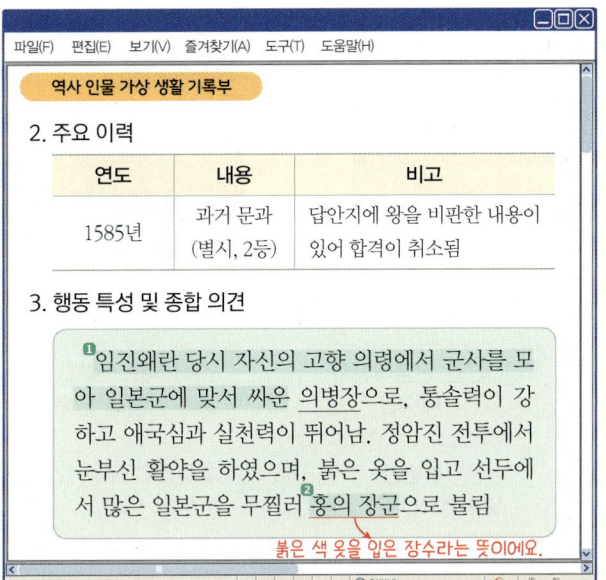

> 파일(F) 편집(E) 보기(V) 즐겨찾기(A) 도구(T) 도움말(H)
>
> **역사 인물 가상 생활 기록부**
>
> 2. 주요 이력
>
> | 연도 | 내용 | 비고 |
> |---|---|---|
> | 1585년 | 과거 문과 (별시, 2등) | 답안지에 왕을 비판한 내용이 있어 합격이 취소됨 |
>
> 3. 행동 특성 및 종합 의견
>
> > ^①임진왜란 당시 자신의 고향 의령에서 군사를 모아 일본군에 맞서 싸운 의병장으로, 통솔력이 강하고 애국심과 실천력이 뛰어남. 정암진 전투에서 눈부신 활약을 하였으며, 붉은 옷을 입고 선두에서 많은 일본군을 무찔러 ^②홍의 장군으로 불림
>
> 붉은 색 옷을 입은 장수라는 뜻이에요.

정답 잡는 키워드

```
① 임진왜란 당시          ② 홍의 장군
   일본군에 맞서 싸움
              ↓
           곽재우
```

① **곽재우**는 임진왜란 당시 경상도 의령에서 사람들을 모아 의병을 일으켰어요. 의병의 수가 많은 것처럼 꾸며 일본군을 속이기도 하고, 익숙한 지형에 숨어 있다가 기습 공격하는 전술을 쓰기도 하였어요.

② 임진왜란 당시 홍의 장군으로 불린 **곽재우**를 비롯하여 조헌, 정문부 등이 의병을 일으켜 일본군에 큰 타격을 주었어요.

① 조헌
> ▶임진왜란 때 조헌은 금산에서 의병을 일으켰어요. 조헌이 이끈 700명의 의병은 금산에서 일본군과 맞서 싸우다가 모두 전사하였어요.

② 고경명
> ▶고경명은 임진왜란 때 활약한 의병장으로, 금산 전투에서 일본군과 싸우다 전사하였어요.

③ 곽재우
> ▶임진왜란 때 곽재우가 이끈 의병 부대는 진주성 전투를 지원하기도 하였어요.

④ 정문부
> ▶임진왜란 때 정문부는 함경도 길주에서 의병을 이끌었어요.

(가) 시기에 있었던 사실로 옳은 것은? [2점]

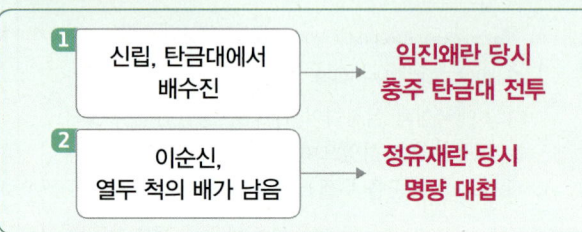

강을 등지고 치는 진영으로, 더 이상 물러설 수 없는 곳에서 죽을 각오로 맞서는 것을 뜻해요.

이곳 탄금대에서 배수진을 치고 적을 섬멸하라!
신립

칠천량에서는 패배했지만 아직 우리에게는 열두 척의 배가 남아 있다!
이순신

정답 잡는 키워드

| **1** 신립, 탄금대에서 배수진 | → | **임진왜란 당시 충주 탄금대 전투** |
| **2** 이순신, 열두 척의 배가 남음 | → | **정유재란 당시 명량 대첩** |

1 **임진왜란**을 일으킨 일본군이 빠르게 북상하자 조선 정부는 서둘러 신립을 보내 방어하게 하였어요. 신립은 군대를 이끌고 한성으로 가는 길목인 **충주 탄금대**에 배수진을 치고 일본군에 맞서 싸웠으나 패배하였어요. 이후 일본군은 한성을 함락하고 평양성까지 차지하였어요. 이러한 가운데 이순신이 이끄는 조선 수군이 옥포, 한산도 등지에서 일본 수군을 격파하였고, 전국 각지에서 의병이 일어나 활약하였어요. 때마침 명의 지원군도 도착하여 조선군과 평양성 탈환에 나섰어요. 조선군의 반격으로 전세가 바뀌자 당황한 일본군이 휴전을 제안하여 휴전 협상이 진행되었어요.

2 3년에 걸친 휴전 회담이 결렬되고 일본군이 다시 조선을 침략하였어요.(**정유재란**, 1597). 이때에 원균이 지휘한 조선 수군이 칠천량에서 일본 수군에 크게 패배하고 12척의 배만 남아 후퇴하였어요. 이순신은 12척의 배에 백성들이 가져온 한 척을 더하여 13척을 이끌고 명량에서 일본군을 격파하였어요.(**명량 대첩**).

① 최영이 홍산에서 왜구를 물리쳤다.
　▶ **고려 말**에 최영은 홍산에서 왜구를 크게 무찔렀어요.

② 강감찬이 귀주에서 거란을 격퇴하였다.
　▶ **거란의 3차 침입** 당시 강감찬은 고려군을 이끌고 귀주에서 거란군을 격퇴하였어요.

③ 권율이 행주산성에서 대승을 거두었다.
　▶ **임진왜란** 당시 조·명 연합군의 평양성 탈환 뒤 행주산성에서 권율의 지휘에 따라 관군과 백성들이 힘을 합쳐 일본군을 물리쳤어요.

④ 김윤후가 처인성에서 적을 막아 내었다.
　▶ **몽골의 고려 침입** 당시 김윤후가 처인성에서 몽골 장수 살리타를 사살하고 몽골군을 격퇴하였어요.

밑줄 그은 '사절단'으로 옳은 것은? [2점]

이것은 **일본 에도 막부의 요청으로 조선이 파견한 공식 외교 사절단**에 관한 기록물입니다. 이 기록물을 통해 양국이 우호 관계 구축과 유지를 위해 노력하였다는 것을 알 수 있습니다.

정답 잡는 키워드

| **1** 일본 에도 막부의 요청으로 조선이 파견한 공식 외교 사절단 | → | **통신사** |

1 임진왜란 이후 조선은 일본과 국교를 단절하였으나 에도 막부의 요청으로 국교를 재개하고 일본에 공식 외교 사절단인 **통신사**를 파견하였어요. 일본은 막부의 실권자인 쇼군이 바뀌면 그 권위를 인정받기 위해 조선에 통신사 파견을 요청하기도 하였어요.

① 보빙사
　▶ 조선 정부는 미국과 수교를 맺은 후에 공사 파견에 대한 답례로 미국에 보빙사를 파견하였어요. 보빙사는 미국의 근대 문물을 시찰하고 돌아왔어요.

② 연행사
　▶ 조선은 청에 정기적으로 연행사를 보내 교류하였어요. 연행사는 청의 수도인 '연경에 간 사신'이라는 의미입니다.

③ 영선사
　▶ 개항 후 조선 정부는 개화 정책을 추진하여 무기 제조법 등 선진 문물을 배워 오기 위해 청에 영선사를 파견하였어요.

④ 통신사
　▶ 통신사는 조선이 일본에 파견한 공식 외교 사절이면서 선진 문물을 전하는 문화 사절이기도 하였어요.

---

5 병자호란

219 광해군의 중립 외교 정답 ③

밑줄 그은 '나'에 해당하는 왕으로 옳은 것은? [2점]

> 아버지인 **① 선조의 뒤를 이어 왕위에 오른** 나는 전쟁 피해를 복구하기 위해 노력하였고, **② 명과 후금 사이에서 중립 외교를 펼쳤지.**

명 · 후금

정답 잡는 키워드

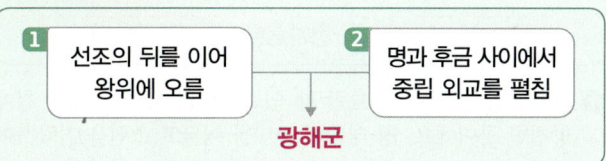

| **1** 선조의 뒤를 이어 왕위에 오름 | → | **2** 명과 후금 사이에서 중립 외교를 펼침 |

광해군

1 **광해군**은 선조의 뒤를 이어 즉위하여 임진왜란의 피해를 복구하기 위해 노력하였어요.

2 **광해군**은 세력이 약해진 명과 새롭게 강대국으로 성장하는 후금 사이에서 중립 외교를 펴 전쟁에 휘말리지 않으려고 노력하였어요. 중립 외교는 어느 편에도 치우치지 않고 다른 나라의 다툼이나 전쟁에 관여하지 않는 외교를 말해요.

① 세조
> 세종의 둘째 아들인 수양 대군이 계유정난으로 정권을 장악한 뒤 조카인 단종에게서 왕위를 넘겨받아 왕(세조)이 되었어요.

② 정조
> 정조는 할아버지 영조의 뜻을 이어받아 탕평책을 폈으며, 규장각을 설치하고 장용영을 창설하여 왕권을 뒷받침하게 하였어요.

③ **광해군**
> 광해군은 명이 후금과 전쟁을 하면서 조선에 군사를 요청하자 거절하지 못하고 강홍립의 군대를 보냈어요. 그리고 강홍립에게 무리하게 싸우지 말고 상황에 맞게 대처할 것을 지시하였어요.

④ 연산군
> 무오사화와 갑자사화를 일으키는 등 폭압 정치를 편 연산군은 중종반정이 일어나 폐위되었어요.

220 병자호란 정답 ③

밑줄 그은 '전쟁' 중에 있었던 사실로 옳은 것은? [3점]

> 명은 우리에게 부모의 나라입니다. **① 청에 맞서 끝까지 싸워야 합니다.**
> **① 척화파**

> 전쟁을 지속하는 것보다 **② 청의 요구를 받아들여 나라를 보존**하는 것이 옳습니다.
> **② 주화파**

정답 잡는 키워드

| **1** 청에 맞서 끝까지 싸우자는 척화파 | | **2** 청의 요구를 받아들여 나라를 보존하자는 주화파 |

병자호란

1, 2 정묘호란 뒤 후금은 나라 이름을 '청'으로 바꾸고 조선에 군신 관계를 요구하였어요. 조선이 이를 거절하자 청 태종이 직접 대군을 이끌고 조선을 침략하여 **병자호란**이 일어났어요. 이때 인조와 신하들은 남한산성으로 피란하였어요. 성안에서는 신하들이 청에 맞서 싸우자는 척화파(주전파)와 청의 요구를 받아들여 나라를 보존하자는 주화파로 나뉘어 대립하였어요.

① 화통도감이 설치되었다.
> **고려 말**에 최무선의 건의로 화통도감이 설치되었어요. 최무선은 화통도감에서 만든 화약 무기를 이용하여 진포에서 왜구를 격퇴하였어요.

② 김시민이 진주성에서 항전하였다.
> **임진왜란** 때 김시민은 관군과 백성들을 이끌고 진주성에서 큰 승리를 거두었어요(진주 대첩).

③ 인조가 남한산성으로 피란하였다.
> **병자호란** 때 인조와 신하들은 남한산성으로 피란하여 항전하였으나 결국 청에 항복하고 삼전도에서 굴욕적인 항복 의식을 치렀어요.

④ 황룡사 구층 목탑이 불타 없어졌다.
> **몽골이 고려에 침입**하였을 때 황룡사 9층 목탑이 불타 없어졌어요.

(가) 전쟁에 대한 탐구 활동으로 적절한 것은? [2점]

체험 학습 결과 보고서

이름	○○○	학번	제 △학년 △반 △번
기간	2020년 □□월 □□일(1일)		
장소	남한산성❶		
학습한 내용	남한산성은 북한산성과 함께 한양 도성을 지키던 산성으로, ___(가)___ 당시 인조가 이곳으로❷ 피란하여 45일간 청에 항전하였다.		

수어장대   서문

정답 잡는 키워드

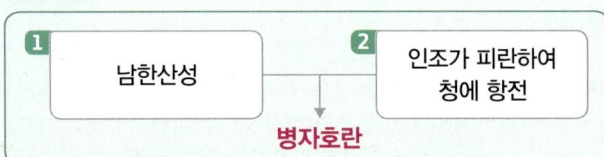

❶ 남한산성   ❷ 인조가 피란하여 청에 항전
↓
병자호란

❶, ❷ **병자호란** 당시 청군이 빠른 속도로 한성에 접근하자 인조는 급히 궁궐에서 나와 남한산성으로 피란하여 45일간 항전하였어요. 인조와 신하들은 남한산성에서 청군에 포위된 채 저항하였으나 청의 강력한 공세를 이겨 내지 못하고 삼전도에서 굴욕적인 화의를 맺었어요.

① 보빙사의 활동을 조사한다.
> 보빙사는 조·미 수호 통상 조약이 체결된 뒤 조선이 공사 파견에 대한 답례로 미국에 보낸 외교 사절단입니다. 이들은 미국의 **근대 문물과 시설을 시찰**하고 돌아왔어요.

② 삼별초의 이동 경로를 찾아본다.
> 삼별초는 고려 정부의 개경 환도에 반대하여 **강화도-진도-제주도**로 근거지를 옮겨 가며 대몽 항쟁을 계속하였어요.

③ 삼전도비의 건립 배경을 파악한다.
> **병자호란**에서 **패배**한 조선은 굴욕적인 화의를 체결하여 청과 군신 관계를 맺고, 청의 강요로 조선이 항복한 사실과 청 태종의 공덕을 칭송하는 내용을 새긴 비석(서울 삼전도비)을 삼전도에 세웠어요.

④ 을미의병이 일어난 계기를 살펴본다.
> **을미사변**과 을미개혁에서 추진된 **단발령** 시행에 반발하여 을미의병이 일어났어요.

밑줄 그은 '이 전쟁'에 대한 설명으로 옳은 것은? [2점]

지금 촬영하는 곳은 남한산성❶입니다. 적의 공격을 방어하기 유리한 지형에 세워진 산성으로 이 전쟁 때 인조가 피신하였습니다.❷

정답 잡는 키워드

❶ 남한산성   ❷ 인조가 피신
↓
병자호란

❶, ❷ 남한산성은 **병자호란** 때 인조가 피신하여 45일간 청에 항전한 곳이에요. 청 태종이 군대를 이끌고 조선을 침략하여 빠른 속도로 한성에 접근하자 인조는 급히 남한산성으로 피신하였어요. 인조와 신하들은 남한산성에서 포위된 채 저항하였으나 청의 강력한 공세를 이겨 내지 못하고 굴욕적인 화의를 맺었어요.

① 김시민 장군이 활약하였다.
> **임진왜란** 때 김시민은 관군과 백성들을 이끌고 진주성에서 일본군을 격퇴하였어요.

② 별무반을 편성하여 적과 싸웠다.
> **고려 시대**에 윤관은 별무반을 이끌고 가 여진을 정벌한 뒤 동북 9성을 쌓았어요.

③ 전쟁 후 청과 군신 관계를 맺었다.
> **병자호란** 때 인조는 삼전도에서 항복하고 청과 군신 관계를 맺었어요.

④ 이여송이 이끄는 명의 지원군이 파병되었다.
> **임진왜란** 때 조선 정부의 요청에 따라 이여송이 이끄는 명의 지원군이 파병되었어요.

223 · 병자호란 이후의 사실

정답 ①

다음 상황 이후에 전개된 사실로 옳은 것은? [2점]

> ❶ 남한산성을 나와 삼전도에 도착한 왕께서 청 황제 앞에 나아가 항복의 예를 행하였다. 예를 마치고 해 질 무렵이 되자 청 황제가 왕에게 도성으로 돌아가도록 허락하였다. 포로로 사로잡힌 이들이 도성으로 돌아가는 왕을 보고 "우리 임금이시여, 우리 임금이시여, 우리를 버리고 가십니까."라며 울부짖는데, 그 수가 만 명을 헤아렸다.

정답 잡는 키워드

❶ 왕이 남한산성을 나와 삼전도에서 청 황제에게 항복의 예를 행함 → **병자호란**

❶ 정묘호란 뒤 후금은 나라 이름을 '청'으로 바꾸고 조선에 군신 관계를 요구하였어요. 조선이 이를 거절하자 청군이 조선을 침략하여 **병자호란**이 일어났어요. 인조와 신하들은 <u>남한산성</u>으로 피란하여 항전하였으나 결국 청에 항복하고 <u>삼전도</u>에서 굴욕적인 항복 의식을 치렀어요.

↗ 북쪽, 즉 청을 무력으로 치는 일을 말해요.
① **북벌**이 추진되었다.
▸ **병자호란 이후** 조선은 청에 당한 치욕을 씻고 명에 대한 의리를 지키기 위해 북벌을 추진하였어요.

② 강화도로 천도하였다.
▸ 13세기에 **고려** 정부는 몽골의 침입에 대응하기 위해 집권자 최우의 주장에 따라 강화도로 도읍을 옮기고 장기적인 항쟁을 준비하였어요.

③ 쓰시마섬을 정벌하였다.
▸ **고려** 말에 박위가, **조선** 초에 이종무가 왜구의 근거지인 쓰시마섬을 정벌하였어요.

④ 최씨 무신 정권이 붕괴하였다.
▸ **고려** 시대에 최충헌이 집권한 이후 60여 년간 이어진 최씨 무신 정권은 최의가 부하들에게 살해되면서 붕괴하였어요.

---

1 전란 이후의 정치 변화

224 · 광해군의 정책

정답 ④

(가) 왕의 정책으로 옳은 것은? [2점]

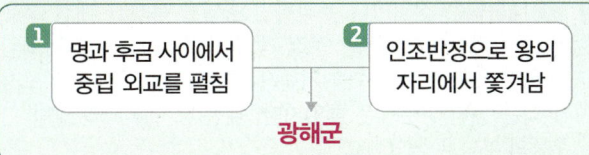

이곳은 명과 후금 사이에서 중립 외교를 펼쳤던 (가) 와/과 왕비의 묘야.

왕이 묻힌 곳인데 왜 능이 아닌 묘라고 부르는 걸까?

(가) ❷ 은/는 ❷ 인조반정으로 왕의 자리에서 쫓겨났기 때문이야.

정답 잡는 키워드

❶ 명과 후금 사이에서 중립 외교를 펼침   ❷ 인조반정으로 왕의 자리에서 쫓겨남 → **광해군**

❶ **광해군**은 국력이 약해진 명과 세력이 커진 후금 사이에서 <u>중립 외교를 추진</u>하여 또다시 전쟁에 휘말리지 않기 위해 노력하였어요.

❷ **광해군**은 자신의 왕위에 위협이 되는 이복동생인 영창 대군을 살해하고 영창 대군의 친어머니인 인목 대비를 폐위하였어요. 이에 중립 외교에 불만이 컸던 서인 세력이 반발하여 능양군을 새 왕으로 받드는 정변을 일으켰어요(인조반정). 인조반정으로 광해군은 왕의 자리에서 쫓겨났어요.

① 대전회통을 편찬하였다.
▸ **고종** 때 흥선 대원군은 "대전회통"을 편찬하여 통치 체제를 정비하였어요.

↗ 삼정의 문란을 바로잡기 위해 설치한 기구입니다.
② 삼정이정청을 설치하였다.
▸ **철종**은 임술 농민 봉기의 혼란 상황을 수습하기 위해 삼정이정청을 설치하였어요.

③ 초계문신제를 실시하였다.
▸ **정조**는 젊은 문신을 선발하여 재교육하는 초계문신제를 실시하였어요.

④ 대동법을 처음 시행하였다.
▸ **광해군**은 공납을 특산물 대신 쌀이나 베, 동전 등으로 내게 하는 대동법을 경기 지역에서 처음으로 시행하였어요.

225 ● 대동법
정답 ③

(가)에 들어갈 제도로 옳은 것은? [1점]

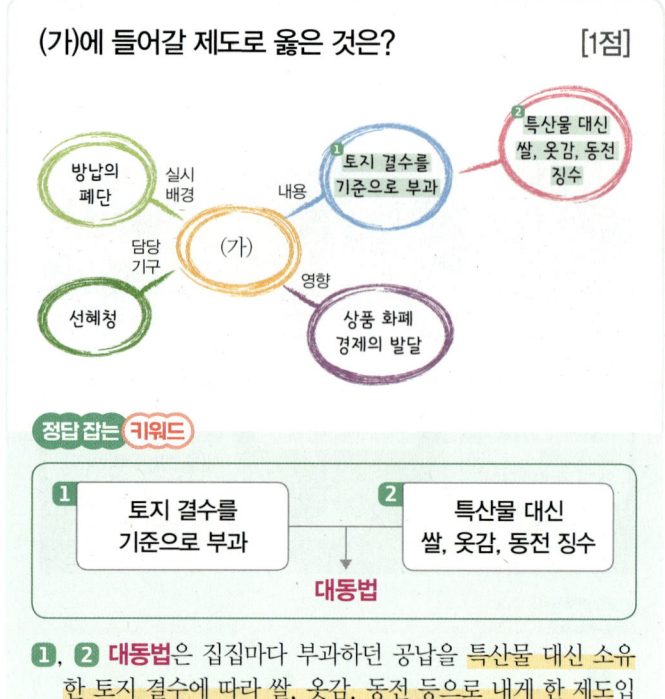

정답 잡는 키워드

1 토지 결수를 기준으로 부과	**2** 특산물 대신 쌀, 옷감, 동전 징수

→ **대동법**

1, **2** **대동법**은 집집마다 부과하던 공납을 특산물 대신 소유한 토지 결수에 따라 쌀, 옷감, 동전 등으로 내게 한 제도입니다. 소유한 토지 결수를 기준으로 부과하였기 때문에 토지가 적은 농민의 부담은 줄었지만, 넓은 토지를 가진 양반 지주들의 부담은 늘었어요.

① 과전법
> 고려 말에 위화도 회군으로 권력을 장악한 이성계와 급진 개혁파 신진 사대부는 과전법을 제정하여 토지 개혁을 추진하였어요. 조선 건국 이후에도 과전법이 유지되다가 세조 때 직전법이 시행되었어요.

② 균역법
> 영조는 농민의 군포 부담을 덜어 주기 위해 군포를 1필로 줄이는 균역법을 실시하였어요.

③ 대동법
> 광해군 때 경기 지역에서 대동법이 처음으로 시행되었어요.

④ 영정법
> 인조는 풍흉에 관계없이 토지 1결당 쌀 4~6두의 전세를 거두는 영정법을 실시하였어요.

226 ● 인조반정
정답 ④

다음 검색창에 들어갈 사건으로 옳은 것은? [1점]

정답 잡는 키워드

1 인목 대비, 영창 대군	**2** 능양군이 광해군 등을 몰아내고 정권을 장악하여 왕으로 즉위한 사건

→ **인조반정**

1 광해군의 중립 외교에 반대한 서인은 광해군이 영창 대군을 살해하고 인목 대비를 폐위하자 이를 구실로 1623년에 **인조반정**을 일으켰어요.

2 **인조반정**은 능양군(후에 인조)이 당시 국왕인 광해군과 주요 인사들을 몰아낸 뒤 왕위에 오른 사건입니다.

① 경신환국
> 숙종 때 서인과 남인의 대립으로 인해 벌어진 경신환국으로 남인이 중앙 정계에서 대거 쫓겨나고 서인이 집권하게 되었어요.

② 무오사화
> 무오사화는 연산군 때 훈구 세력이 '조의제문'을 사초에 실은 일을 문제 삼아 사림 세력을 공격하여 사림이 크게 피해를 입은 사건이에요.

③ 신유박해
> 신유박해는 순조 때인 1801년(신유년)에 일어난 천주교 박해 사건이에요. 조선 정부는 천주교를 사교로 규정하고 천주교도를 탄압하였어요.

④ 인조반정
> 인조반정을 주도한 서인이 정권을 잡고 명과 가깝게 지내고 (후)금을 배척하는 친명배금 정책을 추진하였어요.

다음 학생이 생각하고 있는 책으로 옳은 것은?   [1점]

정답 잡는 키워드

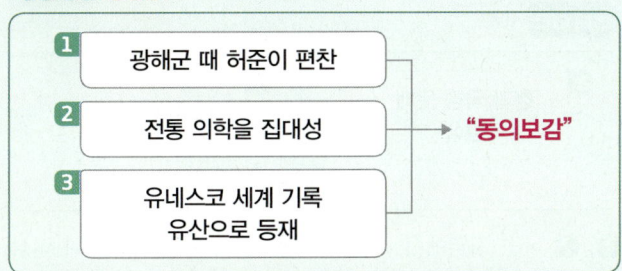

① 광해군 때 허준이 편찬
② 전통 의학을 집대성   → "동의보감"
③ 유네스코 세계 기록 유산으로 등재

①, ②, ③ "**동의보감**"은 광해군 때 허준이 편찬한 책으로, 중국과 우리나라의 의서를 망라하여 **전통 의학을** 체계적으로 **집대성**한 의서입니다. 그 가치를 인정받아 2009년에 의학 서적으로는 처음으로 **유네스코 세계 기록 유산으로 등재**되었어요.

① 동의보감
> "동의보감"은 중국과 일본에서도 여러 차례 간행되어 큰 인기를 누렸어요.

② 목민심서
> "목민심서"는 정약용이 수령이 지켜야 할 덕목에 대해 쓴 책이에요.

③ 열하일기
> "열하일기"는 박지원이 사절단을 따라 청에 다녀온 뒤 그곳에서 보고 들은 것을 기록한 책이에요.

④ 향약집성방
> "향약집성방"은 조선 세종 때 우리 고유의 약재와 치료법을 정리하여 간행한 책이에요.

교사의 질문에 대한 학생의 답변으로 옳지 않은 것은?   [3점]

예송은 현종 때 서인과 남인이 왕실의 예법을 두고 두 차례 벌인 논쟁이에요.

① 서인과 남인이 예법을 둘러싸고 대립한 것이에요.
> **예송**은 왕실의 상복 입는 기간을 둘러싸고 일어났어요. 서인은 왕실도 사대부와 같은 예를 따라야 한다고 주장하였고, 남인은 왕실의 예는 사대부의 예와는 다르다고 주장하였어요.

② 조광조 일파가 축출되는 결과를 가져왔어요.
> 중종 때 조광조가 추진한 위훈 삭제 등 급진적인 개혁 정치에 훈구 세력이 반발하여 **기묘사화**가 일어났고, 그 결과 조광조 일파가 축출되었어요.

③ 자의 대비가 상복을 입는 기간이 문제가 되었어요.
> **예송**은 효종의 새어머니인 자의 대비가 상복을 입는 기간을 두고 서인과 남인이 벌인 논쟁입니다. 서인은 효종이 죽었을 때 1년, 효종의 왕비가 죽었을 때 9개월 동안 상복을 입어야 한다고 주장하고, 남인은 각각 3년, 1년을 주장하였어요.

④ 효종과 효종 비가 죽은 뒤 각각 일어났어요.
> **예송**은 효종과 효종의 왕비가 죽은 뒤 각각 일어났어요. 1차 예송(기해예송)에서는 서인의 주장이, 2차 예송(갑인예송)에서는 남인의 주장이 받아들여졌어요.

조선2

(가)에 들어갈 내용으로 옳은 것은?　　　[2점]

조선이 병자호란에 패배하여 소현 세자와 봉림 대군(후에 효종)을 비롯해 많은 백성이 청에 끌려가 고통을 겪었어요. 이후 청에서 돌아와 왕이 된 **효종**은 송시열, 이완 등 서인과 함께 북벌을 위해 군대를 양성하고 성곽을 수리하는 등 군사력을 강화하였어요. 이러한 가운데 청의 요청에 따라 나선 정벌에 두 차례 조총 부대를 파견하여 전과를 올리기도 하였어요.

① 북벌을 추진했어.

▶ 청에 인질로 끌려갔다가 돌아온 **효종**은 청에 당한 치욕을 갚기 위해 북벌을 추진하였어요. 그러나 이미 강성해진 청을 공격하는 것은 현실적으로 어려웠으며, 효종이 죽은 뒤 북벌 운동은 사실상 중단되었어요.

② 경복궁을 중건했어.

▶ **고종** 때 흥선 대원군은 왕실의 권위를 회복하기 위해 임진왜란 때 불에 탄 경복궁을 다시 짓는 공사를 추진하였어요.

③ 중립 외교를 펼쳤어.

▶ **광해군**은 세력이 약해진 명과 강대국으로 성장하는 후금 사이에서 중립 외교를 추진하여 전쟁에 휘말리지 않으려고 노력하였어요.

④ 대전통편을 만들었어.

▶ **정조**는 "경국대전"과 "속대전", 그리고 그 뒤의 법령을 통합하여 "대전통편"을 만들었어요.

기출 선택지 +α 다른 선택지가 나온다면?

❺ 나선 정벌을 단행하였어.　　　　　　　(O / ×)
❻ 호패법을 처음 실시하였어.　　　　　　　(O / ×)
❼ 정책 연구 기관으로 규장각을 육성하였어.　(O / ×)

밑줄 그은 '이 왕'의 재위 기간에 볼 수 있는 모습으로 옳은 것은?　　　[3점]

정답 잡는 키워드

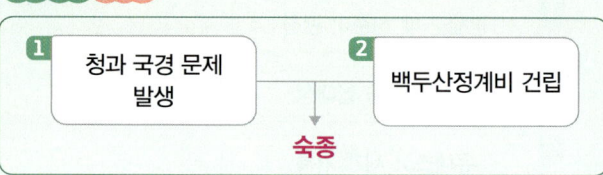

1 청과 국경 문제 발생	**2** 백두산정계비 건립

숙종

1, **2** 국경 지역에서 조선인이 압록강과 두만강을 건너 인삼을 캐거나 사냥을 하는 경우가 자주 일어나자 청이 이를 문제 삼았어요. **숙종** 때 조선과 청 사이에 국경 문제가 발생하자 조선과 청의 관리가 백두산 일대를 답사하여 국경을 정하고 백두산정계비를 건립하였어요.

① 장용영에서 훈련하는 군인

▶ **정조**는 국왕 친위 부대인 장용영을 설치하여 왕권을 뒷받침하게 하였어요.

↱ 독립 협회가 개최한 민중 집회를 말해요.

② 만민 공동회에서 연설하는 백정

▶ **고종 황제** 때 독립 협회가 개최한 만민 공동회에는 상인, 학생, 백정 등 다양한 계층이 참석하여 연설하기도 하였어요.

③ 집현전에서 학문을 연구하는 관리

▶ **세종**은 궁궐 안에 학문과 정책 연구 기관으로 집현전을 설치하여 인재를 육성하고 편찬 사업을 추진하였어요. 집현전은 세조 때 폐지되었어요.

↱ 조선 시대에 종로를 중심으로 설치되어 있던 상설 시장을 말해요.

④ 시전에서 상평통보를 사용하는 상인

▶ 상평통보는 **숙종** 때 공식 화폐로 발행되어 널리 유통되었어요.

231 ● 숙종의 정책　　　　　정답 ③

(가) 왕이 추진한 정책으로 옳은 것은? [3점]

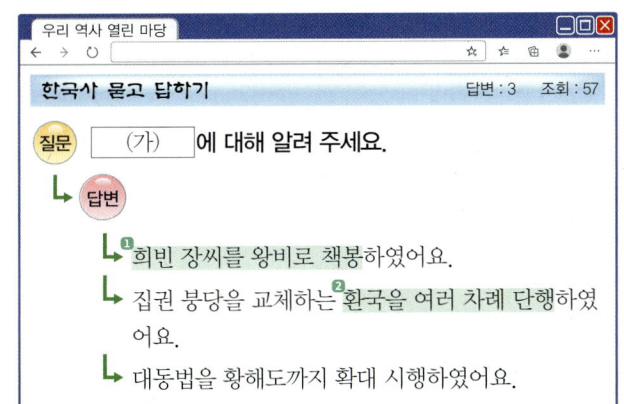

우리 역사 열린 마당

한국사 묻고 답하기　　답변 : 3　조회 : 57

질문 　(가)　에 대해 알려 주세요.

┗ 답변
　┗❶ 희빈 장씨를 왕비로 책봉하였어요.
　┗❷ 집권 붕당을 교체하는 환국을 여러 차례 단행하였어요.
　┗ 대동법을 황해도까지 확대 시행하였어요.

정답 잡는 키워드

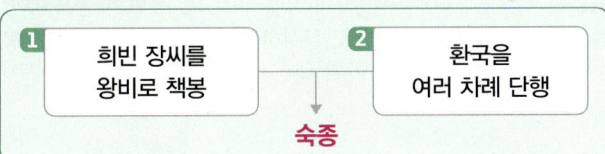

❶ 희빈 장씨를 왕비로 책봉	❷ 환국을 여러 차례 단행

→ 숙종

❶, ❷ 숙종이 집권 붕당을 급격하게 바꾸는 <u>환국</u>을 여러 차례 단행하여 서인과 남인이 번갈아 정권을 잡게 되었어요. 경신환국으로 서인이 정권을 장악한 가운데 1689년(기사년)에 숙종이 후궁 장씨가 낳은 아들을 원자로 삼으면서 이에 반대하던 서인이 쫓겨나고 남인이 집권 세력이 되는 기사환국이 일어났어요. 이 영향으로 인현 왕후가 폐위되고 <u>희빈 장씨가 왕비로 책봉</u>되기도 하였어요.

① 장용영을 설치하였다.
　▶**정조**는 국왕 친위 부대인 장용영을 설치하였어요.

② 탕평비를 건립하였다.
　▶**영조**는 붕당의 폐해를 경계하고 탕평에 대한 의지를 알리기 위해 성균관 입구에 탕평비를 건립하였어요.

③ 상평통보를 발행하였다.
　▶**숙종** 때 상평통보가 공식 화폐로 발행되어 널리 사용되었어요.

④ 동국여지승람을 편찬하였다.
　▶**성종**은 각 도의 지리, 풍속, 인물 등을 자세하게 기록한 지리서인 "동국여지승람"을 편찬하였어요.

기출 선택지 +α 다른 선택지가 나온다면?

❺ 직전법을 실시하였다.　　　　　　　　(○ / ×)
❻ 초계문신제를 실시하였다.　　　　　　(○ / ×)
❼ 백두산정계비를 건립하였다.　　　　　(○ / ×)

기출 선택지 +α 정답 ❺ ×[세조] ❻ ×[정조] ❼ ○

---

232 ● 현종과 영조 사이 시기의 사실　　　정답 ③

(가), (나) 사이의 시기에 있었던 사실로 옳은 것은? [3점]

(가) 효종이 죽자 자의 대비의 상복 입는 기간을 두고 예송이 발생하였다.
(나) 신하들이 언제라도 탕평의 의미를 되새기라는 뜻에서 왕이 성균관 앞에 탕평비를 세웠다.

정답 잡는 키워드

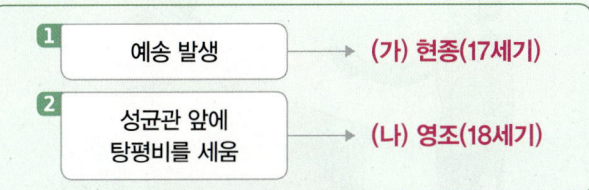

❶ 예송 발생	→ (가) 현종(17세기)
❷ 성균관 앞에 탕평비를 세움	→ (나) 영조(18세기)

(가) **현종** 때 효종과 효종 비의 장례를 치르는 과정에서 효종의 새어머니인 자의 대비가 상복 입는 기간을 두고 서인과 남인이 논쟁을 벌였는데, 이를 <u>예송</u>이라고 합니다.

(나) **영조**는 붕당의 폐해를 바로잡기 위해 탕평책을 추진하였으며, 탕평에 대한 자신의 의지를 널리 알리고 붕당 정치를 경계하도록 하기 위해 <u>성균관 앞에 탕평비를 세웠어요</u>.

① 비변사가 폐지되었다.
　▶**고종** 때 흥선 대원군은 비변사의 기능을 축소하여 사실상 폐지하고 의정부와 삼군부의 기능을 부활시켰어요. 탕평비 건립 이후의 일이에요.

② 훈련도감이 설치되었다.
　▶**선조** 때 일어난 임진왜란 중에 조총을 쓰는 포수, 활을 쓰는 사수, 창이나 칼을 쓰는 살수의 삼수병으로 구성된 훈련도감이 설치되었어요. 예송 이전의 일이에요.

③ 경신환국으로 서인이 집권하였다.
　▶현종의 뒤를 이어 즉위한 **숙종** 때 경신환국이 일어나 남인이 쫓겨나고 서인이 집권하였어요. 숙종의 뒤를 이어 영조가 즉위하였어요.

④ 무오사화로 김일손 등이 처형되었다.
　▶**연산군** 때 훈구 세력이 김일손이 김종직의 '조의제문'을 사초에 실은 일을 문제 삼아 무오사화를 일으켜 김일손 등이 처형되었어요. 예송 이전의 일이에요.

2 탕평책의 실시

233 ● 영조의 업적 정답 ②

다음 가상 인터뷰에 등장하는 왕의 업적으로 옳은 것은?

[3점]

즉위한 이후 어떤 일을 하셨나요?

①균역법을 제정하여 백성들의 군역 부담을 덜어 주었고 ②청계천도 정비했습니다.

정답 잡는 키워드

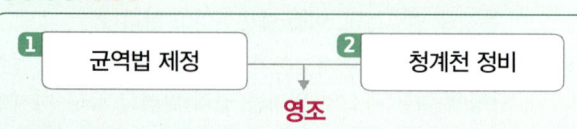

| ① 균역법 제정 | → | ② 청계천 정비 |

영조

① **영조**는 백성의 군역 부담을 덜어 주기 위해 **균역법**을 제정하여 군포를 1필로 줄여 주었어요.

② **영조**는 물이 잘 흐르게 하고 홍수 피해를 막기 위해 **청계천**을 정비하였어요.

① 척화비를 세웠다.
▷ **고종** 때 흥선 대원군은 신미양요 이후 전국 각지에 척화비를 세워 서양과의 통상 수교 거부 의지를 널리 알렸어요.

②탕평책을 실시하였다.
▷ **영조**는 붕당 정치의 폐해를 극복하기 위해 탕평책을 실시하였어요.

③ 집현전을 설치하였다.
▷ **세종**은 궁궐 안에 집현전을 설치하고 인재를 육성하였어요.

④ 전국을 8도로 나누었다.
▷ **태종**은 전국을 8도로 나누고 각 도에 지방관을 파견하였어요.

기출 선택지 +α 다른 선택지가 나온다면?

❺ 탕평비를 세웠다. (○ / ×)
❻ 속대전을 편찬하였다. (○ / ×)
❼ 왕족과 공신들의 사병을 없앴다. (○ / ×)

기출 선택지 +α 정답 ❺ ○ ❻ ○ ❼ × [태종]

234 ● 영조의 업적 정답 ①

(가)에 들어갈 내용으로 옳은 것은? [3점]

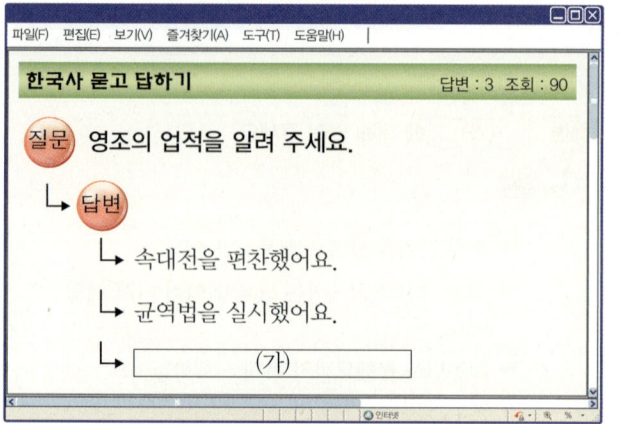

한국사 묻고 답하기 답변 : 3 조회 : 90

질문 영조의 업적을 알려 주세요.

└ 답변
　└ 속대전을 편찬했어요.
　└ 균역법을 실시했어요.
　└ (가)

영조는 법전을 정비하여 "속대전"을 펴내고, 농민의 군포 부담을 줄여 주기 위해 균역법을 실시하였어요. 또한, 신하들이 붕당을 이루어 극심하게 갈라져 대립하는 것을 막기 위해 탕평책을 폈어요.

①탕평비를 건립했어요.
▷ **영조**는 탕평책에 대한 의지를 보여 주기 위해 성균관 입구에 탕평비를 건립하였어요.

② 영선사를 파견했어요.
▷ 개항 이후 **고종**은 근대 무기 제조 기술 등을 배워 오게 하기 위해 청에 영선사를 파견하였어요.

③ 집현전을 설치했어요.
▷ **세종**은 학문 연구 기관으로 집현전을 설치하였어요.

④ 별기군을 창설했어요.
▷ 개항 이후 **고종**은 신식 군대인 별기군을 창설하였어요.

235 ● 영조의 업적 　　　　　　　　정답 ②

다음 비석을 세운 왕의 업적으로 옳은 것은?　　[3점]

> 이 건물 안에 있는 비석은 **탕평비**입니다. '두루 원만하고 치우치지 않음이 군자의 공정한 마음이요, 치우치고 두루 원만하지 못함이 소인의 사사로운 마음이다.'라는 글이 새겨져 있습니다.

정답 잡는 키워드

> 1️⃣ **영조**는 붕당의 폐해를 바로잡기 위해 탕평책을 폈으며, 성균관 입구에 탕평의 의지를 담은 **탕평비**를 세웠어요.

① 비변사를 혁파하였다.
> ▶ **고종** 때 흥선 대원군은 세도 가문의 권력 기구가 된 비변사를 혁파하고 의정부의 기능을 되살렸어요.

②속대전을 편찬하였다.
> ▶ **영조**는 "속대전"을 편찬하여 법령을 정비하였어요.

③ 나선 정벌을 단행하였다.
> ▶ **효종**은 청의 요청에 따라 나선 정벌에 두 차례 조총 부대를 파견하였어요.

④ 백두산정계비를 건립하였다.
> ▶ **숙종** 때 조선과 청은 관리를 보내 백두산 일대를 답사하여 국경을 확정하고 백두산정계비를 세웠어요.

236 ● 정조의 업적 　　　　　　　　정답 ①

밑줄 그은 '왕'의 업적으로 옳은 것은?　　[1점]

> 여러 척의 배를 한 줄로 띄워 놓고 그 위에 널판을 깐 다리를 말해요.
> 1️⃣ 왕께서 배다리를 건너 아버지 사도 세자의 묘에 참배하러 가시는군.
> 저 2️⃣ 배다리는 정약용이 설계했다는군.

정답 잡는 키워드

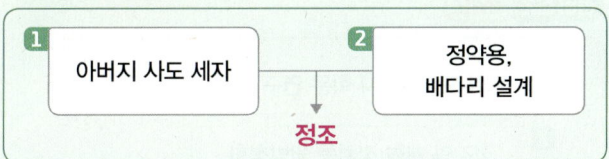

| 1️⃣ 아버지 사도 세자 | → 정조 ← | 2️⃣ 정약용, 배다리 설계 |

> 1️⃣ **정조**는 자신의 정치적 이상을 실현할 신도시로 수원 화성을 건설하고 아버지 사도 세자의 묘를 수원으로 옮겼어요.
> 2️⃣ **정조**는 사도 세자의 묘에 참배하기 위해 수원 화성에 여러 차례 행차하였는데, 강을 건널 때 **정약용이 설계한 배다리**를 이용하였어요.

①장용영을 설치하였다.
> ▶ **정조**는 국왕 친위 부대인 장용영을 설치하여 왕권을 뒷받침하였어요.

　상평통보의 100배 가치가 있는 화폐라는 뜻이에요.
② 당백전을 발행하였다.
> ▶ **고종** 때 흥선 대원군이 경복궁을 중건하면서 필요한 비용을 마련하기 위해 고액 화폐인 당백전을 발행하였어요.

③ 속대전을 편찬하였다.
> ▶ **영조**는 "속대전"을 편찬하여 통치 체제를 정비하였어요.

④ 훈민정음을 반포하였다.
> ▶ **세종**은 백성이 자신의 생각을 글로 표현할 수 있도록 훈민정음을 창제하여 반포하였어요.

기출 선택지 +α 다른 선택지가 나온다면?

❺ 척화비를 건립하였다.　　　　　　　　(O / ×)
❻ 농사직설을 편찬하였다.　　　　　　　(O / ×)
❼ 수원 화성을 건설하였다.　　　　　　　(O / ×)
❽ 정책 연구 기관으로 규장각을 육성하였다.　(O / ×)

다음 학생이 생각하고 있는 기구로 옳은 것은?   [2점]

①왕실 도서관이자 학문 연구 기관으로 ②정조의 개혁 정치를 뒷받침했어.

이 기구에 소장된 고금도서집성의 기기도설을 참고하여 수원 화성을 축조했어.

유득공, 박제가와 같은 서얼 출신 인재들이 검서관으로 등용되었어.

정답잡는 키워드

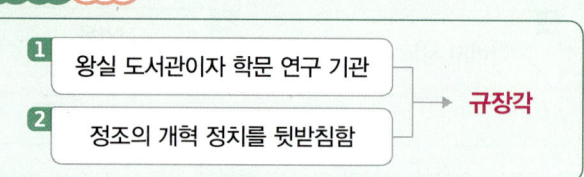

1 왕실 도서관이자 학문 연구 기관	
2 정조의 개혁 정치를 뒷받침함	→ **규장각**

1, **2** 정조는 왕실 도서관의 역할을 한 **규장각**의 기능을 강화하여 학술 및 정책 연구 기관으로 삼아 자신의 정책을 뒷받침하도록 하였어요. 그리고 재주와 학문이 뛰어나도 관리로 나가는 데 제한이 있던 유득공, 박제가, 이덕무 등 서얼 출신 인재들을 규장각 검서관으로 등용하였어요.

① 규장각
> 규장각은 창덕궁 주합루에 있었어요. 정조는 규장각을 중심으로 "대전통편", "동문휘고" 등 여러 가지 책을 펴내는 편찬 사업을 추진하였어요.

② 성균관
> 성균관은 조선 시대 최고 교육 기관으로 유학 교육을 실시하고 성현에 제사를 지냈어요.

③ 집현전
> 집현전은 세종이 궁궐 내에 설치한 학문 연구 기관으로 여러 분야의 서적을 편찬하였어요.

④ 홍문관
> 홍문관은 사헌부, 사간원과 함께 3사로 불리며 언론 기능을 담당하였어요.

(가) 왕이 실시한 정책으로 옳은 것은?   [2점]

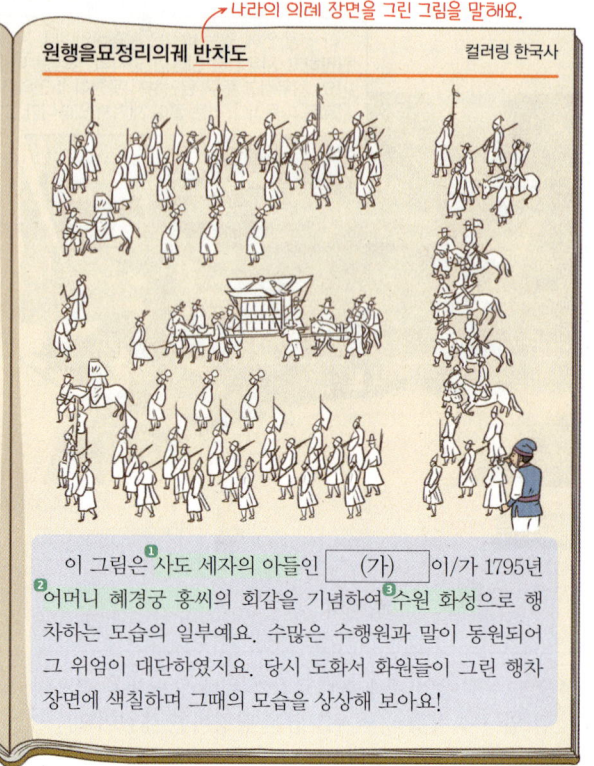

나라의 의례 장면을 그린 그림을 말해요.

원행을묘정리의궤 반차도   컬러링 한국사

이 그림은 ①사도 세자의 아들인 ⎣(가)⎦이/가 1795년 ②어머니 혜경궁 홍씨의 회갑을 기념하여 ③수원 화성으로 행차하는 모습의 일부예요. 수많은 수행원과 말이 동원되어 그 위엄이 대단하였지요. 당시 도화서 화원들이 그린 행차 장면에 색칠하며 그때의 모습을 상상해 보아요!

정답잡는 키워드

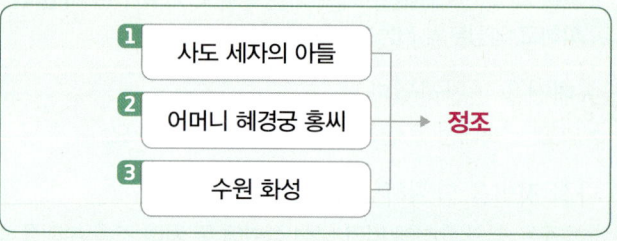

1 사도 세자의 아들	
2 어머니 혜경궁 홍씨	→ **정조**
3 수원 화성	

1 **정조**는 수원에 아버지 사도 세자의 묘인 현륭원(지금의 융릉)을 조성하였어요.

2, **3** **정조**는 자신의 정책을 뒷받침하는 개혁 도시로 수원 화성을 건설하였으며, 어머니 혜경궁 홍씨의 회갑연을 화성 행궁에서 열었어요.

① 경복궁을 중건하였다.
> **고종** 때 흥선 대원군은 왕실의 권위 회복을 위해 임진왜란 때 불에 탄 경복궁을 다시 지었어요.

② 대마도를 정벌하였다.
> **세종** 때 이종무는 군사를 이끌고 가 대마도(쓰시마섬)를 정벌하였어요.

③ 장용영을 창설하였다.
> **정조**는 국왕의 친위 부대인 장용영을 설치하여 왕권을 뒷받침하였어요.

④ 탕평비를 건립하였다.
> **영조**는 붕당의 폐해를 바로잡기 위해 탕평책을 폈으며, 성균관 입구에 탕평의 의지를 담은 탕평비를 세웠어요.

239 ● 정조의 정책　　　　　정답 ①

(가) 왕이 실시한 정책으로 옳은 것은?　　　[2점]

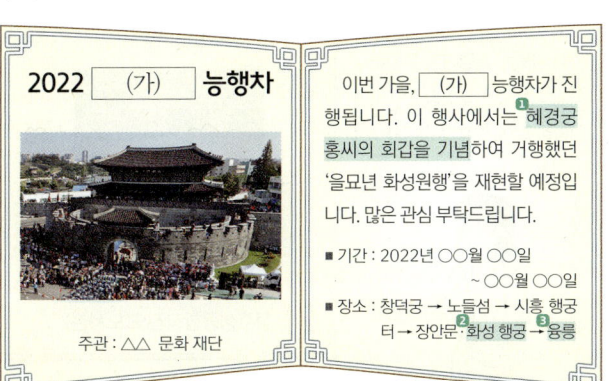

2022　(가)　능행차	이번 가을, (가) 능행차가 진행됩니다. 이 행사에서는 혜경궁 홍씨의 회갑을 기념하여 거행했던 '을묘년 화성원행'을 재현할 예정입니다. 많은 관심 부탁드립니다. ■ 기간 : 2022년 ○○월 ○○일 ~○○월 ○○일 ■ 장소 : 창덕궁→노들섬→시흥 행궁터→장안문·화성 행궁→융릉

주관 : △△ 문화 재단

정답 잡는 키워드

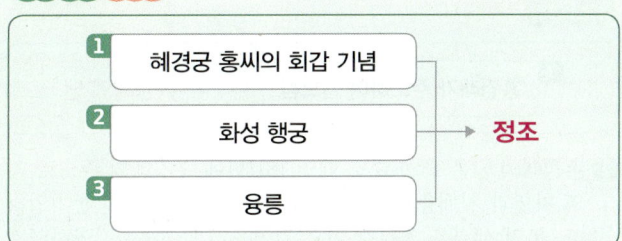

1 혜경궁 홍씨의 회갑 기념	
2 화성 행궁	→ **정조**
3 융릉	

1, 2, 3 **정조**는 자신의 정치적 이상을 실현할 신도시로 수원 화성을 건설한 후 여러 차례 행차하였어요. 을묘년인 1795년에 정조는 어머니 혜경궁 홍씨의 회갑을 기념하여 수원 화성으로 행차하여 행궁에서 회갑연을 성대하게 열고 아버지 사도 세자의 묘소인 현륭원(지금의 융릉)을 참배하였어요.

① **장용영을 설치하였다.**
➤ **정조**는 국왕 친위 부대인 장용영을 설치하여 왕권을 뒷받침하게 하였어요.

② 전시과를 시행하였다.
➤ **고려 경종**은 관직 복무 등에 대한 대가로 조세를 거둘 수 있는 전지와 땔감을 얻을 수 있는 시지를 등급에 따라 지급하는 전시과를 시행하였어요.

③ 경복궁을 중건하였다.
➤ **고종** 때 흥선 대원군은 왕실의 권위를 회복하기 위해 임진왜란 때 불에 탄 경복궁을 중건하였어요.

④ 경국대전을 완성하였다.
➤ **성종**은 세조 때부터 편찬하기 시작한 "경국대전"을 완성하여 반포하였어요.

3　세도 정치

240 ● 세도 정치 시기의 사실　　　정답 ④

밑줄 그은 '시기'의 사실로 옳은 것은?　　　[3점]

문학으로 만나는 한국사

구만 리 긴 하늘에도 머리 들기 어렵고
삼천리 넓은 땅에서도 발을 펴기 어렵도다.
늦은 밤 누대에 오르니 달을 감상하고자 함이 아니요
삼 일 동안 곡기를 끊었으니 신선이 되기 위함이 아니로다.

[해설] 김삿갓으로 널리 알려진 김병연은 **①안동 김씨 등 소수 외척 가문이 중심이 되어 권력을 독점하던** 시기에 전국을 방랑하며 많은 시를 남겼다. 그는 안동 김씨였으나 할아버지가 반역죄로 처형당했기에 관직에 진출하지 못하였다. 김병연이 지은 것으로 전해지는 위 시에는 그의 이러한 처지가 잘 나타나 있다.

정답 잡는 키워드

1 안동 김씨 등 소수 외척 가문이 중심이 되어 권력을 독점함	→ **세도 정치 시기**

1 정조가 사망하고 순조가 어린 나이에 즉위하면서 일부 외척 세력이 정권을 장악하였어요. 이후 순조, 헌종, 철종 3대에 걸쳐 60여 년 동안 안동 김씨 등 소수 외척 가문이 권력을 독점하는 **세도 정치**가 전개되었어요.

① 최승로가 시무 28조를 올렸다.
➤ **고려 성종** 때 최승로가 시무 28조를 국왕에게 올렸어요.

② 수양 대군이 계유정난을 일으켰다.
➤ **조선 전기**에 수양 대군(후에 세조)이 계유정난을 일으켜 정권을 장악한 후 단종을 물러나게 하고 왕위에 올랐어요.

③ 지방 세력 통제를 위해 사심관 제도가 실시되었다.
➤ **고려 태조**는 지방 출신의 고위 관리를 출신 지역의 사심관으로 임명하여 그 지역을 통제하게 하는 사심관 제도를 실시하였어요.

④ **삼정의 문란을 바로잡기 위해 삼정이정청이 설치되었다.**
➤ **세도 정치 시기**인 철종 때 진주 농민 봉기의 수습을 위해 파견된 안핵사 박규수의 건의에 따라 삼정이정청이 설치되었어요.

기출 선택지 +α 다른 선택지가 나온다면?

5 비변사가 폐지되었다.　　　　　　　(○ / ×)
6 4군 6진이 개척되었다.　　　　　　　(○ / ×)
7 훈련도감이 설치되었다.　　　　　　　(○ / ×)

기출 선택지 +α 정답 **5** × [고종 때 흥선 대원군] **6** × [세종] **7** × [선조]

다음 격문이 작성된 시기의 상황으로 옳은 것은? [2점]

> 평서 대원수는 급히 격문을 띄우노니 관서 지역의 모든 사람들은 들으라. …… 조정에서는 관서 지역을 썩은 흙과 같이 버렸다. 심지어 권세가의 노비들도 관서 사람을 보면 반드시 '평안도 놈'이라고 한다. 어찌 억울하고 원통하지 않겠는가.

조선 순조 때 평안도(관서 지역)에 대한 차별과 세도 정권의 가혹한 수탈에 반발하여 홍경래의 난이 일어났어요. 홍경래와 우군칙의 주도 아래 중소 상공인과 광산 노동자, 가난한 농민 등이 봉기하여 청천강 이북 지역을 5개월여간 장악하였으나 정주성에서 관군에 의해 진압되었어요.

① 무신들이 정권을 장악하였다.
▶ **고려 의종** 때 왕의 잘못된 정치와 무신에 대한 차별 대우 등이 원인이 되어 무신들이 정변을 일으켜 정권을 장악하였어요.

② 신식 군대인 별기군이 창설되었다.
▶ **조선 고종** 때 개화 정책을 추진하면서 신식 군대인 별기군이 창설되었어요.

③ 최치원이 시무 10여 조를 건의하였다.
▶ **신라 말** 최치원은 진성 여왕에게 개혁안으로 시무 10여 조를 건의하였으나 진골 귀족의 반발로 개혁을 실행하지 못하였어요.

④ 수령과 향리의 수탈로 삼정이 문란하였다.
▶ **조선 순조** 때부터 세도 정치가 전개되면서 정치 기강이 무너지고 수령과 향리의 수탈로 삼정이 문란해져 백성의 생활이 피폐하였어요. 특히 평안도(관서 지역)는 오랫동안 차별을 받았으며 상공업이 발달하여 세도 정권의 수탈도 심하였어요. 이러한 상황에서 홍경래의 난이 일어났어요.

기출 선택지 +α 다른 선택지가 나온다면?
❺ 동시전이 설치되었다.　　　　　　　(O / X)
❻ 교정도감이 설치되었다.　　　　　　(O / X)
❼ 세도 정치가 전개되었다.　　　　　　(O / X)

밑줄 그은 '사건'에 대한 설명으로 옳은 것은? [2점]

이 지도는 **홍경래가 주도하여 일으킨** 사건을 진압하기 위해 관군이 정주성을 포위한 상황을 보여 주고 있습니다.

정주성공함작전도(모사본)

정답 잡는 키워드

❶ 홍경래가 주도하여 일으킴 → **홍경래의 난**

❶ **홍경래의 난**은 조선 순조 때인 1811년에 홍경래의 주도로 지역 차별과 지배층의 수탈에 저항하여 일어난 농민 봉기입니다. 봉기 세력은 청천강 이북 지역을 5개월여간 장악하였으나 정주성에서 관군에 의해 진압되었어요.

① 보국안민, 제폭구민을 기치로 내걸었다. 　나랏일을 돕고 백성을 편안하게 하며, 폭력적인 것을 물리쳐 백성을 구한다는 뜻이에요.
▶ **동학 농민 운동**은 보국안민과 제폭구민을 기치로 내걸었어요.

② 한성 조약이 체결되는 결과를 가져왔다.
▶ **갑신정변**이 진압된 후 조선 정부는 일본 공사관을 새로 짓는 데 드는 비용 부담, 일본에 배상금 지불 등을 규정한 한성 조약을 일본과 체결하였어요.

③ 서북 지역민에 대한 차별에 반발하여 일어났다.
▶ **홍경래의 난**은 서북 지역민에 대한 차별과 세도 정권의 가혹한 수탈에 반발하여 일어났어요.

④ 전개 과정에서 선혜청과 일본 공사관을 공격하였다.
▶ **임오군란** 당시 구식 군인들은 선혜청과 일본 공사관을 공격하였어요.

기출 선택지 +α 다른 선택지가 나온다면?
❺ 백낙신의 횡포가 계기가 되었다.　　　　(O / X)
❻ 서경 천도와 금국 정벌을 주장하였다.　(O / X)
❼ 세도 정치 시기의 수탈과 지역 차별에 반발하여 일어났다.
　　　　　　　　　　　　　　　　　　(O / X)

기출 선택지 +α 정답 ❺ X [신라]　❻ X [고려]　❼ O

기출 선택지 +α 정답 ❺ X [진주 농민 봉기]　❻ X [묘청의 난]　❼ O

밑줄 그은 '사건'에 대한 설명으로 옳은 것은?　　[3점]

정답 잡는 키워드

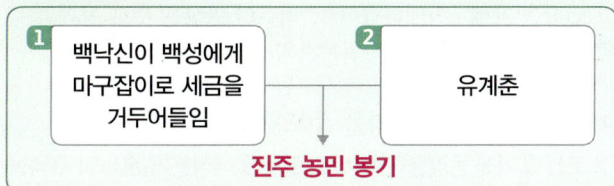

1 백낙신이 백성에게 마구잡이로 세금을 거두어들임	2 유계춘

진주 농민 봉기

1, **2** **진주 농민 봉기**는 세도 정치가 절정에 달한 철종 때인 1862년에 진주에서 경상 우병사 백낙신의 수탈에 항거하여 유계춘의 주도로 일어난 농민 봉기입니다. 진주 농민 봉기의 소식이 주변으로 퍼지면서 전국 각지에서 농민 봉기가 일어났어요. 1862년이 임술년이라 이해에 일어난 농민 봉기를 임술 농민 봉기라고 합니다.

↗ 전라도 지역의 동학 조직과 충청도 지역의 동학 조직이에요.
① 남접과 북접이 논산에서 연합하였다.
▶ **동학 농민 운동** 당시 조선 정부와 전주 화약을 맺고 해산한 동학 농민군은 일본군이 경복궁을 불법 점령하자 일본군 타도를 내세우며 다시 봉기하였어요. 동학 농민군의 남접과 북접이 논산에서 연합하여 한성을 향해 진격하던 중 공주 우금치에서 일본군과 관군에 맞서 싸웠으나 패하였어요.

②삼정이정청이 설치되는 계기가 되었다.
▶ **진주 농민 봉기**의 수습을 위해 파견된 안핵사 박규수의 건의로 삼정의 문란을 바로잡고자 삼정이정청이 설치되었어요.
↗ 개항 후에 우편 업무를 담당한 관청이에요.
③ 우정총국 개국 축하연을 이용하여 일어났다.
▶ **갑신정변**은 김옥균을 중심으로 박영효, 홍영식 등 급진 개화파가 우정총국의 개국 축하연을 이용하여 일으킨 사건이에요.

④ 청군에 의해 흥선 대원군이 톈진으로 납치되었다.
▶ **임오군란**이 일어나자 민씨 정권은 청에 파병을 요청하였어요. 조선에 들어온 청군은 군란을 진압하고, 군란의 책임을 물어 흥선 대원군을 톈진으로 납치하였어요.

학생들이 공통으로 이야기하고 있는 사건에 대한 설명으로 옳은 것은?　　[2점]

정답 잡는 키워드

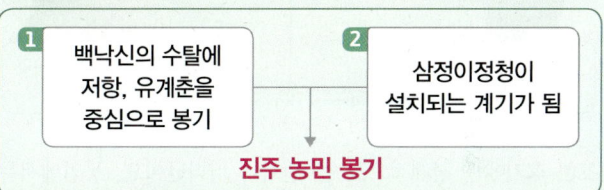

1 백낙신의 수탈에 저항, 유계춘을 중심으로 봉기	2 삼정이정청이 설치되는 계기가 됨

진주 농민 봉기

1 **진주 농민 봉기**는 1862년에 진주에서 경상 우병사 백낙신의 수탈에 항거하여 유계춘의 주도로 일어난 농민 봉기입니다. 봉기 소식이 주변으로 퍼지면서 전국 각지에서 농민 봉기가 일어났는데, 1862년이 임술년이라 이해에 일어난 농민 봉기를 임술 농민 봉기라고 합니다.

2 조선 정부는 **진주 농민 봉기**의 수습을 위해 안핵사 박규수를 보냈으며, 그의 건의를 받아들여 삼정의 문란을 바로잡고자 삼정이정청을 설치하였어요.

① 청군의 개입으로 진압되었다.
▶ **임오군란**과 **갑신정변** 등이 청군의 개입으로 진압되었어요.
↗ 지방에서 큰 사건이 일어났을 때 이를 수습하기 위해 정부가 파견하는 관리입니다.
②박규수가 안핵사로 파견되었다.
▶ **진주 농민 봉기**를 수습하고자 조선 정부는 박규수를 안핵사로 진주에 파견하였어요.

③ 조선 형평사의 주도로 전개되었다.
▶ 일제 강점기에 백정들이 조직한 조선 형평사의 주도로 백정에 대한 차별 철폐 운동인 **형평 운동**이 전개되었어요.

④ 서북 지역민에 대한 차별이 원인이 되었다.
▶ 순조 때 서북 지역(관서 지역, 평안도)에 대한 차별과 세도 정권의 가혹한 수탈에 항거하여 **홍경래의 난**이 일어났어요.

V
조선2

4 전란 이후의 경제와 사회

본문 95~96쪽

245 ● 조선 후기의 경제 상황
정답 ①

선생님의 질문에 대한 학생의 대답으로 옳지 <u>않은</u> 것은? [2점]

조선 후기의 경제 상황에 대해 말해 볼까요?

① 과전법이 실시되었어요.

② 모내기법이 확산되었어요.

③ 상평통보가 널리 유통되었어요.

④ 장시가 전국 곳곳에서 열렸어요.

> **조선 후기**에는 경제적으로 큰 변화가 나타났어요. 농업에서는 모내기법이 전국적으로 보급되어 농업 생산력이 높아졌으며, 상업 활동이 활발해져 전국 곳곳에서 장시가 열리고, 청 · 일본과의 무역도 발달하였어요. 수공업과 광업에서는 국가 주도의 활동보다 민간 부분의 활동이 활발해졌어요.

① 과전법이 실시되었어요.
> **고려 말**에 토지 제도의 문란을 바로잡기 위해 과전법이 실시되었어요. 과전법은 조선으로 이어져 초기까지 시행되었어요.

② 모내기법이 확산되었어요.
> **조선 후기**에 모내기법이 전국으로 확산되었어요.

③ 상평통보가 널리 유통되었어요.
> **조선 후기**에 상업 활동이 활발해지고 화폐로 상평통보가 널리 유통되었어요.

④ 장시가 전국 곳곳에서 열렸어요.
> **조선 후기**에 농업 생산력이 늘어나고 상품 유통이 활발해지면서 전국 곳곳에서 장시가 열렸어요. 장시를 돌며 물건을 사고파는 보부상의 수도 크게 증가하였어요.

기출 선택지 +α 다른 선택지가 나온다면?

❺ 관청에 물품을 조달하는 공인이 활동했어요. (O / ×)

❻ 송상이 각지에 송방이라는 지점을 설치했어요. (O / ×)

246 ● 조선 후기의 상업
정답 ②

(가)에 들어갈 내용으로 옳지 <u>않은</u> 것은? [3점]

조선 후기 상업에 대해 이야기해 보자.

경강상인이 한강을 무대로 운송업에 종사했어.

(가)

> **조선 후기**에는 상업이 발달하면서 경강상인을 비롯한 사상의 활동이 활발하였어요. 경강상인은 한강을 근거지로 운송업에 종사하였고, 개성의 송상은 전국에 송방이라는 지점을 설치하고 인삼을 재배 · 판매하였어요. 의주의 만상은 주로 청과의 무역에, 동래의 내상은 주로 일본과의 무역에 종사하였어요.

① 내상이 일본과의 무역을 주도했어.
> **조선 후기**에 동래를 근거지로 활동한 내상은 일본과의 무역을 주도하였어요.

② 벽란도에서 송과의 무역이 이루어졌어.
> **고려 시대**에 수도 개경과 가까운 예성강 하구의 벽란도가 국제 무역항으로 번성하였어요. 벽란도에는 송, 일본은 물론 멀리 아라비아 지역의 상인도 왕래하였어요.

③ 관청에 물품을 조달하는 공인이 활동했어.
> **조선 후기**에 공납을 특산물 대신 쌀, 베, 동전 등으로 내게 한 대동법이 시행되면서 관청에 필요한 물품을 조달하는 공인이 등장하였어요.

④ 정기 시장인 장시가 전국 각지에서 열렸어.
> **조선 후기**에 정기 시장인 장시가 전국 각지에서 열렸으며, 보부상이 장시를 돌면서 활발하게 활동하였어요.

기출 선택지 +α 정답 ❺ O ❻ O

247 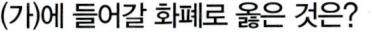 상평통보   정답 ③

(가)에 들어갈 화폐로 옳은 것은?   [2점]

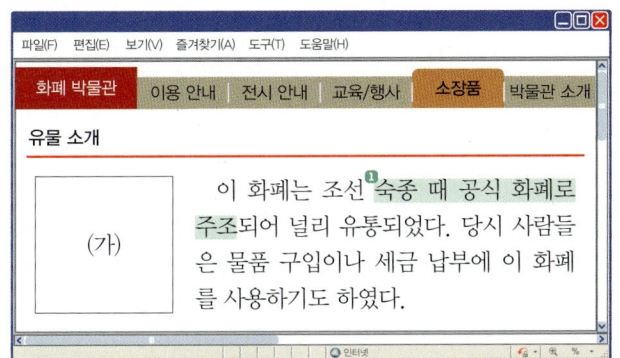

이 화폐는 조선 **숙종 때 공식 화폐로 주조**되어 널리 유통되었다. 당시 사람들은 물품 구입이나 세금 납부에 이 화폐를 사용하기도 하였다.

정답 잡는 키워드

> **①** 숙종 때 공식 화폐로 주조됨   →   **상평통보**

① 조선 후기에 농업과 상업의 발달로 상품 유통이 활발해지면서 화폐 사용도 늘어나 숙종 때 공식 화폐로 주조된 **상평통보**가 전국적으로 널리 사용되었어요.

①
> 고려 성종 때 우리나라 최초의 금속 화폐인 건원중보가 주조되었어요.

건원중보

②
> 고려 숙종 때 주전도감에서 해동통보를 주조하였어요.

해동통보

③
> 상평통보는 조선 숙종 때 허적 등의 건의에 따라 만들어져 널리 사용되었어요.

상평통보

④
> 개항 이후 전환국에서 백동화를 발행하였어요. 전환국은 조선 고종 때 개화 정책을 추진하는 과정에서 설치된 화폐 주조 기관이에요.

백동화

248 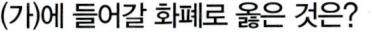 조선 후기의 경제 상황   정답 ④

선생님의 질문에 대한 학생의 대답으로 옳지 <u>않은</u> 것은?   [2점]

정답 잡는 키워드

> **①** 상평통보가 전국에 유통된 시기   →   **조선 후기**

① **조선 후기**에 농업과 상업의 발달로 상품 유통이 활발해지면서 화폐 사용도 늘어나 숙종 때 공식 화폐로 주조된 **상평통보가 전국에 널리 유통**되었어요.

① 정기 시장인 장시가 전국 각지에서 열렸어요.
> **조선 후기**에 정기 시장인 장시가 전국 각지에서 열렸으며, 보부상이 장시를 돌면서 활동하였어요.

② 관청에 물품을 조달하는 공인이 활동했어요.
> **조선 후기**에 대동법이 시행되면서 관청에 필요한 물품을 조달하는 공인이 등장하여 활동하였어요.

③ 송상이 각지에 송방이라는 지점을 설치했어요.
> **조선 후기**에 개성을 근거지로 활동한 송상은 인삼의 재배 및 판매를 주도하였으며, 전국의 주요 지역에 송방이라는 지점을 설치하여 그 지역의 상품 유통을 담당하게 하였어요.

④ 벽란도에서 활발한 국제 무역이 이루어졌어요.
> **고려 시대**에는 벽란도가 국제 무역항으로 번성하였어요. 송과 일본 상인뿐만 아니라 아라비아 상인까지 벽란도에 드나들며 활발하게 무역 활동을 하였어요.

249 ● 납속책 정답 ①

다음 퀴즈의 정답으로 옳은 것은? [2점]

조선 시대에 정부가 부족한 국가 재정을 보충하기 위해 곡물, 돈 등을 받고 그 대가로 신분을 상승시켜 주거나 벼슬을 내린 정책을 무엇이라 할까요?

임진왜란과 병자호란을 겪으면서 국가 재정이 부족해지자 조선 정부는 재정을 보충하기 위해 곡물이나 돈을 받고 그 대가로 신분을 상승시켜 주거나 벼슬을 내리는 **납속책**을 시행하였어요.

①  납속책
> 조선 시대에 재산을 많이 가진 사람들이 납속책을 이용하여 양반 신분을 얻거나 노비 신분에서 벗어나기도 하였어요. 납속책의 시행으로 조선 후기에 양반의 수가 증가하였어요.

②  사창제
> 사창은 각 지방에 설치된 곡물 대여 기관이에요. 고종 때 흥선 대원군은 환곡의 폐단을 바로잡기 위해 사창제를 시행하였어요.

③  영정법
> 인조는 풍흉에 관계없이 토지 1결당 쌀 4~6두의 전세를 거두는 영정법을 시행하였어요.

④  호포제
> 고종 때 흥선 대원군은 군정의 폐단을 바로잡기 위해 가구(호) 단위로 군포를 거두는 호포제를 실시하여 양반에게서도 군포를 징수하였어요.

---

250 ● 허난설헌 정답 ④

다음 인물 카드의 (가)에 들어갈 인물로 옳은 것은? [2점]

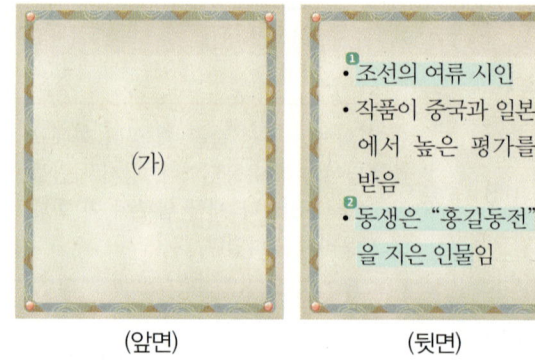

(가) (앞면) (뒷면)

① 조선의 여류 시인
· 작품이 중국과 일본에서 높은 평가를 받음
② 동생은 "홍길동전"을 지은 인물임

정답 잡는 키워드

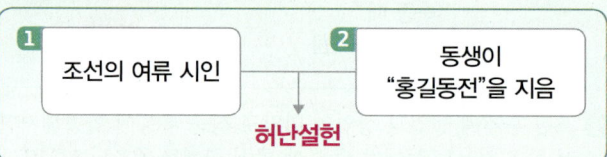

1		2
조선의 여류 시인	→	동생이 "홍길동전"을 지음
	허난설헌	

1, 2 **허난설헌**은 조선의 여류 시인으로, "홍길동전"을 지었다고 알려진 허균의 누나입니다.

①  김만덕
> 김만덕은 조선 후기 제주도에 큰 흉년이 들었을 때 자신의 재산으로 육지에서 식량을 사와 굶주린 제주 백성을 구하였어요.

②  유관순
> 유관순은 일제 강점기에 고향인 천안에서 3·1 만세 시위를 벌인 뒤 체포되어 감옥에서 숨을 거두었어요.

③  신사임당
> 신사임당은 시와 그림에 뛰어났던 조선 전기의 예술가이며, 율곡 이이의 어머니입니다.

④  허난설헌
> 허난설헌이 쓴 시는 중국과 일본에서 높은 평가를 받았어요.

251 · 김만덕의 활동   정답 ①

다음 가상 인터뷰의 주인공으로 옳은 것은? [2점]

> 1 조선 시대 제주 출신의 사회 활동가를 만나 보도록 하겠습니다. 당시 활동에 대해 말씀해 주세요.

> 저는 큰 흉년으로 굶주리는 2 제주 백성들을 위해 쌀을 기부하였습니다. 이 일로 임금님께 칭찬을 받기도 했습니다.

정답 잡는 키워드

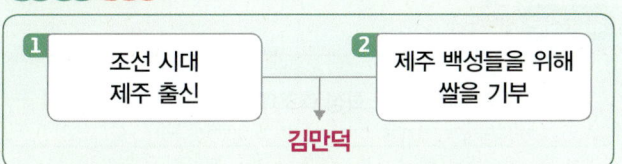

1 조선 시대 제주 출신	→	2 제주 백성들을 위해 쌀을 기부

김만덕

1, **2** **김만덕**은 조선 시대 제주 출신의 상인으로 큰 부를 쌓았으며, 제주도에 큰 흉년이 들자 자신의 전 재산을 내어 굶주리는 제주 백성을 위해 육지에서 쌀을 사 와 기부하였어요.

① **김만덕**
> 김만덕의 선행을 들은 정조는 그녀의 소원이었던 금강산 유람을 허락해 주었어요.

② 유관순
> 유관순은 일제 강점기에 고향인 천안에서 3·1 만세 시위를 벌인 뒤 체포되어 감옥에서 숨을 거두었어요.

③ 신사임당
> 신사임당은 시와 그림에 뛰어났던 조선 전기의 예술가이며, 율곡 이이의 어머니입니다.

④ 허난설헌
> 허난설헌은 조선의 여류 시인으로, 그녀의 시는 중국과 일본에서 높은 평가를 받았어요. 그녀는 "홍길동전"을 지었다고 알려진 허균의 누나입니다.

---

5   실학의 등장

252 · 유형원의 활동   정답 ③

(가)에 들어갈 인물로 옳은 것은? [2점]

> ○○○
> 전북 부안

> ♥ 좋아요 60개

> 이곳은 조선의 실학자인 ___(가)___ 이/가 머물렀던 반계 서당이다. 그는 1 균전론 등 여러 개혁안을 제시한 반계수록을 저술하였다. … 더보기

> 댓글 15개 모두 보기

정답 잡는 키워드

1 균전론 등을 제시한 "반계수록" 저술	→	유형원

1 **유형원**은 농업 중심의 개혁론을 주장한 조선 후기의 실학자입니다. 그는 지금의 전라북도 부안으로 내려가 반계 서당을 세우고 학문 연구에 전념하였어요. 그곳에서 균전론 등 국가 통치 제도에 대한 개혁안을 담은 "반계수록"을 저술하였어요. '반계'는 유형원의 호입니다.

① 이익
> 이익은 농업 중심의 개혁론을 주장한 조선 후기의 실학자입니다. 토지 제도 개혁론으로 한전론을 주장하였으며 "성호사설", "곽우록" 등을 저술하였어요.

② 박제가
> 박제가는 상공업 중심의 개혁론을 주장한 조선 후기의 실학자입니다. 수레와 선박 등의 이용을 주장하였으며 "북학의"를 저술하였어요.

③ **유형원**
> 유형원은 "반계수록"에서 모든 토지를 나라가 소유하고 관리, 선비, 농민 등 신분에 따라 토지를 지급하는 균전론의 실시를 주장하였어요.

④ 홍대용
> 홍대용은 상공업 중심의 개혁론을 주장한 조선 후기의 실학자입니다. 지전설과 무한 우주론을 주장하였으며 "의산문답"을 저술하였어요.

다음 가상 인터뷰의 주인공에 대한 설명으로 옳은 것은?

[2점]

선생님께서 주장하신 토지 개혁론은 무엇인가요?

나는 마을 단위로 농민이 함께 경작하고 세금을 제외한 나머지 생산물을 일한 양에 따라 분배하자는 **여전론**을 주장하였습니다.

정답 잡는 키워드

1 여전론 주장 → **정약용**

1 조선 후기의 실학자 **정약용**은 토지 제도의 개혁을 위해 여전론을 주장하였어요. 여전론은 마을 단위로 토지를 나누어 공동 경작하고 세금을 제외한 생산물은 노동량에 따라 분배하자는 주장이에요.

① 동학을 창시하였다.
> **최제우**는 민간 신앙과 유교, 불교, 도교를 융합하여 동학을 창시하였어요.

② 추사체를 창안하였다.
> **김정희**는 자신만의 고유한 글씨체인 추사체를 창안하였는데, '추사'는 김정희의 호입니다.

③ 목민심서를 저술하였다.
> **정약용**은 수령이 지켜야 할 덕목을 제시한 "목민심서"를 저술하였어요.
> ↗ 같은 병이라도 사람의 체질에 맞게 처방해야 한다는 의학 이론을 말해요.

④ 사상 의학을 확립하였다.
> **이제마**는 "동의수세보원"을 저술하여 사상 의학을 확립하였어요.

(가) 인물에 대한 설명으로 옳은 것은?

[2점]

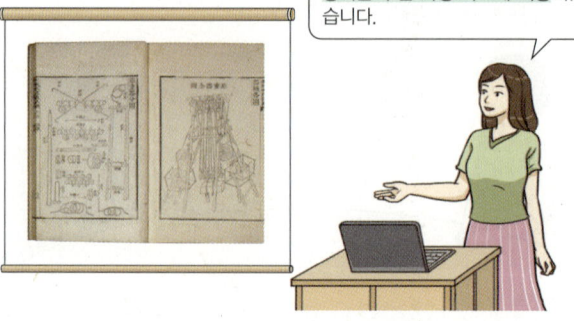

이것은 화성성역의궤에 수록된 거중기 설계도입니다. [(가)] 이/가 기기도설을 참고하여 제작한 거중기는 수원 화성 축조에 이용되었습니다.

정답 잡는 키워드

1 거중기 제작, 수원 화성 축조에 이용 → **정약용**

1 **정약용**은 "기기도설"을 참고하여 작은 힘으로 무거운 물건을 들 수 있는 거중기를 제작하고 이를 수원 화성 축조에 이용하여 공사 기간과 비용을 줄였어요.

① 여전론을 주장하였다.
> **정약용**은 마을 단위로 농민들이 함께 경작하고 세금을 제외한 나머지 생산물을 일한 양에 따라 나누자는 여전론을 주장하였어요.

② 추사체를 창안하였다.
> **김정희**는 자신만의 고유한 글씨체인 추사체를 창안하였는데, '추사'는 김정희의 호입니다.

③ 북학의를 저술하였다.
> **박제가**는 청에 다녀와서 청의 제도와 문물을 소개한 "북학의"를 저술하였어요.

④ 몽유도원도를 그렸다.
> **안견**은 안평 대군의 꿈 이야기를 듣고 몽유도원도를 그렸어요. 이 그림은 현실 세계와 꿈속의 이상 세계를 조화롭게 표현하였다는 평가를 받고 있어요.

기출 선택지 +α 다른 선택지가 나온다면?

5 동학을 창시하였다.   (○ / ✕)
6 열하일기를 저술하였다.   (○ / ✕)
7 목민심서를 저술하였다.   (○ / ✕)
8 대동여지도를 제작하였다.   (○ / ✕)

기출 선택지 +α 정답   **5** ✕ [최제우]   **6** ✕ [박지원]   **7** ○   **8** ✕ [김정호]

다음 인물에 대한 설명으로 옳은 것은? [2점]

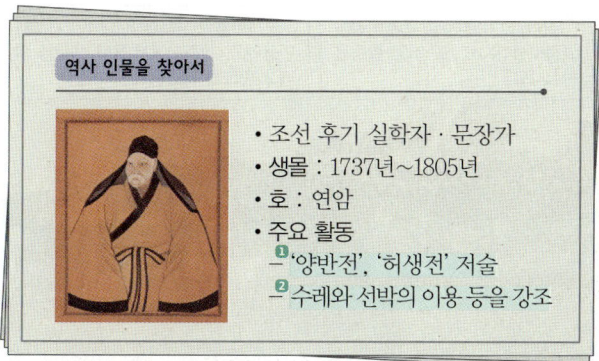

역사 인물을 찾아서

- 조선 후기 실학자·문장가
- 생몰 : 1737년~1805년
- 호 : 연암
- 주요 활동
  ❶ '양반전', '허생전' 저술
  ❷ 수레와 선박의 이용 등을 강조

정답 잡는 키워드

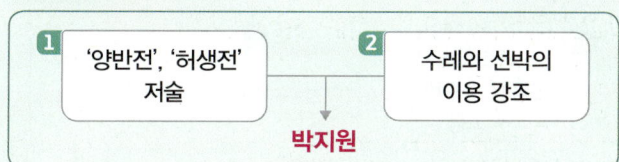

❶ '양반전', '허생전' 저술	❷ 수레와 선박의 이용 강조

→ 박지원

❶ **박지원**은 '양반전', '허생전'을 저술하여 양반을 비롯한 당시 집권층의 위선과 무능을 비판하였어요.

❷ **박지원**은 화폐의 사용, 수레와 선박의 이용을 강조하였어요.

① 몽유도원도를 그렸다.
▶ **안견**은 안평 대군이 꿈속에서 본 무릉도원에 대한 이야기를 듣고 몽유도원도를 그렸어요.

②열하일기를 저술하였다.
▶ **박지원**은 사절단을 따라 청에 다녀온 후 그곳에서 보고 들은 내용을 토대로 "열하일기"를 저술하였어요.

③ 사상 의학을 정립하였다.
▶ **이제마**는 같은 병이라도 사람의 체질에 맞게 처방해야 한다는 사상 의학을 정립하였어요.

④ 대동여지도를 제작하였다.
▶ **김정호**는 전국 지도인 대동여지도를 제작하였어요. 대동여지도는 22첩의 목판으로 만들어진 지도입니다.

(가)에 들어갈 인물로 옳은 것은? [1점]

이 작품은 (가) 이/가 북경에 갔을 때 우정을 나눈 청의 화가 나빙이 선물한 것입니다. (가) 은/는 4차례나 연행길에 올라 청의 지식인들과 교유하였고, 청의 제도와 문물을 소개한 북학의를 저술하였습니다.

정답 잡는 키워드

❶ "북학의" 저술	→ 박제가

❶ **박제가**는 네 차례나 청에 다녀와 상공업의 중요성을 깨달았으며, 청의 제도와 문물을 소개한 "북학의"를 저술하였어요.

① 이익
▶ 이익은 한 집이 기본적인 생활을 하는 데 필요한 최소한의 토지를 주고 그 토지의 매매를 금지하는 한전론을 주장하였어요.

② 김정희
▶ 추사 김정희는 자신만의 독창적 글씨체인 추사체를 창안하였어요. 또 북한산비가 진흥왕 순수비임을 밝혀내기도 하였어요.

③박제가
▶ 박제가는 수레와 선박의 이용을 주장하였으며, 재물을 우물물에 비유하여 상품 생산을 위해 적절한 소비가 필요하다는 점을 강조하였어요.

④ 유성룡
▶ 유성룡은 임진왜란에서 드러난 문제점을 반성하고 훗날을 대비하기 위해 "징비록"을 저술하였어요.

257 ● 홍대용의 활동

밑줄 그은 '이 인물'에 대한 설명으로 옳은 것은? [2점]

이 인물은 유학, 서양 과학 등 여러 학문을 융합하여 독창적 사상을 정립하였습니다. 그가 저술한 **의산문답**에는 **무한 우주론**에 대한 설명과 함께, 중국 중심 세계관에 대한 비판적 인식이 잘 드러나 있습니다.

조선 후기 북학파 실학자인 이 인물에 대해 알려 주세요.

정답 잡는 키워드

| ① "의산문답" | ② 무한 우주론 |

↓

홍대용

①, ② 홍대용은 조선 후기의 실학자로 청의 문물 수용과 상공업 진흥을 주장하였어요. 또 "의산문답", "임하경륜" 등을 저술하였는데, "의산문답"에서 지전설과 무한 우주론을 주장하며 중국 중심의 세계관을 비판하였어요.

① 추사체를 창안하였다.
  ▶ **김정희**는 자신만의 독창적 글씨체인 추사체를 창안하였어요.

②**지전설을 주장하였다.**
  ▶ **홍대용**은 지구가 하루에 한 번씩 돌아 낮과 밤이 생긴다는 지전설을 주장하였어요.

③ 사상 의학을 정립하였다.
  ▶ **이제마**는 같은 병이라도 사람의 체질에 맞게 처방해야 한다는 사상 의학을 정립하였어요.

④ 대동여지도를 제작하였다.
  ▶ **김정호**는 우리나라 전국 지도인 대동여지도를 제작하였어요. 대동여지도는 총 22첩의 목판본으로 되어 있어요.

기출 선택지 +α 다른 선택지가 나온다면?

⑤ 몽유도원도를 그렸다. (O / ×)
⑥ 북학의를 저술하였다. (O / ×)
⑦ 북한산비가 진흥왕 순수비임을 밝혔다. (O / ×)

---

258 ● 김정희의 활동

다음 가상 인터뷰에 등장하는 인물로 옳은 것은? [2점]

북한산비가 진흥왕 순수비임을 고증하셨다지요. 또 어떤 활동을 하셨나요?

금석학을 연구하여 독창적인 서체를 만들었고, 제주에서 유배 생활을 할 때 세한도를 그렸지요.

정답 잡는 키워드

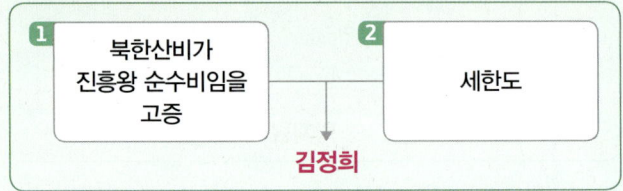

| ① 북한산비가 진흥왕 순수비임을 고증 | ② 세한도 |

↓

김정희

① 김정희는 금석학을 연구하여 자신의 저서 "금석과안록"에서 북한산비가 신라 진흥왕 순수비임을 고증하였어요.
② 김정희는 제주도에 유배되었을 때 자신을 잊지 않고 책을 보내 준 제자 이상적에게 고마움의 표시로 세한도를 그려 주었어요.

①**김정희**
  ▶ 조선 후기에 김정희는 역대 명필을 연구하여 독창적 글씨체인 추사체를 만들었어요.

② 박지원
  ▶ 박지원은 조선 후기의 실학자로 사절단을 따라 청에 다녀와 그곳에서 보고 들은 내용을 토대로 "열하일기"를 저술하였어요.

③ 송시열
  ▶ 송시열은 조선 후기의 학자이자 문신으로 효종과 함께 북벌을 주장하였어요.

④ 유득공
  ▶ 유득공은 조선 후기의 실학자로 "발해고"에서 발해의 역사를 다루면서 신라와 발해를 '남북국'이라 처음으로 칭하였어요.

---

6 역사, 지도, 건축

259 조선왕조실록
정답 ④

(가)에 들어갈 문화유산으로 옳은 것은? [1점]

(가) 에 대해 검색해 줘.

오전 10:00
검색 결과입니다.

① 태조에서 철종에 이르는 470여 년간의 역사를 역대 왕별로 기록하였습니다. 방대한 규모와 내용의 정확성을 인정받아 유네스코 세계 기록 유산에 등재되었습니다.

정답 잡는 키워드

① 태조에서 철종에 이르는 역사를 역대 왕별로 기록 → **"조선왕조실록"**

① **"조선왕조실록"**은 조선 태조에서 철종에 이르는 역사를 역대 왕별로 시간 순서에 따라 기록한 편년체 형식의 역사서입니다. 편년체는 역사를 연월일 순서에 따라 기록하는 서술 방식이에요.

① 경국대전
▶ 조선의 기본 법전인 "경국대전"은 세조 때 편찬이 시작되어 성종 때 완성·반포되었어요.

② 동의보감
▶ "동의보감"은 허준이 전통 한의학을 집대성한 의학서로, 광해군 때 완성되었어요.

③ 목민심서
▶ "목민심서"는 조선 후기의 실학자 정약용이 수령이 지켜야 할 덕목에 대해 쓴 책이에요.

④ 조선왕조실록
▶ "조선왕조실록"은 왕이 죽은 뒤 춘추관에 설치된 실록청에서 사초와 시정기 등을 바탕으로 펴낸 역사서입니다. 일제 강점기에 일본인이 주관하여 편찬된 "고종실록", "순종실록"은 왜곡 등이 심하여 "조선왕조실록"에 포함하지 않아요.

260 혼일강리역대국도지도
정답 ④

다음 퀴즈의 정답으로 옳은 것은? [3점]

이 지도는 ① 조선 초기에 그려진 세계 지도로, 조선과 중국은 물론 아프리카와 유럽까지 그려져 있습니다. 이를 통해 당시의 세계관을 알 수 있습니다. 이 지도의 이름은 무엇일까요?

정답 잡는 키워드

① 조선 초기에 그려진 세계 지도 → **혼일강리 역대국도지도**

① 조선 초기 태종 때 그려진 세계 지도인 **혼일강리역대국도지도**는 중국 중심의 세계관이 반영되어 중국과 조선이 아시아 대륙과 유럽 및 아프리카에 비해 크게 표현되어 있어요.

①  대동여지도
▶ 대동여지도는 조선 후기에 김정호가 제작한 전국 지도입니다.

②  동국대지도
▶ 동국대지도는 조선 후기에 정상기가 축척을 활용하여 제작한 전국 지도입니다.

③  곤여만국전도
▶ 곤여만국전도는 중국에 온 선교사 마테오 리치가 제작한 세계 지도로 임진왜란 이후 우리나라에 전해졌어요.

④  혼일강리 역대국도지도
▶ 혼일강리역대국도지도는 현존하는 동양에서 가장 오래된 세계 지도입니다.

다음 퀴즈의 정답으로 옳은 것은? [3점]

이 지도는 중국에서 가져온 세계 지도를 보고 1708년 제작한 것의 일부입니다. 세계를 둥글게 표현한 이 지도를 통해 조선인들은 서양 세계에 대한 새로운 지식을 얻을 수 있었습니다. 이 지도의 이름은 무엇일까요?

정답 잡는 키워드

1 조선 후기에 중국에서 가져온 세계 지도를 보고 제작함	**2** 조선인들이 서양 세계에 대한 새로운 지식을 얻는 데 영향

→ 곤여만국전도

1 **곤여만국전도**는 중국에 들어온 서양 선교사 마테오 리치가 그린 세계 지도입니다. 조선 후기에 최석정 등이 중국에서 가져온 이 지도를 보고 그대로 따라 그린 지도가 남아 있어요.

2 **곤여만국전도**는 세계를 둥글게 표현하여 현재의 세계 지도와 그 모습이 유사합니다. 이 지도를 통해 조선인들은 서양에 대한 새로운 지식을 얻을 수 있었어요. 또한, 중국 중심의 세계관에서 벗어날 수 있었어요.

①  팔도총도
▶ 팔도총도는 조선 전기에 제작된 전국 지도입니다.

②  대동여지도
▶ 대동여지도는 조선 후기에 김정호가 제작한 전국 지도입니다.

③  곤여만국전도
▶ 중국에서 전해진 곤여만국전도는 조선인의 세계관 변화에 영향을 끼쳤어요.

④  혼일강리역대국도지도
▶ 혼일강리역대국도지도는 조선 태종 때 제작된 세계 지도입니다.

(가)에 들어갈 지도로 옳은 것은? [1점]

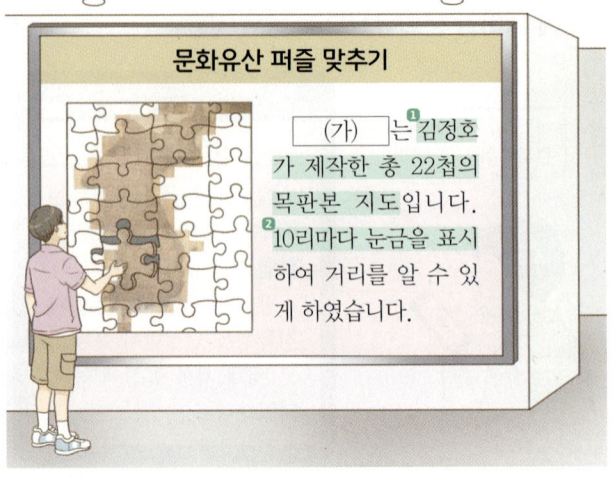

문화유산 퍼즐 맞추기

(가) 는 김정호가 제작한 총 22첩의 목판본 지도입니다. 10리마다 눈금을 표시하여 거리를 알 수 있게 하였습니다.

정답 잡는 키워드

1 김정호가 제작한 총 22첩의 목판본 지도	**2** 10리마다 눈금 표시

→ 대동여지도

1, 2 **대동여지도**는 조선 후기에 김정호가 제작한 우리나라 전국 지도입니다. 총 22첩의 목판본으로 제작되었는데, 각 첩은 접을 수 있어 비교적 휴대가 간편하였어요. 또 산맥, 하천, 포구, 도로망 등을 자세히 표기하여 다양한 지리 정보를 전달하였으며, 10리마다 눈금을 표시하여 거리를 쉽게 알 수 있게 하였어요.

① 동국지도
▶ 동국지도는 조선 후기에 정상기가 우리나라에서 처음으로 100리 척을 사용하여 제작한 지도입니다.

② 대동여지도
▶ 대동여지도는 목판으로 제작되어 대량 인쇄가 가능하였어요.

③ 곤여만국전도
▶ 곤여만국전도는 중국에서 제작되어 조선 후기에 전해진 세계 지도입니다.

④ 혼일강리역대국도지도
▶ 태종 때 만들어진 혼일강리역대국도지도는 현재 전해지는 동양에서 가장 오래된 세계 지도입니다.

다음 퀴즈의 정답으로 옳은 것은?　　　[2점]

이것은 ①충북 보은군에 소재한 조선 후기 건축물입니다. 내부에는 ②석가모니의 생애를 여덟 장면으로 그린 불화가 있으며, 현재 우리나라에 남아 있는 가장 오래된 5층 목탑입니다. 이것은 무엇일까요?

도전!!
한국사 퀴즈왕

 정답 잡는 키워드

| 1 충북 보은군에 있는 조선 후기 건축물 | 2 우리나라에 남아 있는 가장 오래된 5층 목탑 |

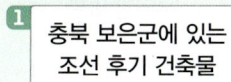 보은 법주사 팔상전

1, 2 충청북도 보은군에 있는 **법주사 팔상전**은 조선 후기에 만들어졌으며, 현재 우리나라에 남아 있는 가장 오래된 5층 **목탑**이에요. 내부에는 석가모니의 생애를 여덟 장면으로 그린 팔상도가 있어요.

①  금산사 미륵전
▶ 김제 금산사 미륵전은 조선 후기에 만들어진 다포 양식의 3층 건물이에요.

②  법주사 팔상전
▶ 보은 법주사 팔상전은 현존하는 우리나라 유일의 목탑이에요.

③  봉정사 극락전
▶ 안동 봉정사 극락전은 고려 후기에 만들어진 주심포 양식의 건물로, 현재 우리나라에 남아 있는 가장 오래된 목조 건물이에요.

④  부석사 무량수전
▶ 영주 부석사 무량수전은 고려 후기에 만들어진 주심포 양식의 건물이에요.

(가)에 들어갈 문화유산으로 옳은 것은?　　　[1점]

조사 보고서
△학년 △반 이름 : ○○○

■ 주제 : 　(가)　의 축조와 복원

　(가)　은 ①정조의 명에 의해 축조된 성으로, ②거중기 등을 이용하여 공사 기간과 경비를 줄일 수 있었다. 일제 강점기와 6·25 전쟁을 거치면서 일부 훼손되었지만, 의궤의 기록을 바탕으로 원형에 가깝게 복원되었다. 아래의 사진과 그림은 이 성의 일부인 남포루가 엄밀한 고증을 거쳐 복원되었음을 보여 준다.

 훼손된 모습　　 의궤에 묘사된 포루　　 복원 후 모습

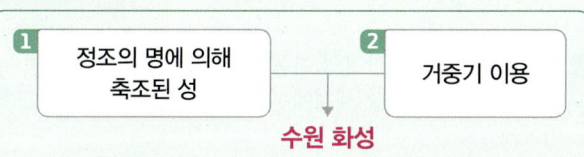 정답 잡는 키워드

| 1 정조의 명에 의해 축조된 성 | 2 거중기 이용 |

수원 화성

1, 2 정조는 자신의 정치적 이상을 담은 신도시로 **수원 화성**을 축조하였어요. 이때에 정약용이 고안한 거중기가 사용되었어요. 수원 화성은 일제 강점기와 6·25 전쟁을 거치면서 일부 훼손되었지만, 수원 화성 건설에 관련된 내용을 글과 그림으로 자세하게 기록한 "화성성역의궤"가 남아 있어 원형에 가깝게 복원되었어요.

① 공산성
▶ 공산성은 백제가 한성에서 웅진으로 천도한 후 외적을 방어하기 위해 쌓은 산성이에요. 당시에는 웅진성이라고 불렸어요.

② 전주성
▶ 전주성은 조선 시대 전주부에 쌓은 읍성으로, 지금은 성의 남쪽 문인 풍남문만 남아 있어요.

③ 수원 화성
▶ 정조는 수원 화성을 축조하고 여러 차례 행차하였어요. 수원 화성은 현재 유네스코 세계 유산으로 등재되어 있어요.

④ 한양 도성
▶ 조선 건국 이후 수도 한양을 방어하기 위해 정도전의 설계로 한양 도성이 축조되었어요.

V
조선 2

7 서민 문화의 발달

본문 101~104쪽

265 몽유도원도 정답 ④

(가)에 들어갈 그림으로 옳은 것은? [2점]

이 작품은 조선 전기를 대표하는 그림으로, ① 안평 대군이 꿈에서 본 이상 세계에 대한 이야기를 듣고 ② 안견이 그린 것입니다.

가상 현실 체험으로 만나는 조선 회화 특별전

(가)

정답 잡는 키워드

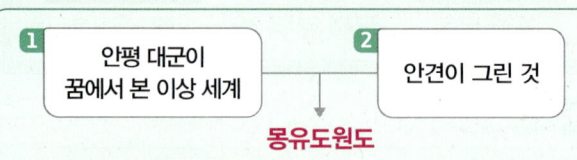

| ① 안평 대군이 꿈에서 본 이상 세계 | ② 안견이 그린 것 |

몽유도원도

① ② **몽유도원도**는 안견의 작품으로, 세종의 아들인 안평 대군이 꿈에서 본 이상 세계에 대한 이야기를 듣고 그린 그림이에요.

①

무동도

▶ 무동도는 조선 후기에 김홍도가 그린 풍속화 중 하나입니다.

②

세한도

▶ 세한도는 조선 후기에 김정희가 제주도로 유배되었을 때 그린 그림이에요.

③

인왕제색도

▶ 인왕제색도는 조선 후기에 정선이 그린 진경 산수화입니다.

④

몽유도원도

▶ 몽유도원도는 현실 세계와 꿈속의 이상 세계를 조화롭게 표현하였다는 평가를 받고 있어요.

266 분청사기 정답 ②

(가)에 들어갈 문화유산으로 적절한 것은? [2점]

① 조선 전기에 유행했던 도자기 중 하나야.

회색 또는 회백색의 흙으로 빚은 ② 그릇의 표면에 흰색의 흙을 분처럼 발랐지.

이것은 철분이 든 안료로 그림을 그린 건데, 이외에도 다양한 무늬 기법이 있어.

(가)

정답 잡는 키워드

| ① 조선 전기에 유행 | ② 그릇의 표면에 흰색의 흙을 분처럼 바름 |

분청사기

① ② **분청사기**는 회색 또는 회백색의 바탕흙 위에 흰색의 흙을 분처럼 발라 장식을 하거나 무늬를 그린 도자기입니다. 조선 전기에 유행하였어요.

①

청자 참외 모양 병

▶ 고려 시대에 제작된 **순청자**입니다. 고려의 청자는 푸른 빛의 아름다움으로 유명하였어요.

②

분청사기 철화 연어문 병

▶ 조선 전기에 제작된 **분청사기**입니다. 표면에 다양한 무늬를 그려 장식하였어요.

③

백자 청화 매죽문 항아리

▶ 조선 후기에 제작된 **청화 백자**입니다. 푸른색 물감을 이용하여 그림을 그려 넣었어요.

④

청자 상감 운학무늬 매병

▶ 고려의 독창적인 상감 기법으로 제작된 **상감 청자**입니다.

267 ● 진경 산수화 정답 ②

다음 특별전에서 볼 수 있는 작품으로 옳은 것은? [1점]

특별전
우리 산천을 담다
우리나라 산천을 소재로 한
조선 후기 진경 산수화의 아름다움을
느껴 보세요.
2020. ○○. ○○.~○○. ○○.
△△ 박물관 특별 전시실

조선 후기에는 중국의 산수화를 모방하는 데에서 벗어나 실제 우리나라의 경치를 사실적으로 표현하는 진경 산수화가 유행하였어요. 정선은 진경 산수화를 그린 대표적인 인물로, 실제 조선의 풍경을 사실적으로 담은 금강전도, 인왕제색도 등을 남겼어요.

①

수렵도

▶ 고구려의 무덤인 무용총에는 수렵도, 무용도 등의 벽화가 남아 있어 당시 고구려인의 생활 모습을 짐작할 수 있어요.

②

인왕제색도

▶ 인왕제색도는 정선이 그린 진경 산수화입니다. 소나기가 지나간 뒤 인왕산의 모습을 사실적으로 묘사하였어요.

③

몽유도원도

▶ 몽유도원도는 안평 대군이 꿈에서 본 무릉도원에 대한 이야기를 안견이 듣고 그린 그림이에요.

④

고사관수도

▶ 고사관수도는 조선 전기에 강희안이 물을 바라보며 생각에 빠진 선비의 모습을 표현한 그림이에요.

268 ● 신윤복의 작품 정답 ④

(가)에 들어갈 그림으로 옳은 것은? [2점]

메타버스에서 만나는 조선의 회화

두 그림은 조선 후기 풍속화가 신윤복의 작품입니다. 그는 양반의 풍류와 여성의 생활 등을 소재로 한 많은 작품을 남겼습니다.

단오풍정 (가)

해설사
학생1 학생2 학생3

혜원 **신윤복**은 조선 후기 풍속화가이며, 양반의 풍류와 여성의 생활을 보여 주는 그림을 많이 남겼어요. 단오풍정, 월하정인, 미인도 등이 대표적인 작품이에요.

①

씨름도

▶ 씨름도는 조선 후기 풍속화가 **김홍도**의 작품이에요.

②

노상알현도

▶ 노상알현도는 **김득신**이 길에서 만난 양반과 상민의 모습을 그린 조선 후기의 작품이에요.

③

고사관수도

▶ 고사관수도는 조선 전기에 **강희안**이 그린 그림이에요. 흐르는 물을 바라보는 선비의 모습을 표현하였어요.

④

월하정인

▶ 월하정인은 **신윤복**의 작품으로 한밤중에 만나는 남녀의 모습을 표현하였어요.

밑줄 그은 '이 그림'이 그려진 시기에 볼 수 있는 모습으로 적절하지 <u>않은</u> 것은?　　　[2점]

이 그림은 서당의 모습을 그린 **김홍도의 풍속화**입니다. 훈장 앞에서 훌쩍이는 학생과 이를 바라보는 다른 학생들의 모습이 생생하게 표현되어 있습니다.

정답 잡는 키워드

> **①** 김홍도의 풍속화 → **조선 후기**

① **조선 후기**에는 일상적인 서민의 생활 모습을 담은 풍속화가 많이 그려졌어요. 이 시기의 대표적인 풍속화가로 **김홍도**와 **신윤복**이 있어요.

① 한글 소설을 읽는 여인
　▶ **조선 후기**에 "홍길동전", "춘향전", "심청전" 등 한글 소설이 널리 읽혔어요.

② 청화 백자를 만드는 도공
　▶ **조선 후기**에 백자 위에 푸른색 안료로 무늬를 그린 청화 백자가 유행하였어요.

③ 판소리 공연을 하는 소리꾼
　▶ **조선 후기**에 소리꾼이 북장단에 맞추어 긴 이야기를 노래와 사설로 들려주는 판소리 공연이 많이 열렸어요.

④ 초조대장경을 제작하는 장인
　▶ **고려** 정부는 부처의 힘으로 거란의 침략을 물리치고자 하는 마음을 담아 초조대장경을 제작하였어요.

다음 대화가 이루어진 시기에 볼 수 있는 모습으로 옳은 것은?　　　[2점]

감자 팝니까?

예, 그럼요. 고구마도 팝니다.

상평통보 환영

정답 잡는 키워드

> **①** 감자, 고구마 ─ **②** 상평통보
> 　　　　**조선 후기**

① **조선 후기**에 감자와 고구마가 전래되어 구황 작물로 재배되었으며, 시장에서 거래되기도 하였어요.

② 상평통보는 **조선 후기** 숙종 때 공식 화폐로 주조되어 널리 유통되었어요.

① 국자감에 입학하는 학생
　▶ 국자감은 **고려** 성종 때 수도 개경에 설립된 최고 교육 기관으로, 유학과 기술 교육을 담당하였어요.

② 팔관회에 참석하는 관리
　▶ **고려** 시대에 팔관회가 국가적인 행사로 개최되었어요.

③ 판소리 공연을 구경하는 농민
　▶ **조선 후기**에 이야기를 노래와 사설로 엮어 표현한 춘향가, 흥부가 등의 판소리가 유행하였어요.

④ 삼별초의 일원으로 훈련하는 군인
　▶ 삼별초는 **고려** 최씨 무신 정권의 군사적 기반이었으며, 몽골과의 항쟁에 적극적으로 나섰어요.

다음 대화가 이루어진 시기의 상황으로 옳지 않은 것은?

[2점]

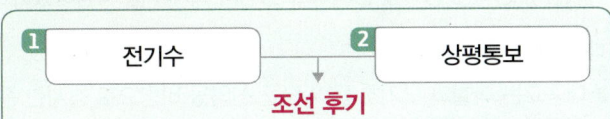

1 **조선 후기**에 한글 소설이 유행하면서 돈을 받고 전문적으로 책을 읽어 주는 전기수가 등장하였어요.

2 **조선 후기**에 상품의 유통이 활발해지면서 화폐 사용도 늘어나 상평통보가 전국적으로 쓰이게 되었어요.

→ 시를 짓는 모임을 말해요.

① 중인층의 **시사** 활동이 활발하였다.
> **조선 후기**에 양반 이외에 중인층의 시사 활동도 활발해졌어요.

② 춘향가 등의 판소리가 성행하였다.
> **조선 후기**에 이야기를 노래와 사설로 엮어 표현한 춘향가, 흥부가 등의 판소리가 유행하였어요.

③ 기존 형식에서 벗어난 사설시조가 유행하였다.
> **조선 후기**에 기존의 형식에서 벗어난 자유로운 형식의 시조인 사설시조가 유행하였어요.

④ 단군의 건국 이야기를 담은 제왕운기가 저술되었다.
> **고려**가 원의 간섭을 받던 시기에 이승휴가 중국과 우리나라의 역사를 시로 표현한 "제왕운기"를 저술하였어요. 이승휴는 단군을 우리 민족의 시조로 보고 "제왕운기"에 단군의 건국 이야기를 수록하였어요.

다음 직업이 등장한 시기의 사회 모습으로 옳은 것은?

[2점]

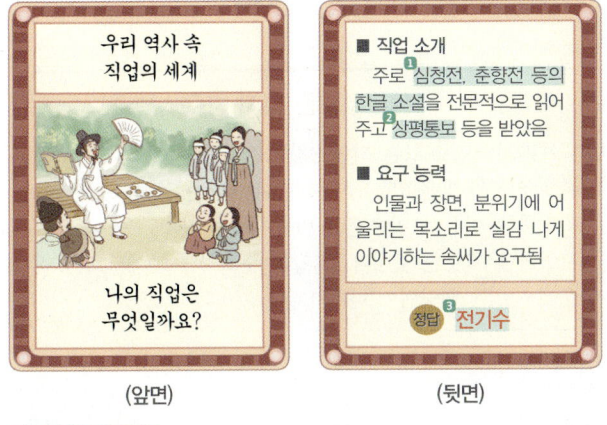

(앞면)   (뒷면)

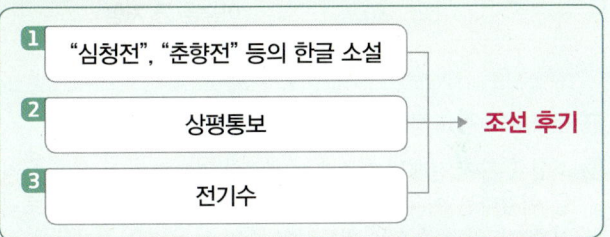

1, 2, 3 **조선 후기**에는 한글 소설, 사설시조, 판소리와 탈춤 등 서민 문화가 발달하였어요. "심청전", "춘향전" 등의 한글 소설이 유행하면서 돈을 받고 전문적으로 책을 읽어 주는 전기수가 등장하였어요. 한편, 상평통보는 조선 후기 숙종 때 공식 화폐로 주조되어 널리 유통되었어요.

① 변발과 호복이 유행하였다.
> 원 간섭기에 **고려**에서는 변발과 호복 등 몽골풍이 유행하였어요.

② 판소리와 탈춤이 성행하였다.
> **조선 후기**에는 탈춤, 판소리 등이 성행하여 사람들이 많이 모이는 시장 등에서 공연이 벌어졌어요.

③ 골품에 따라 일상생활을 규제하였다.
> **신라**는 골품제라는 폐쇄적인 신분 제도를 두어 골품에 따라 일상생활을 규제하였어요.

④ 특수 행정 구역인 향과 부곡이 있었다.
> **고려**는 지방 행정 구역으로 군현 이외에 특수 행정 구역인 향, 부곡, 소를 두었어요.

273 ● 천주교
정답 ③

(가) 종교에 대한 설명으로 옳은 것은? [2점]

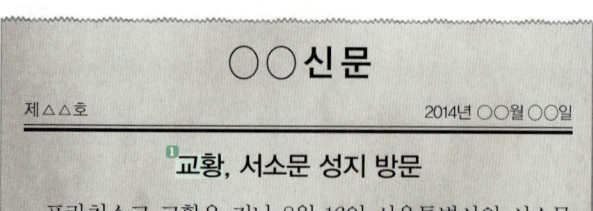

○○신문

제△△호   2014년 ○○월 ○○일

❶교황, 서소문 성지 방문

프란치스코 교황은 지난 8월 16일 서울특별시의 서소문 순교 성지를 방문하였다. 이곳은 200여 년 전, ❷유교 윤리를 어겼다는 이유로 이승훈을 비롯한 [(가)]을/를 믿는 사람들을 처형한 곳이다. 교황은 순교자들을 애도하며 이곳에 세워진 현양탑에 헌화하였다.

정답잡는 키워드

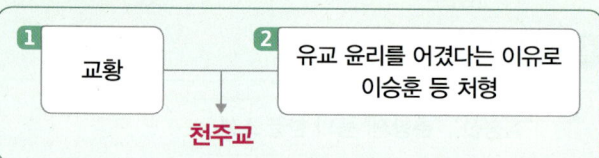

```
┌──────┐      ❷ ┌──────────────────┐
│  교황  │────────│ 유교 윤리를 어겼다는 이유로 │
└──────┘         │   이승훈 등 처형        │
      │          └──────────────────┘
      ▼
    천주교
```

❶ **천주교**의 최고 성직자는 교황입니다.

❷ 조선 후기에 전래된 **천주교**는 제사를 거부하는 등 유교 윤리를 어겼다는 이유로 탄압을 받았어요. 순조 때 조선 최초의 천주교도인 이승훈을 비롯하여 수많은 천주교 신자들이 처형되는 탄압 사건이 일어났어요(신유박해).

① 중광단 결성을 주도하였다.
　▶ 대종교도를 중심으로 항일 무장 투쟁 단체인 중광단이 결성되었으며, 중광단은 북로 군정서로 발전하였어요.

② 기관지로 만세보를 발간하였다.
　▶ 천도교는 민중 계몽을 위해 기관지로 만세보를 발간하였어요.

↗ 서양의 학문이라는 뜻이에요.
③ 초기에는 서학으로 소개되었다.
　▶ 천주교는 청에 다녀온 사신들에 의해 서학으로 소개되었지만, 점차 남인 계열의 일부 실학자들이 종교로 받아들였어요.

④ 동경대전을 기본 경전으로 삼았다.
　▶ 동학은 "동경대전"과 "용담유사"를 경전으로 삼았어요.

기출 선택지 +α 다른 선택지가 나온다면?

❺ 서학이라고도 불렸다. (O / X)
❻ 연등회를 중시하였다. (O / X)
❼ 최제우에 의해 창시되었다. (O / X)

---

274 ● 동학
정답 ①

(가)에 들어갈 종교로 옳은 것은? [1점]

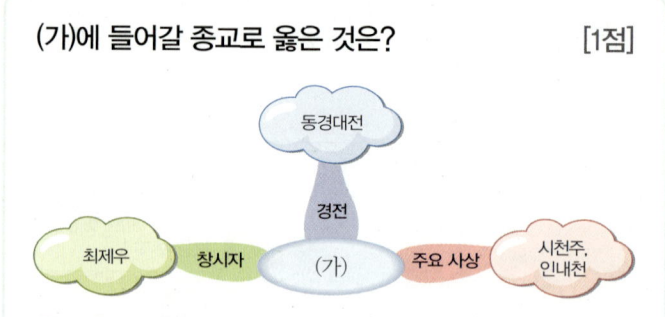

최제우는 서학(천주교)에 대응하여 유교, 불교, 도교와 민간 신앙을 융합해 **동학**을 창시하였어요. 동학은 마음속에 한울님을 모시는 시천주와 '사람이 곧 한울(하늘)'이라는 **인내천**을 강조하였으며, 최제우가 지은 "**동경대전**"을 기본 경전으로 삼았어요.

①동학
　▶ 동학은 인내천을 중심으로 평등사상을 강조하여 농민들 사이에 빠르게 확산되었어요. 조선 정부는 신분 질서를 위협하고 사회 개혁을 주장하는 동학을 금지하고 창시자 최제우를 처형하였어요.

② 대종교
　▶ 대종교는 나철과 오기호 등이 단군 신앙을 바탕으로 창시한 종교입니다.

③ 원불교
　▶ 일제 강점기에 박중빈이 창시한 원불교는 허례허식 폐지, 근검절약의 실천을 강조하는 새 생활 운동을 전개하였어요.

④ 천주교
　▶ 천주교는 조선 후기에 서양 학문(서학)의 하나로 소개되었고, 이후 신앙으로 수용되었어요. 제사를 거부하고 평등사상을 내세워 조선 정부의 탄압을 받았어요.

---

1 흥선 대원군의 정책과 개항

275 흥선 대원군의 정책   정답 ③

(가)에 들어갈 내용으로 옳은 것은?   [2점]

〈인물 탐구 보고서〉
△△ 모둠

흥선 대원군 이하응(1820~1898년)

• 시대 : 조선
• 업적
  – 경복궁을 다시 지었다.
  – 전국에 척화비를 세웠다.
  – 양반에게도 군포를 거두었다.
  – ⎯⎯⎯⎯(가)⎯⎯⎯⎯

흥선 대원군은 어린 고종을 대신해 통치하면서 민생 안정과 왕권 강화를 위한 정책을 추진하였어요. 양반에게도 군포를 거두는 호포제를 실시하였으며, 농민을 힘들게 하는 서원을 정리하고 경복궁을 다시 지어 왕실의 권위를 회복하려고 하였어요. 또한, 제너럴 셔먼호 사건, 병인양요, 신미양요 등 외세의 침략적 접근을 겪으면서 서양 세력과의 통상 수교를 거부하는 정책을 폈어요.

① 삼별초를 조직하였다.
  ▶ 삼별초는 고려 무신 집권기에 **최우**가 설치한 야별초에서 비롯되었어요. ⟶ 1906년 일제가 대한 제국을 감시하고 침략하기 위해 서울에 설치한 통치 기구입니다.
② 통감부를 설치하였다.
  ▶ **일제**는 을사늑약을 강제로 체결하고 통감부를 설치하였어요.
③ 서원을 대폭 정리하였다.
  ▶ **흥선 대원군**은 전국의 서원을 47개소만 남기고 철폐하였어요.
④ 한산도 대첩을 이끌었다.
  ▶ 임진왜란 당시 **이순신**은 한산도에서 학익진 전법으로 일본군을 크게 물리쳤어요.

276 흥선 대원군의 정책   정답 ①

다음 다큐멘터리에서 볼 수 있는 장면으로 가장 적절한 것은?   [2점]

〈다큐멘터리 기획안〉

흥선 대원군, 통치 체제를 정비하다

■ 기획 의도
  1863년 고종의 즉위로 실권을 장악한 흥선 대원군이 추진하였던 정책을 조명한다.

■ 내용
1. 왕권 강화를 위한 통치 체제의 재정비
2. 민생 안정과 국가 재정 확충을 위한 노력

흥선 대원군은 1863년에 고종이 어린 나이에 즉위하자 왕을 대신하여 나라를 운영하면서 왕권을 강화하고 민생을 안정시키기 위한 다양한 개혁 정책을 추진하였어요. 환곡 운영 과정에서 나타난 문제점을 바로잡기 위해 사창제를 실시하였으며, 군포 문제를 해결하기 위해 호포제를 시행하여 양반에게서도 군포를 거두었어요. 또 왕실의 권위 회복을 위해 경복궁을 다시 지었어요. 흥선 대원군은 1873년에 고종이 직접 정치를 하겠다고 선언하면서 물러났어요.

① 서원 철폐에 반대하는 양반
  ▶ **흥선 대원군**은 서원을 전국에 47개소만 남기고 철폐하였어요. 이 과정에서 많은 유생이 상소를 올려 서원 철폐에 반대하였어요.

② 배재 학당에서 공부하는 학생
  ▶ 배재 학당은 1885년에 미국인 개신교 선교사 **아펜젤러**가 서울에 설립한 근대 교육 기관이에요.

③ 탕평비 건립을 바라보는 유생
  ▶ **영조**는 탕평에 대한 의지를 널리 알리기 위해 최고 교육 기관인 성균관 입구에 탕평비를 세웠어요.

④ 만민 공동회에서 연설하는 백정
  ▶ **독립 협회**는 1898년에 만민 공동회를 개최하여 다양한 계층의 사람들이 다양한 의견을 서로 주고받을 수 있도록 하였어요.

기출 선택지 +α 다른 선택지가 나온다면?

❺ 해동통보를 주조하는 장인   (O / ×)
❻ 경복궁 중건 공사에 동원된 농민   (O / ×)
❼ 국채 보상 기성회에 금가락지를 내놓는 여성   (O / ×)

기출 선택지 +α 정답 ❺ × [고려] ❻ O ❼ × [국채 보상 운동(1907)]

277 ● 흥선 대원군 집권 시기의 모습   정답 ④

다음 대화가 이루어진 시기에 볼 수 있는 모습으로 적절한 것은?   [2점]

이것이 **당백전**일세. 우리가 원래 사용하던 엽전 한 닢의 백배에 해당한다는데, 실제 가치는 훨씬 못 미치네.

맞네. 이 당백전의 남발로 물가가 크게 올라 백성들의 형편이 매우 어려워지고 있다네.

정답 잡는 키워드

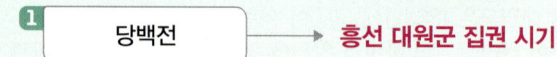

① **당백전**   →   **흥선 대원군 집권 시기**

❶ **당백전**은 **흥선 대원군 집권 시기**에 경복궁을 중건하면서 필요한 비용을 마련하기 위해 발행한 화폐입니다. 당백전은 기존에 사용하던 화폐의 100배 가치를 가진 고액 화폐로 발행되었지만, 실제 가치는 훨씬 미치지 못하였어요. 게다가 당시에 너무 많은 양의 당백전이 발행되어 화폐 가치가 떨어지고 물가가 크게 올라 백성의 생활이 어려워졌어요.

① 원에 공녀로 끌려가는 여인
> **원 간섭기**에 **고려**의 여성들이 원에 공녀로 끌려갔어요.

② 원산 총파업에 참여하는 노동자
> **일제 강점기**인 1929년에 원산 총파업이 일어났어요.

③ 독립운동가를 감시하는 헌병 경찰
> 일제는 대한 제국의 국권을 빼앗은 후 1910년대에 군사 경찰인 헌병이 일반 경찰 업무 및 행정 업무까지 담당하는 헌병 경찰 제도를 실시하였어요. 헌병 경찰 제도는 3·1 운동 이후 보통 경찰 제도로 바뀌었어요.

④ 경복궁 중건 공사에 동원되는 농민
> **흥선 대원군 집권 시기**에 왕실의 권위를 회복하기 위해 임진왜란 때 불에 탄 경복궁을 다시 짓는 공사가 진행되었어요.

---

278 ● 흥선 대원군 집권 시기의 사실   정답 ②

(가) 인물이 집권한 시기의 사실로 옳은 것은?   [2점]

소식 들었는가? 이제 우리 **양반에게도 군포**를 걷겠다는군.

어쩌겠는가. 조정이 **왕의 아버지**인 [(가)]의 위세에 눌려 모든 일이 그의 뜻대로 되고 있으니 말일세.

정답 잡는 키워드

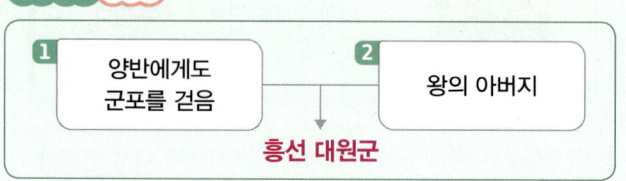

① 양반에게도 군포를 걷음   →   ② 왕의 아버지

흥선 대원군

❶ **흥선 대원군**은 집집마다 군포를 내게 하는 호포제를 실시하여 양반에게도 군포를 걷었어요.

❷ 고종이 어린 나이에 즉위하면서 **왕의 아버지**인 **흥선 대원군**이 대신 국정을 운영하였어요.

① 장용영이 창설되었다.
> **정조** 때 국왕 친위 부대인 장용영이 창설되었어요.

② 척화비가 건립되었다.
> **흥선 대원군**이 집권한 시기에 서양 세력과의 통상 수교 거부 의지를 널리 알리기 위한 척화비가 전국 각지에 건립되었어요.

③ 청해진이 설치되었다.
> **신라 말**에 장보고의 주도로 청해진이 설치되었어요. 장보고는 청해진을 거점으로 삼아 해적을 소탕하고 당, 일본과의 해상 무역을 주도하였어요.

④ 칠정산이 편찬되었다.
> **세종** 때 왕명에 따라 한양을 기준으로 천체 운동을 계산한 "칠정산"이 편찬되었어요.

기출 선택지 +α 다른 선택지가 나온다면?

❺ 당백전이 발행되었다.   (O / X)
❻ 속대전이 편찬되었다.   (O / X)
❼ 계미자가 주조되었다.   (O / X)

기출 선택지 +α 정답 ❺ O ❻ X [영조] ❼ X [태종]

밑줄 그은 '이 사건'의 배경으로 옳은 것은? 　[2점]

> 지금 보고 있는 것은 ① 양헌수 장군이 이 사건 당시 ② 정족산성에서 프랑스군과 벌인 전투를 기록한 문헌입니다.

정족산성 접전 사실

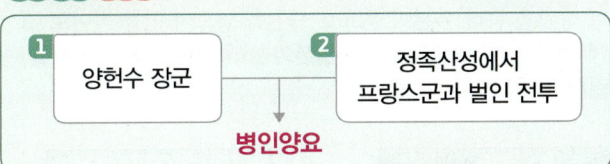

정답 잡는 키워드

```
[1]                    [2]
양헌수 장군  ───→   정족산성에서
                    프랑스군과 벌인 전투
              ↓
         병인양요
```

[1], [2] 프랑스군이 강화도를 침략하여 일어난 **병인양요** 당시에 양헌수 장군의 부대가 정족산성에서 프랑스군에 맞서 싸워 격퇴하였어요(1866).

↱ 흥선 대원군이 프랑스 선교사와 수많은 천주교도를 처형한 사건이에요.

①**병인박해가 일어났다.**

> 프랑스는 병인박해를 구실로 삼아 병인양요를 일으켰어요.

② 영국이 거문도를 점령하였다.

> 러시아가 조선과 비밀리에 수교를 맺고 영향력을 확대하려고 하자, 당시 세계 곳곳에서 러시아와 대립하고 있던 영국이 러시아의 남하를 막는다는 구실을 내세워 거문도를 불법으로 점령하였어요(1885~1887).

③ 오페르트가 남연군 묘를 도굴하려 하였다.

> 독일 상인 오페르트가 조선 정부에 통상을 요구하는 데 이용하고자 흥선 대원군의 아버지인 남연군의 묘를 도굴하려 하였어요(1868).

④ 서인 정권이 친명배금 정책을 추진하였다.

> 반정을 일으켜 광해군을 쫓아내고 집권한 인조와 서인 세력은 친명배금 정책을 추진하였는데, 이는 정묘호란의 원인이 되었어요.

(가) 사건에 대한 설명으로 옳은 것은? 　[2점]

이달의 인물 소개

한국의 문화유산을 지켜 낸 박병선 박사

프랑스 국립 도서관 사서였던 박병선 박사는 [(가)] 때 ① 프랑스군이 약탈해 간 외규장각 의궤의 소재를 확인하였다.

그는 오랜 노력 끝에 의궤의 목록을 만들어 세상에 공개하였고, 2011년 의궤가 145년 만에 우리 땅으로 돌아오게 하는 데 기여하였다.

정답 잡는 키워드

```
[1]
프랑스군이 외규장각 의궤를   ───→   병인양요
약탈해 감
```

[1] 1866년에 천주교 선교사와 신자들이 처형된 병인박해를 구실 삼아 같은 해에 프랑스군이 강화도를 침략하여 **병인양요**가 일어났어요. 조선군은 문수산성과 정족산성에서 프랑스군을 격퇴하는 등 적극적으로 맞서 싸웠어요. 결국 프랑스군이 강화도에서 철수하였지요. 이때 프랑스군은 **외규장각**에 보관 중이던 의궤 등 많은 도서를 약탈해 갔어요.

① 청군의 개입으로 진압되었다.

> **임오군란, 갑신정변**은 일부 관리들의 요청을 받아 조선에 들어온 청군의 개입으로 진압되었어요.

↱ 미국 상선 제너럴 셔먼호의 선원들이 평양에서 무역을 요구하며 횡포를 부리다 조선 관민에 의해 배가 불태워진 사건입니다.

② 제너럴 셔먼호 사건이 배경이 되었다.

> 제너럴 셔먼호 사건을 구실 삼아 미군이 강화도를 침략하여 **신미양요**가 일어났어요.

③**양헌수 부대가 정족산성에서 활약하였다.**

> **병인양요** 당시 양헌수 부대가 정족산성에서, 한성근 부대가 문수산성에서 활약하였어요.

④ 제물포 조약이 체결되는 결과를 가져왔다.

> **임오군란** 이후 조선 정부는 일본과 제물포 조약을 체결하여 일본 공사관 경비를 위한 일본군의 주둔을 허용하였어요.

VI
개항기

밑줄 그은 '이 사건'에 대한 설명으로 옳은 것은? [2점]

> 화면의 사진은 ①문수산성입니다. 이 사건 당시 ②한성근 부대는 이곳에서 프랑스군에 맞서 싸웠고, 이어서 ②양헌수 부대는 정족산성에서 프랑스군을 물리쳤습니다.

정답 잡는 키워드

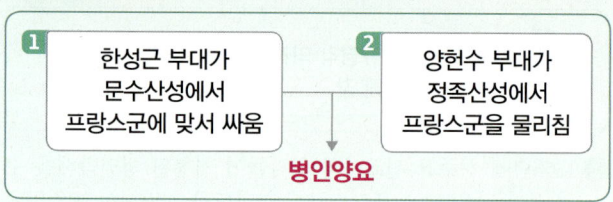

| **1** 한성근 부대가 문수산성에서 프랑스군에 맞서 싸움 | **2** 양헌수 부대가 정족산성에서 프랑스군을 물리침 |

↓

병인양요

1, 2 1866년에 병인박해를 구실로 삼아 프랑스군이 강화도를 침략하여 **병인양요**가 일어났어요. 이때 한성근 부대는 문수산성에서 프랑스군에 맞서 싸웠고, 양헌수 부대는 정족산성에서 프랑스군을 물리쳤어요. 프랑스군은 강화도에서 퇴각하면서 외규장각에 있던 의궤 등을 약탈해 갔어요.

① 흥선 대원군 집권기에 일어났다.
> **병인양요**는 고종의 친아버지 흥선 대원군이 왕을 대신하여 집권한 시기에 일어났어요.

② 제너럴 셔먼호 사건의 배경이 되었다.
> 미국 상선 **제너럴 셔먼호**가 평양까지 들어와 **통상을 요구하며 횡포**를 부리자 조선 관민이 제너럴 셔먼호를 불태워 침몰시켰어요. 미국은 이 사건을 구실로 삼아 신미양요를 일으켰어요.

③ 삼정이정청이 설치되는 결과를 가져왔다.
> **진주 농민 봉기**의 수습을 위해 파견된 안핵사 박규수의 건의에 따라 삼정이정청이 설치되었어요.

④ 군함 운요호가 강화도에 접근하여 위협하였다.
> 1875년에 일본 군함 운요호가 강화도를 공격하고 영종도를 약탈한 **운요호 사건**이 일어났어요. 이 사건이 계기가 되어 이듬해 강화도 조약이 체결되었어요.

(가) 시기에 있었던 사실로 옳은 것은? [3점]

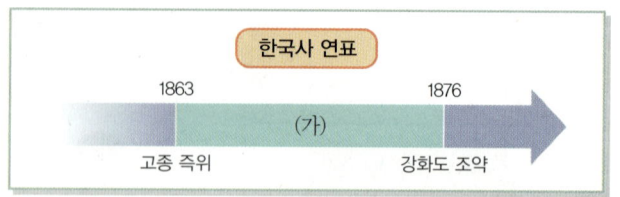

한국사 연표

1863 ──── (가) ──── 1876
고종 즉위 　　　　　 강화도 조약

철종이 왕위를 이을 후손을 남기지 못한 채 죽고, 1863년에 12살의 나이로 고종이 즉위하면서 그 아버지인 흥선 대원군이 어린 국왕을 대신하여 집권하였어요. 고종이 성장하자 왕이 직접 통치에 나서야 한다는 목소리가 커져 1873년에 흥선 대원군이 물러나고 고종이 직접 나라를 운영하기 시작하였습니다. 이후 흥선 대원군이 추진한 통상 수교 거부 정책이 완화되었어요. 이러한 상황을 틈타 일본이 운요호 사건을 일으켜 이를 빌미로 조선에 개항을 강요하자 조선은 일본과 1876년에 강화도 조약을 체결하였어요.

①
신미양요
> 신미양요는 **1871년**에 미국이 제너럴 셔먼호 사건을 구실 삼아 통상을 강요하며 강화도를 침략한 사건입니다. 이때 어재연이 광성보에서 군대를 이끌고 미군에 맞섰으나 패배하였어요.

②
보빙사 파견
> 보빙사는 조선과 미국이 조약을 체결한 후 미국이 공사를 보내자 조선이 이에 대한 답례로 **1883년**에 미국에 보낸 외교 사절단이에요.

③
황룡촌 전투
> 황룡촌 전투는 **1894년** 동학 농민 운동 당시 농민군이 관군에 맞서 승리한 전투입니다. 이후 농민군은 전주성까지 점령하였어요.

④
만민 공동회 개최
> 만민 공동회는 **1898년**에 독립 협회의 주도로 처음 개최된 민중 집회입니다.

283 ● 신미양요 　　　　　　　　정답 ②

밑줄 그은 '이 사건'에 대한 설명으로 옳은 것은? [2점]

나라와 나라 사이에 물품을 사고파는 일을 말해요.

이곳은 어재연 장군의 생가입니다. ①미군이 통상을 강요하며 강화도를 침략한 ②이 사건 당시 그는 광성보에서 맞서 싸우다 전사하였습니다.

정답 잡는 키워드

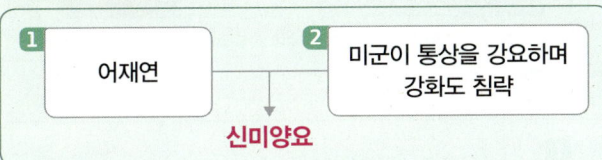

| ① 어재연 | → | ② 미군이 통상을 강요하며 강화도 침략 |

→ **신미양요**

① ② **신미양요**는 1871년에 미군이 조선에 통상을 강요하며 강화도를 침략한 사건이에요. 어재연이 이끄는 조선군 수비대가 광성보에서 미군에 맞서 싸웠으나 장수 어재연을 비롯한 많은 병사가 전사하고 광성보는 함락되었어요.

→ 러시아, 프랑스, 독일이 일본을 압박하여 랴오둥반도를 청에 반환하게 하였어요.

① 삼국 간섭이 일어나는 배경이 되었다.
　▶ 청·일 전쟁에서 승리한 일본이 **시모노세키 조약**을 맺어 청으로부터 랴오둥반도를 넘겨받자, 러시아를 중심으로 삼국 간섭이 일어났어요.

② 제너럴 셔먼호 사건이 빌미가 되었다.
　▶ 미국은 제너럴 셔먼호 사건을 구실로 **신미양요**를 일으켰어요.

③ 운요호의 초지진 공격으로 시작되었다.
　▶ 일본 군함인 운요호의 불법적인 접근에 강화도 해안을 지키던 조선의 수군이 방어 공격을 하자 운요호가 초지진을 공격하였어요. 이후 영종도에 상륙한 일본군이 약탈과 방화 등을 저질렀으며 주민을 살해하기도 하였어요(**운요호 사건**).

④ 제물포 조약이 체결되는 계기가 되었다.
　▶ 구식 군인들이 일으킨 **임오군란** 후 조선은 일본과 제물포 조약을 체결하였어요.

기출 선택지 +α 다른 선택지가 나온다면?

⑤ 미국 함대가 광성보를 함락하였다. 　　　　(O / X)
⑥ 한성 조약이 체결되는 계기가 되었다. 　　　(O / X)
⑦ 외규장각 도서가 약탈당하는 결과를 가져왔다. (O / X)

기출 선택지 +α 정답 ⑤ O ⑥ X [갑신정변] ⑦ X [병인양요]

---

284 ● 신미양요 이후의 사실 　　　　정답 ②

다음 상황 이후에 일어난 사실로 옳은 것은? [3점]

① 미국 군대가 쳐들어왔다.
② 어재연 장군을 중심으로 힘을 모아 광성보를 지켜 내자!

정답 잡는 키워드

| ① 미국 군대가 쳐들어옴 | → | ② 어재연, 광성보 |

→ **신미양요**

① ② 제너럴 셔먼호 사건을 구실로 1871년에 미국 군대가 강화도를 침략하여 **신미양요**가 일어났어요. 어재연이 이끄는 부대가 광성보에서 미군의 공격에 맞서 싸웠으나 패배하였어요. 그럼에도 조선군의 항전이 끈질기게 이어져 결국 미군이 강화도에서 물러났어요.

① 병인박해가 일어났다.
　▶ 조선 정부가 천주교 신자와 프랑스 선교사를 처형한 병인박해는 신미양요가 일어나기 전인 **1866년**에 일어났어요. 병인박해가 빌미가 되어 같은 해 병인양요가 일어났어요.

② 척화비가 건립되었다.
　▶ **신미양요 이후** 흥선 대원군은 전국 각지에 척화비를 세워 서양과의 통상 수교 거부 의지를 널리 알렸어요.

③ 제너럴 셔먼호 사건이 발생하였다.
　▶ 신미양요의 원인이 된 제너럴 셔먼호 사건은 **1866년**에 일어났어요.

④ 오페르트가 남연군 묘 도굴을 시도하였다.
　▶ **1868년**에 독일 상인 오페르트가 조선 정부와의 통상 협상에 이용하기 위해 흥선 대원군의 아버지인 남연군의 묘를 도굴하려고 하였어요.

285 ● 운요호 사건　　　　정답 ②

밑줄 그은 '이 사건'으로 옳은 것은?　　　[3점]

조선, 역사의 갈림길에 서다

정답 잡는 키워드

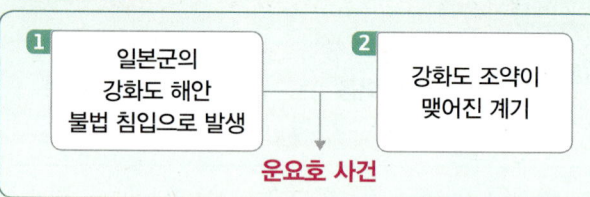

| **1** 일본군의 강화도 해안 불법 침입으로 발생 | **2** 강화도 조약이 맺어진 계기 |

→ **운요호 사건**

1 **운요호 사건**은 일본의 군함인 운요호가 강화도 앞바다를 불법으로 침범하여 일어난 사건이에요.

2 **운요호 사건**이 계기가 되어 일본이 조선에 강화도 조약의 체결을 강요하였어요.

① 105인 사건
➤ 일제가 데라우치 총독 암살 사건을 조작하여 독립운동가들을 잡아들인 사건이에요. 105인 사건으로 신민회는 조직이 드러나 해체되었어요(1911).

②운요호 사건
➤ 운요호 사건은 일본 군함 운요호의 불법적인 접근에 강화도 해안을 지키던 조선의 수군이 방어 공격을 하자, 일본군이 초지진을 공격하고 영종도에 상륙하여 조선군과 주민에게 피해를 입히고 퇴각한 사건이에요.
↳ *네덜란드에 있는 도시로, 1907년에 만국 평화 회의가 열렸어요.*

③ 헤이그 특사 사건
➤ 고종은 을사늑약의 부당성을 국제 사회에 알리기 위해 헤이그에 특사를 파견하였어요. 일본은 이를 구실로 삼아 고종 황제를 강제 퇴위시켰어요.

④ 제너럴 셔먼호 사건
➤ 제너럴 셔먼호 사건은 1866년 제너럴 셔먼호가 평양에 들어와 통상을 요구하며 횡포를 부리자, 평양 관민이 배를 불태워 침몰시킨 사건이에요.

---

286 ● 강화도 조약　　　　정답 ③

(가) 조약의 내용으로 옳은 것은?　　　[2점]

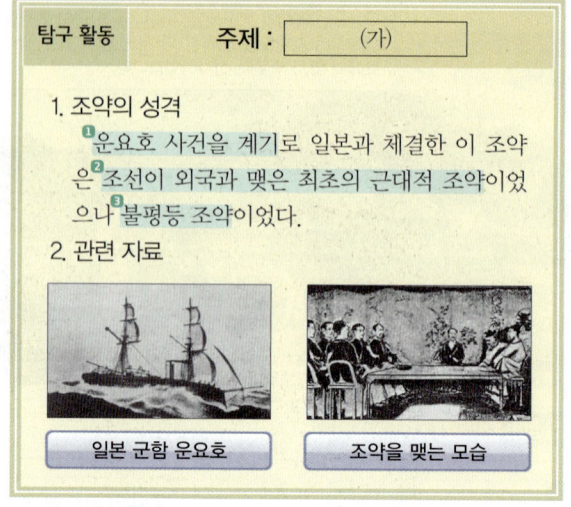

정답 잡는 키워드

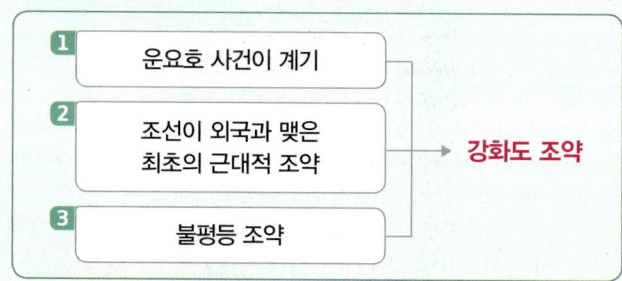

| **1** 운요호 사건이 계기 |
| **2** 조선이 외국과 맺은 최초의 근대적 조약 |
| **3** 불평등 조약 |

→ **강화도 조약**

1 일본이 일으킨 **운요호 사건**이 계기가 되어 조선은 일본과 **강화도 조약**을 체결하였어요(1876).

2, **3** **강화도 조약**은 조선이 외국과 맺은 최초의 근대적 조약이었어요. 하지만 치외 법권과 조선의 해안을 측량할 수 있는 권리를 일본에 허용하는 등 일방적으로 조선에 불리한 불평등 조약이었어요.

① 통감부 설치
➤ 을사늑약 체결 이후 일제는 대한 제국 침략을 본격적으로 준비하기 위해 통감부를 설치하였어요.

② 일본에 배상금 지불
➤ 강화도 조약에는 배상금 지불 조항이 없어요. 임오군란 후 체결된 **제물포 조약**, 갑신정변 후 체결된 **한성 조약**에 일본에 배상금을 지불하는 조항이 포함되었어요.

③일본인의 치외 법권 인정
↳ *다른 나라에 있으면서도 그 나라 법의 적용을 받지 않는 국제법에서의 권리를 말해요.*
➤ **강화도 조약**에는 일본인의 치외 법권을 인정하는 불평등한 조항이 포함되었어요.

④ 일본군의 조선 주둔 허용
➤ **제물포 조약** 체결로 조선 정부는 일본 공사관 경비를 위한 일본군의 조선 주둔을 허용하였어요.

287 ● 외세의 접근과 개항　　　정답 ②

(가)~(다)를 일어난 순서대로 옳게 나열한 것은? [3점]

(가)	(나)	(다)
병인양요	강화도 조약 체결	척화비 건립

(가) **1866년**에 병인박해를 빌미로 프랑스 군대가 강화도를 침략하여 **병인양요**가 일어났어요.

(나) 일본은 1875년에 운요호 사건을 일으키고 이를 구실로 삼아 조선에 문호 개방을 요구하였어요. 그 결과 **1876년**에 조선은 일본과 **강화도 조약**(조・일 수호 조규)을 체결하고 개항하였어요. 강화도 조약은 우리나라 최초의 근대적 조약이었지만, 일본에 전적으로 유리한 불평등 조약이었어요.

(다) **1871년**에 미국이 제너럴 셔먼호 사건을 빌미로 강화도를 침략하여 신미양요가 일어났어요. 신미양요 이후 흥선 대원군은 서양과의 통상 수교 거부 의지를 널리 알리기 위해 전국 각지에 **척화비를 건립**하였어요.

① (가) – (나) – (다)
② (가) – (다) – (나)
　▶ (가) 병인양요(1866) – (다) 척화비 건립(1871) – (나) 강화도 조약 체결(1876) 순으로 일어났어요.
③ (나) – (다) – (가)
④ (다) – (나) – (가)

---

2 임오군란과 갑신정변

288 ● 통리기무아문　　　정답 ④

(가)에 들어갈 내용으로 옳은 것은? [2점]

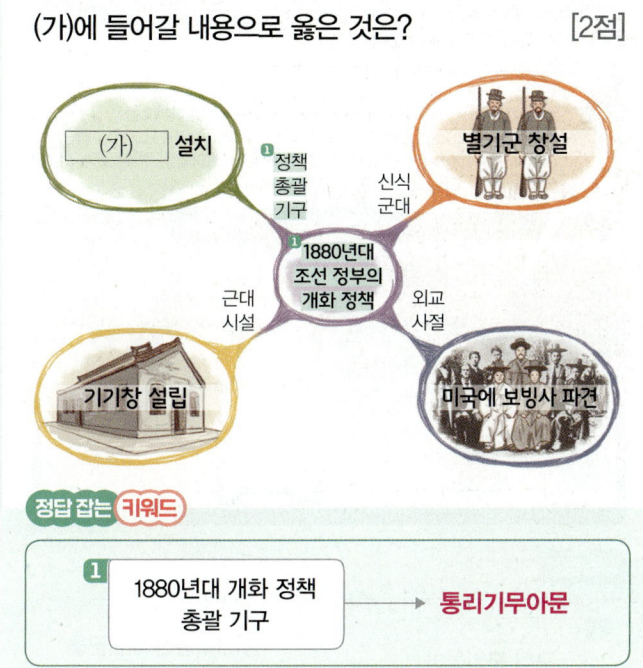

정답 잡는 키워드

> ❶ 1880년대 개화 정책 총괄 기구 → **통리기무아문**

❶ 개항 이후 조선 정부는 개화 정책을 추진하면서 **개화 정책 총괄** 기구로 **통리기무아문**을 설치하였어요(1880). 또한, 신식 군대인 별기군을 창설하고, 청에 영선사 김윤식이 이끄는 유학생과 기술자를 파견하여 근대 무기 제조 기술과 군사 훈련법을 배워 오게 하였어요. 이를 계기로 근대적 무기 공장인 기기창이 설립되었어요. 1882년에는 미국과 외교 관계를 맺었고, 미국이 조선에 공사를 파견하자 이에 대한 답례로 보빙사를 미국에 파견하였어요(1883).

① 교정청
　▶ 동학 농민군과 전주 화약을 체결한 조선 정부는 개혁을 위해 교정청을 설치하였어요.

② 군국기무처
　▶ 군국기무처는 1894년에 갑오개혁을 추진하기 위해 설치한 기구로, 총재에 김홍집이 임명되었어요.

③ 도평의사사
　▶ 고려의 도병마사는 원 간섭기에 도평의사사로 개편되었어요.

④ 통리기무아문
　▶ 조선 정부는 통리기무아문을 설치하고 그 밑에 개화 정책의 실무를 담당하는 12사를 두었어요.

밑줄 그은 '변란'으로 옳은 것은?   [2점]

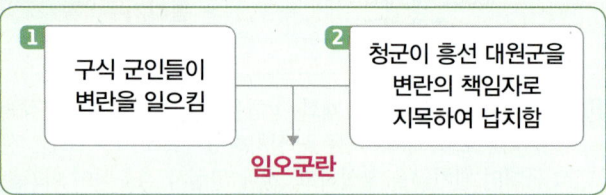

정답 잡는 키워드

1 구식 군인들이 변란을 일으킴	2 청군이 흥선 대원군을 변란의 책임자로 지목하여 납치함

→ 임오군란

1 **임오군란**은 1882년에 신식 군대인 별기군에 비해 차별 대우를 받던 구식 군인들이 일으킨 변란입니다.

2 **임오군란**을 일으킨 구식 군인들은 도시 하층민과 합세하여 일본 공사관과 궁궐을 습격하였어요. 고종은 정치에서 물러나 있던 흥선 대원군에게 다시 정권을 맡겼고, 흥선 대원군은 개화 정책을 주도한 통리기무아문과 신식 군대인 별기군을 폐지하는 등 사태 수습에 나섰어요. 한편, 그동안 정권을 쥐고 있던 민씨 세력은 청에 군대 파견을 요청하였어요. 조선에 들어온 청군은 군란을 진압하고 군란의 책임자로 흥선 대원군을 지목하여 톈진으로 납치하였어요.

① 갑신정변
▶ 갑신정변은 1884년에 김옥균, 박영효, 서광범 등 급진 개화파가 우정총국 개국 축하연을 이용하여 일으킨 정변이에요.

② 신미양요
▶ 신미양요는 제너럴 셔먼호 사건을 구실 삼아 1871년에 미군이 강화도를 침략한 사건이에요.
  ↗ '임오년(1882년)에 일어난 군인들의 반란'이라는 뜻이에요.

③ 임오군란
▶ 임오군란은 1882년에 조선 정부의 개화 정책과 구식 군인 차별에 대한 불만으로 일어났으며 청군에 의해 진압되었어요.
  ↗ 임술년인 1862년에 일어난 농민 봉기를 아울러 부른 말이에요.

④ 임술 농민 봉기
▶ 임술 농민 봉기는 진주 농민 봉기를 비롯하여 1862년에 전국 각지에서 삼정의 문란과 탐관오리의 수탈에 저항하여 일어난 농민 봉기입니다.

다음에서 설명하는 사건의 영향으로 옳은 것은?   [2점]

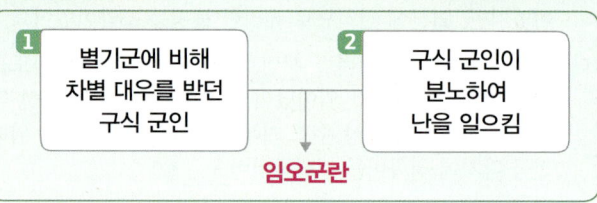

정답 잡는 키워드

1 별기군에 비해 차별 대우를 받던 구식 군인	2 구식 군인이 분노하여 난을 일으킴

→ 임오군란

1, 2 조선 정부는 개항 이후 개화 정책을 추진하면서 신식 군대인 별기군을 창설하고 구식 군대의 규모를 줄였어요. 별기군에 비해 차별 대우를 받아 불만이 커져 있던 구식 군인들은 밀린 봉급으로 받은 쌀에 겨와 모래가 섞여 있자 분노하여 **임오군란**을 일으켰어요(1882).

① 운요호 사건이 일어났다.
▶ 일본 군함 **운요호가 강화도 앞바다를 불법으로 침범**하여 일어난 운요호 사건을 계기로 조선 정부는 일본과 강화도 조약을 체결하였어요(1876).

② 통리기무아문이 설치되었다.
▶ 개항 이후 조선 정부는 **개화 정책을 추진**하면서 이를 총괄할 기구로 통리기무아문을 설치하였어요(1880).

③ 외규장각 도서가 약탈되었다.
▶ **병인양요**를 일으킨 프랑스군이 강화도에서 철수하면서 외규장각 도서를 약탈해 갔어요(1866).

④ 청의 내정 간섭이 심화하였다.
▶ 민씨 일파의 요청으로 조선에 들어온 청의 군대가 **임오군란**을 진압하였고, 이후 청은 조선에 대한 내정 간섭을 강화하였어요.

(가) 사건에 대한 설명으로 옳은 것은?   [2점]

이 책은 개화 정책에 반발하여 **구식 군인들이 일으킨** (가) 당시 일본 공사가 쓴 보고서를 정리한 것입니다. 책에는 (가) (으)로 인한 일본 측의 피해 등이 기록되어 있습니다.

전보 조선사건

정답 잡는 키워드

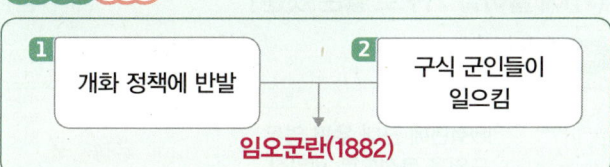

| **1** 개화 정책에 반발 ——— **2** 구식 군인들이 일으킴 |
| 임오군란(1882) |

1, **2** **임오군란**은 조선 정부가 추진한 개화 정책에 반발하여 구식 군인들이 일으킨 사건이에요. 개항 이후 조선 정부는 개화 정책을 추진하여 구식 군대인 5군영을 무위영과 장어영 등 2영으로 개편하고, 신식 군대인 별기군을 창설하였어요. 또한, 청과 일본으로 외교 사절단을 파견하여 근대 선진 문물을 살피고 배워 오게 하였어요. 한편, 개화 정책 추진으로 조선 정부의 재정 지출이 늘어나면서 백성들의 세금 부담이 증가하였어요. 이러한 가운데 별기군에 비해 차별 대우를 받던 구식 군인들이 봉급도 제때 받지 못한 데다 밀린 봉급으로 받은 쌀에 겨와 모래가 섞여 있자 분노하여 임오군란을 일으켰어요. 구식 군인들은 정부 고관의 집과 일본 공사관을 습격하였으며, 이 과정에서 개화 정책으로 생활이 어려워진 도시 하층민도 합세하였어요.

① 청군의 개입으로 진압되었다.
> **임오군란**은 민씨 일파의 요청으로 파병된 청군에 의해 진압되었어요.

② 조선책략이 유입되는 결과를 가져왔다.
> 1880년에 수신사 김홍집이 일본에서 귀국하면서 청의 외교관이 쓴 "조선책략"을 들여왔어요.

③ 우금치에서 일본군과의 전투가 벌어졌다.
> **동학 농민 운동** 당시 정부와 전주 화약을 맺고 해산한 동학 농민군이 일본군의 경복궁 불법 점령에 분노하여 다시 봉기하였어요. 동학 농민군은 서울로 진격하던 중 공주 우금치에서 일본군과 관군에 맞서 전투를 벌였으나 패배하였어요.

④ 우정총국 개국 축하연에서 정변이 일어났다.
> 김옥균, 박영효, 서광범, 서재필 등 급진 개화파는 우정총국 개국 축하연을 기회로 삼아 **갑신정변**을 일으켰어요.

(가) 시기에 있었던 사실로 옳은 것은?   [3점]

이번에 설치할 **통리기무아문**의 담당 업무와 관리 임용에 대해 정해 보았습니다.

→ (가) →

외국 군대를 끌어들여 변란을 일으킨 김옥균, 박영효 등을 처벌하게 하소서.

정답 잡는 키워드

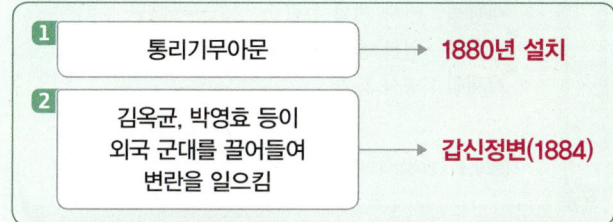

| **1** 통리기무아문 → **1880년 설치** |
| **2** 김옥균, 박영효 등이 외국 군대를 끌어들여 변란을 일으킴 → **갑신정변(1884)** |

1 조선 정부는 **1880년**에 개화 정책을 추진할 기구로 **통리기무아문**을 설치하였어요.

2 **1884년**에 일본의 군사적 지원을 약속받은 김옥균, 박영효 등 급진 개화파가 우정총국 개국 축하연을 이용하여 **갑신정변**을 일으켰어요. 이들은 개화당 정부를 구성하고 개혁 정강을 발표하였으나 청군의 개입으로 3일 만에 실패하였어요. 김옥균, 박영효 등 정변의 주동자들은 대부분 일본으로 망명하였습니다.

① 탕평비가 건립되었다.
> **조선 영조** 때 탕평의 의지를 널리 알리기 위해 성균관 입구에 탕평비를 세웠어요.

② 간도 협약이 체결되었다.
> 1909년에 일본은 청과 간도 협약을 체결하여 간도를 청의 영토로 인정하였어요.

③ 구식 군인들이 임오군란을 일으켰다.
> **1882년**에 구식 군인들이 정부의 개화 정책과 별기군과의 차별 등에 분노하여 임오군란을 일으켰어요.

④ 어영청을 강화하며 북벌이 추진되었다.
> **조선 효종** 때 청에 당한 치욕을 갚기 위해 어영청을 강화하며 북벌이 추진되었어요.

기출 선택지 +α 다른 선택지가 나온다면?

5 장용영이 설치되었다.   (O / X)
6 외규장각 도서가 약탈되었다.   (O / X)
7 김윤식이 영선사로 파견되었다.   (O / X)

기출 선택지 +α 정답   **5** X [조선 정조]   **6** X [1866년 병인양요]   **7** O [1881년]

VI 개항기

293 ● 갑신정변   정답 ①

밑줄 그은 '비상 수단'에 해당하는 사건으로 옳은 것은?

[2점]

> 나라를 어지럽히는 신하를 살해하고, 국왕을 보호하여 정령(政令)*의 남발을 막을 수밖에 없었다. 그러므로 희생을 무릅쓰고 <u>비상 수단</u>을 쓰기로 결심한 것이다.
>
> ❶ 홍영식 : 모의를 총괄한 제1인자
> ❶ 박영효 : 실행 총지휘
> ❶ 서광범 : 거사 계획 수립
> ❶ 김옥균 : 일본 공사관과의 교섭 및 통역
> ❶ 서재필 : 병사 통솔
>
> – 박영효의 회고 –

* 정령(政令) : 정치상의 명령

정답 잡는 키워드

❶ 홍영식, 박영효, 서광범, 김옥균, 서재필 → **갑신정변**

❶ 우정총국의 우두머리가 된 홍영식을 비롯한 박영효, 서광범, 김옥균, 서재필 등 급진 개화파는 1884년에 우정총국 개국 축하연을 이용하여 **갑신정변**을 일으켰어요. 이들은 과도하게 권력을 휘두르던 민씨 세력을 처단하고 개화당 정부를 구성하였어요.

① 갑신정변
  ▷ 갑신정변 당시 급진 개화파는 개화당 정부를 구성하였으며 청과의 사대 관계를 청산하고 정치를 개혁하는 내용을 담은 개혁 정강을 발표하였어요.

↗ 1895년 을미년에 일어난 큰 사건이라는 뜻이에요.
② 을미사변
  ▷ 삼국 간섭 이후 조선이 러시아 세력을 이용하여 일본을 견제하려고 하자 위기감을 느낀 일본이 일본군 수비대 등을 동원하여 조선의 왕비인 명성 황후의 목숨을 빼앗은 을미사변을 일으켰어요.

③ 삼국 간섭
  ▷ 청·일 전쟁에서 승리한 일본은 청과 시모노세키 조약을 체결하고 청으로부터 랴오둥반도를 넘겨받았어요. 그러자 러시아는 프랑스, 독일과 함께 일본을 압박하여 랴오둥반도를 청에 반환하게 하였어요. 이 사건을 삼국 간섭이라고 합니다.

④ 아관 파천
  ▷ 을미사변 이후 일본으로부터 위협을 느낀 고종은 1896년에 세자와 함께 러시아 공사관으로 거처를 옮기는 아관 파천을 단행하였어요.

[294~295] 다음 자료를 읽고 물음에 답하시오.

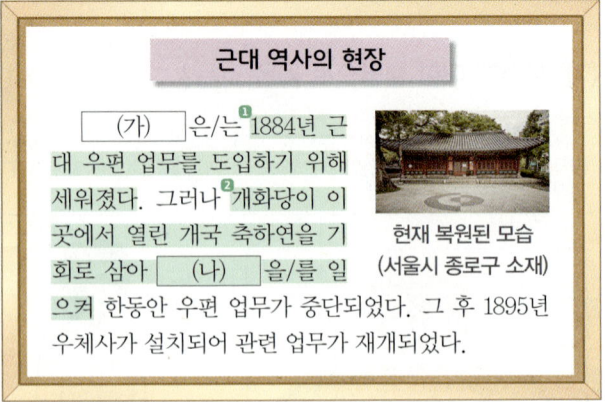

근대 역사의 현장

__(가)__ 은/는 1884년 근대 우편 업무를 도입하기 위해 세워졌다. 그러나 ❷ 개화당이 이곳에서 열린 개국 축하연을 기회로 삼아 __(나)__ 을/를 일으켜 한동안 우편 업무가 중단되었다. 그 후 1895년 우체사가 설치되어 관련 업무가 재개되었다.

현재 복원된 모습
(서울시 종로구 소재)

294 ● 우정총국   정답 ②

(가)에 들어갈 기구로 옳은 것은?

[1점]

정답 잡는 키워드

❶ 1884년에 근대 우편 업무 도입을 목적으로 세워짐 → **우정총국**

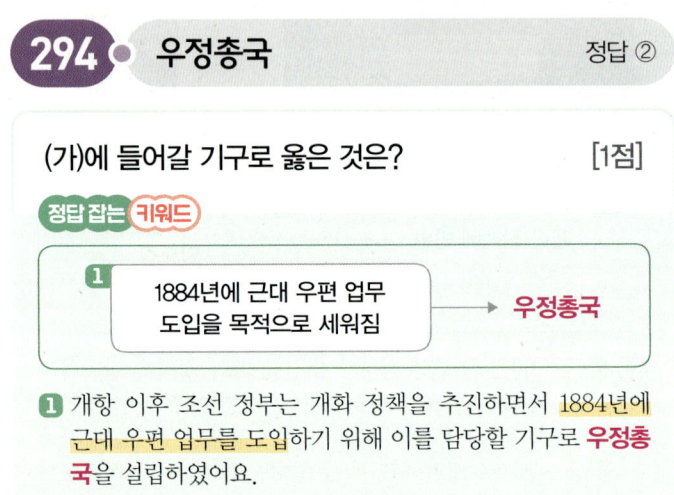

❶ 개항 이후 조선 정부는 개화 정책을 추진하면서 1884년에 근대 우편 업무를 도입하기 위해 이를 담당할 기구로 **우정총국**을 설립하였어요.

① 기기창
  ▷ 기기창은 근대 무기 제조 공장이에요.

② 우정총국
  ▷ 근대 우편 업무 기구인 우정총국의 개국 축하연이 열린 날에 갑신정변이 일어나 우정총국은 폐쇄되었어요.

③ 군국기무처
  ▷ 군국기무처는 갑오개혁을 추진하기 위해 설치한 최고 정책 결정 기관이에요.

④ 통리기무아문
  ▷ 통리기무아문은 1880년에 개화 정책을 총괄하는 기구로 설치되었어요.

295 ● 갑신정변

정답 ②

(나) 사건에 대한 설명으로 옳은 것은? [3점]

정답 잡는 키워드

> 2
> 개화당이 개국 축하연을
> 기회로 삼아 일으킴 → 갑신정변

2 **갑신정변**은 1884년에 김옥균을 중심으로 한 **개화당**이 우정 총국 개국 축하연을 기회로 삼아 일으킨 사건이에요. 개화당 은 여러 개혁안을 발표하고 추진하려고 하였으나 청군의 개 입으로 3일 만에 실패하였어요.

① 구본신참을 개혁 원칙으로 내세웠다.
> ▶ 대한 제국 정부는 구본신참을 **광무개혁**의 개혁 원칙으로 내세웠 어요.

②**한성 조약이 체결되는 계기가 되었다.**
> ▶ **갑신정변**이 진압된 후 조선 정부는 일본과 일본 공사관의 피해 보상 등을 규정한 한성 조약을 체결하였어요.

③ 외규장각 도서가 약탈당하는 결과를 가져왔다.
> ▶ **병인양요**를 일으킨 프랑스군은 퇴각하면서 강화도 외규장각에 보관되어 있던 의궤를 비롯한 많은 도서를 약탈해 갔어요.

④ 사태 수습을 위해 박규수가 안핵사로 파견되었다.
> ▶ 삼정의 문란과 경상 우병사 백낙신의 횡포가 원인이 되어 일어난 **진주 농민 봉기**의 수습을 위해 조선 정부는 박규수를 안핵사로 파견하였어요.

기출 선택지 +α 다른 선택지가 나온다면?

5 청의 군대에 의해 진압되었다. (O / X)
6 제물포 조약이 체결되는 계기가 되었다. (O / X)
7 우정총국 개국 축하연을 이용하여 일어났다. (O / X)

기출 선택지 +α 정답 **5** O **6** X [임오군란] **7** O

---

3 동학 농민 운동과 갑오·을미개혁

296 ● 동학 농민 운동

정답 ④

(가) 운동에 대한 탐구 활동으로 가장 적절한 것은? [2점]

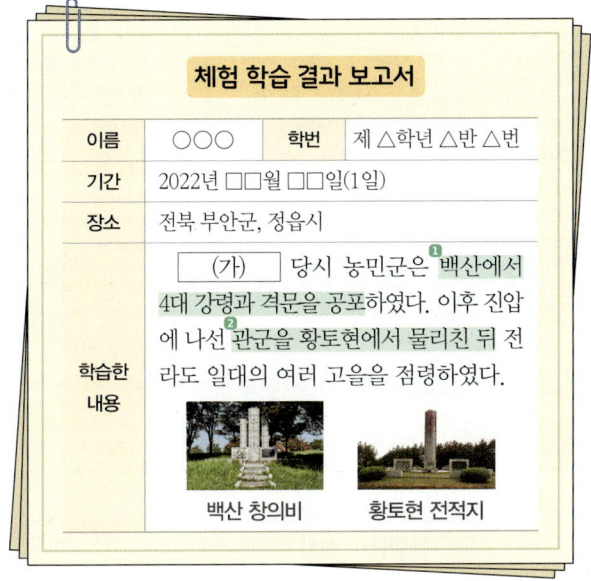

체험 학습 결과 보고서			
이름	○○○	학번	제 △학년 △반 △번
기간	2022년 □□월 □□일(1일)		
장소	전북 부안군, 정읍시		
학습한 내용	(가) 당시 농민군은 **백산**에서 **4대 강령과 격문을 공포**하였다. 이후 진압 에 나선 **관군을 황토현에서 물리친** 뒤 전라도 일대의 여러 고을을 점령하였다.		

백산 창의비 · 황토현 전적지

정답 잡는 키워드

> 1 백산에서 4대 강령과
> 격문 공포
>
> 2 관군을 황토현에서
> 물리침
>
> → 동학 농민 운동

1, **2** 고부 농민 봉기를 수습하기 위해 파견된 안핵사 이용태 가 봉기 참여자를 오히려 탄압하자 전봉준 등이 농민군을 조 직하여 다시 봉기하였어요. 이어 **백산**에 집결해 **4대 강령과 격문을 공포**한 **동학 농민군**은 황토현 전투와 황룡촌 전투에 서 관군을 물리치고 전주성을 점령하였어요.

① 삼전도비의 건립 배경을 조사한다.
> ▶ 병자호란에서 패배한 조선은 청과 군신 관계를 맺고 삼전도비를 건립하였어요.

② 산미 증식 계획의 실상을 파악한다.
> ▶ 일제는 일본 내 식량 부족 문제를 해결하기 위해 1920년부터 한 국에서 산미 증식 계획을 추진하였어요.

③ 나선 정벌군의 이동 경로를 알아본다.
> ▶ 청이 러시아를 공격하는 나선 정벌을 추진하면서 조선에 군사 지 원을 요청하자 효종은 조총 부대를 파견하였어요.

④**전주 화약이 체결되는 과정을 살펴본다.**
> ▶ **동학 농민 운동** 당시 황토현과 황룡촌 전투에서 승리한 농민군은 전주성을 점령한 후 정부와 전주 화약을 체결하고 스스로 해산하 였어요.

다음 가상 편지의 (가)에 들어갈 기구로 옳은 것은?

[2점]

> 사랑하는 딸에게
>
> 아빠는 농민군의 일원으로 나라와 백성을 구하기 위해 싸우고 있단다. 전주에서 정부와 화해하고 우리가 ___(가)___ 을/를 설치하여 탐관오리를 처벌하는 등의 활동을 할 때에는 새로운 세상이 머지않아 보였어. 그런데 일본이 군대를 동원하여 궁궐을 점령하고 조정을 압박하니 농민군이 다시 나서게 되었지. 우리의 무기는 비록 변변치 못하지만 전봉준 장군을 중심으로 단결하여 기세는 하늘을 찌르고 있단다.
>
> 네 모습이 무척 그립구나. 아빠가 곧 집으로 돌아갈 터이니 엄마 말씀 잘 듣고 건강히 지내렴.
>
> 아빠가

정답 잡는 키워드

```
1  전주에서 정부와 화해하고      →   집강소
   농민군이 설치
```

1 동학 농민군은 조선 정부와 전주 화약을 맺은 후 전라도 지역에 설치한 집강소를 통해 탐관오리 처벌, 부당한 세금 폐지 등의 폐정 개혁을 실천해 나갔어요.

① 기기창
> ▶ 기기창은 청에 파견되었던 영선사 일행이 중심이 되어 설치한 근대식 무기 제조 공장이에요.

② 집강소
> ▶ 집강소는 동학 농민군이 설치한 농민 자치 기구입니다.

③ 도평의사사
> ▶ 고려의 도병마사는 원 간섭기에 도평의사사로 개편되었어요.

④ 통리기무아문
> ▶ 통리기무아문은 1880년에 개화 정책을 총괄하는 기구로 설치되었어요.

다음 사건에 대한 설명으로 옳은 것은? [2점]

백산 집결 → ①황룡촌 전투 → ②전주성 점령 → ③우금치 전투

정답 잡는 키워드

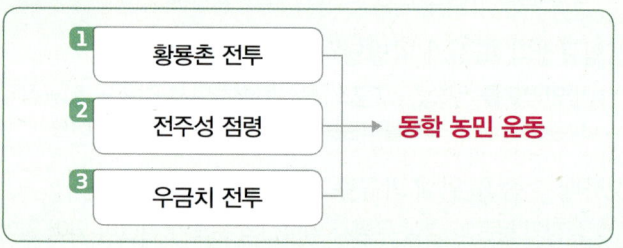

```
1  황룡촌 전투
2  전주성 점령     →   동학 농민 운동
3  우금치 전투
```

1, 2 동학 농민군은 황토현 전투, 황룡촌 전투에서 관군과 싸워 승리하고 전주성을 점령하였어요. 이에 다급해진 조선 정부가 청에 군사를 요청하였고, 청이 조선에 군대를 보내자 일본도 군대를 보냈어요. 외세의 개입을 우려한 동학 농민군은 정부와 전주 화약을 맺고 자진 해산하였어요.

3 전주 화약 체결 이후 일본군이 경복궁을 무력 점령하고 내정을 간섭하자 동학 농민군은 일본군 타도를 내걸고 다시 봉기하였어요. 그러나 동학 농민군은 공주 우금치 전투에서 일본군과 관군에 패배하였고, 결국 전봉준 등 지도자들이 체포되었어요.

① 외규장각 도서가 약탈되었다.
> ▶ 병인양요 당시 프랑스군이 퇴각하면서 외규장각에 보관 중이던 의궤를 비롯한 도서를 약탈해 갔어요.

② 집강소를 설치하여 폐정 개혁을 추진하였다.
> ▶ 동학 농민 운동 당시 정부와 전주 화약을 맺고 해산한 동학 농민군은 전라도 지역에 집강소를 설치하여 폐정 개혁을 추진하였어요.

③ 홍의 장군 곽재우가 의병장으로 활약하였다.
> ▶ 임진왜란 당시 곽재우, 조헌 등이 의병장으로 활약하였어요.

④ 서북인에 대한 차별이 원인이 되어 일어났다.
> ▶ 서북인에 대한 차별과 세도 정권의 수탈에 저항하여 홍경래의 난이 일어났어요.

299 ● 동학 농민 운동의 전개 과정   정답 ②

다음 시나리오의 상황 이후에 전개된 사실로 옳은 것은?   [2점]

> S#17. 전주성 안 선화당
> 농민군 대장 **전봉준**과 전라감사 김학진이 대화를 나누고 있다.
> 김학진 : **일본군이 궁궐을 점령**하여 국가에 큰 위기가 닥쳤소.
> 전봉준 : 청군과 일본군이 들어와 있는 상황에서 이런 일이 생기다니 참으로 큰일입니다.

정답 잡는 키워드

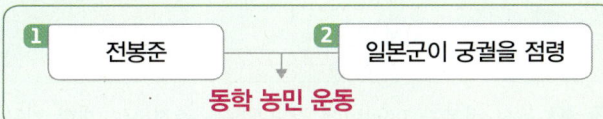

| ① 전봉준 | ② 일본군이 궁궐을 점령 |

↓

동학 농민 운동

❶, ❷ 1894년에 고부 농민 봉기의 수습을 위해 파견된 안핵사 이용태가 봉기에 가담한 농민들을 탄압하자 **전봉준** 등이 농민군을 조직하고 보국안민과 제폭구민을 내걸고 **동학 농민 운동**을 일으켰어요. 황토현 전투와 황룡촌 전투에서 관군을 물리친 농민군은 전주성까지 점령하였어요. 이때 청군과 일본군이 조선에 들어오자 동학 농민군은 정부와 전주 화약을 체결하고 자진 해산하였어요. 조선 정부는 청군과 일본군에 철수를 요청하였으나 이를 거부한 일본군이 경복궁을 점령하고 청·일 전쟁을 일으켰어요.

① 동학을 창시한 최제우가 처형되었다.
> ▶ 1864년에 조선 정부는 동학을 창시한 최제우를 백성을 속이고 세상을 어지럽혔다는 죄목으로 처형하였어요. 동학 농민 운동 이전의 일이에요.

②동학 농민군이 우금치 전투에서 패하였다.
> ▶ 일본군의 경복궁 점령에 분노하여 동학 농민군이 일본군 타도를 내걸고 다시 봉기하였어요. 이때 농민군의 남접과 북접이 연합하여 한성을 향해 진격하였으나 공주 우금치 전투에서 일본군과 관군에 패배하였어요.

③ 교조 신원을 요구하는 삼례 집회가 열렸다.
> ▶ 최제우가 처형된 후 제2대 교주 최시형은 교조 최제우의 누명을 풀어 줄 것과 포교의 자유를 요구하는 교조 신원 운동을 전개하였어요. 1892년에 삼례 집회, 1893년에 보은 집회 등이 열렸어요. 동학 농민 운동 이전의 일이에요.

④ 조병갑의 탐학에 맞서 고부 농민 봉기가 일어났다.
> ▶ 1894년에 군수 조병갑의 탐학에 맞서 고부의 농민들이 봉기하였어요. 고부 농민 봉기는 동학 농민 운동의 발단이 된 사건이에요.

300 ● 군국기무처   정답 ④

(가)에 들어갈 기구로 옳은 것은?   [2점]

정답 잡는 키워드

| ① 노비 제도 폐지 | ② 과거 제도를 없앰, 연좌제 폐지 |

↓

군국기무처

❶, ❷ 1894년에 **군국기무처**가 설치되어 갑오개혁을 주도하였어요. 군국기무처는 노비 제도와 과거 제도, 연좌제를 폐지하는 개혁 안건을 통과시켰어요. 이 외에도 중앙 정치 조직인 6조를 8아문으로 개편하고, 어린 나이에 결혼하는 조혼을 금지하는 등 여러 개혁을 추진하였어요.

① 비변사
> ▶ 비변사는 조선 후기에 의정부를 대신하여 국정 전반을 총괄하는 최고 통치 기구의 역할을 하였으나, 여러 문제를 불러일으켜 흥선 대원군 집권 시기에 폐지되었어요.

② 원수부
> ▶ 원수부는 대한 제국 시기에 설치된 황제 직속의 군 통수 기관이에요. 이를 통해 황제가 군권을 장악하였어요.

③ 홍문관
> ▶ 조선 성종 때 설치된 홍문관은 집현전의 역할을 계승한 기구였어요. 왕과 신하가 함께하는 경연을 주관하고 왕의 정책 자문을 담당하였어요.

④군국기무처
> ▶ 군국기무처는 1894년 갑오개혁을 추진하는 데 중심 역할을 한 기구였어요. 청·일 전쟁에서 유리해진 일본이 조선의 정치에 적극적으로 간섭하면서 폐지되었어요.

밑줄 그은 '개혁'의 내용으로 옳지 <u>않은</u> 것은? [3점]

역사 용어 카드

① 군국기무처

1894년 6월 의정부 산하에 설치되어 <u>개혁</u>을 추진하였던 정책 의결 기구이다. 총재는 영의정 김홍집이 겸임하였다. 약 3개월 동안 ②신분제 폐지, 조혼 금지 등 약 210건의 안건을 심의하고 통과시켰다.

정답 잡는 키워드

① 군국기무처가 추진 → ② 신분제 폐지, 조혼 금지 등 통과

→ **갑오개혁**

① 1894년에 **군국기무처**를 중심으로 **갑오개혁**이 추진되었어요. 이후 청·일 전쟁에서 승기를 잡은 일본이 조선의 내정에 적극 간섭하고 군국기무처를 폐지하였어요.

② **갑오개혁**을 통해 신분제 폐지, 조혼 금지, 과거제 폐지, 노비제 폐지 등의 개혁이 이루어졌어요.

↗ 근대적 토지 소유 증명서를 말해요.

①**지계를 발급하였다.**
▶ 대한 제국은 **광무개혁**을 추진하면서 양전 사업을 실시하고 지계를 발급하였어요.

② 과거제를 폐지하였다.
▶ **갑오개혁**으로 관리를 뽑는 과거제가 폐지되었어요.

③ 도량형을 통일하였다.
▶ **갑오개혁**으로 길이, 부피, 무게 등의 단위를 재는 도량형이 통일되었어요.

④ 연좌제를 금지하였다.
▶ **갑오개혁**으로 범죄자의 가족에게도 범죄의 책임을 지게 하는 연좌제가 금지되었어요.

기출 선택지 +α 다른 선택지가 나온다면?

❺ 비변사를 혁파하였다.   (O / X)
❻ 당백전을 발행하였다.   (O / X)
❼ 대한국 국제를 제정하였다.   (O / X)

기출 선택지 +α 정답
❺ X [흥선 대원군의 정책] ❻ X [흥선 대원군의 정책] ❼ X [광무개혁]

(가) 시기에 있었던 사실로 옳은 것은? [2점]

정답 잡는 키워드

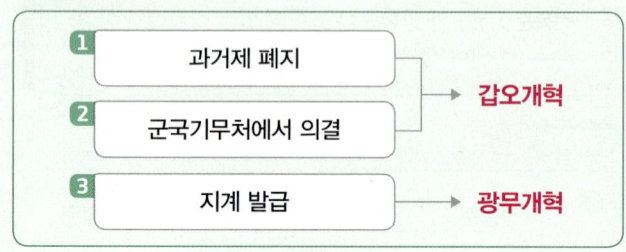

① 과거제 폐지	
② 군국기무처에서 의결	→ **갑오개혁**
③ 지계 발급	→ **광무개혁**

①, ② 조선 정부가 1894년에 **갑오개혁**을 추진하여 개혁 기구인 **군국기무처**가 신분제와 **과거제 폐지** 등을 의결하였어요.

③ 1897년에 수립된 대한 제국이 **광무개혁**을 추진하였어요. 대한 제국 정부는 양전 사업을 실시하고 근대적 토지 소유 증명서인 **지계**를 발급하였어요.

① 당백전이 발행되었다.
▶ **고종** 때 흥선 대원군이 경복궁을 다시 짓기 위한 공사 비용을 마련하기 위해 당백전을 발행하였어요.

② 동시전이 설치되었다.
▶ **신라 지증왕** 때 수도인 금성(지금의 경주)에 시장을 관리·감독하기 위한 관청인 동시전이 설치되었어요.

③ 속대전이 편찬되었다.
▶ **영조** 때 "경국대전"을 개정·보완한 "속대전"이 편찬되었어요.

④**태양력이 채택되었다.**
▶ 을미사변(1895) 이후 친일 성향의 관료로 구성된 내각이 **을미개혁**을 추진하여 태양력이 채택되었어요.

4 독립 협회와 대한 제국

본문 116~118쪽

303 ● 을미사변 이후의 사실

정답 ④

다음 가상 뉴스가 보도된 이후에 전개된 사실로 옳은 것은? [2점]

① 속보입니다. 오늘 새벽 한성에 주둔 중인 일본군 수비대 등이 궁궐에 침입하여 왕비를 시해하는 만행을 저질렀습니다. 최근 부임한 일본 공사가 사건을 지휘한 것으로 지목되고 있어 충격을 더하고 있습니다.

속보 │ 일본군 수비대 등이 왕비 시해

정답 잡는 키워드

① 일본군 수비대 등이 궁궐에 침입하여 왕비 시해 ➡ **을미사변(1895)**

① 조선 정부가 러시아를 이용하여 일본을 견제하기 위해 친러 정책을 펴자 위기감을 느낀 일본은 친러 정책의 배후가 조선의 왕비라고 생각하고 1895년에 왕비(명성 황후)를 시해한 **을미사변**을 일으켰어요.

① 외규장각 도서가 약탈되었다.
> 1866년에 병인양요를 일으킨 프랑스군은 강화도에서 퇴각하면서 외규장각 도서를 약탈해 갔어요.

② 김윤식이 영선사로 파견되었다.
> 1881년에 조선 정부는 청에 영선사 김윤식이 이끄는 유학생과 기술자를 파견하여 근대 무기 제조법과 군사 훈련법을 배워 오게 하였어요.

③ 제너럴 셔먼호 사건이 발생하였다.
> 1866년에 미국 상선 제너럴 셔먼호가 평양까지 들어와 조선 정부에 통상을 요구하며 횡포를 부리다가 평양 관민에 의해 배가 불타 버린 사건이 발생하였어요.

④ 고종이 러시아 공사관으로 피신하였다.
> **을미사변 이후** 신변에 위협을 느낀 고종은 1896년에 러시아 공사관으로 거처를 옮기는 아관 파천을 단행하였어요.

304 ● 독립 협회

정답 ②

(가)에 들어갈 단체로 옳은 것은? [1점]

〈한국사 역할극〉

2모둠의 역할극에 대한 감상을 말해 볼까요?

2모둠 : ③민중을 계몽하자!
(가) 의 활동

① 서재필
② 독립신문이 발행되고 널리 읽히는 장면을 잘 표현했어요.

윤치호

④ 수백 명이 모인 토론회 장면을 빔 프로젝터로 실감 나게 표현한 게 대단했어요.

정답 잡는 키워드

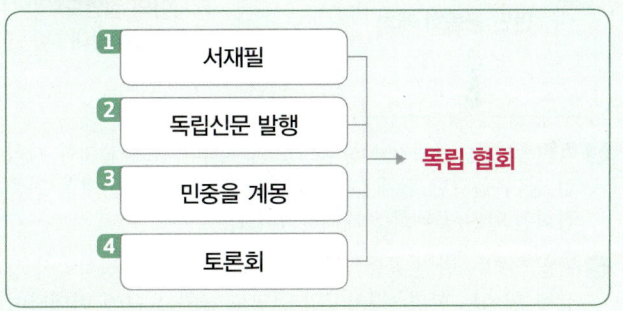

① 서재필
② 독립신문 발행
③ 민중을 계몽
④ 토론회
➡ **독립 협회**

①, ② 1896년에 서재필은 윤치호, 이상재 등 개혁 사상을 가진 지식인과 함께 독립신문을 창간・발행하고 **독립 협회**를 창립하였어요.

③, ④ **독립 협회**는 민중 계몽을 위해 토론회를 열고, 만민 공동회를 개최하였어요. 만민 공동회는 우리나라 최초의 근대적 민중 집회였어요.

① 신민회
> 신민회는 1907년에 서울에서 비밀리에 조직된 애국 계몽 운동 단체입니다.

② 독립 협회
> 독립 협회는 독립문과 독립관 건립을 주도하였으며, 민중을 계몽하고 열강의 이권 침탈 등을 비판하기 위해 만민 공동회를 개최하였어요.

③ 대한 자강회
> 대한 자강회는 1906년에 서울에서 조직된 애국 계몽 운동 단체입니다. 고종 황제의 강제 퇴위에 반대하는 운동을 앞장서서 벌이다가 통감부의 탄압을 받아 해산되었어요.

④ 조선어 학회
> 조선어 학회는 일제 강점기에 한글 맞춤법 통일안과 표준어를 제정한 한글 연구 단체입니다. "우리말(조선말) 큰사전" 편찬 작업을 추진하다가 일제가 조작한 조선어 학회 사건으로 강제 해산되었어요.

305 ● 독립 협회의 활동 　정답 ②

(가)에 들어갈 단체의 활동으로 옳은 것은? 　[2점]

정답 잡는 키워드

1 만민 공동회 개최	**2** 러시아의 절영도 조차 요구 반대

↓

독립 협회

1 **독립 협회**는 서재필을 중심으로 개혁적인 관료와 개화 지식인 등이 설립한 단체입니다. 우리나라 최초의 근대적 민중 집회인 만민 공동회를 개최하였어요.

2 **독립 협회**는 만민 공동회를 열어 민중의 계몽과 정치의식 성장에 힘쓰는 한편, 러시아의 절영도 조차 요구에 반대하여 이를 저지하였어요.

① 태극 서관을 운영하였다.
　▶ **신민회**는 민족 산업을 육성하기 위해 태극 서관과 자기 회사를 운영하였어요.

② 독립문 건립을 주도하였다.
　▶ **독립 협회**는 우리 민족의 독립 의지를 널리 알리기 위해 중국 사신을 맞이하던 옛 영은문 자리 부근에 독립문을 건립하였어요.

③ 고종 강제 퇴위를 반대하였다.
　▶ **대한 자강회**는 고종 강제 퇴위 반대 운동을 전개하다가 일제의 탄압으로 해산되었어요(1907). 독립 협회는 고종의 강제 퇴위 이전인 1898년에 해산되었어요.

④ 국채 보상 운동을 지원하였다.
　▶ 1907년에 국채 보상 운동이 전개되자 **대한매일신보** 등 언론이 적극적으로 지원하였어요.

306 ● 독립 협회의 활동 　정답 ②

(가) 단체의 활동으로 옳은 것은? 　[2점]

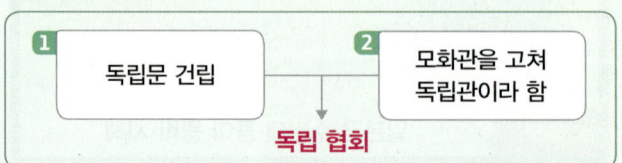

　　우리 대조선국이 독립국이 되어 세계 여러 나라와 어깨를 나란히 하니, 우리 동포 이천만이 오늘날 맞이한 행복이다. 여러 사람의 의견으로 　(가)　을/를 조직하여 옛 영은문 자리에 **1** 독립문을 새로 세우고, **2** 옛 모화관을 고쳐 독립관이라 하고자 한다. 이는 지난날의 치욕을 씻고 후손들에게 본보기를 보여 주고자 함이다.

정답 잡는 키워드

1 독립문 건립	**2** 모화관을 고쳐 독립관이라 함

↓

독립 협회

1, **2** 1896년에 서재필과 개화 지식인 등이 주도하여 **독립 협회**를 설립하였어요. 독립 협회는 조선이 자주독립국임을 전 세계에 알리기 위해 중국 사신을 맞이하던 옛 영은문 자리 부근에 독립문을 세우고, 중국 사신을 대접하던 옛 모화관을 고쳐 독립관이라 하였어요.

↗ 백정에 대한 사회적 차별을 없앨 것을 요구한 운동이에요.
① 형평 운동을 전개하였다.
　▶ 일제 강점기에 백정들이 **조선 형평사**를 조직하고 형평 운동을 전개하였어요.

② 만민 공동회를 개최하였다.
　▶ **독립 협회**는 민중 계몽을 위해 민중 집회인 만민 공동회를 개최하였어요. 만민 공동회를 통해 러시아의 간섭과 이권 요구에 반대하는 운동을 전개하여 성과를 거두었어요.

③ 한국 광복군을 창설하였다.
　▶ **대한민국 임시 정부**는 1940년에 정규군으로 한국 광복군을 창설하였어요.

④ 한글 맞춤법 통일안을 제정하였다.
　▶ 일제 강점기에 **조선어 학회**는 한글 맞춤법 통일안을 제정하였어요.

기출 선택지 +α 다른 선택지가 나온다면?

5 독립 공채를 발행하였다. 　(O / X)
6 정부에 헌의 6조를 건의하였다. 　(O / X)
7 일본의 황무지 개간권 요구를 저지하였다. 　(O / X)

기출 선택지 +α 정답 **5** X [대한민국 임시 정부] **6** O **7** X [보안회]

307 아관 파천 이후의 사실
정답 ④

다음 사건 이후에 일어난 사실로 옳은 것은? [2점]

역사 신문

제△△호　　　　　　　　○○○○년 ○○월 ○○일

국왕, 경복궁을 떠나다

2월 11일 [1]국왕과 세자가 비밀리에 러시아 공사관으로 거처를 옮겼다. 일본군 감시가 허술한 틈을 타 궁녀의 가마를 타고 경복궁을 나왔는데, 공사관에 도착한 때는 대략 오전 7시 30분이었다.

정답 잡는 키워드

> [1] 국왕과 세자가 비밀리에 러시아 공사관으로 거처를 옮김 → **아관 파천**

[1] 을미사변 이후 일본으로부터 위험을 느낀 고종은 세자와 함께 비밀리에 러시아 공사관으로 거처를 옮기는 **아관 파천**을 단행하였어요(1896). 아관 파천 시기에 조선 정부에 대한 러시아의 영향력이 확대되었고, 여러 국가가 조선의 경제적 이권을 차지하기 위해 치열한 다툼을 벌였어요.

① 훈련도감이 설치되었다.
> 일본의 조선 침략으로 일어난 **임진왜란 중**에 유성룡의 건의로 훈련도감이 설치되었어요.

② 청에 영선사가 파견되었다.
> **1881년**에 조선 정부는 청에 영선사를 파견하여 근대 무기 제조법 등을 배워 오게 하였어요.

③ 외규장각 도서가 약탈되었다.
> **병인양요**를 일으킨 프랑스군이 강화도에서 철수하면서 외규장각 도서를 약탈해 갔어요.

④ 대한 제국 수립이 선포되었다.
> **1897년**에 러시아 공사관에서 경운궁으로 돌아온 고종은 환구단에서 황제 즉위식을 거행하고 대한 제국의 수립을 선포하였어요.

기출 선택지 +α 다른 선택지가 나온다면?

⑤ 홍범 14조가 반포되었다. (○ / ×)
⑥ 헤이그 특사가 파견되었다. (○ / ×)
⑦ 구식 군인들이 일본 공사관을 습격하였다. (○ / ×)

기출 선택지 +α 정답 ⑤ × [1895년] ⑥ ○ [1907년] ⑦ × [1882년 임오군란]

---

308 대한 제국의 정책
정답 ①

(가) 시기에 시행된 정책으로 옳은 것은? [2점]

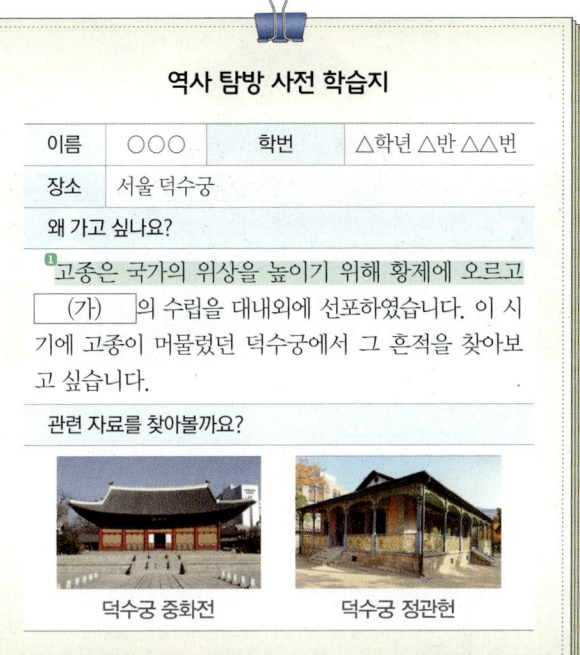

역사 탐방 사전 학습지

이름	○○○	학번	△학년 △반 △△번
장소	서울 덕수궁		

왜 가고 싶나요?

[1]고종은 국가의 위상을 높이기 위해 황제에 오르고 (가) 의 수립을 대내외에 선포하였습니다. 이 시기에 고종이 머물렀던 덕수궁에서 그 흔적을 찾아보고 싶습니다.

관련 자료를 찾아볼까요?

덕수궁 중화전　　　　덕수궁 정관헌

정답 잡는 키워드

> [1] 고종이 황제에 오름 → **대한 제국**

[1] 고종은 을미사변 이후 신변에 위협을 느껴 러시아 공사관에 피신하였다가 1년여 만인 1897년에 지금의 덕수궁인 경운궁으로 환궁하였어요. 이후 고종은 환구단에서 황제 즉위식을 올리고 대한 제국의 수립을 선포하였어요. 대한 제국 정부는 옛것을 근본으로 삼고 새것을 참조한다는 구본신참의 원칙에 따라 광무개혁을 추진하였어요.

① 지계가 발급되었다.
> **대한 제국** 정부는 광무개혁을 추진하면서 양전 사업을 실시하고 근대적 토지 소유 증명서인 지계를 발급하였어요.

② 척화비가 건립되었다.
> **흥선 대원군 집권 시기**에 서양 세력의 침입을 물리친 뒤 전국 각지에 척화비를 건립하였어요.

③ 홍범 14조가 반포되었다.
> **갑오개혁** 추진 과정에서 고종이 홍범 14조를 반포하였어요.

↗일제가 사회주의와 천황제를 부정하는 반정부 운동을 단속하기 위해 만든 법이에요.
④ 치안 유지법이 제정되었다.
> 일제는 **1925년**에 치안 유지법을 제정하여 사회주의 운동과 한국의 독립운동을 탄압하는 데 이용하였어요.

309 ● 대한 제국 시기의 사실 정답 ④

(가) 시기에 있었던 사실로 옳은 것은? [2점]

여기는 환구단의 일부인 황궁우야.

❶ 고종은 환구단에서 황제 즉위식을 거행하고, 경운궁에서 새로운 국호인 (가) 을/를 선포하였지.

정답 잡는 키워드

❶ 고종이 환구단에서 황제 즉위식 거행 → **대한 제국**

❶ 을미사변 후 고종은 일본의 위협을 피해 세자와 함께 러시아 공사관으로 피신하였다가 1년여 만에 경운궁(지금의 덕수궁)으로 돌아왔어요. 그리고 우리나라가 자주독립국임을 널리 알리기 위해 환구단을 만들어 황제 즉위식을 거행하고 **대한 제국**의 수립을 선포하였어요.

① 당백전을 발행하였다.
 ▶ **조선** 고종 때 당시 집권자 흥선 대원군이 경복궁 중건에 필요한 공사 비용을 마련하기 위해 당백전을 발행하였어요.

② 영선사를 파견하였다.
 ▶ 개항 후 **조선** 정부는 청에 영선사를 파견하여 근대식 무기 제조 기술과 군사 훈련법을 배워 오게 하였어요.

③ 육영 공원을 설립하였다.
 ▶ **조선** 정부는 1886년에 서양식 근대 교육 기관인 육영 공원을 설립하여 현직 관리와 양반 자제에게 영어를 비롯한 근대 학문을 가르쳤어요.

④ 대한국 국제를 제정하였다.
 ▶ **대한 제국** 정부는 1899년에 대한국 국제를 제정하여 대한 제국이 황제 중심의 나라임을 밝혔어요.

기출 선택지 +α 다른 선택지가 나온다면?

❺ 동시전이 설치되었다. (O / X)
❻ 을사늑약이 체결되었다. (O / X)
❼ 전시과 제도가 실시되었다. (O / X)

기출 선택지 +α 정답 ❺ X [신라] ❻ O ❼ X [고려]

---

5 국권 피탈 과정

310 ● 을사늑약 정답 ①

(가)에 들어갈 내용으로 옳은 것은? [2점]

역사 신문

제△△호 ○○○○년 ○○월 ○○일

❶ **대한 제국, 외교권을 빼앗기다**

일제는 군대를 동원하여 고종과 대신들을 위협하는 가운데 덕수궁 중명전에서 대한 제국의 외교권을 빼앗는 (가) 의 체결을 강요하였다.

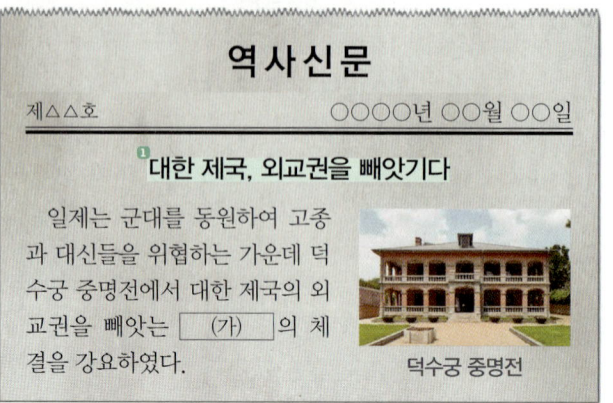

덕수궁 중명전

정답 잡는 키워드

❶ 대한 제국, 외교권을 빼앗김 → **을사늑약**

❶ 러 · 일 전쟁에서 승리한 일제는 1905년에 군대를 동원하여 고종과 대신들을 위협하고 **을사늑약**을 강제로 체결하였어요. 이에 따라 대한 제국은 외교권을 빼앗겼고, 한성에는 통감부가 설치되어 초대 통감으로 이토 히로부미가 부임하였어요.

① 을사늑약
 ▶ 을사늑약은 고종의 도장이 찍히지 않은, 효력이 없는 조약이에요. 고종은 을사늑약의 무효를 선언한 국서를 해외 언론에 보내기도 하였어요.

② 간도 협약
 ▶ 1909년에 일본과 청 사이에 체결된 조약이에요. 일제는 남만주의 철도 부설권과 탄광 채굴권을 얻는 대가로 간도를 청의 영토로 인정하였어요.

③ 강화도 조약
 ▶ 1876년에 체결된 강화도 조약은 조선이 외국과 맺은 최초의 근대적 조약이었지만, 일본에 일방적으로 유리한 불평등 조약이었어요.

④ 제물포 조약
 ▶ 임오군란 후 조선과 일본이 제물포 조약을 체결하였어요. 이에 따라 조선은 일본 공사관 경비를 위한 일본군의 조선 주둔을 허용하였어요.

(가) 조약의 내용으로 옳은 것은?   [2점]

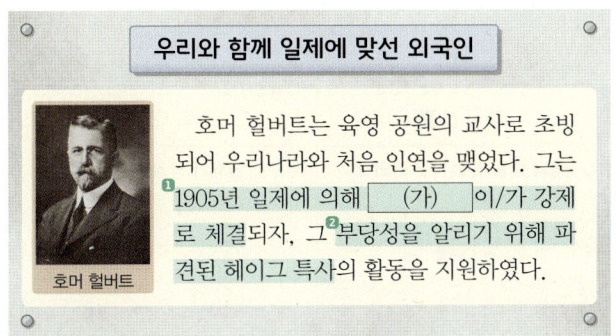

우리와 함께 일제에 맞선 외국인

호머 헐버트는 육영 공원의 교사로 초빙되어 우리나라와 처음 인연을 맺었다. 그는 ❶1905년 일제에 의해 ___(가)___ 이/가 강제로 체결되자, 그 ❷부당성을 알리기 위해 파견된 헤이그 특사의 활동을 지원하였다.

호머 헐버트

정답 잡는 키워드

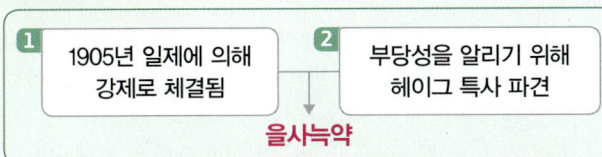

❶ 1905년 일제에 의해 강제로 체결됨	❷ 부당성을 알리기 위해 헤이그 특사 파견

→ **을사늑약**

❶ 러·일 전쟁에서 승리한 일제는 1905년에 무력을 동원하여 대한 제국과 **을사늑약**을 강제로 체결하였어요. 고종은 이에 반대하여 끝까지 조약에 서명하지 않았어요.

❷ 고종은 **을사늑약**의 부당성을 국제 사회에 알리기 위해 헤이그 특사를 파견하였어요. 헤이그에 도착한 특사단은 언론 활동을 통해 일제의 침략과 을사늑약의 불법성을 호소하였어요.

① 외교권 박탈

> **을사늑약**의 체결로 일제는 대한 제국의 외교권을 박탈하고 통감부를 설치하였으며, 초대 통감으로 이토 히로부미를 파견하였어요.

② 천주교 포교 허용

> 1886년에 **조·프 수호 통상 조약**이 체결되어 조선 내에서 천주교의 포교가 허용되었어요.

③ 화폐 정리 사업 실시

> 1904년에 체결된 **제1차 한·일 협약**에 따라 대한 제국의 재정 고문으로 파견된 일본인 메가타가 화폐 정리 사업을 실시하였어요.

④ 대한 제국 군대 해산

> 1907년에 일제는 헤이그 특사 파견을 구실로 삼아 고종을 강제 퇴위시킨 후 **한·일 신협약(정미7조약)**을 강제로 체결하였어요. 그리고 이 조약의 부속 각서에 따라 대한 제국의 군대를 해산하였어요.

밑줄 그은 '새 조약'에 대한 설명으로 옳은 것은? [2점]

나인영은 진술하기를 "광무 9년 11월에 우리 ❶대한 제국의 외교권을 일본에 넘겨준 새 조약은 일본의 강제에 따른 것으로 황제 폐하가 윤허하지 않았고, 참정대신이 동의하지도 않았습니다. 슬프게도 5적 이지용, 이근택, 박제순 등이 제멋대로 가(可)하다고 쓰고 속여 2천만 민족을 노예로 내몰았습니다."라고 하였다.

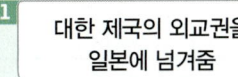
을사늑약 체결에 찬성한 다섯 명의 대신들을 말해요.

정답 잡는 키워드

❶ 대한 제국의 외교권을 일본에 넘겨줌

→ **을사늑약**

❶ 1905년에 대한 제국의 외교권을 일본에 넘기고 대한 제국의 황제 아래 통감을 둔다는 내용의 **을사늑약**이 강제로 체결되었어요.

① 운요호 사건을 계기로 체결되었다.

> 운요호 사건을 계기로 **강화도 조약**(1876)이 체결되어 조선이 개항하였어요.

② 최혜국 대우를 처음으로 규정하였다.

> 1882년에 체결된 **조·미 수호 통상 조약**에서 최혜국 대우가 처음으로 규정되었어요. 최혜국 대우는 통상 조약 등에서 한 나라가 다른 나라에 해 준 최고 대우를 조약 상대국에도 자동으로 적용해 주는 것을 말해요.

③ 통감부가 설치되는 결과를 가져왔다.

> **을사늑약**이 체결된 후 통감부가 설치되고 이토 히로부미가 초대 통감으로 부임하였어요. 이토 히로부미는 대한 제국의 외교뿐만 아니라 내정 전반을 간섭하였어요.

④ 외국과 맺은 최초의 근대적 조약이었다.

> 조선이 외국과 맺은 최초의 근대적 조약은 일본과 체결한 **강화도 조약**이에요.

VI 개항기

다음 특사단이 파견된 배경으로 옳은 것은? [3점]

❶ 1907년 6월
헤이그 만국 평화 회의장 앞

우리는 ❷ 대한 제국의
특사단입니다.

우리를 회의에 참석
하게 해주시오!

정답 잡는 키워드

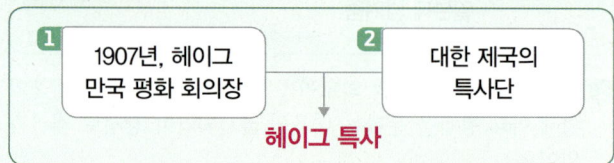

| ❶ 1907년, 헤이그 만국 평화 회의장 | ❷ 대한 제국의 특사단 |

헤이그 특사

❶, ❷ 고종 황제는 1907년에 네덜란드 헤이그에서 열리는 만국 평화 회의에 이상설, 이준, 이위종을 대한 제국의 특사단으로 파견하였어요. **헤이그 특사**는 회의가 열리는 장소에는 참석하지 못하였지만, 언론 활동을 통해 일제의 침략과 을사늑약의 불법성을 호소하였어요.

① 간도 협약이 맺어졌다.
▶ 을사늑약으로 대한 제국의 외교권을 강탈한 일제는 1909년에 청과 간도 협약을 맺어 간도를 청의 영토로 인정하였어요.

②을사늑약이 체결되었다.
▶ 고종은 1905년에 체결된 을사늑약의 부당함을 국제 사회에 알리기 위해 헤이그 특사를 파견하였어요.
↗ 국제 연합의 감시 아래 특정 국가가 일정 지역을 대신 통치하는 제도를 말해요.

③ 신탁 통치안이 결정되었다.
▶ 1945년 광복 후 열린 모스크바 3국 외상 회의에서 한반도에 대한 신탁 통치안이 결정되었어요.

④ 조선 총독부가 설치되었다.
▶ 일제는 1910년에 대한 제국의 국권을 완전히 빼앗고 식민 통치 기구로 조선 총독부를 설치하였어요.

(가), (나) 사이의 시기에 체결된 조약으로 옳은 것은?
[2점]

(가)　　　　　　　(나)

역사 신문

국외 중립 선언 무효화되다

한·일 의정서

역사 신문

일제가 국권을 강탈하다

한·일 병합 조약

(가) 러·일 전쟁 중이던 1904년에 일제는 대한 제국에 한·일 의정서를 강요하여 군사적 요충지의 사용 권한을 확보하였어요.

(나) 1910년에 일제는 이른바 한·일 병합 조약을 체결하여 대한 제국의 국권을 강탈하였어요.

① 톈진 조약
▶ 1885년에 청과 일본은 톈진 조약을 체결하여 조선에 파병 시 미리 상대국에 알릴 것에 합의하였어요.

②정미7조약
▶ 1907년에 일제는 헤이그 특사 파견을 구실로 고종을 강제 퇴위시키고 정미7조약(한·일 신협약)을 체결하였어요.

③ 제물포 조약
▶ 1882년 임오군란 후에 조선 정부는 일본과 제물포 조약을 체결하여 일본 공사관 경비를 위한 일본군의 주둔을 허용하였어요.

④ 시모노세키 조약
▶ 1895년 청·일 전쟁에서 승리한 일본은 청과 시모노세키 조약을 체결하여 랴오둥반도를 넘겨받았어요.

(가)~(다)를 일어난 순서대로 옳게 나열한 것은? [3점]

(가) (나) (다)

(가) 고종 황제의 강제 퇴위 후 일제는 대한 제국 정부에 한·일 신협약(정미7조약)의 체결을 강요하여 대한 제국의 행정부에 일본인 차관을 임명하게 하였어요. 그리고 부속 각서에 따라 대한 제국의 군대를 해산하였어요.

(나) 일제는 을사늑약 체결을 강요하여 대한 제국의 외교권을 빼앗고 한성에 통감부를 설치하였어요. 고종은 을사늑약의 부당성을 국제 사회에 알리기 위해 네덜란드 헤이그에서 열리는 만국 평화 회의에 이상설, 이준, 이위종을 특사로 파견하였어요.

(다) 일제는 헤이그 특사 파견을 구실 삼아 고종 황제를 강제로 퇴위시키고 순종을 황제 자리에 앉혔어요.

① (가) - (나) - (다)

② (가) - (다) - (나)

③ (나) - (다) - (가)

▷ (나) 헤이그 특사 파견 - (다) 고종 황제의 강제 퇴위 - (가) 대한 제국의 군대 해산 순으로 일어났어요. (가)~(다)는 모두 1907년에 일어난 사건이에요.

④ (다) - (가) - (나)

(가)에 들어갈 인물로 옳은 것은? [1점]

 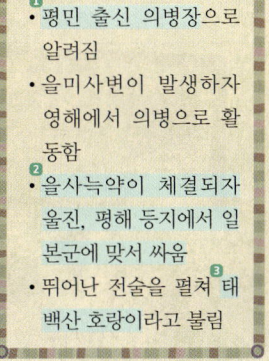

(가)

(앞면) (뒷면)

정답 잡는 키워드

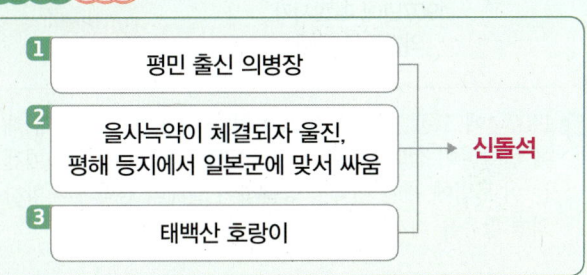

1 평민 출신 의병장

2 을사늑약이 체결되자 울진, 평해 등지에서 일본군에 맞서 싸움 → **신돌석**

3 태백산 호랑이

1, 2, 3 **신돌석**은 을사늑약 체결에 저항하여 일어난 을사의병 때 활약한 평민 출신 의병장이며 울진, 평해 등지에서 일본군에 맞서 싸웠어요. 그는 뛰어난 전술로 일본군에 큰 타격을 주어 '태백산 호랑이'라고 불리기도 하였어요.

① 신돌석

▷ 신돌석은 을미사변과 단발령에 저항하여 일어난 을미의병 때에도 경상북도 영해를 중심으로 항일 의병 운동을 전개하였어요.

② 유인석

▷ 유인석은 을미사변과 단발령 시행에 항거하여 충청북도 제천에서 의병을 일으켰어요.

③ 최익현

▷ 최익현은 을사늑약 체결에 저항하여 전라북도 태인에서 의병을 일으켰으나 체포되어 쓰시마섬에 유배되었어요.

④ 홍범도

▷ 홍범도는 고종 황제의 강제 퇴위와 대한 제국의 군대 해산에 항거하여 함경도의 삼수, 갑산을 중심으로 의병 항쟁을 전개하였어요. 또한, 국권 피탈 이후 만주 지역에서 독립군으로 활약하며 1920년에 봉오동 전투에서 일본군을 격퇴하였어요.

교사의 질문에 대한 학생의 답변으로 옳은 것은? [2점]

> 화면의 사진은 **1907년 영국 기자 매켄지가 의병들을 취재**하면서 찍은 것입니다. 당시 의병 활동에 대해 말해 볼까요?

정답 잡는 키워드

> **1** 1907년에 매켄지가
> 의병들을 취재　→　**정미의병**

1 1907년에 고종 황제의 강제 퇴위와 대한 제국의 군대 해산에 반발하여 **정미의병**이 일어났어요. **영국의 언론인 매켄지**는 이 무렵에 대한 제국을 방문하여 일제의 침략에 저항하는 **의병 활동을 취재**하였어요.

① 13도 창의군을 결성하였어요.
> **정미의병** 때 유생 의병장을 중심으로 각 도의 의병이 모여 13도 창의군(13도 의병 연합 부대)을 결성하고 서울 진공 작전을 전개하였어요.

② 정부에 헌의 6조를 건의하였어요.
> **독립 협회**는 정부 대신들도 참여한 관민 공동회에서 헌의 6조를 채택하고 정부에 건의하여 고종 황제의 승인을 받았어요.

③ 백산에 집결하여 4대 강령을 발표하였어요.
> **동학 농민 운동** 때 농민군은 백산에 집결하여 농민군의 행동 지침인 4대 강령을 발표하였어요.

④ 곽재우, 고경명 등이 의병장으로 활약하였어요.
> **임진왜란** 때 곽재우, 고경명 등이 의병장으로 활약하였어요.

밑줄 그은 '이 부대'에 대한 설명으로 옳은 것은? [2점]

> ○○에게
> 　이보게, 나는 마침내 의병에 합류하였네.
> 　**황제 폐하께서 강제로 그 자리에서 내려오셔야 했던 사건**은 여전히 울분을 참을 수 없게 만드네. 일제가 끝내 우리 군대를 강제로 해산시키는 과정에서 동료들의 죽음을 보며 가만히 있을 수 없었네. 나는 **13도의 의병이 모여 조직되고 이인영 총대장이 지휘하는 이 부대**에 가담하여 끝까지 나라를 지키려고 하네.
> 　자네도 우리와 뜻을 같이하면 좋겠네.
> 　　　　　　　　　　　　　　　옛 동료가

정답 잡는 키워드

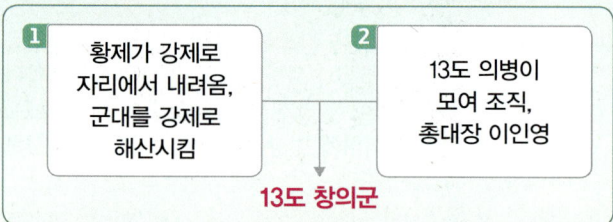

> **1** 황제가 강제로
> 자리에서 내려옴,
> 군대를 강제로
> 해산시킴
>
> **2** 13도 의병이
> 모여 조직,
> 총대장 이인영
>
> → **13도 창의군**

1, **2** 1907년에 일제는 네덜란드 헤이그에 특사를 파견한 사건을 구실 삼아 **고종 황제를 강제로 퇴위**시키고 한·일 신협약(정미7조약)과 부속 각서를 강제로 체결하였어요. 이를 근거로 **대한 제국의 군대도 해산**시켰어요. 이에 반발하여 전국 각지에서 의병이 일어났으며, 해산 군인이 의병에 합류하여 의병의 전투력이 강화되었어요. 의병 활동이 전국으로 확대·발전하는 가운데 **전국에서 모여든 의병들이 이인영을 총대장**으로 하는 **13도 창의군**을 결성하고 서울 진공 작전을 전개하였어요.

① 서울 진공 작전을 전개하였다.
> **13도 창의군**은 서울 진공 작전을 전개하여 동대문 밖까지 도달하였으나 군사력이 우세한 일본군에 가로막혀 실패하였어요.

② 일제의 탄압을 피해 자유시로 이동하였다.
> 간도 참변 이후 **만주 지역의 독립군 부대**들이 러시아의 지원 약속을 믿고 자유시로 이동하였어요.

③ 어재연의 지휘 아래 광성보에서 활약하였다.
> 신미양요 당시 어재연이 이끄는 **조선군**이 광성보에서 미군에 항전하였으나 패배하였어요.

④ 황푸 군관 학교에서 군사 훈련을 실시하였다.
> **의열단**의 일부 단원이 황푸 군관 학교에 입학하여 군사 훈련을 받았어요.

6 국권 수호 운동

319 장인환 정답 ④

(가)에 해당하는 인물로 옳은 것은? [3점]

이달의 독립운동가

(가)

일제의 침략에 협력한 스티븐스를
미국 샌프란시스코에서 처단하다

정답 잡는 키워드

① 미국 샌프란시스코에서 스티븐스 처단 → **장인환, 전명운**

① 미국 샌프란시스코에서 스티븐스 처단에 나선 인물은 **장인환**과 **전명운**이에요. 스티븐스는 대한 제국의 외교 고문이었던 친일파 미국인이며 일본의 한국 침략이 정당하다고 선전하였어요.

① 김원봉
▸ 김원봉은 3·1 운동 이후 만주에서 의열단을 조직하여 의열 투쟁을 전개하였어요.

② 안창호
▸ 안창호는 신민회에서 활동하였으며, 민족 교육을 위해 대성 학교를 설립하였어요.

③ 윤봉길
▸ 윤봉길은 상하이 훙커우 공원에서 열린 일본군의 행사장에 폭탄을 던지는 의거를 벌였어요.

④ 장인환
▸ 장인환은 미국 샌프란시스코에서 일제의 한국 침략을 지지한 스티븐스를 처단하였어요.

320 안중근 정답 ③

밑줄 그은 '나'에 해당하는 인물로 옳은 것은? [2점]

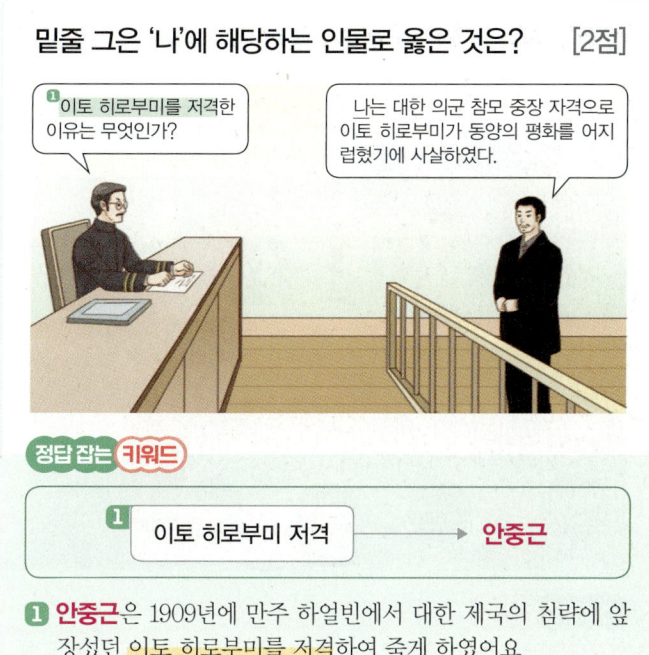

이토 히로부미를 저격한 이유는 무엇인가?

나는 대한 의군 참모 중장 자격으로 이토 히로부미가 동양의 평화를 어지럽혔기에 사살하였다.

정답 잡는 키워드

① 이토 히로부미 저격 → **안중근**

① **안중근**은 1909년에 만주 하얼빈에서 대한 제국의 침략에 앞장섰던 이토 히로부미를 저격하여 죽게 하였어요.

① 김상옥
▸ 김상옥은 의열단원이며, 1923년에 종로 경찰서에 폭탄을 던졌어요.

② 김원봉
▸ 김원봉은 의열단과 조선 의용대를 창설하였으며, 1942년에 한국 광복군에 합류하여 부사령관에 취임하였어요.

③ 안중근
▸ 의거 직후 체포된 안중근은 뤼순 감옥에 갇혀 있는 동안 "동양 평화론"을 집필하다가 이를 완성하지 못하고 순국하였어요.

④ 윤봉길
▸ 윤봉길은 한인 애국단원이며, 1932년에 중국 상하이 훙커우 공원에서 열린 일본군의 행사장에 폭탄을 던졌어요.

밑줄 그은 '나'에 대한 설명으로 옳은 것은?   [2점]

> 나는 대한 제국의 주권을 침탈한 ① 이토 히로부미를 대한의군 참모중장 자격으로 하얼빈역에서 처단하였습니다.

정답 잡는 키워드

> ① 이토 히로부미를 하얼빈역에서 처단 → **안중근**

① **안중근**은 1909년에 을사늑약 체결에 앞장선 이토 히로부미를 만주 하얼빈역에서 처단하였어요. 의거 직후 체포된 안중근은 뤼순 감옥에서 순국하였어요.

① 중광단을 결성하였다.
> ▶ 서일 등 대종교도를 중심으로 결성된 중광단은 이후 북로 군정서로 확대 개편되었어요.

② 독립 의군부를 조직하였다.
> ▶ 의병장 출신 임병찬은 고종의 밀지를 받아 독립 의군부를 조직하였어요.

③ 동양 평화론을 집필하였다.
> ▶ 안중근은 옥중에서 동양 평화의 실현을 위한 "동양 평화론"을 집필하다가 완성하지 못하고 처형되었어요.

④ 시일야방성대곡을 발표하였다.
> ▶ 장지연은 을사늑약의 부당함을 비판한 논설 '시일야방성대곡'을 황성신문에 처음으로 발표하였어요.

기출 선택지 +α 다른 선택지가 나온다면?

❺ 독립신문을 창간하였다.   (O / X)
❻ 조선 의용대를 창설하였다.   (O / X)
❼ 헤이그에 특사로 파견되었다.   (O / X)

(가)에 들어갈 민족 운동으로 옳은 것은?   [2점]

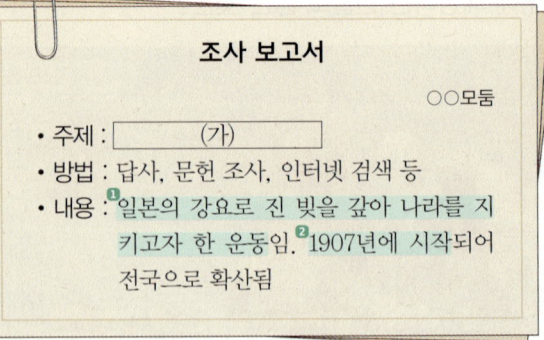

조사 보고서

               ○○모둠

• 주제 :   (가)
• 방법 : 답사, 문헌 조사, 인터넷 검색 등
• 내용 : ① 일본의 강요로 진 빚을 갚아 나라를 지키고자 한 운동임. ② 1907년에 시작되어 전국으로 확산됨

정답 잡는 키워드

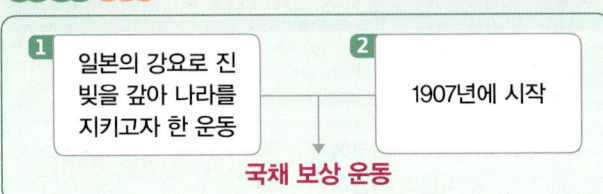

> ① 일본의 강요로 진 빚을 갚아 나라를 지키고자 한 운동   ② 1907년에 시작
>
> → **국채 보상 운동**

①. ② 1907년에 일본의 강요로 진 빚을 국민이 성금을 모아 갚고 나라를 지키자는 **국채 보상 운동**이 대구에서 시작되어 전국으로 확산되었어요.

① 국채 보상 운동
> ▶ 국채 보상 운동은 대한매일신보, 황성신문 등 언론의 지원을 받아 전국으로 확산되었어요.

② 문자 보급 운동
> ▶ 1920년대 후반에 조선일보사는 '아는 것이 힘, 배워야 산다'는 구호를 내걸고 문자 보급 운동을 전개하였어요.

③ 6·10 만세 운동
> ▶ 6·10 만세 운동은 1926년 6월 10일 순종의 장례일에 학생들을 중심으로 전개되었어요.

④ 민립 대학 설립 운동
> ▶ 1920년대 초에 이상재 등은 우리 민족의 힘으로 고등 교육을 담당할 대학을 설립하자는 민립 대학 설립 운동을 전개하였어요.

기출 선택지 +α 정답   ❺ X [서재필]   ❻ X [김원봉]   ❼ X [이상설, 이준, 이위종]

323 ● 국채 보상 운동
정답 ②

밑줄 그은 '이 운동'에 대한 설명으로 옳은 것은? [2점]

여기가 ① 국채 보상 기성회에서 모금하고 있는 곳이군요.

저는 이 운동에 참여하려고 비녀를 팔았어요.

저는 담배를 끊어 성금을 마련했어요.

정답 잡는 키워드

> ① 국채 보상 기성회에서 모금 → **국채 보상 운동**

① **국채 보상 운동**은 국민이 성금을 모아 대한 제국 정부가 일본에 진 빚을 갚자는 취지로 전개되었어요. 서상돈, 김광제 등을 중심으로 대구에서 시작되었으며, 국채 보상 기성회에서 모금 운동을 주도하였어요. 수많은 사람이 반지나 비녀를 팔고 술과 담배를 끊어 성금을 모아 기부하는 등 전국 각지에서 나랏빚을 갚기 위한 노력이 전개되었어요.

① 만민 공동회를 개최하였다.
> **독립 협회**는 서울 종로에서 우리나라 최초의 근대적 민중 집회인 만민 공동회를 개최하였어요.

② 대한매일신보 등 언론의 지원을 받았다.
> **국채 보상 운동**은 대한매일신보, 황성신문 등 언론의 지원을 받아 전국으로 확산되었어요.

③ 조선 사람 조선 것이라는 구호를 내세웠다.
> **물산 장려 운동**은 1920년대에 전개된 토산품 애용 운동으로, '조선 사람 조선 것', '내 살림 내 것으로' 등의 구호를 내걸었어요.

④ 백정에 대한 사회적 차별 철폐를 주장하였다.
> 1923년에 사회적 차별을 받고 있던 백정들이 조선 형평사를 조직하고 백정에 대한 사회적 차별 철폐를 요구하는 **형평 운동**을 전개하였어요.

기출 선택지 +α 다른 선택지가 나온다면?

❺ 통감부의 탄압으로 실패하였다. (O / ×)
❻ 평양에서 시작하여 전국으로 확산하였다. (O / ×)
❼ 황국 중앙 총상회를 중심으로 전개되었다. (O / ×)

기출 선택지 +α 정답 ❺ O ❻ ×[물산 장려 운동] ❼ ×[상권 수호 운동]

---

324 ● 신민회
정답 ②

밑줄 그은 '이 단체'로 옳은 것은? [2점]

이 사진에 대해 설명해 주세요.

일제가 조작한 ① 105인 사건으로 끌려가는 애국지사들을 찍은 사진입니다. 이 사건을 계기로 안창호, 양기탁 등이 비밀리에 결성한 이 단체가 와해되었습니다.

정답 잡는 키워드

> ① 105인 사건 ② 안창호, 양기탁 등이 비밀리에 결성 → **신민회**

① , ② **신민회**는 국권 회복과 공화 정체의 근대 국가 수립을 목표로 1907년에 안창호, 양기탁 등이 비밀리에 결성한 단체였어요. 하지만 일제가 데라우치 총독 암살 미수 사건을 조작하여 독립운동가들을 잡아들인 105인 사건으로 조직이 드러나 해산되었어요.

① 보안회
> 보안회는 1904년에 일제의 황무지 개간권 요구에 반대하는 운동을 전개하였어요.

② 신민회
> 신민회는 민족 자본을 육성하기 위해 태극 서관과 자기 회사를 운영하였으며, 민족 교육을 위해 오산 학교와 대성 학교를 설립하였어요.

③ 대한 자강회
> 대한 자강회는 일제가 고종을 강제 퇴위시키자 반대 운동을 벌이다가 통감부의 탄압을 받아 해산되었어요.

④ 헌정 연구회
> 헌정 연구회는 입헌 정치 체제의 수립을 주장하였으며, 친일 단체인 일진회의 반민족 행위를 규탄하였어요.

325 ● 신민회의 활동

정답 ③

(가) 단체의 활동으로 옳은 것은? [2점]

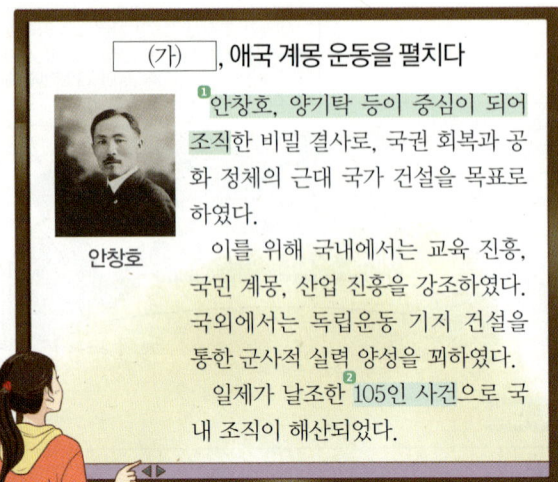

(가), 애국 계몽 운동을 펼치다

①안창호, 양기탁 등이 중심이 되어 조직한 비밀 결사로, 국권 회복과 공화 정체의 근대 국가 건설을 목표로 하였다.

이를 위해 국내에서는 교육 진흥, 국민 계몽, 산업 진흥을 강조하였다. 국외에서는 독립운동 기지 건설을 통한 군사적 실력 양성을 꾀하였다. 일제가 날조한 ②105인 사건으로 국내 조직이 해산되었다.

안창호

 **정답 잡는 키워드**

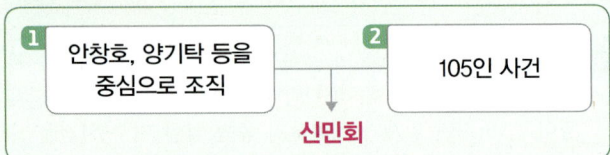

| ① 안창호, 양기탁 등을 중심으로 조직 | → | ② 105인 사건 |

신민회

① **신민회**는 공화 정체의 근대 국가 수립을 목표로 1907년에 안창호, 양기탁 등을 중심으로 비밀리에 조직된 단체입니다.

② **신민회**는 일제가 데라우치 총독 암살 미수 사건을 조작하여 독립운동가들을 잡아들인 105인 사건으로 조직이 드러나 해산되었어요.

① 독립신문을 창간하였다.
➤ 갑신정변이 실패한 후 미국에 망명하였다가 귀국한 **서재필**은 정부의 지원을 받아 우리나라 최초의 민간 신문인 독립신문을 창간하였어요.

② 한성 사범 학교를 설립하였다.
➤ **조선 정부**는 1895년 교육 입국 조서를 반포한 후 한성 사범 학교, 소학교, 외국어 학교 등을 설립하였어요.

③ 태극 서관, 자기 회사를 운영하였다.
➤ **신민회**는 민족 자본을 육성하기 위해 태극 서관과 자기 회사를 운영하였어요.

④ 일본의 황무지 개간권 요구를 저지하였다.
➤ **보안회**는 일제의 황무지 개간권 요구에 반대하는 운동을 전개하였어요.

---

7 근대 문물의 수용

326 ● 육영 공원

정답 ③

(가)에 들어갈 근대 교육 기관으로 옳은 것은? [2점]

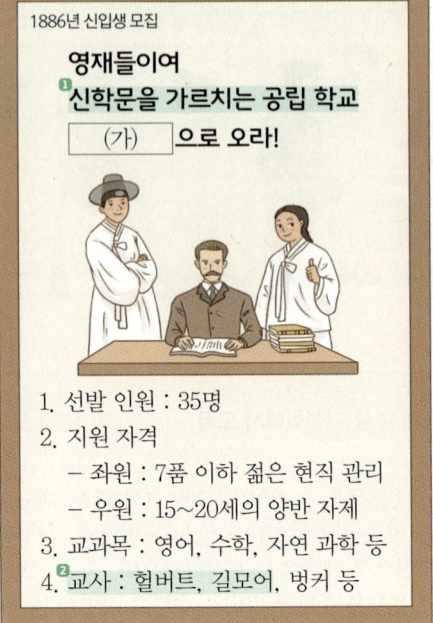

1886년 신입생 모집

영재들이여
①**신학문을 가르치는 공립 학교**
(가) 으로 오라!

1. 선발 인원 : 35명
2. 지원 자격
  − 좌원 : 7품 이하 젊은 현직 관리
  − 우원 : 15~20세의 양반 자제
3. 교과목 : 영어, 수학, 자연 과학 등
4. ②교사 : 헐버트, 길모어, 벙커 등

정답 잡는 키워드

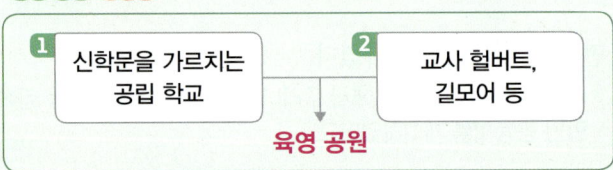

| ① 신학문을 가르치는 공립 학교 | → | ② 교사 헐버트, 길모어 등 |

육영 공원

① **육영 공원**은 1886년에 조선 정부가 설립한 근대적 공립 학교였어요.

② **육영 공원**은 헐버트, 길모어 등 미국인 교사를 초빙하여 양반 자제와 젊은 현직 관리에게 영어, 수학, 지리학, 정치학 등 근대 학문을 가르쳤어요.

① 서전서숙
➤ 서전서숙은 이상설 등이 북간도 지역에 설립한 민족 교육 기관이에요.

② 배재 학당
➤ 배재 학당은 개신교 선교사 아펜젤러가 설립한 근대 학교입니다.

③ 육영 공원
➤ 육영 공원은 정부가 세운 공립 학교로, 현직 관리와 양반 자제를 대상으로 신학문을 가르쳤어요.

④ 이화 학당
➤ 이화 학당은 개신교 선교사 스크랜턴이 여성 교육을 위해 설립한 학교입니다.

327 · 이화 학당

정답 ④

밑줄 그은 '학교'로 옳은 것은? [2점]

할머니, 이 사진은 무엇인가요?

이것은 ①1886년에 선교사 스크랜턴이 여성의 신학문 교육을 위해 세운 학교 사진이야. 최초의 여의사 박에스더, 3·1 운동으로 순국한 유관순 등이 이 학교에서 공부했지.

정답 잡는 키워드

| ① 1886년에 선교사 스크랜턴이 여성의 신학문 교육을 위해 세움 | → 이화 학당 |

① 1886년에 미국의 개신교 **선교사 스크랜턴**이 조선 여성의 신학문 교육을 위해 지금의 서울 중구에 **이화 학당**을 설립하였어요.

① 배재 학당
▶ 배재 학당은 개신교 선교사 아펜젤러가 세운 사립 학교입니다.

② 오산 학교
▶ 오산 학교는 신민회 회원 이승훈이 민족 교육을 위해 정주에 설립한 학교입니다.

③ 육영 공원
▶ 육영 공원은 조선 정부가 설립한 근대식 교육 기관이며, 헐버트와 길모어 등 미국인 교사를 초빙하여 현직 관리와 양반 자제에게 근대 학문을 가르쳤어요.

④ 이화 학당
▶ 이화 학당은 선교사 스크랜턴이 여학생 1명을 대상으로 연 학당에서 비롯되었으며, 고종 황제가 '이화 학당'이라는 이름을 내려주었어요.

328 · 덕수궁 석조전

정답 ④

(가)에 들어갈 문화유산으로 옳은 것은? [2점]

답사 계획서

• 주제 : 근대 역사의 현장을 찾아서
• 날짜 : 2021년 ○○월 ○○일
• 답사 장소

사진	설명
우정총국	근대 우편 제도를 시행하기 위해 세워진 것으로, 개국 축하연 때 갑신정변이 발생하였다.
구 러시아 공사관	을미사변 이후 고종이 피신한 곳으로 약 1년 동안 머물렀다. 지금은 건물의 일부만 남아 있다.
(가)	①고종의 접견실 등으로 사용하기 위해 지어진 것으로, ②당시 건축된 서양식 건물 중 규모가 가장 크다.

공식적으로 손님을 맞아들여 만나는 장소를 말해요.

정답 잡는 키워드

| ① 고종의 접견실 등으로 사용 | ② 당시 건축된 서양식 건물 중 규모가 가장 큼 |

→ 덕수궁 석조전

①, ② **덕수궁 석조전**은 대한 제국의 고종 황제 때 공사가 시작되어 순종 황제 때인 1910년에 완공된 3층의 서양식 석조 건물이며, 당시 건축된 서양식 건물 중 가장 큰 규모였어요. 황제 자리에서 물러난 고종은 덕수궁에 머물며 사람들을 만나는 장소로 이곳을 이용하였어요.

① 황궁우
▶ 황궁우는 고종이 황제 즉위식을 거행한 환구단의 부속 건물이에요.

② 명동 성당
▶ 서울 명동 성당은 고딕 양식의 천주교 교회입니다.

③ 운현궁 양관
▶ 운현궁 양관은 흥선 대원군의 손자가 지은 서양식 주택이에요.

④ 덕수궁 석조전
▶ 덕수궁 석조전은 유럽의 궁전 건축 양식을 따른 건축물이에요.

밑줄 그은 '신문'으로 옳은 것은?   [2점]

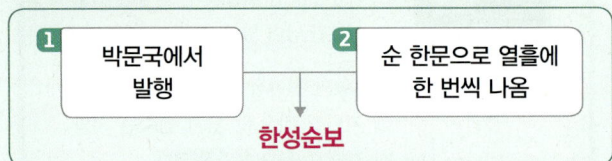

1 **한성순보**는 박문국에서 발행된 우리나라 최초의 근대 신문이에요.

2 **한성순보**는 순 한문 신문으로 10일에 한 번씩 발행되었어요.

① 만세보
> 만세보는 천도교에서 민중 계몽을 위해 발행한 기관지입니다.

②한성순보
> 조선 정부는 개화 정책을 홍보하고 사람들을 계몽할 목적으로 한성순보를 발행하였어요.

③ 황성신문
> 황성신문의 주요 독자는 유생층이었어요. 황성신문은 을사늑약의 부당함을 비판한 장지연의 논설 '시일야방성대곡'을 처음으로 게재하였어요.

④ 대한매일신보
> 양기탁과 베델이 창간한 대한매일신보는 순 한글, 국한문, 영문으로 발행되었어요.

(가)에 해당하는 신문으로 옳은 것은?   [1점]

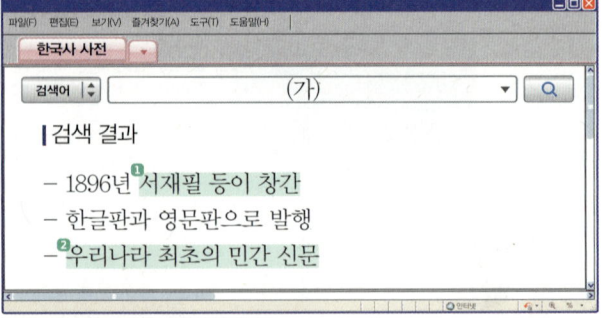

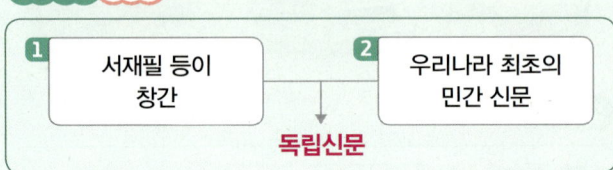

1, **2** 1896년에 서재필을 중심으로 창간된 **독립신문**은 우리나라 **최초의 민간** 신문이에요. 한글판과 영문판 두 종류로 발행되어 대중을 계몽하고 국내 사정을 외국인에게 알리는 역할을 하였어요.

①
독립신문
> 미국에서 귀국한 서재필이 정부의 지원을 받아 독립신문을 창간하였어요.

② 제국신문
> 1898년에 창간된 제국신문은 순한글로 발행되어 서민층과 여성들의 호응을 얻었어요.

③
해조신문
> 해조신문은 1908년에 러시아 블라디보스토크에서 발행된 한글 신문이에요.

④
대한매일신보
> 대한매일신보는 영국인이 발행인으로 참여하여 일본의 간섭으로부터 비교적 자유로웠어요.

331 ● 독립신문 정답 ①

(가)에 해당하는 신문으로 옳은 것은? [1점]

정답 잡는 키워드

1 서재필이 중심이 되어 창간	
2 순 한글로 발행	→ **독립신문**
3 영문판도 함께 제작	

1 독립신문은 갑신정변 이후 미국으로 망명하였다가 귀국한 서재필이 중심이 되어 1896년에 창간한 신문이에요.

2, **3 독립신문**은 민중 계몽을 위해 누구나 쉽게 읽을 수 있도록 순 한글로 발행되었으며, 영문판으로도 발행되어 국내 정세를 외국인에게 알렸어요.

①

독립신문

➤ 독립신문은 우리나라 최초의 순 한글 신문이자 민간 신문이에요.

② 제국신문

➤ 제국신문은 순 한글로 발행되어 서민층과 여성들의 호응을 얻었어요.

③

해조신문

➤ 해조신문은 러시아 블라디보스토크에서 발행된 한글 신문으로, 해외에서 우리글로 발행된 최초의 신문이에요.

④

대한매일신보

➤ 대한매일신보는 양기탁과 영국인 베델이 함께 창간한 신문이에요.

---

332 ● 대한매일신보 정답 ④

(가)에 해당하는 신문으로 옳은 것은? [1점]

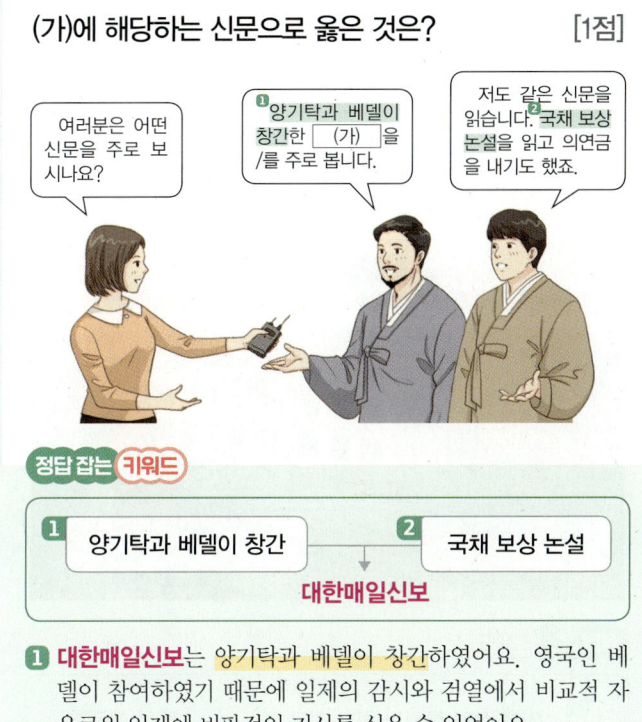

정답 잡는 키워드

1 양기탁과 베델이 창간	**2** 국채 보상 논설

→ **대한매일신보**

1 대한매일신보는 양기탁과 베델이 창간하였어요. 영국인 베델이 참여하였기 때문에 일제의 감시와 검열에서 비교적 자유로워 일제에 비판적인 기사를 실을 수 있었어요.

2 대한매일신보는 국채 보상 운동을 적극적으로 후원하여 이 운동이 전국으로 확산하는 데 큰 역할을 하였어요.

①

만세보

➤ 만세보는 천도교에서 민중 계몽을 위해 발행한 기관지입니다.

②

독립신문

➤ 독립신문은 서재필이 중심이 되어 창간한 우리나라 최초의 민간 신문이에요.

③

해조신문

➤ 해조신문은 러시아 블라디보스토크에서 발행된 한글 신문이에요.

④

대한매일신보

➤ 대한매일신보는 순 한글, 국한문, 영문으로 발행되어 독자층의 폭이 넓었어요.

1 1910~1920년대 일제의 식민 지배 정책

333 ● 조선 총독부 정답 ①

(가)에 들어갈 기구로 옳은 것은? [1점]

> 저는 지금 **1 일제 식민 통치의 최고 기구**였던 (가) 청사 철거 현장에 나와 있습니다. 정부는 광복 50주년을 맞아 '역사 바로 세우기' 사업의 일환으로 이번 철거를 진행한다고 밝혔습니다.

정답 잡는 키워드

> **1** 일제 식민 통치의 최고 기구 ➡ **조선 총독부**

1 조선 총독부는 1910년 국권 피탈 이후부터 1945년 광복 때까지 한반도를 지배한 일제 식민 통치의 최고 기구였어요. 총독부 우두머리인 조선 총독은 입법·행정·사법권과 군대를 지휘하고 통솔하는 권한을 포함한 절대 권력을 가지고 한국인을 억압하고 탄압하였어요. 1995년 광복 50주년을 기념하여 김영삼 정부는 '역사 바로 세우기'의 일환으로 조선 총독부 건물의 철거를 진행하였어요.

① **조선 총독부**
> 일제는 경복궁 앞마당에 일부 전각을 허물고 조선 총독부 건물을 세웠어요.

② 종로 경찰서
> 종로 경찰서는 독립운동가를 잡아들여 가혹한 고문을 일삼았던 곳이에요. 1923년에 의열단 소속의 김상옥이 종로 경찰서에 폭탄을 투척하는 의거를 벌였어요.

③ 서대문 형무소
> 서대문 형무소는 일제 강점기에 많은 독립운동가가 체포되어 갇혀 있거나 처형된 곳입니다.

④ 동양 척식 주식회사
> 일제는 1908년에 한국의 토지와 자원을 수탈할 목적으로 동양 척식 주식회사를 설립하였어요. 1926년에 의열단 소속의 나석주가 동양 척식 주식회사에 폭탄을 투척하는 의거를 벌였어요.

334 ● 1910년대 일제의 식민 지배 정책 정답 ①

밑줄 그은 '이 시기'에 볼 수 있는 모습으로 적절한 것은? [2점]

> 이 사진을 보면 경무부와 헌병대 간판이 나란히 걸려 있네요.

> 그렇습니다. 이 시기 일제는 군사 경찰인 헌병이 일반 경찰 업무까지 맡는 **1 헌병 경찰 제도**를 실시하였습니다.

정답 잡는 키워드

> **1** 헌병 경찰 제도 실시 ➡ **1910년대**

1 대한 제국의 국권을 강탈한 일제는 **1910년대**에 헌병 경찰 제도를 토대로 폭력적이고 강압적인 무단 통치를 실시하였어요. 전국 각지에 경찰서와 헌병 기관을 설치하고 헌병 경찰을 앞세워 한국인의 사소한 일상생활까지 통제하고 간섭하였어요.

① **제복을 입고 칼을 찬 교사**
> 일제는 **1910년대**에 일반 관리와 교사도 제복을 입고 칼을 차게 하여 위압적인 분위기를 조성하였어요.

② 한성순보를 발간하는 관리
> 한성순보는 **1883년**에 박문국에서 10일에 한 번씩 발행된 우리나라 최초의 근대 신문입니다.

③ 단발령 시행에 반발하는 유생
> **1895년** 을미개혁 당시 상투를 강제로 자르게 하는 단발령 시행에 반발하여 각지에서 유생을 중심으로 을미의병이 일어났어요.

④ 경인선 철도 개통식을 구경하는 청년
> **1899년**에 노량진에서 제물포를 잇는 경인선이 개통되었어요.

335 ● 1910년대 일제의 식민 지배 정책 정답 ②

(가)에 들어갈 사진으로 옳은 것은? [2점]

사진으로 보는 일제 강점기
- 1910년대 -

헌병 경찰 | 칼을 휴대한 교사 | (가)

1910년대에 일제는 **헌병 경찰**을 앞세워 강압적인 무단 통치를 하였어요. 전국 각지에 경찰 관서와 헌병 기관을 설치하고 군사 경찰인 헌병이 일반 경찰 업무까지 담당하는 헌병 경찰 제도를 실시하였어요. 헌병 경찰은 치안 유지는 물론 광범위한 권한을 가지고 한국인의 일상생활까지도 통제하고 간섭하였어요. 또한, 일제는 **일반 관리와 교사도 제복을 입고 칼을 차게 해** 위압적인 분위기를 조성하였어요.

①
별기군
> 조선 정부는 개화 정책을 추진하여 **1881년**에 신식 군대인 별기군을 창설하였어요.

②
토지 조사 사업
> **1910년대**에 일제가 추진한 토지 조사 사업은 식민 통치에 필요한 재정을 확보하고 토지를 수탈하기 위한 것이었어요.

③
산미 증식 계획
> 일제는 일본 내 쌀 부족 문제를 해결하기 위해 **1920년**부터 한국에서 산미 증식 계획을 추진하였어요.

④
강제 공출
> **1930년대 후반**에 침략 전쟁을 확대한 일제는 공출 제도를 시행하여 전쟁에 필요한 식량과 전쟁 물자를 강제로 빼앗아 갔어요.
↳ 나라의 요구에 따라 여러 물품을 의무적으로 내는 것을 말해요.

336 ● 1910년대 일제의 식민 지배 정책 정답 ②

다음 공고가 발표된 시기 일제의 정책으로 옳은 것은? [2점]

토지 조사 사무원 생도 모집
❶ 조선 총독부에서는 토지 조사 사업을 진행할 사무원 및 기술원 생도를 모집합니다.
■ 모집 인원 : 150명
■ 수업 기간 : 6개월 이내
■ 담당 기관 : 임시 토지 조사국 사무원 양성과

정답 잡는 키워드

❶ 조선 총독부에서 토지 조사 사업 진행 → **1910년대**

❶ **1910년대**에 **조선 총독부**는 식민 통치의 경제 기반을 마련하기 위해 **토지 조사 사업**을 실시하였어요. 토지 소유권을 인정받으려면 정해진 기간 안에 토지 소유주가 직접 신고하는 절차를 거치도록 하였고, 신고되지 않은 토지 등은 조선 총독부가 차지하였어요.

① 농광 회사를 설립하였다.
> 러·일 전쟁 중에 일제가 황무지 개간권을 요구하자 이에 맞서 민간 실업가와 관리들이 **1904년**에 개간 사업을 목적으로 농광 회사를 설립하였어요.

② 조선 태형령을 시행하였다.
> 일제는 **1910년대** 한국인에게만 태형을 적용하는 조선 태형령을 시행하였어요.

③ 산미 증식 계획을 실시하였다.
> 일제는 **1920년**부터 한국에서 산미 증식 계획을 실시하여 일본 내 식량 부족 문제를 해결하려고 하였어요.

④ 화폐 정리 사업을 추진하였다.
> 대한 제국에 재정 고문으로 온 메가타가 **1905년**에 대한 제국의 화폐를 일본 제일 은행권으로 교환하게 하는 화폐 정리 사업을 추진하였어요.

VII 일제 강점기

밑줄 그은 '이 정책'으로 옳은 것은? [2점]

그렇다네. 일제가 1920년부터 실시한 이 정책으로 쌀 생산량이 늘었지만 이보다 더 많은 양의 쌀을 일본으로 가져가 우리의 식량 사정이 더욱 나빠졌다네.

이 많은 쌀을 전부 일본으로 가져간다는 말인가?

정답 잡는 키워드

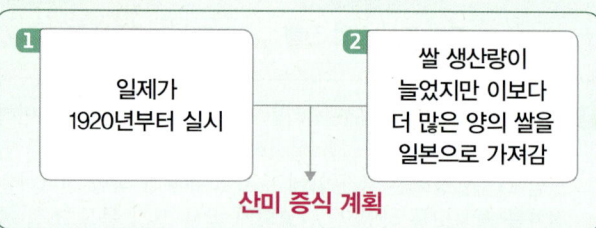

| 1 일제가 1920년부터 실시 | 2 쌀 생산량이 늘었지만 이보다 더 많은 양의 쌀을 일본으로 가져감 |

→ 산미 증식 계획

1 **산미 증식 계획**은 일제가 일본 내 식량 부족 문제를 해결하기 위해 1920년부터 한국에서 실시한 쌀 수탈 정책입니다.

2 **산미 증식 계획**으로 수리 시설 확충, 품종 개량, 개간 등이 이루어져 쌀 생산량이 늘었지만, 일본이 이보다 더 많은 양의 쌀을 가져가 한국의 식량 사정은 더욱 나빠졌습니다.

① 방곡령
> 특정 지역 내에 있는 곡물을 다른 지역으로 가져가는 것을 금지하는 명령을 말해요. 개항 후 일본이 쌀값으로 많은 양의 곡물을 가져가 국내 곡물 가격이 높아지고 곡물이 부족해지자 여러 지역의 지방관이 방곡령을 발표하여 곡물을 지역 밖으로 가져갈 수 없게 하였어요.

② 신해통공
> 조선 후기에 정조는 신해통공을 실시하여 육의전을 제외한 시전 상인의 금난전권을 철폐하였어요. 금난전권은 나라에서 상업 활동을 허가받지 않은 상인의 불법적인 가게, 즉 난전을 단속할 수 있는 권리를 말해요.

③ 산미 증식 계획
> 일제는 산미 증식 계획으로 한국의 식량 사정이 더욱 나빠지자 만주에서 조, 수수 등 잡곡을 들여왔어요.

④ 토지 조사 사업
> 일제는 1910년대에 토지 조사 사업을 실시하여 식민 지배에 필요한 재정을 확보하고 토지를 수탈하였어요.

밑줄 그은 '이 정책'으로 옳은 것은? [2점]

이 사진은 일제 강점기 일본으로 반출하기 위해 쌀을 쌓아 놓은 군산항의 모습입니다. 일제는 자국의 식량 문제를 해결하기 위하여 1920년부터 조선에 이 정책을 실시하여 수많은 양의 쌀을 수탈해 갔습니다.

정답 잡는 키워드

| 1 일제가 자국의 식량 문제를 해결하기 위해 1920년부터 조선에 실시한 정책 | → 산미 증식 계획 |

1 제1차 세계 대전 이후 일본에서 쌀 부족 문제가 발생하자 일제는 부족한 쌀을 한국에서 확보할 목적으로 1920년부터 **산미 증식 계획**을 실시하였어요. 산미 증식 계획으로 쌀 생산량은 증가하였지만 늘어난 양보다 더 많은 양의 쌀이 일본으로 유출되었어요.

① 회사령
> 일제는 1910년에 회사령을 제정하여 회사를 설립할 때 조선 총독의 허가를 받도록 하였어요.

② 농지 개혁법
> 1949년 제헌 국회에서 유상 매수와 유상 분배를 원칙으로 하는 농지 개혁법을 제정하였어요.

③ 산미 증식 계획
> 일제의 산미 증식 계획으로 한국인의 식량 사정은 더 나빠지고 농민의 생활은 더욱 어려워졌어요.

④ 토지 조사 사업
> 일제는 식민 통치의 경제적 토대를 마련하기 위해 1910년부터 1918년까지 토지 조사 사업을 실시하였어요.

339 ● 일제 강점기의 경제 침탈   정답 ④

다음 탐구 주제에 대한 모둠별 발표 제목으로 적절하지 않은 것은?   [3점]

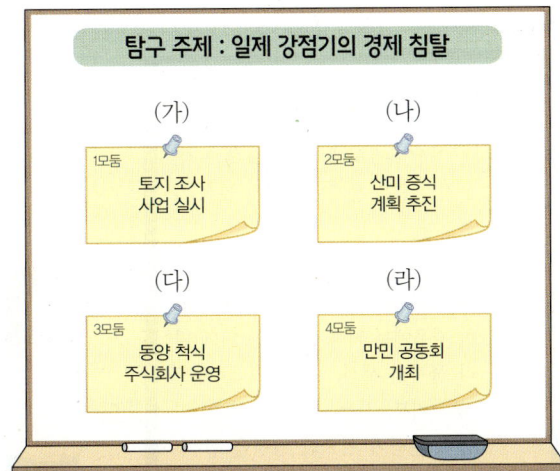

탐구 주제 : 일제 강점기의 경제 침탈

(가)	(나)
1모둠 토지 조사 사업 실시	2모둠 산미 증식 계획 추진

(다)	(라)
3모둠 동양 척식 주식회사 운영	4모둠 만민 공동회 개최

1910년대에 일제는 헌병 경찰을 앞세운 무단 통치를 하였으며, 식민 통치에 필요한 재정을 확보하고 토지를 수탈하기 위해 **토지 조사 사업**을 실시하였어요. 그 결과 조선 총독부의 토지세 수입이 늘었으며, 신고가 제대로 되지 않은 토지는 총독부 소유가 되었어요. 조선 총독부는 차지한 토지를 **동양 척식 주식회사**나 한국으로 건너온 일본인에게 싼값에 팔았어요. 한편, 일본에서는 제1차 세계 대전 이후 쌀 부족 문제가 심각해졌어요. 이에 일제는 부족한 쌀을 한국에서 확보할 목적으로 1920년부터 **산미 증식 계획**을 추진하였어요. 이후 침략 전쟁을 일으킨 일제는 한반도를 전쟁에 필요한 물자를 공급하는 기지로 삼아 수탈 정책을 적극적으로 추진하였어요.

① (가)
　▶ 일제는 1910년부터 1918년까지 토지 조사 사업을 실시하여 식민 통치의 재정 기반을 마련하였어요.

② (나)
　▶ 일제는 일본 내 식량 부족 문제를 해결하기 위해 1920년부터 한국에서 산미 증식 계획을 추진하였어요.

③ (다)
　▶ 동양 척식 주식회사는 토지 조사 사업이 진행되는 과정에서 조선 총독부가 차지한 많은 토지를 싼값으로 사들였어요.

④ (라)
　▶ 만민 공동회는 1898년에 독립 협회가 개최한 민중 집회입니다. 독립 협회는 만민 공동회를 열어 러시아 등으로부터 대한 제국의 이권을 지키기 위한 운동을 전개하였어요.

---

2   1930년대 이후 일제의 식민 지배 정책

340 ● 1930년대 이후 일제의 식민 지배 정책   정답 ③

밑줄 그은 '시기'에 볼 수 있는 모습으로 가장 적절한 것은?   [2점]

❶ 궁성 요배 표어

❷ 중·일 전쟁 이후 침략 전쟁을 확대하던 시기에 아침마다 일왕이 거처하는 곳(궁성)을 향해 절을 하며 경의를 표하도록 강요하기 위해, 친일 단체인 국민 정신 총동원 조선 연맹이 만든 표어

정답 잡는 키워드

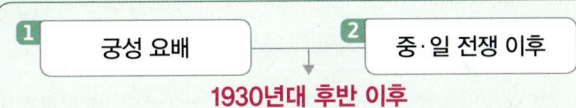

❶ 궁성 요배	❷ 중·일 전쟁 이후

1930년대 후반 이후

❶. ❷ 일제는 **1937년**에 중·일 전쟁을 일으키고 침략 전쟁을 확대하면서 한국인을 전쟁에 쉽게 동원하기 위해 민족의식을 말살하는 정책을 강화하였어요. 일제는 일왕이 사는 곳인 궁성을 향해 절을 하는 **궁성 요배**를 강요하고 전국에 신사를 세워 강제로 참배하게 하였어요. 또 일본식으로 성과 이름을 바꾸게 하는 창씨개명을 강요하였어요.

① 태형을 집행하는 헌병 경찰
↗ 죄지은 사람의 엉덩이를 나무 막대기로 치는 형벌을 말해요.
　▶ 일제는 **1910년대**에 헌병 경찰을 앞세워 무단 통치를 펴고 조선 태형령을 제정하여 한국인에게만 태형을 집행하였어요. 헌병 경찰 제도와 조선 태형령은 3·1 운동(1919) 이후 일제가 이른바 문화 통치를 표방하면서 폐지되었어요.

② 회사령을 공포하는 총독부 관리
　▶ 일제는 **1910년**에 회사를 설립할 때 조선 총독의 허가를 받도록 하는 회사령을 공포하였어요. 회사령은 1920년에 회사 설립이 신고제로 바뀌면서 폐지되었어요.

③ 황국 신민 서사를 암송하는 학생
↗ 일왕에게 충성하는 백성이라고 맹세하는 글이에요.
　▶ 일제는 **1930년대 후반**에 민족 말살 정책을 강화하고 황국 신민 서사의 암송을 강요하였어요.

④ 암태도 소작 쟁의에 참여하는 농민
↗ 땅이 없는 농민이 일정한 돈을 내고 다른 사람의 땅을 빌려 농사를 짓는 일을 말해요.
　▶ **1923년**에 암태도의 소작 농민들이 소작료 인하 등을 요구하며 소작 쟁의를 벌였어요.

Ⅶ
일제
강점기

밑줄 그은 '이 시기'에 볼 수 있는 모습으로 적절하지 않은 것은? [3점]

이것은 일제 강점기 학적부의 일부입니다. **중·일 전쟁** 이후 침략 전쟁을 확대하던 **이 시기**에 일제는 학생들에게도 일본식으로 성명을 바꾸게 하는 **창씨개명**을 강요하였습니다.

정답 잡는 키워드

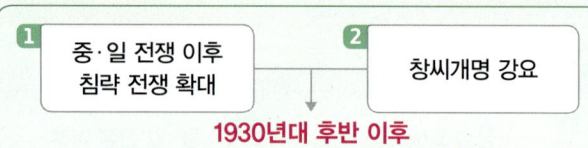

| **1** 중·일 전쟁 이후 침략 전쟁 확대 | **2** 창씨개명 강요 |

1930년대 후반 이후

1, **2** 일제는 **1937년**에 중·일 전쟁을 일으키고 침략 전쟁을 확대하면서 한국인을 전쟁에 쉽게 동원하기 위해 민족의식을 말살하는 정책을 강화하였어요. 이런 정책의 하나로 한국인의 성과 이름을 일본식으로 바꾸게 하는 **창씨개명을 강요**하였어요.

① 공출을 독려하는 애국반 반장

▶ **1930년대 후반 이후** 일제는 침략 전쟁을 확대하면서 공출 제도를 실시하여 전쟁 수행에 필요한 식량과 물자를 강제로 빼앗아 가고, 애국반을 조직하여 한국인의 생활을 통제하였어요.

② 황국 신민 서사를 암송하는 학생

▶ **1930년대 후반 이후** 일제는 일왕에게 충성을 맹세하는 황국 신민 서사의 암송을 강요하였어요.

↗ 전쟁 등 비상사태가 벌어졌을 때 강제로 동원하여 일하게 하는 것을 말해요.

③ 국민 징용령에 의해 끌려가는 청년

▶ **1939년**에 일제는 국민 징용령을 제정하고 전쟁을 치르는 데 필요한 노동력을 강제로 동원하였어요.

④ 회사령을 공포하는 조선 총독부 관리

▶ 일제는 **1910년**에 회사를 설립할 때 조선 총독의 허가를 받도록 하는 회사령을 공포하였어요.

교사의 질문에 대한 학생의 답변으로 옳은 것은? [2점]

이것은 **중·일 전쟁** 발발 이후 일제가 본격적인 전시 체제 구축을 위해 제정한 법령입니다. 이 법령이 시행된 시기에 있었던 사실에 대해 말해 볼까요?

제1조 본 법에서 **국가 총동원**이란 전시에 국방 목적 달성을 위해 국가의 전력을 가장 유효하게 발휘하도록 인적, 물적 자원을 통제 운용하는 것을 가리킨다.
⋮
제8조 정부는 전시에 국가 총동원상 필요한 경우에는 칙령이 정하는 바에 따라 물자의 생산, 수리, 배급, 양도 기타 처분, 사용, 소비, 소지 및 이동에 관하여 필요한 명령을 할 수 있다.

정답 잡는 키워드

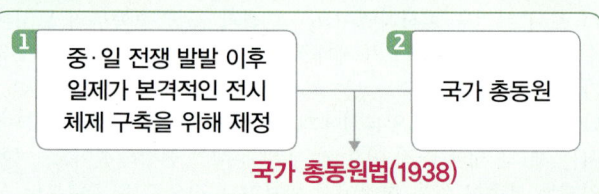

| **1** 중·일 전쟁 발발 이후 일제가 본격적인 전시 체제 구축을 위해 제정 | **2** 국가 총동원 |

국가 총동원법(1938)

1, **2** 일제는 중·일 전쟁(1937)을 일으킨 후 본격적으로 전시 체제를 구축하기 위해 **1938년**에 **국가 총동원법**을 제정하였어요. 일제는 이 법을 내세워 한국에서 전쟁에 필요한 인적·물적 자원을 강제로 수탈하였어요.

① 헌병 경찰제가 실시되었어요.

▶ 일제는 **1910년대**에 헌병이 일반 경찰 업무까지 담당하는 헌병 경찰제를 실시하였어요. 헌병 경찰제는 3·1 운동 이후 일제가 이른바 문화 통치를 표방하면서 보통 경찰제로 바뀌었어요.

② 경성 제국 대학이 설립되었어요.

▶ 1920년대 초에 민립 대학 설립 운동이 전개되는 등 한국인의 고등 교육에 대한 열기가 높아졌어요. 일제는 이를 잠재우기 위해 **1924년**에 경성 제국 대학을 설립하였어요.

③ 국채 보상 운동이 전개되었어요.

▶ **1907년**에 대구에서 김광제, 서상돈 등의 주도로 국채 보상 운동이 시작되어 전국으로 확산되었어요.

④ 황국 신민 서사의 암송이 강요되었어요.

▶ 일제는 **1930년대 후반**에 일왕에게 충성하는 백성임을 맹세하는 황국 신민 서사를 제정하고 암송을 강요하였어요.

밑줄 그은 '이 시기'를 연표에서 옳게 고른 것은? [3점]

황국 신민 서사가 새겨진 이 전시물은 일제의 침략상을 고발하기 위해 쓰러뜨린 채로 '홀대 전시' 중입니다. 일제는 ①황국 신민 서사 암송을 강요하고 ②조선어 과목을 폐지하는 등 이 시기에 우리 민족의 정체성을 말살시키려 하였습니다.

정답 잡는 키워드

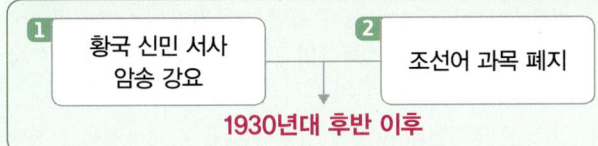

① 황국 신민 서사 암송 강요 → ② 조선어 과목 폐지

1930년대 후반 이후

1, 2 일제는 **중·일 전쟁(1937) 이후** 침략 전쟁을 확대하면서 한국인을 전쟁에 쉽게 동원하기 위해 민족의식을 말살하는 정책을 강화하였어요. 황국 신민 서사 암송과 신사 참배, 성과 이름을 일본식으로 바꾸게 하는 창씨개명 등을 강요하였어요. 또한, 조선어 과목을 선택 과목으로 바꾸어 학교 수업에서 조선어 과목을 사실상 폐지하였으며, 우리말 사용도 금지하였어요.

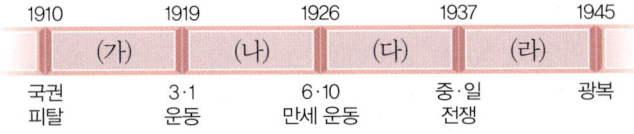

1910	1919	1926	1937	1945
(가)	(나)	(다)	(라)	
국권 피탈	3·1 운동	6·10 만세 운동	중·일 전쟁	광복

▶ 일제는 1937년에 중국 본토를 침략하여 중·일 전쟁을 일으킨 후 침략 전쟁을 확대하였어요. 한편, 우리 민족의 독립을 위한 끊임없는 노력과 제2차 세계 대전에서 연합국의 승리로 1945년 8월 15일에 우리나라는 광복을 맞게 되었어요.

① (가)

② (나)

③ (다)

④ (라)
▶ 일제가 황국 신민 서사 암송을 강요하고 조선어 과목을 폐지한 시기는 중·일 전쟁과 광복 사이인 (라)입니다.

밑줄 그은 '이 시기'에 일제가 추진한 정책으로 옳은 것은?

전투기나 미사일 공격을 피하기 위해 땅속에 파 놓은 굴이나 구덩이입니다.

[3점]

이 인공 동굴은 일제가 공중 폭격에 대비하여 목포 유달산 아래에 만든 방공호입니다. ①국가 총동원법이 시행된 이 시기에 일제는 한국인들을 강제 동원하여 이와 같은 군사 시설을 한반도 곳곳에 만들었습니다.

정답 잡는 키워드

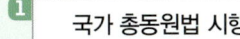

① 국가 총동원법 시행 → **1938년**

1 1937년에 중·일 전쟁을 일으켜 침략 전쟁을 확대한 일제는 **1938년**에 국가 총동원법을 제정·시행하여 전쟁에 필요한 인적·물적 자원을 한국에서 본격적으로 빼앗아 갔어요. 학도 지원병제, 징병제 등을 통해 청년들을 침략 전쟁에 동원하였고, 탄광, 철도와 군사 시설 건설 공사, 군수 공장 등에 한국인을 강제 동원하여 노예처럼 일을 시켰어요.

① 회사령을 공포하였다.
▶ 일제는 1910년에 회사를 설립할 때 조선 총독의 허가를 받도록 하는 회사령을 공포하여 1920년까지 시행하였어요.

쌀을 비롯한 갖가지 곡식을 말해요.
② 미곡 공출제를 시행하였다.
▶ 일제는 **1930년대 후반**에 전쟁터의 병사들이 먹을 식량을 확보하기 위해 미곡 공출제를 시행하였어요.

③ 치안 유지법을 제정하였다.
▶ 일제는 **1925년**에 치안 유지법을 제정하여 사회주의 운동과 한국의 독립운동을 탄압하는 데 활용하였어요.

④ 헌병 경찰 제도를 실시하였다.
▶ 일제는 **1910년대** 군사 경찰인 헌병이 일반 경찰 업무까지 담당하는 헌병 경찰 제도를 실시하였어요.

VII
일제
강점기

다음 다큐멘터리에서 볼 수 있는 장면으로 적절하지 않은 것은? [3점]

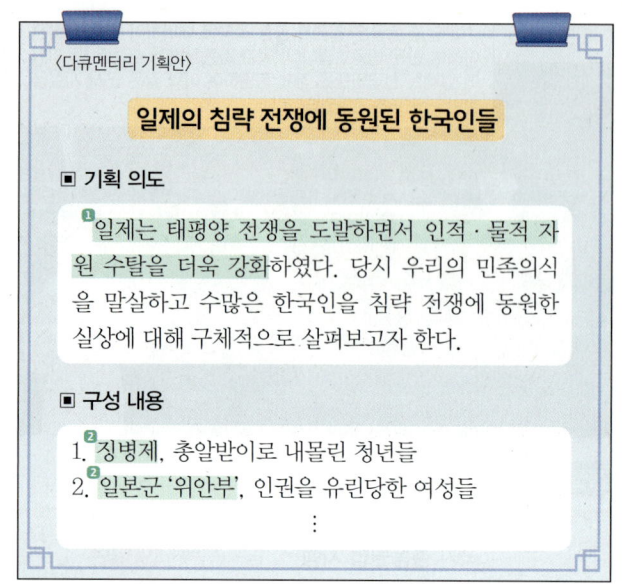

〈다큐멘터리 기획안〉

일제의 침략 전쟁에 동원된 한국인들

■ 기획 의도

① 일제는 태평양 전쟁을 도발하면서 인적·물적 자원 수탈을 더욱 강화하였다. 당시 우리의 민족의식을 말살하고 수많은 한국인을 침략 전쟁에 동원한 실상에 대해 구체적으로 살펴보고자 한다.

■ 구성 내용

1. ② 징병제, 총알받이로 내몰린 청년들
2. ② 일본군 '위안부', 인권을 유린당한 여성들
   ⋮

정답 잡는 키워드

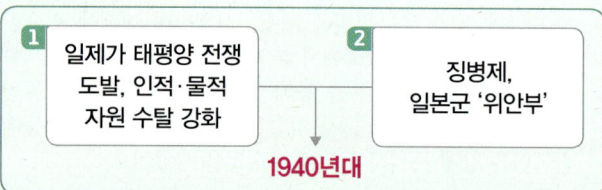

| 1 일제가 태평양 전쟁 도발, 인적·물적 자원 수탈 강화 | 2 징병제, 일본군 '위안부' |

1940년대

1 일제는 1930년대 후반 이후 침략 전쟁을 확대하면서 전쟁에 필요한 자원을 한국에서 본격적으로 빼앗아 갔어요. **1941년**에 하와이 진주만의 미국 함대를 공격하여 태평양 전쟁을 일으킨 이후 인적·물적 자원 수탈을 더욱 강화하였어요.

2 일제는 **1944년**부터 징병제를 실시하여 한국의 청년들을 강제로 전쟁터에 끌고 갔어요. 또한, 여자 정신 근로령 등을 제정하여 여성들을 강제로 동원하여 군수 공장에서 일을 시켰고, 일본군 '위안부'로 끌고 갔어요.

① 태형을 집행하는 헌병 경찰
　▶ **1910년대** 일제는 헌병 경찰을 앞세워 무단 통치를 실시하고 조선 태형령을 제정하여 한국인에게만 태형을 적용하였어요.

② 강제 징용으로 끌려가는 청년
　▶ 일제는 **1939년**에 국민 징용령을 공포하여 한국 청년들을 강제로 끌고 가 혹독하게 일을 시켰어요.

③ 공출로 가마솥을 빼앗기는 농민
　▶ 일제는 **1939년**부터 공출 제도를 실시하여 식량을 빼앗아 가서 군량미로 쓰고 숟가락, 가마솥 등 금속 제품을 수탈하여 무기를 만드는 데 사용하였어요.

④ 황국 신민 서사를 암송하는 학생
　▶ 일제는 **1930년대 후반 이후** 한국인을 전쟁에 쉽게 동원하기 위해 민족의식을 말살하는 정책을 강화하였어요. 그 일환으로 일왕에게 충성을 맹세하는 황국 신민 서사의 암송을 강요하였어요.

(가)~(다)를 일어난 순서대로 옳게 나열한 것은? [2점]

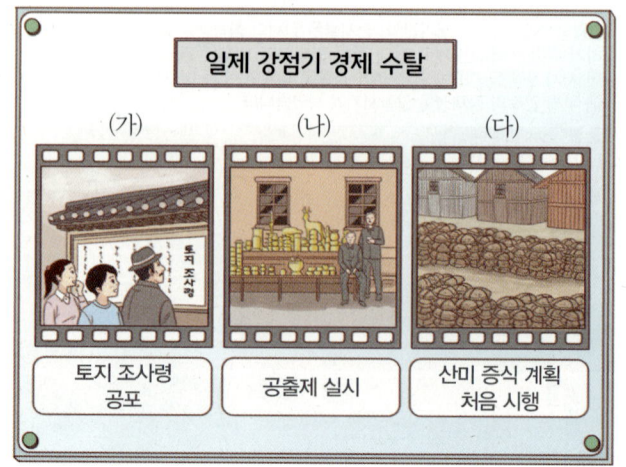

일제 강점기 경제 수탈

| (가) | (나) | (다) |
| 토지 조사령 공포 | 공출제 실시 | 산미 증식 계획 처음 시행 |

(가) 일제는 대한 제국의 국권을 빼앗은 후 **1912년**에 토지 조사령을 공포하고 토지 조사 사업을 본격적으로 추진하였어요. 이로 인해 조선 총독부의 토지세 수입이 증가하고 한국으로 이주해 온 일본인의 토지 소유가 크게 늘어났어요.

(나) 일제는 **1930년대 후반**에 침략 전쟁을 확대하면서 전쟁에 필요한 물자를 확보하기 위해 공출제를 실시하였어요. 쌀을 비롯하여 놋그릇, 숟가락 등 생활필수품까지 가져갔어요.

(다) 일제는 일본 내 식량 부족 문제를 해결하기 위해 **1920년**부터 한국에서 산미 증식 계획을 시작하였어요. 산미 증식 계획으로 쌀 생산량이 늘어났지만 일제가 더 많은 양의 쌀을 일본으로 가져가 한국의 식량 사정은 나빠졌어요.

① (가) - (나) - (다)

② (가) - (다) - (나)
　▶ (가) 토지 조사령 공포(1912) - (다) 산미 증식 계획 처음 시행 (1920) - (나) 공출제 실시(1930년대 후반) 순으로 일어났어요.

③ (나) - (가) - (다)

④ (다) - (나) - (가)

3 1910년대 항일 운동

347 대한 광복회

정답 ④

(가)에 해당하는 단체로 옳은 것은? [2점]

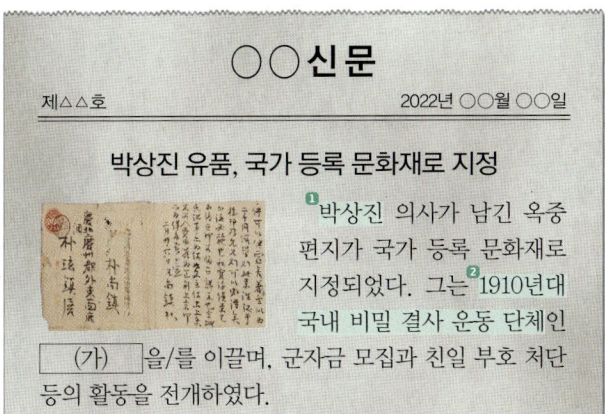

○○신문

제△△호   2022년 ○○월 ○○일

박상진 유품, 국가 등록 문화재로 지정

[1] 박상진 의사가 남긴 옥중 편지가 국가 등록 문화재로 지정되었다. 그는 1910년대 국내 비밀 결사 운동 단체인 (가) 을/를 이끌며, 군자금 모집과 친일 부호 처단 [2] 등의 활동을 전개하였다.

정답 잡는 키워드

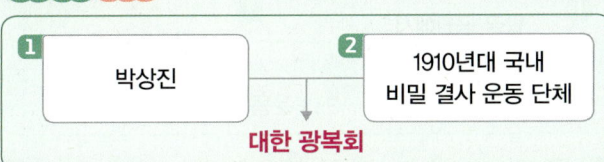

| [1] 박상진 | [2] 1910년대 국내 비밀 결사 운동 단체 |

↓

대한 광복회

[1], [2] 일본에 국권을 빼앗긴 후 1910년대에 국내에서는 여러 항일 비밀 결사가 조직되었어요. 그중 **대한 광복회**는 1915년에 대구에서 박상진 등이 주도하여 결성한 항일 비밀 결사입니다.

① 권업회
> 권업회는 연해주에서 조직된 독립운동 단체로, 권업신문을 발간하고 강연회를 개최하는 등 민족의식을 높이기 위해 노력하였어요.

② 보안회
> 보안회는 서울에서 조직된 단체로, 일제의 황무지 개간권 요구에 반대하는 운동을 전개하여 이를 저지하였어요.

③ 참의부
> 참의부는 만주에서 활동하던 독립운동가들이 1920년대에 조직한 항일 무장 독립운동 단체입니다.

④ 대한 광복회
> 대한 광복회는 공화 정체의 국민 국가 수립을 지향하였으며, 군대식 조직을 갖추었어요.

348 이회영

정답 ③

(가)에 들어갈 인물로 옳은 것은? [1점]

〈다큐멘터리 기획안〉

[1] 우당 (가) 와/과 그의 형제들

■ 기획 의도
   명문가의 자손인 우당과 그의 형제들이 만주로 망명하여 펼친 독립운동을 소개하며 '노블레스 오블리주'의 진정한 의미를 재조명해 본다.

■ 구성
1부 전 재산을 처분하고 압록강을 건너다
2부 신흥 강습소를 설립하여 독립군을 양성하다

정답 잡는 키워드

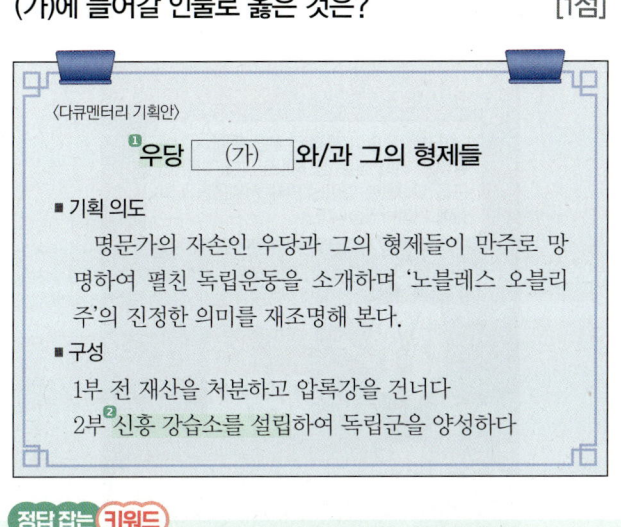

| [1] 우당 | [2] 신흥 강습소 설립 |

↓

이회영

[1], [2] 우당 **이회영**은 남만주 지역에서 신흥 강습소를 설립하는 데 앞장섰어요. 신흥 강습소는 민족 교육과 군사 교육을 실시한 대표적인 민족 교육 기관으로 후에 신흥 무관 학교로 발전하였어요.

① 신채호
> 신채호는 '독사신론'을 발표하여 민족주의 사학의 연구 방향을 제시하였고, 고대사 연구에 주력하여 "조선상고사" 등을 저술하였어요.

② 안중근
> 안중근은 을사늑약 체결에 앞장선 이토 히로부미를 하얼빈에서 처단하였어요.

③ 이회영
> 중국에서 항일 독립운동을 계속하던 이회영은 광복을 보지 못한 채 1932년에 일본 경찰에 잡혀 고문을 받다가 옥사하였어요.

④ 이동휘
> 이동휘는 신민회에서 활동하였으며 대한민국 임시 정부의 초대 국무총리를 지냈어요.

VII
일제
강점기

밑줄 그은 '만세 시위운동'의 영향으로 옳은 것은? [2점]

함께하는독립운동사 ∨   라이브 방송   ⚲170   ✕

이것은 언론이 통제된 무단 통치 시기에 발행된 지하 신문 중 하나입니다. 지하 신문은 1919년에 일어난 만세 시위운동의 확산에 기여하였습니다.

조선독립신문 제1호

○○○ 지하 신문이 뭐죠?

○○○ 비합법적으로 숨어서 발행한 신문입니다.

댓글 달기   ⋯   ⊞ ▽ ♡

정답 잡는 키워드

① 1919년에 일어난 만세 시위운동 → **3·1 운동**

① 미국 대통령 윌슨이 제창한 민족 자결주의, 일본 유학생의 2·8 독립 선언 등의 영향을 받아 1919년에 독립을 요구하는 만세 시위운동인 **3·1 운동**이 일어났어요. 3·1 운동은 각계각층의 사람들이 참여한 일제 강점기 최대 규모의 민족 운동이었어요.

① 독립문이 건립되었다.
▸ **독립 협회**는 우리 민족의 독립 의지를 널리 알리기 위해 청의 사신을 맞이하던 영은문 자리 부근에 독립문을 건립하였어요.

② 홍범 14조가 반포되었다.
▸ **갑오개혁**이 추진되는 가운데 고종은 개혁의 기본 방향을 밝힌 홍범 14조를 반포하였어요.

③ 토지 조사 사업이 시작되었다.
▸ 일제는 대한 제국의 국권을 빼앗은 뒤 1910년부터 식민 통치에 필요한 재정을 확보하고 토지를 수탈하기 위한 토지 조사 사업을 시작하였어요.

④ 대한민국 임시 정부가 수립되었다.
▸ **3·1 운동**을 계기로 독립운동을 이끌어 갈 지도부가 필요하다는 목소리가 높아져 대한민국 임시 정부가 수립되었어요.

밑줄 그은 '만세 시위'에 대한 설명으로 옳은 것은? [2점]

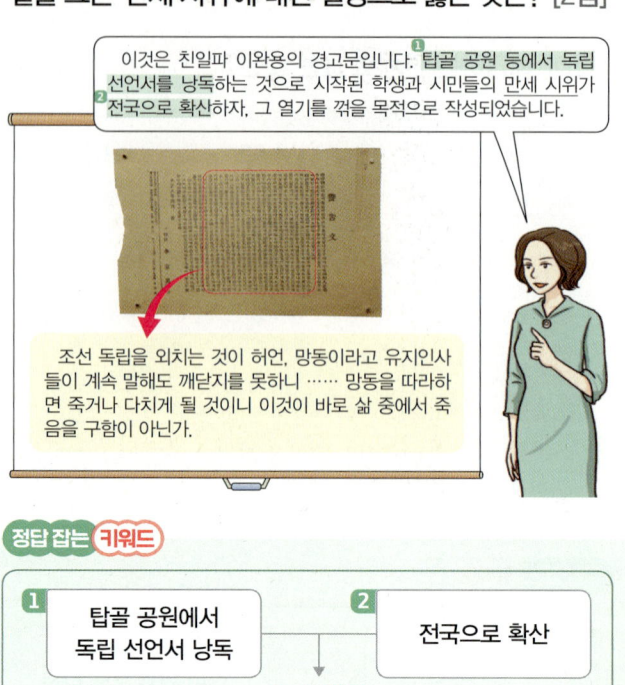

이것은 친일파 이완용의 경고문입니다. 탑골 공원 등에서 독립 선언서를 낭독하는 것으로 시작된 학생과 시민들의 만세 시위가 전국으로 확산하자, 그 열기를 꺾을 목적으로 작성되었습니다.

조선 독립을 외치는 것이 허언, 망동이라고 유지인사들이 계속 말해도 깨닫지를 못하니 …… 망동을 따라하면 죽거나 다치게 될 것이니 이것이 바로 삶 중에서 죽음을 구함이 아닌가.

정답 잡는 키워드

① 탑골 공원에서 독립 선언서 낭독 → ② 전국으로 확산
3·1 운동

①, ② 1919년 3월 1일, 민족 대표들은 탑골 공원에 나아가 독립 선언서를 낭독하고 시위를 전개할 계획이었으나, 시위가 과격해질 것을 우려하여 태화관이라는 음식점에 모여 독립 선언서를 낭독하였어요. 비슷한 시각 탑골 공원에 모여 있던 학생과 시민들은 민족 대표들이 나타나지 않았지만 스스로 독립 선언서를 낭독하고 만세 운동을 시작하였어요. 전국으로 확산된 **3·1 운동**은 전 계층이 참여한 일제 강점기 최대 규모의 민족 운동이었어요.

① 순종의 인산일에 전개되었다.   ↗ 왕을 비롯한 왕족의 장례일을 말해요.
▸ **6·10 만세 운동**이 순종의 인산일에 전개되었어요. 3·1 운동은 고종의 인산일에 즈음하여 전개되었어요.

② 만주, 연해주, 미주 등지로 확산하였다.
▸ **3·1 운동**은 전국으로 퍼졌으며 만주, 연해주, 미주 등 해외로도 확산되었어요.

③ 일제의 황무지 개간권 요구를 철회시켰다.
▸ **보안회**는 일제의 황무지 개간권 요구에 반대하는 운동을 전개하여 이를 철회시켰어요.

④ 러시아의 내정 간섭과 이권 침탈을 규탄하였다.
▸ **독립 협회**는 만민 공동회를 개최하여 러시아의 내정 간섭과 이권 침탈을 규탄하였어요.

351

밑줄 그은 '정부'의 활동으로 옳지 <u>않은</u> 것은? [3점]

할머니, 이 건물은 무엇인가요?

❶ 3·1 운동을 계기로 수립된 정부가 상하이에 있을 때 청사로 사용했던 건물이란다.

정답 잡는 키워드

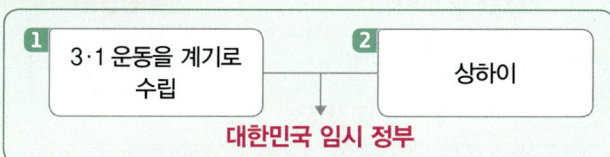

| **❶** 3·1 운동을 계기로 수립 | **❷** 상하이 |

↓

대한민국 임시 정부

❶, **❷** 3·1 운동을 계기로 독립운동을 체계적으로 이끌어 갈 지도부가 필요하다는 요구가 커지는 가운데 1919년에 중국 상하이에서 **대한민국 임시 정부**가 수립되었어요.

① 연통제를 실시하였다.
 ▶**대한민국 임시 정부**는 국내와 연락을 하고 정보를 수집하기 위해 연통제와 교통국을 운영하였어요.

② 독립 공채를 발행하였다.
 ▶**대한민국 임시 정부**는 독립운동 자금을 마련하기 위해 독립 공채를 발행하였어요.

③ 구미 위원부를 설치하였다.
 ▶**대한민국 임시 정부**는 외교 활동을 위해 미국 워싱턴에 구미 위원부를 설치하였어요.

④ 대한국 국제를 반포하였다.
 ▶**대한 제국 정부**는 황제에게 군 통수권, 입법권, 사법권, 외교권 등 모든 권한을 집중시킨 대한국 국제를 반포하였어요.

352

(가)의 활동으로 옳은 것은? [2점]

독립 공채 상환에 관한 특별 조치 법안 심사 보고서

1983.12. 재무 위원회

……

가. 제안 이유

지금으로부터 64년 전인 1919년, [(가)]에서는 항일 독립운동을 전개하기 위한 자금 조달 방법의 하나로 소위 **❶**'독립 공채'라는 것을 발행하였음

이 공채는 대부분 해외 교민 및 미국인을 비롯한 외국인을 대상으로 발매되었으며, 이에는 '조국이 광복되고 독립을 승인받은 후 이자를 가산하여 상환할 것을 대한민국의 명예와 신용으로 보증한다.'고 기재되어 있음

……

따라서 3·1 운동 이후 독립운동을 목적으로 발행된 [(가)] 명의의 공채에 대하여 국가가 이를 상환할 수 있도록 근거법을 마련, 전 국민의 독립 애국정신을 발양하는 동시, 정부의 대내외적인 공신력을 높이고자 함

정답 잡는 키워드

| **❶** 독립 공채 발행 | → | **대한민국 임시 정부** |

❶ 1919년에 일어난 3·1 운동을 계기로 **대한민국 임시 정부**가 수립되었어요. 대한민국 임시 정부는 독립 공채를 발행하여 독립운동 자금을 마련하였으며, 구미 위원부를 설치하여 외교 활동을 전개하였어요.

① 집강소를 설치하였다.
 ▶동학 농민 운동 당시 **농민군**은 정부와 전주 화약을 체결한 후 전라도 지역에 집강소를 설치하고 폐정 개혁을 실천해 나갔어요.

② 만민 공동회를 개최하였다.
 ▶**독립 협회**는 우리나라 최초의 근대적 민중 집회인 만민 공동회를 개최하였어요.

③ 연통제와 교통국을 운영하였다.
 ▶**대한민국 임시 정부**는 독립운동 자금을 모금하고 국내와 연락하기 위해 연통제와 교통국을 운영하였어요.

④ 개벽, 신여성 등의 잡지를 발간하였다.
 ▶**천도교**는 민중 계몽을 위해 "개벽", "신여성" 등의 잡지를 발간하였어요.

353 ● 대한민국 임시 정부의 활동   정답 ①

(가)의 활동으로 옳은 것은?   [2점]

이 기념관은 독립운동가 안희제가 1914년 부산에 설립한 백산 상회의 옛터에 건립되었습니다. ❶백산 상회는 단순한 상회가 아니라 독립운동에 크게 기여한 조직으로, 특히 ❷1919년 상하이에서 수립된 ＿(가)＿에 독립운동 자금을 지원하였고 독립신문 배포에도 중요한 통로가 되었습니다.

백산 기념관

▶ 독립운동의 자취를 찾아서

생방송 현재 5,057명 시청 중

정답 잡는 키워드

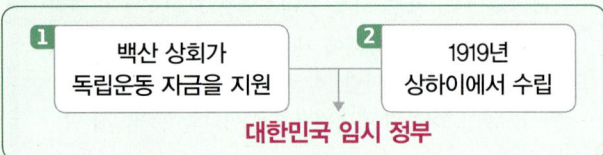

| ❶ 백산 상회가 독립운동 자금을 지원 | ❷ 1919년 상하이에서 수립 |

→ **대한민국 임시 정부**

❶, ❷ 3 · 1 운동을 계기로 독립운동을 체계적으로 이끌어 갈 지도부의 필요성이 제기되어 1919년에 중국 상하이에서 **대한민국 임시 정부**가 수립되었어요. 안희제가 1914년에 부산에 세운 백산 상회는 대한민국 임시 정부가 수립되자 독립운동 자금을 지원해 주었어요.

①구미 위원부를 설치하였다.

▶ **대한민국 임시 정부**는 미국 워싱턴에 구미 위원부를 설치하고 외교 활동을 전개하였어요.

② 만민 공동회를 개최하였다.

▶ **독립 협회**는 민중 계몽을 위한 대중 집회인 만민 공동회를 개최하였어요.

③ 국채 보상 운동을 전개하였다.

▶ 대구에서 김광제 등의 발의로 국채 보상 운동이 시작되었어요. 이후 서울에서 **국채 보상 기성회**가 조직되어 국채 보상 운동을 주도하였어요.

④ 신흥 무관 학교를 설립하였다.

▶ **신민회**는 남만주 지역에 신흥 강습소를 설립하여 독립군 양성에 힘썼어요. 신흥 강습소는 이후 신흥 무관 학교로 발전하였어요.

---

4 1920년대 항일 운동

354 ● 물산 장려 운동   정답 ③

학생들이 공통으로 이야기하는 민족 운동으로 옳은 것은?   [2점]

❶ 1920년 평양에서 조만식 등이 중심이 되어 시작했어.

우리 민족 산업을 보호하고 육성하기 위해 전개했지.

사회주의자로부터 자본가의 이익만을 추구한다고 비판받기도 했어.

정답 잡는 키워드

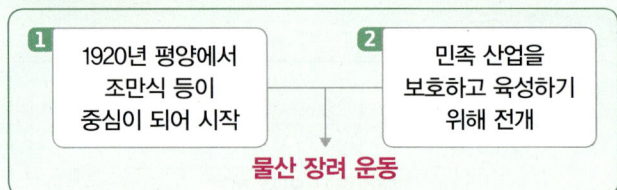

| ❶ 1920년 평양에서 조만식 등이 중심이 되어 시작 | ❷ 민족 산업을 보호하고 육성하기 위해 전개 |

→ **물산 장려 운동**

❶ **물산 장려 운동**은 1920년에 평양에서 조만식 등을 중심으로 시작되어 각 지역의 호응 속에 전국으로 확산되었어요.

❷ **물산 장려 운동**은 회사령이 폐지되어 일본 기업과 자본이 한국에 본격적으로 진출하고, 일본 상품에 대한 관세 철폐의 움직임이 나타나자 민족 산업을 보호하고 육성할 목적으로 전개되었어요.

 브나로드는 '민중 속으로'라는 의미를 가진 러시아어입니다.

① 브나로드 운동

▶ 브나로드 운동은 1930년대에 동아일보사가 '배우자 가르치자 다 함께 브나로드'라는 구호를 내걸고 전개한 문맹 퇴치 운동이자 농촌 계몽 운동이에요.

② 문자 보급 운동

▶ 1920년대 후반에 조선일보사는 '아는 것이 힘, 배워야 산다'라는 구호를 내걸고 문자 보급 운동을 전개하였어요.

③ 물산 장려 운동

▶ 물산 장려 운동은 '내 살림 내 것으로', '조선 사람 조선 것' 등의 구호를 내걸었으며 토산품 애용, 근검저축 등을 강조하였어요.

④ 민립 대학 설립 운동

▶ 1920년대에 전개된 민립 대학 설립 운동은 한국인의 힘으로 고등 교육을 담당할 대학을 설립하자는 취지로 전개되었으며, '한민족 1천만이 한 사람 1원씩'이라는 구호를 내걸었어요.

355 · 물산 장려 운동 정답 ②

다음 자료의 민족 운동에 대한 설명으로 옳은 것은?

[2점]

> ①물산 장려에 대한 운동의 새로운 풍조가 시작된 이래로 …… 반드시 ②토산으로 원료를 삼아 학생모, 중절모 등을 제조하는 것이 좋겠다. …… 현재 인도에서는 간디캡이 크게 유행한다는데 간디 씨가 발명, 제조한 순 인도산의 재료로 순 인도인이 만든 모자라고 한다.

정답 잡는 키워드

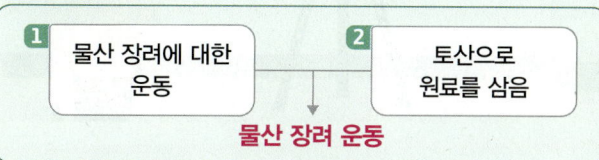

| ① 물산 장려에 대한 운동 | ② 토산으로 원료를 삼음 |

물산 장려 운동

①, ② 1920년대 들어 민족의 산업 발전과 민족 경제의 자립을 위한 **물산 장려 운동**이 전개되었어요. 이 운동은 우리나라 여러 지방에서 생산되는 원료로 물건을 만들자는 토산품 애용을 주장하였고, 근검저축과 금주·금연 등을 강조하였어요.

① 대한매일신보의 후원을 받았다.
> 대한매일신보의 후원을 받아 **국채 보상 운동**이 전국적으로 확산되었어요.

② 평양에서 시작하여 전국으로 확산하였다.
> **물산 장려 운동**은 조만식 등의 주도로 평양에서 시작되어 전국으로 확산되었어요.

③ 황국 중앙 총상회를 중심으로 전개되었다.
> 시전 상인이 결성한 황국 중앙 총상회는 외국 상인들의 침투에 맞서 **상권 수호 운동**을 전개하였어요.

④ 독립문 건립을 위한 모금 활동이 추진되었다.
> **독립 협회**는 독립문 건립을 위한 모금 활동을 추진하여 1897년에 독립문을 완공하였어요.

기출 선택지 +α 다른 선택지가 나온다면?

❺ 통감부의 방해와 탄압으로 실패하였다. (O / ×)
❻ 조선 물산 장려회를 중심으로 전개되었다. (O / ×)
❼ 윌슨이 제창한 민족 자결주의의 영향을 받았다. (O / ×)

356 · 민립 대학 설립 운동 정답 ④

(가)에 들어갈 민족 운동으로 옳은 것은?

[1점]

(가) 에 대해 검색해 줘.

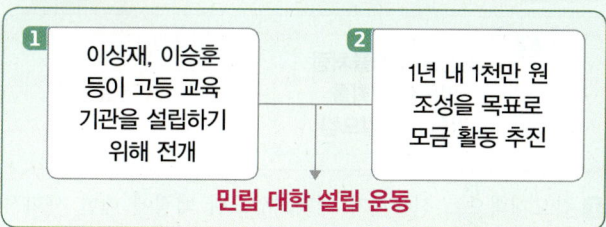

> **검색 결과입니다.**
> 1920년대 초반 실력 양성 운동의 일환으로 ①이상재, 이승훈 등이 고등 교육 기관을 설립하기 위해 전개한 운동입니다.
> ②1년 내 1천만 원 조성을 목표로 모금 활동을 추진하였으나, 조선 총독부의 방해와 자연재해 등으로 성과를 거두지 못하였습니다.

정답 잡는 키워드

| ① 이상재, 이승훈 등이 고등 교육 기관을 설립하기 위해 전개 | ② 1년 내 1천만 원 조성을 목표로 모금 활동 추진 |

민립 대학 설립 운동

① **민립 대학 설립 운동**은 1920년대 초에 이상재, 이승훈 등이 한국인의 힘으로 고등 교육을 담당할 대학을 설립하자는 취지로 전개한 민족 운동이에요.

② **민립 대학 설립 운동**은 '한민족 1천만이 한 사람 1원씩'이라는 구호를 내걸고 1년 내 1천만 원 조성을 목표로 모금 활동을 추진하였어요.

① 6·10 만세 운동
> 6·10 만세 운동은 1926년 순종의 인산일에 전개된 만세 운동으로 민족주의 진영과 사회주의 진영이 협력하는 계기가 되었어요.

② 물산 장려 운동
> 1920년에 시작된 물산 장려 운동은 민족 산업을 보호하고 육성하기 위해 전개되었으며, '내 살림 내 것으로', '조선 사람 조선 것' 등의 구호를 내걸었어요.

③ 광주 학생 항일 운동
> 1929년에 한·일 학생 간 충돌이 계기가 되어 광주 학생 항일 운동이 일어났어요. 광주 지역의 학생들은 민족 차별 중지와 차별 교육 철폐를 주장하였어요.

④ 민립 대학 설립 운동
> 민립 대학 설립 운동은 조선 총독부의 방해와 자연재해 등으로 성과를 거두지 못하였어요.

(가)에 들어갈 자료로 옳은 것은? [2점]

일제 강점기에 ①백정들이 저울처럼 평등한 사회를 만들고자 일으켰던 운동을 기념하는 탑이야.

이것은 이 운동을 주도한 단체의 포스터야. 저울을 뜻하는 글자를 볼 수 있어.

(가)

정답 잡는 키워드

① 백정들이 저울처럼 평등한 사회를 만들고자 일으킴 ➡ **형평 운동**

① 갑오개혁으로 신분제가 폐지되었으나 백정에 대한 사회적 차별은 계속되었어요. 이에 백정들은 1923년에 진주에서 조선 형평사를 조직하고 백정에 대한 차별 폐지 운동인 **형평 운동**을 전개하였어요.

①
▶ **형평 운동**을 주도한 조선 형평사의 포스터입니다. 포스터에 적혀 있는 '형평'은 저울[衡, 저울 형]처럼 평등[平, 평평할 평]한 사회를 의미합니다.

②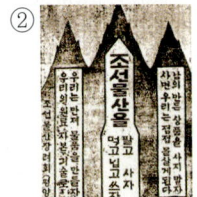
▶ 일본 상품 배격, 토산품 애용, 근검저축 등을 내세운 **물산 장려 운동**의 포스터입니다.

③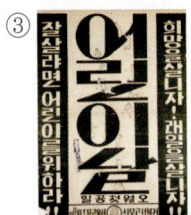
▶ **어린이날**을 홍보하기 위해 제작된 포스터입니다.

④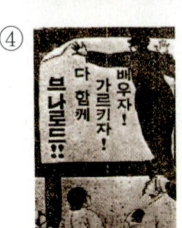
▶ '배우자 가르치자 다 함께 브나로드'라는 구호가 적혀 있는 **브나로드 운동**의 포스터입니다.

(가)에 들어갈 내용으로 적절한 것은? [1점]

〈한국사 설문 조사〉
소파 방정환 하면 가장 먼저 떠오르는 것에 스티커를 붙여 주세요.

| (가) | 천도교 | 색동회 |

소파 **방정환**은 1920년대에 천도교 소년회에서 활동하며 소년 운동을 전개하였고, 잡지 "어린이"를 발간하였어요.

① 서유견문
▶ "서유견문"은 **유길준**이 미국과 유럽 등지를 돌아본 경험을 바탕으로 저술한 책이에요.

② 어린이날
▶ **방정환**은 어린이날을 제정하고 어린이를 하나의 인격체로 대우하자는 소년 운동을 주도하였어요.

③ 진단 학회
▶ 진단 학회는 **이병도** 등이 우리 역사와 문화를 연구하기 위해 조직한 학술 단체입니다.

④ 통리기무아문
▶ 통리기무아문은 1880년에 **조선 정부**가 개화 정책을 총괄하기 위해 설치한 기구입니다.

(가)에 들어갈 종교로 옳은 것은?   [1점]

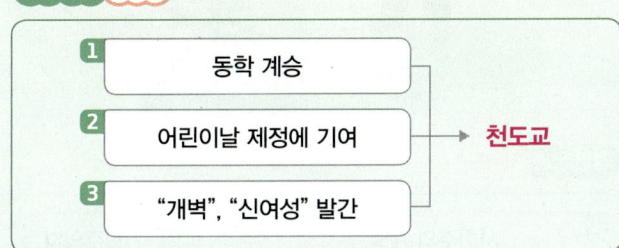

- ① 동학을 계승
- ② 어린이날 제정에 기여
- (가)
- ③ 개벽, 신여성 발간
- 손병희가 교단 조직 정비

정답 잡는 키워드

① 동학 계승	
② 어린이날 제정에 기여	→ 천도교
③ "개벽", "신여성" 발간	

① 손병희는 동학의 이름을 **천도교**로 **고치고** 교단을 정비하였어요.

② 방정환이 중심이 된 **천도교** 소년회는 어린이날을 제정하고 잡지 "어린이"를 발간하였어요.

③ **천도교**는 민중을 계몽하기 위해 "개벽", "신여성" 등의 잡지를 발간하였어요.

① 대종교
  ▶ 대종교는 나철과 오기호 등이 단군 신앙을 바탕으로 창시한 종교입니다.

② 원불교
  ▶ 일제 강점기에 박중빈이 창시한 원불교는 허례허식 폐지, 근검절약의 실천을 강조하는 새 생활 운동을 전개하였어요.

③ 천도교
  ▶ 천도교는 민중 계몽을 위해 기관지 만세보를 발행하였어요.

④ 천주교
  ▶ 천주교는 조선 후기에 서양 학문(서학)의 하나로 소개되었으며, 이후 신앙으로 수용되었어요. 그러나 제사를 거부하고 평등사상을 내세워 조선 정부의 탄압을 받았어요.

다음 상황 이후에 일어난 사실로 옳은 것은?   [2점]

> 호외요! 호외! 대한 제국의 마지막 황제께서 승하하셨소.

정답 잡는 키워드

① 대한 제국의 마지막 황제 승하	→ 1926년, 순종의 장례

① **1926년** 4월에 대한 제국의 마지막 황제인 순종이 승하하였어요. 이를 계기로 민족주의 계열인 천도교와 사회주의 계열, 학생들이 힘을 합쳐 대규모 만세 시위를 계획하였어요. 이 계획은 사전에 발각되어 많은 사람이 체포되었으나 학생들은 순종의 장례일인 6월 10일에 일제의 감시를 뚫고 만세 시위운동을 일으켰어요.

① 6·10 만세 운동이 일어났다.
  ▶ **1926년 순종의 장례일**에 상여가 지나가는 종로 등지에서 학생들이 격문을 뿌리고 독립 만세를 외치며 6·10 만세 운동을 일으켰어요.

② 헤이그 특사가 파견되었다.
  ▶ 1907년에 고종은 을사늑약의 부당함을 국제 사회에 알리기 위해 네덜란드 헤이그에서 열리는 만국 평화 회의에 이상설, 이준, 이위종을 특사로 파견하였어요.

③ 토지 조사 사업이 실시되었다.
  ▶ 1910년대에 일제는 식민 통치에 필요한 재정을 확보하고 토지를 수탈하기 위해 토지 조사 사업을 실시하였어요.

④ 제너럴 셔먼호 사건이 발생하였다.
  ▶ 1866년에 평양까지 들어온 미국 상선 제너럴 셔먼호의 선원들이 조선 정부에 통상을 요구하며 횡포를 부리자 분노한 평양 관민이 배를 침몰시킨 사건이 발생하였어요.

VII
일제
강점기

(가)에 들어갈 민족 운동에 대한 설명으로 옳은 것은?

[3점]

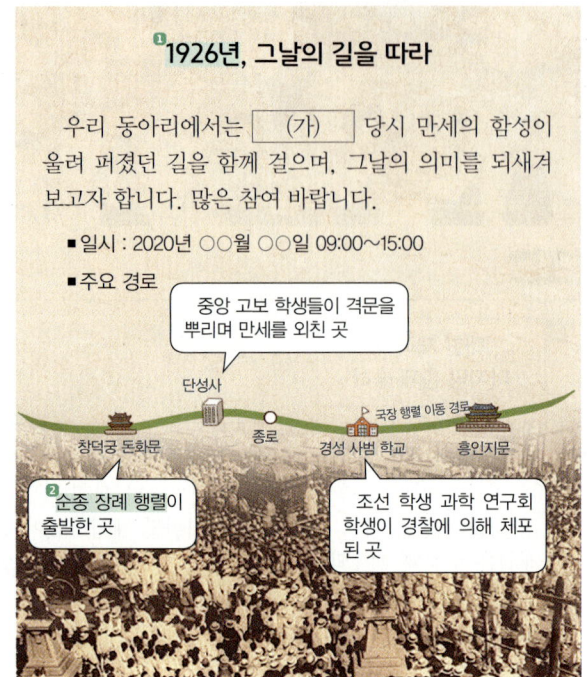

①1926년, 그날의 길을 따라

우리 동아리에서는 ☐(가)☐ 당시 만세의 함성이 울려 퍼졌던 길을 함께 걸으며, 그날의 의미를 되새겨 보고자 합니다. 많은 참여 바랍니다.

- 일시 : 2020년 ○○월 ○○일 09:00~15:00
- 주요 경로

정답 잡는 키워드

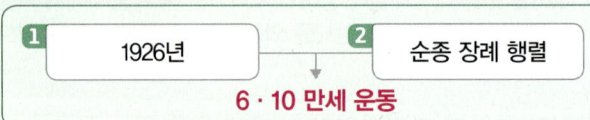

1 1926년   2 순종 장례 행렬

6·10 만세 운동

1, **2** 6·10 만세 운동은 1926년 순종의 장례일에 학생들이 중심이 되어 벌인 만세 시위입니다. 대한 제국의 마지막 황제인 순종의 죽음을 계기로 조선 공산당과 천도교, 학생 단체 등이 힘을 합쳐 대규모 만세 시위를 계획하였지만, 일제 경찰에게 사전에 발각되어 많은 사람이 체포되었어요. 다행히 발각되지 않은 조선 학생 과학 연구회 등 학생 조직이 중심이 되어 격문을 만들고 시위를 준비하여 일제의 감시를 뚫고 만세 시위를 전개하였어요.

①신간회 창립의 계기가 되었다.

▶6·10 만세 운동의 준비 과정에서 사회주의 세력과 민족주의 세력이 함께하였어요. 이를 계기로 신간회가 창립될 수 있었어요.

② 을미사변에 반발하여 일어났다.

▶을미사변과 단발령 시행에 반발하여 을미의병이 일어났어요.

③ 대한민국 임시 정부 수립에 영향을 끼쳤다.

▶3·1 운동을 계기로 대한민국 임시 정부가 수립되었어요.

④ 동아일보의 적극적인 지원을 받아 진행되었다.

▶'배우자 가르치자 다 함께 브나로드'라는 구호를 내세운 브나로드 운동은 동아일보의 적극적인 지원을 받아 진행되었어요.

(가)에 들어갈 단체로 옳은 것은?   [2점]

민족 유일당을 만들기 위한 노력의 결과 드디어 우리가 ☐(가)☐ 를 만들었습니다.

맞습니다. **2** 기회주의자를 배제하고 일제에 맞서 함께 싸웁시다.

그때그때의 상황에 따라 유리한 쪽으로 행동하는 사람을 말해요.

1 사회주의 계열   **1** 비타협적 민족주의 계열

정답 잡는 키워드

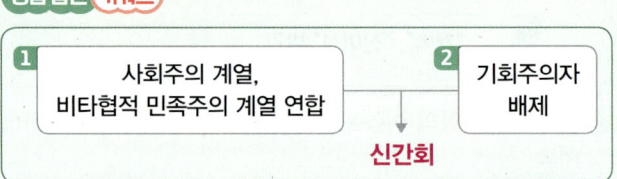

1 사회주의 계열, 비타협적 민족주의 계열 연합	**2** 기회주의자 배제

신간회

1 **신간회**는 1927년에 사회주의 계열과 비타협적 민족주의 계열이 연합하여 결성한 민족 운동 단체입니다.

2 **신간회**는 '우리는 정치·경제적 각성을 촉진함, 우리는 단결을 공고히 함, 우리는 일체의 기회주의를 부인함'을 강령으로 내걸었어요.

①신간회

▶신간회는 일제 강점기 최대 규모의 민족 운동 단체이며, 광주 학생 항일 운동이 일어나자 진상 조사단을 파견하였어요.

② 토월회

▶토월회는 일본 도쿄에서 한국인 유학생들이 중심이 되어 조직한 극단이에요.

③ 대한 광복회

▶대한 광복회는 대구에서 박상진 등이 주도하여 결성한 독립운동 단체입니다.

④ 조선어 학회

▶조선어 학회는 한글 맞춤법 통일안과 표준어를 제정하고 "우리말 (조선말) 큰사전"의 편찬을 준비하였어요.

(가) 단체의 활동으로 옳은 것은?　　　　　[3점]

강령
1. 우리는 정치적 · 경제적 각성을 촉진함
1. 우리는 단결을 공고히 함
1. 우리는 ❷기회주의를 일체 부인함

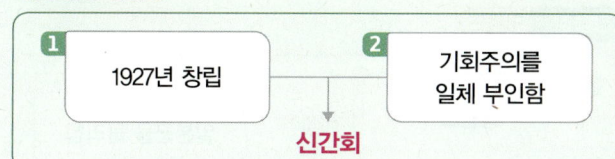

(가)　❶창립 총회
1927. 2. 15.

정답 잡는 키워드

```
❶           ┌─────────┐  ❷  ┌──────────────┐
1927년 창립  │          │     │ 기회주의를   │
             └─────────┘     │ 일체 부인함  │
                  │          └──────────────┘
               신간회
```

❶ 6 · 10 만세 운동을 계기로 사상이나 이념이 달라도 나라의 독립을 위해 모든 세력이 힘을 합쳐 일제에 대항해야 한다는 인식이 커졌어요. 이에 1927년에 비타협적 민족주의 세력과 사회주의 세력이 연합하여 **신간회**가 결성되었어요.

❷ **신간회**는 일제의 지배를 받아들이고 협력하여 자치권을 얻어내자고 주장하는 사람들을 '기회주의'로 보고 '기회주의를 일체 부인함'을 강령으로 내세웠어요.

① 독립 공채를 발행하였다.
> **대한민국 임시 정부**는 독립운동 자금을 마련하기 위해 독립 공채를 발행하였어요.

② 정부에 헌의 6조를 건의하였다.
> **독립 협회**는 정부 대신들도 참여한 관민 공동회에서 헌의 6조를 채택하고 정부에 건의하여 고종 황제의 승인을 받았어요.

③ 한글 맞춤법 통일안을 발표하였다.
> **조선어 학회**는 한글 맞춤법 통일안을 제정하여 발표하였어요.

④ 광주 학생 항일 운동에 조사단을 파견하였다.
> **신간회**는 광주 학생 항일 운동이 일어나자 사건의 진상을 알아보기 위해 조사단을 파견하였어요.

밑줄 그은 '이 운동'에 대한 설명으로 옳은 것은? [2점]

❶1929년, 나주와 광주를 열차로 통학하는 한 · 일 학생 간에 충돌이 발생하였습니다.

1/3

일제 경찰의 민족 차별에 대항하여 ❷광주의 학생들은 시위를 벌였고, 점차 전국으로 확산되었습니다.

2/3

이 운동을 기억하기 위해 시위가 시작된 11월 3일을 학생 독립운동 기념일로 지정하였습니다.

11.3.

3/3

정답 잡는 키워드

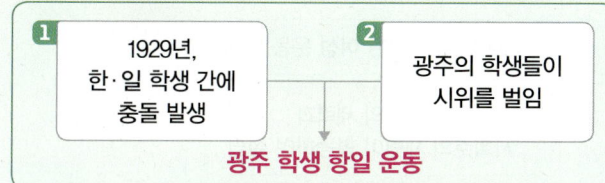

```
❶ ┌──────────────┐      ❷ ┌──────────────┐
  │ 1929년,      │         │ 광주의 학생들이│
  │ 한 · 일 학생 간에│       │ 시위를 벌임   │
  │ 충돌 발생     │         │              │
  └──────────────┘         └──────────────┘
         │                        │
         └──── 광주 학생 항일 운동 ────┘
```

❶, ❷ 1929년에 일어난 **광주 학생 항일 운동**은 광주-나주를 열차로 통학하는 한 · 일 학생 간에 벌어진 충돌이 계기가 되어 일어난 항일 민족 운동입니다. 한 · 일 학생 간 충돌 사건을 수습하는 과정에서 일본 경찰이 한국 학생을 차별하자 이에 분노한 광주의 학생들이 민족 차별 중지와 차별 교육 철폐를 요구하며 시위를 벌였어요. 시위는 전국으로 확산되었고, 3 · 1 운동 이후 최대 규모의 민족 운동으로 발전하였어요.

① 순종의 인산일에 일어났다.
> **6 · 10 만세 운동**은 1926년 순종의 인산일에 일어났어요.

② 통감부의 탄압으로 실패하였다.
> 일제는 대한 제국의 국권을 빼앗은 후 식민 통치 기관으로 조선 총독부를 설치하고 통감부를 폐지하였어요. 국권 피탈 이전에 전개된 **국채 보상 운동** 등이 통감부의 탄압으로 실패하였어요.

③ 국민 대표 회의 개최의 배경이 되었다.
> 1920년대 초 대한민국 임시 정부의 활동이 어려워진 상황에서 민족 지도자들이 **새로운 독립운동의 방향을 논의**하기 위해 1923년에 중국 상하이에서 국민 대표 회의를 개최하였어요.

④ 신간회에서 진상 조사단을 파견하였다.
> **광주 학생 항일 운동**이 일어나자 신간회는 진상 조사단을 파견하여 지원하였어요.

다음 퀴즈의 정답으로 옳은 것은?   [1점]

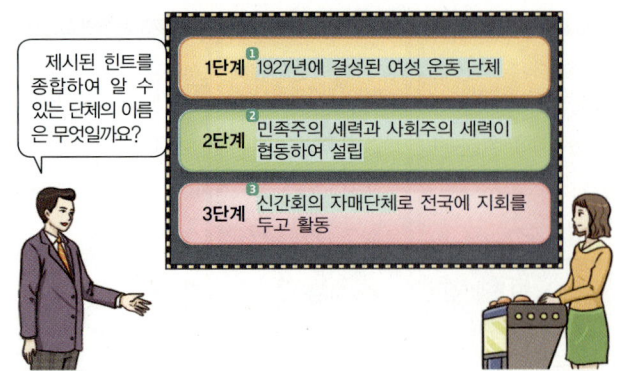

제시된 힌트를 종합하여 알 수 있는 단체의 이름은 무엇일까요?

- **1단계** ❶ 1927년에 결성된 여성 운동 단체
- **2단계** ❷ 민족주의 세력과 사회주의 세력이 협동하여 설립
- **3단계** ❸ 신간회의 자매단체로 전국에 지회를 두고 활동

정답 잡는 키워드

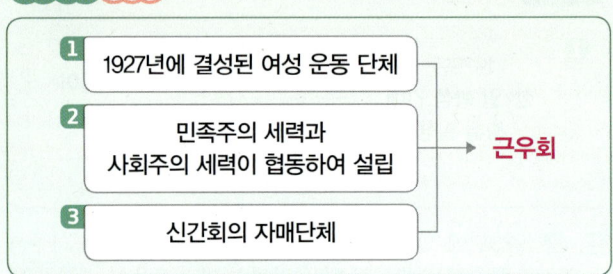

❶ 1927년에 결성된 여성 운동 단체

❷ 민족주의 세력과 사회주의 세력이 협동하여 설립 → **근우회**

❸ 신간회의 자매단체

❶, ❷ **근우회**는 1927년에 신간회 창립의 영향을 받아 여성계의 민족주의 진영과 사회주의 진영 단체들이 협동하여 설립한 여성 운동 단체입니다.

❸ **근우회**는 여성의 단결과 지위 향상을 목표로 삼았으며, 신간회의 자매단체로 전국에 지회를 두고 활동하였어요.

① **근우회**
> 근우회는 전국에 지회를 조직하고 강연회를 개최하였으며, 잡지 "근우"를 발간하였어요.

② 보안회
> 보안회는 일제의 황무지 개간권 요구에 반대 운동을 전개하여 이를 저지한 단체입니다.

③ 송죽회
> 송죽회는 1913년 평양에서 조직된 여성 독립운동 단체입니다.

④ 색동회
> 색동회는 방정환이 중심이 되어 1923년에 조직한 단체로 소년 운동과 아동 문학 보급을 위한 다양한 활동을 전개하였어요.

밑줄 그은 '전투'가 일어난 시기를 연표에서 옳게 고른 것은?   [3점]

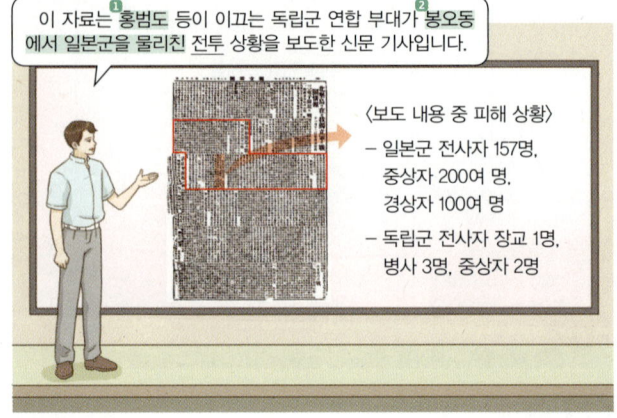

이 자료는 홍범도 등이 이끄는 독립군 연합 부대가 봉오동에서 일본군을 물리친 전투 상황을 보도한 신문 기사입니다.

〈보도 내용 중 피해 상황〉
- 일본군 전사자 157명, 중상자 200여 명, 경상자 100여 명
- 독립군 전사자 장교 1명, 병사 3명, 중상자 2명

정답 잡는 키워드

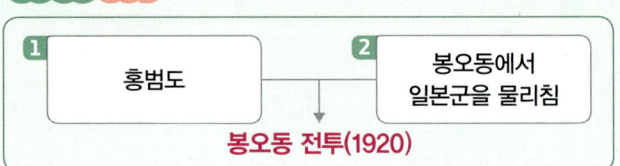

❶ 홍범도   ❷ 봉오동에서 일본군을 물리침 → **봉오동 전투(1920)**

❶, ❷ 일제는 독립군의 근거지를 파괴하기 위해 군대를 보내 봉오동 지역을 습격하였어요. 이때 홍범도가 이끄는 대한 독립군 등 독립군 연합 부대가 봉오동에서 일본군에 맞서 싸워 격퇴하였어요(**봉오동 전투**, 1920).

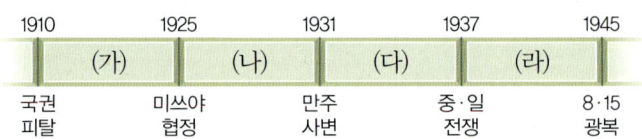

1910		1925		1931		1937		1945
	(가)		(나)		(다)		(라)	
국권 피탈		미쓰야 협정		만주 사변		중·일 전쟁		8·15 광복

> 일제는 1910년에 이른바 한·일 병합 조약을 강제로 체결하여 대한 제국의 국권을 빼앗아 갔어요. 이후 독립을 쟁취하기 위한 우리 민족의 항일 투쟁이 나라 안팎에서 전개되었어요. 독립군은 봉오동 전투와 청산리 전투에서 일본군을 격퇴하였지만 간도 참변으로 큰 피해를 입었고, 러시아 자유시로 이동하였다가 자유시 참변을 겪기도 하였습니다. 1925년에는 일제가 만주의 중국 군벌과 미쓰야 협정을 맺어 독립군에 대한 탄압을 강화하였어요.

① (가)
> 봉오동 전투가 일어난 시기는 국권 피탈과 미쓰야 협정 사이인 (가)입니다.

② (나)

③ (다)

④ (라)

367 ● 청산리 전투 정답 ②

(가)에 들어갈 전투로 옳은 것은? [1점]

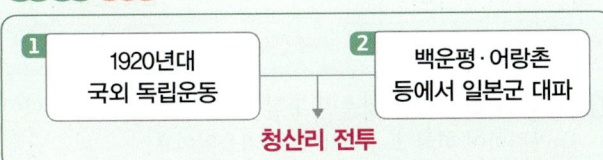

한국사 웹툰

웹툰으로 배우는 일제 강점기

시즌 2. 1920년대 국외 독립운동

이미지	제목
1화	봉오동 전투, 홍범도의 지휘 아래 일본군을 격파하다
2화	(가), 독립군 연합 부대가 백운평 · 어랑촌 등에서 일본군을 대파하다
3화	간도 참변, 독립운동의 근거지가 파괴되다

정답 잡는 키워드

1 1920년대 국외 독립운동	→	**2** 백운평 · 어랑촌 등에서 일본군 대파

청산리 전투

1 3 · 1 운동 이후 1920년대에 만주, 연해주 등 국외 지역에서 수많은 독립군 부대가 편성되어 독립운동을 전개하였어요. 국외의 독립군은 일제와 전쟁을 벌여 크게 승리하기도 하였는데, 봉오동 전투와 **청산리 전투**에서의 승리가 대표적입니다.

2 **청산리 전투**는 1920년 10월에 김좌진의 북로 군정서, 홍범도의 대한 독립군 등 독립군 연합 부대가 청산리 일대의 백운평, 어랑촌 등지에서 일본군을 대파한 전투였어요.

① 영릉가 전투
▶ 영릉가 전투는 1932년에 양세봉이 이끄는 조선 혁명군이 중국 항일군과 연합하여 영릉가에서 일본군을 물리친 전투입니다.

② 청산리 전투
▶ 청산리 전투는 1920년에 북로 군정서 등이 청산리 일대에서 일본군을 크게 물리친 전투입니다.

③ 흥경성 전투
▶ 흥경성 전투는 1933년에 양세봉이 이끄는 조선 혁명군이 중국 항일군과 함께 흥경성 일대에서 일본군을 격퇴한 전투입니다.

④ 대전자령 전투
▶ 대전자령 전투는 1933년에 지청천이 이끄는 한국 독립군이 중국 항일군과 연합하여 대전자령에서 일본군을 격퇴한 전투입니다.

---

368 ● 북로 군정서 정답 ①

(가)에 들어갈 군사 조직으로 옳은 것은? [2점]

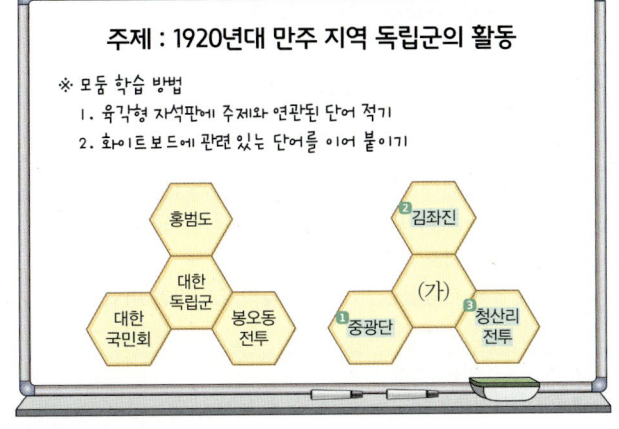

주제 : 1920년대 만주 지역 독립군의 활동

※ 모둠 학습 방법
1. 육각형 자석판에 주제와 연관된 단어 적기
2. 화이트보드에 관련 있는 단어를 이어 붙이기

홍범도 / 대한 독립군 / 대한 국민회 / 봉오동 전투 / 김좌진 / (가) / 중광단 / 청산리 전투

정답 잡는 키워드

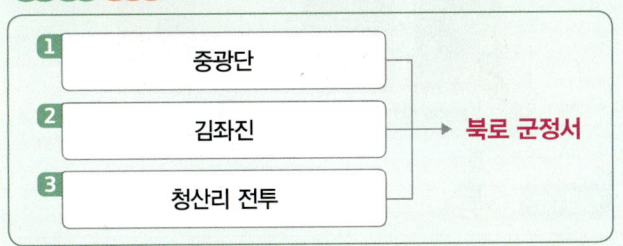

1 중광단	
2 김좌진	→ **북로 군정서**
3 청산리 전투	

1 북만주에서는 대종교도를 중심으로 무장 단체인 중광단이 조직되었으며, 이는 **북로 군정서**로 발전하였어요.

2 , **3** 1920년에 김좌진이 이끄는 **북로 군정서**, 홍범도가 이끄는 대한 독립군 등 독립군 연합 부대가 청산리 전투에서 일본군에 대승을 거두었어요.

① 북로 군정서
▶ 북로 군정서는 1919년에 만주에서 결성되었으며 청산리 전투에서 활약하였어요.

② 조선 의용대
▶ 조선 의용대는 1938년에 김원봉이 중국 국민당 정부의 지원을 받아 중국 우한에서 조직한 항일 무장 단체입니다.

③ 조선 혁명군
▶ 양세봉이 이끄는 조선 혁명군은 중국 항일군과 연합하여 영릉가 전투, 흥경성 전투 등에서 일본군에 승리를 거두었어요.

④ 한국 광복군
▶ 한국 광복군은 1940년에 중국 충칭에서 창설된 대한민국 임시 정부의 정규군이에요.

5 1930년대 이후 항일 운동

369 조선어 학회
정답 ④

(가)에 들어갈 단체로 옳은 것은?
[1점]

특별 기획전

한글, 민족을 지키다

①이윤재, 최현배 등을 중심으로 우리말과 글을 지키기 위하여 노력한 [(가)]의 자료를 특별 전시합니다. 일제의 탄압 속에서도 지켜 낸 한글의 소중함을 느끼고 한글 수호에 앞장선 사람들을 기억하는 자리가 되기를 바랍니다.

■ 기간 : 2022년 ○○월 ○○일~○○월 ○○일
■ 장소 : △△ 박물관 특별 전시실
■ 주요 전시 자료

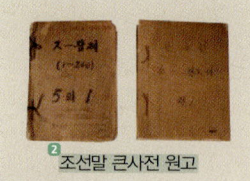
②조선말 큰사전 원고

③한글 맞춤법 통일안

정답 잡는 키워드

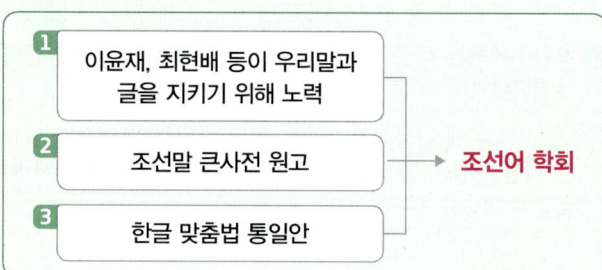

1	이윤재, 최현배 등이 우리말과 글을 지키기 위해 노력
2	조선말 큰사전 원고
3	한글 맞춤법 통일안

→ 조선어 학회

1 1931년에 한글 연구와 보급에 앞장선 이윤재, 최현배 등을 중심으로 **조선어 학회**가 결성되었어요.

2 **조선어 학회**는 "조선말(우리말) 큰사전"의 편찬을 추진하였으나 완성하지는 못하였어요.

3 **조선어 학회**는 한글 맞춤법 통일안과 표준어를 제정하는 등 한글 표준화에 힘썼어요.

① 토월회
> 토월회는 일본 도쿄에서 한국인 유학생이 중심이 되어 조직한 극단이에요.

② 독립 협회
> 독립 협회는 독립문 건립, 만민 공동회 개최 등의 활동을 하였어요.

③ 대한 자강회
> 대한 자강회는 고종의 강제 퇴위 반대 운동을 주도하였어요.

④ 조선어 학회
> 조선어 학회는 각 지역의 우리말을 모으는 '말모이 작전'을 전개하기도 하였어요.

370 조선어 학회
정답 ④

다음 퀴즈의 정답으로 옳은 것은?
[1점]

이것은 ①한글 맞춤법 통일안과 외래어 표기법 통일안을 마련한 단체에서 ②사전을 편찬하기 위해 만든 원고입니다. 이 단체의 이름은 무엇일까요?

정답 잡는 키워드

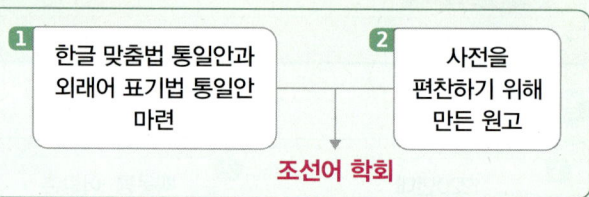

| 1 한글 맞춤법 통일안과 외래어 표기법 통일안 마련 | 2 사전을 편찬하기 위해 만든 원고 |

→ 조선어 학회

1 **조선어 학회**는 한글 맞춤법 통일안과 외래어 표기법 통일안을 마련하여 한글 표준화에 힘을 기울였어요.

2 **조선어 학회**는 "우리말(조선말) 큰사전"을 편찬하기 위해 원고를 만들었어요. 하지만 일제가 조작한 조선어 학회 사건으로 강제 해산되어 사전을 완성하지 못하였어요.

①
보안회
> 보안회는 일제의 황무지 개간권 요구에 반대하는 운동을 전개하였어요.

②
독립 협회
> 서재필의 주도로 창립된 독립 협회는 민중 계몽 운동, 자주 국권 운동 등을 전개하였어요.

③
대한 광복회
> 대한 광복회는 박상진 등이 주도하여 결성한 독립운동 단체입니다.

④
조선어 학회
> 조선어 학회는 한글 강습 교재를 만들어 문맹 퇴치 운동을 지원하였으며, 기관지 "한글"을 발행하였어요.

371 이육사 정답 ③

(가)에 해당하는 인물로 옳은 것은? [2점]

이 시는 일제 강점기 민족 저항 시인 (가) 의 대표적인 작품입니다. 그는 조선 은행 대구 지점 폭파 사건에 연루되어 ❶수감 생활을 하던 당시의 수인 번호를 따서 호를 지었습니다. 이제 그의 시를 노래로 만나 보겠습니다.

❷광야

지금 눈 내리고
매화 향기 홀로 아득하니
내 여기 가난한 노래의 씨를 뿌려라

다시 천고의 뒤에
백마 타고 오는 초인이 있어
이 광야에서 목놓아 부르게 하리라

정답 잡는 키워드

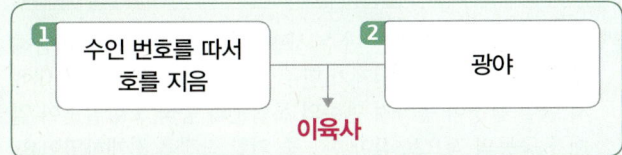

❶ 수인 번호를 따서 호를 지음 → ❷ 광야 → **이육사**

❶ **이육사**의 본명은 이원록이에요. 독립운동을 하다가 체포되어 감옥에 갇혀 있을 때 이름 대신에 불린 수인 번호 264번을 따서 '육사'라고 호를 지었어요.

❷ **이육사**는 일본에 대한 저항 의식을 드러낸 '광야', '청포도', '절정' 등의 작품을 남겼어요.

①
심훈
▶ 심훈은 브나로드 운동을 소재로 한 소설 "상록수"를 동아일보에 발표하여 큰 호응을 얻었어요.

②
윤동주
▶ 윤동주는 '서시', '별 헤는 밤' 등 일제에 의해 억압받는 민족의 현실을 보여 주는 시를 남겼어요.

③
이육사
▶ 이육사는 의열단에 가입하고 조선 혁명 간부 학교에 입학하는 등 적극적으로 독립운동을 하였어요.

④
한용운
▶ 한용운은 3·1 운동 때 민족 대표 33인으로 참여한 불교 승려이자 독립운동가입니다. 시집 "님의 침묵"을 쓴 문인이기도 해요.

372 윤동주 정답 ②

(가)에 해당하는 인물로 옳은 것은? [1점]

한국사 설문 조사
❶일본 유학 중 독립운동 혐의로 수감되어 옥사한 저항 시인, (가) 하면 떠오르는 작품에 스티커를 붙여 주세요.

❷서시 | 별 헤는 밤 | 쉽게 씌어진 시

정답 잡는 키워드

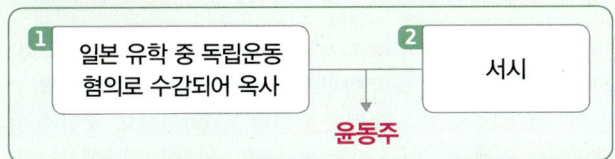

❶ 일본 유학 중 독립운동 혐의로 수감되어 옥사 → ❷ 서시 → **윤동주**

❶, ❷ **윤동주**는 '서시', '별 헤는 밤' 등 일제에 의해 억압받는 민족의 현실을 보여 주는 시를 남겼어요. 일본 유학 중 독립운동 혐의로 수감되어 옥사하였어요.

①
심훈
▶ 심훈은 3·1 운동에 참여하여 투옥되기도 하였으며, 저항시 '그날이 오면' 등을 발표하였어요.

②
윤동주
▶ 윤동주는 일제의 식민 통치에 억압받고 있는 민족의 현실에 울분을 느끼면서 식민 통치에 대한 적극적인 저항 의식을 시로 표현하였어요.

③
이육사
▶ 이육사는 일제에 대한 저항과 조국 광복의 염원을 담은 '절정', '청포도', '광야' 등의 시를 발표하였어요.

④
한용운
▶ 한용운은 3·1 운동 때 민족 대표 33인으로 참여한 불교계 지도자이자 독립운동가입니다.

밑줄 그은 '합의'가 이루어진 배경으로 옳은 것은? [3점]

이 자료는 지청천이 이끄는 한국 독립군이 중국 항일군과 합의한 내용입니다. 이를 바탕으로 한·중 연합 작전이 전개되어 쌍성보 전투와 대전자령 전투에서 일본군에 큰 승리를 거두었습니다.

> 첫째, 한·중 양군은 최악의 상황이 오더라도 장기간 항전할 것을 맹세한다.
> 둘째, 중동 철도를 경계선으로 서부 전선은 중국 측이 맡고, 동부 전선은 한국 측이 맡는다.
> 셋째, 전시에 후방의 전투 훈련은 한국 측이 맡고, 한국군에 필요한 군수품 등은 중국 측이 공급한다.

1930년대 초에 일제가 만주 사변을 일으키고 만주국을 세우자, 반일 감정이 커진 중국의 항일군과 만주의 독립군이 일제를 공동의 적으로 삼아 **한·중 연합 작전**을 전개하였어요. 북만주 일대에서는 지청천이 이끈 한국 독립군이, 남만주 일대에서는 양세봉이 이끈 조선 혁명군이 중국 항일군과 함께 일본군을 격퇴하였어요.

① 만주 사변이 일어났다.
> 1931년에 일제가 일으킨 만주 사변은 중국 내 반일 감정을 높여 만주의 독립군 세력과 중국 항일군이 **한·중 연합 작전을 전개하는 계기**가 되었어요.

② 카이로 회담이 개최되었다.
> 제2차 세계 대전 중이던 1943년에 카이로 회담이 개최되었어요. 미국, 영국, 중국의 지도자들이 모인 이 회담에서 연합국이 한국의 독립을 처음으로 보장하는 카이로 선언이 발표되었어요.

③ 태평양 전쟁이 발발하였다.
> 1941년에 일제가 미국 하와이의 진주만을 기습 공격하여 태평양 전쟁이 발발하였어요.

④ 조선 건국 준비 위원회가 결성되었다.
> 1945년 8·15 광복 직후 국내에서 여운형이 중심이 되어 조선 건국 준비 위원회가 결성되었어요.

교사의 질문에 대한 답변으로 옳은 것은? [3점]

일제는 **만주 사변**을 일으키고 지도에 표시된 것과 같이 자신들의 꼭두각시 정권인 **만주국**을 세웠습니다. 이 지역에서 독립운동을 펼치던 세력은 당시 일제의 만주 침략에 어떻게 대응하였을까요?

> 만주국의 영역
> 치치하얼
> 하얼빈
> 창춘 · 지린 · 옌지
> 동해
> 황해

정답 잡는 키워드

| **1** 만주 사변 | → | **2** 만주국 건국 |

1930년대

1, **2** **1930년대** 일제는 **만주 사변(1931)**을 일으키고 이듬해 **만주국을 세웠어요.** 일제가 만주 일대를 점령하자 중국 내에서 반일 감정이 높아져 만주의 독립군과 중국의 항일군이 일제를 공동의 적으로 삼아 한·중 연합 작전을 전개하였어요.

① 신간회를 결성하였습니다.
> 1927년에 비타협적 민족주의 세력과 사회주의 세력이 협력하여 신간회를 결성하였어요.

② 국민 대표 회의를 소집하였습니다.
> 1920년대 들어 대한민국 임시 정부의 활동이 어려워지자 민족 지도자들이 새로운 독립운동의 방향을 논의하기 위해 1923년에 중국 상하이에서 국민 대표 회의를 소집하였어요.

③ 신흥 무관 학교를 설립하였습니다.
> 1919년에 신흥 강습소를 기반으로 신흥 무관 학교가 설립되어 많은 독립군을 양성하였어요.

④ 한·중 연합 작전을 전개하였습니다.
> 1930년대 일제의 만주 침략이 본격적으로 전개되자 만주에서 활약한 한국 독립군, 조선 혁명군이 중국의 항일군과 연합 작전을 벌여 일본군을 격퇴하였어요.

(가)에 들어갈 단체로 옳은 것은? [1점]

이것은 일제 경찰에서 제작한 감시 대상 인물 카드에 있는 <u>(가)</u> 단원들의 사진입니다. 사진에서는 **단장 김원봉**과 **조선 총독부에 폭탄을 던진 김익상**을 비롯한 총 7명의 모습을 확인할 수 있습니다.

정답 잡는 키워드

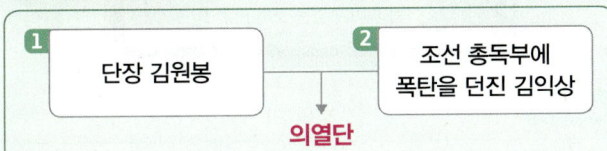

1		2
단장 김원봉	→	조선 총독부에 폭탄을 던진 김익상

의열단

1 **의열단**은 1919년에 중국 만주에서 조직된 독립운동 단체로 **김원봉**이 단장이었어요. 이들은 식민 통치 기관을 폭파하고 일제 고위 관리와 친일파를 처단하는 의열 투쟁을 전개하였어요.

2 **의열단**의 단원 김익상은 식민 통치의 최고 기구인 **조선 총독부**에 폭탄을 던졌어요.

① **의열단**
  ▶ 의열단 소속의 단원으로 김원봉, 김익상, 김상옥, 나석주 등이 있으며 이들은 김원봉의 요청으로 신채호가 작성한 '조선 혁명 선언'을 활동 지침으로 삼았어요.

② 중광단
  ▶ 중광단은 북만주에서 대종교도를 중심으로 조직된 항일 무장 투쟁 단체였어요. 이후 북로 군정서로 발전하였어요.

③ 흥사단
  ▶ 흥사단은 1913년에 안창호의 주도로 미국 샌프란시스코에서 창립된 민족 운동 단체입니다.

④ 한인 애국단
  ▶ 한인 애국단은 침체된 대한민국 임시 정부의 활동에 활기를 불어넣기 위해 김구가 중국 상하이에서 조직한 의열 투쟁 단체입니다. 이봉창, 윤봉길 등이 단원으로 활동하였어요.

(가) 단체에 대한 설명으로 옳은 것은? [2점]

이 분 누군지 알아?

응. 1 김익상이잖아.

2 김원봉이 조직한 <u>(가)</u> 에 소속되어 조선 총독부에 폭탄을 투척한 분이야.

아~ 1 나석주, 김상옥도 <u>(가)</u> 의 일원이었지.

정답 잡는 키워드

1		2
김익상, 나석주, 김상옥	→	김원봉이 조직
	의열단	

1, 2 **의열단**은 1919년에 **김원봉** 등이 만주에서 조직한 독립 운동 단체로 식민 통치 기관 파괴, 일제 요인 암살 등의 의열 투쟁을 전개하였어요. 의열단원 **김익상**은 조선 총독부에, **나석주**는 동양 척식 주식회사에, **김상옥**은 종로 경찰서에 폭탄을 투척하였어요.

① 105인 사건으로 해체되었다.
  ▶ 비밀 결사로 조직된 **신민회**는 일제가 조작한 105인 사건으로 조직이 드러나 해체되었어요.

　　　　　　　↱ 임금이 비밀리에 내린 명령을 말해요.
② 고종의 밀지를 받아 결성되었다.
  ▶ 의병장 출신 임병찬은 고종의 밀지를 받아 **독립 의군부**를 조직하였어요.

③ 파리 강화 회의에 대표를 파견하였다.
  ▶ 중국 상하이에서 결성된 **신한 청년당**은 파리 강화 회의에 김규식을 대표로 파견하여 한국의 독립을 주장하였어요.

④ 조선 혁명 선언을 활동 지침으로 삼았다.
  ▶ **의열단**은 신채호가 작성한 '조선 혁명 선언'을 활동 지침으로 삼았어요.

VII
일제
강점기

(가)에 들어갈 단체로 옳은 것은?   [1점]

1931년 김구는 항일 의열 단체인 **(가)** 을 조직하였습니다. 1/3

❷ 단원 이봉창은 1932년 1월 도쿄에서 일왕이 탄 마차를 향해 수류탄을 던졌습니다. 2/3

❷ 단원 윤봉길은 1932년 4월 상하이 훙커우 공원에서 일본군 주요 인사 등을 처단하였습니다. 3/3

정답 잡는 키워드

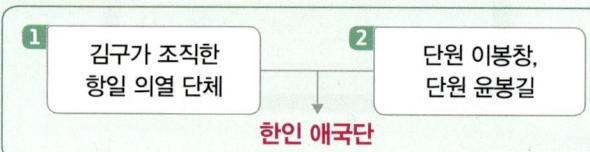

| ❶ 김구가 조직한 항일 의열 단체 | ❷ 단원 이봉창, 단원 윤봉길 |

↓

한인 애국단

❶ **한인 애국단**은 김구가 대한민국 임시 정부의 활동에 활기를 불어넣기 위해 1931년에 중국 상하이에서 조직한 항일 의열 단체입니다.

❷ 이봉창과 윤봉길은 **한인 애국단**에 가입하여 활동하였어요. 이들의 의거는 중국 국민당 정부가 대한민국 임시 정부에 대한 지원을 강화하는 계기가 되었어요.

① 중광단
> 중광단은 대종교도를 중심으로 조직된 항일 무장 단체였으며, 3·1 운동 이후 북로 군정서로 발전하였어요.

② 흥사단
> 흥사단은 미국에서 안창호가 결성한 민족 운동 단체입니다.

③ 한인 애국단
> 김구는 한인 애국단을 조직하여 일본의 주요 인물을 제거하는 의열 투쟁을 벌였어요.

④ 대조선 국민군단
> 대조선 국민군단은 미국 하와이에서 박용만 등이 주도하여 조직한 군사 교육 단체입니다.

(가)에 들어갈 인물로 옳은 것은?   [1점]

나는 지금 상하이에 있는 매헌 기념관에 와 있어.

거기는 어떤 곳이야?

❶ 한인 애국단 소속으로 훙커우 공원에서 의거를 일으킨 **(가)** 을/를 기념하는 곳이야.

그런 의미가 있는 곳이구나.

정답 잡는 키워드

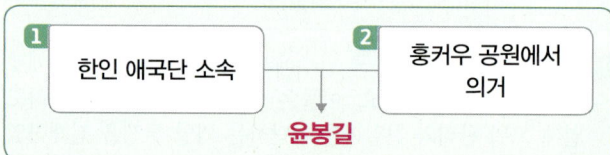

| ❶ 한인 애국단 소속 | ❷ 훙커우 공원에서 의거 |

↓

윤봉길

❶ **윤봉길**은 김구가 조직한 의열 단체인 **한인 애국단** 소속 단원이었어요. '매헌'은 그의 호입니다.

❷ **윤봉길**은 1932년에 중국 상하이 훙커우 공원에서 열린 일본군의 전승 축하 기념식장에 폭탄을 투척하여 일본군 장성과 고위 관리를 처단하였어요.

① 나석주
> 나석주는 의열단 소속의 단원이며, 1926년에 조선 식산 은행과 동양 척식 주식회사에 폭탄을 던지는 의거를 일으켰어요.

② 윤봉길
> 윤봉길은 훙커우 공원 의거 직후 현장에서 체포되어 사형을 선고받고 처형되었어요.

③ 이봉창
> 이봉창은 한인 애국단 소속의 단원이며, 1932년에 일본 도쿄에서 일왕의 행렬에 폭탄을 던졌어요.

④ 이회영
> 이회영과 그의 형제들은 국권 피탈 직후 집안의 재산을 정리하여 만주 지역으로 옮겨 가 독립운동 기지 건설을 위해 노력하였어요.

379 조선 의용대
정답 ③

(가)에 들어갈 군사 조직으로 옳은 것은? [2점]

> 나는 ❶김원봉입니다. ❷의열단의 단장으로 활동하고, 중국 관내 최초의 한인 무장 부대인 (가) 을/를 만들었습니다.

> 나는 박차정입니다. 근우회의 중앙 집행 위원으로 활동하고, (가) 의 부녀 복무 단장으로 무장 투쟁에도 참여하였습니다.

홀로그램으로 만나는 독립운동가 부부

 정답 잡는 키워드

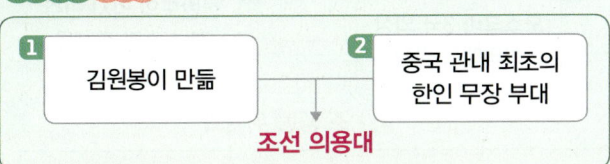

| ❶ 김원봉이 만듦 | ❷ 중국 관내 최초의 한인 무장 부대 |

→ 조선 의용대

❶, ❷ **조선 의용대**는 1938년에 중국 국민당 정부의 지원을 받아 김원봉이 중국의 우한에서 조직한 독립군 부대로, 중국 관내에서 조직된 최초의 한인 무장 부대였어요.

① 대한 독립군
> 대한 독립군은 1919년에 만주에서 조직된 독립군 부대이며 총사령관은 홍범도였어요. 봉오동 전투, 청산리 전투 등에서 활약하였어요.

② 북로 군정서
> 북로 군정서는 대종교도가 만든 중광단에서 발전한 독립군 부대이며 김좌진의 지휘 아래 청산리 전투에서 활약하였어요.

③ 조선 의용대
> 1940년대 초에 조선 의용대의 일부 대원은 적극적인 항일 무장 투쟁을 위해 화북 지방으로 이동하였으며, 김원봉과 일부 대원은 한국 광복군에 합류하였어요.

④ 조선 혁명군
> 조선 혁명군은 1930년대에 남만주 지역에서 활약한 독립군 부대였으며, 총사령 양세봉의 지휘 아래 중국의 항일군과 연합하여 영릉가 전투, 흥경성 전투 등에서 일본군을 격퇴하였어요.

---

380 한국 광복군
정답 ③

(가) 군대에 대한 설명으로 옳은 것은? [2점]

이달의 독립운동가
❶ 1940년 대한민국 임시 정부가 창설한 (가) 의 총사령관
❷ **지청천** 장군
(1888~1957)

정답 잡는 키워드

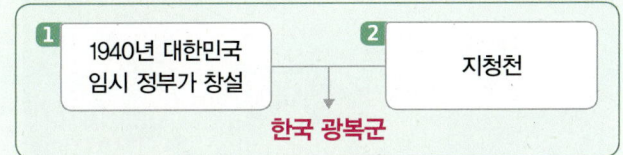

| ❶ 1940년 대한민국 임시 정부가 창설 | ❷ 지청천 |

→ 한국 광복군

❶ **한국 광복군**은 1940년에 대한민국 임시 정부가 충칭에 정착하면서 창설한 임시 정부 산하의 정규 군대입니다.

❷ **한국 광복군**의 총사령관으로 지청천이 임명되었어요.

① 자유시 참변으로 큰 타격을 입었다.
> 간도 참변 이후 **만주 지역의 독립군 부대**들이 러시아의 지원 약속을 믿고 자유시로 이동하였으나 자유시 참변을 당하여 큰 피해를 입었어요.

② 봉오동 전투에서 일본군을 격퇴하였다.
> 홍범도가 이끄는 **대한 독립군**을 비롯한 독립군 연합 부대가 봉오동 전투에서 일본군을 격퇴하였어요.

③ 미군과 연계하여 국내 진공 작전을 계획하였다.
> **한국 광복군**은 미국 전략 정보국(OSS)과 연계하여 국내 진공 작전을 계획하였으나 예상보다 빠르게 일제가 패망하여 작전을 실행에 옮기지 못하였어요.

④ 흥경성에서 중국 의용군과 연합 작전을 펼쳤다.
> 1930년대 초에 양세봉이 이끄는 **조선 혁명군**이 흥경성에서 중국 의용군과 연합 작전을 펼쳤어요.

본문 148~151쪽

381 ● 한국 광복군   정답 ③

(가) 군대에 대한 설명으로 옳은 것은? [2점]

뮤지컬로 역사를 만나다

작전명 독수리

"오늘 이 시간부터 아메리카 합중국과 대한민국 임시 정부의 비밀공작이 시작되었다." ❶ 대한민국 임시 정부의 ___(가)___ 와/과 미국의 전략 정보국(OSS)이 합작한 ❷국내 진공 작전, 일명 '독수리 작전'에 대한 이야기를 뮤지컬로 보여 드립니다.

■ 일시 : 2022년 ○○월 ○○일 오후 7시
■ 장소 : △△ 문화 회관 ◇◇홀

정답 잡는 키워드

❶ 대한민국 임시 정부	❷ 국내 진공 작전

→ **한국 광복군**

❶, ❷ **한국 광복군**은 대한민국 임시 정부의 정규군이었으며, 미국 전략 정보국(OSS)과 합작하여 국내 진공 작전을 계획하였으나 예상보다 빠르게 일본이 패망하여 작전을 실행에 옮기지 못하였어요.

① 고종의 밀지를 받아 조직되었다.
 ▶ 임병찬은 고종의 밀지를 받아 **독립 의군부**를 조직하였어요.

② 조선 혁명 선언을 활동 지침으로 삼았다.
 ▶ **의열단**은 신채호가 작성한 '조선 혁명 선언'을 활동 지침으로 삼았어요.

③ 지청천을 총사령관으로 하여 창설되었다.
 ▶ **한국 광복군**은 1940년에 중국 충칭에서 지청천을 총사령관으로 하여 창설되었어요.

④ 영릉가 전투에서 한·중 연합 작전을 전개하였다.
 ▶ 양세봉이 이끄는 **조선 혁명군**은 영릉가 전투에서 한·중 연합 작전을 전개하여 일본군을 격퇴하였어요.

---

1 ● 광복~6·25 전쟁

382 ● 미·소 공동 위원회   정답 ②

밑줄 그은 '위원회'로 옳은 것은? [2점]

이곳 덕수궁 석조전에서는 ❶모스크바 3국 외상 회의에서 결정된 ❷한반도의 임시 민주 정부 수립 문제를 협의하기 위해 위원회가 열렸습니다.

정답 잡는 키워드

❶ 모스크바 3국 외상 회의에서 결정	❷ 한반도의 임시 민주 정부 수립 문제를 협의

→ **미·소 공동 위원회**

❶, ❷ 1945년 12월에 모스크바에서 미국, 영국, 소련의 외무 장관이 모인 **모스크바 3국 외상 회의**가 열렸어요. 이 회의에서 한반도에 임시 민주 정부를 세울 것을 결정하고, 이를 협의할 **미·소 공동 위원회** 설치도 결정하였어요.

① 남북 조절 위원회
 ▶ 박정희 정부는 7·4 남북 공동 성명의 합의 사항을 추진할 실무 기구로 남북 조절 위원회를 설치하였어요.

② 미·소 공동 위원회
 ▶ 덕수궁 석조전에서 미·소 공동 위원회가 열렸으나 미국 측과 소련 측의 의견이 달라 합의에 이르지 못하였어요.

③ 조선 건국 준비 위원회
 ▶ 광복 직후에 여운형의 주도로 조선 건국 준비 위원회가 조직되었어요.

④ 반민족 행위 특별 조사 위원회
 ▶ 1948년에 제헌 국회에서 친일파를 처벌하기 위한 반민족 행위 처벌법을 제정하였어요. 이에 따라 반민족 행위 특별 조사 위원회가 설치되었어요.

383 ● 여운형 정답 ④

(가)에 들어갈 내용으로 옳은 것은? [3점]

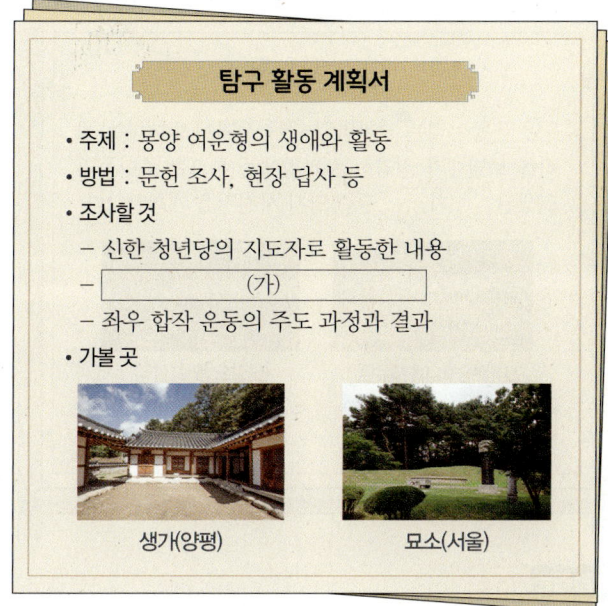

탐구 활동 계획서

• 주제 : 몽양 여운형의 생애와 활동
• 방법 : 문헌 조사, 현장 답사 등
• 조사할 것
 – 신한 청년당의 지도자로 활동한 내용
 – (가)
 – 좌우 합작 운동의 주도 과정과 결과
• 가볼 곳

생가(양평)　　　　　묘소(서울)

여운형은 중국 상하이에서 김규식 등과 신한 청년당을 결성하고 지도자로 활동하였어요. 광복 이후에는 김규식과 함께 통일 정부 수립을 위해 좌우 합작 운동을 전개하였어요.

① 헤이그 특사로 파견된 배경
 ▶고종 황제는 을사늑약의 부당함을 국제 사회에 알리기 위해 네덜란드 헤이그에서 열리는 만국 평화 회의에 **이상설**, **이준**, **이위종**을 특사로 파견하였어요.

② 암태도 소작 쟁의에 참여한 계기
 ▶1923년에 전라남도 신안군 **암태도의 소작 농민**들은 높은 소작료에 반발하여 쟁의를 일으켰어요.

③ 한국독립운동지혈사의 저술 이유
 ▶**박은식**은 "한국독립운동지혈사"를 저술하여 일제의 침략과 우리 민족의 독립 투쟁 과정을 정리하였어요.

④ 조선 건국 준비 위원회의 결성 목적
 ▶**여운형**은 광복 직후에 조선 건국 준비 위원회를 조직하고 위원장을 맡았어요. 조선 건국 준비 위원회는 사회 질서를 유지하기 위해 노력하였어요.

---

384 ● 정읍 발언 이후의 사실 정답 ②

다음 발언 이후에 전개된 사실로 옳은 것은? [3점]

미·소 공동 위원회가 결렬된 이후 다시 열릴 기미가 보이지 않습니다. 통일 정부가 수립되길 원했으나 뜻대로 되지 않으니 ②남방만이라도 임시 정부 혹은 위원회를 조직하고, 38도선 이북에서 소련이 물러가도록 세계에 호소해야 합니다.

①이승만

정답 잡는 키워드

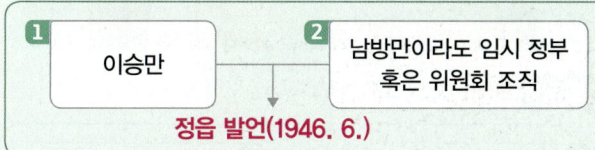

① 이승만 　→　 ② 남방만이라도 임시 정부 혹은 위원회 조직

정읍 발언(1946. 6.)

①, ② 광복 이후 열린 모스크바 3국 외상 회의의 결정에 따라 1946년 3월에 미·소 공동 위원회가 열렸으나 미국과 소련의 의견 대립으로 휴회되고, 좌우익의 대립이 거세졌어요. 이러한 가운데 이승만이 정읍에서 남한만이라도 임시 정부를 수립해야 한다고 공식적으로 발표하였어요(**정읍 발언**).

① 한국 광복군이 창설되었다.
 ▶1940년에 중국 충칭에서 대한민국 임시 정부의 정규군으로 한국 광복군이 창설되었어요.

② 김구가 남북 협상을 추진하였다.
 ▶1948년에 통일 정부 수립을 지향한 김구와 김규식 등이 남북 협상을 추진하였어요.

③ 모스크바 삼국 외상 회의가 개최되었다.
 ▶1945년 12월에 소련의 모스크바에서 미국, 영국, 소련의 외무 장관이 모인 모스크바 3국 외상 회의가 개최되었어요.

④ 여운형이 조선 건국 준비 위원회를 결성하였다.
 ▶1945년 광복 직후에 여운형이 조선 건국 동맹을 기반으로 조선 건국 준비 위원회를 결성하였어요.

VIII
현대

385 ● 좌우 합작 위원회   정답 ③

(가)에 들어갈 단체로 옳은 것은?   [2점]

1946년 7월, 미군정의 지원 아래 ①여운형, 김규식 등이 중심이 되어 결성한 단체입니다. 정치 세력의 대립을 넘어 ②민주주의 임시 정부 수립을 위해 노력한 이 단체의 이름은 무엇일까요?

(가)

정답 잡는 키워드

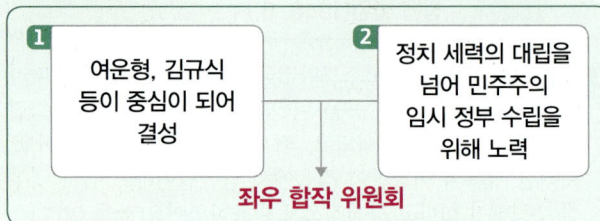

| ① 여운형, 김규식 등이 중심이 되어 결성 | ② 정치 세력의 대립을 넘어 민주주의 임시 정부 수립을 위해 노력 |

→ **좌우 합작 위원회**

① 1946년에 한반도의 신탁 통치와 임시 민주 정부 수립을 논의하기 위해 미·소 공동 위원회가 열렸지만, 미국과 소련의 의견 대립으로 회의는 성과 없이 중단되었어요. 이러한 가운데 남한만의 단독 정부를 수립하자는 주장까지 제기되어 분단의 분위기가 고조되었어요. 이에 통일 정부를 수립해야 한다고 생각한 **여운형, 김규식** 등이 중심이 되어 **좌우 합작 위원회**를 결성하였어요.

② **좌우 합작 위원회**는 좌익과 우익으로 나뉜 정치 세력의 대립을 넘어 한반도에 통일된 민주주의 임시 정부를 수립하기 위해 노력하였으나 성과를 거두지는 못하였어요.

① 권업회
▶ 권업회는 연해주에서 활약한 독립운동 단체로, 권업신문을 발간하고 강연회를 개최하여 민족의식을 높이기 위해 노력하였어요.

② 대한인 국민회
▶ 대한인 국민회는 장인환·전명운의 스티븐스 저격 사건을 계기로 1910년에 미주 지역의 여러 한인 단체가 통합하여 결성한 단체입니다.

③ 좌우 합작 위원회
▶ 좌우 합작 위원회는 한반도에 통일 정부를 수립하기 위해 좌우 합작 운동을 전개하였어요.

④ 남북 조절 위원회
▶ 남북 조절 위원회는 1972년 7·4 남북 공동 성명의 합의 사항을 이행하기 위한 기구로 설치되었어요.

---

386 ● 제주 4·3 사건   정답 ④

(가)에 들어갈 사건으로 옳은 것은?   [2점]

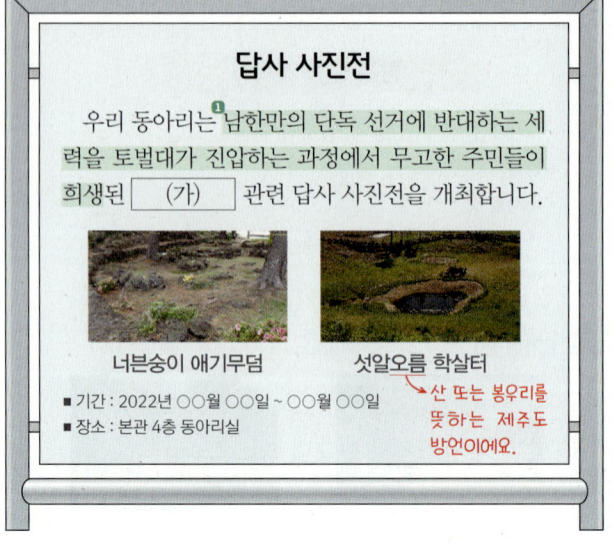

답사 사진전

우리 동아리는 남한만의 단독 선거에 반대하는 세력을 토벌대가 진압하는 과정에서 무고한 주민들이 희생된 ___(가)___ 관련 답사 사진전을 개최합니다.

너븐숭이 애기무덤   섯알오름 학살터

↳ 산 또는 봉우리를 뜻하는 제주도 방언이에요.

■ 기간 : 2022년 ○○월 ○○일 ~ ○○월 ○○일
■ 장소 : 본관 4층 동아리실

정답 잡는 키워드

| ① 남한만의 단독 선거에 반대하는 세력을 토벌대가 진압하는 과정에서 무고한 주민들이 희생됨 |

→ **제주 4·3 사건**

① 1948년에 유엔 소총회에서 선거가 가능한 지역, 즉 남한에서의 총선거 실시를 결정하자 제주도에서 좌익 세력과 일부 주민이 남한만의 단독 선거에 반대하여 봉기하였어요. 토벌대가 이들을 진압하는 과정에서 많은 무고한 주민이 희생되었는데, 이를 **제주 4·3 사건**이라고 합니다.

① 원산 총파업
▶ 1929년에 원산 인근의 라이징 선 석유 회사에서 일본인 감독이 한국인 노동자를 구타한 사건이 발단이 되어 일어난 노동자 총파업이에요.

② 제암리 사건
▶ 3·1 운동 당시 경기도 화성의 제암리에서 만세 운동이 일어나자 일본군이 제암리 주민을 교회당에 몰아넣은 뒤 총격을 가하고 불을 질러 학살한 사건이에요.

③ 자유시 참변
▶ 간도 참변 이후 러시아의 자유시로 이동한 독립군 부대가 러시아 혁명군의 무장 해제 요구에 반발하여 많은 독립군이 희생된 사건이에요.

④ 제주 4·3 사건
▶ 제주 4·3 사건 희생자들의 명예 회복을 위해 2000년에 제주 4·3 사건의 진상 규명 및 희생자 명예 회복에 관한 특별법이 제정되었어요.

(가)에 들어갈 내용으로 가장 적절한 것은?   [2점]

모둠별 탐구 활동

주제 : (가)

1모둠
모스크바 3국 외상 회의 결과를 찾아본다.

2모둠
좌우 합작 운동의 의미를 파악한다.

3모둠
5·10 총선거 과정을 알아본다.

1945년 12월에 열린 모스크바 3국 외상 회의에서 한반도 문제가 논의되어 임시 민주 정부 수립, 미·소 공동 위원회 설치, 최대 5년간의 신탁 통치 실시 등이 결정되었어요. 이에 따라 임시 민주 정부 수립을 논의하기 위한 미·소 공동 위원회가 개최되었어요. 하지만 미국과 소련이 협의 대상에 대한 의견 차이를 좁히지 못하여 회의는 결렬되었어요. 이러한 상황에서 이승만이 남한만의 단독 정부 수립을 주장하였으며, 통일 정부 수립을 지향한 여운형과 김규식 등은 좌우 합작 위원회를 조직하고 좌우 합작 운동을 전개하였어요. 하지만 성과를 거두지 못하였어요. 이후 유엔 소총회에서 남한만의 단독 총선거가 결의되어 1948년 5월 10일에 남한에서 5·10 총선거가 치러지고 제헌 국회를 구성할 국회 의원이 선출되었어요.

① 헤이그 특사 파견 배경
　▶ 고종 황제는 을사늑약의 부당성을 국제 사회에 알리기 위해 네덜란드 헤이그에서 열리는 만국 평화 회의에 특사를 파견하였어요.

②대한민국 정부 수립 과정
　▶ 5·10 총선거를 통해 구성된 제헌 국회는 헌법을 제정하고 이승만을 대통령으로 선출하였어요. 그 결과 1948년 8월 15일에 대한민국 정부가 수립되었어요.

③ 국민 대표 회의 개최 원인
　▶ 대한민국 임시 정부의 활동이 어려워진 상황에서 독립운동의 새로운 방향을 모색하기 위해 상하이에서 국민 대표 회의가 개최되었어요.

④ 한·일 기본 조약 체결 결과
　▶ 1965년에 박정희 정부가 한·일 기본 조약(한·일 협정)을 체결하였어요.

(가)에 들어갈 사진으로 옳지 않은 것은?   [2점]

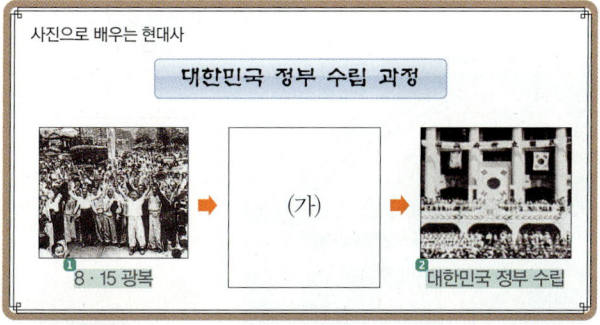

사진으로 배우는 현대사

대한민국 정부 수립 과정

8·15 광복 → (가) → 대한민국 정부 수립

정답 잡는 키워드

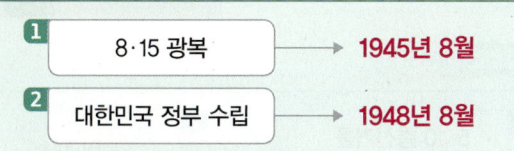

| 1 | 8·15 광복 | → | 1945년 8월 |
| 2 | 대한민국 정부 수립 | → | 1948년 8월 |

1 **1945년 8월 15일**, 마침내 일제가 무조건 항복을 선언하고 한국은 광복을 맞이하였어요. 그해 12월에 개최된 모스크바 3국 외상 회의의 결정에 따라 미·소 공동 위원회가 두 차례 개최되었지만 성과 없이 중단되었어요. 이에 유엔이 남북한 총선거를 통해 한반도에 정부를 구성하기로 결정하고 유엔 한국 임시 위원단을 파견하였습니다. 하지만 북측이 이를 거부하자 유엔은 선거가 가능한 남한 지역에서 총선거를 실시하기로 결정하였어요.

2 1948년 5월 10일, 5·10 총선거를 통해 제헌 국회가 구성되었고, 제헌 국회에서 대통령으로 선출된 이승만이 **1948년 8월 15일**에 대한민국 정부 수립을 선포하였어요.

①
5·10 총선거 실시
　▶ **1948년 5월** 우리나라 최초의 보통 선거인 5·10 총선거가 실시되었어요.

②
유엔 한국 임시 위원단 내한
　▶ **1948년 1월** 유엔 한국 임시 위원단이 한국에 왔어요.

③
제1차 미·소 공동 위원회 개최
　▶ **1946년 3월** 덕수궁 석조전에서 제1차 미·소 공동 위원회가 개최되었어요.

④
반민족 행위 특별 조사 위원회 활동
　▶ 대한민국 정부 수립 이후 제정된 반민족 행위 처벌법에 따라 **1948년 10월**부터 반민족 행위 특별 조사 위원회가 구성되어 활동하였어요.

밑줄 그은 '국회'에 대한 설명으로 옳은 것은?   [3점]

이 사진은 5·10 총선거를 통해 구성된 국회의 개원식 모습입니다. 임기 2년의 국회 의원으로 구성된 이 국회는 국호를 대한민국으로 결정하고 헌법을 제정하였습니다.

정답 잡는 **키워드**

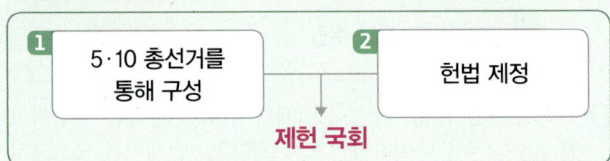

| ① 5·10 총선거를 통해 구성 | ② 헌법 제정 |

제헌 국회

① **제헌 국회**는 1948년에 치러진 5·10 총선거를 통해 구성되었어요. 5·10 총선거는 우리 역사 최초의 민주 선거였어요.

② **제헌 국회**는 나라의 기틀이 되는 헌법을 제정한 초대 국회를 이르는 말이에요.

① 3선 개헌안을 통과시켰다.
▶박정희 정부 시기인 1969년에 대통령의 3회 연임을 허용하는 3선 개헌안이 통과되었어요. 당시 국회는 **제7대 국회**였어요.

②농지 개혁법을 제정하였다.
▶**제헌 국회**는 1949년에 농민이 토지의 소유권을 가지는 것을 원칙으로 하는 농지 개혁법을 제정하였어요.

③ 5·16 군사 정변으로 해산되었다.
▶1961년에 박정희를 중심으로 한 일부 군인 세력이 5·16 군사 정변을 일으켜 정권을 장악하고 국회를 해산하였어요. 당시 국회는 **제5대 국회**였어요.

④ 국회 의원의 3분의 1을 대통령이 추천하였다.
▶박정희 정부 시기인 1972년에 제정·공포된 유신 헌법에 따라 대통령이 국회 의원의 3분의 1을 추천할 수 있었어요. 이러한 유신 헌법에 근거하여 **제9대, 제10대 국회**가 구성되었어요.

밑줄 그은 '이 전쟁' 중에 있었던 사실로 옳은 것은?
     [2점]

이것은 이우근의 편지를 새긴 조형물입니다. 그는 이 전쟁 당시 학도 의용군으로 포항여중 전투에서 북한군과 싸우다 전사하였습니다. 그가 쓴 편지에는 동족상잔의 비극, 어머니에 대한 그리움이 담겨져 있습니다.

정답 잡는 **키워드**

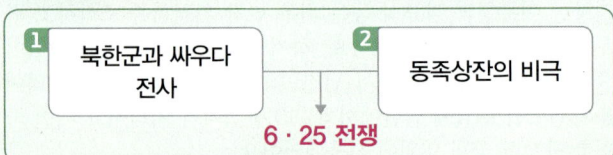

| ① 북한군과 싸우다 전사 | ② 동족상잔의 비극 |

6·25 전쟁

① 1950년 6월 25일 새벽, 북한군의 기습 남침으로 **6·25 전쟁**이 발발하였어요. 전쟁 발발 직후 낙동강 유역까지 밀렸던 국군은 유엔군과 함께 인천 상륙 작전을 전개하여 서울을 되찾고 38도선을 넘어 압록강 유역까지 진격하였어요. 6·25 전쟁 당시 어린 학생들도 학도 의용군이라는 이름으로 전투에 참전하였어요.

② **6·25 전쟁**은 남북한 사이에 벌어진 동족상잔의 비극이었어요. 이 전쟁으로 많은 사람이 다치거나 죽었으며, 수많은 이산가족과 전쟁고아가 발생하였어요.

① 미국이 애치슨 선언을 발표하였다.
▶**6·25 전쟁** 발발 직전인 1950년 1월에 미국이 태평양 지역 방위선에서 한국과 타이완을 제외한다는 내용의 애치슨 선언을 발표하였어요.

② 조선 건국 준비 위원회가 결성되었다.
▶**1945년 광복** 직후에 여운형의 주도로 조선 건국 준비 위원회가 결성되었어요.

③16개국으로 구성된 유엔군이 참전하였다.
▶**6·25 전쟁**이 일어나자 미국을 비롯해 영국, 프랑스, 캐나다, 튀르키예 등 16개국으로 구성된 유엔군이 우리나라를 돕기 위해 참전하였어요.

④ 13도 창의군이 서울 진공 작전을 전개하였다.
▶**정미의병** 때 13도 창의군이 결성되어 서울 진공 작전을 전개하였어요.

밑줄 그은 '이 전쟁' 중에 있었던 사실로 옳은 것은?

[2점]

> 이것은 **이 전쟁** 중인 1951년 11월 판문점 인근에서 열기구를 띄우려는 모습을 촬영한 사진입니다. 이 열기구는 **휴전 회담**이 진행되던 당시 판문점 일대가 중립 지대임을 표시하기 위한 것이었습니다.

정답 잡는 키워드

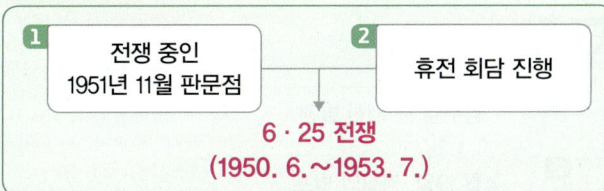

1 전쟁 중인 1951년 11월 판문점	**2** 휴전 회담 진행

6·25 전쟁
(1950. 6.~1953. 7.)

1 , 2 1950년 6월 25일 북한군의 기습 공격으로 **6·25 전쟁**이 일어났어요. 유엔은 북한의 남침을 침략 행위로 규정하고 군대를 파견하였어요. 전쟁 초기에 북한군의 공세에 밀렸던 국군은 유엔군과 함께 반격을 시작하였어요. 1950년 9월 15일 국군과 유엔군은 인천 상륙 작전에 성공하여 서울을 탈환하고, 여세를 몰아 38도선을 돌파하여 압록강 일대까지 진격하였지만, 중국군이 참전하면서 후퇴하였어요. 이후 38도선 일대에서 서로 밀고 밀리는 공방전이 지속되었어요. 이러한 가운데 소련의 제안으로 1951년 7월에 첫 번째 정전(휴전) 회담이 시작되었고, 1953년 7월 27일에 판문점에서 정전 협정이 체결되었어요.

① 애치슨 선언이 발표되었다.

> 1950년 1월, 미국은 태평양 지역 방위선에서 한국과 타이완을 제외한다는 내용의 애치슨 선언을 발표하였어요.

②흥남 철수 작전이 전개되었다.

> 1950년 12월, 중국군의 개입 이후 국군과 유엔군이 후퇴하는 과정에서 흥남 철수 작전이 전개되었어요.

③ 사사오입 개헌안이 가결되었다.

> 1954년 11월에 이승만 정부는 개헌 당시 대통령의 중임 제한을 없애는 규정을 둔 사사오입 개헌안을 발의하고 국회에서 통과시켰어요.

④ 한·미 상호 방위 조약이 체결되었다.

> 1953년 10월에 미군이 한국에 주둔하여 방위에 협력한다는 내용을 담은 한·미 상호 방위 조약이 체결되었어요.

(가) 전쟁 중에 있었던 사실로 옳지 않은 것은?   [2점]

정답 잡는 키워드

1 1953년	**2** 판문점에서 정전 협정 체결

6·25 전쟁

1 , 2 **6·25 전쟁**은 1950년 6월 25일 북한의 기습 남침으로 시작되었어요. 전쟁이 일어나자 유엔군이 참전하여 국군과 함께하였고, 뒤에 참전한 중국군은 북한을 지원하였어요. 전쟁 중 38도선 부근에서 전선이 굳어지면서 소련의 제의로 정전(휴전) 회담이 시작되었어요. 그리고 1953년 7월 27일에 판문점에서 정전 협정이 체결되었어요.

① 반공 포로가 석방되었다.

> 6·25 전쟁의 정전 회담이 진행되는 상황에서 정전에 반대한 이승만 정부가 반공 포로를 석방하여 회담이 어려움에 빠지기도 하였어요.

②미·소 공동 위원회가 개최되었다.

> 모스크바 3국 외상 회의의 결정에 따라 1946년, 1947년에 미·소 공동 위원회가 두 차례 개최되었으나 미국과 소련의 의견 대립으로 결렬되었어요.

③ 중국군의 개입으로 서울을 다시 빼앗겼다.

> 6·25 전쟁 중 인천 상륙 작전에 성공한 국군과 유엔군은 북진하여 압록강 유역까지 진출하였으나 중국군의 개입으로 후퇴하여 서울을 다시 빼앗겼어요(1·4 후퇴).

④ 국군과 유엔군이 인천 상륙 작전에 성공하였다.

> 6·25 전쟁 초기에 북한군의 공세에 밀린 국군과 유엔군은 낙동강 방어선을 구축하고 반격의 기회를 잡아 인천 상륙 작전을 전개하여 성공하였어요.

2 민주주의의 발전

393 · 4·19 혁명 정답 ①

(가)에 들어갈 민주화 운동으로 옳은 것은? [2점]

■ 주제 : 불의와 독재에 항거한 (가) 자료집 만들기
– 수행 과제 : (가) 중 인상적인 장면을 그려 설명과 함께 올려 주세요.

게시자 : 서 ○○
3·15 부정 선거에 항의하는 학생들

게시자 : 송 ○○
대학교수단의 가두시위

게시자 : 최 ○○
하야하는 이승만 대통령

게시자 : 강 ○○
환호하는 시민들

정답 잡는 키워드

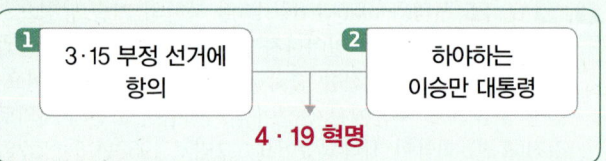

| 1 3·15 부정 선거에 항의 | 2 하야하는 이승만 대통령 |

→ 4·19 혁명

1 4·19 혁명은 이승만 정부의 독재와 3·15 부정 선거에 항의하여 일어난 민주화 운동이에요. 전국 각지에서 학생들을 중심으로 부정 선거에 항의하는 시위가 전개되었어요.

2 4·19 혁명으로 이승만은 대통령직에서 물러난다는 성명을 발표하고 하야하였어요.

① 4·19 혁명
▶ 4·19 혁명은 이후에 일어난 민주화 운동의 주춧돌이 되었어요.

② 6월 민주 항쟁
▶ 6월 민주 항쟁은 전두환 정부의 강압적인 통치와 4·13 호헌 조치에 항거하여 일어났어요.

③ 부·마 민주 항쟁
▶ 부·마 민주 항쟁은 YH 무역 사건과 김영삼의 국회 의원직 제명을 계기로 부산과 마산 일대에서 일어난 유신 반대 운동이에요.

④ 5·18 민주화 운동
▶ 5·18 민주화 운동은 전두환 등 신군부의 불법적인 정권 탈취와 비상계엄 확대에 반대하여 일어났어요.

---

394 · 4·19 혁명 정답 ①

(가) 민주화 운동에 대한 설명으로 옳은 것은? [2점]

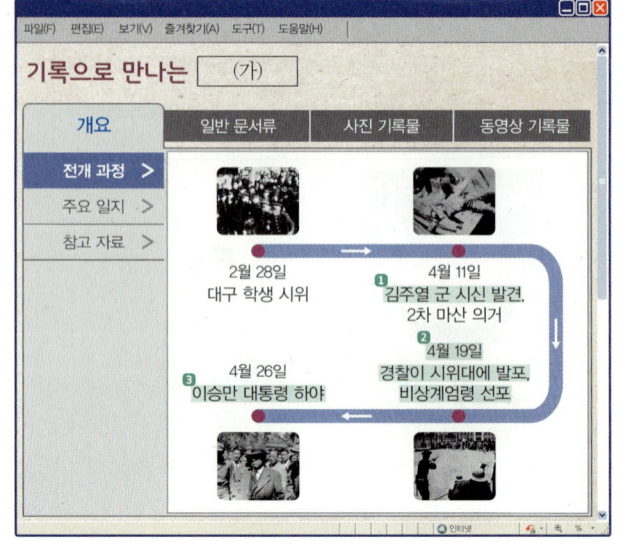

기록으로 만나는 (가)

개요 | 일반 문서류 | 사진 기록물 | 동영상 기록물

전개 과정 >
주요 일지 >
참고 자료 >

2월 28일
대구 학생 시위

4월 11일
1 김주열 군 시신 발견,
2차 마산 의거

2 4월 19일
경찰이 시위대에 발포,
비상계엄령 선포

3 4월 26일
이승만 대통령 하야

정답 잡는 키워드

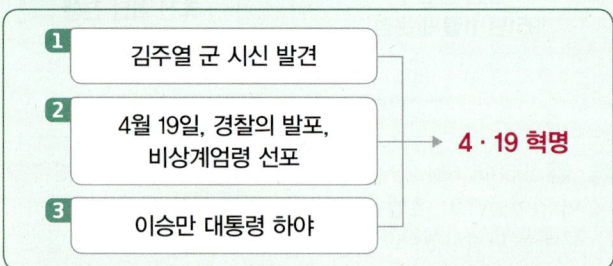

1 김주열 군 시신 발견
2 4월 19일, 경찰의 발포, 비상계엄령 선포
3 이승만 대통령 하야

→ 4·19 혁명

1, 2, 3 1960년 4월 11일에 3·15 부정 선거를 규탄하는 시위에 나갔던 고등학생 김주열이 최루탄에 맞아 사망한 채 마산 앞바다에서 발견되었어요. 이 사실이 알려지면서 시위는 전국으로 확산되었어요. 4월 19일에 서울에서 부정 선거에 항의하는 시위대가 이승만 대통령이 있는 경무대로 향하자, 경찰이 시위대를 향해 발포하였고, 정부는 비상계엄령을 선포하였어요. 정부의 무력 진압에도 거센 시위가 계속되자 결국 국민의 뜻에 따라 이승만이 대통령직에서 물러났어요. 시위가 절정에 이른 1960년 4월 19일을 기념하여 4·19 혁명이라고 이름을 붙였어요.

① 3·15 부정 선거에 항의하였다.
▶ 4·19 혁명은 3·15 부정 선거에 항의하여 일어났어요.

↗ 전두환 정부가 대통령 간선제를 규정한 기존 헌법을 지키겠다고 발표하였어요.
② 4·13 호헌 조치 철폐를 요구하였다.
▶ 6월 민주 항쟁 당시 시민들은 4·13 호헌 조치의 철폐를 요구하며 대규모 시위를 벌였어요.

③ 유신 체제가 붕괴하는 계기가 되었다.
▶ 부·마 민주 항쟁 등으로 흔들리던 유신 체제는 박정희 대통령이 피살된 10·26 사태로 사실상 무너졌어요.

④ 신군부의 비상계엄 확대에 반대하였다.
▶ 전두환 등 신군부의 불법적인 정권 탈취와 비상계엄 확대에 반대하여 5·18 민주화 운동이 일어났어요.

395 박정희 정부 시기의 사회 모습   정답 ①

밑줄 그은 '정부' 시기에 볼 수 있는 사회 모습으로 가장 적절한 것은?   [2점]

긴급 조치 9호로 피해를 당한 국민과 그 가족에 대해 국가의 배상 책임이 있다는 대법원 판결이 나왔습니다. 긴급 조치 9호에는 정부가 선포한 유신 헌법을 부정하거나 반대 또는 비방하는 행위 등을 금지하고, 위반할 경우 영장 없이 체포·구속해 1년 이상의 징역에 처한다는 내용이 담겨 있습니다.

당시 대한뉴스 화면
헌법 부정 행위 금지

대법원 "긴급 조치 9호로 인한 피해, 국가가 배상해야"

정답 잡는 키워드

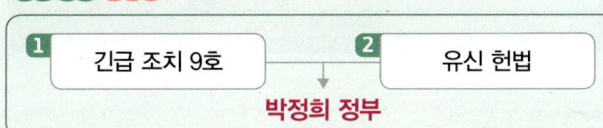

① 긴급 조치 9호	② 유신 헌법

↓
박정희 정부

①, ② **박정희 정부**는 1972년에 10월 유신을 단행하였어요. 비상계엄령을 선포하고 국회를 해산한 뒤 비상 국무 회의에서 마련한 헌법 개정안(유신 헌법)을 국민 투표로 확정하여 박정희 대통령이 장기 집권할 수 있는 토대를 만들었어요. 유신 헌법에 따라 대통령은 국회를 해산할 수 있었으며, 국민의 기본권을 포괄적으로 제한하는 긴급 조치권을 행사할 수 있었어요.

① 부·마 민주 항쟁에 참여하는 학생
▶ **박정희 정부** 시기에 부산과 마산 일대에서 대규모 유신 반대 운동인 부·마 민주 항쟁이 일어났어요.

② 서울 올림픽 대회 개막식을 관람하는 시민
▶ **노태우 정부** 시기에 제24회 서울 올림픽 대회가 개최되었어요.

③ 금융 실명제 시행 속보를 시청하는 회사원
▶ **김영삼 정부** 시기에 대통령의 긴급 명령으로 금융 실명제가 실시되었어요.

④ 반민족 행위 특별 조사 위원회에 체포되는 친일 행위자
▶ **이승만 정부** 시기에 친일파를 처벌하기 위한 반민족 행위 처벌법이 제정되고 반민족 행위 특별 조사 위원회가 구성되었어요.

396 5·18 민주화 운동   정답 ④

(가)에 들어갈 민주화 운동으로 옳은 것은?   [1점]

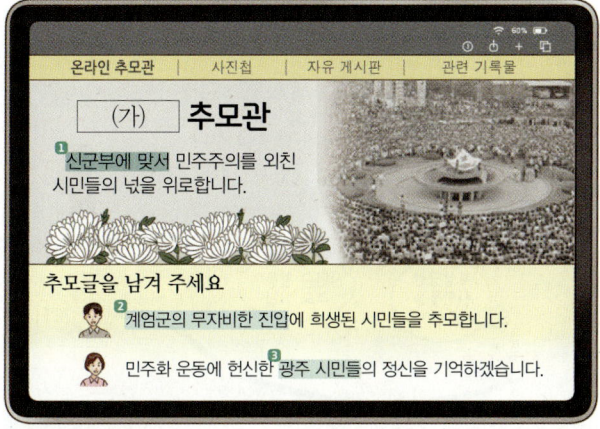

온라인 추모관	사진첩	자유 게시판	관련 기록물

(가) 추모관

① 신군부에 맞서 민주주의를 외친 시민들의 넋을 위로합니다.

추모글을 남겨 주세요

② 계엄군의 무자비한 진압에 희생된 시민들을 추모합니다.

③ 민주화 운동에 헌신한 광주 시민들의 정신을 기억하겠습니다.

정답 잡는 키워드

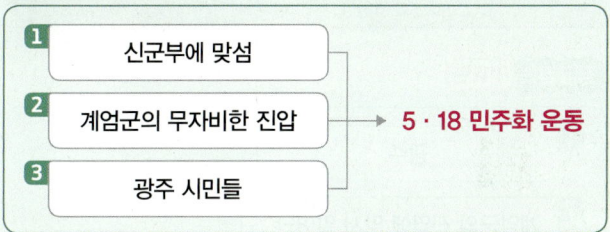

① 신군부에 맞섬	
② 계엄군의 무자비한 진압	→ **5·18 민주화 운동**
③ 광주 시민들	

①, ②, ③ 1980년에 불법적으로 정권을 탈취하고 비상계엄을 확대한 전두환 등 신군부에 맞서 광주에서 **5·18 민주화 운동**이 일어났어요. 신군부는 계엄군을 동원하여 무자비하게 시위를 진압하였고, 이 과정에서 많은 광주의 학생과 시민이 희생되었어요.

① 4·19 혁명
▶ 1960년에 이승만 정부와 자유당이 저지른 3·15 부정 선거에 항거하여 4·19 혁명이 일어났어요.

② 6월 민주 항쟁
▶ 1987년에 전두환 정부의 강압 통치와 4·13 호헌 조치에 맞서 6월 민주 항쟁이 전개되었어요.

③ 부·마 민주 항쟁
▶ 1979년에 야당 총재인 김영삼이 국회 의원직에서 제명된 사건을 계기로 부산과 마산 일대에서 유신 체제에 저항하는 부·마 민주 항쟁이 일어났어요.

④ 5·18 민주화 운동
▶ 5·18 민주화 운동의 진상 규명을 위한 특별법이 제정되었으며, 5·18 민주화 운동 관련 기록물은 유네스코 세계 기록 유산으로 등재되었어요.

(가)에 들어갈 민주화 운동으로 옳은 것은?　　[1점]

역사 동아리 답사 계획서

■ 주제 : □(가)□ 당시의 광주를 걷다
■ 일시 : 2022년 ○○월 ○○일 09:00~12:00
■ 경로

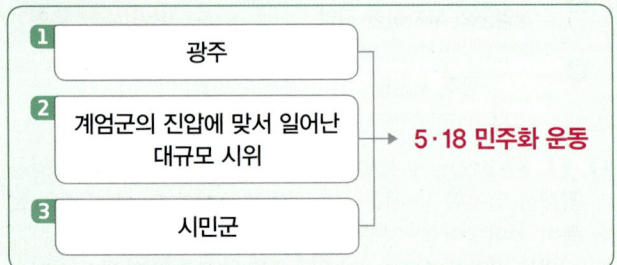

정답 잡는 키워드

1 광주
2 계엄군의 진압에 맞서 일어난 대규모 시위
3 시민군
→ 5·18 민주화 운동

1 1980년 5월에 광주에서 전두환 등 신군부의 불법적인 정권 탈취와 비상계엄 확대에 맞서 민주화를 외친 5·18 민주화 운동이 일어났어요.

2, 3 5·18 민주화 운동 당시 광주 시민들은 계엄군을 앞세운 신군부의 무력 진압에 맞서기 위해 자발적으로 시민군을 조직하였어요.

① 6·3 시위
➤ 박정희 정부의 굴욕적인 한·일 국교 정상화에 반대하여 6·3 시위가 일어났어요.

② 6월 민주 항쟁
➤ 전두환 정부의 강압 통치와 국민의 대통령 직선제 개헌 요구를 거부한 4·13 호헌 조치에 반대하여 6월 민주 항쟁이 일어났어요.

③ 2·28 민주 운동
➤ 이승만 정부와 자유당이 1960년 3월 15일 정·부통령 선거를 앞두고 2월 28일 대구에서 예정된 야당의 선거 유세장에 학생들이 가지 못하도록 일요일에 등교하게 하였어요. 이에 반발하여 일어난 시위를 2·28 민주 운동이라고 합니다.

④ 5·18 민주화 운동
➤ 5·18 민주화 운동 관련 기록물은 그 의미와 가치가 인정되어 유네스코 세계 기록 유산으로 등재되었어요.

밑줄 그은 '이 민주화 운동'에 대한 설명으로 옳은 것은?　　[3점]

'고바우'가 바라본 우리 현대사

이 만화는 김성환이 그린 '고바우 영감'으로 1987년 7월 1일자 신문에 게재되었다. 호헌 철폐, 독재 타도를 외친 이 민주화 운동으로 대통령 직선제 개헌을 약속하는 발표가 나자, 기뻐하는 국민들의 모습을 작가가 네 컷 만화로 표현하였다.

국민이 직접 대통령을 뽑는 선거 제도를 말해요.

정답 잡는 키워드

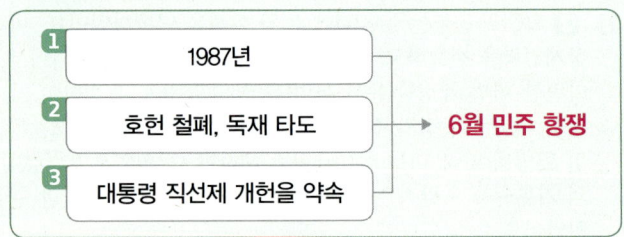

1 1987년
2 호헌 철폐, 독재 타도
3 대통령 직선제 개헌을 약속
→ 6월 민주 항쟁

1 1987년에 일어난 6월 민주 항쟁은 전두환 정부의 4·13 호헌 조치와 박종철 고문치사 사건이 계기가 되어 시작되었어요.

2, 3 6월 민주 항쟁에 참여한 시민들은 호헌 철폐, 독재 타도를 외치고 대통령 직선제 개헌을 요구하며 대규모 시위를 벌였어요. 마침내 전두환 정부는 대통령 직선제 개헌을 약속하는 6·29 민주화 선언을 발표하였어요.

① 유신 체제가 붕괴되는 계기가 되었다.
➤ YH 무역 사건, 부·마 민주 항쟁 등으로 흔들리던 유신 체제는 박정희 대통령이 피살되는 10·26 사태로 사실상 붕괴되었어요.

② 양원제 국회가 출현하는 결과를 가져왔다.
➤ 4·19 혁명의 결과 내각 책임제와 양원제 국회 구성을 주요 내용으로 하는 개헌이 이루어져 양원제 국회가 출현하였어요.

③ 박종철과 이한열 등의 희생으로 확산되었다.
➤ 6월 민주 항쟁은 경찰의 가혹한 고문으로 숨진 박종철, 시위 중 최루탄에 맞아 숨진 이한열 등의 희생으로 확산되었어요.

④ 전개 과정에서 시민군이 자발적으로 조직되었다.
➤ 5·18 민주화 운동 중에 계엄군의 진압에 맞서 광주 시민들이 자발적으로 시민군을 조직하여 대항하였어요.

399 6월 민주 항쟁

정답 ③

다음 자료로 알 수 있는 민주화 운동에 대한 설명으로 옳은 것은? [3점]

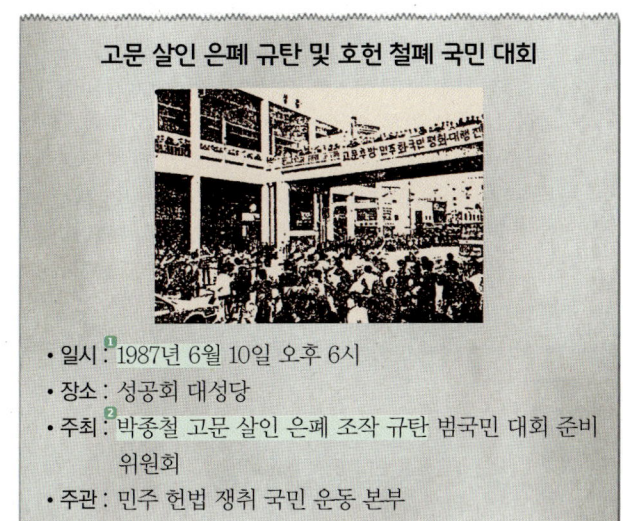

고문 살인 은폐 규탄 및 호헌 철폐 국민 대회

- 일시 : 1987년 6월 10일 오후 6시
- 장소 : 성공회 대성당
- 주최 : 박종철 고문 살인 은폐 조작 규탄 범국민 대회 준비 위원회
- 주관 : 민주 헌법 쟁취 국민 운동 본부

정답 잡는 키워드

| 1 1987년 6월 | → | 2 박종철 고문 살인 은폐 조작 규탄 |

6월 민주 항쟁

1. 2 1987년에 전두환 정부는 국민의 대통령 직선제 개헌 요구를 무시한 채 기존 헌법을 유지하고 개헌 논의를 금지한다는 4·13 호헌 조치를 발표하였어요. 이에 대해 국민들이 분노하는 가운데 박종철 고문치사 사건의 진실이 알려지고 대규모 시위가 일어나 전국으로 확산되었어요(6월 민주 항쟁).

① 대통령이 하야하는 결과를 가져왔다.
▶ 4·19 혁명으로 이승만이 대통령직에서 물러났어요.

② 굴욕적인 한·일 국교 정상화에 반대하였다.
▶ 박정희 정부 시기에 굴욕적인 한·일 국교 정상화에 반대하는 6·3 시위가 일어났어요.

③ 5년 단임의 대통령 직선제 개헌을 이끌어 냈다.
▶ 6월 민주 항쟁의 결과로 5년 단임의 대통령 직선제 개헌이 이루어졌어요.

④ 전개 과정에서 시민군이 자발적으로 조직되었다.
▶ 5·18 민주화 운동 당시 계엄군의 진압에 맞서 자발적으로 시민군이 조직되었어요.

---

3 경제의 발전과 통일을 위한 노력

400 경제 성장 과정

정답 ①

(가)~(라)에 들어갈 내용으로 적절한 것은? [3점]

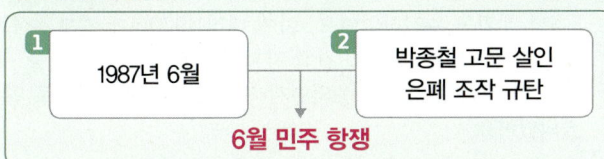

〈2020년 하계 한국사 특강〉

대한민국 경제의 발자취

우리 연구소에서는 대한민국의 경제 상황을 시기별로 살펴보는 온라인 특강을 준비하였습니다. 관심 있는 분들의 많은 참여를 부탁드립니다.

■ 특강 주제 ■
제1강 1950년대, (가)
제2강 1960년대, (나)
제3강 1970년대, (다)
제4강 1980년대, (라)

■ 일시 : 2020년 ○○월 ○○일 10:00~17:00
■ 주관 : ○○○○ 연구소
■ 신청 : 홈페이지 공지 사항 참조

광복 이후 우리나라는 새로운 경제 발전의 계기를 마련하기도 전에 6·25 전쟁과 분단으로 경제적 어려움을 겪었어요. 전쟁이 끝난 후 이승만 정부는 미국의 경제 원조를 바탕으로 전후 복구 사업을 추진하고 원조 물자를 이용하는 일부 제조업에 집중하였어요. 5·16 군사 정변으로 정권을 잡은 박정희 정부 시기에 경제 개발 5개년 계획이 추진되면서 우리나라 경제는 빠르게 성장하였어요. 석유 파동으로 위기를 맞기도 하였지만 1960년대부터 계속된 성장으로 우리 경제의 규모가 급속하게 커졌어요.

① (가) – 삼백 산업과 원조 경제 체제
▶ 1950년대 후반에 원조 물자를 기반으로 밀가루, 설탕, 면직물을 만드는 삼백 산업이 발달하였어요.
  ▷ 석유의 공급 부족과 가격 폭등으로 세계 경제가 큰 어려움을 겪은 일을 말해요.

② (나) – 중화학 공업의 육성과 석유 파동
▶ 1970년대에 중화학 공업을 적극 육성하는 방향으로 경제 개발 5개년 계획이 추진되었어요. 이 시기 두 차례의 석유 파동으로 우리 경제는 큰 타격을 입었어요.
  ▷ 낮은 유가, 낮은 달러 가치, 낮은 금리로 경제 활동이 활발한 상태를 말해요.

③ (다) – 산업 구조의 재편과 3저 호황
▶ 1980년대에 전두환 정부는 산업 구조를 재편하고 3저 현상으로 수출이 증가하는 등 호황을 맞았어요.
  ▷ 보유한 외환이 크게 줄어 부족해진 상황을 말해요.

④ (라) – 외환 위기 발생과 금 모으기 운동
▶ 김영삼 정부 말인 1997년에 외환 위기를 맞아 국제 통화 기금(IMF)으로부터 구제 금융을 지원받았어요. 이에 국민이 자발적으로 금 모으기 운동을 전개하여 위기 상황을 극복하는 데 동참하였어요.

다음 가상 뉴스에서 보도하는 사건이 일어난 정부 시기의 사실로 옳은 것은? [2점]

오늘 일본 총리 관저에서 **한·일 협정 조인식**이 열려 양국 대표들이 협정문에 서명했습니다.

한·일 협정 조인식 열려

정답 잡는 키워드

| **1** 한·일 협정 조인식 → **박정희 정부** |

1 **박정희 정부**는 경제 개발에 필요한 자금을 마련하기 위해 한·일 국교 정상화를 추진하였어요. 수많은 학생과 시민들이 굴욕적인 대일 외교라고 반대하였지만 결국 **한·일 협정**을 체결(조인)하였어요.

① 농지 개혁법을 제정하였다.
> **이승만 정부** 시기인 1949년에 농지 개혁법이 제정되었어요.

②경부 고속 도로를 개통하였다.
> **박정희 정부** 시기인 1970년에 경부 고속 도로가 개통되었어요.

③ 경제 협력 개발 기구(OECD)에 가입하였다.
> **김영삼 정부** 시기인 1996년에 경제 협력 개발 기구(OECD)에 가입하였어요.

④ 미국과 자유 무역 협정(FTA)을 체결하였다.
> **노무현 정부** 시기인 2007년에 미국과 자유 무역 협정(FTA)을 체결하였어요.

다음 연설문을 발표한 정부 시기의 경제 상황으로 옳은 것은? [3점]

우리 민족의 숙원이던 **1**경부 간 고속 도로의 완전 개통을 보게 된 것을 국민 여러분들과 더불어 경축해 마지않는 바입니다. 이 길은 총 연장 428km로 우리나라의 리(里) 수로 따지면 천 리 하고도 약 칠십 리가 더 되는데, 장장 천릿길을 이제부터는 자동차로 4시간 반이면 달릴 수 있게 됐습니다. …… 이 고속 도로가 앞으로 우리나라 국민 경제의 발전과 산업 근대화에 여러 가지 큰 공헌을 하리라고 믿습니다.

정답 잡는 키워드

| **1** 경부 간 고속 도로의 완전 개통 → **박정희 정부** |

1 **박정희 정부**는 1962년부터 1971년까지 제1, 2차 경제 개발 5개년 계획을 추진하였어요. 이에 따라 1970년에 경부 고속 도로가 개통되는 등 사회 간접 자본이 확충되었어요. 서울·부산 간 고속 도로가 개통되면서 전국이 일일생활권으로 연결되었어요.

① 서울에서 G20 정상 회의가 개최되었다.
> **이명박 정부** 시기에 서울에서 G20 정상 회의가 개최되었어요.

② 한·미 자유 무역 협정(FTA)이 체결되었다.
> **노무현 정부** 시기에 한·미 자유 무역 협정(FTA)이 체결되었어요.

③제2차 경제 개발 5개년 계획이 추진되었다.
> **박정희 정부** 시기인 1967년부터 1971년까지 제2차 경제 개발 5개년 계획이 추진되었어요.

④ 경제 협력 개발 기구(OECD)에 가입하였다.
> **김영삼 정부** 시기에 경제 협력 개발 기구(OECD)에 가입하였어요.

403 ● 박정희 정부 시기의 사실　　정답 ②

(가) 정부 시기에 있었던 사실로 옳은 것은?　　[2점]

사진으로 보는 (가) 정부

새마을 운동 / 광주 대단지 사건 / 100억 달러 수출 달성

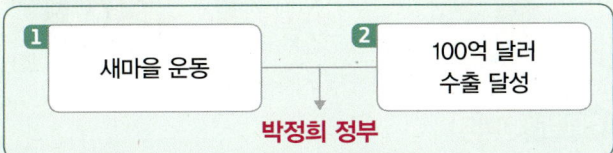

정답 잡는 키워드

| 1 새마을 운동 | 2 100억 달러 수출 달성 |

박정희 정부

1 **박정희 정부**는 도시와 농촌의 격차를 줄이고 농촌의 생활 환경을 개선하기 위해 1970년부터 **새마을 운동**을 추진하였어요.

2 **박정희 정부**는 경제 개발 5개년 계획과 수출 중심의 경제 정책을 추진하여 1977년에 처음으로 **수출액 100억 달러를 달성**하였어요.

① 농지 개혁법이 제정되었다.
　➤ **이승만 정부** 시기에 제헌 국회에서 농지 개혁법이 제정되었어요.

②경부 고속 도로를 준공하였다.
　➤ **박정희 정부** 시기인 1970년에 경부 고속 도로를 준공하였어요.

③ 금융 실명제를 전면 실시하였다.
　➤ **김영삼 정부**는 투명한 금융 거래를 위해 금융 실명제를 전면 실시하였어요.

④ 경제 협력 개발 기구(OECD)에 가입하였다.
　➤ **김영삼 정부** 시기에 경제 협력 개발 기구(OECD)에 가입하였어요.

404 ● 전태일의 활동　　정답 ③

(가)에 해당하는 인물로 옳은 것은?　　[2점]

이 문서는 (가) 이/가 작성한 평화 시장 봉제 공장 실태 조사서입니다. 당시 노동자들의 노동 시간과 건강 상태 등이 상세히 기록되어 있습니다. 열악한 노동 환경의 개선을 요구하던 그는 1970년에 "근로 기준법을 지켜라.", "우리는 기계가 아니다."를 외치며 분신하였습니다.

정답 잡는 키워드

| 1 열악한 노동 환경의 개선을 요구 | 2 1970년 "근로 기준법을 지켜라." 등을 외치며 분신 |

전태일

1, 2 **전태일**은 평화 시장 봉제 공장에서 일하면서 노동 운동에 참여하여 노동자들의 건강을 위협하는 **열악한 노동 환경의 개선**을 요구하였어요. 하지만 정부가 노동자들의 요구를 계속 외면하자 1970년에 근로 기준법 준수를 요구하며 분신 투쟁을 벌였어요.

① 김주열
➤ 김주열은 3·15 부정 선거를 규탄하는 시위에 나갔다가 최루탄에 맞아 사망한 채 마산 앞바다에서 발견되었어요.

② 장준하
➤ 장준하는 일본군으로 징집되었다가 탈출하여 한국 광복군에 들어가 독립운동을 하였어요. 이후 유신 반대 운동을 이끌었어요.

③ 전태일
➤ 전태일은 서울 평화 시장에서 재단사로 일하였어요.

④ 이한열
➤ 이한열은 6월 민주 항쟁 때 경찰이 쏜 최루탄에 희생되었어요.

(가) 정부 시기의 경제 상황으로 옳은 것은?   [2점]

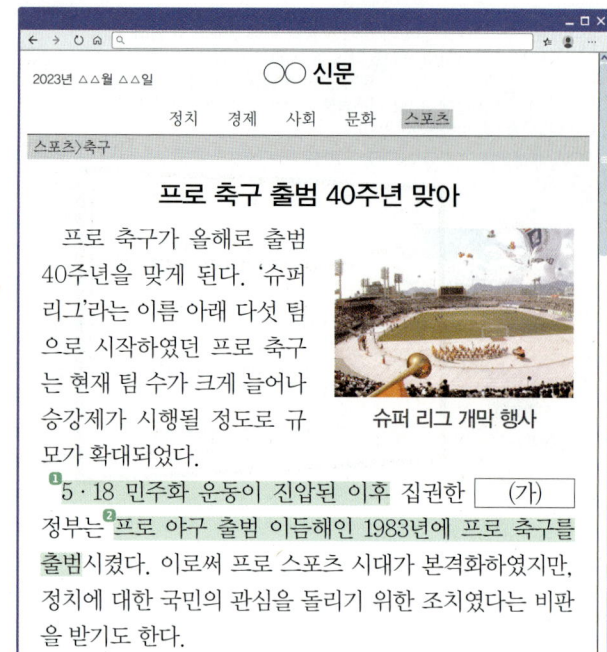

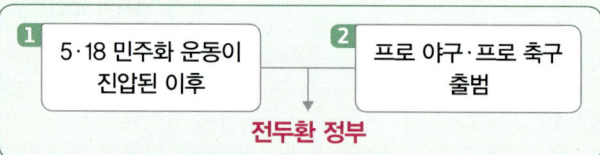

정답 잡는 키워드

1 5·18 민주화 운동이 진압된 이후	2 프로 야구·프로 축구 출범

전두환 정부

1 1980년에 5·18 민주화 운동이 진압된 이후 통일 주체 국민 회의에서 제11대 대통령으로 전두환이 선출되어 **전두환 정부**가 출범하였어요.

2 **전두환 정부**는 강압 정책에 대한 국민의 불만을 무마하기 위해 프로 야구단과 프로 축구단을 창단하는 등 유화적인 정책을 폈어요.

① 제1차 경제 개발 5개년 계획이 수립되었다.
　▶ **박정희 정부** 시기에 제1차 경제 개발 5개년 계획이 수립·추진되었어요.

② 경제 협력 개발 기구(OECD)에 가입하였다.
　▶ **김영삼 정부**는 경제 협력 개발 기구(OECD)에 가입하였어요.

③ 저금리·저유가·저달러의 3저 호황이 있었다.
　▶ **전두환 정부** 시기에 저금리·저유가·저달러의 3저 호황으로 물가가 안정되고 수출이 증가하였어요.

④ 미국과의 자유 무역 협정(FTA)이 체결되었다.
　▶ **노무현 정부** 시기에 미국과의 자유 무역 협정(FTA)이 체결되었어요.

(가)에 들어갈 내용으로 옳은 것은?   [2점]

정답 잡는 키워드

1 옛 조선 총독부 건물 철거	2 경제 협력 개발 기구(OECD)에 가입

김영삼 정부

1 **김영삼 정부**는 '역사 바로 세우기'의 일환으로 1995년 광복 50주년을 맞이하여 옛 조선 총독부 건물의 철거를 시작하였어요.

2 **김영삼 정부**는 국제 사회의 시장 개방 압력이 거세지자 세계화를 내세우며 신자유주의 정책을 펼쳤어요. 1996년에는 경제 협력 개발 기구(OECD)에 가입하였어요.

① 금융 실명제를 실시했어.
　▶ **김영삼 정부**는 본인의 실제 이름으로만 금융 거래를 하도록 하는 금융 실명제를 실시하였어요.

② 경부 고속 도로를 준공했어.
　▶ **박정희 정부**는 1970년에 경부 고속 도로를 준공하였어요.

③ 제1차 경제 개발 5개년 계획을 추진했어.
　▶ **박정희 정부**는 1962년부터 제1차 경제 개발 5개년 계획을 추진하였어요.

④ 미국과 자유 무역 협정(FTA)을 체결했어.
　▶ **노무현 정부**는 미국과 자유 무역 협정(FTA)을 체결하였어요.

다음 연설이 있었던 정부 시기의 경제 상황으로 옳은 것은?   [2점]

국민 여러분, 금융 실명제 실시를 위한 대통령 긴급 명령은 깨끗한 사회로 가기 위해 필수적인 제도 개혁입니다. 지하 경제가 사라질 것입니다. 검은 돈이 없어질 것입니다.

정답 잡는 키워드

> **1** 금융 실명제 실시 ➡️ 김영삼 정부

1 **김영삼 정부**는 투명한 금융 거래를 위해 본인의 실제 이름으로만 금융 거래를 하도록 하는 금융 실명제를 대통령 긴급 명령으로 전격 실시하였어요.

① 경부 고속 도로를 준공하였다.
> **박정희 정부** 시기인 1970년에 경부 고속 도로가 준공되었어요.

② 3저 호황으로 수출이 증가하였다.
> **전두환 정부** 시기인 1980년대 중·후반에 저금리, 저유가, 저달러의 3저 호황으로 수출이 증가하였어요.

③ 제1차 경제 개발 5개년 계획을 추진하였다.
> **박정희 정부** 시기인 1962년부터 경공업 중심의 제1차 경제 개발 5개년 계획이 추진되었어요.

④ 경제 협력 개발 기구(OECD)에 가입하였다.
> **김영삼 정부** 시기인 1996년에 경제 협력 개발 기구(OECD)에 가입하였어요.

기출 선택지 +α 다른 선택지가 나온다면?
- **5** 세계 무역 기구(WTO)에 가입하였다.   (O / ×)
- **6** 서울에서 G20 정상 회의가 개최되었다.   (O / ×)
- **7** 미국과 자유 무역 협정(FTA)을 체결하였다.   (O / ×)

다음 뉴스가 보도된 정부 시기의 경제 상황으로 옳은 것은?   [2점]

오늘 서울 월드컵 경기장에서 제17회 FIFA **1** 한·일 월드컵 축구 대회 개막식이 열렸습니다. 이번 월드컵 대회는 아시아 지역에서 처음 열리는 대회로서 세계인의 큰 관심을 끌고 있습니다.

서울에서 월드컵 개막식 성공적으로 열려

정답 잡는 키워드

> **1** 한·일 월드컵 축구 대회 개막식 ➡️ 김대중 정부

1 **김대중 정부**는 2002년에 일본과 함께 제17회 한·일 월드컵 축구 대회를 개최하였어요.

① 경부 고속 도로를 준공하였다.
> **박정희 정부** 시기에 경부 고속 도로를 준공하였어요.

② 세계 무역 기구(WTO)에 가입하였다.
> **김영삼 정부** 시기에 세계 무역 기구(WTO)에 가입하였어요.

③ 제1차 경제 개발 5개년 계획이 추진되었다.
> **박정희 정부** 시기인 1962년부터 제1차 경제 개발 5개년 계획이 추진되었어요.

④ 국제 통화 기금(IMF)의 구제 금융을 조기 상환하였다.
> 예정된 시기보다 빨리 갚는 것을 말해요.
> **김대중 정부** 시기에 국제 통화 기금(IMF)의 구제 금융을 예정보다 3년이나 앞당겨 상환하였어요.

기출 선택지 +α 다른 선택지가 나온다면?
- **5** 3저 호황으로 수출이 증가하였다.   (O / ×)
- **6** 수출 100억 달러를 처음 달성하였다.   (O / ×)
- **7** 한·미 자유 무역 협정(FTA)이 체결되었다.   (O / ×)

VIII 현대

(가)에 들어갈 내용으로 옳은 것은? [2점]

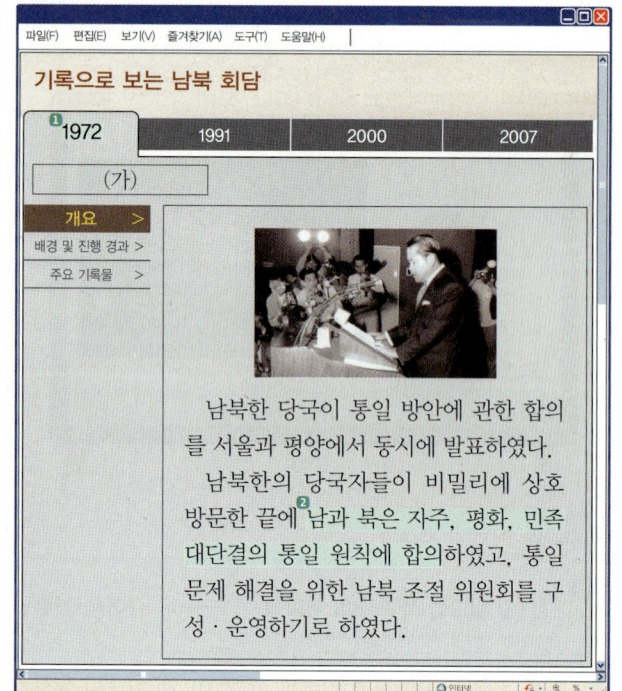

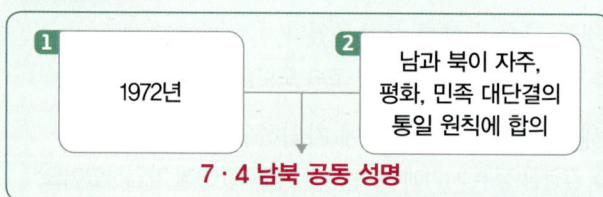

정답 잡는 **키워드**

1 1972년 → **2** 남과 북이 자주, 평화, 민족 대단결의 통일 원칙에 합의

7·4 남북 공동 성명

1, **2** 박정희 정부 시기인 1972년에 남북한은 자주, 평화, 민족 대단결의 통일 원칙에 합의한 **7·4 남북 공동 성명**을 발표하였어요. 7·4 남북 공동 성명의 합의 사항을 이행하기 위한 기구로 남북 조절 위원회가 설치되었으나 성과를 거두지는 못하였어요.

① 남북 기본 합의서
　▶ 노태우 정부 시기에 남북이 화해와 불가침 및 교류 협력에 관해 공동 합의한 남북 기본 합의서가 채택되었어요.

②**7·4 남북 공동 성명**
　▶ 7·4 남북 공동 성명은 남북한이 최초로 통일과 관련하여 합의·발표한 공동 성명이에요.

③ 6·15 남북 공동 선언
　▶ 김대중 정부 시기에 최초로 남북 정상 회담이 개최되고 6·15 남북 공동 선언이 발표되었어요.

④ 10·4 남북 정상 선언
　▶ 노무현 정부 시기에 제2차 남북 정상 회담이 개최되고 10·4 남북 정상 선언이 발표되었어요.

다음 자료에 나타난 정부 시기의 통일 노력으로 옳은 것은? [3점]

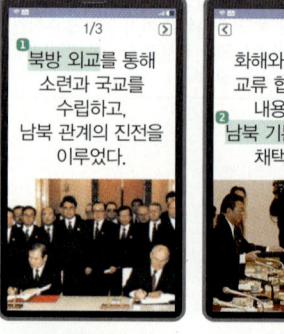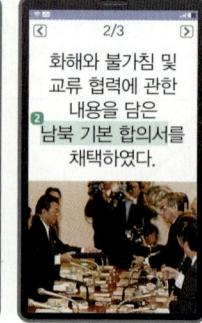

정답 잡는 **키워드**

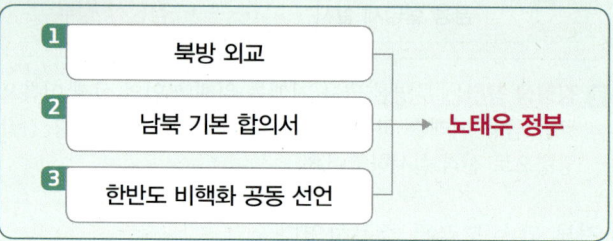

1 북방 외교
2 남북 기본 합의서 → **노태우 정부**
3 한반도 비핵화 공동 선언

1 **노태우 정부**는 북방 외교를 추진하여 소련과 중국, 동유럽의 사회주의 국가들과 수교를 맺었어요.

2, **3** **노태우 정부**는 화해와 불가침 및 교류 협력에 관한 내용을 담은 남북 기본 합의서를 채택하고 한반도 비핵화 공동 선언에 합의하는 등 남북 관계를 개선하였어요.

①남북한 유엔 동시 가입
　▶ **노태우 정부**는 냉전이 끝나가는 국제 정세 속에서 남북 대화에 적극 나서서 남북한이 유엔에 동시 가입하는 성과를 거두었어요.

② 남북 이산가족 최초 상봉
　▶ **전두환 정부** 시기에 남북 간 이산가족 상봉이 처음으로 이루어졌어요.

③ 7·4 남북 공동 성명 발표
　▶ **박정희 정부** 시기에 자주·평화·민족 대단결의 통일 원칙에 합의한 7·4 남북 공동 성명이 발표되었어요.

④ 6·15 남북 공동 선언 채택
　▶ **김대중 정부** 시기에 평양에서 남북 정상 회담이 개최되고 6·15 남북 공동 선언이 채택되었어요.

411 노태우 정부 시기의 사실   정답 ②

다음 발표에 해당하는 정부 시기에 있었던 사실로 옳은 것은?   [2점]

주제 : 남북 화해와 평화를 위한 노력
△△ 모둠 발표

① 남북한이 유엔에 동시 가입하였어요.
② 남북 기본 합의서를 채택하였어요.
③ 한반도 비핵화에 관한 공동 선언에 합의하였어요.

정답 잡는 키워드

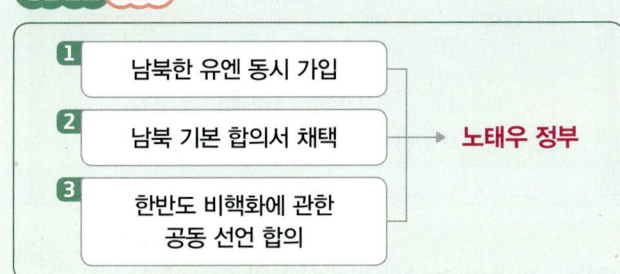

1 남북한 유엔 동시 가입
2 남북 기본 합의서 채택 → **노태우 정부**
3 한반도 비핵화에 관한 공동 선언 합의

1, **2**, **3** **노태우 정부**는 냉전이 완화되는 분위기 속에서 북방 외교를 추진하여 사회주의 국가들과 수교하였어요. 더불어 북한과의 관계도 개선하여 남북한이 유엔에 동시 가입하고 남북 기본 합의서를 채택하였어요. 그리고 한반도 비핵화에 관한 공동 선언에 합의하였어요.

① 개성 공단이 조성되었다.
▶ 김대중 정부 시기에 남북한이 개성 공단 조성에 합의하였고, **노무현 정부** 시기에 공사가 시작되어 개성 공단이 조성되었어요

②서울 올림픽 대회가 개최되었다.
▶ **노태우 정부** 시기인 1988년에 제24회 서울 올림픽 대회가 개최되었어요.

③ 베트남 전쟁에 국군이 파병되었다.
▶ **박정희 정부**는 미국의 요청에 따라 베트남 전쟁에 국군이 파병하였어요.

④ 국민 기초 생활 보장법이 제정되었다.
▶ **김대중 정부** 시기에 국민 기초 생활 보장법이 제정되어 생활이 어려운 이들은 생계비, 주거비, 의료비 등을 국가로부터 지원받게 되었어요.

412 김대중 정부의 통일 노력   정답 ③

(가)에 들어갈 내용으로 옳은 것은?   [2점]

기록으로 보는 평화 통일 노력

1990년대   2000년대

(가)   기록물 #10

1 2000년, 남북한의 정상인 김대중 대통령과 김정일 국방 위원장이 분단 이후 처음으로 만나 평양에서 회담을 진행하였다.

정답 잡는 키워드

1 2000년, 김대중 대통령과 김정일 국방 위원장이 평양에서 회담 진행 → **6·15 남북 공동 선언**

1 2000년에 김대중 대통령과 김정일 국방 위원장이 평양에서 만나 6·25 전쟁 이후 처음으로 남북 정상 회담을 열었어요. 남북한 정상은 회담 후 **6·15 남북 공동 선언**을 발표하였어요.

① 남북 기본 합의서
▶ **노태우 정부**는 남북 사이의 화해와 불가침 및 교류·협력에 관해 합의한 남북 기본 합의서를 채택하였어요.

② 7·4 남북 공동 성명
▶ **박정희 정부**는 자주·평화·민족 대단결의 평화 통일 3대 원칙에 합의한 7·4 남북 공동 성명을 발표하였어요.

③6·15 남북 공동 선언
▶ **김대중 정부** 시기 남북한은 분단 이후 최초로 남북 정상 회담을 개최하고 통일 방안과 경제 협력 등의 내용을 담은 6·15 남북 공동 선언을 발표하였어요.

④ 한반도 비핵화 공동 선언
▶ **노태우 정부** 시기 남북한은 한반도 비핵화 공동 선언에 합의하였어요.

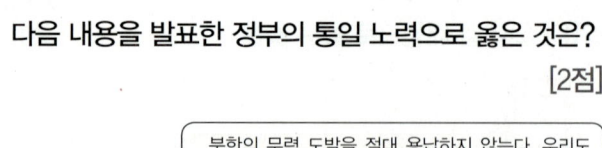

413 ● 김대중 정부의 통일 노력   정답 ①

다음 내용을 발표한 정부의 통일 노력으로 옳은 것은?

[2점]

> 북한의 무력 도발을 절대 용납하지 않는다. 우리도 북한을 해치거나 흡수 통일을 추구하지 않는다. 남북이 화해 · 협력하자. 이것이 바로 우리가 추구하는 햇볕 정책의 핵심이며 냉전 종식을 위한 주장입니다.

2000년 3월, 베를린 자유대학

정답 잡는 키워드

> ❶ 햇볕 정책 → **김대중 정부**

❶ **김대중 정부**는 '햇볕 정책'이라고 부르는 대북 화해 협력 정책을 추진하여 6 · 25 전쟁 이후 최초로 남북 정상 회담을 개최하고 6 · 15 남북 공동 선언을 발표하였어요.

① 개성 공단 조성에 합의하였다.
> **김대중 정부**는 6 · 15 남북 공동 선언 발표 이후 남북 경제 협력 사업의 하나로 개성 공단 조성에 합의하였어요.

② 남북 기본 합의서를 채택하였다.
> **노태우 정부**는 남북 기본 합의서를 채택하여 남북한 상호 체제 인정과 상호 불가침에 합의하였어요.

③ 남북한이 유엔에 동시 가입하였다.
> **노태우 정부** 시기에 남북한이 함께 유엔에 가입하였어요.

④ 7 · 4 남북 공동 성명을 발표하였다.
> **박정희 정부**는 자주 · 평화 · 민족 대단결의 평화 통일 3대 원칙에 합의한 7 · 4 남북 공동 성명을 발표하였어요.

---

414 ● 우리 역사 속 민중 봉기   정답 ③

(가)~(라)에 들어갈 내용으로 옳은 것은?   [2점]

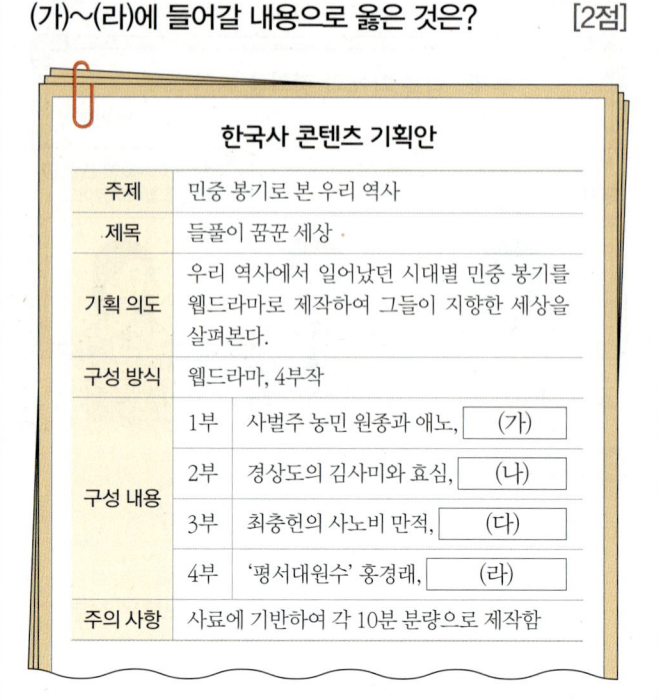

한국사 콘텐츠 기획안	
주제	민중 봉기로 본 우리 역사
제목	들풀이 꿈꾼 세상
기획 의도	우리 역사에서 일어났던 시대별 민중 봉기를 웹드라마로 제작하여 그들이 지향한 세상을 살펴본다.
구성 방식	웹드라마, 4부작
구성 내용	1부 사벌주 농민 원종과 애노, (가)
	2부 경상도의 김사미와 효심, (나)
	3부 최충헌의 사노비 만적, (다)
	4부 '평서대원수' 홍경래, (라)
주의 사항	사료에 기반하여 각 10분 분량으로 제작함

① (가) – 환곡의 폐단과 탐관오리의 횡포에 항거하다
> 조선 후기에 환곡의 폐단과 탐관오리의 횡포에 항거하여 농민 봉기가 일어났는데, 1862년에 일어난 **진주 농민 봉기**가 대표적이에요. 신라 말 진성 여왕 때 백성의 생활고가 극심한 가운데 중앙 정부가 지방에 세금을 독촉하자 사벌주에서 원종과 애노가 일으킨 봉기를 시작으로 전국 각지에서 농민 봉기가 일어났어요.

② (나) – 정감록 신앙을 바탕으로 왕조 교체를 외치다
> **조선 후기**에 사회 불안이 계속되고 백성의 고통이 커지면서 조선 왕조가 망하고 정씨 성을 가진 사람이 나타나 새로운 나라를 세운다는 예언을 담은 "정감록"이 널리 퍼졌어요. 고려 무신 집권기에 지배층의 가혹한 수탈에 저항하여 경상도 지역에서 김사미와 효심 등이 봉기하였어요.

③(다) – 무신 정변 이래 격변한 세상에서 신분 해방을 도모하다
> 고려 무신 집권기에 **사노비 만적**은 개경의 노비들을 모아 신분 해방을 목적으로 봉기를 계획하였으나 사전에 발각되어 실패하였어요.

④ (라) – 특수 행정 구역인 소의 주민에 대한 수탈에 저항하다
> 고려 무신 집권기에 공주 명학소의 주민이 과도한 세금과 지배층의 수탈에 항거하여 **망이 · 망소이 형제를 중심으로 봉기**하였어요. 조선 후기에 서북 지역에 대한 차별과 지배층의 수탈에 항거하여 홍경래가 난을 일으켰어요.

(가)~(다)를 설립한 순서대로 옳게 나열한 것은? [3점]

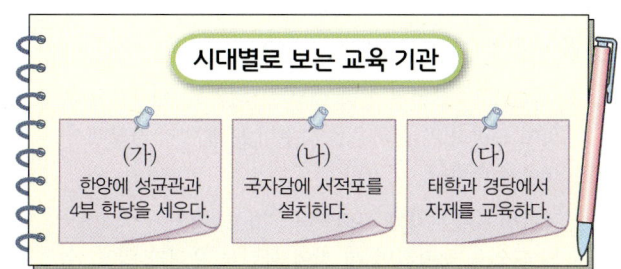

시대별로 보는 교육 기관

(가) 한양에 성균관과 4부 학당을 세우다.

(나) 국자감에 서적포를 설치하다.

(다) 태학과 경당에서 자제를 교육하다.

(가) **조선** 시대에는 수도 한양(한성)에 최고 교육 기관으로 **성균관**이, 중등 교육 기관으로 **4부 학당**이 설립되었어요.

(나) **고려**는 성종 때 수도 개경에 최고 교육 기관으로 **국자감**을 두었어요. 이후 사학이 크게 발달하여 관학이 위축되자 정부는 관학을 진흥하기 위해 출판을 담당하는 **서적포를 국자감에 설치**하였어요.

(다) **고구려**는 소수림왕 때 인재 양성을 위해 국립 교육 기관인 **태학**을 두었어요. 또한, 지방에는 **경당**을 두어 학문과 무예를 가르쳤어요.

① (가) - (나) - (다)
② (가) - (다) - (나)
③ (나) - (가) - (다)
④ (다) - (나) - (가)

➤ 교육 기관을 설립한 순서대로 나열하면 (다) 태학과 경당(고구려) - (나) 국자감의 서적포(고려) - (가) 성균관과 4부 학당(조선) 순입니다.

(가)~(라)에 들어갈 내용으로 적절하지 **않은** 것은? [3점]

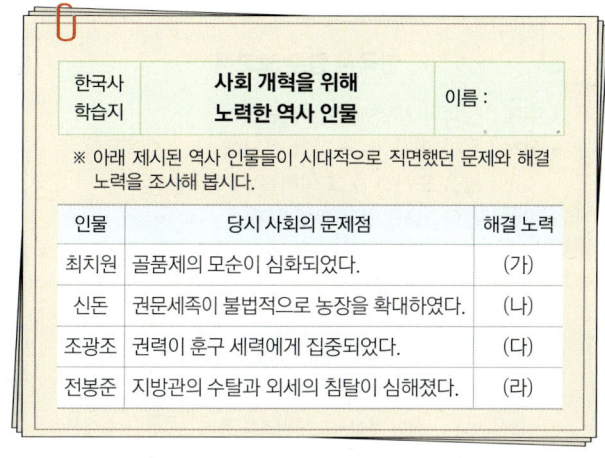

한국사 학습지	사회 개혁을 위해 노력한 역사 인물	이름 :

※ 아래 제시된 역사 인물들이 시대적으로 직면했던 문제와 해결 노력을 조사해 봅시다.

인물	당시 사회의 문제점	해결 노력
최치원	골품제의 모순이 심화되었다.	(가)
신돈	권문세족이 불법적으로 농장을 확대하였다.	(나)
조광조	권력이 훈구 세력에게 집중되었다.	(다)
전봉준	지방관의 수탈과 외세의 침탈이 심해졌다.	(라)

① (가) - 훈요 10조를 남겼다.

➤ 후대 왕에게 훈요 10조를 남긴 인물은 **고려 태조 왕건**이에요. 신라 말 골품제의 모순이 심화되고 사회 혼란이 극심한 상황에서 당에서 귀국한 최치원은 진성 여왕에게 개혁안으로 시무 10여 조를 건의하였어요.

② (나) - 전민변정도감의 설치를 건의하였다.

➤ 고려 공민왕 때 **신돈**은 권문세족이 불법적으로 소유한 토지와 노비 문제를 바로잡기 위해 왕에게 전민변정도감의 설치를 건의하였어요.

③ (다) - 현량과 시행을 주장하였다.

➤ 조선 중종 때 훈구 세력 견제를 위해 중용된 **조광조**는 학문과 덕행이 뛰어난 인재를 추천받아 시험을 통해 관리로 선발하는 현량과의 실시를 주장하였어요.

④ (라) - 동학 농민 운동을 일으켰다.

➤ **전봉준**은 고부 농민 봉기를 계기로 동학교도와 농민들을 모아 농민군을 조직하여 지방관의 수탈과 외세의 침탈에 항거한 동학 농민 운동을 일으켰어요.

(가)~(다)에 대한 설명으로 옳은 것은?　[3점]

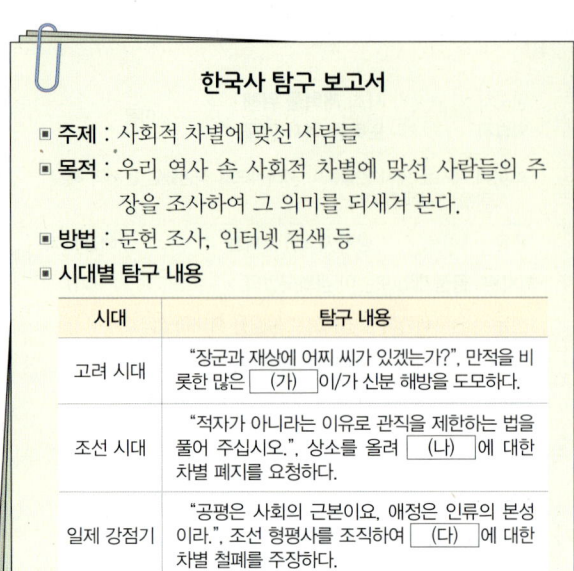

한국사 탐구 보고서

- 주제 : 사회적 차별에 맞선 사람들
- 목적 : 우리 역사 속 사회적 차별에 맞선 사람들의 주장을 조사하여 그 의미를 되새겨 본다.
- 방법 : 문헌 조사, 인터넷 검색 등
- 시대별 탐구 내용

시대	탐구 내용
고려 시대	"장군과 재상에 어찌 씨가 있겠는가?", 만적을 비롯한 많은 (가) 이/가 신분 해방을 도모하다.
조선 시대	"적자가 아니라는 이유로 관직을 제한하는 법을 풀어 주십시오.", 상소를 올려 (나) 에 대한 차별 폐지를 요청하다.
일제 강점기	"공평은 사회의 근본이요, 애정은 인류의 본성이라.", 조선 형평사를 조직하여 (다) 에 대한 차별 철폐를 주장하다.

- (가) 고려 시대에 만적을 비롯한 **노비**들이 신분 해방 운동 성격의 봉기를 계획하였으나 사전에 발각되어 실패하였어요.
- (나) 조선 후기에 **서얼**들이 양반의 자식이지만 적자가 아니라는 이유로 관직 진출에 제한을 받는 법은 부당하다며 차별을 없애 달라고 집단 상소를 올렸어요.
- (다) 일제 강점기인 1923년에 **백정**은 진주에서 조선 형평사를 조직하고 백정에 대한 사회적 차별 철폐를 목표로 형평 운동을 전개하였어요.

① (가) – 고려 시대에 공음전을 지급받았다.
　▶ 고려 시대에 **공신**이나 **5품 이상 고위 관리**는 자손에게 상속이 가능한 공음전을 지급받았어요.

②(나) – 일부가 규장각 검서관에 기용되었다.
　▶ 조선 후기 정조 때 **서얼** 출신인 유득공, 박제가, 이덕무 등이 규장각 검서관에 기용되었어요.

③ (다) – 골품에 따라 관직 승진의 제한을 받았다.
　▶ 신라에는 골품제라는 신분 제도가 있어 왕족인 진골을 제외한 **6~1두품 귀족**은 골품에 따라 관직 승진의 제한을 받았어요.

④ (가), (나), (다) – 매매, 상속, 증여의 대상이 되었다.
　▶ **노비**는 재산으로 취급을 받아 매매, 상속, 증여의 대상이 되었어요.

(가)에 대한 역대 왕조의 시기별 정책으로 옳은 것은?　[3점]

○ 　(가)　의 변경 침략 때문에 [예종이] 법왕사에 행차하여 분향하고, 신하들을 나누어 보내 여러 사당에서 기도하게 하였다.

○ 동북면 도순문사가 아뢰었다. "경성, 경원에 (가) 의 출입을 허락하면 떼 지어 몰려들 우려가 있고, 일절 금하면 소금과 쇠를 얻지 못하여 변경에 불화가 생길까 걱정됩니다. 원하건대, 두 고을에 무역소를 설치하여 저들로 하여금 와서 교역하게 하소서." [태종이] 그대로 따랐다.

정답 잡는 키워드

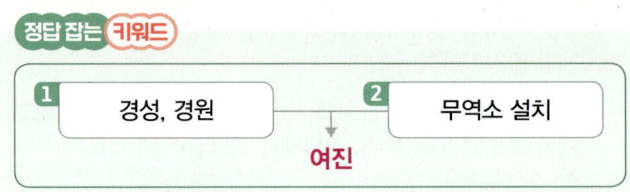

1 경성, 경원	→	**2** 무역소 설치

여진

1, **2** 조선은 태종 때 국경 지역의 **경성**과 **경원**에 무역소를 설치하여 **여진**이 필요한 물건을 거래할 수 있도록 하였어요.

① 백제 의자왕 때 대야성을 공격하였다.
　▶ 백제는 의자왕 때 **신라**가 차지하고 있던 대야성을 공격하여 함락하였어요.

② 신라 흥덕왕 때 완도에 청해진을 설치하였다.
　▶ 신라 흥덕왕 때 장보고는 지금의 완도에 청해진을 설치하여 **해적**을 소탕하고 해상 무역을 장악하였어요.

③고려 숙종 때 윤관의 건의로 별무반을 편성하였다.
　▶ 고려는 숙종 때 윤관의 건의를 받아들여 **여진** 정벌을 위한 별무반을 편성하였어요. 이후 윤관은 별무반을 이끌고 가 여진을 정벌하고 동북 9성을 쌓았어요.

④ 조선 고종 때 종로와 전국 각지에 척화비를 건립하였다.
　▶ 조선 고종 때 병인양요와 신미양요 등 **서양 세력**의 침략을 물리친 뒤 흥선 대원군이 서양 세력과의 통상 수교 거부 의지를 널리 알리기 위해 종로와 전국 각지에 척화비를 건립하였어요.

---

419 우리나라와 중국의 교류

정답 ④

교사의 질문에 대한 학생들의 대답으로 옳지 <u>않은</u> 것은?

[2점]

① 신라의 장보고는 산둥반도에 법화원을 세웠어요.

> 신라, 당, 일본을 잇는 해상 무역을 장악한 신라의 장보고는 **당**의 산둥반도에 신라인을 위한 사찰인 법화원을 세웠어요.

② 고려 시대에 이제현이 만권당에서 공부하였어요.

> 만권당은 고려 후기에 왕위에서 물러난 충선왕이 **원**의 연경에 있는 자신의 집에 설치한 독서당이에요. 이제현 등은 만권당에서 공부하며 원의 학자들과 교류하였어요.

③ 조선 시대에 박지원은 연행사의 일원으로 열하에 다녀왔어요.

> 연행사는 조선이 **청**에 파견한 사신이에요. 박지원은 연행사의 일원으로 청에 가서 연경을 거쳐 청 황제의 여름 별장이 있는 열하에 다녀왔어요. 그때 보고 들은 내용을 기록하여 "열하일기"를 저술하였어요.

④ 개항기에 민영익이 보빙사의 대표로 파견되었어요.

> 조·미 수호 통상 조약이 체결된 후 미국이 조선에 공사를 파견하자 이에 대한 답례로 조선 정부는 민영익을 대표로 하는 보빙사를 **미국**에 파견하였어요.

---

2 세시 풍속, 민속놀이

420 설날

정답 ②

(가) 명절에 행해지는 세시 풍속으로 가장 적절한 것은?

[1점]

역 사 신 문

제△△호   1989년 ○○월 ○○일

 의 부활, 3일 연휴 확정

우리나라에서는 전통적으로 음력에 근거하여 새해의 첫날을 명절로 보내왔다. 하지만 양력이 사용된 후 일제 강점기를 거치며 음력 새해의 첫날은 '구정(舊正)'으로 불리는 등 등한시되었다. 그럼에도 음력으로 명절을 쇠는 전통은 사라지지 않았고, 1985년에 정부는 이날을 '민속의 날'이라는 이름의 국가 공휴일로 지정하였다. 그리고 1989년 드디어 (가) (이)라는 고유의 명칭으로 변경하고, 연휴로 하는 방안을 확정하였다.

정답 잡는 키워드

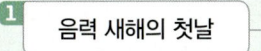

음력 새해의 첫날 → **설날**

❶ **설날**은 음력 1월 1일로, 이날에는 차례를 지내고 복조리를 걸어 복을 빌기도 하였어요. 또 널뛰기, 연날리기, 윷놀이, 제기차기 등의 민속놀이를 즐겼고, 떡국, 만두 등의 음식을 먹었어요.

① 화전놀이

> 음력 3월 3일 **삼짇날**에는 화전놀이라 하여 야외로 꽃놀이를 갔어요.

② 세배하기

> **설날**에는 설빔을 차려입고 세배를 하며 새해 인사와 덕담을 주고받았어요.

③ 창포물에 머리 감기

> 음력 5월 5일 **단오**에는 창포물에 머리를 감고 그네뛰기, 씨름 등을 하였어요.

④ 보름달 보며 소원 빌기

> 음력 1월 15일 **정월 대보름**에는 보름달을 보며 소원을 빌고 달집 태우기, 부럼 깨기 등을 하였어요.

(가)에 들어갈 세시 풍속으로 옳은 것은?   [1점]

(가)

❶ 동지로부터 105일째 되는 날인 (가) 은/는 양력 4월 5일 무렵으로 중국 춘추 시대 개자추 이야기에서 유래되었다고 전한다.
❷ 이날에는 불을 사용하지 않고 찬 음식을 먹었으며 조상의 묘를 돌보았다.

정답 잡는 키워드

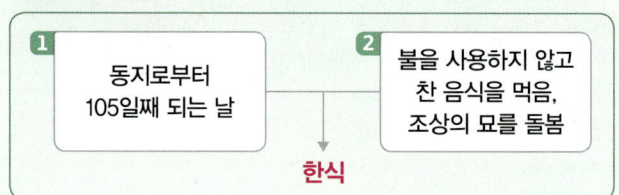

❶ 동지로부터 105일째 되는 날   ❷ 불을 사용하지 않고 찬 음식을 먹음, 조상의 묘를 돌봄

→ **한식**

❶ **한식**은 12월에 있는 동지로부터 105일째 되는 날입니다.

❷ **한식**에는 불을 사용하지 않고 찬 음식을 먹습니다. 이 시기에 농사가 시작되어 조상의 묘를 돌보는 성묘를 하며 풍년을 기원하였어요.

① 단오
▶ 단오는 음력 5월 5일이며 수릿날 또는 천중절이라고도 불렸어요. 이날에는 그네뛰기, 창포물에 머리 감기 등의 풍속을 즐겼어요.

② 칠석
▶ 칠석은 음력 7월 7일이며 이날 오작교에서 견우와 직녀가 만난다는 이야기가 전해져요.

③ 한식
▶ 한식은 설날, 단오, 추석과 함께 중요한 명절로 여겨졌어요.

④ 삼짇날
▶ 삼짇날은 음력 3월 3일이며 '강남 갔던 제비가 돌아오는 날'이라고도 해요. 이날에는 진달래화전, 쑥떡 등을 만들어 먹었어요.

(가)에 들어갈 명절로 옳은 것은?   [1점]

오전 10:00

○○○ 30분 전
#세시_풍속 #부럼_깨기
#오곡밥_먹기

❶ 오늘은 음력 1월 15일
❷ (가) 맞이 부럼 깨기 완료!

👍 좋아요 48   💬 댓글 2   ↗ 공유하기

□□
부럼 깨기가 뭐야?

○○○
부스럼을 예방하고 치아를 튼튼하게 하려는 뜻이 담긴 세시 풍속이야.

정답 잡는 키워드

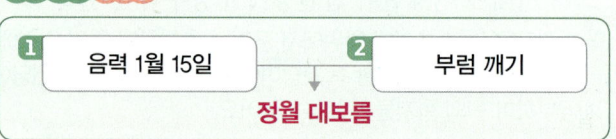

❶ 음력 1월 15일   ❷ 부럼 깨기

→ **정월 대보름**

❶, ❷ **정월 대보름**은 음력 1월 15일로, 한 해의 첫 보름이에요. 정월 대보름에는 부스럼을 예방하고 이가 튼튼해진다는 믿음에서 호두, 땅콩, 은행, 잣 등 견과류를 깨무는 부럼 깨기를 하였어요.

① 단오
▶ 단오는 음력 5월 5일이며, 수릿날 또는 천중절이라고도 해요. 단옷날에는 쑥떡이나 수리취떡 등을 만들어 먹고, 창포물에 머리 감기, 그네뛰기 등을 하였어요.

② 동지
▶ 동지는 일 년 중 밤이 가장 긴 날로 보통 양력 12월 22일 무렵이에요. 이날에는 팥죽과 동치미를 먹었으며, 팥의 붉은색이 잡귀를 물리친다고 여겨 집 안 곳곳에 팥죽을 놓아두기도 하였어요.

③ 한식
▶ 한식은 동지로부터 105일째 되는 날로, 이날에는 조상의 묘를 찾아 돌보고 제사를 지냈으며, 불을 사용하지 않고 찬 음식을 먹는 풍속이 있었어요.

④ 정월 대보름
▶ 정월 대보름에는 논둑이나 밭둑에 불을 붙이는 쥐불놀이를 하였으며, 다섯 가지 곡식을 섞어 지은 오곡밥과 묵은 나물 등을 먹었어요.

423 단오 정답 ②

다음 행사에 해당하는 세시 풍속으로 옳은 것은? [1점]

정답 잡는 키워드

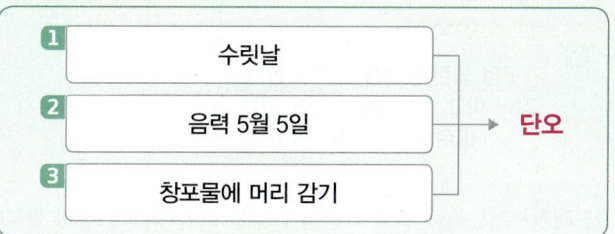

1 수릿날	
2 음력 5월 5일	→ **단오**
3 창포물에 머리 감기	

1 , 2 , 3 **단오**는 음력 5월 5일이며, 수릿날 또는 천중절이라고도 합니다. 단옷날에는 창포물에 머리 감기, 그네뛰기 등을 하고 쑥떡이나 수리취떡을 만들어 먹었어요.

① 설날
➤ 설날은 음력 1월 1일이에요. 이날에는 세배하기, 설빔 입기, 연날리기, 윷놀이 등을 하고 새해 인사와 덕담을 주고받았어요. 또한, 떡국, 만두 등의 음식을 먹었어요.

② 단오
➤ 단오에는 씨름, 석전 등의 놀이를 하고 쑥떡, 앵두화채 등을 먹었어요.

③ 추석
➤ 추석은 음력 8월 15일이며, 한가위 또는 중추절이라고도 합니다. 이날에는 풍성한 수확에 감사하며 조상에게 차례를 지내고 성묘를 하였으며, 강강술래, 줄다리기, 씨름 등을 즐겼어요. 또한, 송편, 토란국 등을 먹었어요.

④ 한식
➤ 동지로부터 105일째 되는 날인 한식에는 성묘를 하였으며, 불을 사용하지 않고 찬 음식을 먹었어요.

424 추석 정답 ②

(가)에 들어갈 세시 풍속으로 옳은 것은? [1점]

정답 잡는 키워드

1 음력 8월 15일	**2** 송편, 차례, 성묘

→ **추석**

1 , 2 **추석**은 음력 8월 15일이며, 한가위 또는 중추절이라고도 합니다. 이날에는 햅쌀로 송편을 만들어 먹고 풍성한 수확에 감사하며 새롭게 추수한 곡식과 과일로 차례를 지내고 성묘를 하였어요.

① 단오
➤ 단오는 음력 5월 5일이며, 수릿날 또는 천중절이라고도 합니다. 단옷날에는 쑥떡이나 수리취떡 등을 만들어 먹고, 창포물에 머리 감기, 그네뛰기 등을 하였어요.

② 추석
➤ 추석에는 강강술래, 줄다리기, 씨름 등의 민속놀이를 즐겼어요.

③ 한식
➤ 한식에는 조상의 묘를 찾아 돌보고 제사를 지냈으며, 불을 사용하지 않고 찬 음식을 먹었어요.

④ 정월 대보름
➤ 정월 대보름은 음력 1월 15일로, 이날에는 부럼 깨기, 달맞이, 쥐불놀이 등을 하였어요.

425 ● 동지

정답 ②

다음 일기에 나타난 세시 풍속을 행하는 명절로 옳은 것은? [1점]

○○월 ○○일 ○요일　날씨: ☃

오늘은 **1년 중 밤이 가장 길고 낮이 가장 짧은 날**이라고 한다. 아침부터 아빠와 함께 **팥죽**을 만들었다. 나는 찹쌀로 새알심을 만들었다. 팥죽을 먹어야 진짜 나이를 한 살 더 먹는다고 하는데, 오늘 만들어 먹었으니까 나도 이제 진짜로 열 살이 된 것 같아 기쁘다.

정답 잡는 키워드

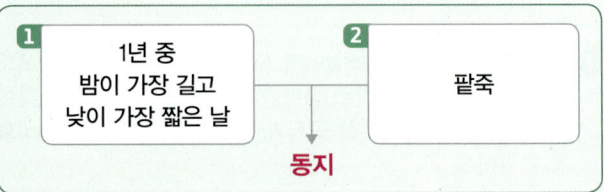

1	2
1년 중 밤이 가장 길고 낮이 가장 짧은 날	팥죽

→ **동지**

1 **동지**는 양력 12월 22일 무렵으로, 일 년 중 밤이 가장 길고 낮이 가장 짧은 날이에요.

2 **동지**에는 팥죽과 동치미 등을 먹고 팥의 붉은색이 잡귀를 물리친다고 믿어서 집 안 곳곳에 팥죽을 놓아두기도 하였어요.

① 단오
　▸ 단오는 음력 5월 5일이며, 수릿날 또는 천중절이라고도 합니다. 이날에는 창포물에 머리 감기, 그네뛰기, 씨름 등을 하였어요.

② 동지
　▸ 동지는 '작은설'이라고도 합니다.

③ 추석
　▸ 추석은 음력 8월 15일이며, 한가위 또는 중추절이라고도 합니다. 이날에는 수확에 감사하는 의미로 햇곡식과 햇과일로 차례를 지내고 성묘를 하였어요.

④ 한식
　▸ 한식은 동지로부터 105일째 되는 날로, 이날에는 조상의 묘를 찾아 돌보고 제사를 지냈으며, 불을 사용하지 않고 찬 음식을 먹었어요.

426 ● 제기차기

정답 ③

밑줄 그은 '놀이'로 옳은 것은? [1점]

우리나라의 민속놀이 소개

1 구멍 뚫린 동전을 천이나 한지로 접어 싸고 그 끝을 여러 갈래로 찢어 술을 너풀거리게 만든 뒤, 이를 발로 차며 즐기는 놀이입니다.

정답 잡는 키워드

1
구멍 뚫린 동전을 천이나 한지로 접어 싸고 술을 너풀거리게 만든 뒤 발로 차며 즐기는 놀이

→ **제기차기**

1 **제기차기**는 동전이나 쇠붙이에 얇은 종이나 천을 접어 싼 다음, 끝을 여러 갈래로 찢어 너풀거리게 만든 제기를 발로 차며 즐기는 놀이입니다.

① 널뛰기
　▸ 긴 널빤지의 한가운데에 짚단이나 가마니로 밑을 괴고 양 끝에 한 사람씩 올라서서 마주보고 번갈아 뛰어 오르며 즐기는 놀이입니다.

② 비석치기
　▸ 손바닥만 한 납작한 돌을 세워 놓고, 일정한 거리에서 작은 돌을 발로 차거나 던져서 상대가 세워 놓은 돌(비석)을 쓰러뜨리는 놀이입니다.

③ 제기차기
　▸ 제기차기는 주로 겨울에 즐겨 하였어요.

④ 쥐불놀이
　▸ 해충의 피해를 방지하기 위해 논둑이나 밭둑에 불을 붙이는 쥐불놀이는 주로 정월 대보름에 하였어요.

본문 164~166쪽

427 씨름

정답 ①

다음에 해당하는 문화유산으로 옳은 것은? [1점]

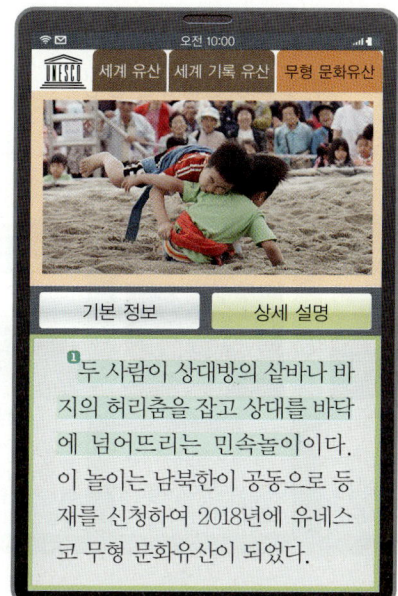

정답 잡는 키워드

1 두 사람이 상대방의 살바나 바지의 허리춤을 잡고 상대를 바닥에 넘어뜨리는 민속놀이	→ **씨름**

1 **씨름**은 두 사람이 상대방의 살바 등을 잡고 힘과 기술을 이용하여 상대를 바닥에 넘어뜨리는 것으로 승부를 겨루는 우리나라의 민속놀이입니다.

① 씨름
> 씨름은 2018년에 유네스코 무형 문화유산으로 등재되었어요.

② 택견
> 택견은 유연하고 율동적인 춤과 같은 동작으로 상대를 공격하거나 다리를 걸어 넘어뜨리는 한국의 전통 무술이에요. 2011년에 유네스코 무형 문화유산으로 등재되었어요.

③ 강강술래
> 강강술래는 여러 사람이 함께 손을 잡고 노래를 부르며 원을 도는 민속놀이로, 노래를 하면서 '강강술래'라는 후렴을 불렀어요. 2009년에 유네스코 무형 문화유산으로 등재되었어요.

④ 남사당놀이
> 남사당놀이는 남사당패가 여러 마을을 떠돌아다니며 주로 서민 관객들을 위해 한 공연으로, 풍물, 가면극, 줄타기 등으로 구성되었어요. 2009년에 유네스코 무형 문화유산으로 등재되었어요.

3 지역사

428 강화도의 역사

정답 ③

(가)에 해당하는 지역으로 옳은 것은? [1점]

정답 잡는 키워드

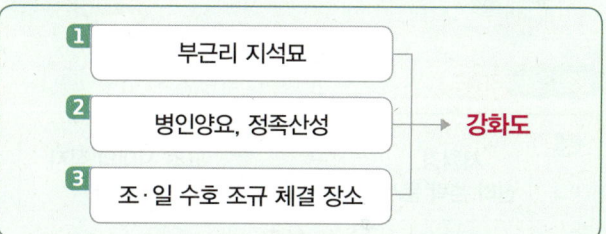

1 부근리 지석묘		
2 병인양요, 정족산성	→	**강화도**
3 조·일 수호 조규 체결 장소		

1 우리나라 전역에서 고인돌이 발견되지만, 부근리 지석묘 등이 있는 **강화** 지역과 고창, 화순 지역에는 수백 기의 고인돌이 집중 분포되어 있어요. 이 세 지역의 고인돌 유적은 그 가치를 인정받아 유네스코 세계 유산으로 등재되었어요.

2 1866년에 프랑스군이 **강화도**를 침략하여 병인양요가 일어났어요. 병인양요 당시 양헌수 부대가 정족산성에서 프랑스군을 격퇴하였어요.

3 1876년에 **강화도**의 연무당에서 조·일 수호 조규, 즉 강화도 조약이 체결되었어요.

① 진도
> 고려 시대에 삼별초는 강화도에서 진도로 근거지를 옮겨 대몽 항쟁을 이어 갔어요.

② 거제도
> 6·25 전쟁 당시 거제도에 포로수용소가 설치되었어요.

③ 강화도
> 1871년에 미군이 강화도를 침략하여 신미양요가 일어났어요.

④ 울릉도
> 울릉도는 삼국 시대에 우산국으로 불렸으며, 신라 지증왕 때 신라에 복속되었어요.

학생들이 공통으로 이야기하는 지역으로 옳은 것은?

[2점]

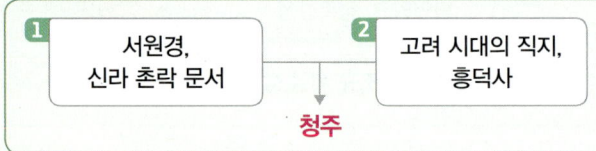

■① **청주**는 신라의 5소경 중 하나인 **서원경**이 설치된 곳이에요. **신라 촌락 문서**는 서원경 부근 4개 마을의 경제 상황을 담고 있는 문서로, 세금 징수와 노동력 동원을 위해 작성된 것으로 보입니다.

■② "**직지심체요절(직지)**"은 고려 말에 **청주 흥덕사**에서 금속 활자로 인쇄되었어요.

① 상주
　▶ 상주는 신라 말 진성 여왕 때 원종과 애노의 난이 일어난 곳이에요.

② 원주
　▶ 원주의 법천사지에는 고려의 승려인 지광국사의 탑비가 있어요.

③ 전주
　▶ 전주는 동학 농민군이 정부와 화약을 체결한 곳이에요.

④ 청주
　▶ 청주에 있는 상당산성은 백제 때 처음 만들어진 것으로 추정되며, 조선 시대에 다시 지어졌어요. 청주 청녕각은 조선 시대에 청주 목사가 집무를 보던 곳이에요.

다음 답사가 이루어진 지역을 지도에서 옳게 고른 것은?

[2점]

■① **안동**은 왕건이 이끄는 고려군이 견훤이 이끄는 후백제군을 크게 물리친 **고창 전투**가 있었던 곳이에요. 왕건은 고창 전투에서 자신을 도와준 세 장군을 삼태사라 하고 고마움을 표시하였어요. 태사묘는 이들의 위패를 모신 곳이에요.

■② **도산 서원**은 퇴계 이황이 고향인 **안동**에서 제자들을 가르쳤던 서당 자리에 설립되었으며, 이황의 위패를 모시고 있어요.

① (가)
　▶ **인천**은 강화도 조약에 따라 개항되었으며, 6·25 전쟁 당시 국군과 유엔군의 상륙 작전이 전개된 곳이에요.

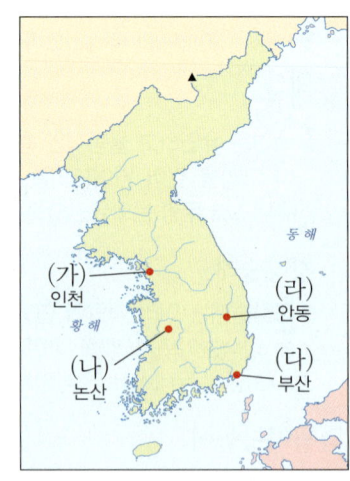

② (나)
　▶ **논산**은 황산벌 전투가 벌어진 곳이에요.

③ (다)
　▶ **부산**은 강화도 조약이 체결되면서 가장 먼저 개항되었으며, 6·25 전쟁 당시 임시 수도였어요.

④ (라)
　▶ **안동**은 우리나라에서 가장 오래된 목조 건축물인 봉정사 극락전이 있는 곳이에요. 또 안동의 하회 마을은 경주의 양동 마을과 함께 '한국의 역사 마을 : 하회와 양동'이라는 이름으로 유네스코 세계 유산에 등재되었어요.

(가)에 들어갈 지역으로 옳은 것은?   [2점]

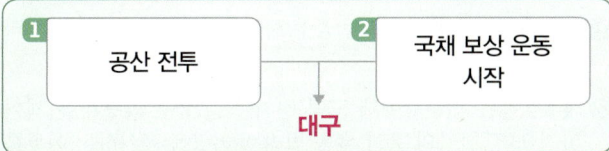

① 고려와 후백제는 927년에 지금의 **대구** 팔공산 일대에서 치열한 전투를 벌였는데, 이를 **공산 전투**라고 해요.

② 1907년에 **대구**에서 김광제, 서상돈 등을 중심으로 **국채 보상 운동이 시작**되었어요. 국채 보상 운동은 대한매일신보 등 언론의 지원을 받아 전국으로 확산되었어요.

① **대구**
▶ 1915년에 박상진은 대구에서 독립운동 단체인 대한 광복회를 조직하였어요.

② 안동
▶ 공산 전투 이후 지금의 안동 지역에서 고려와 후백제 사이에 고창 전투가 일어나 고려군이 승리하였어요. 또 고려 말에 공민왕이 홍건적의 침입을 피해 안동까지 피란하였어요.

③ 울산
▶ 울산은 통일 신라 시대에 국제 무역항으로 번성하였어요.

④ 청주
▶ 청주는 삼국 통일 후에 서원경이 설치된 곳이에요. 또 고려 말에 청주 흥덕사에서 "직지심체요절"이 금속 활자로 간행되었어요.

학생들이 공통으로 이야기하는 지역으로 옳은 것은?

    [2점]

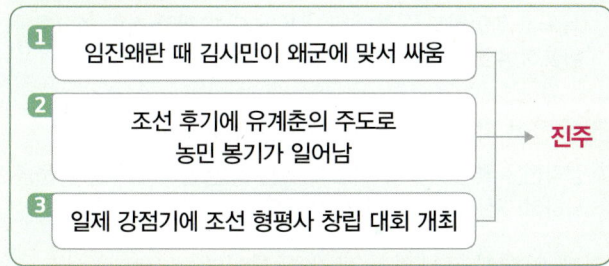

① 임진왜란 당시 진주 목사 김시민의 지휘로 관군과 의병들이 **진주**에서 일본군을 크게 물리쳤어요. 진주 대첩은 한산도 대첩, 행주 대첩과 함께 임진왜란 3대첩으로 꼽힙니다.

② 조선 철종 때 삼정의 문란과 관리 백낙신의 횡포가 원인이 되어 **진주**에서 유계춘의 주도로 농민 봉기가 일어났어요.

③ 일제 강점기인 1923년에 **진주**에서 **조선 형평사 창립 대회가 개최**되어 백정에 대한 사회적 차별 철폐를 요구한 형평 운동이 시작되었어요.

① 강릉
▶ 강릉은 율곡 이이가 태어난 오죽헌이 있는 지역이에요.

② 군산
▶ 일제 강점기에 군산을 통해 많은 쌀이 일본으로 유출되었어요.

③ 대구
▶ 대구는 고려와 후백제가 벌인 공산 전투가 일어난 지역이며, 1907년 국채 보상 운동이 시작된 지역이에요.

④ **진주**
▶ 진주는 고려 시대 12목 중 하나였으며, 임진왜란 당시 논개가 적장을 끌어안고 뛰어들었다고 하는 남강이 있는 지역이에요.

433 ● 독도

정답 ④

밑줄 그은 '이 섬'에 대한 설명으로 옳은 것은? [1점]

> ❶ 우리나라 동쪽 끝에 있는 이 섬은 1900년 대한 제국 ❷ 칙령 41호에서 우리 영토임을 분명히 하였습니다.

정답 잡는 키워드

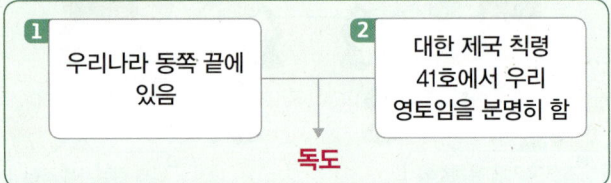

| 1 우리나라 동쪽 끝에 있음 | 2 대한 제국 칙령 41호에서 우리 영토임을 분명히 함 |

→ **독도**

❶ **독도**는 우리나라 동쪽 끝에 있으며, 동도와 서도 두 개의 섬과 여러 부속 도서로 이루어져 있어요.

❷ 대한 제국 정부는 1900년에 울릉도를 울도군으로 승격시켜 독도를 관할하도록 한다는 내용의 **대한 제국 칙령 제41호**를 반포하여 **독도**가 우리 영토임을 분명히 하였어요.

① 정약전이 자산어보를 저술한 섬이다.
> ▶ 정약전은 **흑산도**에 유배를 가 있는 동안 근처의 수산 생물을 조사하여 "자산어보"를 저술하였어요.

② 하멜 일행이 표류하다 도착한 섬이다.
> ▶ 조선 효종 때 하멜 일행이 일본으로 가던 중에 풍랑을 만나 표류하다가 **제주도**에 도착하였어요.

③ 이종무가 왜구를 소탕하기 위해 정벌한 섬이다.
> ▶ 조선 세종 때 이종무가 왜구를 소탕하기 위해 왜구의 근거지인 **쓰시마섬(대마도)**을 정벌하였어요.

④ 안용복이 일본에 가서 우리 영토임을 확인받은 섬이다.
> ▶ 조선 숙종 때 안용복은 울릉도와 독도 주위에서 어업 활동을 하던 일본 어부를 쫓아내고 일본으로 건너가 울릉도와 **독도**가 조선 영토임을 확인받고 돌아왔어요.

---

4 역사 속 인물

434 ● 설총

정답 ①

(가)에 들어갈 인물로 옳은 것은? [2점]

이달의 인물, (가)

- 신라의 유학자
- ❶ 원효 대사의 아들
- 신문왕에게 ❷ 화왕계를 지어 바침
- 한자의 음과 훈을 차용하여 우리말을 표기하는 ❸ 이두를 체계적으로 정리함

정답 잡는 키워드

| 1 원효 대사의 아들 | 2 화왕계 | 3 이두 정리 |

→ **설총**

❶ **설총**은 원효 대사와 요석 공주 사이에서 태어난 아들로 알려져 있어요.

❷, ❸ **설총**은 신문왕에게 도덕 정치를 강조한 '**화왕계**'를 지어 바쳤으며, 한자의 음과 훈을 빌려 우리말을 표기하는 **이두**를 체계적으로 정리하였어요.

① 설총
> ▶ 설총은 신라 6두품 출신으로, 이두를 정리하여 유교 경전을 우리말로 쉽게 풀이하였어요.

② 안향
> ▶ 안향은 고려 말에 원으로부터 성리학을 들여와 고려에 소개하였어요.

③ 김부식
> ▶ 김부식은 고려 인종 때 관군을 이끌고 묘청의 난을 진압하였으며, 이후 왕명을 받아 역사서인 "삼국사기"를 편찬하였어요.

④ 최치원
> ▶ 최치원은 신라 6두품 출신으로, 당으로 유학을 가서 외국인 대상의 과거 시험인 빈공과에 합격하였어요. 신라로 돌아온 후에는 진성 여왕에게 10여 조의 개혁안을 올렸어요.

정답 ③

(가)에 들어갈 인물로 옳은 것은? [1점]

(가)

(앞면)

- 고려 시대 학자
- 성균관 대사성 역임
- 사신으로 명, 일본 왕래
- ❶조선 건국 세력에 맞서 고려 왕조를 지키고자 함
- 문집으로 ❷포은집이 있음

(뒷면)

정답 잡는 키워드

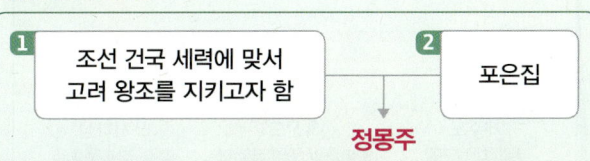

❶ 조선 건국 세력에 맞서 고려 왕조를 지키고자 함	❷ 포은집

→ 정몽주

❶ 고려 말에 신진 사대부는 고려 왕조를 지키려고 한 온건 개혁파 신진 사대부와 새 왕조를 개창하려고 한 급진 개혁파(혁명파) 신진 사대부로 나뉘었어요. **정몽주**는 대표적인 온건 개혁파 신진 사대부였어요.

❷ 조선 건국 이후 **정몽주**의 글을 모은 "**포은집**"이 간행되었어요. '포은'은 정몽주의 호입니다.

①

▶ 박지원은 사절단을 따라 청에 다녀온 후 그곳에서 보고 들은 내용을 토대로 "열하일기"를 저술하였어요.

박지원

②

▶ 송시열은 병자호란 후 효종에게 상소를 올려 명에 대한 의리를 내세우며 청에 대한 복수, 즉 청을 정벌하자는 북벌을 주장하였어요.

송시열

③

▶ 정몽주는 고려 왕조의 유지를 주장하여 이방원 세력에 의해 죽임을 당하였어요.

정몽주

④

▶ 정도전은 이성계를 도와 조선 건국을 주도하였으며, 건국 초기 나라의 기틀을 마련하는 데 큰 역할을 하였어요.

정도전

정답 ③

(가) 인물에 대한 설명으로 옳은 것은? [3점]

〈한국사 토론〉

요동 정벌, 어떻게 볼 것인가?

저는 최영의 주장처럼 명의 철령위 설치에 맞서 요동 정벌을 추진해야 했다고 생각합니다.

아닙니다. 저는 ❶요동 정벌은 무리라는 (가) 의 4불가론이 타당하다고 생각합니다.

정답 잡는 키워드

❶ 요동 정벌은 무리라는 4불가론	→ 이성계

❶ 고려 말에 **이성계**는 우왕과 최영이 계획한 요동 정벌이 가능하지 않은 네 가지 이유(4불가론)를 들어 요동 정벌에 반대하였어요. 하지만 우왕과 최영이 계획을 거두지 않자 명령에 따라 출정하였다가 위화도에서 군사를 돌려 개경에 돌아와 최영을 제거하고 권력을 장악하였어요.

① 강동 6주를 획득하였다.

▶ **서희**는 고려 성종 때 있었던 거란의 1차 침입 당시 거란 장수 소손녕과 외교 담판을 벌여 강동 6주를 획득하였어요.

② 비격진천뢰를 제작하였다.

▶ 조선 선조 때 **이장손**이 일종의 폭탄인 비격진천뢰를 제작하였어요.

③ 황산에서 왜구를 물리쳤다.

▶ 고려 말 우왕 때 **이성계**는 황산(지금의 남원)에서 왜구를 크게 물리쳤어요.

④ 매소성 전투를 승리로 이끌었다.

▶ **신라 문무왕**(김법민)은 당군을 상대로 한 매소성 전투를 승리로 이끌었어요.

(가)에 들어갈 인물로 옳은 것은?   [1점]

여기는 도산 서당으로, 성학십도를 저술한 성리학자 (가) 이/가 제자들을 양성한 곳입니다. 그의 사후 제자들이 스승을 추모하고자 서당 뒤편으로 도산 서원을 조성하면서 한 공간에 서원과 서당이 공존하는 보기 드문 형태를 갖추게 되었습니다.

정답 잡는 키워드

1 "성학십도" 저술 ── 2 도산 서원
→ **이황**

1 **이황**은 조선의 성리학자이며 군주의 도를 도식으로 설명한 "성학십도"를 저술하여 선조에게 바쳤어요.

2 **이황**은 관직을 사임하고 고향인 안동으로 내려가 서당을 열어 제자를 양성하고 저술 활동에 전념하였어요. 이황이 죽은 뒤에 제자들이 스승의 학문과 덕행을 추모하기 위해 도산 서당 뒤편에 도산 서원을 조성하고 이황의 위패를 모셨어요.

① 서희
▶ 서희는 고려 성종 때 거란의 장수 소손녕과 외교 담판을 벌여 거란의 침략을 막아 내고 압록강 동쪽의 강동 6주를 확보하였어요.

② 이황
▶ 이황은 일본의 성리학 발달에도 영향을 끼쳤어요.

③ 박제가
▶ 박제가는 조선 후기의 실학자로, 청에 다녀온 뒤 청의 제도와 문물을 소개한 "북학의"를 저술하였어요.

④ 정몽주
▶ 정몽주는 고려 말의 유학자로, 고려 왕조 유지를 주장하여 이방원 세력에 의해 제거되었어요.

(가)에 들어갈 인물로 옳은 것은?   [2점]

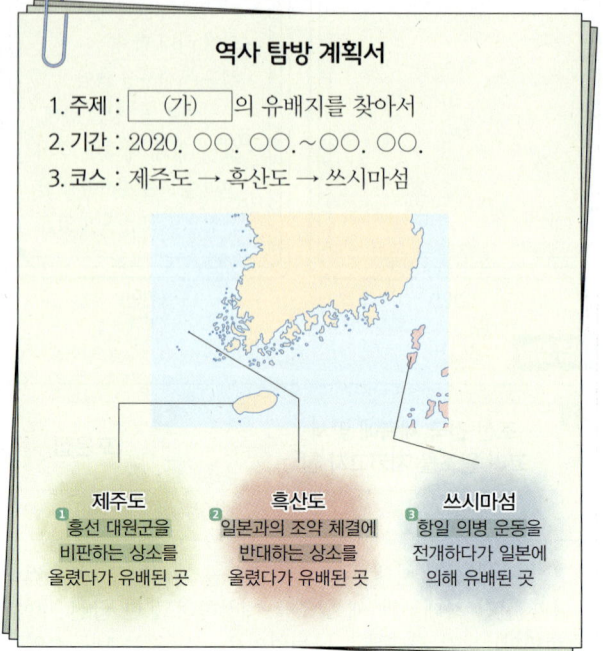

역사 탐방 계획서

1. 주제 : (가) 의 유배지를 찾아서
2. 기간 : 2020. ○○. ○○.～○○. ○○.
3. 코스 : 제주도 → 흑산도 → 쓰시마섬

1 제주도
흥선 대원군을 비판하는 상소를 올렸다가 유배된 곳

2 흑산도
일본과의 조약 체결에 반대하는 상소를 올렸다가 유배된 곳

쓰시마섬
항일 의병 운동을 전개하다가 일본에 의해 유배된 곳

정답 잡는 키워드

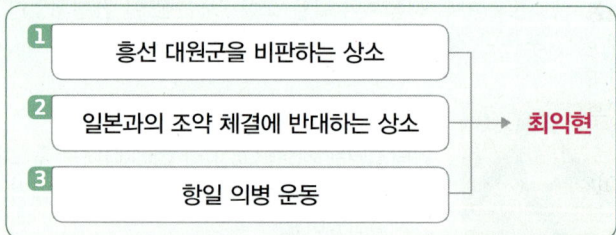

1 흥선 대원군을 비판하는 상소
2 일본과의 조약 체결에 반대하는 상소 ── → **최익현**
3 항일 의병 운동

1 **최익현**은 서원 철폐를 단행한 흥선 대원군을 비판하는 상소를 올렸어요. 이를 계기로 흥선 대원군이 물러나고 고종이 직접 통치에 나섰어요.

2 **최익현**은 일본과 서양 세력이 다르지 않다는 '왜양일체론'을 내세우며 강화도 조약(조·일 수호 조규) 체결에 반대하는 상소를 올렸어요.

3 **최익현**은 을사늑약이 체결되자 태인에서 의병을 일으켰으나 체포되어 쓰시마섬에 유배되었어요.

① 허위
▶ 허위는 정미의병 때 결성된 13도 창의군의 군사장이 되었어요.

② 신돌석
▶ 신돌석은 을사의병 때 활약한 평민 출신 의병장이에요.

③ 유인석
▶ 유인석은 을미사변과 단발령에 항거하여 의병을 일으켰어요(을미의병).

④ 최익현
▶ 최익현은 을미개혁으로 단발령이 시행되자 이에 반대하다가 옥에 갇히기도 하였어요.

439 이상설

정답 ②

(가)에 들어갈 내용으로 적절한 것은? [3점]

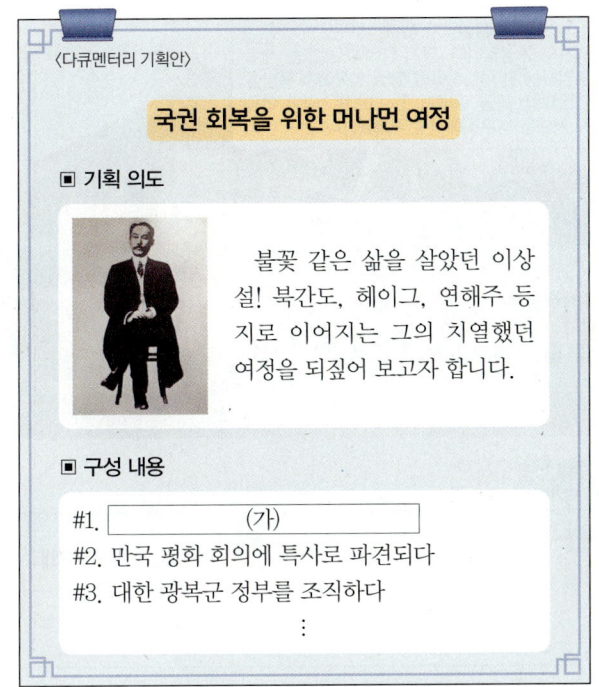

〈다큐멘터리 기획안〉

국권 회복을 위한 머나먼 여정

■ 기획 의도

불꽃 같은 삶을 살았던 이상설! 북간도, 헤이그, 연해주 등지로 이어지는 그의 치열했던 여정을 되짚어 보고자 합니다.

■ 구성 내용

#1. [____(가)____]
#2. 만국 평화 회의에 특사로 파견되다
#3. 대한 광복군 정부를 조직하다
　　　　　⋮

이상설은 고종이 을사늑약의 부당성을 국제 사회에 알리기 위해 네덜란드 헤이그에서 열린 만국 평화 회의에 파견한 특사 중 한 명이에요. 국권 피탈 이후 1914년에 연해주에서 대한 광복군 정부를 조직하였어요.

① 의열단을 조직하다
  ▶ 김원봉 등은 1919년에 만주에서 의열단을 조직하였어요. 의열단은 식민 통치 기관을 파괴하고 일제 고위 관리와 친일파를 처단하는 의열 투쟁을 전개하였어요.

②서전서숙을 설립하다
  ▶ 이상설은 북간도 지역에서 민족 교육 기관인 서전서숙을 설립하였어요.

③ 동양 평화론을 집필하다
  ▶ 안중근은 한국 침략의 원흉인 이토 히로부미를 처단한 직후 체포되어 옥중에서 "동양 평화론"을 집필하던 중에 처형되었어요.

④ 시일야방성대곡을 발표하다
  ▶ 장지연은 을사늑약의 부당함을 비판한 논설 '시일야방성대곡'을 작성하여 황성신문에 게재하였어요.

440 윤희순

정답 ④

(가)에 해당하는 인물로 옳은 것은? [3점]

이 작품은 [(가)]이 여성의 의병 참여를 독려하기 위해 만든 노래입니다. 그녀는 이 외에도 의병을 주제로 여러 편의 가사를 지어 의병들의 사기를 높이려 하였습니다. 일제에 나라를 빼앗긴 이후에는 만주로 망명하여 항일 투쟁을 이어 갔습니다.

안사람 의병가
아무리 왜놈들이 강성한들
우리들도 뭉쳐지면 왜놈 잡기 쉬울세라
아무리 여자인들 나라사랑 모를쏘냐
남녀가 유별한들 나라 없이 소용있나
우리도 의병하러 나가보세
의병대를 도와주세 ……

정답 잡는 키워드

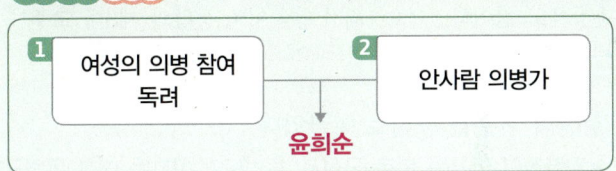

1 여성의 의병 참여 독려	2 안사람 의병가

윤희순

1, 2 윤희순은 대표적인 여성 의병 지도자로, '안사람 의병가' 등 8편의 가사를 지어 많은 여성과 청년에게 의병 참여를 독려하고 의병의 사기를 높이려 하였어요.

①
　권기옥
  ▶ 권기옥은 우리나라 최초의 여성 비행사가 되었어요. 중국 공군에서 비행사로 활동하였으며, 한국 애국 부인회 등을 통해 독립운동을 전개하였어요.

②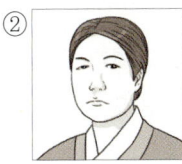
　남자현
  ▶ '독립군의 어머니'로 불린 남자현은 서로 군정서에서 활동하였으며, 독립운동과 여성 계몽 활동에 힘썼어요.

③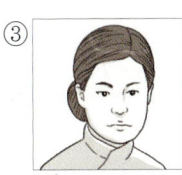
　박차정
  ▶ 박차정은 근우회에서 여성 계몽과 민족 독립을 위해 노력하였으며, 중국으로 망명한 뒤에는 의열단에서 활동하였어요.

④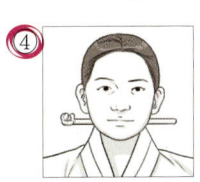
　윤희순
  ▶ 윤희순은 중국으로 건너가 독립운동가 양성을 위해 노학당을 설립하였어요.

다음 인물에 대한 설명으로 옳은 것은? [3점]

역사 인물 카드

손병희

- 생몰 : 1861년~1922년
- 호 : 의암
- 주요 활동
  - 교조 신원 운동에 참여함
  - 동학의 3대 교주로 취임함
  - 동학을 천도교로 선포함

손병희는 동학을 만든 교조 최제우의 억울함을 풀어 줄 것과 포교의 자유를 요구하는 교조 신원 운동에 참여하였고, 동학 농민 운동에도 참여하였어요. 최시형에 이어 동학의 제3대 교주가 되었으며, 동학의 이름을 천도교로 고쳤어요.

① 청산리 전투를 승리로 이끌었다.
> **김좌진**이 이끄는 북로 군정서, 홍범도가 이끄는 대한 독립군을 비롯한 독립군 연합 부대가 청산리 전투에서 일본군을 크게 물리쳤어요.

② 하얼빈에서 이토 히로부미를 처단하였다.
> **안중근**은 1909년에 만주 하얼빈에서 을사늑약 체결에 앞장선 이토 히로부미를 처단하였어요.

③ 헤이그 만국 평화 회의에 특사로 파견되었다.
> 고종은 1907년에 을사늑약의 부당함을 국제 사회에 알리기 위해 **이상설, 이준, 이위종**을 헤이그 만국 평화 회의에 특사로 파견하였어요.

④ 민족 대표 33인 중 한 명으로 독립 선언에 참여하였다.
> **손병희**는 천도교를 대표하는 민족 대표 33인의 한 명으로 3·1 독립 선언에 참여하였어요.

(가)에 들어갈 인물로 옳은 것은? [2점]

이것은 **구 서울역사** 앞에 세워진 [(가)] 의사의 동상입니다. 당시 65세였던 그는 새로 부임하는 **사이토 총독**을 향해 이곳에서 폭탄을 던졌으나, 뜻을 이루지 못하고 체포되어 이듬해 서대문 형무소에서 순국하였습니다.

정답 잡는 키워드

1 구 서울역사	**2** 사이토 총독을 향해 폭탄을 던짐

↓

강우규

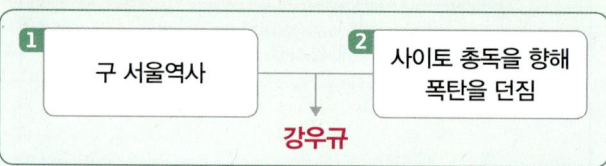

1. 2 강우규는 1919년에 남대문역(지금의 서울역) 앞에서 조선 총독으로 부임하는 **사이토 마코토**를 향해 폭탄을 **투척하는** 의거를 일으켰으나 사이토 총독을 처단하지는 못하였어요.

① 김구
> 김구는 의열 투쟁 단체인 한인 애국단을 조직하였어요. 또 대한 민국 임시 정부의 주석을 지냈으며, 광복 후에는 김규식과 남북 협상을 추진하였어요.

②강우규
> 강우규는 대한 제국이 멸망하자 러시아로 이주하였어요. 3·1 운동의 소식을 접하여 연해주의 동포들과 만세 시위를 벌였고, 노인 동맹단(노인단)에 가입하였어요.

③ 윤봉길
> 윤봉길은 한인 애국단원이며, 중국 상하이 훙커우 공원에서 열린 일본군의 전승 축하 기념 행사장에 폭탄을 던졌어요.

④ 이승만
> 이승만은 대한민국 임시 정부의 초대 대통령에 선출되었으나 국제 연맹에 위임 통치를 청원하여 탄핵되었어요. 광복 후에는 대한민국 초대 대통령으로 선출되었어요.

443 ● 스코필드 　　　　정답 ④

(가)에 들어갈 인물로 옳은 것은? 　　　[3점]

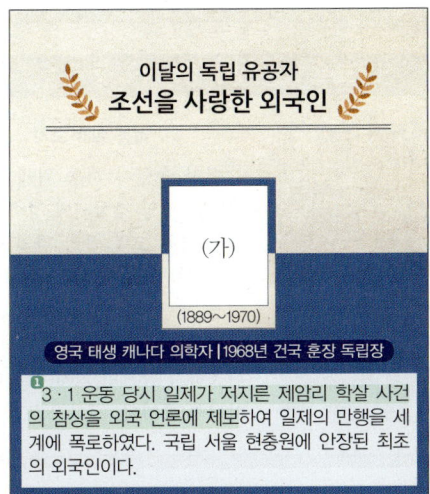

이달의 독립 유공자
조선을 사랑한 외국인

(가)

(1889~1970)

영국 태생 캐나다 의학자 | 1968년 건국 훈장 독립장

❶ 3·1 운동 당시 일제가 저지른 제암리 학살 사건의 참상을 외국 언론에 제보하여 일제의 만행을 세계에 폭로하였다. 국립 서울 현충원에 안장된 최초의 외국인이다.

정답 잡는 키워드

❶ 3·1 운동 당시 일제가 저지른 제암리 학살 사건을 외국 언론에 제보 　→　**프랭크 스코필드**

❶ 영국 태생 캐나다 의학자 **프랭크 스코필드**는 세브란스 의학 전문학교의 교수로 우리나라에 왔어요. 3·1 운동이 일어나자 만세 운동의 현장을 찾아 취재하고, 화성 제암리 학살 사건 등 일제의 만행을 세계 언론에 알리며 3·1 운동을 지원하였어요.

①
호머 헐버트
▶ 개신교 선교사인 호머 헐버트는 육영 공원의 교사로 초빙되어 학생들을 가르쳤어요.

②
메리 스크랜튼
▶ 메리 스크랜턴(튼)은 개신교 선교사로 한국 여성 교육을 위해 이화 학당을 설립하였어요.

③
어니스트 베델
▶ 베델은 양기탁과 함께 대한매일신보를 발행하고 일본에 대항하는 한국인의 민족 운동을 지원하였어요.

④
프랭크 스코필드
▶ 프랭크 스코필드는 말년에 한국에 정착하여 여생을 마쳤어요.

444 ● 윤봉길 　　　　정답 ④

(가)에 들어갈 인물로 옳은 것은? 　　　[1점]

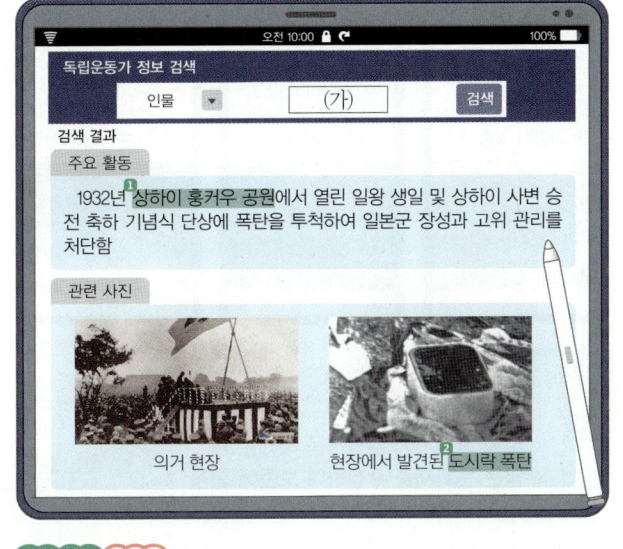

독립운동가 정보 검색

인물 ▼ 　(가)　 검색

검색 결과

주요 활동
1932년 상하이 훙커우 공원에서 열린 일왕 생일 및 상하이 사변 승전 축하 기념식 단상에 폭탄을 투척하여 일본군 장성과 고위 관리를 처단함

관련 사진

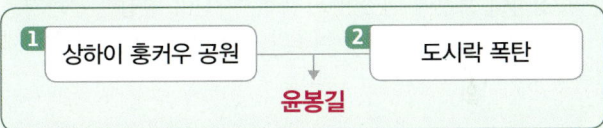

의거 현장　　　　현장에서 발견된 ❷ 도시락 폭탄

정답 잡는 키워드

❶ 상하이 훙커우 공원 　　❷ 도시락 폭탄
↓
윤봉길

❶ **윤봉길**은 1931년에 김구가 조직한 한인 애국단 소속의 단원이며, 상하이 훙커우 공원에서 의거를 일으켰어요.

❷ **윤봉길**은 훙커우 공원에서 열린 일왕 생일 및 상하이 사변 승전 축하 기념식장에 도시락 폭탄과 수통 폭탄을 준비하여 의거를 일으켰어요.

① 안창호
▶ 안창호는 신민회에서 활동하며 평양에 대성 학교를 설립하였어요. 국권 피탈 이후에는 미국으로 이주하여 흥사단을 조직하였으며, 대한민국 임시 정부에도 참여하였어요.

② 이육사
▶ 이육사는 일제 강점기의 대표적인 저항 시인으로 '광야', '절정', '청포도' 등의 시를 남겼어요.

③ 한용운
▶ 한용운은 3·1 운동을 이끈 민족 대표 33인 중 한 명이며, 일제 강점기 불교 개혁 운동을 주도한 승려입니다. 또한, 시집 "님의 침묵", 소설 "흑풍", "후회" 등을 쓴 문학가이기도 합니다.

④ 윤봉길
▶ 윤봉길의 의거는 대한민국 임시 정부가 중국 국민당 정부의 적극적인 지원을 받는 계기가 되었어요.

445 전형필
정답 ③

다음 자료에 해당하는 인물로 옳은 것은?   [2점]

❶ 일제 강점기에 훈민정음 해례본 등 수많은 문화재를 수집하여 보존에 힘쓴 한 사람이 있습니다.
1/3

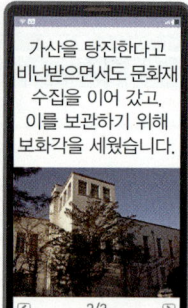
가산을 탕진한다고 비난받으면서도 문화재 수집을 이어 갔고, 이를 보관하기 위해 보화각을 세웠습니다.
2/3

그의 헌신적인 노력으로 지켜 낸 우리 문화재의 소중함을 되새겨 보시기 바랍니다.
3/3

정답 잡는 키워드

❶ 일제 강점기에 훈민정음 해례본 등 수많은 문화재를 수집하여 보존에 힘씀 → **전형필**

❶ **전형필**은 일제 강점기에 자신의 재산을 털어 우리 문화재를 수집하여 보존에 힘썼어요. 또한, 자신이 수집한 문화재를 보관하기 위해 우리나라 최초의 사립 박물관인 보화각을 세웠어요.

① 심훈
▶ 심훈은 일제 강점기에 활동한 소설가이자 시인으로, 소설 "상록수", 시 '그날이 오면' 등을 발표하였어요.

② 이회영
▶ 이회영은 만주로 이주하여 신민회 회원들과 함께 독립운동 기지를 건설하고 신흥 강습소를 세우는 등 독립운동을 전개하였어요.

③ 전형필
▶ 전형필이 세운 보화각은 그가 죽은 뒤에 간송 미술관으로 이름이 바뀌었는데, '간송'은 전형필의 호입니다.

④ 주시경
▶ 주시경은 한글 연구와 보급을 위해 노력한 국어학자입니다.

446 강주룡
정답 ①

(가)에 해당하는 인물로 옳은 것은?   [2점]

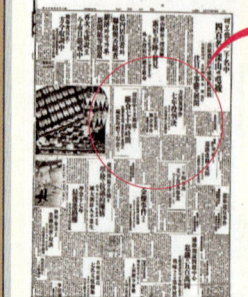
신문으로 보는 일제 강점기 노동 운동

🔍 **내용 살펴보기**
❶ 평양 을밀대 지붕 위에 올라갔다가 평양 경찰서에 검속되어 있는 ❷ 평원 고무 공장 파업 여공 [(가)]이 31일 밤까지 단식을 계속하고 있다. ……그는 평원 고무 공장이 임금 삭감을 취소하지 않으면 먹지 않겠다고 버티는 중이다.

정답 잡는 키워드

❶ 평양 을밀대 지붕 위에 올라감 / ❷ 평원 고무 공장 파업 여공 → **강주룡**

❶, ❷ 1931년에 평원 고무 공장에서 일하던 **강주룡**은 회사가 일방적으로 임금을 깎자 이에 반발하여 동료들과 함께 파업과 시위를 벌였어요. 일제 경찰이 시위대를 강제 해산하자 강주룡은 평양 을밀대 지붕 위에 올라가 임금 삭감에 항의하며 농성을 벌이다 체포되었어요.

①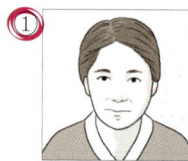
▶ 강주룡은 한국 최초의 여성 노동 운동가로 평가받고 있어요.
강주룡

②
▶ 남자현은 서로 군정서에서 활동하였으며, 독립운동과 여성 계몽 활동에 힘썼어요.
남자현

③
▶ 유관순은 이화 학당 재학 중 3·1 운동이 일어나자 고향인 천안으로 내려가 아우내 장터에서 만세 운동을 주도하였어요. 일제 경찰에 체포된 유관순은 서대문 형무소에서 순국하였어요.
유관순

④
▶ 윤희순은 대표적인 여성 의병 지도자로, '안사람 의병가' 등 8편의 가사를 지어 여성과 청년의 의병 활동을 독려하였어요.
윤희순

(가)에 들어갈 인물로 옳은 것은?   [1점]

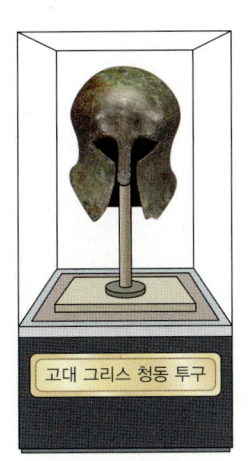

고대 그리스 청동 투구

이 유물은 (가) 이 1936년 베를린 올림픽 마라톤 경기에서 우승하여 받은 투구입니다. 당시 조선중앙일보, 동아일보 등이 그의 우승 소식을 보도하면서 유니폼에 그려진 일장기를 삭제하여 일제의 탄압을 받았습니다.

정답 잡는 키워드

1 1936년 베를린 올림픽 마라톤 경기에서 우승 → **손기정**

1 **손기정**은 1936년에 열린 베를린 올림픽 마라톤 경기에서 우승하였어요. 조선중앙일보와 동아일보는 손기정의 우승 소식을 국내에 전하면서 그의 운동복에 그려진 일장기를 삭제하여 일제의 탄압을 받았어요. 당시는 일제 강점기였기에 손기정은 일본 대표의 자격으로 올림픽에 출전하였어요.

① 남승룡
▶남승룡은 손기정과 함께 베를린 올림픽 마라톤 경기에 출전하여 동메달을 차지하였어요.

②손기정
▶손기정이 우승한 기념으로 받은 고대 그리스 청동 투구는 현재 국립 중앙 박물관에 소장되어 있어요.

③ 안창남
▶안창남은 우리나라 최초로 비행사가 되어 1922년에 고국 방문 비행을 하였어요.

④ 이중섭
▶이중섭은 한국 근대 서양화가로 시대의 아픔과 어려운 삶을 '소'라는 주제를 통해 표현하였어요.

(가)에 들어갈 내용으로 옳은 것은?   [3점]

역사 인물 카드

• 호 : 우사
• 생몰 : 1881년~1950년
• 주요 활동
 – 파리 강화 회의에 신한 청년당 대표로 파견
 – 대한민국 임시 정부 부주석 등 역임
 – ___(가)___
 – 남북 협상 참여

정답 잡는 키워드

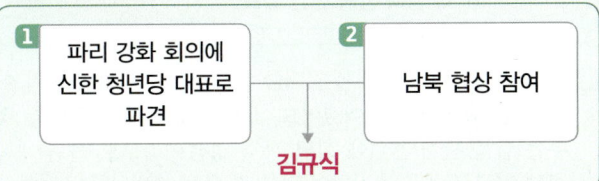

1 파리 강화 회의에 신한 청년당 대표로 파견 — 2 남북 협상 참여 → **김규식**

1 **김규식**은 제1차 세계 대전이 끝나고 전후 처리 문제를 논의하기 위해 열린 파리 강화 회의에 신한 청년당의 대표로 파견되어 한국의 독립을 주장하였어요.

2 **김규식**은 유엔이 남한만의 단독 선거를 논의하여 남북 분단의 가능성이 커지자 1948년에 김구와 함께 통일 정부 수립을 위한 남북 협상에 참여하였어요.

① 대성 학교 설립
▶안창호는 민족 교육을 실시하기 위해 평양에 대성 학교를 설립하였어요.

② 조선 혁명 선언 작성
▶신채호는 의열단 단장 김원봉의 요청을 받아 '조선 혁명 선언'을 작성하였어요. 의열단은 '조선 혁명 선언'을 활동 지침으로 삼았어요.

③좌우 합작 위원회 결성
▶김규식과 여운형은 좌우 합작 위원회를 결성하고 좌우 합작 운동을 전개하여 한반도에 통일 정부를 수립하고자 노력하였어요.

④ 한국독립운동지혈사 저술
▶박은식은 "한국독립운동지혈사"를 저술하여 우리 민족의 독립 투쟁 과정을 정리하였어요.

학생들이 공통으로 이야기하는 인물로 옳은 것은? [2점]

정답 잡는 키워드

> 1 분단 이후 처음으로
> 남북 정상 회담 개최,
> 6·15 남북 공동 선언 발표
> → **김대중**

1 제15대 대통령 선거에서 **김대중** 후보가 당선되어 평화적 여야 정권 교체가 이루어졌어요. 1998년에 출범한 김대중 정부는 남북 관계 개선에 힘써 '햇볕 정책'이라고도 불린 대북 화해 협력 정책을 추진하여 남북 간 화해 분위기를 조성하였어요. 2000년에 평양에서 분단 이후 처음으로 남북 정상 회담을 개최하고 6·15 남북 공동 선언을 발표하였어요.

① 김대중
> 김대중은 2000년에 노벨 평화상을 받았어요.

② 김영삼
> 김영삼은 제14대 대통령으로 당선되었어요. 김영삼은 금융 실명제를 전격 실시하였으며, '역사 바로 세우기'의 일환으로 조선 총독부 건물을 철거하였어요.

③ 윤보선
> 윤보선은 4·19 혁명 이후 개정된 새 헌법에 따라 1960년 8월에 국회에서 제4대 대통령으로 선출되었어요.

④ 최규하
> 최규하는 1979년에 박정희 대통령이 피살된 후 통일 주체 국민 회의에서 선출된 제10대 대통령이에요. 그러나 전두환 중심의 신군부가 일으킨 12·12 사태(12·12 군사 반란)로 8개월 만에 대통령직에서 물러났어요.

MEMO

큰별쌤 최태성의

별★별한국사

시대별
기출문제집

초등
한국사능력검정시험

별★별 한국사 한국사능력검정시험 시리즈
이미 많은 분들이 합격으로 검증해 주셨습니다!

남*은(jjj***iii)

왜 큰별쌤인지 알았어요.

매국노 수준의 한국사 포기자, 한능검 심화 가채점 결과 95점 1급 나왔습니다! 태정태세문단세 까지밖에 모르던 한포자였습니다. 중학생 시절 처음 한국사 흐름을 못 따라가고, 외우질 못해서 포기 했어요. 그리고 고등학생 때는 한국사가 싫어서 이과를 선택하게 된 이유도 있었어요. 한국사의 중요성은 알지만 너무나 어렵고 재미없고 지루한 과목이라고 생각했었는데, 큰별쌤을 만나게 되면서 많은 것을 배웠습니다!

최*혜(cr**27)

선물 같은 한국사 강의를 선물해 주셔서 감사합니다.

책 마지막에 이런 부분이 있었습니다. "내 강의는 돈이 없어서 어쩔 수 없이 듣는 강의가 아니라 돈이 있어도 들을 수 밖에 없는 무료 강의로 만들겠다." 그 부분을 읽었을 때 가슴이 벅차오르더라고요. 시험장에서 너도나도 선생님의 교재를 보고 있는 것을 보았었는데, 뭐랄까 최태성 선생님의 역사의 순간에 들어와 있는 것 같은 느낌을 받았습니다. 정말로 이루어진 것 같으니까요! 지금 이 순간까지 태성쌤이 하셨던 고민과 절망을 제가 감히 헤아릴 수는 없지만 선생님의 꿈을 통해서 저 또한 꿈을 꾸고 희망을 얻어갑니다. 이렇게 큰 선물을 주셔서 정말 감사합니다.

김*영(beau***y10)

역사를 알고 나의 삶의 초석이 될 수 있고
최태성 선생님께 무한 감사드립니다.

저는 50대 중후반의 가정주부이며 직장인입니다. 늦은 나이지만 어느 순간 역사를 알아야 하겠다는 생각으로 지인의 추천으로 최태성 선생님을 만나게 되었고 역사에 깊이 빠지게 되었습니다. 공부를 하며 이 나이가 되도록 제대로 알지 못하고 살았다는 것이 부끄럽기도 하고 한편으로는 지금이라도 알게 되어 대행이라는 생각을 하며 강의와 공부를 하게 되었습니다. 일제 강점기를 공부 하면서는 눈물이 많이 나더군요. 지금도 그분들을 생각하면 눈물이 앞을 가립니다. 고맙고 감사합니다. 지금의 우리가 행복하게 살 수 있는 건 모두 그분들의 덕분입니다. 모든 분들을 다 기억할 수는 없겠지만 기억하려 노력할 것입니다. 좋은 기회를 주신 최태성 선생님과 이투스에 감사합니다.

손*훈(sjh**19)

최태성 선생님 덕분에 고득점으로 한능검 1급 합격했습니다!!

정리해 주신 판서를 따로 패드에 정리한 후 하브루타식으로 스토리텔링하며 며칠간 바짝 외우고 시험쳤는데 고득점으로 1급 합격해서 너무 놀랐습니다. 밤도 안 새고 무리하게 공부하지도 않았는데 이렇게 고득점 받은 건 처음이었던... 시험치면서 왜 답이 딱 보이지...? 싶었어요ㅋㅋ 인강듣고 정리하고 외우고 시험치는 동안의 걸린 기간은 10일정도?? 하나하나 정리하는데 시간이 많이 걸려서 그렇지 막상 외우는 시간은 4일정도 걸렸던 것 같습니다. 지인들이 한능검 인강 추천해달라고 하면 저는 고민 1도 하지 않고 역사는 최태성~~~ 하고 최태성 선생님 적극 추천하고 있어요ㅎㅎ 늘 재밌게 강의해 주셔서 넘 감사합니다~

정*원(hak***jang)

한능검 공부를 통해 얻게 된 것

한능검 공부를 할 때 제 목표는 두 가지였습니다. 바로 원하는 급수에 합격하는 것과 합격 후 수강후기를 남기는 것이었어요. 공부하면서 힘들 때마다 합격자분들의 수강후기를 읽으며, 나도 나중에 저렇게 후기를 남기겠다는 생각으로 열심히 공부했습니다. …… 그 동안 어렵고 멀게만 느껴졌던 역사가, 이제는 제 삶의 일부분으로 들어온 것 같아 기쁩니다. 이 글을 읽으시는 다른 분들도, 최태성 선생님의 역사 강의를 통해 삶의 영역이 확장되는 경험을 해보시면 좋겠습니다. 감사합니다!

700만이 선택한

큰★별쌤 최태성
유튜브 공식채널 ▶

별님들이 원하는 **한국사 콘텐츠의 모든 것**,
최태성 TV와 함께하세요.

 한국사 **인강** 전문채널

 한국사 **교양** 전문채널

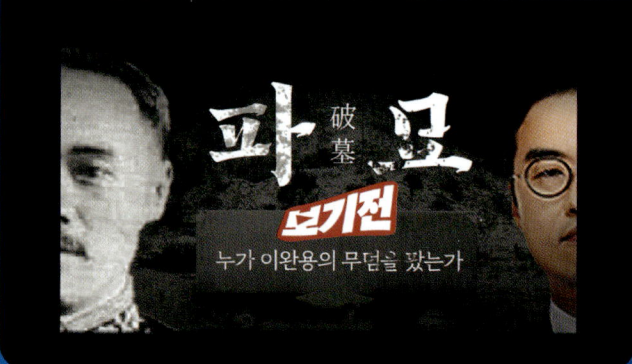

 초등 별님들의 역사 놀이터!

 어린이를 위한 재밌는 역사의 첫걸음!

▶ 유튜브에서 [최태성 ▼] 을 검색하세요.